中国社会科学院老年学者文库

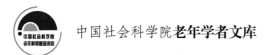

中国社会科学院**老年学者文库**

清代理藩制度研究

赵云田　著

社会科学文献出版社
SOCIAL SCIENCES ACADEMIC PRESS (CHINA)

谨以此书
献给那些为后继者前进
而不断开拓的前辈

目　录
CONTENTS

前　言

首先向读者朋友们报告本书的写作缘起。

2003 年，我发表了《清代的理藩制度》一文①，有 17000 余字，包括中央设立理藩机构，地方置将军、都统、大臣，编纂则例和律例，有关抚绥藩部少数民族上层的措施，清代理藩制度的历史作用五方面内容。2004 年，国家清史编纂委员会主任戴逸先生委托我负责清史工程中的"藩部封爵世表"的编写，三年内完成。在编写"藩部封爵世表"过程中，我对清代理藩制度有了进一步的理解，认识到这是一个需要深入研究的课题，一篇文章很难说清楚。于是，我加强了对清代理藩制度的进一步研究。

2005 年春天，我在台北"故宫博物院"搜集资料的时候，向台湾的清史研究者报告了自己的初步研究成果。2006 年，我点校的《乾隆朝内府抄本〈理藩院则例〉》《钦定大清会典事例·理藩院》两书由中国藏学出版社出版。2007 年 3—4 月，在超星数字图书馆视频讲座中，我用 126 集讲解了清代的理藩制度。

后来，在一次师友的聚会上，有朋友问为什么不把"清代的理藩制度"整理出版，我回答说"已经退休了"。一位老师劝说道："退休了，仍然可以继续研究。"由此我受到了启发和鼓励。是啊，出版清代理藩制度研究的专著，第一，可以对近年来在美国兴起的"新清史"学派的某些谬说给予正面的回应，具有重要的学术意义；第二，从经世致用的角度考虑，也有重要的现实意义，对我们加强边疆民族地区各方面建设、维护国家主权和

---

① 朱诚如、王天友主编《明清论丛》第 4 辑，紫禁城出版社，2003。

领土完整、反对形形色色的分裂势力，都能提供历史的借鉴；第三，我这方面的研究已经有了一些学术积累。于是，2016 年 3 月，我提交了中国社会科学院离退休人员科研项目申请书，决心写出《清代理藩制度研究》一书。结果申请成功，获得了院里离退休干部工作局的研究资助。从 2016 年春到 2018 年秋，经过两年多的时间，完成了本书的写作，现在，终于呈现在读者朋友们面前。

本书在体例安排上，借鉴了白寿彝先生主编的《中国通史》，每章都包括主要资料、研究现状以及笔者对这一问题的基本见解。之所以这样安排，不仅是因为考虑到本书是写给专业同人看的，而且也是写给喜欢这一专题的广大读者看的，使他们能够在短时间内了解相关问题的全貌，进而深化对这些问题的认识。

本书力图以马克思主义的辩证唯物论为指导，以档案等资料为基础，构建清代理藩制度的体系，并进行详细阐述。书稿分成 12 章，每一章的主要内容及创新见解如下。

第一章清代藩部的形成。清廷提出"藩"的概念，是在崇德三年（1638），改蒙古衙门为理藩院。"藩"的含义，最初只是"屏藩"的意思，是对于清廷所属地域的屏护。崇德元年实行盟旗制度和新的爵位封号后，内蒙古成为清朝的藩部。康熙三十年（1691），通过多伦会盟，实行盟旗制度和新的爵位封号，外蒙古成为清朝的藩部。康熙末年，清廷对青海蒙古封爵；雍正三年（1725），平定罗卜藏丹津叛乱，青海蒙古实行盟旗制度后，成为清朝的藩部。康熙六十年，通过册封藏传佛教领袖人物、封授西藏上层人士各种爵位、派遣大臣以及驻军掌控西藏政局，西藏成为清朝藩部。乾隆二十二年（1757），清廷顺乎形势，反对分裂，平息叛乱，进行统一战争并取得胜利，通过分封爵位，实行盟旗制度，漠西蒙古成为清朝藩部。清廷平定大小和卓叛乱后，乾隆二十六年，理藩院设立徕远司，专管回部事务，西域回部成为清朝藩部。清代藩部具有战略地位重要、关乎国家稳定、历史上曾是中国一部分、在经济和文化方面与中原内地联系密切、形成的过程也是清代统一多民族国家发展和巩固的过程等特点。

第二章清代的理藩机构。崇德元年设立蒙古衙门，《清史稿》中有明确记载，符合满蒙关系发展的历史趋势。《清太宗实录》天聪八年五月"不可无蒙古衙门官员"的记述，近似于孤证，令人怀疑。崇德三年六月更定蒙古衙门为理藩院。理藩院经历了崇德至顺治（1636—1661）的初创、康熙至乾隆（1662—1795）的发展和完善、嘉庆至宣统（1796—1911）的变革三个阶段。完备阶段的理藩院包括中枢机构、直属机构、附属机构和派出机构。理藩院具体职能有参与议政，参与军事，审理刑事诉讼案件，管理藏传佛教，赈济灾荒，办理满蒙联姻，管理会盟、驿站，稽查蒙古地区户丁，管理少数民族王公朝觐、贡物、封爵、俸禄，管理各旗疆界，调解各部纠纷，管理回部、西藏、四川土司、索伦等事务，兼管西、北陆路上和清朝相邻国家的外交。理藩院机构的组织特点是以满族贵族为主、蒙古王公为辅的满蒙联合体制，绝对的中央集权，体系严整，设有对俄交涉机构，在清廷中地位重要。

第三章藩部的军府制度。内蒙古：乾隆二年（1737）设绥远城将军，三年设热河副都统（嘉庆十五年改为都统），八年设呼伦贝尔副都统，二十六年设察哈尔都统。外蒙古：雍正十一年（1733）设定边左副将军（乾隆三十二年成为军府），乾隆二十三年设库伦蒙古大臣，二十七年设库伦满洲大臣（嘉庆朝初年成为定制），三十二年设科布多参赞大臣，光绪三十年（1904）设阿尔泰办事大臣。喀尔喀副将军只是外蒙古盟旗组织中的建置。青海：雍正三年设西宁办事大臣。西藏：雍正四年，清廷决定设立西藏大臣，五年正式实行。新疆：乾隆二十七年设伊犁将军，下属有乌鲁木齐都统，塔尔巴哈台、喀什噶尔参赞大臣等。藩部军府制度的特点是：在设立原因上，都和军事有关；在选择地址上，都是战略要地；在内部组织系统上，都非常严密；在时间上，大都设在雍正、乾隆年间；在作用上，都是当地最高军政管理机构。

第四章藩部的典章和刑罚制度。《大清会典》规定外藩蒙古诉讼审理机构和程序分为3级，刑罚类别从4项增加到10项。《理藩院则例》是清廷统治藩部的根本大法，刑罚包括21个类别。嘉庆朝《蒙古律例》有12卷209条，与《大清会典》和《理藩院则例》资料来源相同。《西宁青海番夷成例》68条，成书于雍正十一年（1733）。《回疆则例》8卷134条，成书于嘉庆二十年（1805），所记刑罚多为类别性，具体条文很少。《藏内善后章程》记述了达赖喇嘛和驻藏大臣掌控西藏司法权。藩部的典章和刑罚在实施过程中，和当地的民族习惯法相互补充。《大清律》的一些条款也适用于藩部，反映了清朝统一多民族国家法制的统一、各民族融合的进程，以及中华法系的丰富内涵。

第五章藩部的社会制度。盟旗制度源于努尔哈赤时期创建的八旗制度，以及蒙古族原有的鄂托克、爱马克社会组织。该制度既是清代蒙古族的社会组织形式，也是封建等级制度，实质上是封建牧奴制度的表现形式。从社会形态看，清廷在新疆实行的伯克制度，其实质是封建农奴制度，是封建领主在其领地上建立起来的剥削、奴役农奴的经济制度。政教合一制度是把宗教权和政权合而为一的政治制度，是宗教领袖同时兼任政权领袖的特殊政体。乾隆十六年（1751），清廷在西藏实行政教合一制度，其不仅是行政管理方式，而且是西藏农奴制的反映。

第六章藩部的封爵制度。崇德元年，清廷始在内蒙古实施封爵制度。清代藩部封爵有318个，初封和袭爵人数共2674人，表现出连续性、特殊性、宽容性、离析性、区域性等特点。该制度除六等爵位外，还在册诰、谱系、俸禄、仪制等方面给予藩部王公政治和经济的待遇。藩部封爵制度中的晋爵、停爵、降爵、削爵，反映了清廷各项制度的执行情况，以及清廷在执行藩部封爵制度过程中所表现出的原则性、务实性和灵活性。《清史稿》"藩部世系表"在袭爵、削爵、卒年等方面，存在208处错误。

第七章藩部的朝觐制度。朝觐制度亦称"年班"和"围班"制度。年班即清廷规定藩部上层人士每逢年节来京朝见皇帝、瞻仰圣颜。围班即木兰行围，它是清初帝王北巡的产物，也和清廷发扬肆武习劳的传统习俗关系极大。年班和围班的显著特点是极富变化性。朝仪指藩部王公对皇帝的礼仪，班次指藩部王公进京朝觐时的分班次序。朝仪既是树立皇帝权威的手段，也是用儒家伦理影响藩部王公的具体表现，可借以加强对藩部的统治。贡物反映了藩部王公和藏传佛教领袖人物对清廷的忠诚度。年班进贡以及清廷的赏赐，实质上是藩部和内地的经济交流。

第八章藩部的驿站和卡伦制度。藩部的驿站和卡伦多在平定准噶尔贵族内乱和处理复杂的国际事务中逐渐设置，其管理及内部设施有如下特点：实行理藩院和兵部双重管理体制；采取因地制宜、因时制宜的原则；具有临时性和变化性；驻守人员由不同民族的官兵组成；各民族的基层民众做出了巨大牺牲。清代藩部驿站和卡伦实质上是清廷军事系统的组成部分，军民结合、军民共用。清廷对藩部驿站和卡伦人员的惩罚多于奖励，这既与清廷的认识有关，更是由清廷政权性质所决定的。

第九章藏传佛教制度。藏传佛教制度的实质是："兴黄教即所以安众蒙古，所系非小，故不可不保护之。""佛本无生，岂有转世？但使今无转世之胡图克图，则数万番僧，无所皈依，不得不如此耳。"金瓶掣签制度实行过程中的不彻底性，反映了清廷在特定情况下对藏传佛教势力的妥协，一些地方僧俗界首领人物并不认真执行，进入近代，清廷内忧外患日益严重，社会秩序越来越不稳定。活佛册封制度和清廷统治西藏的大局密切相连，也和清廷抑制达赖喇嘛的权势有关。清廷严厉镇压参与叛乱的藏传佛教寺庙和喇嘛，是因为这些寺庙和喇嘛的行为影响了清廷的统治地位，破坏了社会秩序，也违背了藏传佛教的宗旨。清廷关于喇嘛的禁令，是为了维护蒙藏地区社会秩序的稳定，也是为了保护蒙古社会的生产力，保证蒙古有足够的兵员供清廷调遣。

第十章备指额驸制度。满族贵族从外藩蒙古中选择额驸有两个特点：一是和政治形势密切相关，二是始终以内蒙古科尔沁等部为重点。备指额驸制度在清初就已实行，是清廷从外藩蒙古中选择额驸的主要制度。学界认为的这一制度产生于乾隆二年、嘉庆二十二年、道光六年都是误判。该制度在道光六年的《理藩院则例》和光绪朝编纂的《大清会典事例》中才有记载，与清廷选择外藩蒙古额驸日益减少有关，是清廷采取反制措施的凸显。额驸待遇的规定最早在顺治年间，最晚在嘉庆年间，康雍乾三朝规定较多。这从一个侧面证明备指额驸制度在清初已经产生，经历了长时间的完善过程，在康乾盛世阶段趋于完备。

第十一章清末藩部新政改革。藩部政治改革：在内蒙古设3道2府10厅13县，改设1府2州，由原来的盟旗制改为盟旗制和州县制并存；调整行政体制和整肃吏治，清廷加强了对西藏的统治；新疆增设行政建置，整肃吏治，但谘议局等徒有形式。藩部经济改革：在内蒙古移民实边和发展实业；在川边和西藏鼓励垦荒，发展农牧工矿和交通邮电业；在新疆广开利源，农蚕林牧渔全面经营，开矿藏，办局厂（场），成立公司，发展商业和通信业。藩部军事改革：在蒙古筹练新军和加强边防；在西藏训练新军、加强兵备和开办巡警；在新疆编练新军和实行警政。藩部文化改革：表现为兴办学堂、创办报纸、选派留学生和创办卫生局等。

第十二章清代理藩制度的历史作用和局限。历史作用主要有四。一是开拓了清代大一统的新局面。清代诸帝对大一统的体念，到康乾盛世时已趋于成熟，在实践上，对于危害国家的种种分裂行径，坚决采取军事手段予以打击。二是促进了藩部的经济发展和社会进步。在经济方面：畜牧业方面保护牧场；农业上允许汉族百姓移往藩部适于农耕的地区，开展屯田；商业方面允许藩部王公来内地进行贸易，内地人到藩部进行贸易；手工业方面允许汉族工匠去往藩部，促进了藩部手工业的发展。理藩院的一些具体活动，以及藩部将军、都统、大臣的施政，驿站的设置，清末新政改革，也都不同程度地促进了藩部经济的发展和社会进步。三是促进了各民族的经济文化交流和民族融合。经济交流的结果：许多蒙古人弃牧就农；大批内地商人到藩部进行贸易，藩部商业城镇随之兴起。汉族和少数民族之间的文化交流、各少数民族之间的文化交流，促进了各民族的文化发展。汉族和蒙古族、满族和蒙古族以及其他民族的融合，使各民族形成了相互依存、不可分离的密切关系。四是有利于稳定社会局势、维护国家统一和抵御外来势力的侵略。历史局限有三。一是阶级性。清代理藩制度的阶级本质是维护清廷和藩部王公贵族的利益，维护他们对底层劳苦大众的剥削和压迫。二是局限性。主要体现为排斥汉族官员和知识分子，不让他们参与藩部事务。三是隔离性。防止汉族百姓和少数民族人民接触，对汉族人民进入内蒙古地区采取各种限制措施，限制内地和西藏的经济文化交流。

以上是本书的基本内容和一些创新见解。在复读本书稿过程中，正值中国社会科学院中国历史研究院成立，习近平总书记发来了贺信。习总书记在贺信中说："历史是一面镜子，鉴古知今，学史明智。重视历史、研究历史、借鉴历史是中华民族 5000 多年文明史的一个优良传统。"习总书记的话给了我很大鼓舞。作为一名有担当的史学工作者，应当继承中国史学"经世致用"的优良传统，使自己的研究起到鉴古知今、资政育人的效果，为新时代中华民族的伟大复兴和国家昌盛贡献力量。当然，这也是本书希望起到的作用，也是我终生努力的方向。

第一章　清代藩部的形成

清代藩部指的是清朝理藩院管理下的蒙古、青海、西藏、新疆等少数民族居住地区。清代藩部的形成，始于明万历二十二年（1594）内蒙古科尔沁部向努尔哈赤遣使通好进献驼马，终于乾隆二十六年（1761）清朝理藩院设立徕远司管理回部，历时 167 年。清代藩部的形成过程，就是清朝统一多民族国家发展和巩固的过程。

第一节　主要资料和研究现状

一　主要资料

比较系统记载清代藩部形成的资料，有纪事本末体史书《皇清开国方略》《亲征平定朔漠方略》《平定准噶尔方略》《皇朝武功纪盛》《皇朝藩部要略》《蒙古游牧记》《圣武记》《蒙古纪事本末》，以及纪传体史书《钦定外藩蒙古回部王公表传》《清史稿》等。

《皇清开国方略》[①]，32 卷，乾隆五十一年（1786）成书。记事始于明万历十一年（1583）努尔哈赤起兵，迄于清顺治元年（1644）十月清世祖福临在北京即位，展现了 61 年间清朝建国的历史进程。卷 1 至卷 8 记"太祖高皇帝"（努尔哈赤）朝的事迹，卷 9 至卷 31 记"太宗文皇帝"（皇太

---

① 阿桂等奉敕纂辑，乾隆年间武英殿刻本。

极）朝的事迹，卷 32 记"世祖章皇帝"（福临）嗣位、入关、定都北京的事迹。该书虽然有虚饰、隐讳和曲笔失实的地方，但对努尔哈赤和皇太极时期的满蒙关系记载简明、清晰，记述了内蒙古归附清朝而成为最早藩部的过程。

《亲征平定朔漠方略》①，48 卷，康熙四十七年（1708）成书。记事起于康熙十六年六月，止于康熙三十七年十月，记述清廷平定厄鲁特蒙古准噶尔部噶尔丹内乱事，较《清圣祖实录》详细，有些还为《清实录》所不载。康熙平定噶尔丹内乱，是清朝藩部形成过程中的一段重要史事，因而该书有助于人们了解蒙古各部归附清朝、成为藩部的过程。

《平定准噶尔方略》②，乾隆三十七年（1772）成书。分三编，前编 54 卷，正编 85 卷，续编 33 卷。记事起于康熙三十九年（1700）七月，止于乾隆三十年十一月，辑录康熙、雍正、乾隆三朝清廷用兵西北时，前方将军、大臣的奏疏和皇帝的谕旨。该书详细记录了清廷统一厄鲁特蒙古各部，以及青海、新疆等少数民族地区成为清朝藩部的历史进程。

《皇朝武功纪盛》③，4 卷。撰者赵翼，乾隆二十六年进士，乾隆五十七年写成此书并刊行。赵翼参与了《四库全书》的编撰工作，有机会看到各种方略，特别是清廷对准部用兵期间，他为军机章京，了解有关谕旨和奏折。因此《皇朝武功纪盛》一书记事准确，史料价值较高。该书中《平定朔漠述略》《平定准噶尔前编述略》《平定准噶尔正编述略》的记述，均是研究青海、新疆等地怎样成为清朝藩部的基本参考材料。不过，由于该书分量较小，因而拥有的资料有限。

《皇朝藩部要略》④，18 卷。编撰者祁韵士曾任国史馆纂修官，参与了乾隆皇帝敕令纂修《钦定外藩蒙古回部王公表传》的工作。他翻阅档案、实录及各种典册，积累了大量资料。《皇朝藩部要略》就是纂修《钦定外藩蒙古回部王公表传》的"底册"，有数十帙，"未经更事厘订，藏之家箧五

---

① 温达等奉敕撰，中国藏学出版社，1994。
② 傅恒等奉敕纂，新疆文化出版社，2017。
③ 赵翼撰，中华书局 2011 年《丛书集成初编》本。
④ 祁韵士撰，光绪十年浙江书局印行本。

十余年"。① 祁韵士死后，其子祁寯藻请毛岳生整理编次，宋景昌补表，最后由张穆校补审定，并加入若干按语，刊刻行世。全书包括内蒙古要略 2 卷、外蒙古喀尔喀部要略 6 卷、厄鲁特要略 6 卷、回部要略 2 卷、西藏部要略 2 卷，记载了内外蒙古和新疆、青海地区蒙古各部，以及哈密、吐鲁番、南疆诸回部与西藏各部归附清朝始末及封爵、建置等事，并附内蒙古表、外蒙古喀尔喀表、西套以西各部表、不列外藩各部表。《皇朝藩部要略》是了解清朝藩部形成最系统的资料。

《蒙古游牧记》②，16 卷。该书记述内蒙古 6 盟 49 旗、喀尔喀蒙古 4 部落、厄鲁特蒙古各扎萨克所在地，以及各部历代所受封爵、成为清朝藩部的历史过程。史实确凿，内容丰富。

《圣武记》③，14 卷。该书中"外藩"部分的如下各篇——《国朝绥服蒙古记一》《国朝绥服蒙古记二》《国朝绥服蒙古记三》《康熙亲征准噶尔记》《雍正两征厄鲁特记》《乾隆荡平准部记》《乾隆戡定回疆记》《国朝抚绥西藏记上》《国朝抚绥西藏记下》《西藏后记》，叙述了清廷统一蒙古、新疆、西藏的历史进程，对了解清朝藩部的形成有一定帮助。

《蒙古纪事本末》④，4 卷。其中，《后蒙古纪事本末》详述了清代蒙古各部历史上的重大事件，以及清廷统一蒙古各部的进程，语言简练，条理清晰，史实准确。"漠南分藩""漠北分藩""漠西分藩"三部分，对蒙古各部的盟旗一一记述，尤有助于人们对清朝藩部形成的理解。

《钦定外藩蒙古回部王公表传》⑤，120 卷，该书全称为《钦定外藩蒙古回部王公功绩表传》，又作《钦定蒙古王公列传》。书中记述了蒙古、青海、西藏、新疆等地区的少数民族王公贵族归附清廷的过程，以及为巩固清朝的统治而建功立业的事迹，对蒙古等部自身发展的历史及其政治、经济等情况也多有所反映，对研究清代藩部的形成具有重要的参考价值。

① 祁韵士：《皇朝藩部要略》跋文，"中国方略丛书"第 1 辑第 15 号，成文出版社，1986。
② 张穆撰，何秋涛校订，张正明等点校，山西人民出版社，1991。
③ 魏源撰，中华书局，1984。
④ 韩善征撰，黑龙、李保文点校，上海古籍出版社，2012。
⑤ 祁韵士编纂，乾隆六十年殿刻本。

《清史稿》①，529 卷。其中，本纪 25 卷，志 135 卷，表 53 卷，列传 316 卷。该书是按照纪传体的传统体例编纂而成的清史未定稿，因为成于众人之手，编写时彼此很少照应，完稿以后，又未经复核改定，匆忙刊行，校对也很不认真，所以体例不一，繁简失当，时间、史事、地名、人名多有差误、遗漏。尽管如此，该书仍然有值得肯定和重视的地方。它所根据的材料，除《清实录》《清会典》《国史列传》外还有档案等，有些志和清末人物传，并非取材于常见的史料，当另有所本。该书中的"藩部列传"，对漠南、漠北、漠西、青海蒙古各部，以及西藏地区的基本情况做了简要的叙述，人们从中可以简要了解清朝藩部的形成过程。

二 研究现状②

首先，关于清代藩部的研究，主要有以下一些著作。一是张永江著《清代藩部研究——以政治变迁为中心》。③ 该书解释了"藩"的含义，探讨了清代藩部形成的政治背景、途径与方式，藩部的地理环境、类型与建置沿革，藩部政治体制构造的基本原则与行政模式，藩部地区政治发展的一般趋势，是一部有分量的学术专著。书中提出，清代藩部形成的途径与方式有四种：一是通过联姻、结盟成为藩部；二是通过通使、册封、归附成为藩部；三是通过招抚、册封、反叛、征服成为藩部；四是通过通使、对抗、征服成为藩部。这些对人们了解清朝的藩部形成有重要启示。二是包文汉等编著《清朝藩部要略研究辑录》。④ 该书收录了包文汉等人在整理、研究《皇朝藩部要略》过程中所积累的一些珍贵史料和取得的学术成果。尽管该书是对《皇朝藩部要略》一书稿本的研究，包括稿本概况、史料来源和成书过程、稿本和改定稿本的学术价值、改定版本与其他版本、张穆其人等内容，而不是对清朝藩部的研究，但是对人们认识清朝藩部的形成

---

① 赵尔巽等撰，中华书局，1977。
② 本小节所介绍的研究现状，为 2000 年以后的情况。2000 年以前的研究成果，请参看马大正《当代中国边疆研究（1949—2014）》，中国社会科学出版社，2016。
③ 黑龙江教育出版社，2014。
④ 黑龙江教育出版社，2014。

仍然有一定启发作用。而包文汉的《清代"藩部"一词考释》,① 对清代不同时期和不同地区对藩部的称呼进行了梳理,对认识清代藩部的形成有一定的帮助。三是吕文利著《〈皇朝藩部要略〉研究》。② 此书不但对《皇朝藩部要略》的作者、成书背景、版本、史实进行了研究,还重点探讨了《皇朝藩部要略》"藩部"概念的提出及其形成过程,探讨了清廷把各藩部纳入政治共同体的实践以及清代藩部体系的内涵。吕文利认为:"藩部体系"正是《皇朝藩部要略》书写的价值所在,该体系与行省体系、朝贡体系一起构成了清廷的基本统治架构,它随着清廷逐渐把藩部纳入政治共同体中而逐步完善,并为后来民国时期民族政策的制定以及新中国成立后的民族区域自治制度提供了实践经验与理论灵感。

其次,关于清代藩部历史的研究,主要是以下一些通史类的著作。一是田卫疆、伊第利斯·阿不都热苏勒著《中国新疆通史》。③ 该书在清朝部分,叙述了卫拉特蒙古与准噶尔汗国的情况,以及清朝统一新疆的概况。二是邓锐龄、冯智主编《西藏通史·清代卷上》。④ 该书的前五章,讲述了明末清初西藏地方形势、清初对西藏的施政、准噶尔蒙古据藏及被逐、驻藏大臣的设立等。三是赵云田主编《北疆通史》。⑤ 该书第八编第一章用两节的篇幅简要叙述了清朝统一内外蒙古的情况。四是蒙古族通史编写组编《蒙古族通史(修订版)》⑥、泰亦赤兀惕·满昌主编《蒙古族通史》⑦ 等著作,在书中的有关章节叙述了清朝对蒙古各部的统一。这里尤其要指出的是,由 20 多位专家学者参与编撰的《蒙古民族通史》,⑧ 在第四卷中对蒙古族与后金、清朝的关系,清王朝统一蒙古各部的过程,进行了详尽描述。五是崔永红、张得祖、杜常顺主编《青海通史》,⑨ 该书第七章专门叙述了

---

① 《清史研究》2000 年第 4 期。
② 黑龙江教育出版社,2013。
③ 新疆美术摄影出版社,2009。
④ 中国藏学出版社,2016。
⑤ 中州古籍出版社,2003。
⑥ 民族出版社,2001。
⑦ 辽宁民族出版社,2004。
⑧ 内蒙古大学出版社,2003。
⑨ 青海人民出版社,2017。

清朝前期的青海历史。以上著述，文字或繁或简，立论或有不同，但都有利于人们对清朝藩部形成的认识。

综上可以看出，在关于清代藩部的研究中，张永江的著作对于清朝藩部做了很细致的解析，读后很有启发。不过，人们可能会想，在清朝初年的关外时期，也就是 17 世纪 30 年代，满族贵族提出的"藩"的概念，和中国历史上周代的宗藩制度能有多少联系？那时的满族贵族对宗藩制度能有多少了解？有鉴于此，这里拟以《大清会典》及有关史籍的记述做些补充，以使人们对清代官方认知的"藩""外藩""藩部"的含义有更多的认识。

众所周知，清朝曾五修《大清会典》。这五部《大清会典》是怎样记述"藩""外藩""藩部"的呢?[1] 康熙朝《大清会典》全书共 162 卷，其中卷142—145 为理藩院卷，记述了"藩""外藩""藩部"的有关内容。在"理藩院""录勋清吏司"中，有 32 处提到"外藩"或"外藩蒙古"。在"宾客清吏司"中，有 13 处提到"外藩"或"外藩蒙古"。在"柔远清吏司"中，有 3 处提到"外藩"或"外藩蒙古"。在"理刑清吏司"中，有 14 处提到"外藩"或"外藩蒙古"。所有这些"外藩"或"外藩蒙古"，指的都是内蒙古。[2] 由此可见，在康熙二十五年（1686）以前，清朝统治者把内蒙古称为"外藩"或"外藩蒙古"。这和康熙皇帝的说法是一致的。康熙皇帝曾说："太宗皇帝时，蒙古各部落尽来归附，设立理藩院，专管外藩事务。"[3] 太宗皇帝即皇太极，当时尽来归附的蒙古各部落，都是内蒙古各部落，康熙皇帝称其为外藩。

雍正朝《大清会典》共 250 卷，其中卷 221—222 为理藩院卷，记述了"藩""外藩""藩部"的有关内容。在"录勋清吏司"中，有 36 处提到"外藩"或"外藩蒙古"，指的都是内蒙古。康熙三十年（1691），外蒙古虽已归附清朝，但是在提到外蒙古的地方，都称为"喀尔喀"，而不称为

[1] 参见康熙、雍正、乾隆、嘉庆《大清会典》"理藩院"，赵云田点校《乾隆朝内府抄本〈理藩院则例〉》，中国藏学出版社，2006；光绪朝《大清会典事例》"理藩院"，赵云田点校《钦定大清会典事例·理藩院》，中国藏学出版社，2006。
[2] 赵云田点校《乾隆朝内府抄本〈理藩院则例〉》，第 176—208 页。
[3] 《清圣祖实录》卷 2，顺治十八年三月戊寅。

"外藩"。对厄鲁特蒙古，也直接称厄鲁特，不称"外藩"。在"宾客清吏司"中，有 17 处提到"外藩"或"外藩蒙古"，其中有 16 处指的是内蒙古，只有 1 处称"外藩之人"时，包括了"虎枯诺尔喇藏汗、厄鲁特、鄂尔多斯等"。在"柔远清吏司"中，有 4 处提到"外藩"或"外藩蒙古"，都指的是内蒙古。而柔远清吏司，正是处理厄鲁特、喀尔喀蒙古事务的机构，在提到厄鲁特、喀尔喀时，都不以"外藩"称呼。在"理刑清吏司"中，有 14 处提到"外藩"或"外藩蒙古"，指的都是内蒙。对厄鲁特、喀尔喀、唐古特、巴尔虎等，则径称厄鲁特、喀尔喀、唐古特、巴尔虎，而不以"外藩"称之。①

乾隆朝《大清会典》100 卷，其中卷 79—80 为理藩院卷；《大清会典则例》180 卷，其中卷 140—144 为理藩院卷。另外，乾隆朝《大清会典则例》"理藩院"部分，在乾隆二十一年（1756）曾有内府抄本呈给乾隆皇帝阅看，记事到乾隆二十年。该书被学者称为"乾隆朝内府抄本《理藩院则例》"，与刊本乾隆朝《大清会典则例》"理藩院"部分多有不同，弥足珍贵。② 这里，笔者只就乾隆朝《大清会典》"理藩院"部分做一统计。在乾隆朝《大清会典》"理藩院"中，记述尚书、左右侍郎、额外侍郎"掌内外藩蒙古回部之政令"。"内外藩蒙古回部"的称呼，在清朝《大清会典》中还是第一次出现，很容易使人想到《钦定外藩蒙古回部王公表传》一书，两者在"外藩蒙古回部"称呼上是否有承续关系，有待考证。在理藩院"旗籍清吏司""王会清吏司"中，用的称呼是"漠南蒙古诸部落"。在"典属清吏司"中，用的称呼是"蒙古北部喀尔喀""青海、厄鲁特、西藏、准噶尔"，并详述了喀尔喀各路、青海四部落、厄鲁特各部、乌鲁木齐、伊犁、西藏等地的疆理。在"柔远清吏司"中，也多次提到喀尔喀、厄鲁特、青海、西藏等地区。这些记述，不由得使人想到清朝藩部所包括的地域范围应当包括青海。在"徕远清吏司"中，在述及哈密、辟展、吐鲁番、哈拉沙拉、库车、沙雅尔、赛里木、拜、阿克苏、乌什、喀什噶尔、叶尔羌、和阗之后，还提到："其哈萨克之左右部，布鲁特之东西部，以及安集延、

---

① 赵云田点校《乾隆朝内府抄本〈理藩院则例〉》，第 209—263 页。
② 参阅赵云田《关于乾隆朝内府抄本〈理藩院则例〉》，《清史研究》2012 年第 4 期。

玛尔噶朗、霍罕、那木干、塔什罕、拔达克山、博罗尔、爱乌罕、奇齐玉斯、乌尔根齐等部，列我藩服，并隶所司。"① 这里，第一次把中亚的国家或部落称为清朝的"藩服"，但是，在疆理等方面并没有详述，反映了清朝对它们与哈密、和阗等的不同的看待。不仅如此，在"徕远清吏司""外藩朝贡"中还提到"哈萨克左右部，布鲁特东西部，安集延、玛尔噶朗、霍罕、那木干、四城、塔什罕、拔达克山、博罗尔、爱乌罕、奇齐玉斯、乌尔根齐诸部落汗长"，都要遣使向清朝进贡，或三年，或间年，无常期。② 这里，又把中亚的这些国家或部落称为清朝的"外藩"。在"理刑清吏司"的记述中，把内外蒙古又都称为"藩服"。③

嘉庆朝《大清会典》80 卷，其中卷 49—53 为理藩院卷；《大清会典事例》920 卷，其中卷 726—753 为理藩院卷；《大清会典图》132 卷，其中卷 121 为西藏图两幅。这里，笔者仍对嘉庆朝《大清会典》"理藩院"部分进行统计。在嘉庆朝《大清会典》"理藩院"中，有 5 处地方写了"外藩"，具体情况如下。记述尚书、左右侍郎、额外侍郎"掌外藩之政令"，外藩包括：大漠以南的内蒙古，24 部，49 旗；逾大漠的外蒙古喀尔喀，4 部，附 2，86 旗；环青海而居的青海蒙古，5 部，29 旗；贺兰山之阴的西套厄鲁特，额济纳河之阳的额济纳土尔扈特，错处于金山、天山之间的杜尔伯特、土尔扈特、和硕特，10 部，附 1，34 旗；回部，2 旗。④ 可见，这里把蒙古各部和回部称为"外藩"。在理藩院"旗籍清吏司""王会清吏司"中，把内蒙古称为内扎萨克，也称外藩。⑤ 在"典属清吏司""柔远清吏司"中，把外蒙古喀尔喀部等称外扎萨克。⑥ 在"徕远清吏司"中，称哈密、吐鲁番等为回部。⑦ 在"理刑清吏司"中，又把内外蒙古都称为"外藩"。⑧

---

① 赵云田点校《乾隆朝内府抄本〈理藩院则例〉》，第 287 页。
② 赵云田点校《乾隆朝内府抄本〈理藩院则例〉》，第 293—294 页。
③ 赵云田点校《乾隆朝内府抄本〈理藩院则例〉》，第 294—295 页。
④ 赵云田点校《乾隆朝内府抄本〈理藩院则例〉》，第 297—308 页。
⑤ 赵云田点校《乾隆朝内府抄本〈理藩院则例〉》，第 312、331、336、339、341 页。
⑥ 赵云田点校《乾隆朝内府抄本〈理藩院则例〉》，第 343、378 页。
⑦ 赵云田点校《乾隆朝内府抄本〈理藩院则例〉》，第 388 页。
⑧ 赵云田点校《乾隆朝内府抄本〈理藩院则例〉》，第 397 页。

光绪朝《大清会典》100 卷，其中卷 63—68 为理藩院卷；《大清会典事例》1220 卷，其中卷 963—997 为理藩院卷；《大清会典图》270 卷，其中卷 235—237 为西藏全图、前藏图、后藏图。笔者这里仍以光绪朝《大清会典》"理藩院"部分进行考察，结果发现，写有"外藩"的地方共 5 处，和嘉庆朝《大清会典》"理藩院"部分的记述基本相同。①

通过以上的考察，我们得出了怎样的认识呢？第一，清廷提出"藩"的概念，是在 1638 年改蒙古衙门为理藩院之时。在康熙朝《大清会典》、雍正朝《大清会典》"理藩院"中，所提到的"外藩"或"外藩蒙古"，指的都是内蒙古。第二，在乾隆朝《大清会典》"理藩院"中，提出了"内外藩"以及"内外藩蒙古回部"的概念，对厄鲁特、喀尔喀、唐古特、巴尔虎等，不以"外藩"称呼，而是径呼其名。此外，在乾隆朝《大清会典》"理藩院"中，还第一次把中亚的国家或部落称为清朝的"藩服"，或称为清朝的"外藩"，把内外蒙古也称为"藩服"。由此可见，在乾隆朝《大清会典》"理藩院"中，"藩服""外藩"词语的使用，反映了国内民族之间以及与国外民族、国家之间的关系正处于变化时期的一种不稳定状态。还有，在乾隆朝《大清会典》"理藩院"中，多次提到喀尔喀、厄鲁特、青海、西藏等地区，这使人想到清朝藩部所包括的地域范围应当包括青海，而不仅限于"蒙古、回部和西藏"。②第三，在嘉庆朝《大清会典》"理藩院"和光绪朝《大清会典》"理藩院"中，已经把内外蒙古都称为"外藩"，称哈密、吐鲁番等为回部。至此，清朝对"外藩"的称呼已非常明确。第四，在清朝五部《大清会典》"理藩院"中，虽然没有提出"藩部"的概念，但"内外藩蒙古回部"的概念已经出现，这应当是后来《皇朝藩部要略》一书中"藩部"一词出现的先兆和基础。

在有了上述认识之后，笔者再谈谈对"藩""外藩""藩部"含义的理解。其实，"藩""外藩""藩部"的含义，最初只是"屏藩"的意思，是对于清廷所属地域的屏护。顺治皇帝曾说：内蒙古各部"当太祖、太宗开

---

① 光绪朝《大清会典》卷 63—68，光绪二十五年刻本。
② 包文汉等编著《清朝藩部要略研究辑录》，第 521 页；吕文利：《〈皇朝藩部要略〉研究》，第 197 页。

创之初，诚心归附，职效屏藩"。① 康熙皇帝也曾说："本朝不设边防，以蒙古部落为之屏藩耳。"② "摇惑我外藩"，就是"坏我屏垣"，就会使"疆圉不靖"。③ 雍正皇帝也说："边境一日不宁，内地之民一日不得休息。"④ 这些都表现了"藩""外藩""藩部"最基本的含义。当然，这些也表现了清朝统治者对藩部的重视。至于清朝藩部的具体情况以及清朝的理藩制度，内容是相当丰富而多姿多彩的，这也正是本书所要研究的问题。

以上是对有关清代藩部形成资料及研究情况的一点感想，也是对如何认识清朝藩部的一个简易明确的回答，不想使问题过于深奥和复杂化。

第二节　内蒙古 1636 年成为清朝藩部

内蒙古在清代又称漠南蒙古。在讨论内蒙古归附清（后金）的问题时，应首先了解当时清（后金）、明朝、内蒙古三方面的有关情况。

先看清（后金）。清朝的奠基人、开创者爱新觉罗·努尔哈赤，祖父爱新觉罗·觉昌安曾任明朝建州左卫都指挥，父亲爱新觉罗·塔克世曾任建州左卫指挥。明万历十一年（1583）五月，努尔哈赤以祖、父留下的十三副盔甲起兵，开始统一女真各部。与此同时，他对明朝维持臣属关系，先后七次到京城朝贡。十七年，明朝升他为都督佥事。二十三年，又升他为龙虎将军。四十四年春，努尔哈赤在赫图阿拉称"覆育列国英明汗"，国号"大金"（史称"后金"），年号天命。明万历四十六年（后金天命三年，1618）夏，努尔哈赤发布"七大恨"的讨明檄文，誓师伐明，并在明万历四十七年（后金天命四年）春，取得了萨尔浒之战的胜利。为了夺取明朝的天下，努尔哈赤把战略重点放到辽东，在这一地区和明朝先后进行了四

① 祁韵士：《皇朝藩部要略》卷2《内蒙古要略二》。
② 《康熙政要》卷22；《清圣祖实录》卷275，康熙五十六年十一月丙子。
③ 《御制亲征平定朔漠方略》，序。
④ 《清世宗实录》卷105，雍正九年四月庚子。

次规模较大的战争，并先后从赫图阿拉迁都辽阳和沈阳。明天启六年（后金天命十一年，1626），努尔哈赤病死，明天启七年，皇太极继位，改元天聪。明崇祯九年（1636），皇太极称帝，改元崇德，改国号为清，女真族亦改称为满族。皇太极当政后，对明朝更是发起了主动进攻。

再看明朝。明朝末年国势衰颓，内乱外患不已，危机四伏。首先是统治集团更加腐朽，明神宗怠于政事，只顾聚敛财货、寻欢作乐，明光宗沉湎酒色，明熹宗嗜好玩乐，君主专制的中央集权统治已经难以维持。其次是大地主集团更加贪婪奢靡，其疯狂地压榨掠夺广大农民和城镇居民，导致民变与兵变频发。再次是统治阶级内部派系林立，争斗不休。当努尔哈赤在东北崛起的时候，明朝已经陷于"瓦解土崩，一蹶而坏"①的地步，李自成、张献忠领导的大规模农民起义使明朝政权岌岌可危。而在东北地区，萨尔浒之战后，后金由防御转入进攻，明朝由进攻转为防守，广大的辽东地区陆续为后金所有。

最后看内蒙古。元朝灭亡以后，蒙古后裔有百余部活跃在大漠南北，经过有明一代的更迭，有的兴盛，有的衰落，到明末清初的时候，约有20余部生活在内蒙古地区。其中，察哈尔部最为著名，其首领林丹汗是成吉思汗嫡系后裔达延汗的七世孙，他继承蒙古大汗之位时，实力雄厚，号称40万众，牧地辽阔，部众繁衍，牧畜孳盛，兵强马壮，自称"全蒙古大汗"。不过，随着后金的兴起以及察哈尔内各部力量的消长，林丹汗所属很快就各自为政，作为大汗的他实际上只能支配察哈尔部。除察哈尔部外，还有内喀尔喀五部，也是达延汗的后裔，是从外蒙古喀尔喀河以东南迁内蒙古形成的。后金兴起后，曾重创内喀尔喀，结果只剩下扎鲁特、巴林二部，清朝不以喀尔喀为名，另外有外喀尔喀内迁的喀尔喀左翼、喀尔喀右翼二部，成为内蒙古的喀尔喀部落。科尔沁部当时在内蒙古影响也很大，其始祖是元太祖弟哈布图哈萨尔。最初科尔沁部因居住在嫩江流域而称嫩科尔沁，服属于察哈尔，南与叶赫女真相邻，所以和努尔哈赤接触也最早。

---

① 谷应泰：《明史纪事本末》卷77《张献忠之乱》。

另据史书记载，内蒙古除科尔沁部外，扎赉特部、杜尔伯特部、郭尔罗斯部、阿鲁科尔沁部、四子部落、茂明安部、乌喇特部，始祖也是元太祖弟哈布图哈萨尔。阿巴噶部、阿巴哈纳尔部，始祖是元太祖弟布格博洛格图。翁牛特部，始祖是元太祖弟谔楚因。土默特部右翼，始祖是元太祖十六世孙阿尔坦。浩齐特部、苏尼特部、乌珠穆沁部、敖汉部、奈曼部、鄂尔多斯部、扎鲁特部、巴林部、克什克腾部、喀尔喀部，始祖是元太祖十五世孙达延车臣汗。以上各部均姓博尔济吉特。喀喇沁部、土默特部左翼，始祖是元太祖臣济拉玛，姓乌梁罕。① 以上内蒙古各部在明末清初的分布是：科尔沁、杜尔伯特、郭尔罗斯、扎赉特、阿鲁科尔沁、四子部落、茂明安、乌喇特，在嫩江到兴安岭一带；翁牛特、奈曼、敖汉和内喀尔喀中的扎鲁特、巴林，在西喇木伦河与老哈河流域；察哈尔部则在内蒙古的西部。

由于内蒙古介于明朝与后金之间，具有重要战略地位，因而成为后金与明朝的争夺对象。当时，明朝采取"以西虏制东夷"的策略，利用内蒙古察哈尔部林丹汗的力量，每年给其 4 万两白银，企图使其一面控制内蒙古，一面抗衡后金政权，以便自身腾出更多的力量对付中原内地的农民起义军。林丹汗则提出"助明朝、邀封赏"，每年得赏银 4 万两，后来一度增加到 14 万两白银。

了解明末清初清（后金）、明朝、内蒙古的态势后，我们再看内蒙古是怎样归附清（后金）的。内蒙古归附清（后金），主要是在努尔哈赤和皇太极时期，历时 40 余年。

努尔哈赤占据辽东以后，积极图谋入主中原，取代明朝。他曾说："天地间，国不一也，岂有使大国独存，令小国皆没耶?"② 他还声称"不要幻想汉人政权是永久的，我是暂时的"，"大而变小，小而成大，古来兴亡变迁之道"，"南京、北京、汴京，本非一人所居之地，乃女真、汉人轮流居住之地"。③ 但是，努尔哈赤要实现入主中原的愿望，除本身力量强大之外，

① 祁韵士:《皇朝藩部要略》卷 1《内蒙古要略一》。
② 辽宁大学历史系编《重译满文老档》，太祖朝第 41 卷，天命七年四月。
③ 《重译满文老档》，太祖朝第 41 卷，天命七年四月。

还要解除后顾之忧和道梗之患，这就需要借助内蒙古的力量。前文指出，因为内蒙古在后金和明朝之间，占有重要地位，是明朝、后金之间的缓冲地带，所以内蒙古的向背直接影响着明朝与后金力量的消长。因此，后金无论如何也要争取和控制内蒙古，否则，它无法击败明朝，更谈不上进取中原。

明万历二十一年（1593），努尔哈赤和内蒙古开始接触。当时，"环满洲国扰乱者"，"各部蜂起，皆称王争长，互相战杀。甚至骨肉相残，强凌弱，众暴寡"。① 努尔哈赤在这样的情况下，"招徕各路，归附益众，环境诸国，有逆命者，皆削平之，国势日盛"。② 该年九月，叶赫部贝勒布斋联合内蒙古科尔沁等九部，会集军队 3 万人，向努尔哈赤大举进攻。"九国兵马，会聚一处，分三路而来"，③ 确有"黑云压城城欲摧"之势。由于努尔哈赤反应迅速，集中优势兵力击敌于薄弱环节，加之九部联军行动不一致，指挥不统一，结果努尔哈赤取得了古埒山战役的胜利。科尔沁部贝勒明安"马被陷，弃鞍赤身，体无片衣，骑骒马脱出"。④ 努尔哈赤获胜后，并没有责备科尔沁部贝勒明安，而是"选所获蒙古人二十，被锦衣，骑战马，使其回归本部"。⑤ 这样，第二年春，明安也采取了和解的态度，派人向努尔哈赤进献驼马。不过，科尔沁部和努尔哈赤之间的通使关系并不牢固。明万历三十六年三月，努尔哈赤长子褚英率兵五千人攻打乌拉部。科尔沁蒙古翁阿岱贝勒带兵往援乌拉部，见女真军队兵强马壮，自视不敌，未敢参战。

努尔哈赤注意用抚绥手段处理和内蒙古各部的关系，因为他意识到要征服明朝，必须依靠内蒙古各部的力量。他宣称："满洲蒙古，语言虽异，而衣食起居，无不相同，兄弟之国也。"⑥ 万历四十三年（1615）九月，科尔沁贝勒明安第四子桑噶尔斋台吉叩首求见努尔哈赤，并送马 30 匹。努尔

---

① 《清太祖武皇帝实录》卷 1。
② 《清太祖高皇帝实录》卷 2。
③ 《清太祖武皇帝实录》卷 1。
④ 《清太祖武皇帝实录》卷 1。
⑤ 申忠一：《建州纪程图记》。
⑥ 《喀尔喀遣使问齐赛罪状》，天命四年八月，《满洲老档秘录》上编。

哈赤回赏桑噶尔斋台吉甲 10 副，缎、布无数。同年十月，明安贝勒长子伊格都齐台吉也叩首谒见努尔哈赤，送马 40 匹。努尔哈赤赐伊格都齐台吉甲 15 副，缎、布若干。后来，明安贝勒次子哈坦巴图鲁台吉、五子巴特玛台吉都曾叩见努尔哈赤，同样得到了丰厚的回赏。明万历四十五年（天命二年）正月，科尔沁贝勒明安朝贡努尔哈赤，受到隆重礼遇。努尔哈赤迎出百里之外，留明安住一个月。这期间，"每日小宴，越一日大宴"。① 明安返回时，努尔哈赤送出 30 里，赠送大量礼品。明天启二年（天命七年）二月，明安带领所部 16 贝勒及喀尔喀部台吉，"各率所属军民，三千余户，并驱其畜产"② 归附了努尔哈赤，成为内蒙古各部中归附清（后金）最早的一部。

在内蒙古，喀尔喀五部和努尔哈赤建立友好往来关系也比较早。明万历二十二年（1594），喀尔喀五部贝勒老萨向努尔哈赤遣使通好。③ 巴约特部达尔汉贝勒之子恩格德尔也很早就归附了努尔哈赤。明万历三十四年十二月，恩格德尔率领喀尔喀五部使，"进驼马来谒，尊太祖为昆都仑汗（即恭敬之意），从此蒙古相往不绝"。④ 明天启元年（天命六年，1621）十一月，内蒙古喀尔喀部男女 96 人，带马 1 匹、牛 36 头、羊 47 只、车 26 辆逃至努尔哈赤处，努尔哈赤"亲自去衙门，为来的逃人摆宴"。⑤ 不久，喀尔喀古尔布什和莽果尔台吉率所属 600 户以及所有牲畜来归，努尔哈赤给了他们田庄、奴仆，授以官职，赏赐丰厚，使他们安居乐业。⑥

对曾经反对过自己的内蒙古部落，努尔哈赤也采取灵活态度。喀尔喀部贝勒齐赛实力强大，牲畜众多，始终对抗努尔哈赤。明万历四十七年（天命四年，1619）七月的一天，齐赛和扎鲁特部色本引兵夜袭努尔哈赤，结果战败被擒，属下也多数成了俘虏。喀尔喀部众贝勒遂遣使致书努尔哈

---

① 《清太祖武皇帝实录》卷 2。
② 《清太祖高皇帝实录》卷 2。
③ 《清太祖高皇帝实录》卷 2。
④ 《清太祖武皇帝实录》卷 2。
⑤ 《重译满文老档》，太祖朝第 29 卷，天命六年十一月。
⑥ 《清太祖高皇帝实录》卷 8。

赤，表示"大明，乃敌国也，征之，必同心合谋"。① 同年十一月，双方派出使节庄严盟誓，明确明朝是仇国，喀尔喀五部参加这次盟誓的首领有27位。②

察哈尔部林丹汗在内蒙古各部中虽然"士马强盛"，但是他有"宋康武乙之暴"，③ 引起了内蒙古诸部的强烈不满。林丹汗与明朝联盟，对抗努尔哈赤。明万历四十七年十一月，林丹汗遣使赍书给努尔哈赤说："汝数苦明国"，"吾将牵制汝"。④ 努尔哈赤一方面向林丹汗表示"明，吾深仇也"，"愿同心协力以图之"；⑤ 另一方面，利用内蒙古各部对林丹汗的不满情绪，采取一切措施争取同盟者。明泰昌元年（天命五年，1620）三月，努尔哈赤释放色本，并赠送贵重礼品，色本立誓："若不感恩图报，殃及臣身。"⑥ 此后，又释放了齐赛。结果，内蒙古喀尔喀部有4000余户归顺努尔哈赤。不久，努尔哈赤和内蒙古科尔沁众台吉达成了共同进击林丹汗的协议。明天启五年（天命十年，1625）九月，林丹汗围攻科尔沁部格勒珠尔根城，努尔哈赤迅即派人帮助科尔沁"坚备城郭，守御于城上"，⑦ 随后又发5000精兵前去解围。林丹汗围城数日未下，又见努尔哈赤援军到来，便撤围逃走。

相对来说，努尔哈赤时期后金力量还不够强大。努尔哈赤曾对内蒙古喀尔喀五部说："吾小国耳，隐居山谷，未尝敢犯彼八十万汉人与尔四十万之蒙古人。"⑧ 就是这种情况的反映。但是，努尔哈赤终究是一个杰出的政治家和军事家，他知道怎样做。他把内蒙古比作天空中的云，认为："云合则致雨，蒙古部合则成兵，其散犹如云收而雨止也。俟其散时，我当亟取之。"⑨ 努尔哈赤采取"分而击之"的策略对待内蒙古各部，取得了一定成

① 《清太祖武皇帝实录》卷3。
② 《清太祖高皇帝实录》卷6。
③ 魏源：《圣武记》卷3《国朝绥服蒙古记一》。
④ 《清太祖高皇帝实录》卷6。
⑤ 《太祖报察哈尔汗书》，天命五年五月，《满洲老档秘录》上编。
⑥ 祁韵士：《皇朝藩部要略》卷1《内蒙古要略一》。
⑦ 《清太祖武皇帝实录》卷4。
⑧ 《喀尔喀遣使问齐赛罪状》，天命四年八月，《满洲老档秘录》上编。
⑨ 《清太祖高皇帝实录》卷4。

效。他去世前，察哈尔部林丹汗的力量尽管仍很强大，但是，内蒙古科尔沁、扎赉特、杜尔伯特、郭尔罗斯四部已经归附了后金。①

皇太极继位后，主要的对手是察哈尔部林丹汗。当时，林丹汗对内蒙古各部采取"从者收之，拒者被杀"②的政策，致使许多部四处奔逃。明天启七年（天聪元年，1627）夏秋时节，敖汉部、奈曼部及察哈尔部中的昂坤、杜陵等首领，主动归附皇太极。喀喇沁部、土默特部、鄂尔多斯部、阿巴噶部、喀尔喀部等，则联合起来向林丹汗发起进攻，击杀林丹汗兵数万人。明崇祯元年（天聪二年，1628）七月，喀喇沁部塔布囊苏布地派遣使者求见皇太极，表示归附。不久，巴林部首领塞特尔台吉、扎鲁特部贝勒色本，也率众归附皇太极。九月，皇太极和喀喇沁部、喀尔喀部、阿巴噶部、土默特部等达成了攻打林丹汗的协议。十月，皇太极统率大军亲征林丹汗，内蒙古敖汉、奈曼、喀尔喀、扎鲁特、喀喇沁等部均派军队参加。在内蒙古各部簇拥中，皇太极统率全军乘夜进攻，在锦尔合等地击败了林丹汗部众。

明崇祯五年（天聪六年，1632）春，皇太极传令归顺的内蒙古各部，再次出师征讨林丹汗，收到命令的各部均按时到达。皇太极统率大军，远赴兴安岭征讨林丹汗。林丹汗"大惧，谕部众弃本土西奔，遣人赴归化城，驱富民及牲畜渡黄河，国人仓促逃遁，尽委辎重而去"。③ 皇太极率军追击到归化城。五月，在木鲁哈喇克沁地方，皇太极命令分兵前进。左翼军由内蒙古科尔沁、巴林、扎鲁特、喀喇沁、土默特等部组成，进攻大同、宣府边外察哈尔属地。这次远征，皇太极彻底粉碎了林丹汗的力量，迫使林丹汗"尽携部民牲畜财物，渡黄河以遁"，④ 部众七零八落，他自己也在青海打草滩地方死去。皇太极在进攻察哈尔部林丹汗的过程中，内蒙古土默特部、阿鲁科尔沁部、四子部落以及翁牛特、克什克腾、茂明安、鄂尔多斯、乌喇特等部，陆续归附后金。明崇祯八年二月，皇太极命令其弟多尔

---

① 张穆：《蒙古游牧记》卷1。
② 《清太宗实录》卷5，天聪三年三月戊午。
③ 王先谦：《十一朝东华录》，天聪六年四月。
④ 《清太宗实录》卷11，天聪六年五月甲子。

衮等人率军西征，往黄河以西招抚林丹汗部众。皇太极晓示察哈尔部流散的部众说："我与尔两国，语言虽异，衣冠则同，与其依异类之明人，何如来归于我？不惟尔等心安，即尔祖父世传之衣冠体貌，亦不烦变易矣。"① 在皇太极政策的感召下，林丹汗余众纷纷归附。三月，大军行至西喇珠尔格地方，遇到林丹汗妻囊囊太后，囊囊太后率 1500 户归降。四月，大军又在托里图地方遇到林丹汗子额哲，额哲率 1000 户归降，并献上历代"传国玉玺"。九月，额哲随多尔衮大军到达沈阳城，内蒙古察哈尔部归附后金。

对待内蒙古各部，皇太极和努尔哈赤一样，采取以抚为主的政策。他多次向内蒙古各部首领表示："我满洲与尔蒙古，原系一国"，"来降者，无不恩养之"。② "各处蒙古每次来朝，厚加恩赏，因此俱不忍离我而去，虽去时犹属恋恋。""由此揆知，以力服人，不如令人衷心悦服之为贵也。"③ 正因为如此，内蒙古各部才纷纷归附后金。

明崇祯七年（天聪八年，1634）十月二十七日，皇太极在祭告努尔哈赤灵位时，不无自得地表示："臣于诸国，慑之以兵，怀之以德，四境敌国，归附甚众……喀尔喀五部举国来归，喀喇沁、土默特以及阿噜诸部落无不臣服。察哈尔兄弟，其先归附者半，后察哈尔携其余众，避我西奔，未至汤古特部落，殂于西喇卫古尔部打草滩地，其执政大臣率所属尽来归附。今为敌者，惟有明国耳。"④ 明崇祯九年（天聪十年，即清崇德元年，1636）四月，科尔沁部土谢图济农巴达礼代表内蒙古察哈尔、科尔沁、扎赉特、杜尔伯特、郭尔罗斯、敖汉、奈曼、巴林、土默特、扎鲁特、四子部落、阿鲁科尔沁、翁牛特、喀喇齐哩克、喀喇沁、乌喇特等部 49 贝勒，和满汉文武众官一起，恭请皇太极称尊号。明崇祯十年（崇德二年，1637）和十二年，原服属于察哈尔、后因林丹汗威逼而徙居外蒙古的浩齐特部、苏尼特部、阿巴噶部、乌珠穆沁部，相继回居内蒙古。顺治十年（1653）二月，喀尔喀右翼归顺清朝。康熙四年（1665），原依附喀尔喀的阿巴哈纳

① 《清太宗实录》卷 18，天聪八年五月丙申。
② 《清太宗实录》卷 9，天聪五年八月壬子。
③ 《清太宗实录》卷 30，崇德元年七月丙辰。
④ 《清太宗实录》卷 20，天聪八年十月庚戌。

尔大部移居漠南，余部也于康熙二十七年随车臣汗南迁。这样，内蒙古全部归附大清。

内蒙古各部归附清朝（后金），是其成为清朝藩部的基础，清廷还需要采取有关措施，才能使内蒙古成为藩部。这些措施主要有两项：一是划分牧界，编旗设佐，实行盟旗制度；二是废除蒙古贵族旧有的称号，实行新的爵位封号。划分牧界，编旗设佐，实行盟旗制度，在天聪八年（1634）十月就已经开始。当时，皇太极"遣大臣赴硕翁科尔，定蒙古牧地疆界"，"既定界，越者坐侵犯罪"。"其分定地方户口，敖汉部一千八百，奈曼部一千四百……"在这个基础上，天聪九年二月，"编内外喀喇沁蒙古壮丁，共一万六千九百五十三名，为十一旗"。① 其中有 8 旗为蒙古八旗，有 3 旗为盟旗制度下的旗。② 废除蒙古贵族旧有的称号，实行新的爵位封号，在崇德元年（1636）皇太极称"宽温仁圣皇帝"、建大清国时开始实行。蒙古贵族旧有的汗、诺颜等称号废除，封以新的亲王、郡王、贝勒、贝子、公等爵号。③ 实行盟旗制度和新的爵位封号，是内蒙古成为清朝藩部的必要前提。

第三节　外蒙古 1691 年成为清朝藩部

外蒙古喀尔喀，因在大漠以北所以称外蒙古，又因分布于喀尔喀河流域，故又称喀尔喀，是元太祖成吉思汗的直系后裔。15 世纪末，元太祖十五世孙达延汗统一东部蒙古后，将漠南、漠北原来各不相属的大小领地合并为 6 个万户，分左右两翼。喀尔喀万户属左翼，共 12 部。内五部居喀尔喀河以东，达延汗封授给第五子阿尔楚博罗特；外七部居河西，封授给幼子格埒森扎扎赉尔珲。达延汗死后，内五部南徙，成为内蒙古喀尔喀五部。格埒森扎则留居故地，仍号所部为喀尔喀，辖地逐渐扩大，据有漠北地区，

---

① 祁韵十：《皇朝藩部要略》卷1《内蒙古要略一》。
② 阿男惟敬：《关于天聪九年蒙古八旗的成立》，《历史教育》第13卷第4期，1965年。
③ 祁韵士：《皇朝藩部要略》卷1《内蒙古要略一》。

即外蒙古。格埒森扎以七子阿什海达尔汉、诺诺和、阿敏都喇勒等人分领喀尔喀七部，被称为"喀尔喀多伦和硕"（喀尔喀七旗）。明末清初，阿什海达尔汉曾孙素巴第称扎萨克图汗，诺诺和曾孙衮布称土谢图汗，阿敏都喇勒孙硕垒称车臣汗，从此外蒙古开始出现三大部，即土谢图汗部、扎萨克图汗部、车臣汗部。此外，外蒙古另有赛音诺颜部。诺诺和第四子图蒙肯，因护持喇嘛教有功，被达赖喇嘛授予赛音诺颜号，所部奉之视同三汗。

外蒙古归附清朝，经历了曲折的过程，其中既有友好往来，也有兵戎相见，用了50多年的时间。外蒙古最初服属于察哈尔部。明崇祯八年（天聪九年，1635），察哈尔部归附后金后，外蒙古车臣汗部硕垒和内蒙古乌珠穆沁、苏尼特等部首领开始与后金通好，贡献驼马。明崇祯九年（天聪十年，即清崇德元年，1636）春，车臣汗部因与明朝贸易，受到皇太极斥责，硕垒恐惧，遂派人到盛京（今沈阳）向皇太极表示愿与明朝断绝往来。皇太极乘机施展怀柔手段，派察罕喇嘛前往车臣汗部，赏赐硕垒貂服、朝珠、弓刀、金币等贵重物品。这是外蒙古与清（后金）的最初通好。明崇祯十年（清崇德二年），作为回报，硕垒向皇太极进献獭喜兽。

明崇祯十一年（清崇德三年），扎萨克图汗素巴第派兵袭扰归化城，皇太极统领大军征讨。素巴第兵不敌，很快撤退。不久，素巴第遣使向皇太极谢罪，"并贡马，及独峰驼，无尾羊"。[①] 皇太极谕示素巴第：朕以兵讨有罪，以德抚无罪，惟行正义。不要以为远处西北，即为征讨不及之区，就兴兵构怨，谋肆侵掠。[②] 皇太极的这番表示既是对扎萨克图汗素巴第的警告，也是对土谢图汗、车臣汗的震慑。所以，就在同年，土谢图汗衮布遣使贡驼、貂皮、雕翎以及俄罗斯鸟枪；车臣汗贡马、甲胄、貂皮、雕翎、俄罗斯鸟枪、回部弓箙鞍辔、阿尔玛斯斧、白鼠裘、唐古特玄狐皮。在这种情况下，皇太极谕示外蒙古各部，每年只贡奉白驼一只、白马八匹，即"九白之贡"，"它物勿入献"。[③] 这实际上表明，外蒙古已经确立了对清政权比较松弛的臣属关系，但还没有归附大清。

---

① 祁韵士：《皇朝藩部要略》卷3《外蒙古喀尔喀部要略一》。
② 祁韵士：《皇朝藩部要略》卷3《外蒙古喀尔喀部要略一》。
③ 祁韵士：《皇朝藩部要略》卷3《外蒙古喀尔喀部要略一》。

顺治三年（1646），车臣汗部硕垒乘清政权刚刚入关、忙于南方的统一战争、暂时对外蒙古各部不能给予更多关注的时机，诱使内蒙古苏尼特部长腾机思叛逃。清豫亲王多铎奉命率师前往追剿。追至札济布喇克地方，硕垒派遣子本巴，土谢图汗衮布派遣属下喇瑚里，会合赛音诺颜部长丹津喇嘛等共 5 万联军，援助腾机思，拦击清军。外蒙古联军最后败退，纷纷弃驼马逃跑。在败逃过程中，车臣汗属下族人楚琥尔乘机抢夺了巴林部人畜。[①] 事后，顺治皇帝颁布诏书，斥责硕垒，令其速擒腾机思来献，并诘责衮布和丹津喇嘛，要求他们协擒腾机思，归还所掠巴林人畜。扎萨克图汗素巴第闻诏后欲代解罪，与同族俄木布额尔德尼上书乞好，所用词语却很悖慢，因而遭到顺治皇帝斥责。直到顺治五年，腾机思才乞降，车臣汗硕垒也派遣使节向清廷进献了 100 只骆驼和上千匹骏马，请求宥罪。土谢图汗衮布等人还上表书向清廷请罪。清廷谕示外蒙古诸部各遣子弟来朝，但被拒绝。顺治七年，扎萨克图汗属下俄木布额尔德尼等人以打猎为名，私入归化城界掠夺牧产，清廷派遣官员饬令其归还所掠之物。适时正值素巴第病死，其子诺尔布嗣位，称毕锡呼图汗，遣使入贡。顺治皇帝颁诏警告其"勿恃荒远，勿听奸词"。[②] 不久，赛音诺颜部长丹津喇嘛遣子额尔德尼诺木齐上书乞好，顺治皇帝颁诏令其偕土谢图汗部衮布约誓定议。顺治八年，土谢图汗衮布不归还抢掠的巴林人畜，仅献驼十、马百入谢。于是，顺治十年，清廷命侍郎毕哩克图前往土谢图汗部调查巴林被掠夺的人畜，衮布等藏匿起来没有完全归还。由于土谢图汗部"不遣子弟来朝，不进九白之贡，不尽偿巴林人畜"，[③] 清廷和外蒙古的关系一度非常紧张，后衮布遣使补贡"九白"也被清廷拒绝。

顺治十二年（1655）夏，土谢图汗部衮布子察珲多尔济、车臣汗部硕垒子巴布相继承袭汗位。他们为了得到清廷的支持，便偕同扎萨克图汗诺尔布、赛音诺颜部长丹津喇嘛，赍表各遣子弟来朝。顺治皇帝谕示对他们

---

① 中国第一历史档案馆藏蒙文老档，蒙字 3 号。本书中蒙文档案资料及蒙文著作资料，均为中国人民大学清史研究所原所长、国家清史编纂委员会副主任成崇德教授提供，特感谢。
② 祁韵士：《皇朝藩部要略》卷 3《外蒙古喀尔喀部要略一》。
③《清世祖实录》卷 76，顺治十年六月庚申。

的过往不再追究，应归的巴林人畜缺数也都全部宽免。同年冬，土谢图汗等复遣使乞盟，得到顺治皇帝谕允，于是，清廷和外蒙古各部盟于宗人府。当年，设喀尔喀八扎萨克，仍分左右翼。与此同时，清廷又命赛音诺颜部长丹津喇嘛如喀尔喀三汗例，岁贡"九白"。顺治十五年，清廷派遣大臣将服装、饰物等赏赐给诸扎萨克。顺治十八年，清廷又赐赛音诺颜部长丹津喇嘛"遵文顺义"号，并给印信。

在清廷和外蒙古各部联系日益加强的情况下，康熙元年（1662），扎萨克图汗部额淋沁袭杀了该部汗旺舒克，随后，土谢图汗察珲多尔济、赛音诺颜部长丹津喇嘛追击额淋沁，迫使他出逃漠西厄鲁特蒙古，而其叔父衮布伊勒登为避难则归附清廷，被封为扎萨克贝勒，驻牧喜峰口外察罕和硕图。在扎萨克图汗位空缺的情况下，旺舒克兄绰墨尔根不经清廷批准，自立为汗。康熙三年，赛音诺颜部长丹津喇嘛卒，子塔斯希布袭位，不久，塔斯希布卒，子善巴袭位，清廷赐"信顺额尔克岱青"号。因绰墨尔根自立为汗未经清廷批准，本部部众不附，多归附土谢图汗察珲多尔济，于是，康熙九年，康熙皇帝下诏废黜绰墨尔根，以旺舒克弟成衮袭扎萨克图汗位，抚辑部众。

康熙十六年（1677），漠西厄鲁特蒙古台吉噶尔丹袭击同部鄂齐尔图汗，土谢图汗察珲多尔济派兵往援，到时正值鄂齐尔图汗被噶尔丹所戕，这样，土谢图汗察珲多尔济便与噶尔丹发生了矛盾，察珲多尔济派遣台吉色棱达什引兵三百人，抢劫了噶尔丹的贡使。康熙皇帝得此消息后，谕示双方罢兵誓好。康熙十八年，噶尔丹自称博硕克图汗，肆虐附近诸部，并"谋侵喀尔喀"蒙古。[1]康熙二十一年，清廷派内大臣费扬古等前往土谢图汗部，散秩大臣博洛特等前往车臣汗部，副都统班达尔什等前往赛音诺颜部，都统阿密达等前往扎萨克图汗部，分别赏赉诸扎萨克冠服、佩带、弓刀、器币，并诏示各部"设汛防御"噶尔丹的扰掠。[2]

当时，清朝北部边疆的形势比较复杂。一是沙皇俄国屡犯清朝东北边

---

① 中国第一历史档案馆藏蒙古堂档，第 23 号。
② 中国第一历史档案馆藏蒙古堂档，第 23 号。

境。散居尼布楚等地的俄人"阑入黑龙江,沿边肆掠,人因呼之为罗刹"。①
为保卫主权和领土完整,清廷正在进行中俄谈判以及自卫反击的准备工作。
二是漠西厄鲁特蒙古噶尔丹企图发动内乱,清廷对此已有所察觉。三是外
蒙古车臣汗部与内蒙古乌珠穆沁部时有摩擦。四是外蒙古内部矛盾日趋激
化,成衮袭扎萨克图汗位后,多次选人往土谢图汗察珲多尔济处索取逃众,
但均被拒绝,因而两部矛盾日益加深。康熙二十三年(1684),康熙皇帝命
内大臣阿齐图格隆偕同西藏达赖喇嘛晓谕扎萨克图、土谢图两汗和好,不
料此次行动因达赖喇嘛所遣使者参巴陈布呼图克图在归化城病逝而未能成
功。康熙二十五年,清廷又派理藩院尚书阿喇尼赍敕书会同达赖喇嘛特使
噶尔旦锡勒图,一起促劝土谢图汗和扎萨克图汗通过会盟解决纠纷。他们
还没有到达,成衮病死,康熙皇帝便诏示成衮子沙喇承袭扎萨克图汗位,
随同阿喇尼赴库伦伯勒齐尔与察珲多尔济会盟。察珲多尔济本人没有参加
会盟,仅以其弟哲布尊丹巴呼图克图为首席代表,又派其长子噶尔旦多尔
济、胞弟西第什哩等人参加。会盟中,清廷在外蒙古增设六旗,分别以扎
萨克图汗部根敦、土谢图汗部噶尔旦多尔济、西第什哩、衮布等人为扎萨
克。会盟以后,察珲多尔济未遵照康熙皇帝"尽遣所收逃众"的谕示办事,
"仅归其半于沙喇",致使两部"复交恶"。②

土谢图汗察珲多尔济在库伦伯勒齐尔会盟后加强了和清廷的联系。康
熙二十六年,察珲多尔济偕同车臣汗诺尔布上疏康熙皇帝,请上尊号并颁
给印信。康熙皇帝以"自今以后,亲睦雍和,毋相侵扰,永享安乐,庶慰
朕怀,胜于受尊号"为由,婉言拒绝,亦不允给印。③后来,察珲多尔济又
命长子扎萨克噶尔旦多尔济,率宰桑额尔德尼额尔克等上贡物给清廷,到
时正值康熙皇帝阅兵,康熙皇帝便命噶尔旦多尔济等扈驾往观,并参加射
箭活动。

同年秋,土谢图汗和准噶尔部噶尔丹发生武装冲突。噶尔丹以库伦伯
勒齐尔会盟中,哲布尊丹巴呼图克图与达赖喇嘛特使噶尔旦锡勒图抗礼,

---

① 祁韵士:《皇朝藩部要略》卷3《外蒙古喀尔喀部要略一》。
② 中国第一历史档案馆藏蒙古堂档,第20号。
③ 《清圣祖实录》卷129,康熙二十六年正月丙申。

"不尊达赖喇嘛"为名，"又怨察珲多尔济尝助鄂齐尔图汗攻己"，[①] 且以女妻其孙罗卜臧衮布阿拉不坦，便诱使扎萨克图汗沙喇攻击土谢图汗察珲多尔济。不料沙喇被杀，噶尔丹胞弟多尔济札卜也被追斩。噶尔丹未能得逞，遂在康熙二十七年（1688）春，"引众三万，由杭爱山入掠"，[②] 进犯外蒙古。当时，内大臣索额图等率兵赴色楞额河，与俄国人议界谈判。五月，"喀尔喀、厄鲁特交相争战"的消息不断传到清廷。[③] 六月，清朝理藩院尚书阿喇尼疏报康熙皇帝："噶尔丹率兵掠额尔德尼昭居民，直抵喀喇卓尔浑之地，距哲布尊丹巴所居仅一日程。哲布尊丹巴携土谢图汗妻与子媳及喇嘛、班第等夜遁。喀尔喀通国各弃其庐帐、器物、驼马牛羊纷纷南窜，昼夜不绝。土谢图汗不知存亡。"[④] 七月，哲布尊丹巴遣使向康熙皇帝告急，并通报了土谢图汗子噶尔旦台吉战败的消息，"仰祈速赐救援"。[⑤] 八月，侍郎文达、侍卫阿南达疏报："土谢图汗与噶尔丹，于八月初三、四等日，相遇于鄂罗会诺尔之地，鏖战三日。厄鲁特兵夜袭善巴额尔克戴青之营，破之，喀尔喀属下诸台吉星散，土谢图汗力弱，乃越瀚海，奔至哲布尊丹巴所。"[⑥] 九月，土谢图汗及其弟西第什哩巴图尔台吉、哲布尊丹巴呼图克图等，各率属下内附。清廷运归化城米粮均散赈济。此后，车臣汗部乌默克率所属十余万户来归，清廷赐牧乌珠穆沁界外阿尔图、布哈和赖等地。赛音诺颜部长善巴兵败，也携众前来，赐牧乌喇特部界外。扎萨克图汗部索诺木、伊斯札布、额尔德尼等，率属下从和硕托辉地方迁来，清廷命居归化城。为稳定内附的外蒙古各部秩序，避免"劫夺不已、离析愈多"的事件发生，保证"各谋生业"，"寇盗不兴，祸乱不作"，[⑦] 清廷派内蒙古科尔沁部亲王沙津等人前往外蒙古各部驻地宣示法度。

康熙三十年（1691）初，康熙皇帝以"喀尔喀全部内附，封爵官制宜

---

① 中国第一历史档案馆藏蒙古堂档，第 35 号。
② 中国第一历史档案馆藏蒙古堂档，第 35 号。
③ 《清圣祖实录》卷 135，康熙二十七年五月癸酉。
④ 中国第一历史档案馆藏蒙古堂档，第 36 号。
⑤ 中国第一历史档案馆藏蒙古堂档，第 37 号。
⑥ 《清圣祖实录》卷 136，康熙二十七年八月癸亥。
⑦ 祁韵士：《皇朝藩部要略》卷 3《外蒙古喀尔喀部要略一》。

更定，且降众数十万错处，应示法制俾遵守"，① 决定在内蒙古多伦诺尔举行会盟，内蒙古49旗王公、外蒙古各部汗王全部参加。四月，康熙皇帝前往多伦诺尔。多伦诺尔在上都河与额尔屯河之间，蒙古语为七星潭之意，这里土地平衍，湖水清澈，是理想的会盟场所。会盟前，康熙皇帝命理藩院调集外蒙古各部、内蒙古49旗王公，屯驻在多伦诺尔百里以外的地方等候。康熙皇帝到达多伦诺尔后，銮仪卫大臣安置好御营，上三旗官兵、下五旗官兵、上三旗护军、八旗前锋、五旗护军、火器四营等环御营屯驻。随后，康熙皇帝传谕内外蒙古王公前移，在御营50里处屯驻，不得入哨内。清廷大臣议定，外蒙古实行九等赏格，七行座次，宴会礼仪全部照内蒙古49旗例。会盟这一天，康熙皇帝帐殿设于网城门前，中设御榻，旁设武备院。理藩院大臣、鸿胪寺官员引导外蒙古汗、济农、诺颜、台吉依次入座。整个御筵分"进茶""进酒""进燕"三部分。宴后，"演舞奏乐，众技毕陈"，② 气氛严肃而不紧张。康熙皇帝召漠北蒙古汗、济农、诺颜、台吉近御榻前，亲自赐酒，谕曰："尔等以兄弟之亲，自相侵夺，启衅召侮，致全部溃散。"③ 他简略总结了漠北蒙古内部不和所造成的严重危害，同时表示，朝廷对待外蒙古将与内蒙古"四十九旗同例，以示一体抚育"之意。④ 次日，清廷又安排八旗满洲和汉军火器营、绿营官兵排列火炮，康熙皇帝亲披甲胄，检阅各营，正式颁发敕谕。通过土谢图汗等"具疏请罪"，康熙皇帝免其罪的形式，顺利解决了外蒙古的内部矛盾，增强了他们对清廷的信任。在会盟中，清廷决定去掉外蒙古各部旧的济农、诺颜名号，保留汗号，自汗以下，依次授以亲王、郡王、贝勒、贝子、镇国公、辅国公爵位，台吉亦分四等，同内蒙古49旗，按照品级，从优恩赉冠服、银币等物。鉴于外蒙古已封授汗、王等爵，清廷随之在外蒙古各部"按旗分编立佐领，设管旗章京、副章京、佐领、骁骑校等官"。⑤ 通过多伦会盟，外蒙古正式归附清朝，成为藩部。康熙三十五年（1696），康熙皇帝再次亲征，噶尔丹受

---

① 祁韵士：《皇朝藩部要略》卷3《外蒙古喀尔喀部要略一》。
② 张穆：《蒙古游牧记》卷7。
③ 祁韵士：《皇朝藩部要略》卷3《外蒙古喀尔喀部要略一》。
④ 祁韵士：《皇朝藩部要略》卷3《外蒙古喀尔喀部要略一》。
⑤ 嘉庆朝《大清会典事例》卷739。

到沉重打击，次年病死，朔漠平定。外蒙古各部还归旧牧，编 3 部，为 55
旗。雍正三年（1725），以固伦额驸策凌击准噶尔有功，诏率近族 19 扎萨
克别为 1 部，以其祖图蒙肯赛音诺颜号为名，成赛音诺颜部。这样，外蒙古
遂为 4 部，74 旗。乾隆年间，又增至 83 旗，附辉特、厄鲁特各 1 旗，成 85
旗，统称外扎萨克。

外蒙古成为清朝藩部，是外蒙古长时间以来对清廷从属关系发展的必
然结果。外蒙古与内蒙古基本上属于同族，多是元太祖成吉思汗世系的后
裔，他们在生产方式、宗教信仰、语言文字、生活习俗等方面是相同的。
因此，清（后金）统一内蒙古对外蒙古各部产生了深远影响。有外国学者
认为："早在 1665 年（即康熙四年），土谢图汗就已正式承认康熙拥有宗主
权。"[1]"察珲多尔济自执政的头几年起，就与清朝皇帝保持了密切关系。"[2]
他"多次接待过康熙的密使"。甚至在清朝和沙俄在黑龙江发生军事冲突期
间，"蒙古（外蒙古——引者注）诸王并未袖手旁观，他们站到满洲人一边
去了"。[3] 早在顺治十年（1653）二月，外蒙古土谢图汗部本塔尔就率所部
1000 多户移居漠南，清廷封他为扎萨尔克和硕达尔汉亲王，赐牧塔噜浑河，
与内蒙古各部同列，是为喀尔喀右翼。康熙三年，扎萨克图汗部衮布伊勒登
因本部众溃，穷无所依，也越大漠前往漠南，清廷封他为贝勒，赐牧喜峰口
外察罕和硕图地方，是为喀尔喀左翼。从康熙元年至五年（1662—1666），
外蒙古车臣汗部经常有人移居漠南，均得到了清廷的妥善安置。所以，外
蒙古成为清朝藩部，反映了清朝多民族国家发展过程中的强大内聚力。

第四节　青海蒙古 1725 年成为清朝藩部

青海的名称源于中国最大的内陆湖青海湖。在内蒙古林丹汗败亡之际，

---

[1]　沙斯季娜：《十七世纪俄蒙通使关系》，北京师范大学外语系七三级工农兵学员、教师译，
　　商务印书馆，1977，第 99 页。
[2]　沙斯季娜：《十七世纪俄蒙通使关系》，第 103 页。
[3]　沙斯季娜：《十七世纪俄蒙通使关系》，第 112 页。

外蒙古的却图汗及其子阿尔斯兰进据青海。却图汗原是外蒙古的一个封建领主，因在争夺权势的斗争中失势，离开外蒙古进入青海，打败了原在此地的西海蒙古，获得了对青海的统治权。却图汗反对藏传佛教中的格鲁派，和同样反对格鲁派并统治西藏的藏巴汗有联系。应藏巴汗之邀，却图汗派阿尔斯兰率军入藏支援藏巴汗。格鲁派上层为了维护本派系的利益，求得生存与发展，便派遣使者向远在天山北路信奉格鲁派的厄鲁特蒙古求助。

厄鲁特蒙古又称漠西蒙古，其中的一部是和硕特部，该部首领顾实汗，本名图鲁拜琥，是元太祖弟哈布图哈萨尔十九世孙。明万历三十四年（1606），喀尔喀蒙古与厄鲁特部发生战争，顾实汗曾对两部进行调解。代表藏传佛教格鲁派（黄教）与蒙古诸部联系的东科尔呼图克图赠他“大国师”称号，因称“国师汗”，音转为顾实汗。此后，他即尊信黄教，厄鲁特蒙古各部也都先后皈依格鲁派。顾实汗得知格鲁派的求援后，积极响应，一方面是缓和厄鲁特蒙古内部的矛盾，另一方面也是为了向青藏高原发展。明崇祯八年（1635），顾实汗扮成香客模样带少数随从前往西藏了解情况，在途中巧遇阿尔斯兰。在顾实汗的说服下，阿尔斯兰改变了反对格鲁派的立场，到西藏后，公开和藏巴汗对抗。却图汗不满阿尔斯兰立场的改变，派人将其杀死。顾实汗从西藏返回后，于明崇祯九年（清崇德元年），带兵进入青海。明崇祯十年（清崇德二年），顾实汗击败并擒杀了却图汗，占据了青海。此后，原在漠西的和硕特大部迁移到了青海，还有一部分土尔扈特和辉特部众也一同前来。再后来，准噶尔蒙古和喀尔喀蒙古也有一部分迁居到了青海。① 明崇祯十二年（清崇德四年），顾实汗离开青海进军西藏。明崇祯十四年（清崇德六年），顾实汗进攻藏巴汗，最终将其俘获并处死，从而掌握了西藏的统治权。在此前后，顾实汗的子孙占领了康区以及青海等地的藏区。这样，和硕特蒙古统治了广大的青藏高原。

为了巩固统治，顾实汗将青海部众分为左右两翼，由子10人分别统领。左境东自西宁边外的栋科尔庙，西至嘉峪关边外洮赉河界，800余里；南自西宁边外博罗充克克河北岸，北至凉州边外西喇塔拉界，400余里；东南自

---

① 祁韵士：《皇朝藩部要略》卷9《厄鲁特要略一》；张穆：《蒙古游牧记》卷12。

西宁边外拉喇山，西北至甘州边外额济纳河，400 余里；东北自永昌边外，西南至嘉峪关外布隆吉尔河岸，2000 余里。右境东自栋科尔庙，西至噶斯池界，2500 余里；南自松藩边外漳蜡岭，北至博罗充克克河南岸，1500 余里；东南自洮州边外达尔济岭，西北至嘉峪关边外塞尔腾、西尔噶拉金界，2000 余里；东北自西宁边外克腾库特尔，西南至穆鲁乌苏河，1500 余里。①

以顾实汗为首的和硕特蒙古很早就和清政权建立了联系，并且这种联系一直延续到顺治年间。清崇德二年（1637），顾实汗遣使入贡，阅岁乃至。清崇德七年，顾实汗再次遣使偕达赖喇嘛使者奉表入贡到盛京（今沈阳）。皇太极对此高度重视，亲率大臣到郊外迎接并设宴款待，次年使团返回时，又亲率大臣送到演武场饯行。皇太极还致书顾实汗，表达欲从西藏延请高僧"以宏佛教，以护国祚"②的愿望。清崇德八年，顾实汗遣使向皇太极表示："达赖喇嘛功德甚大，请延至京师，令其讽诵经文，以资福佑。"③顺治二年（1645），顾实汗及其第六子达赖多尔济遣使向清廷贡马。顺治三年，顾实汗奉表入贡，清廷赐甲胄弓矢，使其管辖诸厄鲁特。此后，青海蒙古各部每隔一年遣使清廷。顺治六年，因米喇印、丁国栋等起兵反清，和硕特蒙古曾协助清兵镇压，顾实汗第二子峨木布车臣和第七子瑚鲁木什都受到了清廷的封赏。顺治九年，顾实汗又和班禅喇嘛等人"以劝导达赖入朝，奉表奏闻"，④并贡驼马方物。顺治十年，清廷封顾实汗"遵行文义敏慧顾实汗"，赐用汉蒙满三种文字写成的金册金印。在册文中，顺治皇帝明确要求顾实汗"作朕屏辅，辑乃封圻"，⑤表示了清廷通过顾实汗间接统治西藏的愿望。顺治十一年，顾实汗在拉萨病逝，清廷对他"克尽克诚，常来贡献"的行为给予充分肯定，并"予以祭典，以酬其忠"。⑥

顾实汗去世，青海和硕特蒙古和清廷的关系发生了变化。一方面，和硕特蒙古仍和清廷维系着贡使关系；另一方面，双方的冲突不断发生。就

①　张穆：《蒙古游牧记》卷12。
②　《清太宗实录》卷64，崇德八年五月丁酉。
③　《清世祖实录》卷2，崇德八年九月戊申。
④　《清世祖实录》卷62，顺治九年正月癸酉。
⑤　《清世祖实录》卷74，顺治十年四月丁巳。
⑥　《清世祖实录》卷97，顺治十三年正月癸未。

在清廷遣官致祭顾实汗的时候，青海和硕特蒙古"复为边患"，"率番众掠内地，抗官兵"，达"二十余次，屡谕不悛"。为此，清廷不得不遣官赴甘肃和西宁等地调查了解情况，要求和硕特蒙古各部"分定耕牧，勿得越境妄行"。① 康熙十二年（1673）吴三桂发动叛乱后，青海和硕特蒙古竟然站在清廷的对立面，右翼围攻河州，左翼"拆毁关隘，袭执官吏，与官兵会战"。②

康熙二十二年，吴三桂叛乱平定。康熙二十七年，噶尔丹内乱起。在平定噶尔丹内乱的过程中，清廷加强了对青海蒙古的招抚。清廷曾向青海和硕特蒙古萨楚墨尔根台吉通报噶尔丹失败以及五世达赖喇嘛"脱缁已久，第巴匿之"的情况，要求他"遇噶尔丹，即行擒解"。③ 此外，康熙皇帝还多次派遣使者到青海蒙古各部说明有关情况以及清廷的政策。康熙三十六年春，清廷遣官招降青海蒙古各部，噶尔丹亦在走投无路中病亡。同年十一月，顾实汗第十子达什巴图尔率其侄孙纳木札勒等台吉入觐，康熙皇帝在保和殿赐宴，并以御用官服、朝珠赐达什巴图尔及朋素克，以鞍马、银币等物赐诸台吉。④ 十二月，康熙皇帝在玉泉山举行阅兵式，达什巴图尔等应邀往观，受到极大震撼。康熙三十七年正月，康熙皇帝颁诏封达什巴图尔为和硕亲王，达赖汗弟台吉朋素克、纳木札勒为多罗贝勒，纳木札勒弟额璘沁达什、衮布子朋素克为固山贝子，根特尔为辅国公。二月，康熙皇帝出巡五台山，达什巴图尔等扈从。康熙皇帝在行幄召见了达什巴图尔等人，并给驼马，谕示他们回归本部。

有学者认为："达什巴图尔附清，标志着青海和硕特蒙古正式成了清王朝的藩属。但是，清朝并未因此触动和硕特蒙古贵族在青海的统治权益，他们实际上仍然保持着割地而居的状况。"⑤ 既然清朝并未因此触动和硕特蒙古贵族在青海的统治权益，他们实际上仍然保持着割地而居的状况，又怎么能说达什巴图尔附清，标志着青海和硕特蒙古正式成了清王朝的藩属

---

① 祁韵士：《皇朝藩部要略》卷9《厄鲁特要略一》。
② 《清圣祖实录》卷54，康熙十四年四月乙卯。
③ 祁韵士：《皇朝藩部要略》卷10《厄鲁特要略二》。
④ 祁韵士：《皇朝藩部要略》卷10《厄鲁特要略二》。
⑤ 崔永红等主编《青海通史》，青海人民出版社，2017，第272页。

呢？实际上，青海蒙古成为清朝的藩部，时间还要晚一些，应在雍正三年（1725）平定罗卜藏丹津叛乱之后。

在达什巴图尔等人之后，许多青海蒙古贵族也相继受清廷册封，并领受清廷交给的任务。康熙四十二年（1703），康熙皇帝出巡西安，达什巴图尔等来朝。清廷封青海蒙古右翼长、和硕特台吉策旺喇布坦为多罗郡王，准噶尔台吉色布腾扎勒为多罗贝勒。康熙四十三年，康熙皇帝以青海衮布先于诸台吉内附，诏封多罗贝勒。康熙四十四年，封达什敦多布及敦多布达什为辅国公。康熙五十年，封青海蒙古噶尔丹达什、索诺木达什、车凌、拉察布等为辅国公。这些人多是顾实汗后裔，长期领青海蒙古左翼。康熙五十五年三月，清廷命青海蒙古贝勒朋素克、旺札勒，台吉达颜，各率兵100 名，屯噶斯路，以防准噶尔。闰三月，清廷以青海蒙古贝勒额尔德尼、额尔克托克托鼐等分领青海蒙古左翼，台吉达颜等分领青海蒙古右翼。十二月，以办理青海事务始终毫无舛误，封达颜为多罗贝勒。青海准噶尔台吉阿喇布坦封公品级一等台吉，辅国公拉察布晋封固山贝子。康熙五十七年十二月，察汗丹津晋封多罗郡王。康熙五十九年，封阿喇布坦札木素为辅国公。[①] 雍正元年（1723），因进军西藏驱逐准噶尔，青海蒙古王公各著劳绩，郡王察汗丹津晋封亲王，贝勒额尔德尼、额尔克托克托鼐晋封郡王，贝子额璘沁达什、拉察布晋多罗贝勒，辅国公敦多布达什、噶尔丹达什晋镇国公，其他台吉也都晋爵不等。以上清廷对青海蒙古贵族的封授，和以前对达什巴图尔等人的册封一样，都没有改变青海蒙古原有的社会制度以及割地而居的状况，如前所述，这只是青海蒙古成为藩部的一个条件，还没有实行盟旗制度。所以说，青海蒙古这时尚未成为清朝的藩部。

雍正元年，青海蒙古罗卜藏丹津在清廷进军西藏驱逐准噶尔后，因"希冀藏王"的目的未能达成，[②] 感到被清廷忽视而心怀不满，进而发动反清叛乱。清廷调集各方面力量前往平叛。雍正二年，罗卜藏丹津叛乱失败，逃往准噶尔。清廷在讨论善后事宜时决定：青海蒙古"游牧地令各分界，如内扎萨克例，百户置佐领一，不及百户者为半佐领，以扎萨克领之。设

---

① 以上均见祁韵士《皇朝藩部要略》卷10《厄鲁特要略二》。
② 《年羹尧奏折专辑（上）》，第3页。

协理台吉，及协领、副协领、参领各一。每参领设佐领、骁骑校各一。岁会盟，令奏选盟长，勿私推。贡期自明年始，分三班，九年一周，自备驼马，由边入京"。① 雍正三年，青海蒙古和硕特部、绰罗斯部、土尔扈特部、辉特部、喀尔喀部相继设旗。这样，青海蒙古实行盟旗制度，终于由归附清朝进而成为清朝的藩部。

第五节　西藏 1721 年成为清朝藩部

清代西藏又称唐古特、土伯特，包括卫、藏、喀木、阿里四部分。卫在四川打箭炉西北，也称前藏，首城是拉萨。藏在卫西南，也称后藏，首城是日喀则。喀木在卫东南，首城是巴塘。阿里在藏极西边，有达克喇等城。

清廷和西藏的关系，如前所述，早在关外时期就已开始。崇德四年（1639）十月，皇太极派遣察罕喇嘛等前往西藏，致书达赖喇嘛，表示"延致高僧，宣扬佛教，利益众生"②的愿望。崇德七年，顾实汗消灭藏巴汗后，成为西藏的最高统治者。这年十月，顾实汗和达赖喇嘛、班禅喇嘛等人共同派遣的伊拉古克三使团到达盛京，受到皇太极隆重而热烈的欢迎。清朝入关后，顺治二年（1645），顾实汗派"佐理藏事"的第六子多尔济达赖巴图尔到达北京，向顺治皇帝上书，表示对清廷"无不奉命"的态度。③从顺治三年到十年，顾实汗几乎每年都派使者到北京向顺治皇帝问安奉贡，表现了西藏地方和清廷的密切关系。此外，为了崇尚藏传佛教以安蒙藏地区，清朝入关后，还多次派使者往西藏延请达赖喇嘛。顺治九年，五世达赖喇嘛到达北京，顺治皇帝给予隆重礼遇。达赖喇嘛返藏时，清廷赍送金册金印，封五世达赖喇嘛为"西天大善自在佛所领天下释教普通瓦赤喇怛喇达赖喇嘛"。与此同时，清廷还派大臣携带金册金印，册封顾实汗。册文

---

①　祁韵士：《皇朝藩部要略》卷 11《厄鲁特要略三》。
②　《清太宗实录》卷 49，崇德四年十月庚寅。
③　《清世祖实录》卷 22，顺治二年十二月壬辰。

中写道："帝王经纶大业，务安劝庶邦，使德教加于四海。庶邦君长能度势审时，归诚向化，朝廷必加旌异，以示怀柔。尔厄鲁特部落顾实汗，尊德乐善，秉义行仁，惠泽克敷，被于一境，殚乃精诚，倾心恭顺，朕甚嘉焉。兹以金册印封为遵行文义敏慧顾实汗。尔尚益矢忠诚，广宣声教，作朕屏辅，辑乃封圻。如此则带砺山河，永膺嘉祉。"① 顺治十一年，顾实汗病逝后，其子达延汗从青海到拉萨嗣汗位。就这样，清朝初年，清廷在西藏一方面实行政教分离制度，一方面通过顾实汗家族间接统治西藏地区。

康熙二十一年（1682），五世达赖喇嘛圆寂，西藏僧俗贵族与和硕特蒙古贵族之间的矛盾日益激化，西藏局势渐趋不稳。五世达赖喇嘛生前委任的第巴桑结嘉措为了维护自身的权益，在五世达赖故去后，长达15年秘不发丧，私立仓央嘉措为六世达赖，千方百计削弱和硕特蒙古在西藏的势力。康熙三十五年，康熙皇帝得知五世达赖已经去世、桑结嘉措匿丧不报情况后，十分恼怒，遣人赍书严厉斥责桑结嘉措。康熙三十六年，桑结嘉措慑于清廷威力，派尼麻唐呼图克图前往北京，向清廷卑辞奏报有关情况。康熙皇帝以桑结嘉措是"代达赖喇嘛理事人"，遂"宽宥其罪"。②

康熙四十二年，顾实汗曾孙拉藏汗成为卫藏地区最高统治者，桑结嘉措与和硕特蒙古汗王之间的矛盾公开化。康熙四十四年，拉藏汗袭杀桑结嘉措，废黜六世达赖仓央嘉措，并将情况上报清廷，恳请另寻转世灵童。康熙皇帝认可了现实情况，派人进藏封拉藏汗为"翊法恭顺汗"，诏令把仓央嘉措押解进京。康熙四十五年，仓央嘉措在解京途中病死在青海。康熙四十六年，拉藏汗立意希嘉措为六世达赖喇嘛，但是，黄教上层僧侣和青海蒙古首领察罕丹津等人不承认，并在康熙四十九年，另立格桑嘉措为仓央嘉措的转世灵童。西藏政局处于动荡之中。在这种形势下，清廷认为"西藏事务不便令拉藏汗独理，应遣官一员前往西藏协同拉藏汗办理事务"，③ 便派理藩院侍郎赫寿前往西藏。为稳定西藏局势，康熙五十二年，清廷还派使入藏，册封五世班禅罗桑益喜为班禅额尔德尼。康熙五十五年，

---

① 中国第一历史档案馆藏蒙文老档；《清世祖实录》卷74，顺治十年四月丁巳。
② 《清圣祖实录》卷180，康熙三十六年二月壬寅。
③ 《清圣祖实录》卷236，康熙四十八年正月己亥。

又命青海蒙古众台吉迎格桑嘉措暂住青海塔尔寺。

康熙五十六年（1717），厄鲁特蒙古准噶尔部首领策妄阿拉布坦派遣大策敦多布率兵六千袭扰西藏，拉藏汗不敌被杀，所立六世达赖意希嘉措也被废除。和硕特蒙古顾实汗及其子孙在西藏的执政到此结束。清廷为维护国家统一，稳定西藏局势，于康熙五十七年、五十九年先后两次派兵进藏，终于驱逐准军、收复拉萨。格桑嘉措也被清廷册封为"弘法觉众第六世达赖喇嘛"，由青海蒙古王公护送返回拉萨，在布达拉宫举行了隆重的坐床典礼。驱逐准噶尔军出西藏后，清廷总结了在西藏地方采取的政治和军事行动的经验教训，决心彻底结束蒙古诸部对西藏地方的统治和占领，任用藏族领袖人物管理西藏，通过他们贯彻执行清廷对西藏的施政措施。康熙六十年，清廷决定废除独揽大权的第巴职位，以在驱逐准噶尔军过程中立功的原拉藏汗旧部康济鼐、阿尔布巴、隆布鼐为格隆，共同主管政务，并封康济鼐、阿尔布巴为贝子，隆布鼐为辅国公，留三千满汉官兵驻守拉萨。从此，西藏成为清朝的藩部。

西藏成为清朝藩部，和内外蒙古及青海不同，是通过册封藏传佛教领袖人物、封西藏上层人士各种爵位和派遣大臣以及驻军掌控西藏政局而实现的。首先，册封藏传佛教领袖人物，主要是达赖喇嘛和班禅喇嘛。册封达赖喇嘛，这里以康熙年间出现的"真假达赖喇嘛"之争，及由此产生的三位六世达赖喇嘛为例予以说明。对于这三位六世达赖喇嘛，康熙皇帝都曾册封。康熙三十六年（1697）十月，仓央嘉措被迎至布达拉宫，举行坐床典礼，康熙皇帝派章嘉活佛参加了典礼，正式承认并授予印信封文。后来，康熙皇帝认为仓央嘉措是假达赖喇嘛，遣护军都统西住（即席柱）等往擒。康熙皇帝解释说："以众蒙古俱倾服达赖喇嘛，此虽假达赖喇嘛，而有达赖喇嘛之名，众蒙古皆服之，本朝若不遣人往擒，如策旺喇卜滩（即策妄阿拉布坦）迎去，则西域、蒙古皆向策旺喇卜滩矣，故差西住前去。"①"前遣护军都统席柱等往擒假达赖喇嘛……众蒙古俱倾心皈向达赖喇嘛，此

① 中国第一历史档案馆藏内阁起居注，赵学毅等编《清代以来中央政府对西藏的治理与活佛转世制度史料汇集》，华文出版社，1996，第149—150页。

虽系假达赖喇嘛，而有达赖喇嘛之名，众蒙古皆服之。"① 仓央嘉措被解离西藏后，拉藏汗另立伊西札穆苏（即前文所称意希嘉措）为达赖喇嘛，康熙四十九年，伊西札穆苏得到了康熙皇帝的认可，被封为六世达赖喇嘛。乾隆朝内府抄本《理藩院则例》"柔远清吏左前司下"对此记载："康熙四十九年，封前藏伊西札穆苏为六世达赖喇嘛，给金印金册。"② 伊西札穆苏遭到黄教上层僧侣和青海蒙古首领的反对，他们以格桑嘉措为仓央嘉措的转世灵童。于是，康熙五十九年，康熙皇帝"册封里塘呼毕勒罕为弘法觉众第六世达赖喇嘛"，③ 而伊西札穆苏被送往内地。康熙皇帝对真假达赖喇嘛的册封和废黜，不仅说明了清廷利用藏传佛教怀柔蒙古，也反映了清廷对西藏局势的掌控。同样，对班禅喇嘛的册封也说明了这一问题。康熙五十二年，康熙皇帝敕谕五世班禅额尔德尼册封名号并颁金印金册。"皇帝敕谕班禅呼图克图：尔利裨众生，阐扬释教，身安无恙。荷天眷佑，朕躬康安。朕临治天下，务期率土之民，各安生业，弘扬道统。据呼图克图奏称，札什伦布所属寺庙地方虽仍前宁谧，然若荷蒙颁降敕书，札什伦布所属寺庙地方将永无争端，且可利法，小僧及众喇嘛皆倾心向化，世代安逸。伏乞钤宝颁敕。等语。昔因第巴匿报五世达赖圆寂，统揽西土大权，欺众行恶，破坏黄教，扰累土伯特之众，拉藏诛杀第巴奏陈情由。朕以拉藏奋勉于黄教，封为翊法恭顺汗。嗣后拉藏奏称达赖喇嘛呼毕勒罕已转世，朕为振兴黄教，封此达赖喇嘛为第六辈达赖喇嘛，给予金印金册。又因拉藏奏请派遣大臣赴藏办事于民大有裨益，朕派大臣会同拉藏办事以来，西藏土伯特人众宁谧无事，均安居乐业。班禅呼图克图世代勤勉宗喀巴教，静心恪守喇嘛法规，仰副朕兴广黄教、逸乐众生之至意，不趋附横逆之事，每年恭派使臣请安进贡，自始至终，虔诚如一，甚属可嘉。兹又为札什伦布所属寺庙地方永久争端，笃诚奏请，相应为保障札什伦布所属寺庙原征赋税永不为他人侵占，兹封班禅呼图克图为班禅额尔德尼，颁给金印金册。

---

① 《清圣祖实录》卷 227，康熙四十五年十月乙巳。
② 赵云田点校《乾隆朝内府抄本〈理藩院则例〉》，第 118 页。
③ 赵学毅等编《清代以来中央政府对西藏的治理与活佛转世制度史料汇集》，第 159 页。

特此颁册，派一等侍卫策楞、达喇嘛佐特巴林沁格隆、郎中鄂赖等赏往。"①
康熙皇帝还谕示："班禅胡土克图，为人安静，熟谙经典，勤修贡职，初终
不倦，甚属可嘉。着照封达赖喇嘛之例，给以印册，封为班禅额尔得尼。"②
康熙皇帝通过册封班禅喇嘛，加强了清廷对西藏局势的掌控。

其次，封西藏上层人士各种爵位以掌控西藏政局。清廷曾在顺治年间
封顾实汗为"遵行文义敏慧顾实汗"，在康熙四十四年（1705）封拉藏汗为
"翊法恭顺汗"。康熙六十年，清廷驱准保藏之后，封康济鼐、阿尔布巴为
固山贝子，隆布鼐为辅国公，理前藏事务，颇罗鼐为扎萨克一等台吉，理
后藏事务，各授噶卜伦。③清廷通过封爵授官，掌控了西藏。

最后，派遣大臣和驻军以掌控西藏政局。前文指出，拉藏汗与青海蒙
古诸台吉因立达赖喇嘛意见不同而矛盾很深，清廷王大臣会议认为，应派
遣官员往西藏处理政务，理藩院侍郎赫寿遂奉命前往。这样，清廷便直接
掌控了西藏政局。关于在西藏驻军，史书记载："抚远大将军允禵疏言：西
藏虽以平定，驻防尤属紧要。见今留驻彼处者，扎萨克蒙古兵五百名、额
驸阿宝兵五百名、察哈尔兵五百名、云南兵三百名、四川兵一千二百名，
以公策旺诺尔布总统管辖。"④清廷在西藏的驻军，包括蒙古兵和汉军，总
计3000人。清廷通过驻军，牢牢掌控了西藏的局势。就这样，通过册封藏
传佛教领袖人物、封西藏上层人士各种爵位和派遣大臣以及驻军，西藏在
康熙六十年准噶尔军被驱逐后，成为清朝的藩部。

第六节　漠西蒙古1757年成为清朝藩部

漠西蒙古即大漠以西的蒙古族，明代称瓦剌，明末清初亦称厄鲁特、

---

① 中国第一历史档案馆藏军机处满文录副奏折，赵学毅等编《清代以来中央政府对西藏的治理与活佛转世制度史料汇集》，第331—332页。
② 《清圣祖实录》卷253，康熙五十二年正月戊申。
③ 祁韵士：《皇朝藩部要略》卷17《西藏部要略一》。按，噶卜伦亦作噶布伦、噶伦、噶隆、格隆等，是掌理西藏政务的官员。
④ 《清圣祖实录》卷291，康熙六十年二月己未。

卫拉特，分为四部。其中，和硕特部是成吉思汗弟哈布图哈萨尔后裔，准噶尔部、杜尔伯特部是元臣孛罕后裔，土尔扈特部是元臣翁罕后裔。[1] 明清之际，准噶尔部势力渐强，其首领巴图尔珲台吉"恃其强，侮诸卫拉特"。土尔扈特部和鄂尔勒克不堪其侮，"挈族走俄罗斯，屯牧额济勒河"。[2] 和硕特部顾实汗，率本部移居青海并控制了西藏。杜尔伯特部则依附于准噶尔部。

　　漠西蒙古和清朝的关系，可分为三个时期。第一时期是顺治至康熙年间。巴图尔珲台吉统治准噶尔部时，与清廷关系密切。顺治四年（1647），巴图尔珲台吉派出使臣前往北京。清廷也派遣官员宰桑吉尔、侍卫乌尔腾二人持敕谕前往巴图尔珲台吉游牧地。顺治九年，巴图尔珲台吉请求清廷派人援建寺庙。[3] 巴图尔珲台吉死后，子僧格嗣位，其异母兄车臣及卓特巴巴图尔为争夺属产，杀了僧格。当时正在西藏跟随达赖喇嘛学习黄教经典的僧格同母弟噶尔丹，闻讯后从西藏返回，执杀车臣。卓特巴巴图尔与其弟卓里克图和硕齐逃奔青海，"噶尔丹遂为所部长"。[4] 噶尔丹成为准噶尔部首领后，最初还和清廷保持贡使往来。他在康熙十一年（1672）上疏清廷，请求"照常遣使进贡"。[5] 此后，他几乎每年都向清廷派出贡使。[6]

　　康熙十六年，噶尔丹袭杀和硕特部鄂齐尔图后，称博硕克图汗，胁迫厄鲁特各部都遵奉他的命令。他"令其属兵丁殷实者，各备马十匹，骆驼三头，羊十只；劳乏者，马五匹，骆驼一头，羊五只，自其地起兵"，[7] "恃其强威，四出剽掠"，[8] 进袭蒙古各部，大肆扩张势力。康熙二十七年和二十九年，噶尔丹两次袭扰喀尔喀蒙古。特别是康熙二十九年六月，清朝理藩院尚书阿喇尼在乌尔会河与噶尔丹激战失利后，噶尔丹率军竟深入内蒙古乌珠穆沁境内。为抵挡噶尔丹军，七月，康熙皇帝命裕亲王福全为抚远

---

[1]　祁韵士：《皇朝藩部要略》卷9《厄鲁特要略一》。
[2]　张穆：《蒙古游牧记》卷14。
[3]　以上见中国第一历史档案馆藏蒙文老档，蒙字46号0047、0056，47号0057。
[4]　祁韵士：《皇朝藩部要略》卷9《厄鲁特要略一》。
[5]　《清圣祖实录》卷38，康熙十一年春正月庚午。
[6]　温达等：《亲征平定朔漠方略》卷2。
[7]　温达等：《亲征平定朔漠方略》卷1。
[8]　敖福合译《圣驾亲征噶尔旦方略》（抄本）。

大将军，皇子允禔为副将军，出古北口；恭亲王常宁为安北大将军，简亲王雅布、信郡王鄂札为副将军，出喜峰口；又命康亲王杰书，率兵驻归化城呼应。七月中旬，常宁率所部与噶尔丹军在乌珠穆沁相遇，战斗失利，噶尔丹遂长驱南下，进入内蒙古克什克腾旗南境乌兰布通地方，这里距离京师只有七百里。噶尔丹军"数万陈山下，依林阻水，以万驼缚足卧地，背加箱垛，蒙以湿毡，环列如栅，士卒于垛隙发矢统，备钩距"。① 八月一日，清军进攻，自午后交战至掌灯时分，非常激烈。清军以火炮遥攻噶尔丹军，大破其驼城阵，"斩杀甚多，以昏夜地险收兵"。② 数天后，噶尔丹乘夜败逃，乌兰布通之役清军获胜。

康熙三十四年（1695）夏，经过休整后的噶尔丹又发起了对喀尔喀蒙古的战争，抢占了克鲁伦河上游地区。他还扬言"借俄罗斯鸟枪兵六万，将大举内犯漠南"。③ 康熙皇帝决定率师亲征。他命将军萨布素为东路统帅，统盛京、宁古塔、黑龙江、科尔沁部兵沿克鲁伦河前进，阻遏噶尔丹兵锋；安北将军费扬古为抚远大将军，从归化城进发，扬威将军舒恕、安西将军傅霁、振武将军孙思克由镇彝取昆都伦一路前进，以上为西路，沿翁金河北上，拦截噶尔丹归路；康熙皇帝居中路，出独石口，直接进击噶尔丹。五月，康熙皇帝中路军到达科图，接近了噶尔丹军驻地。噶尔丹见清军大营"黄幄龙纛，环以幔城，又外为网城，军容山立"，④ 知皇帝亲自领兵前来，十分恐惧，"抛弃器械、甲胄、锅釜、帐房等物，及羸病幼小，乘夜遁窜"。⑤ 五月十二日，在昭莫多，噶尔丹军与费扬古西路军相遇，双方激战，自未时至酉时，清军分兵夹击，杀噶尔丹妻阿努及许多部众，噶尔丹大败，仅领数十骑逃跑。清军取得了昭莫多之战的胜利。康熙三十六年三月，噶尔丹"谋食无资，部众尽溃"，⑥ 陷于绝境，在走投无路中病死。⑦

---

① 张穆：《蒙古游牧记》卷3。
② 祁韵士：《皇朝藩部要略》卷9《厄鲁特要略一》。
③ 魏源：《圣武记》卷3《国朝绥服蒙古记一》。
④ 魏源：《圣武记》卷3《国朝绥服蒙古记一》。
⑤ 《清圣祖实录》卷173，康熙三十五年五月辛未。
⑥ 赵翼：《皇朝武功纪盛》卷1。
⑦ 一些学者认为噶尔丹是"仰药自杀"，实际上病亡。参见赵柄学《噶尔丹死亡考》，《历史档案》2012年第2期。

　　策妄阿拉布坦是继噶尔丹之后在漠西蒙古进行分裂割据的又一个代表人物。策妄阿拉布坦是僧格的长子、噶尔丹侄。为了夺回本应属于其父的权力，康熙二十九年（1690），他乘噶尔丹在乌兰布通遭遇惨败之机，袭取了噶尔丹在科布多的大营，得到漠西蒙古各部的拥戴，"遂有准部大半"。① 康熙三十六年，清廷平定噶尔丹之后，策妄阿拉布坦派使者"入贡庆捷"，受到清廷"优赉"。② 噶尔丹覆灭后，策妄阿拉布坦认为他统治西域的机会来了，又没有什么人可以和他争雄，便开始和清廷对抗。康熙五十四年，策妄阿拉布坦"乘噶尔丹溃败之后，收集余众，衰集滋育，日益以强"，③ "尽效噶尔丹所为"，④ 出兵三千掠哈密，又"煽众喀尔喀"。⑤ 清廷为维持喀尔喀蒙古各部的统治秩序，采取了相应之策。康熙皇帝诏令费扬古率察哈尔、归化城、黑龙江、索伦、达呼尔、喀喇沁、鄂尔多斯各部兵驻扎推河；命祁里德会同喀尔喀蒙古众扎萨克移兵驻屯科布多、乌兰古木一带，以壮声援；在鄂尔昆、图拉等地屯田，以裕军食。康熙五十六年，清廷又命富宁安为靖逆将军，驻兵巴里坤；傅尔丹为振武将军、祁里德为协理将军，驻兵阿尔泰。综上可知，这一时期清廷和准噶尔的关系，有和有战，以战为主，准噶尔是战争的主动方。

　　第二时期是雍正年间。雍正皇帝继位后，策妄阿拉布坦感受到清廷的力量，态度有所转变。雍正元年（1723）九月，雍正皇帝谕示："目今策妄阿拉布坦，甚属恭顺。"⑥ 十一月，他在接见策妄阿拉布坦的使者时又进一步指出："尔台吉于圣祖皇考时，有获罪之处，亦有效力之处。尔台吉今悔过引罪，朕甚嘉之。"⑦ 尽管如此，清廷仍然加强了军事部署。雍正二年二月，清廷决定在察罕瘦尔、扎克拜达里克两处形势紧要之地，相应驻兵；加强喀尔喀蒙古各部的防御力量，命喀尔喀蒙古郡王丹津多尔济、额驸郡

---

① 魏源：《圣武记》卷 3《国朝绥服蒙古记一》。
② 祁韵士：《皇朝藩部要略》卷 10《厄鲁特要略二》。
③ 赵翼：《皇朝武功纪盛》卷 3。
④ 魏源：《圣武记》卷 3《国朝绥服蒙古记一》。
⑤ 祁韵士：《皇朝藩部要略》卷 4《外蒙古喀尔喀部要略二》。
⑥ 《清世宗实录》卷 11，雍正元年九月辛卯。
⑦ 《清世宗实录》卷 13，雍正元年十一月甲辰。

王策凌、贝勒博贝为副将军，正式给三部副将军敕印，颁给旗纛，"使钤辖各部落蒙古兵"。① 鉴于额驸策凌所部系出赛音诺颜，策凌劳绩卓著，便命其率近族亲王达什敦多布等凡十九扎萨克别为一部，以赛音诺颜号冠之，称喀尔喀中路。

雍正五年（1727），策妄阿拉布坦死，子噶尔丹策凌继位，隐匿青海内乱首要分子罗卜藏丹津。对此，雍正皇帝认为"噶尔丹策凌断非安分守法之人，必至生事妄为"，"安享太平之喀尔喀等"，"必致被其扰害"，② 决定派兵征讨。这样，沉寂多年的西北边陲又起烽烟。雍正九年六月，清廷在科布多筑城。雍正十年六月，噶尔丹策凌部将小策凌敦多布率兵三万，进至奇兰河。七月，噶尔丹策凌亲统大军，绕过科布多、察罕瘦尔，深入乌里雅苏台东北的厄得尔河源。八月，噶尔丹策凌偷袭设在塔密尔河畔的策凌营帐，劫掠其子女和牲畜。在本博图山设防的策凌闻讯后，急率喀尔喀蒙古两万士兵援救，在鄂尔坤河的额尔德尼昭歼灭大部准军，噶尔丹策凌连夜突围逃窜。雍正十一年，清廷在乌里雅苏台筑城，"移察罕瘦尔所贮银米、兵械、火药，运送其中"。③ 同年七月，清廷以平郡王福彭为定边大将军，统大军驻乌里雅苏台，以策凌为定边左副将军，进屯科布多。由于准噶尔军连续受挫，无力主动出击，雍正十三年，噶尔丹策凌遣使与清廷议和，清廷对漠西蒙古准噶尔部的战争暂告结束。这一时期清廷和准噶尔的关系，有和有战，以和为主，清廷是战争的主动方。

第三时期是乾隆年间。乾隆元年（1736），清廷撤回西、北两路大军，仅在乌里雅苏台、鄂尔坤河、巴里坤、哈密等地留兵戍守。乾隆四年，划定了喀尔喀蒙古与漠西蒙古准噶尔部的游牧界。乾隆十年，噶尔丹策凌病亡，次子策妄多尔济纳木扎勒嗣位。不久，准噶尔部发生内乱，策妄多尔济纳木扎勒被杀，喇嘛达尔扎篡汗位，并杀死噶尔丹策凌幼子策妄达什。此后，达瓦齐又联合阿睦尔撒纳杀死喇嘛达尔扎，达瓦齐袭汗位。达瓦齐是巴图尔珲台吉之后、大策凌敦多布之孙。在准噶尔部贵族内乱频仍的情

---

① 光绪朝《大清会典事例》卷976。
② 《清世宗实录》卷78，雍正七年二月癸巳。
③ 魏源：《圣武记》卷12《武事余记》。

况下，漠西蒙古各部"生产荒废，除老幼妇女以外，各兀鲁思荒无人烟"，"各部众咸失生业"，①许多封建领主及其部众东迁，投归清廷。乾隆十五年九月，准噶尔宰桑萨拉尔率众 1000 多户归附清廷。清廷任命他为散秩大臣，安插在察哈尔游牧。乾隆十八年冬，杜尔伯特部台吉车凌、车凌乌巴什和车凌蒙克（通称"三车凌"）率众 3100 多户 10000 余人投归清廷，受到妥善安置。

乾隆十九年七月，阿睦尔撒纳恃功骄横，有异志，和达瓦齐矛盾激化，处于不利地位，便偕和硕特部台吉班珠尔归顺清廷。乾隆皇帝以达瓦齐虐苦所部，降者纷至，为西北边陲久安，从长经理，决定派大军征讨达瓦齐。乾隆二十年二月，清廷分兵两路，北路以班第为定北将军，阿睦尔撒纳为副将军，科尔沁亲王色布腾巴勒珠尔、郡王成衮扎布、内大臣玛木特参赞军务；西路以永常为定西将军，萨拉尔为前将军，郡王班珠尔、贝勒扎拉丰阿、内大臣鄂容安参赞军务。两路副将军各领前锋部队 3000 人先进，将军、参赞继之。北路出乌里雅苏台，西路出巴里坤。清军前进途中，"师行数千里，无一人抗颜行者"，漠西蒙古各部首领率所属"携奶酪，献羊马，络绎道左"。②五月，清军进抵伊犁河岸。不久，两路清军在博罗塔拉胜利会师。伊犁底定，达瓦齐被擒，准噶尔地方割据势力土崩瓦解。

达瓦齐割据势力平息三个月后，即同年八月，阿睦尔撒纳发动叛乱。阿睦尔撒纳是策妄阿拉布坦的外孙，他对漠西蒙古各部早有"垂涎汗位"③的野心，企图假手清军消灭达瓦齐，然后以自己为珲台吉，总管漠西蒙古各部。对此，清廷有所察觉，并做了部署。在清军出兵伊犁、消灭达瓦齐割据势力之初，乾隆皇帝就已向归附的漠西蒙古各部首领指出："以车凌为杜尔伯特汗，班珠尔为和硕特汗，阿睦尔撒纳为辉特汗，其绰罗斯（准噶尔）汗则候噶尔丹策凌子侄来降者授之。"④阿睦尔撒纳对此阳奉阴违，在进军伊犁过程中，多次动摇军心，"若无总领之人，恐人心不一，不能外御

---

① 伊·亚·兹拉特金：《蒙古近现代史纲》第 3 章，齐世荣译，未刊；祁韵士：《皇朝藩部要略》卷 12《厄鲁特要略四》。
② 魏源：《圣武记》卷 4《乾隆荡平准部记》。
③ 《西域图志》卷首《天章一》。
④ 祁韵士：《皇朝藩部要略》卷 12《厄鲁特要略四》。

诸敌，又生变乱"。① 达瓦齐之乱被平定之后，他的野心进一步暴露，"隐以总汗自处，擅调兵，擅诛杀"，② "凡传行事件，仍仿达瓦齐私用小红铃记"，③ 而不用清廷颁发的印信，也不穿清廷所赐的官服。乾隆二十年六月，乾隆皇帝命阿睦尔撒纳"于九月至热河行饮至礼"。乾隆皇帝还下诏宣布："俟阿睦尔撒纳到后，施恩将四卫拉特分封四汗，用奖劳绩。"④ 阿睦尔撒纳感到自己的野心已不能实现，便在去热河途中潜逃。八月，他"四出煽乱"，致使"伊犁诸喇嘛宰桑，劫掠军台，蜂起应之"。⑤ 清廷留守伊犁大臣班第、鄂容安及 500 名士兵被害。

为平定阿睦尔撒纳叛乱，清廷以策楞为定西将军，玉保、富德、达尔党阿为参赞，分两路进讨。乾隆二十一年（1756）七月，在大军西征途中，喀尔喀蒙古和托辉特部郡王青衮杂布发动撤驿之变，致使清廷平定阿睦尔撒纳叛乱的进程有所延缓。乾隆二十二年三月，清廷命定边左副将军成衮扎布为定西将军，偕参赞大臣舒赫德，由珠勒都斯进军；右副将军兆惠为伊犁将军，偕参赞大臣富德，由额琳哈毕尔噶前进，对阿睦尔撒纳进行围剿。八月，阿睦尔撒纳叛逃沙俄，不久病死。至此，清廷彻底平息了准噶尔贵族的分裂势力，最终统一了漠西蒙古。

由上可见，这一时期是清廷顺乎形势、反对分裂、平息叛乱、进行统一战争并取得胜利的时期，也是漠西蒙古成为清朝藩部的时期。首先，清廷对投归的漠西蒙古各部贵族都封授爵位。当杜尔伯特蒙古三车凌归附清廷时，乾隆十九年五月十二日，在承德避暑山庄，乾隆皇帝降旨封车凌为亲王，车凌乌巴什为郡王，车凌蒙克为贝勒。十三日，乾隆皇帝又在澹泊敬诚殿召见三车凌，并设宴赏赉，亲王车凌赏银五千两，郡王车凌乌巴什赏银四千两，贝勒车凌蒙克赏银三千两。⑥ 达瓦齐被擒后，解送京师，清廷也给他以礼遇，封为亲王。阿睦尔撒纳在投归后叛乱前，也曾被清廷封为

① 魏源：《圣武记》卷 4 《乾隆荡平准部记》。
② 祁韵士：《皇朝藩部要略》卷 12 《厄鲁特要略四》。
③ 《清高宗实录》卷 491，乾隆二十年六月甲子。
④ 《清高宗实录》卷 491，乾隆二十年六月甲子。
⑤ 魏源：《圣武记》卷 4 《乾隆荡平准部记》。
⑥ 《清高宗实录》卷 464，乾隆十九年五月庚寅、辛卯。

亲王。其次，清廷对归附的漠西蒙古各部实行盟旗制度。乾隆十九年，杜尔伯特蒙古就率先编旗设佐，设正副盟长，如内扎萨克及喀尔喀例，赐赛因济雅哈图名。[1] 这也为后来土尔扈特蒙古回归、封授爵位、实行盟旗制度奠定了基础。对此，有关史书记载，乾隆十八年，台吉车楞（即车凌）等率其部落来归。十九年，封车楞为亲王，车楞伍巴什（即车凌乌巴什）为郡王，车楞孟克（即车凌蒙克）、色卜腾为贝勒，孟克特莫尔、班珠尔、根敦为贝子，冈、巴图孟克、麻什巴图为辅国公，达什敦多布、恭沙拉、巴尔为一等台吉，均授为扎萨克，共分为十三扎萨克。又封阿睦尔撒纳为亲王，台吉纳墨库、班珠尔为郡王，台吉刚多尔济、巴图博罗特、札木灿齐木库尔为贝勒，台吉罗垒云丹、额尔德尼、布图克渗、克什克、德济特、普尔善为贝子，台吉布颜特古恩、蒙可博罗特、固穆札布、根敦札布、纳哈察为辅国公，台吉伍巴什、伯勒克、伊什、克什克忒为一等台吉，均授为扎萨克，共分为二十二扎萨克。以上各编旗分，设都统、副都统、参领、佐领等官，及额设兵丁，一如喀尔喀之制。二十年，封噶尔藏多尔济为恩克伊忒和尔图汗，长绰罗斯部落；封车楞为特古斯库鲁克汗，长杜尔伯特部落；封巴雅尔为舒普得实巴噶图尔汗，长辉特部落；封沙克多尔满济为乌纳恩伍噶哈图汗，长和硕特部落。[2] 就这样，乾隆二十二年，漠西蒙古成为清朝的藩部。

第七节　西域回部 1761 年成为清朝藩部

清代的西域回部，居住在天山以南地区，包括哈密、库车、和阗、吐鲁番、阿克苏、叶尔羌、喀什噶尔等地。这些地方统治者的民族成分是已经皈依伊斯兰教的蒙古族——察合台汗的后裔。

回部中最早和清朝发生贸易关系的是吐鲁番和哈密。顺治三年（1646），吐鲁番苏勒檀阿布勒阿哈默特阿济汗遣都督玛萨朗琥伯峰等奉表入贡，顺

---

① 祁韵士：《皇朝藩部要略》卷 12《厄鲁特要略四》。
② 赵云田点校《乾隆朝内府抄本〈理藩院则例〉》，第 99—100 页。

治皇帝谕示："吐鲁番乃元成吉思汗次子察哈岱受封之地，前明立国，隔绝二百八十余载……尔等诚能恪修贡职，时来朝贺，大贡小贡，悉如旧制，则恩自有加，岂有忽忘之理？尔国所受有明敕印，可遣使送来，以便裁酌授尔封爵。"① 顺治四年，哈密卫辉和尔都督及齐勒蒙古卫都督永柱等赴甘肃巡抚处，表示愿效忠清朝，顺治皇帝谕示接纳。顺治六年，河西回族丁国栋等联合哈密和吐鲁番维吾尔族反抗清朝统治，清廷作为惩罚，关闭嘉峪关，断绝吐鲁番和哈密的贡使。顺治八年，哈密使克拜至嘉峪关，请通关；顺治十年，吐鲁番穆苏喇玛察帕克等叩关请贡，表署苏勒檀赛伊特汗。甘肃提督张勇要求他们先归还掠夺的内地百姓，方可通贡。顺治十二年，克拜赍叶尔羌表，称阿布都喇汗献准噶尔巴图尔珲台吉所掠尚存的内地百姓 15 人，随从的有拜城、萨嘛罕等地使节。顺治皇帝赞赏他态度诚恳，谕示接纳。顺治十三年，叶尔羌阿布都喇汗贡使至京师。初议仅 10 人，后增至 30 人，随从者 300 人留肃州，请给粮赏。"赐诸回贡使赏额。独峰驼四，给缎绢各十二，西马一，给缎绢各二，蒙古马三百二十四，给缎绢如马数，璞玉千斤，给绢二百，余物各给缎绢有差。贡使分五等，一等给缎绢各五，袭衣一，余以次减。"② 清廷遣归来使时，考虑到远隔山河，跋涉不易，为表彰来使的忠诚，特赐缎 338 匹、绢 720 匹，并且规定：以后 5 年一次进贡，贡使入关不得过百人，不许携带妇女；进京人数，只许 30 人，余留住甘肃，俟来京进贡人归，一起出关，不得久留内地；所带货物，许在京会同馆照例互市，不得沿途迁延滋扰；进贡马匹，只大马 4 匹、蒙古马 15 匹，此外不许多贡。

由于回部发生了内部变乱，回部和清廷的"五年一次进贡"未能如期进行，直到康熙十二年（1673），吐鲁番使乌鲁和卓进贡西马 4 匹、蒙古马 15 匹、璞玉千斤，进贡的表文中自称玛木特赛义特汗，也写了"臣国乱不获如期"。康熙皇帝谕示吐鲁番道远贡艰，自璞、马外，余物免进。康熙十七年，回部喀什噶尔等地为准噶尔蒙古所征服，出于畏惧，哈密服属于噶尔丹，吐鲁番服属于策妄阿拉布坦。这使哈密和吐鲁番与清廷的通贡关系

---

① 祁韵士：《皇朝藩部要略》卷 15《回部要略一》。
② 祁韵士：《皇朝藩部要略》卷 15《回部要略一》。

受到很大影响。康熙二十年，吐鲁番使伊恩喇木和卓等贡璞、马如前额，表中写阿布勒穆咱帕尔苏勒檀玛哈玛特额敏巴图尔哈什汗奏。康熙皇帝谕示免贡马。康熙二十五年，吐鲁番复遣使乌鲁和卓至，表称是成吉思汗裔，向来随从多留住甘肃，后逐渐寓居西宁，请随使遣归。康熙皇帝谕示吐鲁番属，由该使带回。康熙三十二年，清廷遣理藩院员外郎马迪去博尔塔拉颁赍策妄阿拉布坦，途经哈密，遭准噶尔变乱人抢掠，驼马也被抢掠。哈密达尔汉伯克额贝都拉闻讯，给马迪随从、粮食和马匹，并护送到嘉峪关。康熙三十五年，在噶尔丹军败退之际，哈密达尔汉伯克额贝都拉遣使向清廷进贡，到达嘉峪关。回归后，额贝都拉又遣使纳林伯克贡驼马，并向清廷表白：得知噶尔丹消息，一定擒献。清廷为表彰额贝都拉的恭顺，赐其章服、貂冠、金带。不久后，额贝都拉遣长子郭帕伯克率兵三百，擒获了噶尔丹子色布腾巴勒珠尔等人。康熙三十六年，额贝都拉遣次子白奇伯克，把色布腾巴勒珠尔等献给清廷，清廷赐额贝都拉、郭帕伯克、白奇伯克章服银币，从者亦给白金、文绮不等。策妄阿拉布坦多次遣使到哈密，索要噶尔丹子，并询问哈密归附清廷的原因。额贝都拉表示："我诚附天朝，非迫而然也。"康熙皇帝颁诏"以额贝都拉为一等扎萨克，仍达尔汉号，赐敕印及银币，并给红顶子。郭帕伯克为二等伯克，协理旗务，率所部百人屯肃州，贡使乘驿额十五人。白奇伯克如郭帕伯克职"。康熙三十七年，清廷"遣官赴哈密，编旗队，设管旗章京、参领、佐领、骁骑校各员。肃州别设一个佐领"。[1] 关于哈密的封爵和设旗情况，有关史书记载："康熙三十五年，哈密回子头目达尔汗伯克厄贝都拉，遣子敦帕伯克擒获厄鲁特噶尔丹之子塞卜腾巴尔朱珠及其属来献，授厄贝都拉为札萨克一等达尔汉，赐印。"哈密一旗，"在嘉峪关西南……"[2] 这样，哈密遂成为清朝的藩部。

康熙五十九年，清廷散秩大臣阿喇纳率兵至辟展城，辟展城回部酋长率300人归降；又至吐鲁番，吐鲁番部头目阿克苏勒坦及总管沙克札伯尔等率众归降。[3] 为免除准噶尔部的袭扰，雍正十年（1732），在吐鲁番回部绝

① 祁韵士：《皇朝藩部要略》卷15《回部要略一》。
② 赵云田点校《乾隆朝内府抄本〈理藩院则例〉》，第100、94页。
③ 傅恒等纂《平定准噶尔方略》前编，卷7。

大部分内附后，清廷将吐鲁番回人迁往瓜州。为此，雍正皇帝谕示："瓜州地土肥饶，水泉滋润，气候亦和。与回民原住地方风景相似，且现在开垦可种之地甚为宽阔，足资回民耕牧。由塔勒纳沁迁至瓜州，路不甚远。"雍正皇帝还具体指出，当地总督、巡抚将吐鲁番回众安插瓜州，"其筑堡、造房、给予口粮、牛种等项，亦即行估办"。[①] 同年，"以吐鲁番内附之回民头目厄敏和卓有固守御贼之功，封为辅国公"。[②] 乾隆十九年（1754），清廷遣官赴瓜州编旗队，置管旗章京、副管旗章京、参领、佐领、骁骑校各员，如哈密例。乾隆二十年，清军征准噶尔，瓜州回兵三百并哈密所部兵跟随大军抵达伊犁。这样，吐鲁番继哈密之后，也成为清朝的藩部。但是，就回部全境而言，这时尚未成为清朝藩部。

当时，回部大部分地区受漠西蒙古准噶尔部控制，回部首领大小和卓布拉尼敦与霍集占亦被囚禁伊犁。乾隆二十年，清廷平定准噶尔蒙古以后，大小和卓返回天山南部。但是，大小和卓怀有野心，企图建立割据政权，于乾隆二十二年五月发动叛乱。于是，清军在平定准噶尔之后，又进军天山南路。乾隆二十三年五月，清廷命雅尔哈善为靖逆将军，统兵平定大小和卓之变。维吾尔族广大人民不支持大小和卓叛乱，哈密维吾尔族头目玉素普、吐鲁番额敏和卓、原库车城阿奇木伯克鄂对等，亦随清军出征。不久，清军抵达库车。库车是通往回部的要路，城墙险峻坚固。清军四面围攻，一连两日均未攻下，雅尔哈善采用诱敌出城之计，也未成功。六月，小和卓率军来援，被清军击溃，亦退入库车城中。清军虽然包围了库车城，但雅尔哈善不听部下建议，不派兵严密巡查，只是终日下棋遣兴，致使大小和卓率四百骑潜出西门由北山口出逃。清军久围库车，城坚难下。雅尔哈善急于成功，又严令兵士昼夜挖掘地道，准备用火药炸城。不料被守城回人发现，从城内向地道灌水，造成绿旗兵六百余人死亡。雅尔哈善却具折参奏他人，以诿己咎。八月，乘清军不备，库车城主阿布都克勒木率四五十骑逃出库车，所余老弱三千余口出降。雅尔哈善以八九千清军驻守库车三月之久，最后仅得一座空城。乾隆皇帝命将雅尔哈善拿解京师，命定

---

① 傅恒等纂《平定准噶尔方略》前编，卷33。
② 赵云田点校《乾隆朝内府抄本〈理藩院则例〉》，第100页。

边将军兆惠经理回部事务。

乾隆二十三年八月，兆惠率军前往回部。时小和卓逃奔叶尔羌，大和卓逃往喀什噶尔，以成掎角之势。小和卓拥兵万余，实行坚壁清野政策，"刈田禾敛民入城"。[①] 还在叶尔羌城东北五里掘濠筑土台，企图进行持久战。这时，阿克苏、和阗、乌什等城相继归附清军。十月，兆惠领兵迫近叶尔羌城，因只有四千人，不足以围城，后续大队人马又尚未赶到，只得分遣人马，搜索村庄，挖掘窖藏，以绝小和卓粮草供应。兆惠屯营于叶尔羌城外的黑水河。一日，他率一千余骑渡河向叶尔羌城南，准备劫掠大小和卓牧群以充军实。谁知兵未过半，渡桥断裂，城中突出叛军五千余骑，继而又出步兵一万余人。小和卓率骑兵从两翼包围兆惠军，大和卓也从喀什噶尔派来援兵五千，企图对清军夹击合围。时清军隔河，首尾不能相救，加之道路泥泞，战马不能驰骋，只得且战且退。涉水回营途中，清军又被叛军截断数处，只能各自为战，形势极为严峻。兆惠左冲右突，马死再易，至日暮方得收兵。清军将领三格、高天喜等战死，兵士伤亡数百人。后清军被围困黑水营达三个月之久。在此期间，小和卓派人决水冲灌清军营寨，兆惠命军士掘渠，引水下流，同时亦作为饮水。小和卓又派人掘沟潜伏，以苇塘自蔽，妄图突袭清军大营，也被击退。兆惠等被叛军长久围困，始终固守阵地，坚决抵抗叛军进攻。

乾隆二十四年（1759）正月，副将军富德闻兆惠清军黑水营受困，率北路清军三千名冒雪赴援，至叶尔羌东北三百里呼尔璊地方，与叛军五千骑兵相遇。富德军边战边进，激战四昼夜，沙碛缺水，便饮冰止渴，战马疲惫，就下马步行。后因叛军过多，渐被包围，亦不能进。就在富德军处于十分困苦之际，清朝巴里坤大臣阿里衮、副都统爱隆阿奉命解送马驼前来。他们遥望火光十数里，知清军与叛军相持，便连夜兵分两路，大呼驰击，直逼敌营。富德军见援军到来，群情振奋，于是，三路清军勇敢冲杀。适值黑夜，叛军不知清军详情，自相格杀溃逃。随后，三路清军合为一路，长驱直进，往援黑水营。兆惠在黑水营见叛军围兵日渐减少，又遥闻枪炮

---

① 魏源：《圣武记》卷 4。

声从东方传来，知援军已到，即整军突围，杀敌千余。小和卓大败入城，黑水营之围遂解。两路清军会合一处，振旅撤回阿克苏。清军在阿克苏休整百日，其间厚集兵力，调运物资，准备进击大小和卓。乾隆二十四年六月，清军兵分两路，一路由富德率领，由和阗取叶尔羌，一路由兆惠率领，由乌什取喀什噶尔。清军所到之处，维吾尔族民众争献牛羊果饵，歌舞庆幸。大小和卓日益孤立，最后仅带妻仆三四百人逃往巴达克山。

大小和卓之乱终于被清廷彻底平息，为整个回部成为清朝藩部奠定了基础。乾隆二十六年，奉乾隆皇帝谕令，理藩院增设徕远司，专管回部事务。这表明，西域回部最终成为清朝的藩部。

第八节　清代藩部的主要特点

从上面各节可以看出，清代藩部形成的时间长、范围广，涉及的民族不止一个，形成的方式既有和平的，也有非和平的，这就使清代藩部地区有许多特点。概括说来，有如下一些。

一是清代藩部多在边疆地区，在国家政治生活中具有重要的战略地位，这表现在两个方面。第一是对外关系方面。内外蒙古在北部边疆地区；漠西蒙古和西域回部在西北及西部边疆地区；西藏在西南边疆地区；青海虽然不在边疆地区，但是也位于大西北，是连接内地和西北边疆的重要通道。清朝藩部位于边疆地区，和外国国土相接，这就涉及清朝和相邻国家的外交关系，特别是和俄国的关系，这使本来是清朝国内的一些问题，也容易成为国际问题，因而增加了解决问题的复杂性。这里仅以几个事例说明。第一个事例是，康熙二十七年（1688）春，面对噶尔丹的进攻，喀尔喀蒙古面临着何去何从的问题，曾有两种不同意见。一种是"北投俄罗斯"，一种是"宜归顺大皇帝"。① 这里的"大皇帝"，指的是清朝的康熙皇帝。"北投俄罗斯"作为一种选项，说明了问题的复杂性，很有可能把清朝的国内

---

① 何秋涛：《朔方备乘》卷3，直隶官书局，光绪七年刊本。

问题演变为国际问题。第二个事例是，乾隆二十二年（1757）八月，阿睦尔撒纳叛乱失败后，走投俄国，并死在那里。为了维护国家的主权和统一，清廷理藩院奉命和俄国萨纳特衙门（枢密院）多次交涉，最终才索要回阿睦尔撒纳的尸体，维护了国家的尊严。第三个事例是，乾隆三十六年，渥巴锡挣脱俄国控制，率领土尔扈特人民返回祖国时，遭到了沙俄政府的重重阻挠，也是清廷理藩院奉命和俄国萨纳特衙门多次交涉，表达了清廷严正的立场，才使土尔扈特人民最终踏上了祖国的土地。还有一个事例是涉及西藏的。乾隆三十九年和乾隆四十八年，英国东印度公司两次派人前往西藏，企图把英国势力渗透到西藏，但是两次均遭到失败。以上这些，都说明了清朝藩部在对外交涉中的重要地位。

第二是稳定政局方面。清代藩部地区在国家政治生活中的重要性，还表现在维护国家稳定方面。对清廷来说，既有历史经验，也有现实教训。历史经验就是明朝和瓦剌的关系。瓦剌是明朝人对西部蒙古的称呼。明成祖朱棣即皇帝位后，曾派使臣告谕瓦剌部。永乐六年（1408），瓦剌首领马哈木等遣使向明朝贡马请封。七年，明朝封马哈木、太平、把秃孛罗等首领分别为顺宁王、贤义王、安乐王。正统四年（1439），马哈木孙也先嗣王位后，瓦剌势力处于极盛期。正统十四年，也先大举攻明，宦官王振挟明英宗亲征，败于土木堡，明英宗被俘，史称"土木堡之变"。随后，也先直犯京师，被于谦击退，只好与明讲和，送还英宗，致使明朝政局发生了很大变化。清朝皇帝熟悉历史，这段故事不可能不知道。现实教训则是平定准部用了三代人几十年的时间。准噶尔蒙古给清朝带来的麻烦，自康熙年间开始，直至乾隆年间，准噶尔蒙古噶尔丹、策妄阿拉布坦、噶尔丹策凌以及阿睦尔撒纳等与清廷的和与战，带给清廷无限的烦扰，极大地影响了清廷统治秩序的稳定。对此，乾隆皇帝心知肚明。他认识到，不彻底解决漠西蒙古准噶尔部的问题，蒙古地区就不会得到安定，清廷在中原内地的统治也会受到影响。这正是乾隆皇帝下决心解决准噶尔问题的根本原因。

二是清代藩部在民族和宗教方面特点显著。先说民族方面。清代藩部地区的主要民族是蒙古族、藏族和维吾尔族等，都是中国的少数民族。蒙古族是一个勤劳勇敢的民族，自古以来就是中华民族大家庭中的一员。在归附清朝以前，蒙古族正经历封建领主制发展阶段，其居住地区形成的各部就是规模不等的封建领主集团，拥有大小不一的封建领地。其中，牧户是基本的经济单位，要提供赋税和兵役。在各封建领主之间，还存在集会形式，用以调解彼此间的关系。各部蒙古族的社会经济以游牧畜牧业为主，打猎、捕鱼、手工业和其他副业为辅。有些地区，农业有了相应的发展，和中原的贸易也有了一定程度的发展。由于各部封建领主之间不断发生战争，社会经济在一定程度上受到了破坏。藏族是中国的少数民族之一，是青藏高原的世居民族。藏族的历史是中国历史不可分割的一部分。归附清朝以前，西藏处于封建农奴制社会，官家、寺院、贵族形成三大领主，属于社会的上层，是统治阶级，属民则成为社会的下层，是被奴役者，也是社会的主要生产者。农业、畜牧业和手工业是藏族社会的主要经济形式，此外，和云南、陕西、甘肃等地也有贸易往来。维吾尔族也是中国的少数民族之一，和中国其他少数民族一样，在维护国家统一、反对外来侵略和民族分裂方面做出过突出贡献，也产生过许多杰出人物。在归附清朝以前，维吾尔人的社会是世袭封建主统治的社会，实行世袭的伯克制度。各级大小不同的世袭伯克，都是大小不同的封建领主，汗在其中是地位最高的。经济上，维吾尔族社会以个体农业和手工业生产为基础，生产者就是受各级大小不同的世袭伯克剥削和压迫的属民。维吾尔族在农业和采矿、冶金等手工业方面有所发展，与内地的贸易也很紧密。由上可见，清代藩部多是少数民族居住区，在社会制度、生产方式、经济发展模式等方面各有特点。

再说宗教方面，主要是藏传佛教和伊斯兰教。藏传佛教是中国佛教的一支，俗称喇嘛教。7 世纪，佛教传入吐蕃地区（今西藏），与当地本教相互影响，逐渐形成藏传佛教，并一度兴盛。9 世纪中叶，由于当地统治者兴本灭佛，藏传佛教的发展受到限制。10 世纪后期，藏传佛教再次得到发展，形成许多派别。13 世纪后期，在元朝扶持下，上层喇嘛开始掌握西藏地方政权。15 世纪初，宗喀巴进行改革，创立格鲁派，亦称黄教派，在西藏逐渐得势。这是藏传佛教在西藏发展变化的大致情况。藏传佛教在蒙古地区的传播，有一个过程。先是蒙古族贵族在对西北用兵过程中，接触到藏传佛教中的萨迦派，即花教。后来，由于元世祖忽必烈的推崇，藏传佛教开始在蒙古族上层贵族中传播。16 世纪末叶，黄教派流入蒙古，首先在漠南蒙古传播，归化城的伊克召（弘慈寺）、席力图召（延寿寺）、美岱召（寿灵寺）等寺庙相继修建，成为喇嘛僧布教活动的场所。随后，喀尔喀蒙古也开始信仰藏传佛教，明万历十七年（1589），喀尔喀蒙古建立额尔德尼召（光显寺），延请大活佛前往讲法，喀尔喀蒙古也逐渐信仰藏传佛教。藏传佛教传入漠西蒙古的时间要稍晚一些。明万历四十三年，东科尔满珠习礼呼图克图以四世达赖喇嘛云丹嘉措代表的身份来到漠西蒙古，劝说和硕特部封建领主拜巴噶斯等皈依藏传佛教。从此，藏传佛教在漠西蒙古也传播开来。明清之际藏传佛教在蒙古各部广泛传播，不是偶然的，这既是蒙古族封建领主政治上的需要，又是广大蒙古族牧奴精神上的需要。伊斯兰教在中国旧称回教、天方教、清真教等，7 世纪传入中国。伊斯兰教分逊尼派和什叶派两大教派，中国主要是逊尼派。西域的维吾尔族等信仰伊斯兰教。伊斯兰教的经典是《古兰经》，基本教义是信仰安拉。从以上可以看出，藏族、蒙古族信仰藏传佛教，维吾尔族信仰伊斯兰教。全民族信仰同一种宗教，这在清代藩部地区是一大特色。

三是清代藩部在历史上就是中国的一部分。中国是一个具有五千年历史的文明古国，地大物博，人口众多，民族多元一体，发展延续不断。尽管在发展变化过程中，发生过许多次朝代的更替，但是，这些都是中国的内部变化，中国整体格局并没有受到根本影响，反而是在变化中有了新的发展。从这个角度看就会发现，清代的藩部，在中国历史上不同的朝代都有专门机构进行管理。对于蒙古地区，秦朝曾设九原郡管辖，汉朝设立了使匈奴中郎将及安定属国等，唐朝设立了安北、单于都护府，元朝有岭北行省，明朝封蒙古首领为顺义王等。对于西域，汉朝曾设立西域都护府等军政机构，唐朝设有安西、北庭大都护府，元朝设立北庭都护府以及阿力麻里元帅府等，明朝设有哈密卫及有关指挥金事，以及封蒙古首领为顺宁王、贤义王、安乐王等。在西藏，元朝设有帝师、宣政院以及吐蕃地区的都元帅府进行管辖，明朝设有乌斯藏都司、朵甘都司和诸法王。在青海等地，汉朝设有护羌校尉。① 综上可见，清代的藩部，实际上是中国历史上边疆地区的延续和发展，这为清廷对藩部的治理提供了借鉴。

四是清代藩部在经济和文化等方面与中原内地联系密切。从历史上看，清代藩部所属地区的经济和文化与中原内地关系密切。汉朝开辟和维护了中原内地通往西域的道路，被称为"丝绸之路"。通过丝绸之路，中原内地的丝绸输入西域，促进了西域毛织水平的提高。中原内地的铸铁技术、制陶技术、制漆器技术、穿井技术也传到了西域，促进了西域生产技术的发展。纸张也开始在西域使用，中原文化对西域产生了影响。西域的一些农作物和乐器传到内地，丰富了内地人民的生产和生活。特别要指出的是，佛教正是在汉朝通过西域传到中原内地的。在唐朝，西域和中原内地的关系更为密切。西域各少数民族有许多人留居长安（今陕西西安），为中原内地的发展做出了贡献。随着内地和西域人们往来的加强，内地开始使用西域的造酒技术，西域的音乐也传入内地。元朝修建了连接西北边疆和中原内地的驿路和驿站，使两地的商业往来日益增多。畏兀儿商人把当地的特产运到内地，再把内地的商品运到西北地区，促进了两地区的商业繁荣。内地的农耕技术、雕版印刷术传到西北地区，提高了西北地区的经济文化水平。在元朝，吐蕃地区和中原内地的经济文化交流也有了发展。吐蕃地区的建筑、美术、工艺等被介绍到中原内地，内地的雕版印刷术传到吐蕃地区，促进了吐蕃文化的发展。在明朝，许多西域商人往来两地，有的在京商贩，留住三四年之久；有的沿途寄住，贩物谋利，经年不归。通过贡使和商人的活动，西域的良马、玉石以及各种鼠皮运往内地，内地的粮食、茶叶、纱罗、棉布、瓷器、纸张等运往西域。蒙古和内地的经济文化交流也很频繁。中原内地的药物、纸张、书籍通过各种途径传到蒙古地区。西藏和内地的经济文化交流也得到发展。一些乌斯藏僧人将藏传佛教及佛教艺术传入内地，又把内地的文化及纸张传入西藏，促进了西藏佛教典籍和文学、史学著作的刊行。②

① 参阅赵云田《中国边疆民族管理机构沿革史》，中国社会科学出版社，1993，第70—71、75—91、139—156、224—238、263—274、284—291 页。
② 参阅赵云田《中国边疆民族管理机构沿革史》，第25—29、34—37 页。

进入清朝以后，在没有成为藩部之前，蒙古、西域、西藏都和中原内地有经济文化交流。这里只根据《大清会典》等官书的记载，略做叙述。顺治十二年（1655），清廷允许喀尔喀蒙古八扎萨克，每年进贡白驼 1 头、白马 8 匹，照例各赏给银茶桶、茶盆、蟒缎、缎布等物。顺治十三年，清廷决定，厄鲁特达赖汗使人返还，给驿马 25 匹、马车 12 辆。其带来马驼，每宿处给予草料，至西宁止。顺治十八年，清廷又决定，厄鲁特来贡者，途中买来喀尔喀男妇子女，准其转卖，令买主于户部存案。康熙二十二年（1683），清廷决定，厄鲁特噶尔丹进贡使臣，有印凭者，许进内；其噶尔玛等四台吉使人，无印凭亦准进内。但皆不得超过 200 人，余者令在张家口、归化城进行贸易。① 西藏达赖喇嘛、班禅额尔德尼和内地的经济往来，清廷亦有明确规定，对达赖喇嘛多至数百人的来使，清廷也做出必要的安排。② 当然，这里所说的进贡，不过是经济往来的一种形式。乾隆四年（1739），清廷做出准噶尔和中原内地进行贸易的具体规定："于寅、午、戌年来京贸易，其子、辰、申年，令于肃州贸易。均由准噶尔地方，将货物起程日期，及何地可至边界之处，预先报知驻边大臣转奏……贸易事毕……由原路送还。"③

无论是历史上，还是清朝初年，清朝所在的藩部地区都和中原内地有着密切的经济文化联系。正是这种历史的和现实生活中的联系，构成了清朝藩部形成的经济和文化基础。

五是清代藩部的形成过程也是清朝统一多民族国家发展和巩固的过程。如前所述，清代藩部的形成是中国边疆少数民族和中原内地在历史和现实政治、经济、文化等方面长期积淀的结果，这种积淀是中国历史上特有的国情，而清代藩部正是中国国情在清朝发展的一种特殊形态。清朝入关前，内蒙古已经归附清朝。清朝入关后，打败了以李自成为代表的农民军，平定了三藩之乱，收复了台湾。康熙朝中期，喀尔喀蒙古又归附清朝。康熙朝后期，解决了青海问题，驱准保藏，中国历史上曾经形成的疆域逐渐得

---

① 赵云田点校《乾隆朝内府抄本〈理藩院则例〉》，第 193—195 页。
② 赵云田点校《乾隆朝内府抄本〈理藩院则例〉》，第 121—122 页。
③ 赵云田点校《乾隆朝内府抄本〈理藩院则例〉》，第 116—117 页。

到恢复,最后只剩下漠西的准噶尔问题。在杜尔伯特三车凌主动投归清朝之后,乾隆皇帝不失时机,果断做出决定,使准噶尔问题最终得以解决,清朝统一多民族国家得到了巩固和发展。所以,研究清朝藩部形成的历史,不仅要考虑到清朝的史事,还要了解中国历史发展的进程。只有这样,才能更好地了解清朝藩部——这一中国历史上特殊的国情在清朝时期所表现出的形态。

第二章　清代的理藩机构

清代的理藩机构是理藩院（部），其前身是蒙古衙门。随着清朝多民族国家的发展变化，理藩院适应形势，经历了由小到大、逐渐完备、不断变革的过程。理藩院组织庞大，人员众多，执掌藩部和一部分外交事务，地位十分重要，在清朝统一多民族国家的发展中起到了很重要的作用。

第一节　主要资料和研究现状

一　主要资料

就类别来说，理藩院资料可分为档案、编年体史书、纪传体史书、纪事本末体史书、政书体史书、地方史志、人物传记、笔记资料、外人记述等。

一是档案。清代理藩院档案，除中国第一历史档案馆、中国第二历史档案馆外，中国社会科学院近代史研究所、内蒙古自治区档案馆等单位也有少量保存。此外，台北"故宫博物院"也有理藩院档案。从文字上讲，理藩院档案绝大多数为汉文、满文、蒙文，藏文也有一些。

中国第一历史档案馆是清代理藩院档案最集中的地方，有数十万件之多，分属于蒙文老档，蒙古堂档，军机处录副奏折民族类、财政类、内政类，朱批奏折民族事务类、宗教事务类，以及清朝理藩院（部）档。这些档案的内容，包括理藩院职掌的各个方面。仅清朝理藩院（部）档中，就有如下分类，每类中又包含着丰富的内容。

总类。政治、军事、外务、刑律、邮政、铁路商埠、本部组织、员司调补奖叙、管理蒙古三学、文书事务、廉俸、经费。

典礼。体制、庆贺、丧祭、年班、内庭唪经、宴赏、训礼经班。

蒙旗。政务、筹备立宪、疆域户口、会盟祭海、查核比丁、台站卡伦、军务边卫、库伦独立、外事、教案、学堂、垦牧、公路铁路、邮电、实业商务、承袭爵衔、拣补官缺、奖惩、致祭、请封、婚姻子嗣、调查谱系表传、朝贡、刑律、刑罚案件。

回部。政务、筹备立宪、哈户管理、承袭爵衔、拣补官缺、封奖、调查谱系表传、朝贡。

土司。改土归流、袭职补官、学务、朝贡。

喇嘛管理。接署印信、度牒札付、告假、朝贡、奖赏、案件审讯、圆寂病故、掣定呼毕勒罕。

寺庙管理。雍和宫事务学务、雍和宫班第学艺、雍和宫年例唪经、京城寺庙事务、京城寺庙年例唪经、各地寺庙事务。

西藏。驻藏大臣官缺、驻藏大臣经费、驻藏大臣查录旧案、对藏政治措施、对藏军务、学务、外事、受外侵略、敕封达赖、达赖活动与入觐进贡、僧俗官缺、奖赏、班禅授戒、攒招、祈福、布施唪经。

档案中的内容有记载赈济灾荒的。军机处录副奏折民族类第 2372 卷：道光九年（1829）十一月，西藏达木八旗蒙古受灾，受灾 999 户，老幼共计 4495 口，赈济茶叶 200 斤、银 500 两。有记载刑事案件的。朱批奏折民族事务类第 2347 卷：嘉庆十九年（1814）五月十五日，达尔汉王旗向哲里木盟盟长报告，该旗发生了色布肯刀戳业伦太身死等 7 案。清廷理藩院官员贵庆审理这些案件后，在给嘉庆皇帝的上奏中写道："伏查蒙古例载，若止蒙古有关人命事件，各处驻扎司员就近会同同知、通判、验明尸骨，会同该扎萨克审明报院等语。例称驻扎司员，系专指直隶之八沟、三座塔、乌兰哈达等处有专员驻扎者而言。至达尔汉王旗附近盛京地方并无驻扎司员，是以盛京刑部设有蒙古司员专司承办蒙古案件。所有各该旗蒙古汉人交涉命案，向由盛京刑部奉天府尹饬附近地方官，会同该王旗委员验明尸伤，录取初供解部，督率蒙古司员审办。"朱批奏折民族事务类第 302 卷：道光四年十二月二十八日，硕拜、达尔汗、吹达尔等八人抢劫察哈尔蒙古正白旗喇嘛齐图木达尔济银物。朱批奏折民族事务类第 2333 卷：嘉庆十七年十一月至十二月，四子部落旗拉克布旺齐克等人多次抢劫牲畜衣物。从档案中可以看出，这些案件的审理，都是按照清廷制定的蒙古族刑法中有关规定进行的，全案供情最后都咨送理藩院查核。

档案中也反映了理藩院的运转情况。辛亥革命爆发后，清帝退位，袁世凯窃任中华民国临时大总统。对此，理藩部（院）曾发文到蒙藏地区。这在时间上虽属清末，但对人们认识理藩院机构自上而下处理问题的过程，仍有一定的参考价值。对此，清朝理藩院（部）档第 1523 卷第 14 号写道：

本部汇抄奉到清帝退位谕旨优待条件，及袁世凯就任中华民国临时大总统布告文电等，通行边疆蒙藏等处，咨札典属司、旗籍司、徕远司，呈为通行事：

现在国政改为共和，所有奉到谕旨优待条件布告等件，相应抄录，通行各路将军大臣暨哲里木等六盟长、图什业图汗等四部落，一体钦遵查照可也。咨东三省总督、吉林巡抚、黑龙江巡抚、热河都统、察哈尔都统、绥远城将军。

照会

哲里木等六盟长、图什业图汗等四部落、伊克明安公、旧土尔扈特贝勒旗、阿拉善王旗、多伦诺尔厅、喇嘛印务处、五台山、库伦办事大臣、西宁办事大臣、科布多参赞办事大臣、乌里雅苏台将军、驻藏办事大臣、伊犁将军、宁夏将军、宁夏部员、塔尔巴哈台参赞大臣等。

理藩院办理事务自下而上的通达，在清朝理藩院（部）档"理藩院递送蒙古公文章程归画一由"中亦有反映。这些材料有助于加深人们对理藩院及其在清朝统治西、北边疆地区中所起作用的理解。

对理藩院所属机构及其官员情况，档案中也多有反映。蒙古学、唐古特学、托特学是理藩院所属三个培养少数民族语言翻译人才的机构，习称咸安宫三学。有关它们的情况，一般书籍中很少记述。清朝理藩院（部）档第1523卷第48号中则有这样的记载："咸安宫三学以培译才而弘教育。蒙古学设于咸安宫内，房舍虽不整齐，而教习学生尚可按期交课，并无间断。至唐古忒学、托忒学，同建于西安门内椅子胡同，房舍渗漏，墙垣倒塌，教习无人，学生无所承受，是以功课文荒。""唐古忒学自乾隆三十五年十一月钦派多罗质郡王总理学务，奏明自本年始立文书稿案，凡有应用印事件，本学司业开具用印、清单，派该班学生赴理藩院当月处用印，印单存理藩院。"这些对于研究理藩院内部机构，是很有用的材料。此外，军机处录副奏折内政类第2卷记述的理藩院派驻各地官员以及他们活动的情况，是研究理藩院组织机构特点的宝贵材料。清代理藩院（部）档案除有关中俄关系的部分档案已经整理公布外，近年来，有关理藩院满文、蒙文、藏文等少数民族文字的档案，也开始整理出版，这必定会促进理藩院研究的日益深入，使理藩院研究在新的世纪呈现一个新局面。①

这里还应提到《满文老档》。《满文老档》是清朝最早的一部原始资料，是满族入关前用无圈点老满文书写的官方文献，按年月日编年记事，原本早已残缺。乾隆四十年（1775），为保存原稿本，又重新整理抄录，抄成新、老《满文老档》各2套。在太宗朝崇德年间的记述中，有许多关于理藩院的材料。

二是编年体史书。《清实录》②是清朝历代官修的编年体史料长编，全称《大清历朝实录》，包括清太祖努尔哈赤至清德宗载湉11朝，共12部，计4363卷。《清实录》纂修时多"发秘府之藏，检诸司之牍"，即广泛搜集内阁和皇史宬的各种档案、皇帝的文集和御笔、国史馆的资料和著作、各部院衙门的则例和档案，因而内容宏富，事件记载完整。《清实录》是研究清代理藩院的最基本史料。除太祖朝外，历朝实录中都有大量材料记述理藩院的活动。下面仅以太宗、世祖、圣祖朝实录的部分记载加以说明。《清

---

① 近年来，中国人民大学国学院西域历史语言研究所与中国第一历史档案馆整理并影印出版了《清朝前期理藩院满蒙文题本》（内蒙古人民出版社，2010），就是一个很好的说明。

② 中华书局，1986年影印本。

太宗实录》卷42记载："蒙古衙门更名理藩院。"《清圣祖实录》卷2记载："太宗皇帝时，蒙古各部落尽来归附，设立理藩院，专管外藩事务。"这使人们知道了清代理藩院设置的原因。《清太宗实录》卷42还记载，理藩院设"承政一员，左右参政各一员，副理事官八员，启心郎一员"，人们据此了解了理藩院机构的最初组织情况。《清世祖实录》卷125记载："理藩院尚书称礼部尚书，掌理藩院事，正二品。左右侍郎称礼部左右侍郎，协理理藩院事，正三品。副理事官从五品。院判仍正六品。知事、副使称谓品级如旧。"为什么会发生这一变化？《清世祖实录》同卷记载说，这是"更定在京各衙门满汉官衔品级"的结果。《清圣祖实录》卷3记载："设立理藩院四司，名目为录勋清吏司、宾客清吏司、柔远清吏司、理刑清吏司，给印信。"总之，《清实录》提供了清朝近300年理藩院机构沿革变化的情况和原因，是从事这方面研究必须掌握的基本材料。

理藩院设立后，参与了大量与其职掌相关的活动，包括政治、经济、军事、法律、宗教、外交各方面，反映了这一机构在清朝国家政治生活中的重要地位。《清实录》中记载了许多这方面的材料。《清太宗实录》卷31记载：蒙古衙门承政塔布囊达雅齐等往察哈尔、喀尔喀、科尔沁"查户口、编牛录、会外藩、审罪犯、颁法律、禁奸宄"。《清圣祖实录》卷127记载："理藩院尚书阿喇尼差笔帖式英古奏报会盟日期。"卷125记载："理藩院疏言，达赖喇嘛所遣噶尔丹西勒图约于今岁闰四月至喀尔喀墨尔根台吉处，为期已近，应遣大臣会盟。"《清高宗实录》卷749记载："理藩院奏，辉特属人习于耕作，请编为一佐领，颁给扎萨克印信，令其交纳贡赋。"《清高宗实录》卷914记载："理藩院行文知会俄罗斯……渥巴锡人等，断无给伊之理。"如前所述，理藩院最初只管理内蒙古诸部事务，并负责处理对俄事务。康熙年间扩及喀尔喀蒙古、厄鲁特蒙古和西藏地区。乾隆朝中叶以后开始管理西域回部及大小金川土司诸事。具体说来，理藩院尚书、侍郎参与议政和军事活动。理藩院会同刑部，制定少数民族地区的刑法，负责审理少数民族地区发生的刑事诉讼案件；调解蒙古各部各旗因越界或其他情况发生的纠纷；管理藏传佛教；办理满蒙联姻事务；赈济少数民族地区发生的灾荒；负责会盟；管理驿站；巡查卡伦；稽查蒙古地区户丁；管理少数民族王公朝觐、爵禄；处理对俄事务。这一切，在《清实录》中都可以找到相应的材料。因此，研究清代的理藩院，必须以《清实录》为基本史料。

《东华录》，有蒋氏《东华录》①和王氏《东华录》②两种。蒋氏《东华录》从提供理藩院研究的资料方面看，参考的意义并不大。王氏即王先谦，同治四年（1865）进士，曾在国史馆工作。他认为蒋氏《东华录》过于简略，"复自天命至雍正录之加详"（《东华录》序），成《东华录》194卷。又续写乾隆、嘉庆、道光三朝，后又陆续写成咸丰、同治两朝。雍正以前部分称《东华录》，乾隆以后称《东华续录》，总计624卷。王氏《东华录》及《东华续录》以《清实录》为主，又编进了许多《清实录》所不载的内容，资料比较丰富。关于理藩院资料的记录，亦比较详备，除个别文字上有所差别外，王氏《东华录》《东华续录》内容上并不少于《清实录》。因此，研究理藩院，王氏《东华录》《东华续录》也是基本的史料之一。

宣统元年（1909），朱寿朋按《东华录》体例辑成《光绪朝东华录》③，220卷。该书成书于《清德宗实录》之前，取材于邸抄、报刊，其中多有关于理藩院活动的记述。例如，光绪元年（1875）十二月癸酉，"谕：理藩院奏请将控案就近提审一折……"光绪四年八月乙酉，"谕：理藩院奏题本内汉字夹片错误请旨更正并自行检举一折。……"总之，光绪朝理藩院的活动，该书多有记述。尤其是清末官制改革，理藩院改称理藩部，机构设置多所变动，《光绪朝东华录》对此记载颇详，是研究晚清时期理藩院（部）的重要资料。

三是纪传体史书。《清史稿》中的人物列传、职官志，是研究理藩院的重要参考材料。例如，该书"职官志"中明确写道："崇德元年，设蒙古衙门。"这是清代典籍中关于蒙古衙门设置时间的最确切记载，值得重视。《清史稿》"职官志"中的"理藩院"一节，以简略的文笔，叙述了理藩院的组织机构、沿革变化、各司职掌、历史作用等，有助于对理藩院有简明

---

① 蒋良骐撰，中华书局，1980。
② 王先谦撰，光绪二十五年石印本。
③ 中华书局，1983。

清晰的整体认识。《清史稿》"人物列传"中，有许多是担任过理藩院尚书的人，例如阿灵阿、隆科多、纳延泰等，从这些人物的传记中，可以了解理藩院的某些活动。《清史稿》是研究理藩院的基本史料之一，对它不可采取无所谓的态度。

四是纪事本末体史书。前曾介绍了《圣武记》《皇朝藩部要略》《蒙古游牧记》《皇清开国方略》《亲征平定朔漠方略》《平定准噶尔方略》，[①] 这里，就诸书中有关理藩院的资料再做简单介绍。

《圣武记》卷3《国朝绥服蒙古记一》中写道："每三载盟会之期，命大臣赍敕以往，设正、副盟长各一，以简军实，阅边防，理讼狱，审丁册。"察哈尔"八旗分东西二翼，其旗内官地及与汉民互市讼狱，治以四旗厅及独石口、张家口、丰镇、宁远各厅，其本旗事务，辖以都统等官，而总隶于理藩院典属司。此八旗在蒙古四十九旗外，官不得世袭，事不得自专，与各扎萨克君国子民者不同"。这些材料对研究理藩院有重要意义。又如《西藏后记》中记载："达赖喇嘛所辖寺庙三千百有五十余所，喇嘛三十万二千五百有奇，百姓十有二万千四百三十八户。班禅所辖寺庙三百二十七所，喇嘛万有三千七百有奇，百姓六千七百五十二户。据乾隆二年理藩院造册。"这是研究理藩院管理藏传佛教的珍贵史料，为其他书所不载。

《皇朝藩部要略》，该书卷1夹注中记载："敖汉、奈曼地沃宜禾，康熙三十七年冬，遣官往教之耕，谕曰：朕巡所经，见敖汉、奈曼诸部，田土甚嘉，百谷可种，如种谷多获，则兴安岭左右无地可耕之人，就近贸易取籴，不须入边市米矣。其向因种谷之地不可牧马，未曾垦耕者，令酌留草木之处为牧地，自两不相妨。且敖汉、奈曼蒙古以捕鱼为业者众，教之引水灌田，彼亦易从。凡有利益于蒙古者，与王台吉等相商而行。"这是理藩院执行清廷对蒙古地区经济政策的最好说明。

《蒙古游牧记》，该书卷1记载，乾隆皇帝曾在科尔沁境内赋诗："塞牧虽称远，姻盟向最亲。"科尔沁部旗下公主子孙台吉、姻亲台吉共2000人，巴林旗下公主子孙台吉共170余人，敖汉王旗下公主子孙台吉共600余人。

---

① 参阅本书第一章第一节。

这些是了解理藩院负责满蒙联姻事务的宝贵资料。

《皇清开国方略》，书中不乏关于理藩院的记述。例如，卷 22 崇德元年（1636）十一月丙午条写道："清查察哈尔、喀尔喀、科尔沁诸部户口。先是十月丁亥，命内弘文院大学士希福、蒙古衙门承政尼堪、塔布囊达雅齐偕都察院承政阿什达尔汉往察哈尔、喀尔喀、科尔沁诸部稽户口、编牛录、谳庶狱、颁法律、禁奸宄。"卷 25 崇德三年六月庚申条记载："设理藩院。更定蒙古衙门为理藩院，专治蒙古诸部事……寻铸给理藩院印信。"

《亲征平定朔漠方略》，书中记录了许多理藩院的活动，从中可以看出理藩院参与了清廷平定噶尔丹内乱的全过程。例如，该书卷 6 多次记述"令理藩院遣官驰驿前往"，"檄知尚书阿尔尼等，理藩院遣司官星驰以往"。这些是指为防备噶尔丹内扰，理藩院遵照康熙皇帝的旨意，派人前往"事关紧要、理宜预备"之地。当噶尔丹追喀尔喀蒙古进入内蒙古地区喀伦以后，理藩院又派遣司官，檄知有关地方做好准备，并侦探噶尔丹的军情。该卷中还记载了清廷派遣理藩院司官会同漠北蒙古土谢图汗，监督散给该部 6000 余人赈济粮等事。该书卷 19 记述了理藩院尚书阿尔尼率四十九旗蒙古兵及察哈尔兵，防御噶尔丹内袭而发生激烈战斗的情况，以及理藩院会同兵部商议自京师至杀虎口设置驿站的情况。卷 20 记述了理藩院官员遍行晓谕蒙古各部各旗，严禁偷盗官兵马驼，"如有干犯者，即按军法枭首示众，家产籍没入官，其该扎萨克以及该管人员从重治罪"。卷 25 记载了"理藩院遣才能官一员并笔帖式，前往知会青海地方台吉等，传谕伊等所属可通西路地方居住人等知悉，各相防备，侦探信息，若遇厄鲁特噶尔丹，即行拿送"。卷 38 记载了"理藩院移文青海诸台吉及策妄拉卡滩，言哈密回子额贝都拉达尔汉白克即已归诚皇上，尔等勿得侵扰"。总之，研究理藩院在清廷平息噶尔丹内乱中的作用，《亲征平定朔漠方略》是最基本的材料。

《平定准噶尔方略》，辑录了康熙、雍正、乾隆三朝用兵西北时，前方将军、大臣的奏疏和皇帝的谕旨，是清廷统一漠西蒙古进程的全面记录，亦包含了理藩院在这一过程中的全部活动，因而是研究清朝用兵准噶尔部时理藩院作用的最基本材料。该书充分反映了这一时期理藩院在执行清廷民族统治政策中的作用，主要表现是处理大量的少数民族事务。例如，该书前编卷6记载了理藩院官员前往青海西吉木等三处定设疆界的情况，青海蒙古王公表示："地可耕者，听兵民悉耕之，但留我等游牧处所足矣。"前编卷9记载了理藩院官员在少数民族地区办理测绘地图等事："理藩院主事胜住等遍历西海、西藏所在，量测星野，图画地形，于江河诸水无不尽得其原委"，"常绶着授理藩院额外侍郎，驻扎西宁办事"，"管理西宁柴达木诸处军饷事务"。前编卷1记载了"议政大臣会同理藩院大臣速议具奏"厄鲁特遣兵侵掠哈密五寨事，理藩院司官于甘肃巡抚处"领赏银一万五千两，赍往哈密，赏赐伯克额敏、游击潘至善以下及阵亡受伤兵丁"。前编卷21记载了理藩院奉旨封授西藏官员的情况："上谕理藩院曰：布鲁克巴部落人等互相仇杀，贝子颇罗鼐遣使解和，宣朕威德，甚属可嘉，着封为贝勒。伊子一等台吉珠尔玛特策卜登屡次领兵效力边疆，着封为辅国公。"前编卷13记载了理藩院办理免除乌梁海人民借饷事宜。正编卷84记载："命在京安插回人分归理藩院、内务府管辖。"续编卷14记载："命理藩院衙门承办回部事务。"综观全书，记述理藩院的活动非常多，反映了理藩院在清廷统治藩部中的重要作用。

《平定两金川方略》①，152卷，记述了乾隆年间平定大小金川过程中前方将帅的奏疏，以及乾隆皇帝的谕旨。该书记载了理藩院"仿照回部管理四川土司朝觐事务"。例如卷133写道："照回部之例，轮班入觐。除土妇及土司中之未曾出痘不能至内地者毋庸轮班外，其余土司头目俱按应行入班之期，令于冬间由将军、总督、提督等照料进京。"卷134又记载："将应行朝觐之各土司，按其序次、大小、远近，分派平允，仿照回部年班，仍遵前旨，于冬至月起程，岁底到京。"如果再结合档案中的记述，对了解理藩院管理四川土司事务就更加清晰了。

《朔方备乘》②，80卷，是研究理藩院的重要资料。例如，卷12《俄罗斯馆考叙》中记载："俄罗斯自明以来，阻于朔漠，未通中国。及顺治、康熙年间，向慕德化，重译来庭，故特设邸舍，以优异之。""其国有贡使，有商人，有来京读书学生，有住京喇嘛，又有来学医术之人。""皆以俄罗

---

① 阿桂等奉敕撰，嘉庆五年刊本。
② 何秋涛撰，直隶官书局，光绪七年刊本。

斯馆为寓居之所。""俄罗斯馆监督一员，以理藩院司员充。""俄罗斯学提
调官一员，以理藩院司员充。""理藩院典属司承办俄罗斯来往事件。"这些
是研究理藩院管理中俄外交事务的重要资料。

《平定罗刹方略》①，4卷。叙事起于康熙二十一年（1682），止于康熙
二十八年，记载了这一时期清廷与俄国的关系，包括雅克萨战争、《尼布楚
条约》的签订等。书中多有理藩院处理对俄事务的内容。

五是政书体史书。《清朝文献通考》②，300卷。该书"职官""舆地"
等卷记载了和理藩院有关系的材料，对理藩院研究有一定参考价值。特别
是卷79《职官三》，专门介绍了理藩院机构的沿革、各司署人员构成及具体
职掌，有助于人们全面了解理藩院的概貌。

《清朝续文献通考》③，400卷，是《清朝文献通考》的续书。该书卷126
《职官十二》，专门介绍了由理藩院更名而来的理藩部，包括官员构成、职
掌变化等，从中可以看出，理藩院更名理藩部的原因之一，是"以期实力
经营各蒙旗、回部、西宁、西藏及附近土司诸地，御外侮而实边疆"。因
而，理藩部的职掌也比理藩院时有所扩大，"除原有职掌外，凡移民开垦、
练兵兴学诸事，皆须精心筹划，遴才佐理，具在该部"。在选任理藩部官员
方面，也打破了理藩院时不任汉官的成例，"遴选熟悉边情、通晓殖民政策
人员，不分满汉，一体任用。所有堂司各缺，悉予变通，庶几筹边固圉，
日有起色"。总之，《清朝续文献通考》是研究理藩部时的基本材料，有比
较重要的价值。但是，《清朝续文献通考》关于理藩院的记载存在一些错
误。例如，该书记载说"理藩院初属礼部，顺治十八年以官制体统应与六
部相同，理藩院尚书照六部尚书入议政之例"。其实，理藩院最初并不属礼
部，而是清廷的一个独立机构，只是有一段时间内属礼部所管，以后又很
快恢复为中央的一个独立机构。此外，记载理藩部时，在引用一些大臣的
奏疏中，把"理藩"之意与"殖民"相提并论，也是极不妥当的。

---

① 康熙皇帝敕撰，功顺堂丛书本。
② 刘墉等奉敕编纂，商务印书馆万有文库本。
③ 刘锦藻纂，商务印书馆万有文库本。

《清朝通典》①，100 卷。其中卷 26《职官四》专记理藩院事，包括官员组成、沿革变化、各司署职掌，以及清廷统治西、北地区少数民族的政策，条理清晰，内容完备，是研究理藩院的必读资料。该书特别指出：理藩院"设官置吏，多因其俗以治之，臂指相维，不殊郡县。如蒙古诸旗之扎萨克官，及新疆回城伯克等官，皆领属于理藩院。今以其本由各部落选置，与内地注授者不同，故别系之藩属诸官"。这对于了解理藩院组织机构及其官制的特点，有重要意义。

《清朝通志》②，126 卷。该书卷 65《职官二》专记理藩院事，可以和《清朝通典》互相参照阅读，是研究理藩院的重要材料。

《大清光绪新法令》③，该书收集了许多理藩部的材料。例如，《理藩部奏核议理藩部大概情形折》《理藩部奏酌拟理藩部员司各缺分定责任并拟设立调查、编纂两局折》《理藩部奏内外馆监督任满请旨可否裁撤折》等，记述了理藩部的内部机构及其职掌。此外，有些地方追述了清前期理藩院的某些情况，是研究理藩院和理藩部的基本材料。

《理藩部第一次统计表》④，光绪三十三年（1907）统计，内含"各司等处职掌事宜表""尚书侍郎及各司厅处所设官表"等。在典属司职掌中写道"各国赴外蒙古各旗发给护照"，旗籍司职掌中记载"各国赴内蒙古各旗发给护照"，这些反映了清末理藩部职掌的变化。该书是研究清末理藩部组织机构变化及其职掌的重要材料。

《蒙藏院调查内蒙及沿边各旗统计报告》《蒙藏院调查外蒙统计表》⑤。这两部书中多为光绪三十四年理藩部去内蒙古和外蒙古调查情况的报告，特别是关于经济情况的记载，是研究理藩部职掌的重要材料。

此外，《大清会典》以及《大清会典则例》、《大清会典事例》、《大清会典图》、乾隆朝内府抄本《理藩院则例》、《钦定理藩院则例》、《钦定回疆则例》、《蒙古律例》、《西宁青海番夷成例》，所记载的理藩院及其职掌，

---

① 刘墉等奉敕编纂，商务印书馆万有文库本。
② 刘墉等奉敕编纂，商务印书馆万有文库本。
③ 端方等辑录，商务印书馆，1909 年排印本。
④ 理藩部编，光绪年间抄本。
⑤ 蒙藏院编，民国初年刊本。

对于理藩院研究也有重要的史料价值。①

六是地方史志。在清代地方史志中，许多都记有理藩院或和理藩院有关的材料。《大清一统志》是清代分省记录全国自然与社会情状的总志。乾隆八年（1743）编纂成第一部，乾隆四十九年纂成第二部，道光二十二年（1842）纂成第三部。第三部材料截至嘉庆二十五年（1820），所以通常称为嘉庆朝《大清一统志》。② 该书中关于京师、新疆、蒙古等地区的记述，都有丰富的理藩院材料。比如，卷 2 "京师下官署内阁" 中写道："理藩院，在玉河桥东，长安门街北南向，本朝特设，掌外藩蒙古及喇嘛诸事。今西域及两金川平定，凡回部伯克诸事，及各土司入觐之职，亦皆隶之。""按院署旧在刑部北，后移今处。分典属、王会、旗籍、柔远、徕远、理刑六司，司务厅一，银库司库附焉。其宁夏、神木办理夷情，库伦办理贸易，青海、西藏办事及喜峰等五口管理驿站，并打箭炉税务，八沟、三座塔、乌兰哈达、多伦诺尔四处税务，俱于理藩院司员、笔帖式内奏请派往。"所记理藩院衙署、机构及职掌扼要简明。此外，卷 26 "承德府" 中关于木兰围场的记述，卷 404 开始的对外藩蒙古各部的记述，卷 414 开始的对新疆伊犁、塔尔巴哈台、回部诸城的记述，对于研究理藩院的职掌都有重要史料价值。除此之外，《钦定日下旧闻考》卷 63 记有雍正皇帝书写的理藩院堂额和训词，《新疆识略》《西陲总统事略》《卫藏通志》《西宁府新志》《乌里雅苏台志略》等书记有理藩院职掌，这些对研究理藩院亦有重要史料价值。③

七是人物传记。这里是指记载理藩院大臣活动的人物传、日记、书信、回忆录等。据有关史书统计，清代理藩院大臣主要有（前后朝都有者只记录前朝）：

崇德朝：塞棱、尼堪、博洛。

顺治朝：沙济达喇、席达礼、沙世悌尔、明安达里、塔哈达、博罗邑冷、绰克托。

① 参阅本书第四章第一节。
② 穆彰阿总纂，中华书局，1986。
③ 参阅本书第三章第一节。

康熙朝：喀兰图、阿穆瑚琅、博罗特、阿喇尼、明爱、喇巴克、穆称额、觉罗孙果、额尔黑图、拉笃祜、吴拉岱、文达、吴拉里、马齐、班迪、满丕、西拉、安布禄、哈雅尔图、满笃、伊道、常恕、阿灵阿、荐良、诺木齐岱、拉都浑、博音岱、二郎保、赫寿、特古忒、隆科多、允禩、长寿。

雍正朝：本锡、众佛保、雇鲁、班第、纳延泰、僧格。

乾隆朝：勒尔森、玉保、旺札尔、唐喀禄、舒明、新柱、多尔济、富鼐、海明、讬恩多、五吉、伍勒穆集、鄂宁、色布腾巴勒珠尔、福鼐、庆桂、伊勒图、温福、素尔纳、福德、鄂保、索琳、伍弥泰、奎林、博清额、复兴、保泰、福禄、留保柱、赛音伯尔格图、巴忠、普福、佛住、诺穆亲、博兴、奎舒。

嘉庆朝：乌尔图纳逊、富俊、特克慎、惠龄、贡楚克札布、和宁、额勒登堡、佛尔卿额、明兴、玉宁、英和、庆惠、景禄、策丹、福庆、苏冲阿、成林、本智、庆祥、吉伦、景安、普恭、和世泰、瑚图礼、禧恩、英绥、玉福、那彦宝、熙昌、成宁、喜明、庆溥、松宁、伊冲阿、晋隆、常英、博兴图、赛冲阿、裕恩、那彦成、晋昌。

道光朝：穆克登布、博启图、明志、海龄、色克精额、舒英、耆英、穆彰阿、凯音布、那丹珠、普恭、宝兴、福勒洪、惠显、常文、嵩惠、容照、恒格、恩铭、奕纪、松筠、奎照、联顺、赛尚阿、奕泽、隆文、庆敏、惟勤、吉伦泰、武忠额、功普、文德和、慧戚、恩桂、恩华、连贯、玉明、奕敏、培成、绵森、和色本。

咸丰朝：培成、奕湘、伊勒东、爱仁、庚福、肃顺、孟保、灵桂、瑞常、穆荫、书元、春佑、裕瑞、察杭阿、倭什辉布、伊勒东阿。

同治朝：增庆、庆明、存诚、额勒和布、英元、恩承、魁龄、奕庆、载鸶、崇伦、广寿、皂保、成林、德椿、苏勒布。

光绪朝：麟书、桂全、阿昌阿、铁祺、锡珍、志和、岳林、乌拉喜案阿、延熙、昆冈、绍祺、崇礼、绵宜、庆福、嵩申、恩棠、松森、凤鸣、启芳、溥良、会章、清锐、裕德、景沣、怀塔布、世续、阿克丹、那桐、寿耆、奎俊、溥兴、塈岫、儒林、特图慎、明启、恩顺。

　　清代记载包括理藩院大臣的传记书目有以下几种。《清史列传》①，80卷，其中宗室王公3卷，大臣画一传档正编22卷，大臣传次编10卷，大臣传续编9卷，大臣画一传档后编12卷，新办大臣传5卷，已纂未进大臣传3卷，共有正传人物3000余人，附传多人。该书使用材料或来源于国史馆《大臣列传稿本》，或来自《满汉名臣传》，也有的来自《国朝耆献类征初编》，均是原始的或较为原始的资料，因而该书是一部内容丰富、史料价值较高的人物传记资料。《满汉名臣传》②，80卷，其中满洲大臣传48卷，正传639人，附传139人。该书据清国史馆《大臣列传稿本》排印，有些人物为他书所不载，汇集了清朝前期的重要人物，具有较高的史料价值。《国朝耆献类征初编》③，720卷，汇集了清开国初至道光年间满汉官员各种体裁的传记文。依传主的职业、特点分卷，卷首为宗室王公类，正编19类中，为宰辅、卿贰、词臣、谏臣、郎署、疆臣等。该书卷帙浩繁，内容丰富，提供了鸦片战争前清代人物传记的基本史料。《碑传集》④，160卷，辑有清开国至嘉庆年间的王公大臣等2000余人的碑传文。该书依传主职官及生平分类编排，分宗室、功臣、宰辅、部院大臣、内阁九卿等。《续碑传集》⑤，86卷，碑文传主系道光朝至光绪朝人，分类同于《碑传集》。《碑传集补》⑥，60卷，收录清代后期人物的碑传文。《国朝先正事略》⑦，60卷。该书取材于诸家文集，内分名臣等七门，一人一传，计正传500人，附传608人。介绍咸丰朝以前著名人物传记，有重要史料价值。

　　八是笔记资料。《啸亭杂录》⑧，全书杂录10卷，续录5卷。该书卷10有专记理藩院的条目。卷1"平西域""善待外藩""土尔扈特来降"，卷2"活佛掣签""舒文襄公预定阿逆之叛"，卷3"记辛亥兵败事""西域用兵始末"，卷4"萨赖尔之叛"，卷6"平定回部本末"，卷7"木兰行围制

---

① 王锺翰点校，中华书局，1988。
② 该书又名《国史列传》《满汉大臣列传》，黑龙江人民出版社，1991。
③ 李桓辑，光绪十年湘阴李氏刻本。
④ 钱仪吉辑，中华书局，1993。
⑤ 缪荃孙编，江楚编译书局刊本。
⑥ 闵尔昌辑，燕京大学国学研究所1931年印本，上海古籍出版社影印本。
⑦ 李元度撰，中华书局《四部备要》本；文海出版社《近代中国史料丛刊》本。
⑧ 昭梿撰，中华书局，1980。

度"，卷8"俄罗斯"，卷9"伊犁疆域"，卷10"章嘉喇嘛"；续录卷1"山高水长殿看烟火""除夕上元筵宴外藩""大蒙古包宴"，卷2"超勇亲王"等，所记内容也都与理藩院有关，是研究理藩院职掌的重要资料。《簷曝杂记》①，7卷。该书卷1记载"木兰杀虎""跳驼撩脚杂戏""蒙古诈马戏""犬毙虎""鹰兔""木兰物产""蒙古食酪""蒙古尊奉喇嘛""黄教红教""达瓦齐""黑水营之围""俄罗斯""茶叶大黄""回人绳伎"等，都与理藩院的职掌有密切关系，是研究理藩院不可忽视的材料。《竹叶亭杂记》②，8卷。该书卷1记喀什噶尔伯克等年班进京，哈密所属塔尔纳沁察、巴什湖两处屯田，卷3记木兰哨鹿，叶尔羌办事大臣公署，和阗产玉，蒙古外藩王、贝勒及呼图克图死后遣官致祭，恰克图与俄国交易，都是与理藩院研究有密切关系的材料。特别是关于俄罗斯学的记载，更是理藩院研究中的重要史料。《听雨丛谈》③，12卷。该书中的许多内容都和理藩院有关系。例如卷2"蒙古"一目中记载："蒙古者，西北外藩各部之通称。""漠南六盟曰内扎萨克蒙古，属于理藩院旗籍司，或谊属戚畹，或著有勋劳，或率先归附，以奉其土地人民，比于内臣。"察哈尔部蒙古，"其旗内官事地土，治以独石、丰镇等四厅，辖以都统，隶于理藩院典属司"。此外，本卷中的"同名蒙古部""漠南蒙古藩封""青海蒙古藩封""河套等部蒙古藩封""西藏蒙古藩封""扎萨克""九白"，卷7中的"喇嘛"等条目所记，也都是研究理藩院的重要参考材料。《养吉斋丛录》④，36卷。该书卷1记载："太宗天聪五年，设六部，拟贝勒掌各部事。设满、蒙、汉承政三员，参政八员，启心郎一员，惟工部省蒙古、汉军参政六员。崇德三年，六部各留承政一员，余皆改参政，有左参政、右参政。理藩院、都察院亦称承政、参政。顺治元年，改汉官衔承政为尚书，参政为侍郎，理事官为郎中，副理事官为员外郎，额者库为主事。""太宗时改蒙古衙门为理藩院，治蒙古诸藩部事。案册向用满、蒙文，无汉字。康熙二十八年，从马齐请，兼用

---

① 赵翼撰，李解民点校，嘉庆、道光、光绪年间均有印本，中华书局，1982。

② 姚元之撰，中华书局，1982。

③ 福格撰，中华书局，1959、1984。

④ 吴振棫撰，光绪二十二年（1896）印本，北京古籍出版社，1983。

汉字。""按顺治辛丑缙绅，有礼部尚书掌理藩院事一人（今另设尚书），左右侍郎协理院事各一人（今无协理字）。所属有理事、金堂，皆满人；院判、知事，皆汉人（今皆无）。"这些材料对研究理藩院沿革有重要的参考价值。其他如卷 3 关于俄罗斯学、唐古特学的记述，设置回疆等地官员的记述，卷 8 蒙古亲藩配享的记述，以及卷 15 蒙古亲藩宴、卷 16 木兰行围等的记述，都对理藩院研究有重要的史料价值。《癸巳类稿》①，15 卷。该书卷 9 "俄罗斯佐领考""俄罗斯事辑"，卷 15 "红教黄教论""天主教论"等，包含不少理藩院资料。俄国派留学生来华，居于旧会同馆，由理藩院发给衣服饮食，就是该书卷 9 记述的，该书是研究理藩院职掌的重要材料。《茶余客话》②，22 卷。该书卷 1 "八旗六部二院"条目中，有关于理藩院内容的记述。《陶庐杂录》③，记载清代典章制度等内容的笔记，总计 6 卷。作者法式善，乾隆四十五年（1780）进士，历任左庶子、国子监祭酒、侍讲学士等，曾参与《皇朝文颖》和《全唐文》的编纂，精于史学，对清代典章制度亦很熟悉。该书卷 1 记有理藩院内容。《永宪录》④，6 卷，成书于乾隆十七年。该书取材于邸抄、朝报、诏谕、奏折，并参考了《康熙会典》，有些内容为《清实录》所不载。在卷 1 至卷 4 中，多次记述了理藩院官员的活动，为理藩院研究提供了新材料。

九是外人记述。《张诚日记》⑤。张诚系法国耶稣会传教士，长期任职于清廷。他的日记反映了随从皇帝出巡的所见所闻，其中有许多理藩院大臣的活动，因而对研究理藩院在清廷统治蒙古各部过程中所起的作用有一定参考价值。《十七世纪俄中关系》⑥。该书引用叶尔马勉科的《清帝国征服中国时期的国家机构》一文，认为"中国外务衙门，即理藩院。理藩院起初只负责同蒙古有关的事务，管理从属于清帝国的蒙古居民。以后职权逐渐

---

① 俞正燮撰，道光十三年刊本。
② 阮葵生撰，中华书局上海编辑所，1958 年印本。
③ 法式善撰，嘉庆二十二年大兴陈氏刻本；中华书局，1959 年排印本。
④ 萧奭龄撰，中华书局，1959 年排印本。
⑤ 商务印书馆，1973 年印本，是他的第二次旅行日记。中国社会科学院历史研究所清史研究室编《清史资料》（中华书局）第 5、6 辑中，刊登了他的第 1 次、第 3 次、第 4 次、第 5 次旅行日记。
⑥ 苏联科学院远东研究所等编，莫斯科 1969 年和 1972 年出版；商务印书馆，1975 年中译本。

扩大，同俄国的外交事务也由它处理"。该书第 2 卷第 2 册多次引用理藩院致莫斯科大使书信（中译本第 371、598 页）。第 2 卷第 3 册记述了格·伊·隆沙科夫 1690 年 5 月 19 日到达北京后，同理藩院官员会谈的情况（第 954 页）。第 2 卷第 4 册注引中记载："理藩院——外交事务院，清帝国在十七——十八世纪设置的第七个非正式部。其前身为蒙古衙门，主管对蒙古交往的一切事务，后来又加上了与青海和新疆的事务。在 1860 年之前，它也处理与俄国的一切外交事务。"（第 1012 页）应当说明，这些记述称理藩院是"外务衙门"或"外交事务院"并不准确，称"清帝国征服中国"更属荒谬。尽管如此，我们从中可以了解外国人笔下的理藩院是怎样一个机构，对深入开展理藩院研究或许是有益的。 《俄国使团使华笔记（1692——1695）》①。该书中记述了许多与理藩院有关的材料。书中写道："伊台斯从中国带回了清廷独特的外交部——理藩院 1694 年 2 月 28 日签署的文件。"（中译本第 37 页）"理藩院是处理对外关系的'部'或'院'，建立于十七世纪，管理蒙古事务。"（第 206 页）"签署 1727 年恰克图界约的中国全权代表，是吏部尚书兼内务府总管大臣查弼纳和理藩院尚书特古忒。"（第 206 页）"中国是一个庞大的帝国，不把邻国看作平等的国家。满洲人也用这种观点看待俄国。"（第 290 页）"2 月 19 日，理藩院派来一名侍读学士前来，请叶利札里赴理藩院会晤近臣们。"（第 300 页）从这些记载可以看出一些外国人是怎样认识清廷以理藩院处理对俄事务的。《俄国驻北京传道团史料》②。该书记录了理藩院每月发给修士大司祭和其他宗教人员一定数量的银两，以及每隔三年发给他们四季所需衣服的情况。"总之，所有的物品，甚至小到火柴，都由理藩院供给。"（中译本第 35 页）还记述了每一个俄国人去理藩院领月银的情况（第 37—38 页），以及清廷为方便俄国商队在北京居住，在东交民巷修建俄罗斯馆，距离理藩院衙署只有半俄里稍多一点（第 77 页）。这些记载提供了新资料，增加了理藩院处理中俄关系事务的内容，有助于深入开展理藩院研究。

---

① 伊兹勃兰特·伊台斯、亚当·勃兰特著，伦敦 1706 年出版；商务印书馆，1980 年中译本。
② 尼·伊·维谢洛夫斯基编，彼得堡 1905 年出版；商务印书馆，1978 年中译本。

二 研究现状

进入 21 世纪以来，清朝理藩院研究呈现高潮。许多高等院校的博士、硕士生多以理藩院研究为论文题目，出版的著作也有所增加。与此同时，国外的研究也有所发展。这些显示了新的历史时期，中国——这个统一多民族国家历史上对少数民族的管理越来越引起人们的关注，这也折射出当今世界民族与宗教问题的严重性，有识之士希望从中国清朝的历史中得到启发和借鉴。

李昭勇《清朝理藩院设置和职能演变研究》① 值得关注。该篇论文以理藩院的设立、发展、完善至衰败为纵向主线，以理藩院职能不断扩大与完善为横向主线，结合史学、民族政策和边疆政治等多学科对理藩院的民族事务管理工作进行了深入细致的研究。论文分析了理藩院设置的背景、原因，以及其管理民族事务与解决民族问题的功效，最后总结出清朝管理民族事务和解决民族问题的经验教训，以及对当前民族事务管理的启示。宋瞳《清初理藩院研究——以顺治朝理藩院满文题本为中心》② 同样值得关注。该书分析了顺治朝 149 份题本，对题本进行了分类，根据题本的不同内容做出了大致梳理。题本译注分析的内容包括爵级、会集、丁册、驿递、防汛、抚辑逃人、朝集、贡献、宴赉、喇嘛、边务、朝贡、赏给等方面。该书的学术贡献在于，根据满文题本的内容，对顺治朝理藩院的职掌进行了探讨，在某些方面对以往研究中不准确的地方给予了纠正并进行了补充。这既彰显了满文题本资料在理藩院研究中的重要性，促使人们更加重视满文题本，也使理藩院研究中的某些结论更加符合史实。崔懿晟《清代理藩院及其立法研究》，③ 分四章论述了理藩院创立的历史背景、理藩院的机构和职能、理藩院的民族立法、理藩院的消亡和评价。该文认为，以管理职权而言，清代理藩院之职权涉及行政、司法、军事、外交等各个方面。在康熙朝和雍正朝，理藩院主要负责内蒙古事务。至乾隆时期，理藩院的机

① 博士学位论文，中央民族大学，2014。
② 上海古籍出版社，2015。
③ 硕士学位论文，华东政法大学，2010。

构和职责趋于完善，其职能也大大扩大。除了管理会盟、稽查户丁、征收税款、管理驿站外，还参与策划军事行动。此外，理藩院还在司法方面具有终审、会审和秋审权，行使着少数民族地区的司法职能；在外交方面协调中俄两国的外交关系，管理贸易往来，在中俄外交中起到重要作用。从结构来看，理藩院设有中央机构和下属机构以及诸多派出机构，中央尚书为理藩院最高长官，下属有六司各司其职，可谓分工合理、体制完善。从其立法来看，理藩院充分利用民族政策，积极构建共同的利益基础，尊重各民族风俗习惯，使民族事务管理制度化和法律化。理藩院所起草的两部民族法规《理藩院则例》和《回疆则例》对少数民族地区的管理起着重大作用。苏星慧《清代理藩院与刑部的司法权限关系之研究》[1]一文也值得重视。该文认为，理藩院的司法权限与刑部的司法权限之间是审批监督的关系，主要是刑部对理藩院的监督。

此外，以下几篇论文也涉及理藩院的有关问题。一是吴元丰《清代理藩院满蒙文题本及其研究价值》[2]。该文不是研究理藩院机构本身，而是介绍了相关史料的重要性。文章提出：清朝专设理藩院处理蒙古族等民族事务，由此形成了大量的满蒙文题本，真实地记录了蒙古各部宗教、政治、经济、文化等方面的史实，对研究清代蒙古、西藏和回疆的区域史、民族史、司法制度及清朝对各该地区的统治政策都具有极其重要的价值。二是齐木德道尔吉《"蒙古衙门"与其首任承政阿什达尔汉》[3]。该文讨论了理藩院的前身蒙古衙门的设立问题。文章认为："蒙古衙门"是清（后金）对蒙古政策的具体执行部门，"蒙古衙门"的设立时间当在天聪五年以后，在天聪六年至八年（1632—1634）。最初由阿什达尔汉任承政，塔布囊达雅齐、巴克什尼堪等人参与。蒙古衙门对笼络蒙古诸部，建立满蒙联盟，打击察哈尔林丹汗，进而统一漠南蒙古起了不可替代的重要作用。三是苏发祥《简述清朝民族管理机构的形成和演变》[4]。该文简要叙述了清朝理藩院

---

① 硕士学位论文，云南大学，2009。
② 《满族研究》2012 年第 2 期。
③ 《内蒙古大学学报》2007 年第 4 期。
④ 《西北民族学院学报》2002 年第 2 期。

形成和演变的过程，以及各司属机构的职掌。文章认为，中国自古以来就是一个多民族的国家，历代统治者为加强对周边各族人民的统治，大都设有兼职官员或专门机构处理边疆地区的民族事务，如秦王朝时期的典客，汉代的大鸿胪，隋唐时期的鸿胪寺，以及元代的宣政院。清王朝是我国多民族国家最后稳定和巩固时期，从其崛起之日就非常重视对各族的争取和联络工作，尤其是对蒙古、藏族更为重视。清廷除了在各少数民族聚居地区设置基层行政组织和专管官员外，在中央还特设了专管少数民族事务的机构——理藩院。四是叶柏川《17—18世纪清朝理藩院对中俄贸易的监督与管理》①。该文以中俄贸易关系中的理藩院地位为中心，以理藩院对中俄贸易的监理为切入点，探讨清廷对俄贸易政策的演变，考察理藩院的外交地位以及清廷在处理对俄贸易过程中对喀尔喀蒙古的逐步控制。该文认为：在理藩院处理的对外事务中，中俄交往占有重要地位，其中包括对中俄贸易的监督与管理。中俄贸易问题不仅与两国的边界、逃人和准噶尔问题密切相关，还涉及清廷对喀尔喀蒙古的逐步控制等一系列政治问题，这些都体现在理藩院对中俄贸易的管理实践中。五是宋瞳《清初理藩院对藏传佛教的管理》②。该文认为，清代对藏传佛教事务的认识与管理均成完整体系。在五世达赖来朝前后，清廷根据不同地区的政治局势，在蒙古与内地都加强了对藏传佛教的管理，且这种管理渗透进寺庙建设、寺庙编制、住持任命、领袖扶植等方方面面。清初的这些政治措施决定了有清一代的宗教政策方向，即优容有加、暗中控制。事实上，清代世祖、世宗、高宗三位皇帝都有宗教方面的种种信仰，但在不同时期，清代宗教政策始终保持着一种高度稳健的连贯性，并未将个人对宗教的虔信或好恶加于国家政策之上，这是清代官僚机制和政府结构趋于成熟、政策趋于稳健的体现，也是清代宗教政策的成功之处。六是马青连《清代理藩院之司法管辖权初探》③。该文指出，现代意义上的司法管辖权是建立在宪制和司法独立或者追求司法独立的基础之上的，而清代的司法管辖权体现出强烈的政治诉求，为皇权

---

① 《清史研究》2012年第1期。
② 《光明日报》2013年8月22日。
③ 《思想战线》2009年第6期。

政治的中央集权服务，不存在现代意义上的司法管辖权应有的正当性。

21 世纪以来国际上关于清朝理藩院的研究情况。2011 年 4 月 7 日至 8 日，德国马克斯·普朗克社会人类学研究所召开"重估清朝统治下理藩院和礼部的行政和'殖民'职能"研讨会，来自美国、德国、波兰、奥地利、英国、中国的十几名学者参加。根据主办方提出的议题，会议分 4 场讨论，每场讨论会各有主题，并从不同角度呼应了会议主旨。在这场讨论会上，涉及理藩院内容的有：德国波恩大学东方学与亚洲学研究所魏弥贤的《从蒙古衙门到外务部：对理藩院的一个历史性考察》；德国独立学者多萝特娅·霍伊舍尔特 – 拉格的《理藩院在蒙古司法管理中的作用》；中国人民大学清史研究所叶柏川的《理藩院与中俄贸易：监督、管理与对抗（17—18 世纪）》；美国爱达荷州贾宁的《制度创新与革新：清代国家构建中的理藩院和礼部》；中国人民大学清史研究所张永江的《礼仪、教化与政治——清朝礼部对非汉族群的认知与分类管理》；俄罗斯科学院、马克斯·普朗克社会人类学研究所访问学者萨亚娜·纳姆斯莱诺娃的《军机处和理藩院的民族分类管理政策——以呼伦贝尔为例》；法国远东学院谷岚的《清代理藩院管辖西藏的权限》等。[1] 2016 年，该论文集英文版出版，迪特玛·寿可慈（德国）、贾宁（美国）任主编，文集名称是《清代边疆管理：理藩院与礼部新探》。[2] 迪特玛·寿可慈、贾宁撰写前言。文集中有关理藩院内容的目录如下：贾宁《大清崛起和理藩院与礼部》；Michael Weiers《理藩院的新史料及对它传统研究的回顾》；Pamela Kyle Crossley《理藩院与扩展时期的清代稳定》；张永江《礼仪、教化与政治——清朝礼部对非汉族群的认知与分类管理》；贾宁《朝贡制度和理藩院与礼部》；Dorothea Heuschert-Laage《对满蒙法律争执的司法权与理藩院的形成》；叶百川、袁剑 "The Sino-Russian Trade and the Role of the Lifanyuan, 17th – 18th Centuries"（《17—18 世纪中俄贸易关系及理藩院在其中的角色》）；宋瞳 "On Lifanyuan and Qianlong Policies Towards the Muslims of Xinjiang"（《理藩院及乾隆时期清廷对新疆穆

---

① 边夫：《"重估清朝统治下理藩院和礼部的行政和'殖民'职能"会议综述》，《中国边疆史地研究》2011 年第 3 期。

② 该论文集信息由贾宁提供，特此致谢。

斯林的政策》）；Fabienne Jagou《理藩院与西藏》；蓝美华《从理藩院到蒙藏委员会》；包力格"Clashes of Administrative Nationalisms：Banners and Leagues vs. Counties and Provinces in Inner Mongolia"（《旗县二元制在内蒙》）；Dittmar Schorkowitz《把握帝国形成期间的民族主义：十七到二十世纪沙俄与中国对多元民族的管理机构》）。

此外，美国还有贾宁以下有关理藩院研究的著述。英文著述："The Solon Sable Tribute，Hunters of Inner Asia and Dynastic Elites at the Qing Imperial Center"（《索伦貂贡、荒远猎人与朝中权贵》）在《内陆亚洲研究》（*Inner Asia*）学术期刊 2018 年第 1 期发表；与 Dittmar Schorkowich 合编 *Managing the Frontier in Qing China：Lifanyuan and Libu Revisited*（《清代边疆管理：理藩院与礼部新探》），撰写了引言和两章"Lifanyuan and Libu in Early Qing Empire Building" and "Lifanyuan and Libu in the Qing Tribute System"（Boston：Brill，2016）；"The Qing Lifanyuan and the Solon People of the 17th – 18th Centuries"（《十七和十八世纪清代理藩院与索伦》*Athens Journal of History*，Vol. 1，Issue 4，October 2015，pp. 253 – 266）；"Lifanyuan and the Management of Population Diversity in Early Qing（1636 – 1795）"[《理藩院与清代前期多民族管理（1636—1795）》，Max-Planck-Institut für ethnologische Forschung，*Working Paper* 139，June 2012]；"The Manchu Language Resources in the People's Republic of China：A Comprehensive Review of Sixteen Manchu Textbooks"[*China Review International*，Vol. 16，No. 3（2010）：308 – 322]。中文著述：《清朝前期理藩院满蒙文题本中蒙古朝觐探究》。[①]

上述研究中存在以下一些问题。一是有的作者认为，因为边疆民族事务的特殊性，理藩院所有一手公文函件均为满文、蒙文等少数民族文字，并无汉文译本，这种说法值得商榷。史书记载：康熙二十八年（1689）十一月，"吏部等衙门议复。都察院左都御史马齐疏言：数年以来，厄鲁特、喀尔喀不睦，互相征战"，"臣办事理藩院，见凡所题所理之事，只用满洲蒙古文字，并未兼有汉文。今请于事竣之后，兼用汉文注册，庶化服蒙古

---

① 见《纪念王锺翰先生文集》，中央民族大学出版社，2013。

之功德，昭垂永久。应如所请……从之"。① 另外，《养吉斋丛录》一书也记载："太宗时改蒙古衙门为理藩院，治蒙古诸藩部事。案册向用满、蒙文，无汉字。康熙二十八年，从马齐请，兼用汉字。"② 可见，理藩院所有一手公文函件在康熙二十八年以后并不是没有汉文的。如果查阅有关档案就会发现，有关理藩院档案汉文本很多。比如，中国第一历史档案馆所藏清朝理藩院全宗案卷中，在"蒙旗"一项中，有承袭爵衔 35 件，请封 5 件，调查谱系表传 39 件；在"回部"一项中，有承袭爵衔 34 件，封爵 5 件，调查谱系表传 6 件；在"喇嘛管理"一项中，有圆寂病故 8 件，掣定呼毕勒罕 11 件；在"西藏"一项中，有敕封达赖喇嘛 1 件，达赖喇嘛活动与入觐 9 件，班禅喇嘛授戒 1 件。③ 在国史馆全宗档案目录中，有"理藩院咨送台吉袭爵清册" 6 件，以及其他档案几百件。④ 如果查阅朱批奏折民族事务类、军机处录副奏折民族类，其中有关理藩院的汉文档案就更多。⑤ 其实，这种情况并不奇怪。在理藩院机构中，就有汉档房机构，"掌缮题本，译其档案而藏之"，⑥ 其中包括满文题本译汉，各处汉字来文译成满文。所以，在理藩院研究中，强调使用少数民族文字档案是对的，但否认理藩院汉文档案的存在，是不可取的。二是有的作者在梳理前人研究成果时有较严重的缺漏，从而影响了对一些问题的认识，视野不够宽阔。三是有的作者在对某些史实的叙述中存在错误。例如有的作者写道：以顺治朝为例，其时漠北喀尔喀蒙古、漠西厄鲁特蒙古、西藏等地尚未被直接纳入清朝行政体系，而是处于羁縻管理状态，回部、准部等地也未与清朝发生直接重大战略冲突，因此，后世所修会典、实录以及与理藩院制度相关的各种文献，如《理藩院则例》中，所涉及喀尔喀、厄鲁特、西藏等条目，很多不适用于清初，而反映了乾隆朝大一统完成后的情景；另外，就理藩院本身而言，其

---

① 《清圣祖实录》卷 134，康熙二十八年十一月丙辰。
② 吴振棫：《养吉斋丛录》卷 1，北京古籍出版社，1983。
③ 中国第一历史档案馆藏清朝理藩院全宗案卷目录，档号：1523。
④ 中国第一历史档案馆藏国史馆全宗档案目录，档号：534，11－1。
⑤ 中国第一历史档案馆藏朱批奏折民族事务类，档号：499；军机处录副奏折民族类，档号：03－165－16。
⑥ 见光绪朝《大清会典》卷 63、乾隆朝《大清会典》卷 80。

关注、针对重点亦有轻重缓急之分，具体而言，顺治朝理藩院的工作重点在漠北喀尔喀事务，而康熙朝以准部为要务，乾隆朝进而发展至回部、西藏、巴达克山等诸多地区。这些叙述的错误在于：第一是五朝《大清会典》以及相应的《大清会典则例》《大清会典事例》中的理藩院部分，都是按照纲目依年系事，一般是从清初记载到所编会典的截止年代，因此所记清初的资料并不少，并不是只"反映了乾隆朝大一统完成后的情景"；第二是《清实录》有世祖、圣祖、世宗、高宗等不同皇帝的实录，所反映的事情都是那一朝代的事情，比如说《清世祖实录》反映的就是顺治朝的事情，也不可能是"反映了乾隆朝大一统完成后的情景"，这是一般的常识；第三是就全局而言，顺治朝理藩院的工作重点也不在漠北喀尔喀事务，而是在漠南内蒙古；第四是西藏的问题是在康熙朝解决的，康熙朝末年两次出兵驱准保藏，并通过册封藏传佛教领袖人物、封西藏上层人士各种爵位和派遣大臣以及驻军，使西藏成为清朝的藩部，所以说"康熙朝以准部为要务，乾隆朝进而发展至回部、西藏、巴达克山等诸多地区"，就西藏而言，这样的表述是不准确的。

第二节　蒙古衙门的设立

理藩院的前身是蒙古衙门。关于蒙古衙门的设置时间，长时间来，一直众说纷纭。目前有两种观点，一是认为崇德元年设蒙古衙门。持这种观点的学者，首先依据的是《清史稿》中的记载。《清史稿》中明确写道："崇德元年设蒙古衙门。"[①] 众所周知，《清史稿》一书虽然存在种种缺陷，但该书所依据的材料是《清实录》、《国史列传》、《清会典》和一些档案，也有的并非取材于常见史料，当另有所本。因此，该书仍有一定的参考价值。而且，"崇德元年设蒙古衙门"，这既不涉及清统治阶级内部的斗争，也不涉及什么非要隐饰的问题，没有必要进行篡改。因此，这一记载还是可信的。

其次，《清太宗实录》记载，崇德元年六月丙戌，"以尼堪为蒙古衙门

---

① 《清史稿》卷115《职官志二》。

承政"，① 这是清代史籍中有关任命蒙古衙门官员的首次记录，这无疑表明了蒙古衙门这一机构的日渐完备。值得注意的是，自崇德元年二月到六月的 4 个月时间里，清代任何官私著述包括《满文老档》和《清实录》，都没有提及蒙古衙门的任何活动，而当时清政权的文书记载制度已经比较完备。天聪九年（1635）十二月，皇太极特别晓谕儒臣："凡外国文移，及管蒙古诸贝勒往来、迎送、献酬、赠答，俱宜详慎记载，毋有缺遗。"② 天聪十年三月，皇太极又改文馆为内三院，以内国史院记注上起居诏令，收藏御制文字，凡用兵行政、六部所办事宜、外国所上章奏，俱令编为史册；以内秘书院撰写外国书及上赐教书，录各衙门章奏及词状；以内弘文院教诸亲王，颁行制度等。像内三院这种比较完备的记注政事的机构，如果这期间蒙古衙门有任何活动而竟不记录下来，似乎不太可能。这就只能使人认为，这一期间蒙古衙门没有什么活动。

再次，崇德元年前后，皇太极对处理漠南蒙古事务的人选有明显的不同。天聪七年冬十月，遣国舅阿什达尔汉、塔布囊达雅齐等往外藩蒙古宣布钦定法令。天聪八年十一月，遣阿什达尔汉、达雅齐往外藩蒙古为诸贝勒分划牧地，并会审巴图鲁衮出斯等罪。这期间，有时也派大学士希福往漠南蒙古处理各种事务。但是，没有一件写明是有蒙古衙门官员参与的。而在此后，每一次去漠南蒙古处理事务，都有蒙古衙门的官员参加。崇德元年（1636）十月，清查察哈尔、喀尔喀、科尔沁诸部户口，编牛录、谳庶狱、颁法律、禁奸宄，除内弘文院大学士希福、都察院承政阿什达尔汉以外，蒙古衙门承政尼堪亦参与其事。崇德二年六月，追剿喀木尼堪部逃人叶雷，也曾派遣蒙古衙门官员博罗执信牌往科尔沁等部调兵。总之，以崇德元年为界，清廷处理蒙古事务所派遣的人员身份前后迥然不同：此前没有蒙古衙门的官员参加，此后蒙古衙门的官员几乎参与每一个事件的处理。这对我们认识蒙古衙门设置在崇德元年，并且在该年六月以后逐渐开展活动，有启迪作用。

最后，蒙古衙门设置在崇德元年，也符合满蒙关系发展的历史趋势。应当指出，蒙古衙门的设置与努尔哈赤、皇太极实现入主中原的基本

---

① 《清太宗实录》卷 30，崇德元年六月丙戌。
② 《清太宗实录》卷 26，天聪九年十二月甲辰。

政策密切相关。皇太极曾说："取燕京如伐大树，须先从两旁斫削，则大树自仆。"① 清代蒙古衙门的设置，正是清政权为借助蒙古各部力量，"砍倒"明朝这棵"大树"而采取的战略措施之一。②

但是，上述观点遭到了质疑，因为在《清太宗实录》中，在天聪年间，已经出现了蒙古衙门活动的记述，所以有些学者认为蒙古衙门在天聪年间设立。对这种观点，笔者根据《清太宗实录》等书的记载，也进行了认真的研究，现在把有关考证叙述如下。

天聪五年七月，皇太极爰定官制，设立了吏、户、礼、兵、刑、工六部，每部都设有蒙古承政和汉承政，分别处理相关事务。③ 同年十二月，参将宁完我上疏，对只设六部，其他机构不设，提出异议。皇太极表示：朕方裁决几务，俟事毕，以次举行。④ 天聪六年八月，六部衙门工竣，各颁发银印。⑤ 这说明，在六部设立的时候，蒙古衙门还没有设立。

天聪七年六月，皇太极命贝勒济尔哈朗、萨哈廉往外藩蒙古处审事定制，以御玺敕谕二十道付阿什达尔汉，阿什达尔汉转授尼堪，尼堪复委之从役。⑥ 八月，遣国舅阿什达尔汉等颁定法律于科尔沁土谢图济农。⑦ 十月，遣国舅阿什达尔汉、塔布囊达雅齐等往外藩蒙古宣布钦定法律。⑧

天聪八年正月，先前遣尼堪往迎喀尔喀所属浩齐特部落归降额林臣台吉等，至今返回。⑨ 五月，遣国舅阿什达尔汉及伊拜、诺木图往科尔沁调兵。又遣巴克什希福及伊拜往谕科尔沁土谢图济农等。⑩ 皇太极谕示：凡此遣退蒙古及发喀喇沁兵，俱不可无蒙古衙门官员，可留该衙门扈什布、温太，并其下办事四人，以任其事。⑪ 六月，遣国舅阿什达尔汉、巴克什希福

---

① 《清太宗实录》卷62，崇德七年九月壬申。
② 参阅赵云田《蒙古衙门设置时间辨析》，《内蒙古社会科学》1983年第6期。
③ 《清太宗实录》卷9，天聪五年七月庚辰。
④ 《清太宗实录》卷10，天聪五年十二月壬辰。
⑤ 《清太宗实录》卷12，天聪六年八月癸酉。
⑥ 《清太宗实录》卷14，天聪七年六月甲申。
⑦ 《清太宗实录》卷15，天聪七年八月癸酉。
⑧ 《清太宗实录》卷16，天聪七年十月壬戌。
⑨ 《清太宗实录》卷17，天聪八年正月己酉。
⑩ 《清太宗实录》卷18，天聪八年五月丙申、戊申。
⑪ 《清太宗实录》卷18，天聪八年五月甲辰。

谕蒙古诸贝勒。① 闰八月，遣国舅阿什达尔汉、额尔德尼囊苏同前锋将领吴拜等八大臣，率兵百名，往侦察哈尔汗子额尔克孔果尔踪迹。② 十一月，先前遣国舅阿什达尔汉、塔布囊达雅齐，往外藩蒙古与诸贝勒分划牧地，并会审巴图鲁衮出斯等罪，至今返回。③

天聪九年六月，以察哈尔琐诺木台吉率本部人民将至，命礼部大臣出迎。④

《满文老档》记载：天聪十年二月十三日，汗和诸王商议冠饰，六部承政和蒙古部的阿什达尔汉嵌宝石金顶。⑤ 这里的"蒙古部"，即汉文所称的"蒙古衙门"。《清太宗实录》中对此的记载是：上定诸臣冠饰，各赐金顶以示别。因赐超品公额驸杨古利、宗室篇古嵌东珠金顶。满洲、蒙古、汉军固山额真、承政等官，嵌宝石金顶。⑥

从上述引文可见：一方面，在天聪八年五月、十年二月，《清太宗实录》和《满文老档》中已经出现了蒙古衙门的记述；另一方面，自六部设立后，皇太极处理蒙古事务，大多没有写明由蒙古衙门的官员负责。而且，天聪八年十一月，在考核政绩升授官职的时候，也只是针对六部的承政，没有提到蒙古衙门。

天聪十年三月，皇太极改文馆为内三院，一名内国史院，一名内秘书院，一名内弘文院，分任职掌。⑦ 四月，皇太极称宽温仁圣皇帝，建国号曰大清，改元为崇德。分叙外藩蒙古诸贝勒军功，封亲王、郡王、贝勒不等。⑧ 之后，《清太宗实录》等书对蒙古衙门的有关记述明显地多了起来。

《清史稿·职官志》中记载：崇德元年，设蒙古衙门。⑨《清太宗实录》崇德元年六月记述：以国舅阿什达尔汉为都察院承政，尼堪为蒙古衙门承

---

① 《清太宗实录》卷 19，天聪八年六月戊寅。
② 《清太宗实录》卷 20，天聪八年闰八月壬辰。
③ 《清太宗实录》卷 21，天聪八年十一月壬戌。
④ 《清太宗实录》卷 23，天聪九年六月辛丑。
⑤ 《满文老档》东洋文库丛刊第 12，太宗 3，天聪十年丙子二月十三日。
⑥ 《清太宗实录》卷 27，天聪十年二月戊子。
⑦ 《清太宗实录》卷 28，天聪十年三月辛亥。
⑧ 《清太宗实录》卷 28，天聪十年四月乙酉、丁酉。
⑨ 《清史稿》卷 115《职官志二》。

政。① 当年十月，命内弘文院大学士巴克什希福、蒙古衙门承政尼堪，偕都察院承政国舅阿什达尔汉、蒙古衙门承政塔布囊达雅齐往察哈尔、喀尔喀、科尔沁，查户口，编牛录，会外藩，审罪犯，颁法律，禁奸盗。② 十二月，遣蒙古衙门拨什库博罗执信牌往科尔沁，令土谢图亲王巴达礼、卓礼克图亲王吴克善发兵……兼令防失牲畜。③ 多罗安平贝勒杜度，遣蒙古衙门承政奏言……④

崇德二年正月，遣外藩科尔沁、扎鲁特、敖汉、奈曼诸部落兵，出咸镜道，往征瓦尔喀。命蒙古衙门承政尼堪、甲喇章京季思哈、牛录章京叶克书率每旗甲士十人，导之以行。⑤ 五月，命都察院承政宴阿禄部落贡使于蒙古衙门。⑥ 七月，遣都察院承政国舅阿什达尔汉、蒙古衙门承政塞冷、尼堪等往古尔班查干，颁敕诏，并会外藩蒙古科尔沁亲王、郡王、贝勒，清理刑狱。皇太极还说：阿什达尔汉为蒙古衙门承政时，审理外藩讼狱，不辞勤劳，允称厥职；又收服察哈尔时，王贝勒等遣尔前往，时鄂尔多斯部落土巴济农将逃，尔先至固伦额驸家，遣伯德监守，携至王贝勒处……⑦八月，遣国舅阿什达尔汉、尼堪、塞冷等，往外藩蒙古巴林、扎鲁特、喀喇沁、土默特、阿禄诸部落，会诸王贝勒等，颁敕诏，审理刑狱。⑧ 九月，遣蒙古衙门参政艾松古等，赍诰命，封外藩蒙古各部王公之妻为福金。⑨

崇德三年五月，以国舅阿什达尔汉及尼堪、塞冷往科尔沁察审各案……⑩六月，阿禄部落贝子达赖故，遣蒙古衙门副理事官胡什格往吊之。⑪

从以上资料可以看到，蒙古衙门在天聪朝后期已经设立，确切地说，设立于天聪七年。除上述资料可以说明外，阿什达尔汉传记的记述也可佐

---

① 《清太宗实录》卷30，崇德元年六月丙戌。
② 《清太宗实录》卷31，崇德元年十月丁亥。
③ 《清太宗实录》卷32，崇德元年十二月壬申。
④ 《清太宗实录》卷32，崇德元年十二月己亥。
⑤ 《清太宗实录》卷33，崇德二年正月癸亥。
⑥ 《清太宗实录》卷35，崇德二年五月乙酉。
⑦ 《清太宗实录》卷37，崇德二年七月癸未。
⑧ 《清太宗实录》卷38，崇德二年八月己未。
⑨ 《清太宗实录》卷38，崇德二年九月乙酉。
⑩ 《清太宗实录》卷41，崇德三年五月癸亥朔。
⑪ 《清太宗实录》卷42，崇德三年六月癸丑、庚申。

证。皇太极说：阿什达尔汉为蒙古衙门承政时，审理外藩讼狱，不辞勤劳，允称厥职。那么，阿什达尔汉是从什么时候开始审理外藩讼狱的呢？《满汉名臣传》记载：太宗嗣位，以阿什达尔汉典外藩蒙古事；天聪七年六月，以御玺敕谕二十道付阿什达尔汉；十一月，宣布钦定法令于诸蒙古部落。[1]由此可见，皇太极说的"阿什达尔汉为蒙古衙门承政时，审理外藩讼狱，不辞勤劳，允称厥职"，最早是在天聪七年，也就是设立蒙古衙门的时间。但《清太宗实录》天聪年间很少提到蒙古衙门的活动，这是为什么呢？可能是那时蒙古衙门尚属初设阶段，机构本身还不健全，其地位也不能和六部相比。皇太极改元崇德以后，随着内蒙古各部的完全归附，蒙古衙门处理蒙古各部事务日益增多，《清太宗实录》等书的相关记载也就多了起来。

但是，这种观点也存在可质疑之处。一是推测蒙古衙门设立的时间，大多是根据皇太极的回忆，而皇太极的回忆又多根据《清太宗实录》的记载，那么，《清太宗实录》的记载会不会出现失误呢？因为《清太宗实录》经过多次修纂，顺治九年修一次，康熙二十一年修一次，乾隆四年校订一次，校订的这次即今天的通行本。[2]皇太极回忆阿什达尔汉曾为蒙古衙门承政，但是在阿什达尔汉的传记中没有记载。二是天聪八年五月"不可无蒙古衙门官员"的记载近似于孤证，蒙古衙门在整个天聪年间的记载就这一处，而崇德元年以后非常多。三是《清太宗实录》中没有设立蒙古衙门的确切记述，这使人感到不解。天聪八年内蒙古各部并没有完全归附，从当时的形势来看，也缺乏一个时间上的节点。

综上所述，在蒙古衙门设立时间的两种观点中，笔者认为，因为《清史稿·职官志》中明确记载了"崇德元年设蒙古衙门"，而且从满蒙关系的发展以及崇德元年以后蒙古衙门官员大量活动的记载来看，都是合乎情理的，所以，当前学术界大多采取第一种观点是可以理解的，也是可以采纳的。而认为蒙古衙门设立于天聪年间，《清太宗实录》中只有一条证据，是孤证，它不能解释为什么天聪八年五月至天聪九年全年，都没有蒙古衙门活动的记述。至于《满文老档》中天聪十年二月记载的"蒙古部"，也可以

---

① 《满汉名臣传》卷3《阿什达尔汉列传》。
② 见李燕光《清太宗实录稿本》编辑前言，辽宁大学历史系，1978年印本。

认为是崇德年间的事。因为天聪十年就是崇德元年。

　　崇德元年蒙古衙门设立后，其官员只分两个等级，官员数目也不多，即承政三四员，其余皆为参政。至于蒙古衙门的职能，从上面的叙述中可以概括为：会见内蒙古各部首领，并派人到蒙古各部查户口、编牛录、审罪犯、颁法律、禁奸盗。

第三节　理藩院的设立和沿革

　　关于理藩院设立的时间。在清朝的五部会典中，只有康熙朝《大清会典》和雍正朝《大清会典》对此有比较详细的记述。康熙朝《大清会典》记述了理藩院的设立情况，具体内容如下："我朝始兴，威德渐立，声教所暨，莫不来庭。凡蒙古部落之率先归附者悉立版籍，视犹一体。及后至者弥众，皆倾国举部乐输厥诚，既地广人繁矣。乃令各守其地，朝岁时，奉职贡焉。户口蕃殖，幅员辽远，前古以来，未之有也。始于六部之外，设理藩院，置尚书、左右侍郎，董其黜陟、赏罚、朝会、往来之事。其属四清吏司，曰录勋，曰宾客，曰柔远，曰理刑；各设郎中、员外郎、主事，又设司务、汉院判、知事、副使。其增设裁减，俱载吏部。"① 这里记述了理藩院设立的原因、主官名称及其职掌、内部机构及设官情况，对人们认识理藩院的设立有一定的启示。

　　雍正朝《大清会典》也记述了理藩院设立的情况，具体内容和康熙朝《大清会典》记载基本相同，只是个别文字上有差别。康熙朝《大清会典》写的是"我朝始兴，威德渐立"，雍正朝《大清会典》改为"我朝定鼎以来，德威远著"；康熙朝《大清会典》写的是"始于六部之外，设理藩院"，雍正朝《大清会典》则改为"爰于六部之外，设理藩院"。② 从实质上讲，二者没有什么区别。

　　那么，理藩院到底是什么时间设立的？"始兴"是指什么时候？"定鼎

---

　　① 赵云田点校《乾隆朝内府抄本〈理藩院则例〉》，第176页。
　　② 赵云田点校《乾隆朝内府抄本〈理藩院则例〉》，第209页。

以来"又是指什么时候？康熙朝、雍正朝《大清会典》中都没有细说。所以，这个问题有必要进一步探讨。

实际上，康熙朝、雍正朝《大清会典》中对理藩院设立的记述，基本上反映的是康熙朝、雍正朝理藩院机构的情况，并不是理藩院设立之初的情况。对此，《清实录》中有着明确的记述。《清太宗实录》中记载：崇德三年六月庚申，更定蒙古衙门为理藩院。① 十二月丁酉，铸给理藩院印信。② 由此看来，理藩院是在崇德三年（1638）设立的，是由蒙古衙门更定而来。正因为如此，康熙皇帝曾说："太宗皇帝时，蒙古各部落尽来归附，设立理藩院，专管外藩事务。"③ 为什么这时蒙古衙门更名理藩院呢？这与当时蒙古各部归附日众有关。继内蒙古各部归附后，外蒙古、漠西蒙古也开始和皇太极政权发生联系。这样，处理越来越多的事务，蒙古衙门已不能适应。笔者在清代档案中看到，从崇德四年正月起，盖有理藩院印信的清廷文件不断地发往各部蒙古，④ 这是清廷处理蒙古事务日益繁多的一个例证。

清代理藩院设立后，直到宣统三年（1911）辛亥革命爆发，其间 273 年，大体上经历了初创、发展和完备、变革三个阶段。

首先是初创阶段。崇德三年至顺治年间（1638—1661），是理藩院组织机构的初创阶段。崇德三年七月理藩院的设官情况是：承政 1 员，左右参政各 1 员，副理事官 8 员，启心郎 1 员。⑤ 崇德四年正月，增设理藩院每旗章京 1 员。崇德三年七月理藩院组织机构的变动是更定八衙门官制的结果。这次更定官制是清初国家政权机构一次比较大的调整，它不仅突出了满族贵族在各机构中的地位，而且使各机构内部的权力也由分散趋于集中。顺治元年（1644），清廷又对部院官制进行了调整，即"定内外文武官制"，"略仿明制而损益之"。⑥ 结果，承政一律改为尚书，参政改为侍郎，理藩院机构也相应地做了变动。顺治五年二月，理藩院又增设汉院判、汉知事、汉

① 《清太宗实录》卷42，崇德三年六月庚申。
② 《清太宗实录》卷44，崇德三年十二月丁酉。
③ 《清圣祖实录》卷2，顺治十八年三月戊寅。
④ 中国第一历史档案馆藏蒙文老档，第 107—140 号。
⑤ 《清太宗实录》卷42，崇德三年秋七月丙戌。
⑥ 《清朝文献通考》卷77《职官考一》。

副使各 1 员。顺治十六年闰三月，清廷更定在京各衙门满汉官衔品级，理藩院归礼部所属，其组织机构发生了如下变化：尚书 1 员称礼部尚书，左右侍郎各 1 员称礼部左右侍郎，保留副理事官 8 员，堂主事 2 员，汉院判、汉知事、汉副使各 1 员。[①]

崇德、顺治年间理藩院组织机构的变化，和当时清朝整个政权机构的变动相一致，充斥着汉化和反汉化的斗争。一方面，崇德年间，满族贵族加强了对政权的控制，为此不断完善国家政权组织机构。崇德三年七月更定部院官制，八年二月增设蒙古理事官。另一方面，顺治年间，清政权机构不断调整，理藩院的变动也包括在内，越来越带有浓厚的"仿明制"色彩。这是因为，清政权入关之初，社会经济残破不堪，"百姓流亡"，"心志彷徨"，只有迅速稳定形势，才能在中原真正站住脚。对此，大学士冯铨、洪承畴曾明确指出："国家要务，莫大于用人行政。"[②] 这些汉族地主阶级知识分子敏锐地看到了问题之所在。于是，为适应入主中原后的新形势，加强对汉族人民的统治，清廷不得不采取一系列措施调整政府机构。明代虽无理藩院建置，但清廷在参考明朝制度而对政府机构进行调整的时候，为了做到各部院之间的整齐划一，也就不能不对理藩院机构进行调整。当然，之所以能"仿明制"，除上述客观原因外，与顺治皇帝的汉化也有密切关系，这从顺治皇帝的遗诏中可以看出来。[③]

其次是发展和完备阶段。康熙至乾隆年间（1662—1795），理藩院组织机构得到发展和完备。顺治十八年（1661）正月，康熙帝即位后，清廷认为：理藩院专管外藩事务，责任重大，"今作礼部所属，于旧制未合。嗣后不必兼礼部衔，仍称理藩院尚书、侍郎，其印文亦着改正铸给"。[④] 同年八月，设立理藩院四司，即录勋司、宾客司、柔远司、理刑司。九月，又以康熙帝名义晓谕吏部："理藩院职司外藩王、贝勒、公主等事务及礼仪刑名各项，责任重大，非明朝可比，凡官制体统应与六部相同，理藩院尚书照

---

① 《清世祖实录》卷 125，顺治十六年闰三月辛酉朔。
② 《清世祖实录》卷 5，顺治元年六月戊午。
③ 《清世祖实录》卷 144，顺治十八年正月丁巳。
④ 《清圣祖实录》卷 2，顺治十八年三月戊寅。

六部尚书，入议政之列。该衙门向无郎中，今着照六部，设郎中官。"吏部
于是议定，"理藩院应增设各司郎中共十一员，员外郎共二十一员"，"理藩
院尚书衔名列于工部之后"。① 这样，理藩院组织机构遂变为：尚书 1 员，
左右侍郎各 1 员（不分满洲、蒙古，补授），满洲、蒙古司务各 1 员，汉院
判、知事、副使各 1 员，郎中 11 员，员外郎 21 员，堂主事 2 员（不分满
洲、蒙古，补授），录勋司、宾客司、柔远司、理刑司主事各 1 员，满文笔
帖式 11 员，蒙古笔帖式 41 员，汉军笔帖式 2 员。② 康熙九年（1670）三
月，因为"大臣官员职掌相同，品级有异，应行划一"，③ 于是，规定理藩
院郎中与六部满郎中一体升转。康熙二十八年十一月，都察院左都御史马
齐疏言："数年以来，厄鲁特、喀尔喀不睦，互相征战"，"臣办事理藩院，
见凡所题所理之事，只用满洲蒙古文字，并未兼有汉文。今请于事竣之后，
兼用汉文注册，庶化服蒙古之功德，昭垂永久。"④ 经吏部奏请，理藩院增
满州、汉军汉字堂主事 1 员，翻译汉字；满洲笔帖式，每旗各 1 员，汉军笔
帖式，每翼各 2 员。康熙三十年四月，在多伦会盟之后，为处理西北纷繁的
军务，又在同年六月增设理藩院员外郎 8 名。康熙三十八年七月，在清廷各
机构一次普遍性人员裁撤中，康熙帝又将理藩院满洲、蒙古司务各 1 人，汉
院判、知事、副使各 1 人，各司汉主事共 4 人尽行裁撤。康熙四十年，理藩
院柔远司划分为二，即柔远前司和后司。这时，理藩院组织机构状况是：
尚书满洲 1 员，左右侍郎各 1 员（不分满洲、蒙古，补授），郎中 11 员，员
外郎 29 员，堂主事 6 员，满文笔帖式 19 员，汉军笔帖式 6 员，蒙古笔帖式
41 员。⑤ 康熙四十六年，理藩院设立银库，并铸给理藩院银库关防。银库设
郎中 1 人，员外郎 1 人，司库 1 人，笔帖式 1 人，库使 4 人。⑥ 因时审势，
理藩院在雍正年间曾酌量增加一些办事人员。雍正帝即位初曾以廉亲王允
禩为理藩院尚书，又命裕亲王保泰办理理藩院事务，此即"以王公大学士

---

① 《清圣祖实录》卷 4，顺治十八年八月戊申。
② 康熙朝《大清会典》卷 3。
③ 《清朝文献通考》卷 77《职官考一》。
④ 《清圣祖实录》卷 134，康熙二十八年十一月丙辰。
⑤ 雍正朝《大清会典》卷 3。
⑥ 见赵云田点校《乾隆朝内府抄本〈理藩院则例〉》"银库"。

兼理院事"。① 雍正七年（1729）十一月，根据雍正帝"八旗游牧地方，甚属紧要"② 的谕示，理藩院又设置了巡按游牧御史。雍正十年，又复设满洲笔帖式 10 人，蒙古笔帖式 14 人，分隶各司。乾隆二十二年（1757），清廷调整了理藩院司属机构，改录勋司为典属司，宾客司为王会司，柔远后司为旗籍司，柔远前司仍为柔远司。清廷平定大小和卓叛乱后，乾隆二十六年，乾隆帝又谕示军机大臣："理藩院专理蒙古事务，尚可兼办回部。着将理藩院五司内派出一司，专办回部事务。"③ 于是，理藩院司属机构再行调整，并旗籍、柔远为一司，增设徕远司，专管回部事务。乾隆二十七年闰五月，鉴于原来柔远、旗籍"二司所办事件各有不同，若责成不专，恐办理日久，不免舛错弊混"，旗籍、柔远仍分为二司。④ 至此，理藩院下属六司机构最后完备。乾隆二十九年，因旗籍司、典属司"就其职掌，按之司名，究亦未符"，便再改典属司为旗籍司，其旧旗籍司仍为典属司。⑤ 这阶段理藩院的组织机构系统相当庞大。⑥

康雍乾阶段理藩院组织机构的变化，也可以细分为三小段。一是康熙朝初年，此一时期与满洲贵族内部汉化与反汉化势力斗争有关。顺治皇帝的遗诏中曾说："自亲政以来，纪纲法度，用人行政，不能仰法太祖太宗谟烈……且渐习汉俗，于纯朴旧制，日有更张，以致国治未臻，民生未遂。是朕之罪一也。"⑦ 这实际上是满洲贵族内部反汉化势力对顺治皇帝不满的反映。不过，就理藩院机构对蒙古各部的重要性而言，满洲贵族内部反汉化势力的认识也许更符合实际。因为他们的认识继承了努尔哈赤和皇太极的传统，而努尔哈赤和皇太极对蒙古各部等少数民族重要性的认识，更多的是来源于生活实际的体验。二是康熙至雍正年间，此一时期是清朝统一

---

① 《清朝通典》卷 26《职官四》。
② 《清世宗实录》卷 88，雍正七年十月丙申。
③ 《清高宗实录》卷 649，乾隆二十六年十一月丙辰。
④ 乾隆朝《钦定大清会典则例》卷 143。
⑤ 乾隆朝《钦定大清会典则例》卷 143。
⑥ 参见乾隆朝《大清会典》卷 79；嘉庆朝《大清会典》卷 49—53；乾隆朝《钦定大清会典则例》卷 143。
⑦ 《清世祖实录》卷 144，顺治十八年正月丁巳。

多民族国家历史发展中风云激荡的年代。这时清廷加强了和蒙古、西藏等少数民族居住地区的联系，各民族之间的交往日益密切。同时，噶尔丹、策妄阿拉布坦等相继反清。理藩院作为清廷主管藩部事务的中央机构，正是在处理错综复杂的民族事务中，在密切清廷和藩部地区的关系中逐渐发展起来的。所以，康雍年间理藩院组织机构的发展，和清朝统一多民族国家的变化息息相关。三是乾隆年间，此一时期是清朝统一多民族国家历史发展中最为兴盛的年代。这时清廷平定了阿睦尔撒纳叛乱，最终解决了漠西蒙古准噶尔问题；还平定了大小和卓叛乱，使回部成为藩部；又击退了廓尔喀势力对西藏的侵扰。这一切，加强了清廷和蒙古、回部、西藏等少数民族地区的联系。理藩院作为清廷主管藩部事务的中央机构，在乾隆年间其组织机构的变化，和清朝统一多民族国家的发展、巩固相关。一方面，清朝统一多民族国家的发展，促进了理藩院机构的完备；另一方面，理藩院机构的日益完备，又促进了清朝统一多民族国家的巩固和发展。

最后是变革阶段。嘉庆朝到宣统三年（1911）辛亥革命爆发，是理藩院组织机构的变革阶段。嘉庆四年（1799）裁掉满洲郎中、员外郎各1人。嘉庆七年木兰围场隶热河都统。道光十四年（1834）增设喇嘛印务处贴写笔帖式2人，学习笔帖式4人。光绪三十二年七月十三日，在内外交困中，光绪帝奉慈禧懿旨，发布预备立宪先行厘定官制谕，企图通过立宪改革以自救。谕中认为，要改变"政令积久相仍，日处阽险，忧患迫切"的局面，唯有"仿行宪政"，而"廓清积弊，明定责成，必从官制入手"。[①] 次日，内阁奉上谕，派载泽等14人共同编纂官制，庆亲王奕劻等总司核定。九月十六日，奕劻等将京官官制编定复核，缮单进呈。在所附阁部院官制节略清单中写道："各国竞争，殖民为要，蒙、藏、青海，固圉防边，其行政事宜实与各部并重，故易理藩院为理藩部。"[②] 九月二十日，光绪帝奉慈禧懿旨，再次发布上谕，宣布正式实行厘定的中央新官制，"理藩院着改为理藩

---

① 故宫博物院明清档案部编《清末筹备立宪档案史料》上册，第43—44页。
② 《清末筹备立宪档案史料》上册，第470页。

部"。① 清廷认为，"怀柔远人，实朝廷不易之宗旨"，② 故理藩部"原设六司"，"仍因其旧"；司务厅、当月处、银库、饭银处、喇嘛印务处等机构也"一仍旧制"。③ 只是把汉档房、俸档房、督催所等并入满档房，改名领办处，将原来蒙古学扩充为藩言馆。光绪三十三年，奏定理藩部官制，又新设调查、编纂两局，并附入领办处，后改归宪政筹备处。宣统三年四月十日，清廷内阁官制改组，成立新内阁，理藩部与其他部一样，尚书改称大臣，侍郎改称副大臣。

理藩院改为理藩部，是清末"新政"中"改革官制"的一个环节。自19世纪中叶起，由于清廷腐败无能，资本主义列强相继用大炮和鸦片打开古老中国的大门，中国社会逐渐沦为半殖民地半封建社会。20世纪初，帝国主义和中华民族的矛盾、封建主义和人民大众的矛盾空前尖锐，孙中山领导的资产阶级民主革命运动蓬勃兴起，日益高涨。孙中山一方面号召人民用武力推翻清王朝封建君主专制制度，一方面联络各地会党和新军多次发动武装反清起义。与此同时，全国各族人民自发的反抗斗争连绵不断。这巨大的革命洪流猛烈冲击着风雨飘摇中的清王朝。清廷为抵制日益高涨的人民革命运动，巩固爱新觉罗家族的统治，实行自救，便开始"预备立宪"，"改定官制"。可以想见，在这种氛围下的清末官制改革，不可能会有深刻的变革。事实也是如此。改定官制后的理藩部，和未改革前的理藩院并没有什么质的区别。这从理藩院和理藩部旗籍司、典属司、王会司、柔远司、徕远司、理刑司等机构的职掌对比中可以看出。不同的只是，理藩部时期的旗籍司在职掌中增加了"各国赴内蒙古各旗发给护照"，典属司增加了"各国赴外蒙古各旗发给护照"。④ 此外，对照道光年间出版的《理藩院则例》和光绪末年出版的《理藩部则例》，也可以看出，《理藩部则例》除增加第64卷"捐输"外，只是把理藩院的"院"字改成了理藩部的"部"字而已。

---

① 《清末筹备立宪档案史料》上册，第471页。
② 端方等辑录《大清光绪新法令》第3册，第86页。
③ 端方等辑录《大清光绪新法令》第3册，第86页。
④ 理藩部编《理藩部第一次统计表》上册，"各司等处职掌事宜表"。

第四节　理藩院内部机构、职掌和组织特点

清朝理藩院不同发展阶段，内部机构及其职掌也有所不同。在崇德和顺治年间的初创阶段，理藩院还没有司属机构，只有不同级别的官员，分别处理有关事务。根据康熙朝《大清会典》的追述以及清初理藩院满文题本的记载，那时，无论是承政、参政，还是尚书、侍郎，处理的主要事务包括内蒙古各部的爵级、会集、丁册、驿递、防汛、严禁逃人、抚辑逃人、朝集、贡献、宴赉，京师、内蒙古、外蒙古及西藏喇嘛的敕封、管理等事，厄鲁特、外蒙古的朝贡、赏给，以及内蒙古的刑例、人命、盗贼、军法诸事。①

在康熙至乾隆年间的发展和完备阶段，理藩院的司属机构不尽相同，职掌也不一样。康熙皇帝亲政、理藩院官制体统与六部相同后，至康熙四十年（1701）柔远司划分二司之前，从内部官制上说，理藩院有正官、首领官、属官之别；② 从机构上讲，则有录勋、宾客、柔远、理刑清吏司之分。正官是全院的首脑，包括尚书、左右侍郎，掌蒙古各部"黜陟、赏罚、朝会、往来之事"。③ 首领官和属官是各司的头领，有司务、院判、主事、副使、郎中、员外郎、堂主事、各司主事，他们的职掌表现在各司的职能上。录勋司掌内蒙古各部爵级、会集、丁册、驿递、防汛、严禁逃人、抚辑逃人。宾客司掌内蒙古各部朝集、贡献、宴赉。柔远司掌喇嘛事务，以及外蒙古、漠西蒙古的朝贡，颁给达赖喇嘛册印，负责在京喇嘛所需之物。理刑司掌内外蒙古各部刑事诉讼案件。

康熙四十年到乾隆二十二年（1757），这一时期理藩院设置五司。录勋司仍掌内蒙古各部疆理、旗制、封爵、设官、会盟、驿站等事务。宾客司掌内蒙古各旗朝觐、俸币、赈济等。柔远左司（前司）掌外蒙古、漠西蒙

---

① 参阅宋瞳《清初理藩院研究——以顺治朝满文题本为中心》第3、4、5章。
② 康熙朝《大清会典》卷3。
③ 康熙朝《大清会典》卷142。

古以及哈密、吐鲁番、西藏等地的设官、会盟、围班、喇嘛诸事，还有和俄国贸易事务。柔远右司（后司）掌外蒙古等年班、俸币、喇嘛钱粮。理刑司仍掌内外蒙古各部刑事诉讼案件。银库，负责藩部王公贵族来京的一切费用，以及理藩院领催到各地出差的用银。①

乾隆二十二年至二十六年，因清廷用兵西北，理藩院内部机构多次调整，到乾隆二十七年，设置六司始成定制，内部机构趋于完备，具体设置和主要职掌如下。

中枢机构，设尚书1人，左、右侍郎各1人，均为满洲官员，或以蒙古王公补授，额外侍郎1人，特简蒙古贝勒、贝子中贤能者出任，掌蒙古各部及回部等"外藩之政令，制其爵禄，定其朝会，正其刑罚"，② "控驭抚绥，以固邦翰"。③

直属机构，包括旗籍司、王会司、典属司、柔远司、徕远司、理刑司。旗籍司。"国家肇基东土，威德远播，漠南蒙古诸部落，或谊属戚畹，或著有勋绩，或率先归附，咸奉其土地人民，比于内臣，设官分职，编户比丁，与八旗无异。定鼎以来，屏藩攸寄，带砺之封，爰及苗裔，录功存旧，事隶所司。"④ 设郎中满洲2人、蒙古1人，员外郎满洲3人、蒙古4人，主事蒙古1人，笔帖式满洲5人、蒙古10人。承办内蒙古六盟，归化城土默特左右翼，黑龙江打牲、索伦、呼伦贝尔等处官员的升降、袭替、田产、比丁、过继、承嗣、家谱、封赠、赐恤、致祭、议叙、议处；查核各旗公仓米石；查验军器、煤窑；开闭销算大凌河马匹，张家口等六处驿站应领羊马价银，八沟等四处税课银两，张家口、赛尔乌苏驿站官员兵丁俸饷；更换八沟、塔子沟、乌兰哈达、三座塔、神木、宁夏理事官，张家口等六处管理驿站司员笔帖式；销算归化城记档银两，蒙古路引勘合口票、兵票；办给巡查归化城等处差员盘费；考取国子监蒙古教习；颁给驿站官员时宪书等事。

---

① 赵云田点校《乾隆朝内府抄本〈理藩院则例〉》，第1—175页。
② 见乾隆朝《大清会典》卷63。
③ 《清朝文献通考》卷82；乾隆朝《大清会典》卷79。
④ 乾隆朝《大清会典》卷79。

王会司。"漠南蒙古诸部落，每岁朝觐、修贡、惟谨、燕飨、赐予、舍馆、飨饩之礼，分隶所司。"① 设郎中满洲、蒙古各 1 人，员外郎满洲 3 人、蒙古 2 人，主事满洲、蒙古各 1 人，笔帖式满洲 3 人、蒙古 8 人。承办内蒙古六盟王公等年班、俸禄、朝贡，每年更换内外馆监督，颁给内蒙古六盟时宪书等事。

典属司。"国初，蒙古北部喀尔喀三汗，同时纳贡。厥后朔漠荡平，庇我宇下，与漠南诸部落等。承平以来，怀柔益远，北逾瀚海，西绝羌荒。青海、厄鲁特、西藏、准噶尔之地，咸入版图。其封爵、会盟、屯防、游牧诸政事，厥有专司。"② 设郎中满洲、蒙古各 1 人，员外郎满洲 5 人、蒙古 4 人，主事满洲、蒙古各 1 人，笔帖式满洲 4 人、蒙古 6 人。承办外蒙古四部，漠西蒙古土尔扈特、杜尔伯特，西藏、青海等处汗王、台吉、官员升降、袭替、过继、承嗣、家谱、比丁、田产、封赠、赐恤、致祭、议叙、议处、赈济；与俄罗斯往来事件，住京俄罗斯学生支领衣服银两；乌里雅苏台商民信票；库伦、恰克图、西藏、西宁、科布多、乌里雅苏台等处驻扎司员、笔帖式任满更换；巡查察哈尔八旗差员盘费；考取察哈尔八旗游牧理事官、国子监蒙古助教；达赖、班禅喇嘛进丹书克，在京喇嘛考列等第、升迁、调补、札付、度牒、路引，奏请寺庙名号，各寺庙工程等事。

柔远司。"国家声教所被，无远弗届。大漠以北，流沙以西，诸部君长，稽首偕来。回疆置吏，有如郡县。其来朝述职诸政事，分隶本司。"③ 设郎中满洲 1 人，员外郎满洲 2 人、蒙古 3 人，主事蒙古 1 人，笔帖式满洲 2 人、蒙古 9 人。承办外蒙古四部，漠西蒙古土尔扈特、杜尔伯特等汗王、台吉以及呼图克图喇嘛的年班、进贡、俸禄；各寺庙喇嘛钱粮；颁给漠北蒙古诸部时宪书等。

徕远司。"国家即平准噶尔，凡天山以南诸回部，素为准夷所苦者，一时如解倒悬，归仁恐后。厥后余孽未靖，逆回负恩构乱，致烦征讨。天戈所指，臣服弥遐，拓西域版图数万里而遥。今自嘉峪关以外，旧部若哈密，

---

① 乾隆朝《大清会典》卷 79。
② 乾隆朝《大清会典》卷 80。
③ 乾隆朝《大清会典》卷 80。

若辟展、吐鲁番，新疆若哈拉沙拉，若库车，若沙雅尔，若赛里木，若拜，若阿克苏，若乌什，若喀什噶尔，若叶尔羌，若和阗，棋布星罗，同属内地。其哈萨克之左右部，布鲁特之东西部，以及安集延、玛尔噶朗、霍罕、那木干、塔什罕、拔达克山、博罗尔、爱乌罕、奇齐玉斯、乌尔根齐等部，列我藩服，并隶所司。"① 设郎中蒙古 1 人，员外郎满洲、蒙古各 2 人，主事满洲、蒙古各 1 人，笔帖式满洲 3 人、蒙古 5 人。承办住京回部王公台吉家谱；哈密、吐鲁番回部王公台吉俸禄；回疆各城赋役、官税；霍罕伯克、四川土司土舍头人以及各城伯克来京朝觐、进贡，哈萨克赴热河朝觐、进贡；颁给回疆各城时宪书。

理刑司。"国家控驭藩服，仁至义尽，爰按蒙古土俗，酌定律例，以靖边徼。死刑之外，罪止鞭责，不及流徒，统于罚例。"② 设郎中满洲、蒙古各 1 人，员外郎满洲、蒙古各 3 人，主事满洲 1 人，笔帖式满洲 2 人、蒙古 5 人。承办蒙古各部及番、回刑罚之事。

此外，直属机构还包括司务厅、银库、蒙古翻译房、满档房、汉档房、饭银处、督催所、当月处等。司务厅。设司务满洲 1 人，蒙古 1 人，笔帖式满洲 2 人、蒙古 1 人。承办蒙古各部来文、更换俄罗斯馆馆夫等。银库。"旧制，蒙古王、台吉等来朝，由户、工二部及光禄寺备器用，具廪饩。自康熙四十六年建立银库，设官经理，计宾馆所需，按直给资，以惠远人。"③ 设司官 2 人，于理藩院司官内奏委，司库满洲 1 人，笔帖式满洲 2 人，库使满洲 2 人。掌帑金出纳。蒙古翻译房。设员外郎、主事各 1 人，于理藩院司官内简委。掌蒙文译汉。满档房。设堂主事满洲 1 人、蒙古 3 人，笔帖式满洲 4 人、蒙古 10 人。承办全院奏折；堂司各官升迁、差缺；考取八旗蒙古贴写笔帖式、蒙古学习笔帖式；挑取领催，并派领催出差；全院官员公费等事。汉档房。设堂主事满洲 1 人、汉军 1 人，笔帖式满洲 9 人、汉军 6 人。承办各司等处满文题本，以及各处汉字来文译成满文，咨文译汉；承管档案库。饭银处。设司员满洲、蒙古各 1 人。掌全院额定出入饭银事件。

---

① 乾隆朝《大清会典》卷 80。
② 乾隆朝《大清会典》卷 80。
③ 乾隆朝《大清会典》卷 80。

督催所。设满洲、蒙古司员各 1 人，笔帖式 16 人。稽查全院文移、注销等事。当月处。由六司司员挨司轮派一人值宿，监守堂司印信；收受各衙门来文；推送转牌；遇内阁传抄事件，承抄官抄出，摘要记簿，发文给承办之司；具稿呈堂；取送堂印钥匙等事。

附属机构，包括唐古特学、稽查内馆和外馆、木兰围场、俄罗斯馆、托特学、蒙古学、喇嘛印务处、则例馆。唐古特学，设司业、助教各 1 人，笔帖式蒙古 4 人，掌翻译唐古特文字。稽查内馆和外馆，设监督 2 人，由科道各部司官内奏委，掌内、外馆稽查之事。木兰围场，设总管 1 人，左、右翼长各 1 人，章京、骁骑校各 8 人，专门保护木兰围场。俄罗斯馆，设满、汉助教各 1 人，监督 1 人，管理俄国来华学习的学生诸事。托特学，由唐古特学司业、助教兼管，负责翻译托特文字。蒙古学，设助教 1 人，学务司员、教习各 2 人，培养学习蒙文的学生。喇嘛印务处，设掌印大喇嘛 1 人，看守印务德木齐 4 人，办理京师地区喇嘛事务。则例馆，设纂修官 4 人，校对官 8 人，翻译官 10 人，誊写官 10 人，专门编纂理藩院则例。

派出机构和人员。神木理事司员 1 人，管理鄂尔多斯六旗蒙古、汉民交涉事件。宁夏理事司员 1 人，管理鄂尔多斯贝勒一旗、阿拉善王一旗蒙古、汉民交涉事件。八沟理事官 1 人，管理喀喇沁王一旗、喀喇沁公一旗蒙古、汉民交涉事件，兼管税务。塔子沟理事官 1 人，管理喀喇沁扎萨克塔布囊一旗、敖汉王一旗蒙古、汉民交涉事件，兼管税务。乌兰哈达理事官 1 人，管理巴林王一旗、巴林贝子一旗，翁牛特王一旗、翁牛特贝子一旗，克什克腾扎萨克台吉一旗，阿鲁科尔沁贝勒一旗的蒙古、汉民交涉事件，兼管税务。三座塔理事官 1 人，管理喀尔喀贝勒一旗，奈曼王一旗，土默特贝勒一旗、土默特贝子一旗，锡埒图库伦喇嘛一旗的蒙古、汉民交涉事件，兼管税务。张家口管站司员、笔帖式各 1 人，管理张家口驿道 19 站。杀虎口管站司员、笔帖式各 1 人，管理杀虎口驿道 12 站。喜峰口管站司员、笔帖式各 1 人，管理喜峰口驿道 18 站。古北口管站司员、笔帖式各 1 人，管理古北口驿道 16 站。独石口管站司员、笔帖式各 1 人，管理独石口驿道 7 站。赛尔乌苏管站司员、笔帖式各 1 人，管理赛尔乌苏驿道各站。恰克图、库伦管理买卖事务司员各 1 人。库伦管理印房事务司员 1 人，笔帖式 2 人。西藏随印司员 1 人，笔帖式 1 人。西宁随印司员 1 人，笔帖式 3 人。科布多、乌里雅苏台兵差司员各 1 人。四川总督衙门、陕甘总督衙门蒙古笔帖式各 1 人。

另外，蒙古各部各旗扎萨克官、新疆回城伯克等官，都归属于理藩院。西藏代本、碟巴、堪布，也都由理藩院给以执照。不过，他们是由本地区选置，与内地注授者不同，所以不计入理藩院组织编制之内。

光绪三十二年（1906），在清末官制改革中，理藩院改为理藩部。虽然其实质并没有改变，但是各机构组成人员变动较大。这以后，理藩部机构又有所调整。为此说明如下。

一是设立了领办处，它是全部公务汇集的地方。领办处设领办 2 员，以郎中、员外郎充任；帮办 2 员，稽核文移 2 员，总看奏折 4 员，以郎中、员外郎、主事充任；委署主事 4 员，正缮写 4 员，副缮写 8 员，以笔帖式充任。主要承办各项新政，廷寄、交片、阁抄、接递西北路大臣折报，全部奏折咨札事件，以及堂司各官升迁差缺，京察各官册档，挑取领催，差派领催，稽核全部文移、注销，稽核内外文件，承管稿案库。二是直属机构组成人员有所变化。旗籍、典属、王会、柔远、徕远、理刑各司，以及司务厅，均设掌印 1 员，以郎中、员外郎充任；帮印 2 员，主稿 2 员，以郎中、员外郎、主事充任；委署主事 3 员或 4 员，正缮写 4 员，副缮写 4 员，以笔帖式充任。当月处设当月官 12 人，监印官 10 人，委署主事 4 人，正缮写 4 人，副缮写 4 人。蒙古学，设管理学务 3 人，帮办学务 1 人，教习 2 人。银库，设掌关防 2 员。三是设立了调查、编纂两局，设正管股 2 员，以郎中、员外郎、主事充任；副管股 4 员，以郎中、员外郎、主事、笔帖式中翻译优秀者充任；翻译官 4 员，监管官 2 员，兼行官 2 员。光绪三十四年，裁撤内外馆监督。宣统元年（1909），调查、编纂两局改为两科，合并为宪政筹备处。

从总体上来说，理藩院在清廷管理藩部事务中，有以下一些具体职能。

一是参政议政。理藩院大臣在顺治年间就开始参政，康雍乾时期更是经常参与国家大政方针的讨论和执行。当噶尔丹发动内乱，我国三北地区形势紧张时，康熙皇帝便命理藩院尚书阿喇尼为议政大臣，参与多伦会盟、平定准噶尔内乱等一系列军政大事的筹划工作。[①] 雍正年间，理藩院侍郎众佛保被授为内阁学士。乾隆时理藩院尚书纳延泰先为军机大臣，继又兼议政大臣；理藩院尚书索琳、侍郎庆桂或任库伦办事大臣，或为伊犁参赞大臣。总之，在清代，理藩院大臣有的是内阁学士，有的在议政处行走，有的参与军机处工作，还有的直接兼任地方大员，统掌一方军政事务，为清廷军国要务，特别是对少数民族地区的统治筹划谋略。

二是参与军事。理藩院参与军事，主要表现为参与对各族叛乱活动的镇压。"三藩之乱"爆发后，理藩院积极组织内蒙古各部，决定各旗出动兵员的人数，选拔统兵将领，提出进击方向。理藩院官员还亲自统率蒙古军兵，奔赴江西、陕西等地。在平定察哈尔布尔尼之乱时，理藩院官员奔赴内蒙古各部各旗，调集兵力围剿，并率领军队防守地方。噶尔丹之乱发生后，理藩院几乎参与了平乱的全过程。在准备阶段，理藩院遣官驰往"事关紧要、理宜预备"之地，并侦探噶尔丹的军情。[②] 在和噶尔丹交战过程中，理藩院大臣亲自统率内蒙古四十九旗及察哈尔兵，同时还会同兵部，负责建立作战需要的临时驿站。对平乱中有功官兵的提职和奖赏，理藩院也要提出初步意见，供皇帝参考。[③] 乾隆二十二年（1757），阿睦尔撒纳叛乱发生后，理藩院侍郎玉保被任命为参赞大臣，直接在营中效力，尚书纳延泰被派往北路军营，留驻乌里雅苏台处理善后事务。

三是审理刑事诉讼案件。理藩院会同刑部制定少数民族地区的刑法，审理少数民族地区发生的刑事诉讼案件。清朝在少数民族居住地区曾颁行《蒙古律例》、《西宁青海番夷成例》（简称《番律》）等，用以加强对少数民族地区的控制。《蒙古律例》总计209条，分盗贼、人命、首告、捕亡、杂犯、断狱等12项，经历年删改增补，最后成于乾隆朝中叶。《番律》是拣选《蒙古律例》中的"番民"易犯条款纂成的，计68条。这些法律的根本宗旨是维护清朝封建国家的利益。在《蒙古律例》和《番律》中都有专条规定：国家派定出兵不去，或敌人侵犯边疆不齐集者，罚牲畜若干；"贼

---

① 见《清圣祖实录》卷145，康熙二十九年三月记载。
② 《御制亲征平定朔漠方略》卷6。
③ 《御制亲征平定朔漠方略》卷19。

盗"聚众强掠及拒捕杀伤官兵，不分首从皆斩。这些法律也维护各少数民族统治阶级的利益。《蒙古律例》和《番律》规定：王公贵族致伤家奴属下人等，仅受罚俸处分；而"奴杀家主"，则要"凌迟处死"。① 另外，从维护清朝封建国家的根本利益出发，这些法律对少数民族王公贵族也有所约束。在蒙古族居住地区的刑事诉讼，一般案件为各旗扎萨克审理，不能决者，报盟长会同审讯，再不能决者，或判断不公，即将全案送理藩院审理。驻有理藩院司官的地方，"司官会扎萨克而听之"，内属蒙古各部，"将军、都统、大臣各率其属而听之"，和地方汉人有关案件，"地方官会听之"。② 有些案件也可直达理藩院审理。判刑时，流放罪要报理藩院会同刑部议定，死罪要会同三法司定谳。

四是管理藏传佛教事务。清廷从皇太极到乾隆皇帝，一向对藏传佛教采取利用态度，为巩固其封建政权服务，正如昭梿所说"国家宠幸黄僧，并非崇奉其教，以祈福祥也。只以蒙古诸部敬信黄教已久，故以神道设教，借仗其徒，使其诚心归附，以障藩篱"。③ 一般来说，清廷在利用藏传佛教方面采取了两种办法：一种办法是笼络藏传佛教上层人士，赐他们各种封号，给以印册；第二种办法是在少数民族居住的广大地区以及重要地方修建藏传佛教寺庙，使其成为笼络藏传佛教上层人士的活动场所，并用以麻醉广大劳动人民。理藩院管理藏传佛教事务，主要包括以下几项。第一项是登记造册喇嘛呼毕勒罕。"凡喇嘛有行者，能以神识转生于世，曰呼毕勒罕。"④ 驻京喇嘛9人，西藏喇嘛18人，另有沙布隆12人，青海喇嘛40人，游牧喇嘛76人，均出呼毕勒罕，报理藩院登记造册。第二项是掌雍和宫金奔巴瓶掣签。乾隆五十七年平定廓尔喀后，清廷在西藏大昭寺和北京雍和宫先后设金奔巴瓶，凡达赖喇嘛、班禅额尔德尼、哲布尊丹巴呼图克图及西藏、蒙古各处已出数辈之呼图克图大喇嘛圆寂后，将报出之呼毕勒罕人名生辰，缮签入大昭寺金奔巴瓶内，令喇嘛等唪经，驻藏大臣监看，掣出

① 《蒙古律例》卷7；《西宁青海番夷成例》第56、57条。
② 光绪朝《大清会典》卷68。
③ 昭梿：《啸亭杂录》卷10。
④ 光绪朝《大清会典》卷10。

一人以为呼毕勒罕。内外扎萨克等所奉呼图克图，因条件所限，不能赴藏识认者，即令盟长拟定，报理藩院，缮签入雍和宫金奔巴瓶内，令掌印扎萨克达喇嘛嗉经，理藩院大臣监掣。第三项是给予喇嘛度牒、札付，办理救印。凡没有度牒的喇嘛，由该管大喇嘛具结报理藩院察复。台吉当喇嘛要报理藩院领取度牒，不领而私自出家者勒令还俗。喇嘛承袭国师、禅师、都纲等事，均归理藩院承办，并会同礼部，办理请给救印等事。僧纲、僧正由理藩院给予札付。第四项是办理呼图克图喇嘛的年班、请安，达赖喇嘛、班禅额尔德尼进丹书克，在京喇嘛考列等第、升迁、调补以及奏请寺庙名号和寺庙工程。

五是赈济灾荒。清廷为了维护封建统治秩序，防止人民反抗，比较注意对少数民族地区实行轻徭薄赋政策，遇有荒年，实行赈济。清初规定，蒙古如遇灾荒，令该扎萨克及各旗富户喇嘛人等设法养赡被灾人口，如仍不敷，该盟内人等出其牛羊协济养赡，将协济被灾人口数目登记造册，上报理藩院。如连年饥馑，该盟力乏不能养济，着盟长会同该扎萨克一同具报，由理藩院请旨遣官查勘，发帑赈济。康熙十年（1671）春，内蒙古苏尼特及四子部落寸草不生，又兼雪大，牛羊倒毙殆尽。理藩院会同户部动支宣府、归化城仓粟给予救济。康熙朝后期以及雍正、乾隆年间，蒙古地区多有遭受灾荒者，均由理藩院派遣官员前往赈济。在清代档案中，记有不少赈济少数民族灾荒的材料。应当指出，清廷赈济灾荒的根本目的在于维护封建统治阶级利益，因此，理藩院负责赈济少数民族灾荒的工作不可能是彻底的。

六是办理满蒙联姻事务。清廷为了巩固政权，不仅在政治上和蒙古王公结成联盟，而且从婚姻上加强这种联系。清朝皇帝常娶蒙古王公的女儿做后妃，也常把公主、格格嫁给蒙古王公子弟。这些联姻事务均由理藩院办理。当公主、格格准备下嫁时，先由宗人府行文到理藩院，再由理藩院把咨取备指额驸文件下达到科尔沁左翼中扎萨克固山贝子等十三旗中，[1] 查取各旗王、贝勒、贝子、公等嫡亲子弟，公主、格格子孙内，15 岁以上 20

---

① 道光朝《钦定理藩院则例》卷 25。

岁以下（道光十九年规定 13 岁到 15 岁均可），聪明俊秀、堪称额驸的台吉、塔布囊，将衔名、年龄、姓氏、三代履历注明，在每年十月送交理藩院，再由理藩院咨送宗人府拣选带领引见。

七是管理会盟、驿站，稽查蒙古地区户丁。蒙古会盟制度始于皇太极时期，根据各旗不同情况，规定不同的会盟地点，届时清廷派大臣前往。每盟设正、副盟长各 1 人，率所属每 3 年会盟 1 次，内容主要是"清理刑名，编审丁籍"。[①] 会盟有十分隆重的仪式和相当严厉的惩罚措施，均由理藩院安排。乾隆十六年（1751）以后，内蒙古会盟停派大臣参加，由各扎萨克于该盟内会集办理，将所办事件报理藩院查核。外蒙古则由各盟长办理。如各盟长有违例不公事件，再由理藩院奏请，特派大臣前往。

康熙三十一年（1692），康熙皇帝谕示：为"不致迟延误事"，"设立驿站"。[②] 理藩院尚书班迪等前往内蒙古地区设立驿站，共有 5 道，驿 57 站，通往内蒙古各旗。此外，由赛尔乌苏还可西达乌里雅苏台至科布多，北到库伦至恰克图。驿站由理藩院派出司员管辖。往来驰驿之人，由理藩院颁发乌拉票作为验证，各站则按定例，行则供应马匹，宿则给以羊只。

清廷为了稳定统治和保证兵源，还命理藩院经常稽查户丁。按规定，蒙古地区年 60 岁以下，18 岁以上，皆编入丁册。3 丁披甲 1 副，150 丁编 1 佐领。每隔 3 年稽查户丁时，内蒙古由理藩院题请奉旨后，马上飞递行文 49 旗，每旗各给予印空白册档 1 本，令管理王公台吉以下，章京十家长以上，均按佐领查核，分户比丁，造具丁数印册，令协理旗务台吉，会同管旗章京，在十月送交理藩院。外蒙古等由理藩院题请奏旨后，马上飞递行文定边左副将军、科布多参赞大臣、喀尔喀四部落盟长、阿拉善扎萨克和硕亲王、旧土尔扈特扎萨克贝勒、哈密郡王衔贝勒、吐鲁番郡王，每旗各颁予印空白册档 1 本，令其将 3 年内裁添人丁数目详细载入，在十月报理藩院，并行文西宁办事大臣。

八是管理少数民族王公朝觐（年班、围班）、贡物、燕赉、廪饩、封爵和俸禄。少数民族王公贵族每年可以分班来京朝见皇帝。内蒙古分 3 班，外

---

① 道光朝《钦定理藩院则例》卷 30。
② 《清圣祖实录》卷 154，康熙三十一年三月丙辰。

蒙古分4班，蒙古喇嘛、新疆伯克、四川土司分6班，每年轮朝，定于十二月十五日以后、二十五日以前到齐。各项礼仪、来去安排均由理藩院负责。哈萨克左右部、布鲁特东西部、霍罕、博罗尔、巴达克山、塔什罕、爱乌罕、廓尔喀等无定期来朝，亦由理藩院接待。清朝皇帝去木兰行围，不能年班来京的王公，要跟随行围。朝觐的王公要向皇帝呈纳贡物，皇帝则给予隆重礼遇。除夕设宴于保和殿，元宵设宴于正大光明殿，此前后还在中正殿、紫光阁、山高水长殿加宴数次，这些均由理藩院预备奏请。随围时则御宴于行在，由理藩院安排，按爵引坐。此外，自亲王到塔布囊，皇帝还要赏以各种绸缎和银两，这些被称为"燕赍"。年班或另有他事来京，朝廷要给予路程和食宿费用，即"廪饩"。廪饩多少，依据爵位高低、情况不同而有所区别，由理藩院安排。封少数民族头目爵位，使其世代相袭，这是理藩院职掌之一。内蒙古扎萨克及新疆回部分为六等爵，即亲王、郡王、贝勒、贝子、镇国公、辅国公，六等之外，尚有台吉、塔布囊。外蒙古在亲王之上，还设有汗爵，此外则无塔布囊只有台吉。台吉尚分四等。所有爵位，都可依据勋戚忠勤的差别而延及后世，制定谱系，纪以世次。贝勒以上赐以册，贝子以下赐以诰。自顺治十八年（1661）三月开始，"外藩世职"，"俱给俸禄"，[1] 有俸银俸缎，分为九等，最高俸银为2500两、缎40匹，最低俸银为100两、缎4匹。所有俸银俸缎，均由理藩院会同户部发放。

九是管理各旗疆界，调解各部纠纷。内蒙古24部49旗，外蒙古4部86旗，青海蒙古5部28旗，西套厄鲁特、额济纳土尔扈特、和硕特10部34旗，新疆回部2旗，各旗之间均以山河为标志，划分旗界，规定游牧场所。平原或沙碛地区，垒石为记，名为鄂博。旗与旗之间不得私自越界，违者依情论罚。各部各旗发生纠纷，上报理藩院出面调停，予以解决。康熙二十五年（1686），外蒙古扎萨克图汗和土谢图汗不和，康熙皇帝便下达命令，派理藩院尚书阿喇尼前去解决。[2] 乾隆初年，厄鲁特王色布登旺布与巴尔虎因喀尔喀河两侧牧场发生争执，最后协商得以圆满解决，也是向理藩

---

① 《清圣祖实录》卷2，顺治十八年三月戊寅。
② 中国第一历史档案馆藏蒙文老档，00013—00018，全宗号2，编号1040。

院呈报、由理藩院出面调停的结果。①

十是管理回部事务。大小和卓叛乱平息后，清廷在回部主要城市分设办事大臣、领队大臣，并以喀什噶尔为参赞大臣驻地，节制各城，统受伊犁将军管辖。与此同时，又以理藩院专理南疆地区事务。《钦定回疆则例》中写道："回疆自乾隆二十四年平定后……举凡回部纳贡，及大小伯克升转一切事件，俱由该处将军大臣等报院转奏。因事务繁多，专设徕远一司承办，第查办理回疆一切事件。"② 理藩院管理回部地区事务，主要内容包括以下几种。

以盟旗制度管理哈密、吐鲁番。和回部其他地区不同，"哈密、吐鲁番治以扎萨克"。③ 清廷在哈密、吐鲁番设 2 旗，哈密旗有 13 佐领，吐鲁番旗有 15 佐领。两旗各设协理台吉、管旗章京等，三岁一比丁。

沿袭伯克制度，管理回部广大地区。清廷在喀什噶尔、叶尔羌、库车、阿克苏、乌什、喀喇沙尔、和阗等城，不设扎萨克，而领以伯克。据不完全统计，回部叶尔羌、喀什噶尔、英吉沙尔及所属各城庄，和阗及所属各城村，乌什、阿克苏、赛里木、拜城、库车、沙雅尔、库尔勒、布吉尔等地，清廷共设三品伯克 10 名，四品伯克 25 名，五品伯克 47 名，六品伯克 88 名，七品伯克 158 名。这些伯克均领属于理藩院。伯克因军功效力，赏给世职，但也要由叶尔羌参赞大臣拣送，报理藩院奏请承袭。

管理回部地区户口。据乾隆二十六年（1761）统计，回部 58744 户，205292 口。理藩院徕远司会同清廷驻回部各地大臣共同管理。

管理回部地区权量和钱制。清代回部地区的权量与内地不同，是以 10 斤重为 1 查拉克，8 查拉克为 1 噶尔布尔，8 噶尔布尔为 1 帕特玛。重 1 帕特玛，合内地仓斛 4 石 5 斗，重 1 噶尔布尔，合内地 5 斗 6 升，重 1 查拉克，合内地 7 升。乾隆二十五年，清廷改定 1 帕特玛合内地仓斛 5 石 3 升。清代回部货币，最初极不统一。哈密、吐鲁番同内地一样，流通清朝钱币。喀喇沙尔、库车、沙雅尔、阿克苏则无钱币，日常买卖或用银交易，或以

---

① 内蒙古呼伦贝尔盟档案管理处，类别：敌伪，第 2 号。
② 《钦定回疆则例》原序原奏。
③ 光绪朝《大清会典》卷 68。

田地折算，或以物易物。喀什噶尔、叶尔羌、和阗，原使用回部旧有的"普儿钱"。乾隆二十四年，平定准噶尔和大小和卓叛乱后，清廷以预备军营铸炮之铜，在叶尔羌首先开炉设局，改铸钱文，同内地之制，面用"乾隆通宝"汉字，以叶尔羌等地名回字附于背面，重2钱为准，值银1分。

负责征收回部地区的田赋和杂赋。乾隆二十七年，清廷规定：回部喀喇沙尔、库车、沙雅尔、赛里木、拜城、阿克苏、乌什、喀什噶尔、叶尔羌、和阗等地，额粮岁征72368石5斗，[①]由当地驻扎大臣会同理藩院徕远司协办。关于杂赋，乾隆二十六年规定，清廷在喀喇沙尔、库车、沙雅尔、赛里木、拜城、阿克苏、乌什、喀什噶尔总计额征红铜1万斤，喀什噶尔额征棉花14630斤，叶尔羌额征水磨11座，赁给回民使用，额征水磨粮92石7斗。

办理商税。按回部地区旧制，外藩商人在回部地区开展贸易，二十分抽一。回部商人往外藩各部开展贸易，十分抽一。清廷平定大小和卓叛乱后规定：在喀什噶尔、叶尔羌等城开展贸易者，三十分抽一，其中缎、布、皮张二十分抽一；回部商人往外藩各部开展贸易者，二十分抽一，其中缎、布、皮张十分抽一；有的牲畜、货物不及抽分数额，则马1匹抽分1腾格，大牛1头收25普尔，小牛1头、大羊1只收12普尔，小羊1只收6普尔；其余杂项物件，均视其所值高低，折收腾格、普尔。

管理回部地区王公、伯克进京朝觐诸事。清廷为稳定在回部地区的统治，笼络王公、伯克，以加强封建主义中央集权，在平定大小和卓叛乱后，规定了回部王公、伯克朝觐制度。回部地区各城伯克分6班，一年一班轮流来京朝见皇帝。每年每班要在旧历十二月十五日以后、二十五日以前到京，去军机处报到，由理藩院照看官员带领引见。年班来京的哈密、吐鲁番王公、台吉，住在哈密馆，其他各地各城的伯克住在四译馆。年班期间，清朝皇帝要给回部王公、伯克各种赏赐。每年年终，清廷还要给回部王公狍鹿赏。这些均由理藩院徕远司开列名单，移送柔远司，再由内务府办理。年班期间清廷的各种赐宴活动，也均由理藩院徕远司移付王会司办理。

---

① 乾隆朝《大清会典则例》卷143。

办理贡物。清廷平定大小和卓叛乱后规定：哈密、辟展、吐鲁番，每年贡葡萄200斤，干瓜2筐，以及布匹、手巾、佩刀诸物；罗布淖尔回民，贡哈什翎毛、水獭皮等物；喀什噶尔贡黄金10两，绿葡萄1000斤，温都斯坦金丝缎2匹，毛毯4件，木瓜、苹果、秋梨、石榴等果品则随时酌进；叶尔羌岁贡黄金40两，葡萄1000斤，其中200斤送到北京供应皇室，800斤变卖做当地清朝官兵口粮；和阗岁贡黄金60两，玉龙喀什及喀拉喀什两河所产玉石，也要每年量其所得进贡，不做数量规定。上述所进贡物，理藩院都要负责向皇帝奏报。①

清廷为稳定在回部地区的统治，加强和回部王公、伯克政治上的联盟，给他们以优厚俸禄。哈密、吐鲁番扎萨克郡王，均照蒙古郡王例，岁支俸银1200两、缎15匹。哈密贝勒俸银800两、缎13匹。喀喇沙尔诸回城，三品伯克每人200帕特玛籽种地亩，种地人百名。四品伯克150帕特玛籽种地亩，种地人50名。五品伯克100帕特玛籽种地亩，种地人30名。六品伯克50帕特玛籽种地亩，种地人15名。七品伯克30帕特玛籽种地人8名。密拉布伯克因专司灌溉，原有分例地亩，不再拨给，只给种地人5名。上述事务的办理，也由理藩院负责。

管理移驻。乾隆二十五年，清廷鉴于厄鲁特蒙古准噶尔部地广人稀，决定从库车一带各回城酌拨户口，陆续移至伊犁等处安插。对于移驻回民，清廷量给迁移费用和籽种农具，并仍设伯克管理。对迁往的伯克，参照诸回部伯克之例，按品给予籽种地，自30帕特玛至200帕特玛不等，并给予种地人，自8名至100名有差。移往伯克，其职掌与回部地区伯克相同，仍受理藩院徕远司管辖。到乾隆二十七年，准噶尔地方已陆续招集回民千户，计2400余人。此外，从沙雅尔、拜城、赛里木等地迁往伊犁屯垦者，亦有320多户，700余人。

十一是管理西藏事务。理藩院管理西藏地区的事务，主要是由柔远司负责。对此，乾隆朝《大清会典则例》中明确记载："院属五司内柔远一司，原系承办西藏、喀尔喀、青海、厄鲁特及各喇嘛、哈密、吐鲁番回子

---

① 中国第一历史档案馆藏军机处录副奏折民族类，维吾尔维回项1471号，"理藩院奏报新疆进贡文件"。

诸部事，后有军机以来，因事务益繁，一司不能承办，立有柔远后司。查议喀尔喀、厄鲁特、西藏等事及事关军机者，皆隶后司办理。"[1]

早在清朝入关以前，清廷和西藏关系中的一些问题，就是由理藩院处理的。入关后的情况依然如此。如前所述，顺治十年（1653），清廷对五世达赖的册封，就是派遣包括理藩院侍郎在内的官员，前往代噶完成的。康熙三十六年（1697），清廷处理第巴桑结嘉措在达赖五世圆寂后秘不发表的事件时，也是派理藩院主事保住前往办理的。康熙四十八年，清廷又派理藩院侍郎赫寿前往西藏，专门办理西藏地区事务。不仅如此，早在顺治十四年，清廷就在理藩院内设立了唐古特学，设教习、助教等职，并在满洲八旗中选派子弟若干人，前往学习唐古特字义（藏文）。唐古特学正式成为理藩院内部的一个机构。它的主要任务，就是翻译清朝皇帝颁赐给达赖喇嘛的圣旨，以及西藏地方送报清廷的一应文书。

驻藏大臣正式设置后，清廷对西藏事务的处理主要通过驻藏大臣实现，同时，亦以理藩院协助驻藏大臣加强对西藏事务的管理，主要体现在以下几方面。一是派出专门人员去西藏办理具体事务。这主要指的是，委派理藩院司员 1 人，专门管理达木蒙古八旗官兵三十九旗事务，承办驻藏大臣衙门的满文稿案，三年更代。理藩院还派出笔帖式 1 员，专司驻藏大臣文移，译成满文或汉文。二是负责查核格隆、代本的俸禄和升革。《理藩院则例》记载，清代西藏设三品总理大小事务格隆 4 人，四品总理兵丁代本 6 人。格隆每名每年支俸银 100 两、大缎 4 匹，代本（清代西藏地区领兵镇将）每人每年支俸银 50 两、大缎 2 匹。上述俸银俸缎由驻藏大臣衙门造具名册，然后咨送理藩院，再移咨户部支领。对于格隆和代本等人的升革诸事，也要一并咨报理藩院查核。[2] 三是代本、碟巴（清代西藏掌管地方职事者）、堪布（清代西藏地区管束喇嘛的人）要由理藩院发给执照，才能合法地分司藏事。西藏设代本 6 人、碟巴 3 人、堪布 1 人，都要由理藩院给以执照，分别处理西藏地区的有关事务，并受清廷驻藏大臣以及达赖喇嘛的节制。四是理藩院派出官员对西藏地方官员的任免起着一定程度的决定作用，并负

---

① 乾隆朝《大清会典则例》卷 143。
② 和琳等编《卫藏通志》卷 12，西藏人民出版社，1982。

责西藏地方的贡马、银两。徐瀛《帡林纪略》记载，西藏额设夷情 1 员，系理藩院司员派出。凡有土官缺出，听夷情先行考送驻藏大臣衙门定夺。此外，每年十月，各土族应上贡马、银两，俱于夷情衙门宗纳盐折银 48 两。

五是关系到西藏地区的公事，要向理藩院报告。乾隆皇帝曾谕示："驻藏大臣原为照料达赖喇嘛，如遇蒙古王公熬茶等项，仍照旧遵行。倘关系公事，应详报部院，虽达赖喇嘛、班禅额尔德尼，均不应干预。即使呈报驻藏大臣，亦应明白告知，此非我等应办之事，令其报部。"①

十二是管理四川土司事务。《清朝通典》记载：理藩院徕远司"掌嘉峪关以西回部回城及四川诸土司之政令"，"四川诸土司，奉岁事以入觐于廷，厘其班任，而召之仪礼"。② 理藩院管理四川土司入觐事务，是在乾隆四十年（1775）清廷平定大小金川之后。清廷为怀柔四川各土司，以巩固统治，乾隆四十一年决定，四川土司亦参加京师朝觐，由理藩院徕远司负责。四川土司的年班分为 6 班，每班选土司 1 人为班首，其余随同班首来京者无定额。于冬至月起身，岁底到京。由将军、总督、提督等照料进京，理藩院徕远司亦派人护送。往来途中均可使用驿站，所需物品均由清廷供给。乾隆四十一年，乾隆皇帝在西苑接见四川土司土舍头人初次觐谒者及蒙古王公等之后，曾作诗云："步辇西华西苑巡，匪游图觐远徕臣。夹衢左右纷迎接，露冕笑言普拊循。回部更番久依例，内旗札萨旧称宾。土尔扈入朝如雁，哈萨克流仰集鳞。来享来王来贺节，土司土舍土头人。抚兹武偃文修世，益切盈持泰保寅。"③ 嘉庆二十年（1815）五月，四川总督常明上奏嘉庆皇帝：上年年班朝觐各土司，经原派镇将等带领，于三月中旬分作三起先后回至成都省城，该土司及土舍头人等仰荷天恩。奴才复加犒赏，准其稍为休息，收拾行装，即派委员并护送出口。据雅州府及理番、松潘等厅报称，该土司均已各回原处驻牧。④ 可见，清廷以理藩院管理四川土司朝觐事务，对维护清朝多民族国家的统一和安定有一定作用。

① 《清高宗实录》卷 662，乾隆二十七年闰五月丁卯。
② 《清朝通典》26《职官四》。
③ 《日下旧闻考》卷 21。
④ 中国第一历史档案馆藏军机处录副奏折民族类，第 1109 类，第 20 号。

十三是对索伦等事务的管理。索伦是对清代达斡尔族、鄂温克族、鄂伦春族等少数民族的统称。清朝在黑龙江将军属下墨尔根都统辖区内有布特哈驻防。布特哈，即打牲部，包括达斡尔族、鄂温克族、鄂伦春族等，统称索伦，原为黑龙江世居居民，散居在黑龙江中上游两岸和外兴安岭一带。康熙三十年（1691），布特哈设总管、副总管共 19 员，佐领、骁骑校等 124 员，水手 275 名，各种工匠 88 名，打牲壮丁 1621 名。早在康熙八年，清廷就曾议准，索伦总管为三品，副总管为四品。康熙三十年又定，索伦、达虎里总管员缺，令黑龙江将军等选出应选人，一并咨送，具奏引见。雍正年间，清廷还因索伦、达虎里等处丰歉不一，马匹倒毙，兵丁生计艰难，动用帑银 5000 两进行救济。在原来设立满洲副管 4 人，索伦、达虎里副管 4 人的基础上，又各增 4 人。对于索伦、达虎里骁骑校的员缺，也进行了补授。还完善了进贡貂皮的鄂伦春族的建制，编了佐领，设立了相应的管事人。上述有关索伦设官等事务，均归理藩院旗籍司负责。①

十四是兼管位于西、北两方陆路上和清朝相邻国家的外交事务，其中处理和俄国的关系是其外交事务中的重要内容。理藩院管理对俄事务，主要包括三个方面：协调两国的外交关系，负责两国的贸易往来，管理在北京的俄国人员。首先是协调两国的外交关系。顺治十三年（1656），俄国派遣巴依科夫使团到达北京。这是俄国使节首次到达清朝。清廷派理藩院官员负责接待。由于巴依科夫的粗暴无理和胡作非为，特别是当时俄国不愿停止对中国黑龙江地区的武装入侵，双方谈判毫无成果，巴依科夫于当年秋回国。康熙十五年（1676），俄国政府派遣尼果赖使团到达北京。尽管尼果赖拒绝清廷提出的停止领土侵略的要求，清廷还是给他以礼遇，由康熙皇帝接见、赐宴并赠给礼物。在尼果赖返回俄国后五六年间，俄国对黑龙江流域的侵略有增无减，侵略范围由黑龙江上游扩及中下游地区和额尔古纳河东岸。康熙二十二年秋，康熙皇帝谕示理藩院尚书阿穆瑚琅明白具文俄国，令其回奏原因。康熙二十六年，理藩院致俄国莫斯科使臣书信，希望"双方和好安居，待使臣到来，议定边界"。② 康熙二十七年，理藩院又

---

① 赵云田点校《乾隆朝内府抄本〈理藩院则例〉》，第 26—27 页。
② 《十七世纪俄中关系》第 2 卷第 2 册，第 372 页。

致俄国莫斯科使臣书，再次表示希望划定边界，使边民和睦相处，安居乐业。康熙三十一年，俄国以荷兰商人伊兹勃兰特·伊台斯等为使团，前来中国。使团在华的一切活动均由理藩院安排。理藩院官员多次接见伊台斯，就划分蒙古地区北部边境中俄国界问题、俄国来华使团人数问题阐述了清廷的立场。康熙五十一年，清廷决定派出使团看望当时居住在俄国伏尔加河流域的中国厄鲁特蒙古土尔扈特部及其首领阿玉奇。为此，理藩院写信给俄国西伯利亚总督噶噶林，要求俄国允许使团过境。雍正元年（1723），理藩院致书俄国办理逃民事务的使臣劳伦特·朗克，就两国之间的逃民问题进行协商。乾隆二十二年（1757），清朝厄鲁特蒙古准噶尔部贵族阿睦尔撒纳叛乱失败后逃往俄国。俄国政府包庇阿睦尔撒纳，干涉清朝内政。为此，理藩院多次向俄国萨纳特衙门提出正当的合理要求，终于使问题得到了比较妥善的解决。清朝以理藩院办理对俄外交事务，在中俄《恰克图条约》中有明确规定。直到咸丰八年（1858）中俄签订《天津条约》，才规定今后两国间的信函不再通过理藩院和俄国枢密院，而是通过中国军机大臣和俄国外交大臣。清廷总理衙门设立后，理藩院才结束管理对俄交涉。

其次是负责两国的贸易往来。清朝前期和俄国贸易主要在三个地方进行：京师、黑龙江和恰克图。康熙三十二年（1693），清廷和俄国约定，俄国商人准隔三年来北京贸易一次，人数不超过 200 名，路上自备马驼盘费，一应货物不令纳税，犯禁之物不准交易。俄国商人到北京后在俄罗斯馆居住，不支廪给，限 80 日启程回国。这是俄国和清朝北京互市的开始。俄商在北京互市期间，留在张家口牧放的马匹、牛羊除俄商自己人看管外，清朝理藩院还要派遣司官 1 人前去照料。雍正九年（1731），经理藩院奏准定例，俄国商人来华时，要由喀尔喀蒙古土谢图汗等报理藩院具奏，请旨委官 1 人驰驿前往恰克图地方伴接，沿途照看，官兵护送看守到京。住进俄罗斯馆后，由兵部奏派副都统及官兵看守，商人出馆行走皆令护军等伴行。乾隆二年（1737），监督俄罗斯馆御史赫庆上奏，提出请禁京师中俄贸易。[①]于是，俄国和清朝的北京互市遂告停止。俄国和清朝恰克图互市始于雍正

---

① 何秋涛：《朔方备乘》卷 37《俄罗斯互市始末》。

五年（1727）。清朝设监视官1员，由理藩院司官内拣选，两年一次更代。清朝与俄国在黑龙江的互市，一般规模较小，多是各以土产交易，无远省之商，无难得之货，所以理藩院并不专派司官，只是委派齐齐哈尔、墨尔根、瑷珲等地协领各1员，佐领、骁骑校各2员，共兵240名，分三路至额尔古纳河等处巡边，每年七月将情况咨报理藩院。

最后是管理俄国在北京的人员。一是管理东正教传教士。康熙二十四年（1685）以前，俄国在北京的人员将近百人，他们是雅克萨战争前后被清军俘获、招降或主动投降的。清朝把他们安置在镶黄旗满洲第四参领第十七佐领，居住在东直门内胡家圈胡同。① 后来，这些在北京定居的俄国人把康熙皇帝赏赐的一座庙宇擅自改为东正教堂。康熙三十四年，该教堂被俄国托博尔斯克区主教正式命名为"圣尼古拉"教堂，后来被称为俄罗斯北馆。康熙五十四年，俄国派遣的以依腊离宛为首的东正教"北京传教士团"到达北京，就住在此处。雍正六年，中俄签订的《恰克图条约》第五条规定：中国同意自条约签订之日起，俄国每届可派遣教士四人来北京传教，由清朝理藩院供其食宿。雍正十年春，又在北京东江米巷（今东交民巷）俄罗斯南馆内建成另一座教堂，即"奉献节"教堂。此后俄国传教士团来北京就住在南馆，仍由理藩院负担部分生活费用。二是管理俄国留学生。除东正教传教士外，理藩院还要管理俄国派遣来北京学习的学生。中俄《尼布楚条约》签订后，俄国要求派人来华学习，俟通晓文理后换回。康熙三十三年，清廷在北京东江米巷设立俄罗斯馆，供俄国来京学生、商人居住。清廷派理藩院司员2人分别充任俄罗斯馆监督和俄罗斯馆提调官。俄罗斯馆并设助教满、汉各1员，分别教授满、汉文字，领催1员，由理藩院拣派，轮班到馆照料。理藩院以典属司承办俄国学生支领衣服、银两等事务。对每届换班的俄国学生，理藩院还要派遣笔帖式照料其恰克图路上往返。

咸丰八年五月，清廷与俄国签订了《天津条约》。该约第二条规定："嗣后两国不必由萨纳特衙门及理藩院行文，由俄国总理各国事务大臣，或

---

① 俞正燮：《癸巳类稿》卷9《俄罗斯佐领考》。

径行大清之军机大臣，或特派之大学士，往来照会。"① 从此，俄国照会专送清朝军机处，不再通过理藩院。咸丰十年十月，清廷继与英、法签约之后，又与俄国签订了《北京条约》。该约第九条规定："遇有边界紧要之事，由东锡毕尔总督行文军机处或理藩院办理。"第十二条规定：恰克图与北京之间，因公事送书信、物件，"自北京送时，报知理藩院"。第十三条规定："俄罗斯国总理各外国事务大臣与大清国军机处互相行文，或东锡毕尔总督与军机处及理藩院行文。"② 可见，清朝理藩院已不再被俄国政府视为对华交涉的唯一机构。

当俄国政府对清廷外交事务实际上已不再通过理藩院办理的时候，在道光二十年（1840）至咸丰十年（1860），处理对俄事务仍是理藩院的重要职掌，这从以下材料中可以看出。咸丰九年十月七日，江南道御史富稼在上奏中指出：俄人来京，向住南、北两馆，"此次来京俄夷，时有招聚贫民，散赠布匹钱文，曾经理藩院出示，禁其出馆"。③ 咸丰十年一月，咸丰皇帝在其谕示中曾援引臣僚的奏折"请密谕理藩院，派员晓谕俄使"。④ 这些情况表明，从清廷方面说，尽管理藩院处理对俄事务的职能已大为削弱，但是还没有完全丧失。理藩院对俄国交涉职能的全部丧失，是在咸丰十年十二月清廷成立"总理各国事务衙门"（简称"总理衙门"）之后。总理衙门统办清朝对外通商和交涉事务，其内部组织中的俄国股负责与俄国的陆路通商、边防疆界、礼宾庆典诸事。⑤ 总理衙门的设置，使理藩院负责处理清朝对俄事务的职掌全部丧失。

理藩院作为清廷的一个中央机构，在组织方面有其显著特点，主要有五。

一是以满洲贵族为主、蒙古王公为辅，形成满蒙联合体制。以乾隆朝理藩院完备时期的组织机构为例。尚书、侍郎、额外侍郎、郎中和员外郎，都由满洲和蒙古人分别担任。清廷之所以这样安排，主要是因为理藩院主管蒙古事务。所以，除了满洲人之外，还有许多蒙古人也在其中任职。这

---

① 咸丰朝《筹办夷务始末》第 3 册，第 987 页。
② 咸丰朝《筹办夷务始末》第 7 册，第 2565—2566 页。
③ 咸丰朝《筹办夷务始末》第 5 册，第 1663—1664 页。
④ 咸丰朝《筹办夷务始末》第 5 册，第 1788 页。
⑤ 《清朝续文献通考》卷 118《职官四》。

种安排对于理藩院更好地主管蒙古事务是有利的。当然，这也体现了清廷对蒙古王公的优宠和重视，是对他们在清朝发展过程中尽力效忠的回报。顺治皇帝曾对蒙古王公表示："尔等秉资忠直，当太祖太宗开创之初，诚心归附，职效屏藩"，"每思尔等效力有年，功绩卓著，虽在寤寐，未之有斁"，"朕世世为天子，尔等亦世世为王，享富贵于无穷，垂芳名于不朽，不亦休乎！"① 从另一方面说，这种满蒙联合体制也适应了清廷统治蒙古地区的需要，利用蒙古上层对蒙古地区进行有效统治，以蒙古部落为之屏藩，以保证北部边疆的稳定，维护清朝封建统治秩序的长治久安。理藩院机构中几乎没有汉族官僚和知识分子。清初理藩院曾设汉人主事员额，到康熙年间全部裁撤。乾隆年间，汉族知识分子也只能充当笔帖式，而且员额有限。理藩院几乎不设汉族人员的职位，反映了清廷的民族隔离政策，即不允许汉族官僚和知识分子参与理藩院事务，不允许他们插手边疆少数民族问题，这种情况延续到晚清时期。

二是组织上的绝对中央集权。理藩院唯皇帝之命是从，理藩院大臣的升降赏罚、荣辱安危，也都取决于皇帝本人。康熙皇帝因阿喇尼"通晓事务，甚是勤劳"，虽然"原系侍卫，从未办事"，② 但也把他提拔为理藩院尚书，并入议政之列，以示宠信。当他领兵对噶尔丹"遥命轻战，以致失利"③ 后，便立即被革职降级，弃之不用。在理藩院机构内部，则一切取决于尚书、侍郎，"大事上之，小事则行"。④

三是组织系统比较严密。在京师，有理藩院尚书、侍郎和各司属机构，在蒙古各部及维吾尔、西藏、青海等地，则派有专驻人员，在最基层还设有笔帖式，从中央到地方，形成了一套比较完整的严密体系，通过驿路上通下达，事权统一，职掌明晰。理藩院系统和清廷设在边疆地区的军政机构相辅相成，确保了清廷对藩部地区的有效统治。《清实录》中有理藩院官员驰驿前往吉林、哈密、瓜州、青海、库伦、恰克图等地办理事务的记

---

① 《清史稿》卷581《藩部传一》。
② 《清圣祖实录》卷155，康熙三十一年七月癸酉。
③ 中国第一历史档案馆藏蒙古堂档，全宗号2，编号55。
④ 光绪朝《大清会典》卷63。

载,① 在一定程度上反映了理藩院比较严密的组织系统在现实生活中所起的作用。

四是在理藩院内部设有典属司和俄罗斯馆等机构，管理对俄国的外交事务，从而使理藩院领有对俄交涉的职能。理藩院处理对俄事务，并不是"清朝继承和利用了明帝国的国家机构和制度，其中包括对外事务的管理方法",② 而是别有原因。清朝前期，清廷曾以理藩院和礼部掌管外交事务。礼部负责位于东、南的国家，一般由海路往来。理藩院负责位于西、北的国家，大都由陆路通达。因为俄国与清朝的藩部毗邻，许多对俄交涉与藩部地区有关，所以清廷以理藩院处理对俄外交事务。此外，有学者认为："帝俄这个北方的国家，在清政府的错觉中，亦片面地以属国相待，乃一并置于理藩院的管理之下。"③ 此说有一定的道理。顺治皇帝认为，俄国是"未沾教化"的国家,④ 雍正皇帝也认为"俄罗斯系外藩小国",⑤ 乾隆皇帝曾说："我朝设立理藩院，以抚绥属国。"⑥ 正是由于这种认识，清廷以理藩院处理对俄事务。

五是理藩院机构随着清朝的兴起和强盛而由小到大，逐步完备，也随着清朝的衰落而进行改革，以适应新形势。这反映了理藩院机构和清朝藩部之间的密切关系，以及和清朝国家的密切关系，正说明了这一机构在清朝的重要地位。诚如乾隆皇帝所说："吏、户、刑三部及理藩院均属紧要。"⑦

---

① 《清高宗实录》卷635，乾隆二十六年四月丁酉。
② 纳罗奇尼茨基等：《远东国际关系史》第1册，北京外国语学院俄语系首届工农兵学员译，商务印书馆，1976，第34页。
③ 钱实甫：《清代的外交机关》，生活·读书·新知三联书店，1959，第32页。
④ 《清世祖实录》卷135，顺治十七年五月丁巳。
⑤ 《清世宗实录》卷63，雍正五年十月丁亥。
⑥ 《清高宗实录》卷315，乾隆十三年五月戊申。
⑦ 《清高宗实录》卷332，乾隆十四年正月己未。

第三章　藩部的军府制度

为了加强对藩部的统治，清廷在内外蒙古、青海、西藏、新疆设置了许多军政管理机构，主要是将军、都统、大臣，被称为军府制度。将军、都统、专城副都统"掌镇守险要，绥和军民，均齐政刑，修举武备"。参赞大臣"掌佐画机宜"。领队大臣"掌分统游牧"。[①] 藩部的军府建置，在设立原因上都和军事有关，在选址上都是战略要地，在内部的组织系统上都非常严密，在地位上都是当地级别最高的军政管理机构。这一切，正是藩部军府制度的特征。

第一节　主要资料和研究现状

一　主要资料

记载藩部军府制度的资料主要是一些地方史志，包括《新疆识略》《新疆图志》《西陲总统事略》《西域图志》《卫藏通志》《西宁府新志》《乌里雅苏台志略》《科布多政务总册》《绥远旗志》《土默特旗志》《口北三厅

---

① 《清史稿》卷 111《职官志四》。清代藩部有伊犁驻防将军，乌里雅苏台定边左副将军，绥远城驻防将军，热河、察哈尔驻防都统，呼伦贝尔副都统，乌里雅苏台参赞大臣 2 人，科布多参赞大臣、办事大臣各 1 人，库伦办事大臣 2 人，西藏办事大臣、帮办大臣各 1 人，西宁办事大臣 1 人，喀什噶尔参赞大臣、办事大臣各 1 人，英吉沙尔领队大臣 1 人，叶尔羌办事大臣 1 人，和阗办事大臣兼领队大臣 1 人，阿克苏、乌什、库车、喀喇沙尔办事大臣各 1 人。

志》《呼伦贝尔志略》《热河志》《承德府志》等。此外，还有档案，如康熙、雍正、乾隆朝《清实录》，藩部地区军政首脑的奏稿，如《散木居奏稿》《联豫驻藏奏稿》《景纹驻藏奏稿》，还有《定边纪略》等。

《新疆识略》[1]，12 卷，另有卷首 1 卷。该书内容涵盖了新疆的疆域、山川、城郭、治兵、边防、屯田、水利、矿产等方面，不仅对清廷进行统治提供了极为重要的参考价值，而且是研究清中叶新疆历史、地理、经济、社会、文化等必不可少的史料。《新疆识略》对新疆的军政设置如军队建制、管理机构、兵源等的叙述，证明清廷对新疆进行了积极有效的管理。

《新疆图志》[2]，116 卷，清末新疆建省后第一部全省通志。分建置、国界、天章、藩部、职官、实业、赋税、食货、祀典、学校、民政、礼俗、军制、交涉、山脉、土壤、水道、沟渠、道路、古迹、金石、艺文、奏议、名宦、武功、忠节、人物、兵事等志，内容丰富，全面反映了清代新疆地区的政治、经济、军事、外交、自然地理、物产风俗等各个方面的情况，尤其记载了自汉代迄清末新疆地区的官制、兵制的演变，以及清代几次西北用兵的始末，提供了清代新疆军政机构的相关资料。

《西陲总统事略》[3]，又名《伊犁总统事略》，12 卷。卷 1 为初定回疆及驻兵兴屯之事，卷 2 为南北两路全境图说，卷 3 总叙南北两路疆域、山川、卡伦、军台，卷 4 为官制、职官，卷 5 为城池、卫署、疆域、山川、坛庙、祠宇、粮饷，卷 6 为军务成案，卷 7 为屯务成案，卷 8 为钱法、船工、图籍、教学、世职、节孝，卷 9 为牧厂及卡伦之成案，卷 10 为塔尔巴哈台、乌鲁木齐、回疆各域之事略，卷 11 为土尔扈特、哈萨克、厄鲁特之源流及霍罕路程记，卷 12 为杂文及回俗纪闻。此书成于《新疆识略》之前，对伊犁事宜记载尤为详细，对于研究新疆军政建置、卡伦、屯田等有重要的史料价值。

《西域图志》[4]，又称《钦定皇舆西域图志》，52 卷。首 4 卷为天章，汇

---

① 松筠等撰，道光元年刻本。
② 袁大化修，王树枏等纂，东方学会，1923 年增补本。
③ 松筠修，汪廷楷原辑，祁韵士重编，中国书店，1959 年影印本。
④ 刘统勋主纂，新疆人民出版社，2002。

录有关论述西域全局的御制诗文。此后 48 卷，分为图考、列表、晷度、疆域、山、水、官制、兵防、屯政、贡赋、钱法、学校、封爵、风俗、音乐、服物、土产、藩属、杂录 19 门。自疆域、山、水至藩属，计有总图、分图 21 幅，历代西域图 12 幅。由于收集了所有正史、有关书籍和清代西域军营奏章、地方大吏的文告等资料，并且进行了实地测量和调查，故《西域图志》内容周详，文章质实，是研究中国汉代至清代乾隆朝中叶新疆地区很重要的历史地理文献。

《卫藏通志》①，16 卷。该书记述了西藏地方政府和清朝中央政府的关系、清廷驻藏官员的职权、驻藏官兵的分布、金奔巴瓶掣签制度等。此外，还记载了西藏社会生产、经济、风俗情况，西藏各部落名称、各地山川形势。该书取材于碑文、公文、藏文档案、西藏旧志，是研究驻藏大臣的最基本材料。例如该书卷 12 写道："理藩院司员一员，管理达木蒙古八旗官兵，三十九旗番民事务，承办驻藏大臣衙门清文稿案。""理藩院笔帖式一员，专司驻藏大臣衙门文移，翻清译汉。""噶布伦四名，每名每年支俸银一百两，大缎四匹。戴本六名，每年支俸银五十两，大缎二匹。由驻藏大臣衙门造具名册，咨送理藩院移咨户部支领。如有升革事故，一并咨报理藩院查核。"该书是研究西藏军府制度的重要资料。

《西宁府新志》②，40 卷，乾隆十二年（1747）成书。该书对西宁办事大臣的军府建置记述颇详，是研究西宁办事大臣的基本材料。

《乌里雅苏台志略》③，记述乌里雅苏台地区军政建置的志书，有嘉庆年间抄本。该书详细记述了乌里雅苏台将军府建置情况，是研究乌里雅苏台将军府的基本材料。

《科布多政务总册》④，是书内含"城池、官职、外藩、事宜、仓库、军台、卡伦、屯田、游牧、牧场"等内容，是研究科布多参赞大臣的重要资料。

① 和琳等编，西藏人民出版社，1982。
② 杨应琚撰，青海省人民政府文史研究馆，1954。
③ 佚名著，黑龙江教育出版社，2014。
④ 富俊辑，黑龙江教育出版社，2014。

《绥远旗志》①，10 卷。该书内容包括疆界疆域、山水城垣、官职兵制、学制、经政略等，并有疆界公所图、疆域沿革表，是研究绥远城将军的基本资料。

《土默特旗志》②，10 卷。卷 1 为建置沿革，卷 2 为源流，卷 3 为世系，卷 4 为法守，卷 5 为赋税，卷 6 为祀典，卷 7 为政典，卷 8 为食货，卷 9 为职官，卷 10 为人物。书中有土默特旗全境图考、土默特旗疆界图、土默特旗详图，是研究绥远城将军的基本资料。

《口北三厅志》③，16 卷。卷 1 为地舆（疆域附），卷 2 为山川，卷 3 为古迹，卷 4 包括职官（封建附）、官署（仓库、营房附）、坛庙（寺观附），卷 5 为经费（官俸、役食附）、地粮、村窑户口、风俗物产，卷 6 为台站、考牧，卷 7 为藩卫，卷 8 为人物、列女，卷 9 为世纪上，卷 10 为世纪中，卷 11 为世纪下，卷 12—15 为艺文（册文、疏奏、札书、议论、说、序、记、传、碑志、铭、颂、赋、诗），卷 16 为杂志。该书全面详细地阐述了长城以北、蒙古高原以南上古至明清的政治、经济、人文、地理、古迹、风俗、物产等，是研究察哈尔都统等可供参考的史料。

《呼伦贝尔志略》④，不分卷，分 38 目，分别为：经纬度、山水、方舆沿革、沿边形势、全境疆域方里、各县区域道里、建置、官制、边务、外交、兵事、军备、司法、警察、清乡、市政、防疫、交通、财政、宦绩、民族、户口、宗教、礼俗、人物、列女、选举、教育、商业、垦殖、牧畜、森林、渔猎、物产、古迹、艺文、蒙旗复治始末、善后年事记略诸篇。该志不分门，而以事相属，取材多依据实地勘查，略古而详今。有黑龙江省略图、呼伦贝尔全境图、海拉尔图、满洲里图、边卡图等。

《热河志》⑤，120 卷。全书分为天章、巡典、徕远、行宫、围场、疆域、建置沿革、晷度、山、水、学校、藩卫、寺庙、文秩、兵防、职官题名、宦迹、人物、食货、物产、古迹、故事、外纪、艺文 24 门，是研究热

① 高赓恩纂，远方出版社，2012。
② 高赓恩纂，土默特旗志编委会，1982。
③ 黄可润编，成文出版社，1968 年影印本。
④ 程廷恒等撰，呼伦贝尔督办公署志书编辑处，1923。
⑤ 和珅等纂，"辽海丛书"本。

河都统的重要资料。

《承德府志》①，86 卷。分为诏谕、天章、巡典、山庄、行宫、围场、图说、晷度、建置、疆域、关隘、冢墓、田赋、蠲恤、兵防、蕃卫、风土、物产、职官、名宦、选举、人物、列女、纪事、外纪、艺文、杂志等部分，也是研究热河都统的重要资料。

《散木居奏稿》②，该书内容包括保举将才、人事丁忧、员缺补差、军功加赏、官兵屯田、练兵畜牧、工程、粮饷、边防、防务用款等，真实地记录了瑞洵抵任科布多参赞大臣的一系列活动，包括他任职期间积极治理边疆、重视边疆建设等的情状，是研究科布多参赞大臣的重要资料。

《定边纪略》③，2 卷。该书内容包括疆域、城垣、庙宇、召庙雪山、祭祀、衙署、官制兵额、统辖、外藩、管辖四至、办公衙门、内阁、军台额设、军台地名、年例奏章、条陈、廪给、户部、仓贮、库贮、葵麇盐米银粮数目、各项经费、赏项、征收租银、署任廉支、派员采买、领运、解送、兵部、军器库、满营换防、绿营换防、操演、街市、理藩院、蒙古驻班、贡物、官厂、支领马匹锅帐银两、调取、罚九银两、卡伦额设、卡伦界址、卡伦地名、金山卡伦、出产、风俗、边陲故实，记述详细。书中记载操演仅每年秋季举行 1 次，可证他书之误。

《秦边纪略》④，初名《西陲今略》。该书的基本内容，"首载河州及西宁、庄浪、凉州、甘州、肃州、靖远、宁夏、延绥等卫形胜要害，次载西宁等卫南北边堡，次载西宁等近疆及河套，次载外疆、近疆西夷传、河套部落、蒙古四十八部考略、西域土地人物略，其论边鄙疆域及防守攻剿情形，一一详悉"，因此，《秦边纪略》一书可以说是以讨论西北地区军事为主要内容的国防地理著作，对研究西宁大臣有所帮助。

此外，由厉声、毕奥南、乌兰巴根、阿拉腾奥其尔等编辑的《清代钦差驻库伦办事大臣衙门档案档册汇编》（全 20 册）⑤，是研究库伦办事大臣

① 成格、海忠纂，道光九年刻本。
② 瑞洵撰，杨仲羲校勘，1939 年铅印本。
③ 奕湘修，倭哩贺等纂，中国边疆史地资料丛刊本。
④ 梁份撰，安徽藩署敬义斋，同治十一年印本。
⑤ 广西师范大学出版社，2017。

及外蒙古军政建置的珍贵资料。据出版介绍可知，该书由中国与蒙古国共同立项，经中国社会科学院中国边疆史地研究中心、蒙古国国家档案总局、蒙古国科学院历史与考古研究所两国三方合作整理并首次影印出版。蒙古国国家档案馆存有 18—20 世纪清代钦差驻库伦办事大臣衙门的档案，8870 卷，涉及蒙、满、汉、俄等多文种，内含丰富的历史信息。根据蒙古国国家档案馆提供的统计目录，现存钦差驻库伦办事大臣衙门档案上起乾隆二十三年（1758），下迄宣统三年（1911）。档案的形制包括奏折、御批、咨文、书信及这些公文的录副、抄录等。如《库伦办事大臣与其它地方往来及奏、谕各事档案目录》《库伦办事大臣上奏皇帝及皇帝御批各事档案抄录》等都是抄录类档案，基本按档案的年代编年整理，也有一部分是按文件种类整理（即奏文、行文和来文等），还有一部分按事务类别整理（即专题档）。这种"目录"或"抄录"类档案占多数，大致分"移文"与"行文"两类。"移文"主体包括清朝皇帝、清廷军机处各大臣、库伦办事大臣、定边左副将军、喀尔喀四部相关扎萨克及闲散贵族、俄国沙皇、境外沙俄总督等，凡与库伦办事大臣发生过联系的人或机关在办事衙门档案里都得到了反映。"行文"可以分为"下达"与"上奏"两类，主要包括：清朝皇帝、清廷军机处和理藩院等下达钦差驻库伦办事大臣衙门的文件；钦差驻库伦办事大臣衙门上奏清朝皇帝、呈报清廷军机处和理藩院的文件；清朝皇帝、清廷军机处下达定边左副将军的文件；定边左副将军上奏清朝皇帝、呈报清廷军机处的文件；等等。两国专家通力合作，对上述档案进行了系统梳理，整理出内容涉及政治、经济、军事、教育、社会制度、法律、交通、外交等各个领域，具有重大研究价值的档案进行影印出版，对于研究清廷对蒙古地区统治的历史弥足珍贵。

还应提及的是，中国第一历史档案馆保存的 1300 余件绥远城将军满文奏折，对研究清代绥远城地区和归化城土默特地区的政治、经济、军事、司法、交通、人口、文化、教育等诸多领域都具有重要的价值，为研究清代绥远城将军提供了新资料。①

---

① 斯钦布和《清代绥远城将军满文奏折综述》（《群文天地》2012 年第 9 期），介绍了上述清代绥远城将军满文奏折的情况。

二　研究现状

进入 21 世纪以来，史学界对清代藩部地区军府制度的研究取得了不少成果。这些研究成果，涉及清朝藩部的所有地区。

一是内蒙古。胡玉花《清末民初绥远城驻防研究——以绥远城将军的职能演变为主要线索》。[①] 该文以绥远城将军满文奏折、《绥远奏议》、《清实录》、《光绪朝朱批奏折》、《政府公报》、《绥远通志稿》 等文献为基本依据，认为清朝设置绥远城驻防，最初是为了防备准噶尔再犯边界及监督漠南诸扎萨克旗，但设置之后，随着清朝对漠南蒙古统治的进一步加强，绥远城将军职能不断扩大，逐步蚕食了土默特部的传统权力。到清末，绥远城将军不但具有管辖土默特二旗的权力，而且兼有统驭乌兰察布和伊克昭两盟、节制沿边诸道厅的权力，已从一个单纯的军事驻防官员演变为一个军民兼管、军政合一的地方最高军政长官。它对清朝绥服蒙古、维护其在蒙古地区的统治发挥了重要作用。包满达《绥远城将军与乌伊两盟关系研究》。[②] 该文以 《准格尔旗扎萨克衙门档案》《清实录》《光绪朝朱批奏折》《光绪朝东华录》《绥远通志稿》 等文献为基本依据，梳理绥远城将军与乌、伊两盟之间的政治关系，厘清绥远城将军职能和权势扩展的历史过程，探究绥远城将军在开垦蒙地及筹划设省等清末对蒙新政中所起的作用。该文指出，乾隆二年（1737）清廷将右卫建威将军移驻绥远城驻防，并授"节制"乌兰察布、伊克昭二盟的权力，从此绥远城将军与乌、伊二盟之间有了较为密切的关系。从行政体制而言，外藩部落即扎萨克旗蒙古归理藩院管辖，故乌、伊两盟十三旗是不归绥远城将军管辖的，但在军事上，绥远城将军对两盟具有统领、动员的权力，可谓既有统属亦有各管其属的特点。至清中晚期，随着内外局势的变化，清廷对外藩蒙旗逐渐采取了加强统治力度的措施，于是绥远城将军对乌、伊两盟的"统驭"权愈加强化，除军事领导外，对其司法审判、人事任免等事务的干预也日渐增多。特别是在清末新政期间，绥远城将军凭借朝廷的支持，将乌、伊两盟十三个扎萨克

---

① 硕士学位论文，内蒙古大学，2011。
② 硕士学位论文，内蒙古大学，2009。

旗纳入了其实际掌控之中。这表明，绥远城将军对乌、伊两盟的所谓"节制"，已经从兼辖转向了直接掌管，进而在很大程度上取代了理藩院对两盟的管理。黄治国《清代绥远城驻防研究》。[①] 该文在利用文献资料和已有研究成果的基础上，对绥远城驻防的起因、经过、组织机构、运行机制及驻防将军的职能演变等进行了分析。该文认为，归化城位于漠南蒙古的中心地带，是中原通往西北的交通要道，战略位置十分重要。清朝初期因对准噶尔用兵的需要，于康熙三十一年设置建威将军驻右卫，三十二年设置安北将军驻归化城。此后根据西北战争形势的紧缓，清廷在归化城多次临时驻扎军队，以维护北部边疆的稳定，并于乾隆初年在归化城东北修筑绥远城，移右卫建威将军于此，设置绥远城驻防，以防备准噶尔，控制蒙古。绥远城驻防的设置经历了由临时驻防到永久驻防、由防备喀尔喀到防备准噶尔的转变过程。绥远城驻防设置后，绥远城将军的职权不断地得到扩大，逐步蚕食土默特部的传统权力，扩大驻防将军的职权范围。到清朝后期，绥远城将军不但具有管辖土默特二旗的权力，而且兼有统驭乌兰察布和伊克昭两盟、节制沿边诸道厅的权力，逐渐形成军民兼管、军政合一、以军为主的行政管理体制，绥远城将军也成为该地区兼及行政与军事的最高军政长官。绥远城作为清朝在漠南蒙古地区设置的重要军事驻防地，对清朝绥服蒙古、维护其在蒙古地区的统治发挥了重要作用。边晋中《清代绥远城驻防若干问题考述》。[②] 该文以大量档案史料，考出绥远新城经雍正、乾隆两朝皇帝及永泰、通智、瞻岱、王山、王常五位官员不懈努力，于乾隆二年二月初七日正式动工，历 872 天修筑，乾隆四年六月二十二日竣工。作为"北门锁钥"的军事驻防城，绥远城修筑伊始，清政府就筹划派重兵驻防。绥远城将军除具有一般驻防将军的职权，"掌镇守险要，绥和军民，均齐政刑，修举武备"，也"兼司土默特蒙古事务"，管辖归化城土默特都统、副都统、右卫副都统。遇有战事，还具有调动宣化、大同两镇官兵和节制沿边各道厅的权力。其权力之大，体现在政治、军事、经济、文化诸方面，为漠南蒙古地区乃至清廷控驭北疆的最高军政长官。黄治国、赵鑫华《抚

---

① 博士学位论文，中央民族大学，2009。
② 硕士学位论文，内蒙古师范大学，2006。

慰与控制：绥远城驻防设置的宗教原因》。① 该文指出，明末清初，归化城成为蒙古各部宗教信仰的中心。清统一漠南以后，采取尊崇和扶持喇嘛教的政策，以羁縻蒙古诸部。喇嘛教在蒙古地区拥有诸多政治特权和雄厚的经济实力，成为一种潜在的政治势力。在清朝统一西北的战争中，喇嘛教既起到了积极的促进作用，也在许多情况下，背离清朝的意志，与清为敌。针对这种情况，清朝统治者一方面加强对喇嘛教的管理，另一方面设置军事驻防对其监督防范，达到对喇嘛教既利用又控制的目的。刘蒙林《清代绥远城军府制度研究》。② 该文全面探述了清代绥远城将军的职能，以及将军衙署形成军府制度的基本过程和历史作用，提出绥远城军府制度是清代内蒙古历史的重要组成部分和关键环节，对研究清代内蒙古地区的政治史、军事史、八旗驻防史和民族关系等具有较高的学术价值，对丰富内蒙古文化强区建设的内涵也具有重要的现实意义。李玉伟《贻谷在绥远城将军任内的编练新军》。③ 该文指出，19 世纪末 20 世纪初，清政府实施以"练兵筹饷"为主，包括办学堂、开工矿、修铁路等内容的所谓"新政"。这些"新政"措施在内蒙古西部地区的推行始于绥远城将军信恪任内，较为广泛、深入地推行是在贻谷任绥远城将军之后。贻谷在其间的练兵是其"新政"的重要组成部分。

秦兆祥《清代热河都统的设立与职能演化》。④ 该文认为，清代统治者由于政治军事的需要，在热河进行木兰秋狝并肇建避暑山庄，热河由此而成为清廷的第二政治中心，热河八旗驻防亦因此而设置。在对满蒙八旗兵的管辖上，清廷于雍正二年（1724）设立了热河驻防总管，总理热河军务。乾隆三年（1738）改设副都统。其职能除统领热河满蒙八旗驻防兵外，还可调遣河屯协官兵，总管围场，办理喇嘛、厄鲁特事务，并兼管喜峰口路驿站。嘉庆十五年（1810），升副都统为都统，其职权进一步扩展到民政、司法等领域。热河都统总理蒙民交涉案件，负责热河民案及蒙古讼案的审

---

① 《内蒙古民族大学学报》2011 年第 4 期。
② 内蒙古自治区社科联 2014 年度科研课题成果，项目编号：14B38。
③ 《内蒙古大学学报》2000 年第 1 期。
④ 硕士学位论文，内蒙古大学，2005。

断，督察热河百官，总理赋税征收，掌管热河工厂、矿山的批设，负责旗界划定和县署设置，督办热河地区垦务并掌有灾民赈济、工商管理等职权。热河都统实际上已掌握了热河的军政大权，是热河地区的最高军政长官。清代热河地区实行盟旗制和府厅州县制并存的二元管理体制。热河都统在二元管理体制的形成过程中扮演了重要的角色。

李慧《清代呼伦贝尔副都统衙署的设立及其职能》。① 该文较为全面地叙述了呼伦贝尔副都统衙署在清代的设立过程，并从军事、政治、经济及文化等方面介绍了呼伦贝尔副都统衙署作为基层地方机构所负有的职能。该文认为，呼伦贝尔地区地处我国东北，清时归黑龙江将军管辖。1689 年中俄《尼布楚条约》签订之后，呼伦贝尔地区成为清朝与俄国接壤的边疆重地。为加强呼伦贝尔地区的边防建设，清廷设立了呼伦贝尔八旗进行游牧驻防，并设立呼伦贝尔衙署对其进行管理。雍正十年，清廷设立总管统领呼伦贝尔八旗，并由京拣派大臣赴呼伦贝尔坐镇统筹领导。乾隆八年，将原设总管改为副都统衔总管，直接坐镇呼伦贝尔衙署领导八旗。光绪七年将副都统衔总管改为呼伦贝尔副都统实职。呼伦贝尔衙署作为管辖呼伦贝尔地区的机构，其职责已经深入军事、政治、经济、文化等各方面，起着重要的作用。

二是外蒙古。徐实《清朝对外蒙古管理体制研究》。② 该文的第三章至第六章分别论述了外蒙古副将军、定边左副将军、科布多参赞大臣、库伦办事大臣的设立、建置、地位与职责。文章指出，外蒙古范围包括喀尔喀蒙古地区、科布多和乌梁海地区，其军事行政事务直属科布多参赞大臣或定边左副将军管辖。军府制度下的喀尔喀副将军、定边左副将军（乌里雅苏台将军）、科布多参赞大臣、库伦办事大臣掌控着此地区的军事、外交、司法、商贸等大权，他们受清廷任命，有固定任期，难以形成专权统治，有利于这一地区的安定团结。刘颖《乾嘉时期的库伦办事大臣》。③ 该文以库伦办事大臣设置的背景及原因为切入点，通过对库伦办事大臣设置的时

---

① 硕士学位论文，内蒙古大学，2008。
② 博士学位论文，中央民族大学，2011。
③ 硕士学位论文，内蒙古大学，2009。

间、库伦办事大臣的职责、与定边左副将军的比较等进行论述，阐明乾嘉
时期设立库伦办事大臣对强化喀尔喀蒙古统治、维护北疆安全稳定的重要
作用。该文认为，库伦办事大臣的设置始于喀尔喀蒙古归附清朝，在复杂
的宗教、部落之争等时代背景下，由于哲布尊丹巴在漠北蒙古的影响逐渐
增强，与俄交涉后产生的管理边务、互市的需要以及"撤驿之变"的刺激，
清廷认识到在喀尔喀蒙古设置合适的机构来加强统治的必要性。库伦办事
大臣肇始于此。乾隆中期，库伦办事大臣初以钦差性质而设，经过不断完
善直至乾嘉之交遂成定制。张爱梅《清对喀尔喀政策的演变和库伦办事大
臣若干问题研究》。① 该文分上下两篇。上篇讲青衮杂布之乱与库伦办事大
臣的产生。文章认为，喀尔喀降附清朝以后，由喀尔喀蒙古王公、扎萨克
管理本部事务，实行以喀治喀政策。清朝又依靠并扶植喀尔喀宗教首领哲
布尊丹巴与土谢图汗以喀制喀。与此同时，也采取了一些分化和限制措施。
乾隆中期，相继发生阿睦尔撒纳叛乱、青衮杂布叛乱和"撤驿之变"，喀尔
喀反清情绪高涨，俄国虎视眈眈，形势岌岌可危。乾隆采取拉拢大多数、
坚决打击叛乱者的政策，平定了叛乱，随后大力加强对喀尔喀的统治，库
伦办事大臣就在这样的背景下产生了。下篇谈首任库伦办事大臣和库伦办
事大臣职权问题。文章提出，库伦办事大臣的设置是一个循序渐进的过程，
蒙缺库伦办事大臣早于满缺。第一任蒙缺库伦办事大臣是土谢图汗部亲王
喀尔喀副将军桑寨多尔济，满缺第一任为诺木珲。库伦办事大臣的主要职
责是监视喀尔喀王公和哲布尊丹巴，削弱他们的权力，加强对他们的监管。
季泽琦《从定边左副将军的设置看清政府对外蒙古的统治》。② 该文以定边
左副将军的设立为线索，分三个阶段阐述清廷对喀尔喀蒙古的统治政策。
文章认为，雍正十一年（1733），清在喀尔喀地区开始设置定边左副将军。
作为常设八旗驻防将军，定边左副将军直接管理喀尔喀蒙古的最高军政事
务。第一阶段，清初，喀尔喀蒙古和清廷面临共同的敌人噶尔丹，双方利
益一致，喀尔喀蒙古需要清廷的保护。此时清廷不用担心喀尔喀蒙古有异
心，故不用设立专门机构进行管理。第二阶段，雍正十一年到乾隆三十八

---

① 硕士学位论文，内蒙古师范大学，2009。
② 硕士学位论文，内蒙古师范大学，2007。

年，这是过渡阶段。这一阶段又分为三期，第一期，雍正十一年到乾隆十九年。定边左副将军设置的初期，该将军职由策凌父子担任。第二期，乾隆十九年至乾隆二十二年。从乾隆十九年起，清廷对喀尔喀王公的怀疑日甚，曾尝试从喀尔喀王公手中收回权力。第三期，乾隆二十二年到乾隆三十八年。经历青衮杂布叛乱，为安抚喀尔喀，重新起用成衮扎布。乾隆三十八年，车布登扎布免职，定边左副将军一职终于从喀尔喀王公手中收回。第三阶段，乾隆三十八年至宣统二年。乾隆三十八年以后，为加强对喀尔喀蒙古的统治，定边左副将军一职彻底与喀尔喀人无缘，几乎全由满人担任。与此同时，又将一部分民事权力分割出来交还喀尔喀王公，以示安抚，最终加强了对外蒙古的统治。此外，张爱梅的《清对喀尔喀政策的演变与库伦办事大臣的设置》① 一文提出，对于喀尔喀的统治，自其降附之始，清朝一直采取以喀制喀的政策。清廷一直在努力加强对喀尔喀的统治。然而这一政策在乾隆年间因清廷怀疑喀尔喀与准噶尔有勾结而改变。阿睦尔撒纳叛乱、青衮杂布"撤驿之变"，既给清廷很大的压力，也给了清廷镇压和笼络喀尔喀蒙古的机会，这一系列事件所成局势让清廷乘机设置了库伦办事大臣，加强了对喀尔喀蒙古的统治。

三是新疆。管守新《清代新疆军府制度研究》。② 该书在前人研究的基础上，除了从清朝在新疆实行军府制的原因、清代新疆军府制的组织结构及其职能、军府各级官员的职掌及相关问题、军府制的利弊及其必然归宿等方面对清代新疆军府制度做了研究外，还对伊犁将军的法定权限与实际权限做了初步研究，提出了伊犁将军的实际治政权力要小于法定治政权力的观点。阿拉腾奥其尔、阎芳《清代新疆军府制职官传略》。③ 在该书的序言中，阿拉腾奥其尔对清代新疆的军府制进行了比较全面的评述。在书的正文中，对伊犁将军、乌鲁木齐都统及新疆各地的参赞大臣、办事大臣总计 395 人的生平、事迹进行了评述。周卫平《清代新疆官制边吏研究》。④

---

① 《呼伦贝尔学院学报》2014 年第 4 期。
② 新疆大学出版社，2002。
③ 黑龙江教育出版社，2000。
④ 新疆人民出版社，2014。

该书对清代新疆官制进行了全面细致的爬梳和研究，正文共分四章，分别论述了清代新疆军府制时期地方官制的建立与发展，新疆建省后地方官制的演变，清代新疆地方职官的群体特征，官制、边吏与清代新疆之变乱。此外，苏奎俊、孟楠的《伊犁将军长庚评述》，[①] 从长庚从政30余年，两任伊犁将军的事实出发，评述了长庚生平、从政历程，着重对其两任伊犁将军期间对俄交涉、推行新政进行评述，展现了长庚守边卫国精神，突出其在新疆近代史上的作用。梁国东《清代伊犁将军发展伊犁教育述论》。[②] 该文从乾隆时期设立清书学、嘉庆时期教育内容和范围的扩展、清末新政新式学堂的建立以及历史局限等方面，对清代伊犁将军发展伊犁教育的概况进行了全面论述。通过考察发现，有不少伊犁将军在其任期内曾着手发展新疆的文化教育事业，对新疆在文化上及民众心理上与清王朝中央拉近关系起了重要作用。

四是青海。杜党军《清代西宁办事大臣研究》。[③] 该文第三章主要对西宁办事大臣的设置过程、原因和时间等存在争议的问题进行论述。第四章从建置要素的角度对西宁办事大臣的称谓、人选、员额、任期、待遇、管辖范围、衙门、衙署开支、属官属员、撤置等问题进行了较为详细的考述。第五章从政治、宗教、军事、经济等八个方面对西宁办事大臣代表清廷总司监管青海蒙藏事务的职权进行全面考察。文章指出，西宁办事大臣是清廷派驻青海的最高军政长官，正式设立于雍正三年（1725），废除于宣统三年（1911），其间共有90余人历任此职。自从设立了西宁办事大臣，青海民族地区的政治、经济、军事、宗教、民族等问题统归中央政权一体筹划，实现了清廷对青海蒙藏少数民族由以前的间接管理到直接统治的重要转变，青海历史进入了一个新的发展阶段。它的设立，不但保证了青海境内社会的安定，而且为维护清廷在西藏和新疆的统治发挥了重要的作用。西宁办事大臣作为较早在民族地区设立的管理建置，充分体现了清廷"因俗而治"和"因地制宜"的民族统治思想，在充实和完善清廷封建中央政权的民族

---

① 《伊犁师范学院学报》2005 年第 2 期。
② 《牡丹江师范学院学报》2012 年第 3 期。
③ 博士学位论文，兰州大学，2013。

政策方面也具有重要意义。嘉央才让《清代西宁办事大臣研究》。[1] 该文探讨了西宁办事大臣的设置年代、历史作用及影响，认为西宁办事大臣加强了清廷对佛教的管理，稳定了西北边疆，促进了经济发展，稳定了社会秩序。王杨梅《清朝西宁办事大臣制度的建立与沿革》。[2] 该文以西宁办事大臣制度在青海建立与沿革的过程为主线，从西宁办事大臣设立、管辖区域、职权及其治理措施各个方面对其进行梳理与评析。文章指出，西宁办事大臣的设立有效促进了清廷治理青海蒙藏地区的历史进程，在青海历史发展中产生了重大影响。狄艳红《罗布藏丹津叛乱与西宁办事大臣的设置》。[3] 该文主要就罗卜藏丹津叛乱与西宁办事大臣的设置两者之间的关系进行了论述。全文共分三部分，第一部分主要交代了罗卜藏丹津叛乱的原因、经过、结果以及影响，第二部分集中阐述了西宁办事大臣设置的原因、过程、性质及意义，第三部分分析并总结了两者之间的关系及相互作用。文章认为，罗卜藏丹津叛乱这一史实主要是清中央政策演变的必然结果，西宁办事大臣的设置更是清廷自始至终治理西北政策的升华，即使没有叛乱，清廷也会设置西宁办事大臣去管理青海的蒙藏民族。罗卜藏丹津的叛乱最终结束了和硕特蒙古贵族在青藏地区的统治，也为清廷出兵统治提供了理由。西宁办事大臣的设置加强了中央王权的专制统治，并为统一全国奠定了基础。

贾宁的《西宁办事大臣与雍乾时期青海多民族区域管理制度之形成》。[4] 该文认为，以西宁为政治中心的青海地区，经历了长久的历史进程，在清代雍正、乾隆年间形成了清晰的行政区域。雍正朝在当时中央专管蒙藏民族事务的理藩院下特设西宁办事大臣，施政于人文环境高度多元的青海社会。蒙古专有的盟旗制、安多藏族特有的土司制、汉回各族在中原管理模式下的府县制，成为青海多元管理机制中最主要的三大体系，是近现代青海行政格局的历史基础。周伟洲《西宁办事大臣考》。[5] 文章认为，清代西

① 硕士学位论文，中央民族大学，2014。
② 硕士学位论文，西北师范大学，2010。
③ 硕士学位论文，西北师范大学，2007。
④ 《清史研究》2012 年第 3 期。
⑤ 《西北民族大学学报》2011 年第 1 期。

宁办事大臣正式设置于雍正三年平定青海蒙古罗卜藏丹津叛乱之后。清朝
设置西宁办事大臣，一是为安辑、管理青海蒙古及藏族，二是缘于当时青
海蒙藏地区的重要战略地位，西防准噶尔，南护卫藏。魏明章《西宁办事
大臣的设置及其职责》。^① 文中提出，西宁办事大臣的设置，学术界以清雍
正三年（1725）设立说较为普遍。但经研究，这种说法并不准确。实际上，
在康熙中期，清政府即派专员办理青海蒙古事宜。陈柏萍《西宁办事大臣
设置缘由初探》。^② 该文认为，清雍正年间平定了罗卜藏丹津叛乱后，为了
加强对青海蒙藏民族的统治，清朝设立了西宁办事大臣。西宁办事大臣的
设置既是清朝经略青海、稳定西藏、防御新疆准噶尔部整体战略的体现，
也是清中央自身政权巩固、社会稳定、国力强盛的标志。杜党军、张冬林
《雍乾时期西宁办事大臣建制考述》。^③ 文中指出，清廷平定罗卜藏丹津叛乱
后，在总结康熙朝遣官办理青海事务经验的基础上，于雍正三年正式设立
了"钦差办理青海蒙古番子事务大臣"，代表中央政权统管青海民族地区军
政。其后随着青海社会的逐渐稳定，乾隆在雍正设立西宁办事大臣的基础
上，对这一重要的民族地区管理建置多有调整，其间既有员额、人选、任
期、养廉银等具体内容上的不断规范和充实，也有过两次临时裁撤西宁办
事大臣的动摇决定。乾隆时期对西宁办事大臣建置的调整使其渐趋完善，
也折射出清廷对青海统治政策发生了微妙变化。达力扎布《西宁办事大臣
达鼐事迹考》。^④ 该文对首任西宁办事大臣达鼐的生平事迹进行了探讨。指
出达鼐从雍正三年至十年担任"钦差办理青海蒙古番子事务大臣"，雍正十
年以政务懈怠被革职留任，雍正十三年病逝于西宁。达鼐在任期间编设青
海蒙古旗，安排朝觐、会盟，在"番部"设官、立法，管理蒙"番"事务
七年，为清朝处理青海蒙藏事务做出了贡献。

　　五是西藏。陈柏萍《清代驻藏大臣的设置及其历史作用》。^⑤ 文章认为，
设立驻藏大臣是清王朝加强对西藏治理的一项重要举措。驻藏大臣的设置

①《青海民族学院学报》2006 年第 4 期。
②《青海民族研究》2011 年第 3 期。
③《青海民族研究》2013 年第 2 期。
④《西北民族大学学报》2012 年第 2 期。
⑤《青海民族研究》2005 年第 1 期。

是清朝在总结历史经验的基础上，根据西藏当时的实际情况而采取的一项行之有效的管理策略，它对西藏的社会政治产生了十分深刻的影响。祁美琴、赵阳《关于清代藏史及驻藏大臣研究的几点思考》。[1] 该文通过对目前清代藏史及驻藏大臣研究现状的分析，就学术界在驻藏大臣概念厘定、人数统计中存在的问题进行了探讨，并从驻藏大臣的职官性质、任官来源分析其权威性，对驻藏大臣的执政效果给予了重新评价。2008 年 9 月 27—28 日，由中国社会科学院台港澳学术交流委员会、中国社会科学院中国边疆史地研究中心、西南民族大学、西藏自治区社会科学院联合主办的"海峡两岸清代驻藏大臣与边疆治理"学术研讨会在西南民族大学召开。来自海峡两岸的 50 多位专家学者出席了此次会议，会议收到论文 30 余篇，从历史学、社会学、经济学、文化人类学和法学等不同视角对清代驻藏大臣进行了多方位探讨。学者们普遍认为，清朝驻藏大臣制度是清朝中央政府治理西藏的重大措施之一，是为解决西藏地方政府内部矛盾、提高政府行政效率、稳定西藏社会、增强地方政府抵御外部侵略能力而采取的重大行政措施。驻藏大臣自 1727 年设立至 1911 年的 185 年里，共有 114 位驻藏大臣任职。[2]

综上可见，清代藩部军府制度的研究涉及最多的是内蒙古绥远城将军和青海西宁办事大臣，而设立原因和职能演化是探讨的重点，这使人感到制度层面的研究显得薄弱。另外，在不同的区域，个体研究比较多，群体探讨不充分，也影响了人们对军府制度的深入了解。有些军府建置，如内蒙古的察哈尔都统、外蒙古的科布多参赞大臣，尚需投入一定的力量加强研究。此外，外蒙古的副将军是不是军府建置，也值得进一步探讨。

第二节　内蒙古的军府制度

清代内蒙古的军政建置主要是绥远城驻防将军、察哈尔都统、热河都

---

① 《中国藏学》2009 年第 2 期。

② 张利平：《"海峡两岸清代驻藏大臣与边疆治理学术研讨会"综述》，《西南民族大学学报》
2008 年第 10 期。

统、呼伦贝尔副都统。首先是绥远城驻防将军。该将军设置于乾隆二年
（1737）。先是雍正十三年（1735），奉旨兴工建造将军府城垣，乾隆二年工
竣，由乾隆皇帝赐满汉名曰"绥远城"。绥远城"当关外之冲，扼陇西之
隘"，被称为"北门锁钥"，① 在清廷统治内蒙古和用兵准噶尔部的过程中有
极高的战略地位。康熙三十二年（1693），为平息噶尔丹内乱，清廷以费扬
古为安北将军驻归化城。康熙三十三年七月，噶尔丹进窥图拉，清廷命费
扬古与右卫将军希福前往防御。不久，清廷又命费扬古回驻归化城。康熙
三十四年十月，清廷命费扬古为右卫将军，仍兼管归化城军事。费扬古任
右卫将军直至康熙四十年病逝为止。② 右卫将军即绥远城将军的前身。乾隆
二年，右卫将军改名绥远城将军，移驻绥远城。从此，绥远城将军就成了
清廷在内蒙古重要的军政建置之一。由上可见，绥远城将军的设置与清廷
防范准噶尔发动的战争有密切关系。

绥远城将军府设军 1 人，副都统 2 人，满洲协领 8 人，佐领、防御骁
骑校各 19 人，蒙古协领、汉军协领各 2 人，蒙古、汉军佐领以及防御骁骑
校各 8 人，满洲、蒙古、汉军士兵 3900 名，另有箭匠、铁匠 54 名。③ 绥远
城将军握有清廷颁发的金印，协领有关防，佐领有图记，都是权力的象征。

将军府设左右二司，由清廷礼部颁给关防。左司职掌是吏、刑、兵三
部之事，具体内容有：一是管理马厂，包括监放、喂养、差务等；二是管
理将军以下员数、兵额、马匹定额、马乾以及折银数目；三是负责从大同、
宣化二镇酌量调遣将军所需要的绿旗官兵；四是负责驻防官兵的操练；五
是查核由盛京等处发来的遣犯名数；六是查点杀虎口驿站各处马匹；七是
每年派员赴兵部领取春秋二季操演枪炮所需的药铅；八是每年前往广觉寺
查核喇嘛数目，咨报理藩院；九是发放归化城商人前往乌里雅苏台等处所
执的理藩院院票；十是每年造大小官员出身、历任、升转年月官册，报吏
部查核；十一是查处归化城等处蒙古牧民命盗案件。右司所掌为户、礼、
工三部之责，具体包括：一是管理奏销粮饷，征大青山后厂地租；二是修

① 高庚恩纂《绥远旗志》卷 2。
② 《清史稿》卷 281。
③ 高庚恩纂《绥远旗志》卷 4。

缮八旗官员衙署和兵丁房间；三是发放奏销官兵支借俸禄、盐菜等军需，应领俸银；四是按年造册送户部核销八旗官兵俸饷；五是发放奏准后旌表节妇所需的建坊银两，春秋二祭致祭所需的祭品。[①] 绥远城驻防三协领中，一名管理旗库，分户、工之任；一名管理前锋营，掌兵、刑之事；一名管理印房，兼辖吏、礼之责。[②]

绥远城将军衙署的附属机构，有兵部、户部司署衙门，副都统衙署，理事厅衙门，教武场，演武厅，仓库，等等。还有相应的笔帖式住房、佐领住房、防御住房、骁骑校住房。[③]

从乾隆二年起到宣统末年止，绥远城将军衙署历时175年，被清廷正式授封的绥远城驻防将军有78任。作为内蒙古重要的军政建置，绥远城将军管辖的区域是归化城土默特二旗，以及乌兰察布盟和伊克昭盟。归化城土默特二旗是明代顺义王阿勒坦汗之后，为察哈尔部所灭。天聪八年六月皇太极出击林丹汗，收服察哈尔，同时也降服了土默特部。崇德元年，皇太极编土默特部众3300余丁为二旗，分别设左翼都统、右翼都统统领，允许世袭。乾隆年间，归化城土默特左右翼各设参领6员，佐领30员，前锋校10员，骁骑校30员。外设防守南海子官渡防御1员，骁骑校1员；防守湖滩和硕官渡防御1员，骁骑校1员；八品笔帖式3员，九品笔帖式4员。以上官员设副都统1员管理，隶绥远城将军统辖。[④] 绥远城将军对乌兰察布、伊克昭二盟，只是军事上的统驭，以及转行该二盟封递文件，在实际生活中对该二盟的内部政治并不干预。[⑤] 总的来看，绥远城将军起到了"屏藩朔漠"的作用。

其次是察哈尔都统。察哈尔地区是指清代察哈尔八旗四牧群游牧之处，相当于今内蒙古乌兰察布市大部、锡林郭勒盟南部以及河北省西北部地区。该地区正好连接内蒙古东西部地区，同时位于内地通往蒙古高原的必经之

① 高庚恩纂《绥远旗志》卷5上。
② 高庚恩纂《绥远旗志》卷5上。
③ 高庚恩纂《绥远旗志》卷2。
④ 高庚恩等纂《土默特旗志》卷7。
⑤ 参见安斋库治《清末绥远的蒙地开放》，内蒙古师范学院历史系蒙古史教研室译，油印本，第35页；田山茂《清代蒙古社会制度》，潘世宪译，商务印书馆，1987，第102页。

地，所以地理位置十分重要。还在天聪九年（1635），察哈尔部林丹汗子额哲率所部奉"传国玉玺"归降皇太极，被封为亲王，安置义州。额哲死后无嗣，由其弟阿布鼐袭爵。康熙八年（1669），因阿布鼐八年不来京朝觐，被康熙皇帝革除王爵，由其子布尔尼承袭。康熙十四年，清廷为平定吴三桂叛乱，向布尔尼征兵。布尔尼不但不出所部兵，还煽惑奈曼等部众一起叛逃，清廷不得不派兵进讨。半年后布尔尼叛乱平息，清廷将察哈尔部众改编为八旗，移居宣化、大同边外。左翼四旗为镶黄、正黄、正红、镶红四旗，驻张家口外；右翼四旗中正白、镶白、正蓝三旗，驻独石口外，镶蓝一旗，驻杀虎口外。清廷在察哈尔原牧地设置牧厂，隶内务府太仆寺。察哈尔八旗每旗设总管、副总管各 1 人，参领 3 人，以及佐领、骁骑校、护军校、亲军校、捕盗官等员，照内八旗之例，随人数而设，俱属在京蒙古都统兼辖。雍正元年（1723），察哈尔八旗每旗各设理事员外郎 2 人，分别由在京人员与游牧察哈尔旗下选授，处理旗内一应事务。康熙、雍正年间，清廷不断地把来归的漠西蒙古各部人众编设佐领，附隶察哈尔八旗。乾隆二十五年（1760），每旗增设副参领 1 人，协同参领办事。鉴于察哈尔地理位置十分重要，乾隆二十六年，清廷在解决了漠西蒙古准噶尔问题以后，设立察哈尔都统 1 人，驻扎张家口，总理游牧八旗事务，兼辖张家口驻防官兵。设副都统 2 人，在左右翼游牧边界驻扎。从此，察哈尔各处弁兵，不由在京都统兼管。乾隆二十七年，察哈尔八旗副总管裁汰。乾隆三十一年，左右翼副都统内裁汰 1 人，留副都统 1 名驻张家口，协同都统办事。乾隆五十三年，察哈尔驼马厂设四品总管 1 人，牛羊群牧厂设五品副总管 1 人。嘉庆四年（1799），牛羊群牧厂五品副总管改为四品总管。察哈尔八旗事务，辖以都统等官，总隶于理藩院典属司，旗内官地及与汉民互市、讼狱，治以四旗厅以及独石口、张家口、丰镇、宁远各厅。察哈尔八旗，与内蒙古四十九旗不同，不是盟旗制度下的扎萨克制，而是都统管辖下的总管制，算内属蒙古，"官不得世袭，事不得自专"。①

察哈尔都统管辖的范围是察哈尔八旗所属官兵、阿尔泰军台、锡林郭

---

① 魏源：《圣武记》卷 3《国朝绥服蒙古记一》。

勒盟的军务以及察哈尔地区的四牧群。四牧群即商都牧群、牛羊群、左翼牧群、右翼牧群。商都牧群也称商都牧厂，建于清顺治年间，初隶上驷院，供皇差祭陵及军用，有马 68000 余匹，由总管、副总管、协领、副协领等官员管理，嘉庆年间改归察哈尔都统兼辖，由上驷院派值年主事及笔帖式各一员，驻张家口办理事务，五年更替。牛羊群亦称明安牧厂，也建于清顺治年间，隶内务府，专供坛庙祭品及腊房取用，以及春秋支应乳饼乳皮，嘉庆年间改归察哈尔都统兼辖，由内务府派值年主事及笔帖式各一员，驻张家口办理事务，五年更替。左、右翼牧群也称两翼牧厂，清顺治年间即已建置，康熙时期又有所扩大，隶太仆寺，专供皇差祭陵及军需调用，嘉庆年间改归察哈尔都统兼辖，由太仆寺派值年主事及笔帖式各一员，驻张家口办事，五年更换。察哈尔都统除管辖所属部众外，在清廷用兵西北和平定吴三桂叛乱过程中，曾多次率领察哈尔八旗官兵出征，为清朝多民族国家的统一和巩固做出贡献。后来，察哈尔所属八旗官兵的一部分就留在了漠西蒙古。从乾隆二十六年（1761）到宣统三年（1911）的 150 年间，清廷共任命 79 人担任 88 任察哈尔都统（包括署理）之职，保证了这一地区社会秩序的稳定。

再次是热河都统。热河以温泉得名，亦名承德，"北界兴安，东接辽左"，[1] 介于清朝京师和爱新觉罗家族发祥地之间，地位非常重要。这里离木兰围场很近，而木兰围场是清廷举行秋狝大典的地方，同时又有著名的避暑山庄，被称为清廷的第二政治中心。正是因为地位重要，清廷在这里"编立营伍，分置戍逻，以驻防八旗官兵隶于副都统，以内府三旗汉军官兵隶于总管，以河屯协官兵隶于提标，以捕盗官兵隶于督标。肄练以法，徼巡以时，经制周密"。[2]

先是雍正二年（1724），清廷设热河总管 1 员，副总管 2 员，佐领 16 员，骁骑校 16 员，笔帖式 2 员，士兵 800 名，分驻热河、喀喇河屯、桦榆沟三处。乾隆三年（1738），裁总管、副总管，改设副都统 1 员，增置协领 6 员，防御 20 员，佐领、骁骑校各 4 员，士兵 1200 名。乾隆朝末年，热河

---

① 和珅等纂《热河志》卷 84。
② 和珅等纂《热河志》卷 84。

副都统下设协领 5 员，佐领、防御、骁骑校各 20 员，笔帖式 2 员，士兵 2000 名。嘉庆十五年（1810），清廷把热河副都统改为都统，都统衙门设随同办事理藩院司员、刑部司员、理刑笔帖式、印房笔帖式、主事若干员，办理所属事务。

热河全境旧设五厅，即热河厅、喀喇河屯厅、四旗厅、八沟厅、塔子沟厅，后又增设乌兰哈达厅、三座塔厅。乾隆四十三年（1778），热河厅改为承德府，喀喇河屯厅改为滦平县，四旗厅改为丰宁县，八沟厅改为平泉州，乌兰哈达厅改为赤峰县，塔子沟厅改为建昌县，三座塔厅改为朝阳县。内蒙古喀喇沁右旗在平泉州境内，翁牛特左右翼、巴林在赤峰县境内，喀喇沁左翼、敖汉在建昌县境内，土默特左右翼、奈曼及喀尔喀左翼在朝阳县境内，科尔沁部则在热河北境。

热河都统管辖的，主要是热河各处驻防官兵，卓索图盟和昭乌达盟两盟军务，热河所属各驿站，以及八沟、塔子沟、三座塔、乌兰哈达理事司员等。其中，卓索图盟包括喀喇沁部 3 旗，土默特部 2 旗。昭乌达盟包括敖汉部、奈曼部各 1 旗，巴林部、扎鲁特部各 2 旗，阿鲁科尔沁部、克什克腾部、喀尔喀左翼部各 1 旗，翁牛特部 2 旗。

最后是呼伦贝尔副都统。该都统归黑龙江将军管辖。呼伦贝尔地方辽阔，水草佳美，树木茂盛，是一个战略要地。康熙二十九年（1690）六月，噶尔丹即由此深入袭扰内蒙古。清廷为抵御噶尔丹，曾派理藩院尚书阿喇尼率兵长驱，欲在这里驻兵扼守。鉴于呼伦贝尔地位重要，加之这里地广人稀，原是蒙古族游牧地，雍正十年（1732），清廷批准黑龙江将军珠海尔的奏议，由布特哈移来索伦士兵 1636 名，达呼尔士兵 730 名，陈巴尔虎士兵 275 名，鄂伦春士兵 359 名，总计 3000 名，归并索伦一部，编联 50 佐领，分隶八旗，统以左右两翼。镶黄、正白、镶白、正蓝四旗为左翼，正黄、正红、镶红、镶蓝四旗为右翼。左翼四旗沿抵俄罗斯路及与俄交界处分防游牧，右翼四旗沿喀尔喀河并在喀尔喀一带分防游牧。每佐设佐领、骁骑校各 1 员，每旗设副总管 1 员，每翼设总管 1 员。后来，又由察哈尔旗下兼管的厄鲁特士兵中拨来 100 名，编成 1 佐领，设总管 1 员，领催 8 名，前锋 26 名，甲兵 66 名。清廷设统领 1 名，管辖呼伦贝尔地区的防务。雍正十二年，清廷又从外蒙古车臣汗旗下拨来新巴尔虎士兵 2484 名，按索伦兵制编成 40 佐领，分隶八旗两翼，管领划界分牧，轮派边卡出防，是为新巴尔虎部。新巴尔虎部每佐设佐领、骁骑校各 1 员，每旗设副总管 1 员，每翼设总管 1 员。[①]

乾隆八年（1743），清廷裁索伦、陈巴尔虎、新巴尔虎各旗兵丁 3500 名，在厄鲁特增设 1 佐领，各部兵额共计 2000 名。清廷还把呼伦贝尔统领改为副都统衔总管。乾隆三十七年，根据黑龙江将军增海奏议，呼伦贝尔增添兵丁 500 名。从此，呼伦贝尔额设兵 2500 名形成定制。[②] 清廷在呼伦贝尔副都统衔总管之下，设总管 5 员，副总管 8 员，佐领 50 员，骁骑校 50 员，厄鲁特护军校 2 员，副都统署笔帖式 2 员，委署笔帖式、额外笔帖式各 6 员，蒙文翻译笔帖式 1 员，满文笔帖式 2 员，索伦各部笔帖式 5 员。

呼伦贝尔副都统署内设三司，即堂司、左司和右司。堂司即印务处，掌副都统印信。左司掌发官兵俸饷及经理其他财政。右司掌验放官兵各缺及征调审判诸事。三司由各旗总管、副总管、佐领、骁骑校轮值充差。呼伦贝尔副都统管辖的是呼伦贝尔地区索伦、陈巴尔虎、新巴尔虎、厄鲁特等各旗的兵马。索伦是契丹族后裔，清初多住在布特哈、墨尔根、呼伦贝尔等处，康熙三十年（1691）编入旗籍，名索伦马队，在清廷用兵西北过程中起过很大作用。陈巴尔虎原属外蒙古，因戍边一度阑入沙俄境内，康熙朝《尼布楚条约》签订之后，从沙俄回归，清廷将其编入八旗，附打牲部之后，在黑龙江、齐齐哈尔等处驻防。新巴尔虎原属外蒙古，在兴安岭北麓游牧，因与陈巴尔虎同族，又要以示区别，故名新巴尔虎。厄鲁特原属漠西蒙古，在黑龙江地区居住的是准噶尔部人。乾隆二十年（1755），准噶尔部台吉巴桑投归清廷，所属附于打牲部之后，被安排在呼裕尔河（乌裕尔河）流域及呼伦贝尔放牧。居住在呼兰的准噶尔部人，是雍正十年由阿尔泰迁到察哈尔，又由察哈尔迁到呼兰的。达呼尔是契丹族的后裔，辽朝灭亡后，徙黑龙江北境居住，与索伦部杂居。康熙二十八年，达呼尔被编入八旗，分驻墨尔根、爱辉、卜奎三城，此后一部分移驻呼伦贝尔。鄂

---

① 张伯英等纂《黑龙江志稿》卷 26。
② 程延恒等撰《呼伦贝尔志略》，"军备"。

伦春是索伦别部，元朝时被称为"林中百姓"，清初又曾被称为"树中人"，有使鹿部、使马部、使犬部之别。鄂伦春族一部分后来被迁到嫩江，隶布特哈旗，雍正年间又移驻呼伦贝尔地区。在雍正、乾隆两朝，呼伦贝尔副都统管辖下的士兵，多次在清廷用兵西北的过程中效力，在清廷统治蒙古各部过程中起过一定作用。

这里还应指出的是，东北的奉天将军、吉林将军、黑龙江将军，虽然不属内蒙古的军政建置，但是该三将军也有管理内蒙古事务之责。其中，奉天将军管理内蒙古哲里木盟六旗军务。哲里木盟六旗，即科尔沁左翼前旗、中旗、后旗，右翼前旗、中旗、后旗。这些盟旗除受清廷理藩院管辖外，其军事力量亦受奉天将军节制。吉林将军统辖内蒙古哲里木盟郭尔罗斯前旗军务。郭尔罗斯前旗牧地，在嫩江与松花江相合两岸。该旗务除受理藩院管理外，旗内军务亦受吉林将军管理。黑龙江将军管理内蒙古哲里木盟三旗及索伦八旗。内蒙古哲里木盟杜尔伯特旗，牧地在嫩江东岸；扎赉特旗，在喜峰口东北一千六百里；郭尔罗斯后旗，牧地在混同江北岸、嫩江东岸。三旗事务除受清廷理藩院管理外，军务则由黑龙江将军督辖。索伦八旗由雍正十年从布特哈移来的索伦士兵等组成，分左右翼，每翼设总管，每旗设副总管，在与俄国交界等处分防游牧。

综上可见，内蒙古的军府建置，有以下一些共同特点。一是在设立的原因上，都和军事问题有关。二是在选择的地址上，都是战略要地。三是在内部的组织系统上，都非常严密。四是在时间上，几乎都延续到清末。五是在作用上，都成了当地最高级别的军政管理机构。而这一切，正是藩部军府制度的特征。

第三节　外蒙古的军府制度

清代在外蒙古的军政建置，主要是定边左副将军，也称乌里雅苏台将军，还有库伦办事大臣、科布多参赞大臣和阿尔泰办事大臣。这些军政建置，不仅是清廷与外蒙古关系发展的产物，而且与漠西蒙古以及俄国也有一定关系。

首先是定边左副将军。定边左副将军是清朝派驻外蒙古的最高军政首领，经历了由临时差遣性质到最终形成定制的过程。早在康熙年间，清廷为护卫外蒙古各部游牧，防止漠西蒙古准噶尔部的袭扰，多次命将出师，授以各种临时派遣性质的将军职称。定边左副将军作为定边大将军的副职，开始也是这样。雍正十一年（1733）定边左副将军初设，① 当时就属于临时差遣性质。后来，在雍正朝至乾隆朝初年，定边左副将军的性质逐渐发生了变化。这一时期，它既不是临时派遣的统兵将帅的衔称，也不是清廷在外蒙古的军府建置，而是介于两者之间的一种过渡性设置。

前文指出，按清朝规定，将军掌镇守险要、绥和军民、均齐政刑、修举武备，是该地区最高的军政长官。雍正朝至乾隆朝初期，定边左副将军确有镇守险要之责，但明显缺乏绥和军民、均其政刑、修举武备的内容。笔者之所以这样说，是因为以下几点。

一是从授策凌为定边左副将军的原因看。雍正皇帝授策凌为首任定边左副将军，主要是策凌在对漠西蒙古准噶尔部噶尔丹策凌的战争中屡建奇功。雍正九年十月，噶尔丹策凌部下大策凌敦多布拥兵三万，谋掠外蒙古各部。策凌率土谢图汗部扎萨克齐巴克扎布、赛音诺颜部扎萨克诺尔布扎布等迎击，"督率弁兵，奋勇争先"，② 终将大策凌敦多布击溃。雍正十年六月，噶尔丹策凌部下小策凌敦多布又纠众三万劫掠外蒙古各部，外蒙古"众扎萨克惧，不敌，多弃牧归"。③ 只有策凌反筛出击，历时两月，行程千里，经大小十余战，迫使小策凌敦多布败逃。正因为如此，乾隆皇帝曾说："额驸超勇襄亲王策凌，为国家竭诚宣力，世宗宪皇帝授以定边左副将军重任，训兵饬备，准夷慑服，喀尔喀赖以宁静。"④ "定边左副将军一职，初系由内廷大臣中简放，前因额驸策凌人明白勤勉，特授为定边左副将军……办军营事务。"⑤ 可见，当时定边左副将军的主要职责，在于统率军队、镇

---

① 《清史稿》卷 296《策棱传》。
② 祁韵士：《皇朝藩部要略》卷 5《外蒙古喀尔喀部要略三》。
③ 祁韵士：《皇朝藩部要略》卷 5《外蒙古喀尔喀部要略三》。
④ 王先谦：《十一朝东华录》，乾隆朝卷 31。
⑤ 王先谦：《十一朝东华录》，乾隆朝卷 39。

守边陲、办理军营事务。

二是从策凌军营的驻地看。康熙皇帝曾在京师赐策凌府第。雍正十年，雍正皇帝怜悯策凌游牧地被掠，命在其牧地塔米尔河阳建瓦屋居住，如京师赐第。直至乾隆六年（1741），鉴于策凌年老，清廷始命他移住军营。因此，当时在策凌驻地，并没有清廷衙署的办事机构。当然，也应看到问题的另一面，即策凌任定边左副将军一职长达17年，历经雍、乾两朝，这显然不属于临时派遣性质而带有常驻意义。

三是从乾隆初年至二十一年定边左副将军的更迭看。自雍正十一年到乾隆十五年，策凌任定边左副将军。乾隆元年，清廷命策凌率外蒙古各部兵1500名驻乌里雅苏台，分防鄂尔坤河。从乾隆四年议定外蒙古扎萨克图汗部与漠西蒙古准噶尔部游牧界开始，策凌三赴京城，商讨防范准噶尔部袭扰问题。乾隆十五年六月至十九年四月，策凌长子成衮扎布任定边左副将军。乾隆十八年，杜尔伯特三车凌内附，成衮扎布派遣官兵赴乌里雅苏台防准噶尔部追兵，乾隆十九年移军乌里雅苏台。乾隆十九年四月至七月，因"锐意用兵"准噶尔部的需要，[1] 曾任两江总督、川陕总督、河南总督、两广总督的满洲镶黄旗人策楞任定边左副将军。乾隆十九年七月至十二月，班第以兵部尚书兼署定边左副将军，主要也是为解决准噶尔问题。不久，班第又被授为定北将军。乾隆十九年十二月至二十年八月，阿睦尔撒纳任定边左副将军。当时阿睦尔撒纳归附清朝不久，清廷以他为定边左副将军，目的在于彻底解决达瓦齐势力。后因阿睦尔撒纳叛乱，乾隆二十年八月至十月，清廷又以达尔党阿署定边左副将军，不久又以哈达哈接任。自乾隆二十年十月至二十一年八月，哈达哈任职不足一年。哈达哈是满洲镶蓝旗人，乾隆十九年清廷出师征讨达瓦齐，他被授为参赞大臣，佐定北将军班第出北路。征讨阿睦尔撒纳时，他又以参赞大臣身份，佐定边左副将军达尔党阿，仍出北路。乾隆皇帝赞赏他在军营勤奋，便命他代替达尔党阿为定边左副将军，移师布延图，南自伊克斯淖尔，北至乌哈尔喀硕及乌里雅苏台、科布多等地分兵列戍。可见，定边左副将军当时的主要职掌确实是

---

① 《清史稿》卷314《策楞传》。

以对准噶尔的防范及用兵为主。

定边左副将军正式成为清廷在外蒙古的军政建置，是在乾隆朝中期，具体说是在平定阿睦尔撒纳叛乱之后。著名蒙古史学者李毓澍先生曾说："定边左副将军的职掌，初以军事统率为主。""乾隆中叶以降，定边左副将军军事统率权的重要性渐减，而其监督喀部的重要性日增。""乾嘉以降，定边左副将军一职，实无异代表清廷坐镇乌里雅苏台监临喀部。"定边左副将军"系因对准部用兵而添设，准部平定后，即以监临喀部为主"。① 这些见解是很有道理的。

定边左副将军衙署的情况是怎样的呢？据《乌里雅苏台志略》一书，乾隆三十二年，清廷在乌里雅苏台创建木城1座，周围3里有奇，内设办公衙署1所，共有房34间，正设万寿宫，东西设四部院，即内阁、户部、兵部、理藩院，西设将军衙门，共有房59间，东设参赞衙门，共有房62间。因为蒙古族以西为上，故将军衙门在西。此外，城内还有坛庙、仓库、营务所、戍守官兵住房等设施。② 定边左副将军衙署的创建，是定边左副将军军政建置形成的标志。当时，定边左副将军衙署的官制、兵额具体情况是：定边左副将军1员，参赞大臣2员，满洲1员驻城内，蒙古1员驻城外。将军衙门设巡捕骁骑校3员，委署骁骑校无定额，佐领、骁骑校、绿营守备各1员，千总1名，把总3名，外委1名，马步兵240名，士兵2400名。将军衙署内各部门的分工是：内阁衙门，专管奏折、报匣、收发各处文移、南西北三路台站事务，所属有掌戳记侍读1员，笔帖式2员，候补笔帖式1员，委署笔帖式无定额；户部衙门，专管官兵俸饷、盐菜、口粮、银两、缎布、烟茶、绳屉、口袋、工程等事，所属有掌戳记司官1员，笔帖式1员，候补笔帖式1员，委署笔帖式无定额；兵部衙门，专管绿营官兵、商民贸易、词讼、刑名事务，所属有掌戳记司官1员，笔帖式1员，候补笔帖式1员，委署笔帖式无定额；理藩院衙门，专管蒙古事件，审理命盗、词讼、刑名，兼管驼马牛羊四项牲畜，所属有掌戳记司官1员，笔帖式1员，候补笔帖式1员，委署笔帖式无定额。城外驻班蒙古副将军1员，由外蒙古四部

① 李毓澍：《外蒙政教制度考》，中研院近代史研究所，1962，第45、68、92、105页。
② 佚名：《乌里雅苏台志略》，嘉庆年间抄本。

每部副将军轮班驻扎，审转四部落所有事件。轮班的次序是，春季赛音诺颜部，夏季车臣汗部，秋季土谢图汗部，冬季扎萨克图汗部。驻班蒙古副将军所属扎萨克 4 名，每部各 1 名，协理台吉 4 名，梅楞扎兰 5 名，听差台吉 1 名，管理官厂驼马牛扎萨克 1 名，章京、兵丁无定额，以上各官兵均按四季更换。此外，驻班蒙古副将军还有向导兵 24 名，巡逻兵 200 名，分别到各处执行任务。

定边左副将军的管辖范围，主要是外蒙古四部的兵马，具体职掌包括：查阅各盟旗兵丁的军械马匹，稽核各盟旗壮丁的编审，负责检查所属台站，监督各盟旗扎萨克王公是否遵守清廷法令等。唐努乌梁海部落的一应事务，也在定边左副将军的管辖之内。唐努乌梁海在乌里雅苏台北面，清廷在这里设置 5 旗，每旗设总管 1 人，共 5 人。佐领、骁骑校各 1 人，共 10 人。另有 3 佐领，每佐设佐领、骁骑校各 1 人，共 6 人。唐努乌梁海实行的不是盟旗制，而是总管制，总管不世袭，旗内事务以及各总管、佐领、骁骑校，均受定边左副将军节制。

其次是库伦办事大臣。清代库伦办事大臣有两个，一是库伦蒙古办事大臣，另一个是库伦满洲办事大臣，二者设置时间不同。先说库伦蒙古办事大臣。乾隆二十三年（1758）三月，乾隆皇帝发布上谕：哲布尊丹巴（二世）呼图克图现已圆寂，所有库伦经棚事务，虽有逊都布多尔济照料，然所属徒众甚多，非一人所能兼管，着派喀尔喀左副将军桑斋多尔济妥为管理。[1] 此即库伦蒙古办事大臣设置之始。从乾隆皇帝发布的上谕可以看出，库伦蒙古办事大臣的产生与清廷管理外蒙古藏传佛教有关。再看库伦满洲办事大臣。清廷在库伦的满洲办事大臣，最初属于差遣性质，并非定制，这从乾隆年间派往库伦办事的满洲大臣的情况可以看出。乾隆二十七年（1762）正月，清廷为清查与俄国疆界问题，派诺尔浑前往库伦，"务照原定疆界图样，视俄罗斯现定木棚，如在彼界内，即听照旧设定，如逾界侵占，立照彼来文所称，即行拆毁，不必游移"。[2] 清廷同时命诺尔浑办理察看卡座、收纳税务等事。此即清廷差派库伦满洲办事大臣之始。乾隆三

---

[1] 黄成垿口述，陈篆笔译《蒙古逸史》第 4 章，商务印书馆代印。
[2] 《清高宗实录》卷 653，乾隆二十七年正月癸亥。

十年二月，清廷命索琳赴库伦。乾隆三十二年，差内阁学士兼礼部侍郎庆桂前往库伦。乾隆五十年，正红旗满洲副都统松筠受命往库伦查办俄罗斯事务，到乾隆五十一年闰六月被授为户部右侍郎，仍留库伦办事。乾隆五十六年十一月，理藩院侍郎、镶蓝旗副都统普福奉命前往库伦。嘉庆三年（1798）八月，普福在授镶红旗蒙古副都统、理藩院右侍郎以后，又被派往库伦办事，直至嘉庆四年三月奉命回京供职。从上述可以看出，库伦满洲办事大臣长时间属于临时差遣性质，没有形成定制。这从以下两方面可以看出。一是祁韵士《皇朝藩部要略》一书记事的截止年代是乾隆四十九年，但该书的外蒙古记载部分，没有提及设置库伦办事大臣的事情。如果在此之前库伦满洲办事大臣已经成为定制，祁韵士是不会不谈及的。这说明，在乾隆四十九年以前，库伦满洲办事大臣没有成为定制。二是《清朝通典》和《清朝通志》的记事也是截止到乾隆四十九年，两书是刘墉等人奉敕纂修。在涉及库伦办事大臣的地方，书中写道："库伦办事大臣一人，司员一人，掌俄罗斯之往来，明其禁令，司员掌库伦贸易事务。分驻恰克图办事司员一人，掌俄罗斯贸易诸务。臣等仅按乾隆四十九年奉旨增派大臣二人，同办库伦事务，系出特简，不在定制之内，故不为缺额。"① 这一记载表明，直至乾隆四十九年，库伦满洲办事大臣还没有形成定制，属于差遣性质，为的是处理与俄国边界事务，办理与俄国贸易事务。

那么，库伦满洲办事大臣什么时候才成为军政建置的呢？从前面的叙述中可以认为，大约在乾嘉之际。或者可以说，从嘉庆朝开始，清廷库伦满洲办事大臣已成定制。对此，嘉庆朝《大清会典事例》中有明确记载："设库伦办事大臣二人，一由在京满洲蒙古大臣内简放，一由喀尔喀扎萨克内特派。所属库伦理藩院司官一人，笔帖式二人，恰克图理藩院司官一人，辖卡伦会哨之各扎萨克以理边务。凡行文俄罗斯萨那特衙门，皆用库伦办事大臣印文，其东黑龙江境内，由黑龙江将军、呼伦贝尔副都统经理；其西至近吉里克以西，由定边左副将军、科布多参赞大臣经理，皆与库伦办事大臣会同酌办。"②

① 《清朝通志》卷70；《清朝通典》卷36。
② 嘉庆朝《大清会典事例》卷746。

库伦满洲办事大臣，除办理有关中俄交涉的事务外，就外蒙古来说，主要是管辖土谢图汗部、车臣汗部以及哲布尊丹巴所属，具体表现，一是管辖土谢图汗、车臣汗两部兵马，二是监督两部各旗审理案件，三是审理内地商民在库伦、恰克图等地发生的人命案件。

再次是科布多参赞大臣。清朝在用兵准噶尔部的过程中，科布多一直是战略要地。早在康熙五十七年（1718）闰八月，清朝议政王大臣会议就决定，应令将军傅尔丹等在科布多、乌兰古木筑城垦田，建置房屋，设立驿站。[①] 康熙五十八年，康熙皇帝也曾谕示要在科布多建城。[②] 雍正九年（1731），清廷在科布多筑城工竣。不过，这是为满足清廷当时的军事需要而建置的，还不是军政机构所在地。乾隆十九年（1754），清廷派兵屯田额尔齐斯河，遂设科布多大臣镇抚扎哈沁部以及阿尔泰乌梁海部。[③] 乾隆二十一年，清廷以哈达哈为参赞大臣。乾隆二十二年，又以阿桂为参赞大臣，相继屯驻科布多。这些也都是因军事需要而临时设置的，还不是军政机构的首领。乾隆二十六年，清廷平息阿睦尔撒纳叛乱后，稳定了西北边疆的形势，为进一步加强对外蒙古的统治，才决定以乌里雅苏台参赞大臣一员出驻科布多。乾隆三十二年，清廷决定在科布多筑城，正式建立军政机构衙署。至此，科布多参赞大臣才成为清廷在外蒙古的又一个重要的军政建置。

科布多城内设有参赞大臣衙署1所，印房兵部及办理蒙古事务处1处，公馆、监狱各1处，坛庙3座。科布多参赞大臣军政机构员额的设置是：参赞大臣1员，办理兵部事务及兼管户部印房、奏折、军器等事章京1员，办理蒙古各部落及卡伦、台站事务章京1员。另据清代档案记载，科布多额设户部、兵部、理藩院司员3缺。户部司员专司出纳银两，兵部司员专办兵民交涉事件，并管理印房，理藩院司员专办各部落蒙古文移事件。[④] 管理粮饷出纳等事务章京1员，笔帖式3员，满营兵15名，副骁骑校1员，委署骁

① 张穆：《蒙古游牧记》卷 13。
② 魏源：《圣武记》卷 12《武事余记》。
③ 光绪朝《大清会典事例》卷 977。
④ 中国第一历史档案馆藏朱批奏折民族事务类，221 卷第 1 号。

骑校 2 员，管理屯务绿营将官 1 员，在城当差和管理屯务千总 2 员，把总 6 员，经制外委 1 员，马步兵 240 名，兵役 22 名，卡伦侍卫 3 员，台吉 29 员。管理东台台吉 2 员，听差闲散四等台吉 2 员。管理北八台蒙古参领 1 员，牧厂协理台吉 1 员，蒙古章京 2 员。管理科城当差蒙古兵丁参领 1 员，佐领 1 员，驻班办事 1 员，蒙古章京 1 员，驻班帮办协理台吉 1 员，蒙古士兵 100 名，卡伦士兵 850 名，东台兵 160 名，南台兵 80 名，北台兵 44 名，种地蒙古兵 250 名，牧厂兵 48 名，向导兵 2 名。①

科布多参赞大臣主要管辖赛因济雅哈图盟各部兵马，以及扎哈沁 1 旗又 1 佐领，明阿特 1 旗，阿尔泰乌梁海及阿尔泰诺尔乌梁海 9 旗的兵马。扎哈沁、明阿特、阿尔泰乌梁海、阿尔泰诺尔乌梁海都是总管旗。扎哈沁总管 1 人，参领 1 人，佐领、骁骑校各 4 人。明阿特总管 1 人，参领 1 人，佐领、骁骑校各 2 人。阿尔泰乌梁海总理 7 旗副都统 1 人，分理左右两翼散秩大臣 2 人，副都统散秩大臣 1 人，仍各兼 1 旗总管事务，余 4 旗设总管 4 人，每旗佐领、骁骑校各 1 人。阿尔泰诺尔乌梁海总管 2 人，佐领、骁骑校各 2 人，均由科布多参赞大臣选拟奏补。科布多参赞大臣的具体职掌还有：每年进贡马匹，咨呈定边左副将军汇奏；为防止偷挖都兰哈剌金沙，每年三月十五日派员查阅各卡伦、台站；为屯田事每年四月间准备籽种，了解屯田雨水情况，三年一次采买农具；秋季派员查阅所属各卡伦、台站；地方刑名案件、商民人命案件由办理兵部事务处审办，蒙古人由办理蒙古事务处审办，每年四月办理秋审案件；商民起票出境，派出管理街市的骁骑校、把总查验放行，以杜私贩禁物；管理官厂和牧放驼马。

最后是阿尔泰办事大臣。阿尔泰地区，清代前期属乌里雅苏台将军辖区，由科布多参赞大臣具体管理。《中俄勘分西北界约记》等不平等条约签订后，沙俄割占了阿尔泰诺尔乌梁海等地区，阿尔泰遂成为中国与俄国的接壤区。这里不但"田牧肥美，种落错居，兼有鱼盐林木之饶"，而且"南控赫色勒巴斯淖尔，即布伦托海，东达新疆玛纳斯，又玛呢图噶图勒干、昌吉斯台各卡伦均在左右，辅车相依，且据俄斋桑斯科之上游，险固形便，

---

① 参阅富俊辑《科布多政务总册》。

实为漠北襟要",① 具有重要的战略地位。清廷对这一地区非常重视，光绪三十年（1904），曾派未赴任的成都将军长庚去阿尔泰地区考察。后来，长庚向清廷奏报，阿尔泰山为西北边疆要地、中外之大防，应设官经理。清廷认为他所陈固疆域、重巡防、辑哈部各条，不为无见，便命瑞洵等人会同悉心统筹。瑞洵当时任科布多参赞大臣，他对长庚提出的"拟以科布多帮办大臣移驻阿尔泰山或布伦托海"，"拟将参赞大臣移驻额尔齐斯"② 等建议，表示不完全同意，而提出阿尔泰地区"未便仍由科布多参赞遥领，致有鞭长不及之虑"，"科布多治所本不当冲，已成后路，无须多置官长。惟帮办仍需秉承参赞，似不如将参赞移节驻扎，更为相宜，第事权尚宜加重，方足以资统率，而备非常。布伦托海地属中权，并宜增设一官，督办兵屯，俾脉络贯通，联为一气"。③ 清廷综合了长庚和瑞洵的意见，于光绪三十年四月，决定废除科布多帮办大臣一职，设立阿尔泰办事大臣。赏热河兵备道锡恒副都统衔，即为首任阿尔泰办事大臣。"驻扎阿尔泰山，管理该处蒙哈事务。"④ 光绪三十二年十二月，科布多参赞大臣联魁上奏：阿尔泰专设办事大臣，"请将科布多所属迤西附近阿勒泰山之乌梁海七旗，新土尔扈特二旗，霍硕特一旗，共计三部落十旗，暨昌吉斯台等西八卡伦，并布伦托海屯田，一并归阿尔泰管理，以专责成"。⑤ 光绪三十三年三月，清廷又决定，所有旧土尔扈特蒙满官兵，均归锡恒节制，以增加恰勒奇荟等处的设防。

阿尔泰办事大臣设置后，于光绪三十二年二月，拟定阿尔泰防守事宜九条办法，内容包括：修建哈喇通古城署等，酌定防守兵额，拟添枪炮各械，酌定局处领数，拟先兴办开垦，酌更驿递章程，调取挽运驼只，劝惩哈萨克头目，酌定蒙哈驻班。⑥ 光绪三十三年十一月，根据阿尔泰情形，锡

---

① 瑞洵：《散木居奏稿》卷20。
② 《清德宗实录》卷524，光绪二十九年十二月壬子。
③ 瑞洵：《散木居奏稿》卷20。
④ 《清德宗实录》卷529，光绪三十四年四月辛酉。
⑤ 光绪三十二年十二月二十五日《理藩部会奏遵议科布多划疆分治折》，光绪三十三年正月《谕折汇存》。
⑥ 《清德宗实录》卷555，光绪三十二年二月己酉。

恒又酌拟了以下办法：添设局所，加给崇衔，招练马队，开垦荒地，创立公司，分设学堂，筹办电线，振兴工艺，由部派员交涉等。[1] 得到了清廷的认可。

外蒙古的军府建置，从总体上看，也都具有军府制度的特征。一是军事上担当重任，又适当管理民政，是某一地方的最高军政机构。二是从地理位置上看，都设立在军事要地。三是从衙署的人员配备上看，有严密的组织系统，军事特征非常明显。四是设立的时间虽然不同，有的在清前期，有的在晚清时期，但都是根据军事目的而设立的。

第四节　青海的军府制度

青海的军政建置主要是西宁办事大臣。西宁"北依山以作镇，南跨河而为疆。地接青海西域之冲，治介三军万马之会。金城屏障，玉塞咽喉"，[2]是明清封建王朝"镇远人安边境"[3] 的要地。明洪武十九年（1386）称西宁卫，清初因循旧制，雍正三年（1725）始改西宁府。青海居住着漠西蒙古和硕特部、辉特部，外蒙古喀尔喀部，以及当时被称为"番"的藏族等。雍正元年以前，清廷"钦差办理青海蒙古番子事务大臣"，多以理藩院司员充任。雍正三年平定罗卜藏丹津叛乱后，始设西宁办事大臣，管理青海蒙古各部以及藏族事务。因此，西宁办事大臣的设置，与清廷平定罗卜藏丹津的叛乱有关。

罗卜藏丹津是漠西蒙古和硕特部顾实汗的后裔，康熙朝末年随清军入藏驱逐策妄阿拉布坦势力。西藏局势稳定后，罗卜藏丹津以青海及西藏原归和硕特部管辖，自己又是顾实汗嫡孙，便滋生了"复先人霸业，总长诸部"[4] 的野心。雍正元年夏，罗卜藏丹津引诱青海蒙古诸部会盟于察罕托罗

---

① 《清德宗实录》卷583，光绪三十三年十一月丙午。
② 杨应琚：《西宁府新志》卷3。
③ 杨应琚：《西宁府新志》卷34。
④ 张穆：《蒙古游牧记》卷12。

海，令各部仍归旧号，不得复称王、贝勒、公等爵。不仅如此，罗卜藏丹津还执禁理藩院侍郎常寿，杀死笔帖式多尔济。罗卜藏丹津的叛乱分裂活动得到了主持塔尔寺的藏传佛教大喇嘛察罕诺们汗的支持。于是，青海西宁等地一时间"远近风靡，游牧番子喇嘛等二十余万同时骚动，犯西宁，掠牛马，抗官兵"。[①] 为迅速平息罗卜藏丹津叛乱，清廷命川陕总督年羹尧为抚远大将军，驻西宁；以四川提督岳钟琪为奋威将军，参赞军务。清军经过严密准备，妥善筹划，艰苦奋战，到雍正二年二月，终于击败了罗卜藏丹津，粉碎了叛乱势力，到四月，取得了平叛的彻底胜利。为了巩固对青海蒙古各部的统治，清廷一方面将青海蒙古各部编旗设佐，另一方面，又在居住于青海地区的藏族人民中设头领，改隶道、厅、卫、所，以分和硕特蒙古之势，并制定善后十三条款，约束青海蒙古诸部。[②] 此外，在雍正三年，又置大通、安西、沙州、柳沟各卫，增西宁西、北两路驻防马步兵5000 名，并设总兵于大通、安西，改西宁卫为西宁府，作为清廷办事大臣建牙之所。这样，西宁办事大臣遂正式设置。

西宁办事大臣管理的属下。理藩院派往西宁随同办理青海蒙古事务司官 1 员。钦差办理噶斯军需司官 1 员。抚治西宁道 1 员。西宁府知府 1 员，经历 1 员，儒学教授 1 员，训导 1 员。巴燕戎抚番通判 1 员。西宁县知县 1 员，典史 1 员，儒学教谕 1 员，丹噶尔分驻主簿 1 员，平戎驿丞 1 员。碾伯县知县 1 员，典史 1 员，儒学训导 1 员。以上为文职系统。贵德所千总 1 员。大通卫守备 1 员。镇守西宁等处总兵官、副总兵官各 1 员。镇标中军中营、左营、右营、前营、后营游击各 1 员，中军守备各 1 员，千总各 2 员，把总各 4 员。西宁城守营都司 1 员，把总 2 员。大通协副将 1 员，中军都司 1 员，千总 2 员，把总 4 员。永安营、白塔营、镇海营、南川营、贵德营、北川营、威远营、碾伯营、巴燕戎营等处游击、都司、参将、守备、千总、把总人员不等。以上是武职系统。

从上述可以看出，西宁办事大臣的主要职掌包括文武两个方面，具体说来有：统率征调青海蒙古各部兵马，内含青海蒙古 29 旗、玉树等 40 族土

① 魏源：《圣武记》卷 3 《国朝绥服蒙古记三》。
② 《清世宗实录》卷 20，雍正二年五月戊辰。

司；主持蒙古各旗会盟；祭祀青海湖神；掌管赋税、驻防、筹办粮饷、刑名按劾，以及青海入藏商道、驿站、茶粮互市等事；处理蒙、番矛盾；协助驻藏大臣转运粮饷，派遣兵员入藏；负责审理青海蒙古各部的诉讼案件。西宁办事大臣直接管理黄河以南的藏族部落，结束了明末以来西北地区藏族但知有蒙古，不知有厅、卫、营、伍诸官的状态。

从西宁办事大臣设立的地理位置、设置的时间点、管理方面的文武两个系统看，其军府制度的特征也非常鲜明。

第五节　西藏的军府制度

西藏的军政建置主要是驻藏大臣。雍正四年（1726），清廷议准："西藏事务，以贝子康济鼐为正，以贝子阿尔布巴佐之，原令其会同众噶卜伦等和衷办公而设。若伊等不睦，后起衅端，亦有关系。应遣大臣前往，驻扎照看。其大臣更换，皆由特简。"① 这是清代驻藏大臣设立的具体原因和时间。驻藏大臣的基本员额是大臣 2 人，司官 1 人，笔帖式 2 人。又于四川省同知、通判、知县、县丞内派粮员 3 人，成都驻防内派书清字马甲 8 人，又于唐古特内派识廓尔喀字帖写 1 人，晓廓尔喀话通事 1 人，以办理藏务。② 驻藏大臣及其属官相应的轮换制度是：最初，驻扎西藏办事司官、笔帖式，照驻扎哈密、瓜州司官、笔帖式例，定为两年一换，不必交错更替，俟新去之司官、笔帖式到后，旧驻扎之人留驻三月，将旧事交代明白，再令回京；乾隆十年议准，驻扎西藏大臣、司官、笔帖式，均一体定为三年更换。③ 驻藏大臣的职掌是：西藏、达木蒙古，辖于驻藏大臣；置驻藏大臣，以统前藏后藏，而理喇嘛之事；乃正其官族……治其营寨……练其兵队……固其边隘……核其财赋……平其刑罚……定其法制，以安唐古特。④

---

① 赵云田点校《乾隆朝内府抄本〈理藩院则例〉》，第 103 页。
② 赵云田点校《乾隆朝内府抄本〈理藩院则例〉》，第 282 页。
③ 赵云田点校《乾隆朝内府抄本〈理藩院则例〉》，第 105 页。
④ 赵云田点校《乾隆朝内府抄本〈理藩院则例〉》，第 308、311、370—374 页。

雍正五年，清廷派内阁学士僧格、副都统马喇前往西藏办事。清廷在雍正四年才决定设立驻藏大臣，并在雍正五年开始实行，这是西藏和清廷关系日益密切的产物，也是清廷在西藏施政进一步完善的反映。本书第一章中已经涉及，此处不赘。应当指出的是，清廷鉴于西藏局势长期动荡不定、格隆之间互不协调，决定设立驻藏大臣管理西藏事务，这表明清廷加强了对西藏的直接统治和施政，标志着清朝统治西藏进入了一个新阶段。

清廷虽然设置了驻藏大臣，但是直至乾隆朝中后期，清朝对西藏的施政在很大程度上仍是通过两藏地方僧俗贵族进行。乾隆皇帝曾经晓谕颇罗鼐："尔与达赖喇嘛同心协力，以安地方，朕视尔二人，俱属一体，无从畸重畸轻之见，若尔二人稍有不合，以致地方不宁，甚负朕信任期望之恩。"① 正是这种状况的反映。乾隆十二年（1747），颇罗鼐病故，其子珠尔墨特那木扎勒袭封郡王。他很快恶化了同达赖喇嘛的关系，这是西藏僧俗贵族势力矛盾的反映。为使地方安宁，不生事端，清廷曾命驻藏大臣往访双方，希望他们妥为和解。但是，珠尔默特那木扎勒阳奉阴违，图谋不轨，妄想发动叛乱，"动手杀钦差大人，不论塘汛、官兵、客民一齐杀"。② 对于珠尔默特那木扎勒的叛逆行为，清廷已有所察觉。乾隆十四年十月，乾隆皇帝指出"珠尔墨特那木扎勒为人，断不能如伊父颇罗鼐之安静奉法。今观其纵恣逞威，人心离怨，多行不义，必自速厥辜。但恐其悖慢之行不能悛改，将来或加害于达赖喇嘛，或有损于驻藏大臣，或并吞旁近部落，则事不容已"。③ 乾隆十五年十月，驻藏大臣傅清、拉布敦在上奏中也指出："珠尔墨特那木扎勒现在调兵防阻，有谋为不轨之意。"④ 随着珠尔默特那木扎勒叛迹日炽，西藏局势危急。乾隆十五年十月十三日，傅清、拉布敦计斩珠尔默特那木扎勒，但他们二人随后也被叛乱者杀害。由于清廷和达赖喇嘛及时采取了措施，叛乱很快被平息。事后，乾隆皇帝多次追悔，认为珠尔默特那木扎勒凶悖肆恶，恣行无忌，只因向来威权太盛，专制一方。为了防

---

① 《清高宗实录》卷80，乾隆十一年十二月己丑。
② 中国第一历史档案馆藏朱批奏折民族事务类，档号：1299。
③ 《清高宗实录》卷351，乾隆十四年十月丙申。
④ 《清高宗实录》卷374，乾隆十五年十月丁丑。

止西藏地方贵族势力地广兵强，事权专一，不听中央号令，清廷对西藏行政体制进行了改革，具体表现在乾隆十六年策楞、班第等人提出的《钦定藏内善后章程》中，该章程总计13条，主要内容包括以下。

一是格隆赴公所会办应办事件，凡属地方些小事务，众格隆秉公会商，妥协办理，其具折奏事重务，并驿站紧要事件，务须遵旨请示达赖喇嘛并驻藏大臣酌定办理，钤用达赖喇嘛印信、钦差大臣关防。碟巴头目等官补放或调换，格隆等须秉公查办，公同禀报达赖喇嘛并驻藏大臣酌定，俟奉有达赖喇嘛并钦差大臣印信文书遵行。

二是凡碟巴头目等犯法，须抄没或革除者，格隆、代本等务须秉公查明，分别定拟，请示达赖喇嘛并驻藏大臣指示遵行。

三是凡调遣兵马、防御卡隘，均应遵旨听候达赖喇嘛并驻藏大臣印信文书遵行。遇有地方应行防范事宜，代本应禀明钦差大臣指示遵行。格隆、代本遇有缺出，拣选补放，或犯法不能办理地方应行革职，均由达赖喇嘛会同驻藏大臣请旨办理。

四是凡遇差徭有出力有功之人，格隆、代本秉公禀明达赖喇嘛并驻藏大臣，酌定赏给。

根据善后章程精神，策楞、班第采取了具体措施，把原归珠尔默特那木扎勒管治的达木蒙古八旗和藏北三十九族，划归驻藏大臣直接管辖。废除第巴，在达赖喇嘛和驻藏大臣领导下，由格隆管理西藏政务。清廷在西藏进行的行政体制改革，巩固和提高了达赖喇嘛的地位和职权，同时确定了驻藏大臣与达赖喇嘛共同处理政务的平等地位。

乾隆五十三年（1788）和五十六年，廓尔喀对后藏发动了两次大规模入侵，扎什伦布寺受到严重破坏。清廷派军入藏，驱逐了廓尔喀侵略势力。廓尔喀入侵西藏，暴露了清廷在西藏施政中存在的问题，特别是驻藏大臣的问题，以及西藏地方政务的许多弊端。原来，以往清廷派往的驻藏大臣，有些是中材谨饬之员，前往藏地居住不过迁延岁月，冀望班满回京，因而对西藏诸事听任达赖喇嘛及格隆等率意轻行，不但不能照管，而且事多不闻，致使驻藏大臣一职竟成虚设。驻藏大臣对西藏地方政务干预不多，西藏地方官员往往乘机贪污渎职，内部纷争不息，以致各项制度废弛，弊病丛生。乾隆皇帝对此十分明晰，决心在击败入侵的廓尔喀之后，利用各方面的有利条件，整顿和改革西藏地方各项制度。乾隆五十六年，清廷决定：西藏戴琫、第巴缺出，由驻藏大臣会同达赖喇嘛商议检选补放。乾隆五十七年议准：驻藏大臣督办藏务，应与达赖喇嘛、班禅额尔德尼平等。格隆以下番目及管事喇嘛，分系属员，无论大小事务，俱禀明驻藏大臣核办。至扎什伦布诸务，亦一体禀知驻藏大臣办理，毋得仍令戴琫、堪布代办，以致滋生弊端。并令驻藏大臣于巡边之便，稽查管束，以除积弊。[1] 乾隆五十八年，著名的《钦定西藏章程》颁布，其中，对驻藏大臣的地位和职权做了明确规定，涉及的内容有如下诸项。

第一，驻藏大臣督办藏内事务，与达赖喇嘛、班禅额尔德尼平等，共同协商处理政事。所有格隆以下官员及办事人员以至活佛，皆是隶属关系，无论大小都得服从驻藏大臣。在班禅额尔德尼年幼时，由索本堪布负责处理事务，但扎什伦布的一切特殊事务，要事先呈报驻藏大臣，等候处理。西藏地方官员，除格隆和代本须呈报清朝皇帝任命外，其余人员可由驻藏大臣和达赖喇嘛委任，并发给满、汉、藏三种文字执照。这赖喇嘛和班禅额尔德尼的收入及开支，每年在春秋两季各汇报一次，由驻藏大臣进行审核，如发生隐瞒舞弊等情事，对其亲属及随员进行惩罚。

第二，驻藏大臣负责达赖、班禅以及各地黄教呼图克图灵童转世的金瓶掣签。遇到寻认转世灵童时，邀集四大护法，将灵童的名字及出生年月，用满、汉、藏三种文字写在签牌上，放进金瓶内，在驻藏大臣监督下，于大昭寺释迦佛像前正式认定。新的灵童长大后，也必须在驻藏大臣主持下，举行坐床典礼。各大寺堪布活佛的人选，由达赖喇嘛、驻藏大臣以及济咙呼图克图等协商决定，并发给加盖以上三人印章的执照。达赖喇嘛所辖寺庙的活佛及喇嘛，全藏各呼图克图所属寨落人户，均须详细填造名册，于驻藏大臣衙门和达赖喇嘛处各存一份，以便检查。青海蒙古王公前来迎请西藏活佛，须由西宁办事大臣行文驻藏大臣，由驻藏大臣发给通行护照，并行文西宁办事大臣，以便查访。

_____

① 见嘉庆朝《大清会典事例》卷 741《西藏官制》。

第三，驻藏大臣督管西藏边界贸易以及各种外事活动。邻近各国来西藏的旅客和商人，必须进行登记，造具名册呈报驻藏大臣衙门备案。商人无论前往何地，均须由该管主脑呈报驻藏大臣衙门，按照该商人所经过的路线签发路证，以备检验。外人要到拉萨，须向各边境宗本进行呈报，驻藏大臣衙门批准。廓尔喀、不丹、锡金无论何种行文，都须以驻藏大臣为主，并和达赖喇嘛协商处理，回文必须按照驻藏大臣指示缮写。关于边界的重大事务，更要根据驻藏大臣的指示处理。所有格隆都不得私自向外方藩属通信，即使外方藩属行文给格隆，也得呈交驻藏大臣和达赖喇嘛审阅处理，不得由格隆私自缮写回信。在济咙的日班桥、聂拉木的潘瞻铁桥、绒夏的边界等处竖立界碑，限制廓尔喀商人和西藏人随意越界出入，驻藏大臣出巡时予以检查。

第四，驻藏大臣管理财政。西藏货币要以纯粹汉银铸造，不得掺假，正面铸"乾隆通宝"字样，边缘铸年号，背面铸藏文。驻藏大臣派汉官会同格隆对所铸造钱币进行检查，以求质量纯真。所铸新钱币如有掺假者，所有由汉官及格隆委派之孜本、孜仲等管理人员以及匠人等，一律依法受严厉处分，并依所铸假币数目加倍罚款。在济咙、聂拉木两地抽收各种物品进出口税，不经驻藏大臣同意，不得私自增加税额。一律收回免役执照，实有劳绩需要优待者，由达赖喇嘛和驻藏大臣协商发给免役执照。新成立兵员亦由驻藏大臣和达赖喇嘛依照各地发给免役执照，兵员出饷时收回。任何人不得私自派用乌拉，因公外出，由驻藏大臣和达赖喇嘛发给印章执票，沿途按执票派用乌拉。

第五，驻藏大臣管理西藏地区军事防御。西藏成立3000人的正规军队，前后藏各驻1000名，江孜、定日各驻500名。兵员由各主要地区征调，每500名委1代本管理。所有征调兵员填造两份名册，一份存驻藏大臣衙门，一份存噶厦。代本、如本、甲本、定本等官由驻藏大臣和达赖喇嘛选年轻有为者充任，并发给执照。西藏兵员由驻藏大臣通过西藏地方政府分春秋两季发给粮饷。西藏地方军队要经常操演，驻藏大臣每年分春秋两季出巡前后藏各地和检阅军队，查究各地汉官及宗本等欺压和剥削人民情事。

第六，驻藏大臣负责西藏地方的司法。对犯人所罚款项，须登记呈缴驻藏大臣衙门。对犯罪者的处罚，须经过驻藏大臣审批。没收财产者，也应呈报驻藏大臣，经过批准才能处理。

《钦定西藏章程》的颁布，完备了清廷的驻藏大臣制度，也使驻藏大臣的职掌比以往任何时候都更加全面。

近代以后，驻藏大臣的职权有所削弱，这和琦善有很大关系。道光二十四年（1844），驻藏大臣琦善因掌办达赖喇嘛商上事务的噶勒丹锡呼图萨玛第巴克什"欺压达赖，残害生灵，勒索财物，侵占田庐，私拆房间，擅用轿伞，强占商产，隐匿逃人，奸贪狂妄"，[①]与帮办大臣钟方联合上奏《酌拟裁禁商上积弊章程二十八条》，[②]对驻藏大臣的职权、地位和地方官员应遵守的章程进行了修订。此外，琦善还认为前任驻藏大臣文弼在嘉庆十四年（1809）随意增加规例，令商上出纳每隔六个月造册报告，由驻藏大臣咨送理藩院，一方面稽核商上各公所用收支，一方面达赖、班禅"例应需用"又听其自便，是自相矛盾。他还认为，地方所交实物名目繁多，银钱品色互异，前后藏仅一名粮员，远非比得上内地专职审核官员，且驻藏大臣不懂藏语藏文，难免人云亦云，于是提出：嗣后拟即不令呈报，以归简易。清廷根据他所奏"商上布施请仍归商上办理"，决定"商上布施出纳向由驻藏大臣稽查核办，但凭商上呈开，仍属有名无实，嗣后商上及扎什伦布一切出纳，着仍听该喇嘛自行经理，驻藏大臣毋庸经管"。[③]这样，驻藏大臣失去了对达赖喇嘛和班禅额尔德尼两处商上收支的审核权。

道光二十五年，琦善还上奏提出："西藏所属哈喇乌苏以外按年派员巡查卡伦，只属具文，徒滋扰累。"清廷根据他的上奏决定："哈喇乌苏既设营官，着即责成该营随时防范，所有按年派员巡查之处着即行停止。"[④]这样，驻藏大臣又失去了对边界的巡查权。

不仅如此，琦善还认为，操练前后藏官兵时，若将格隆"置身事外，不惟遇有征调兵将，素不相习，难期得力，即平日修治军装，亦恐难诿有

---

① 《清宣宗实录》卷410，道光二十四年十月庚子。

② 张其勤原稿，吴丰培增辑《清代藏事辑要》，西藏人民出版社，1983，第417—429页。

③ 《清宣宗实录》卷412，道光二十四年十二月己未。

④ 《清宣宗实录》卷420，道光二十五年八月乙未。

词。且防备将备，仅此数人，川省距藏窎远，每值更换，动辄经年，遇有缺出，往往以千把外委越级暂护，官卑职微，不但难资统驭，且亦呼应不灵，似当量为变通。应请嗣后番弁兵丁一切操防事宜，均责成格隆等经理，经秉驻藏大臣核办"。[1] 对此，清廷又做出了相应决定。这样，驻藏大臣又失去了校阅营伍、操练官兵的权力。

宣统二年（1910），驻藏大臣联豫提出："各省地大事殷，督抚同城，尚经裁并，况藏地规模较简，驻藏大臣两员，政见一有参差，治理即多窒碍，贤者依违瞻顾，不贤者各呈意见，遇事掣肘，内启番人之轻藐，外贻友邦之讪笑，现在驻藏大臣尚未简放，应请予以裁撤。"[2] 次年，清廷决定，裁驻藏帮办大臣，设左右参赞各一人，秉承驻藏大臣旨意策划全藏一切要政，监督三埠商务。不久，清廷被辛亥革命推翻，清代驻藏大臣的建置亦告结束。

第六节　新疆的军府制度

新疆军政建置主要是伊犁将军，还有乌鲁木齐都统、南疆回部的办事大臣等。这是清廷在平定阿睦尔撒纳叛乱、大小和卓叛乱之后，为巩固对新疆的统治而采取的重要措施。

乾隆二十七年（1762）十月，乾隆皇帝颁布上谕："伊犁为新疆都会，现在驻兵屯田，自应设立将军总管事务，昨已简用明瑞，往膺其任，着授为总管伊犁等处将军，所有敕印旗牌，该部照例颁给。"[3] 伊犁将军府建置从此产生。伊犁将军的设立，和清廷统一新疆后各项措施的渐次产生和完善有关。

首先，是驻兵屯田措施。乾隆二十五年四月，乾隆皇帝指出："伊犁及回部，非巴里坤、哈密内地可比，即须驻兵屯田，仍当以满洲将军大员驻

---

① 张其勤原稿，吴丰培增辑《清代藏事辑要》，第 444 页。
② 《宣统政纪》卷 47，宣统二年十二月，中华书局，1987。
③ 《清高宗实录》卷 673，乾隆二十七年十月乙巳。

守，非镇道绿营所能弹压。"① 五月，他又谕示军机大臣："伊犁一带，距内地窎远，一切事宜，难以遥制，将来屯田驻兵，当令满洲将军等前往驻扎，专任其事，固非镇道绿营所能弹压，亦非总督管辖所能办理。"② 这既表现了清廷对新疆地区的重视，也说明伊犁将军的设置与清廷在新疆的驻兵屯田确有关系。鉴于从内地运粮困难重重，清廷在统一新疆过程中，始终关注驻兵屯田问题。乾隆二十一年九月，清军进入伊犁，将军兆惠就对巴里坤至伊犁可资耕种的地亩进行了勘察。乾隆二十三年四月，清廷开始筹办伊犁屯田。乾隆二十五年正月和二月，伊犁屯田正式兴办。乾隆皇帝为此谕示："伊犁向为准夷腹地，加意经画，故稽事颇修。""若不驻兵屯田，则相近之哈萨克、布鲁特等乘机游牧，又烦驱逐。大臣等自当办理妥协，不可苟且塞责，以图早归。看来驻兵屯田，惟当渐次扩充，今岁且照原议派兵五百名，回人三百户。"③ 在此前后，清廷在新疆精河、辟展、玛纳斯、巴里坤、托克逊、乌鲁木齐、喀喇沙尔、库尔喀喇乌苏等地也都开始驻兵屯田。随着驻兵屯田的展开，有关规制逐渐建立。乾隆二十五年三月，对从乌鲁木齐至罗克伦的 4 处庄田，规定每庄屯田兵 800 余名，委游击都司各 1 员分派杂职，督课耕种。九月，参赞大臣阿桂上奏伊犁耕牧城守事宜，包括增派回人屯田、增派官兵驻防屯田、增派官兵随时酌量定数、次第建置城邑、预备屯田兵马驼等内容，基本上得到乾隆皇帝旨准。乾隆二十七年正月，军机大臣议核了新疆各地屯田兵的数目，其中规定乌鲁木齐 5000 名，喀喇沙尔 700 名，赛里木、拜城 50 名，库车、和阗、乌什、阿克苏、叶尔羌、喀什噶尔、英吉沙尔等地亦有相应数目。乾隆二十六年，伊犁屯田 8000 亩收获大小麦、黍、粟、青稞等共 27100 石有奇。这一切表明，清统一新疆后，驻兵屯田取得了成功。为了使这一有效措施继续完善，清廷决定设立伊犁将军，统一管理新疆各地的驻兵屯田事务，并以此加强"弹压"作用。

其次，是稳定新疆局势的相应措施，包括设官吏、置卡台、建城堡、

① 《清高宗实录》卷 610，乾隆二十五年四月己丑。
② 《清高宗实录》卷 612，乾隆二十五年五月丙午。
③ 《清高宗实录》卷 606，乾隆二十五年二月癸未。

颁刑律、铸货币、明制度等方面。一是设官吏。在统一新疆的过程中，清廷就很注意官员的选派，并给予办事大臣、参赞大臣、办事都统副都统、办事尚书郎中、试用官效力官等名号。统一新疆后，各地驻扎官员基本上称参赞大臣、办事大臣，由清廷用满汉篆文及维吾尔文铸给关防。有些地方，根据需要，或增设同知、通判、仓大使、管粮官，或设立随印办事司官、笔帖式，专办回人事务司官、笔帖式。清廷驻扎新疆各地官员渐趋稳定。特别应当一提的是对各级伯克的任用。在平定大小和卓叛乱过程中，清廷就明确了对伯克的任用政策。乾隆皇帝曾说"回部平定后，不过拣选头目，统辖城堡，总归伊犁军营节制"，"将来办理回部，惟于归顺人内，择其有功而可信者，授以职任，管理贡赋等事"。① 随着新疆的统一，各级伯克的归附，清廷在回部地方官员中，开始设立阿奇木伯克等缺，规定五品以上伯克，戴孔雀翎，六品伯克戴蓝翎，阿奇木伯克等一律铸给图记。从此，伯克成为清朝官制的组成部分。

二是置卡台。卡台即卡伦、台站，或为防卫哨所，或为交通建置。新疆统一后，为保卫边陲、运送物资，清廷特别注意卡伦、台站的设置。乾隆二十五、二十六年间，奈曼明安至津济里克、巴颜珠尔克至乌鲁木齐、辉迈拉呼至都图岭的卡伦相继建成。阿克苏至海努克、喀喇沙尔至库车、乌鲁木齐至伊犁、叶尔羌至辟展的台站也陆续设立。卡伦官兵由侍卫统领，台站备有驼马牛羊。

三是建城堡。新疆统一后，参赞大臣阿桂上奏指出："建置城邑，实为边防长久，不独地当冲要，亦宜相其形势物产。"② 乾隆皇帝同意这种意见，并谕示："在木植多处，或近山产煤之地，筑城驻兵。"③ 此后，乌哈尔里克、察罕乌苏、哈什崆吉斯、伯勒齐尔等城堡相继建成。有些城堡不仅是驻兵之地，而且后来也多成为大臣建牙之所。

四是颁刑律。新疆统一后，清廷即明确宣布："新定地方，立法不可不

① 《清高宗实录》卷570，乾隆二十三年九月戊戌。
② 《清高宗实录》卷621，乾隆二十五年九月辛未。
③ 《清高宗实录》卷621，乾隆二十五年九月辛未。

严。"① 规定内地贸易民人与回人杂处，凡斗殴杀人案，应于本处正法，以使凶暴之徒知所敬畏，不能尽以内地之法治理。无论回人盗本地还是内地人马匹，或是内地人盗回人马匹，均照新疆例办理。这些为后来清廷制定《回疆则例》奠定了基础。

五是铸货币。乾隆二十四年，清廷决定在叶尔羌城开局设炉，改铸制钱。新钱面铸"乾隆通宝"，幕铸满文、维吾尔文叶尔羌字样，轮廓方孔，如内地制钱式。后来，阿克苏也鼓铸，供阿克苏、乌什、库车、喀喇沙尔、赛里木、拜城使用。

六是明制度。在哈密、吐鲁番地区，仿内地例，十家设一甲长，巡缉稽查。在新疆其他地区，仿照旧制，责成阿奇木伯克等将各村庄头目进选补授以管辖地方。此外，还规定年班事宜。无论是维吾尔族伯克，还是原厄鲁特蒙古各部首领，凡具有一定品级，每年都要进京朝觐或参加木兰行围。上述一切要怎样更好地执行并使之日臻完备？清廷需要在新疆建立一个强有力的权威机构，予以保证。伊犁将军就是在这种情况下应运而生的。

最后，是对归附的外藩属国的措施。清廷统一新疆后，邻近的霍罕、博罗尔、巴达克山等外藩属国相继归附。他们派使者前来北京，表示永为臣仆。清廷给予隆重接待，乾隆皇帝还命人赍敕书赐物，颁发给这些外藩属国首领，要求他们循旧俗、安生理、约束所部。此外，清廷允许外藩属国贸易往来，但不准他们越境游牧。怎样保证这些措施得以落实？发生抢掠等事件如何处理？抚绥外藩属国的需要，也是清廷设立伊犁将军的一个原因。

伊犁将军府设立后，个别地区的建置和设官偶有调整，但对整个军政建置组织系统并无多大影响。清代新疆军政建置组织系统的基本情况是，在伊犁将军之下，设都统、参赞大臣、办事大臣、领队大臣等官管辖伊犁、乌鲁木齐、塔尔巴哈台、喀什噶尔等地区。

一是伊犁将军。伊犁将军驻伊犁惠远城，将军衙署内设营务处、印房处、粮饷处、驼马处、功过处等机构，分别以司员、帮办、章京、笔帖式

---

① 《清高宗实录》卷 608，乾隆二十五年三月丁巳。

任事。营务处负责将军操阅的一切事宜。印房处专管一切日行事件，承办吏、兵各部应行咨复稿案。粮饷处专管钱粮，支发文案，年终造册报销，承办关涉户、工二部事件一切稿案。驼马处专管各部落牧放孳生牛马册籍，以及哈萨克贸易牲畜等事。功过处专管八旗官员功过登记档案。伊犁将军的属官，还有参赞大臣、领队大臣、卡伦侍卫等，与将军同驻伊犁。参赞大臣赞理伊犁地区军政事务。领队大臣分别管理惠宁城、锡伯营、索伦营、察哈尔营、厄鲁特营。卡伦侍卫除在营务处酌留一二员外，其余均分拨各营带官兵驻守卡伦。

二是乌鲁木齐都统。乌鲁木齐都统作为伊犁将军属官驻乌鲁木齐巩宁城，管理库尔喀喇乌苏、乌鲁木齐、巴里坤、古城（奇台）以及哈密、吐鲁番等地满汉官兵。乌鲁木齐都统衙署内设印房、粮饷、驼马三处，以司官、笔帖式任事。都统下辖乌鲁木齐、巴里坤、古城、吐鲁番满营领队大臣，库尔喀喇乌苏办事领队大臣、哈密办事大臣。各领队大臣之下分设协领、佐领、防御、骁骑校统率所部兵丁。

三是塔尔巴哈台参赞大臣。塔尔巴哈台参赞大臣作为伊犁将军的属官驻塔尔巴哈台，衙署内设印房、粮饷、驼马三处，分别以司员任事。参赞大臣之下辖协办领队大臣、专理游牧领队大臣等，专营巡察东西路卡伦。

四是喀什噶尔参赞大臣。喀什噶尔参赞大臣作为伊犁将军的属官驻喀什噶尔，总辖喀什噶尔、英吉沙尔、叶尔羌、和阗、阿克苏、乌什、库车、喀喇沙尔八大城事务。其下附设办事大臣1员，专理喀什噶尔及英吉沙尔事务。衙署内设印房、回务、经牧三处和粮饷局，分别以章京、笔帖式任事。参赞大臣之下，还在英吉沙尔设领队大臣1员，叶尔羌设办事大臣、协办大臣各1员，和阗设办事大臣2员，乌什、阿克苏、库车、喀喇沙尔设办事大臣各1员。大臣之下设章京、笔帖式、佐领、防御、骁骑校、副将、游击、都司等官统率所部兵丁。

伊犁将军管辖区域内，在民政制度上，存在扎萨克制、伯克制、郡县制三种形式。一般来说，在厄鲁特蒙古各部等游牧民族地区实行扎萨克制，扎萨克即旗长，下设管旗章京、副章京、参领、佐领、骁骑校、领催等员管理旗务。在维吾尔族居住地区实行伯克制，综理回务的称阿奇木伯克，赞理回务的称伊什罕伯克，以下又有各种专职伯克，名目多达 30 余种，具体管理维吾尔族各种事务。在汉族百姓居住的地区实行郡县制，包括镇西府（初为巴里坤直隶厅）、哈密、伊犁、辟展、奇台等直隶厅，迪化州（初为乌鲁木齐直隶厅）、昌吉、宜禾、阜康、绥来等州县。府设知府，厅设同知，州设知州，县设知县，具体管理地方民事。这里应当指出的是，实行郡县制的地方虽然在伊犁将军辖区内，但是官员的任免不直接归伊犁将军管理，而是属于甘肃布政使司。

伊犁将军管辖范围，包括乌讷恩素珠克图盟南北两路的兵马，以及清廷在天山南北的驻军，统辖外夷部落，操阅营伍，广辟屯田。[①]具体职掌包括以下几项。

一是管理驻兵屯田。关于驻兵，为"靖边圉而资控驭"，[②]乾隆二十五年以后，新疆驻兵日渐形成制度。满洲、锡伯、索伦、蒙古、绿营官兵分布南北两路，有驻防、换防之分。驻防即携眷兵永远驻守，伊犁、古城、巴里坤满洲、锡伯、索伦、蒙古、绿营以及吐鲁番满营兵即如此。换防即轮班更替，不常驻，不携眷，乌什、阿克苏、叶尔羌、英吉沙尔、喀什噶尔、塔尔巴哈台满兵即是。新疆"南北两路养兵万有九千余名，设官千有四百余员"。[③]清廷要求新疆驻兵加强训练，"操演务臻纯熟，纪律端贵严明"。[④]伊犁将军随时查阅惠远城满营官兵训练，夏秋间查阅惠宁城满营官兵训练，八月前往喀什地方演围，十月查阅八旗军器，冬月赴绥定城阅看绿营官兵技艺。关于屯田，乾隆二十五年以后，新疆屯田日益展开，有兵屯、旗屯、犯屯、民屯、回屯等形式，渐成定制。不同形式的屯田虽然都有屯田大臣、屯田提督、屯镇总兵、领队大臣、阿奇木伯克等直接负责，但是都要受伊犁将军统一管辖。

二是稽查台站卡伦。台站即驿道，新疆地区亦称军台或营塘，主要线段包括，从巴里坤到乌鲁木齐、从乌鲁木齐到伊犁、从库尔喀喇乌苏到塔

① 松筠等：《新疆识略》卷5。
② 松筠修《西陲总统事略》卷1。
③ 魏源：《圣武记》卷4。
④ 松筠修《西陲总统事略》卷6。

尔巴哈台、从喀什噶尔到吐鲁番、从伊犁到阿克苏、从阿克苏到乌什、从叶尔羌到和阗、从精河到哈密，总计军台、营塘 185 座，由管理军台领队大臣直接负责，伊犁将军不时稽查。卡伦即更番候望之所。新疆北路，塔尔巴哈台、伊犁地区共有卡伦 108 座，分别由塔尔巴哈台参赞大臣，察哈尔、索伦、锡伯、厄鲁特、惠宁城领队大臣专辖。新疆南路有卡伦 74 座，[①] 分别由乌什、哈密、库车、叶尔羌、阿克苏、喀喇沙尔办事大臣，喀什噶尔参赞大臣，和阗、吐鲁番、英吉沙尔领队大臣专辖，而总统于伊犁将军。这些卡伦的作用，或监督贸易，或稽查逃人、采玉和游牧。

三是经理牧厂贸易。平定准部和回部叛乱后，为了驻军和屯田的需要，清廷认识到"必须设立牧厂，孳生牲只，方为久远之计"。[②] 从乾隆二十五年起，先后在北疆伊犁、巴里坤、乌鲁木齐、塔尔巴哈台，南疆库车、乌什、哈密、喀什噶尔、英吉沙尔等地设立牧厂。这些牧厂规模大小不等，分驼厂、马厂、牛厂、羊厂几种形式。牧厂中的八旗牧厂，由伊犁将军衙署中的驼马处以及各地参赞大臣掌理，最后总辖于伊犁将军。一般来说，孳生驼 5 年一均齐，马 3 年一均齐，牛 4 年一均齐，羊 1 年一均齐。每均齐 1 次，驼 10 只取孳 4 只，马 3 匹取孳 1 匹，牛 10 头取孳 8 头，羊 10 只取孳 3 只。[③] 贸易主要是指清廷和哈萨克、布鲁特的贸易。平定阿睦尔撒纳叛乱后，哈萨克等部先后在伊犁、乌鲁木齐、塔尔巴哈台等地和清廷进行贸易，"将马易换货物"。[④] 每年夏秋之交，在伊犁开展贸易时，哈萨克贸易队伍抵境，卡伦侍卫要查其人众、牲畜数目，先行具报，沿卡护送。伊犁将军派委侍卫、协领暨驼马处等官监视贸易，计值平论。五彩蟒袍 1 件，四度二色金缎 1 匹，分别可换马 4 匹，羊 32 只。绸缎均从内地调运。贸易结束后，有时伊犁将军接见哈萨克贸易使者，给以茶食糖饼，是为筵宴。对送献的马匹，将军则视其值赏缎匹，然后派官兵按卡递送出境。

四是统辖外藩属国。中亚地区的哈萨克、布鲁特以及霍罕、博罗尔、

---

① 据松筠修《西陲总统事略》卷 3 统计。

② 《清高宗实录》卷 681，乾隆二十八年二月丁巳。

③ 《伊江集载》，"厂务孳生牲畜"。

④ 《清高宗实录》卷 548，乾隆二十二年十月丙寅。

巴达克山等外藩属国归附后，清廷以伊犁将军统辖。有关巴达克山具体事务，"俱遵驻扎喀什噶尔、叶尔羌大臣等节制"。① 布鲁特首领要由参赞大臣奏放翎顶，二品至七品不等，每年还由伊犁将军派遣领队大臣亲往巡察，而常年稽查约束则归喀什噶尔参赞大臣负责。②

　　清代新疆军政建置自乾隆二十七年（1762）确立后，发展到近代，在国内外形势发生变化的情况下，弊病暴露得日益明显。原来，清代新疆军政建置的最大特点，是在伊犁将军管辖下，"治兵之官多，治民之官少"，③不仅偏重于军事统治，而且在行政管理体制上，是伯克制、扎萨克制、郡县制多种形式并存。这种情况使清廷在新疆的统治陷入多元化，缺乏统一性，隐藏着分裂的不稳定因素。清朝"因俗而治"的统治政策在历史上起过一定的积极作用，但是在这种政策下，实行扎萨克制和伯克制的地区，多采用少数民族的传统官制，以各民族首领为当地官员，虽然这反映了清朝统一多民族国家职官制度的发展，却也表现出了封建中央集权制度下的极大分散性，这在实行伯克制的维吾尔族地区尤为明显。结果，清廷派往新疆的将军、都统、大臣等官员与维吾尔族人民隔绝，形成了"民之畏官不如其畏所管头目"④ 的局面，政令下达受到严重阻碍。而各级伯克则利用这种局面，残酷剥削和压迫广大维吾尔族人民。他们"倚权借势，鱼肉乡民，为所欲为，毫无顾忌"，⑤ "凡有征索，头目人等辄以官意传取，倚势作威"，"诛求无厌，正赋之外，需索烦多"，又利用文字不通、语言不同，"从中播弄，传语恐吓"，于是，造成"民之怨官，不知怨所管头目"，⑥"视官如寇仇"⑦ 的局面。各级伯克还"淫滥无耻"，随意奸占妇女。⑧ 与此同时，随着清朝整个统治阶层的腐败，军政建置下的伊犁将军、都统、大

---

① 《清高宗实录》卷 678，乾隆二十八年正月乙巳。
② 参阅《新疆图志》卷 16。
③ 《左文襄公全集·奏稿》卷 59《新疆行省急宜议设关外防军难以遽裁折》。
④ 《左文襄公全集·奏稿》卷 53《复陈新疆情形折》。
⑤ 《刘襄勤公奏稿》卷 10《酌裁回官悬赏回目顶戴折》，文海出版社，1966 年影印本。
⑥ 《左文襄公全集·奏稿》卷 59《新疆行省急宜议设关外防军难以遽裁折》。
⑦ 朱寿朋编《光绪朝东华录》第 2 册，第 1382 页。
⑧ 《那文毅公奏议》卷 77，上海古籍出版社，1995 年影印本。

臣等各级官吏，"或皆出自禁闼，或久握兵符，民隐未能周知，吏事素少历练"。① 这样，新疆危机日渐严重。

道光二十五年（1845）以后，南疆维吾尔族人民"聚众抗差""求免差徭"的斗争日益高涨。② 同治三年（1864），库车各族人民发动了大规模武装起义，攻入库车城，清朝官吏和各级伯克被杀，起义烈火迅速燃遍新疆各地。同治五年，伊犁起义军攻占惠远城，将军明绪自尽，这标志着清朝统治新疆军政建置的结束。然而，新疆各族人民起义最终未能沿着健康的道路发展，胜利果实被各族中的封建主和反动的宗教头目篡夺，新疆形成了封建割据局面，结果，浩罕军官阿古柏乘机入侵，沙俄也出兵强占伊犁。光绪二年（1876），督办新疆军务的钦差大臣、陕甘总督左宗棠指挥清军收复新疆。光绪七年，清廷与沙俄订立《伊犁条约》，通过割地赔款，收回伊犁。经过十多年动荡的新疆终于重新处于清廷统治之下。然而，这时的新疆与过去相比已面目全非，军政建置"荡然无存，万难再图规复"。③ 光绪十年十月，清廷正式任命刘锦棠为甘肃新疆巡抚，魏光焘为甘肃新疆布政使，标志着新疆省正式成立。省府设在迪化（今乌鲁木齐），惠远城逐渐失去了全疆政治中心的地位，伊犁将军的权限缩小，主要负责北疆防务。

新疆建省后，在蒙古族各部，于乌讷恩素珠克图盟旧土尔扈特南部落 4 旗，保存扎萨克盟长卓里克图汗 1 员；北部落 3 旗，有扎萨克布延图亲王 1 员；东部落 2 旗，有扎萨克毕锡哷图郡王 1 员；西部落 1 旗，有扎萨克济尔噶朗贝勒 1 员。青色特启勒图盟新土尔扈特，设中路和硕特扎萨克固山贝子 1 员。在维吾尔族各部，于哈密保存扎萨克亲王 1 员，吐鲁番扎萨克多罗郡王 1 员，库车郡王 1 员，阿克苏郡王职衔贝勒 1 员，拜城辅国公 1 员，乌什贝子衔辅国公 1 员，和阗辅国公 1 员。在哈萨克族各部，于伊犁两部即黑宰部、阿勒班部，设台吉 1 员；塔尔巴哈台 4 部，即阿勒依部、曼毕特部、赛布拉特部、吐尔图部，分设台吉、千户长、百户长等员。④ 辛亥革命后，伊

---

① 《左文襄公全集·奏稿》卷 59《新疆行省急宜议设关外防军难以遽裁折》。
② 《清文宗实录》卷 265，咸丰八年九月甲午。
③ 《刘襄勤公奏稿》卷 3《遵旨拟设南路郡县折》。
④ 《新疆图志》卷 26《职官志四》。

犁 9 城的建置被取消，伊犁将军的历史使命也随之宣告终结。

综上可以看出，伊犁将军系统军府制度的特征非常明显。一是伊犁将军是当地最高军政首脑；二是以军事统辖为主；三是实行将军—都统—大臣的军事管理系统。然而，新疆的军府制度最终出现危机并陷入瓦解，也反映了这一制度在发展过程中腐朽的一面。

第四章　藩部的典章和刑罚制度

清代藩部居住的多是少数民族，在生活习俗、宗教信仰、社会制度等方面都有其特点，不同于中原内地。因此，清廷"以其习俗既殊，刑制亦异"，[①] 制定有不同的刑罚。记载藩部地区刑罚的典籍主要是《大清会典》《大清会典则例》《大清会典事例》中的"理藩院"部分，以及《理藩院则例》《蒙古律例》《西宁青海番夷成例》《回疆则例》《藏内善后章程》等。

第一节　主要资料和研究现状

一　主要资料

一是《大清会典》《大清会典则例》《大清会典事例》中的"理藩院"部分。有清一代，清廷先后五次纂修会典，记载各部门的职掌、百官奉行的政令和职官、礼仪等制度，反映了200多年里清朝因社会变化而进行的法令改变。《大清会典》《大清会典则例》《大清会典事例》中都记载有理藩院的内容，形成理藩院专卷，对于藩部地区刑罚制度研究有着重要的史料价值。[②]

康熙朝《大清会典》创修于康熙二十三年（1684），告成于康熙二十九

---

① 《清史稿》卷142《刑法志一》。
② 参见赵云田点校《乾隆朝内府抄本〈理藩院则例〉》；赵云田点校《钦定大清会典事例·理藩院》，中国藏学出版社，2006。

年，记事起于清初，迄于康熙二十五年。该会典中"理藩院""理刑清吏司"中记载了有关的刑罚制度。文中写道："遐陬之众，不可尽以文法绳之。国家之待外藩也，立制分条，期于宽简，其要归仁厚，将使臻于咸善而已。"① 刑罚的内容包括刑例 27 条，人命 15 条，贼盗 24 条，军法 11 条。

雍正朝《大清会典》续纂于雍正二年（1724），告成于雍正十年，记事起于清初，迄于雍正五年。雍正朝《大清会典》"理藩院""理刑清吏司"中也记载了有关的刑罚制度。"理刑清吏司"序文中写道："国家之待外藩也，立制分条，期于宽简，不易其俗，而归于仁厚。"② 刑罚内容包括刑例 34 条，人命 15 条，贼盗 33 条，军法 13 条。

乾隆朝《大清会典》续修于乾隆十二年（1747），告成于乾隆二十九年，记事迄于乾隆二十三年，理藩院部分展至乾隆二十七年。乾隆朝《大清会典》"理藩院""理刑清吏司"中写道："国家控驭藩服，仁至义尽，爰按蒙古土俗酌定律例，以靖边徼。死刑之外，罪止鞭责，不及流徒，统于罚例。"③ 刑罚内容包括罚例、死罪、重囚、听讼、疑狱等项。需要说明的是，乾隆朝《大清会典》"理藩院""理刑清吏司"没有具体写出刑法条文，只是写出了一些原则概况。之所以这样，是因为乾隆朝除《大清会典》外，还修了《大清会典则例》180 卷，其中理藩院部分占 5 卷。乾隆皇帝认为：康、雍两朝会典或袭旧文，或案牍不全，或参稽不审，每有乖疏。典是国家大法，例则随时增损，而前两朝之典与例合编，不易识辨。于是，乾隆皇帝便命将典与例分辑，每成会典一卷，即附则例一卷，因官分职，因职分事，因事分门，因门分条，典为纲，例为目，按年月日编排。这样，乾隆朝《大清会典》与《大清会典则例》遂各自成书，与康、雍两朝会典不同。乾隆朝《大清会典则例》"理藩院""理刑清吏司"中，分名例、盗贼、疏脱罪囚、发冢、违禁采捕、人命、失火、犯奸、略卖、杂犯、审断等项，每项条文不等，有的十几条，有的几十条。④

---

① 赵云田点校《乾隆朝内府抄本〈理藩院则例〉》，第 195—196 页。
② 赵云田点校《乾隆朝内府抄本〈理藩院则例〉》，第 247—248 页。
③ 赵云田点校《乾隆朝内府抄本〈理藩院则例〉》，第 294 页。
④ 见乾隆朝《大清会典则例》卷 144。

在谈到乾隆朝《大清会典则例》时，这里还需要说明乾隆朝内府抄本《理藩院则例》。20 世纪前半叶，邓衍林先生编辑《中国边疆图籍录》，就有对此书的简单介绍。1988 年编辑的《清代理藩院资料辑录》，收录了乾隆朝内府抄本《理藩院则例》的全文。2006 年，中国藏学出版社以《乾隆朝内府抄本〈理藩院则例〉》为名，再次展现了乾隆朝内府抄本《理藩院则例》的全文。2010 年 5 月，全国图书馆文献缩微复制中心影印出版了《理藩院公牍则例三种》，其中有乾隆朝内府抄本《理藩院则例》。乾隆朝内府抄本《理藩院则例》是乾隆朝会典馆编纂的《大清会典则例》中理藩院部分的则例，是乾隆二十一年（1756）呈进给皇帝看的，和后来清廷最后出版的乾隆朝《大清会典则例》在很多方面有不同。乾隆朝内府抄本《理藩院则例》中记载的是五个司属机构，理藩院的职掌也是按五个司属机构叙述的。在内容方面，很多也和乾隆朝《大清会典则例》不同。这样一个孤本，其文献价值和史料价值都不可轻估。在乾隆朝内府抄本《理藩院则例》"理刑清吏司"中，刑罚内容包括名例 21 条，盗贼 39 条，疏脱罪囚 2 条，发冢 1 条，违禁采捕 9 条，人命 10 条，失火 3 条，犯奸 1 条，略卖 2 条，杂犯 14 条，审断 18 条。

嘉庆朝《大清会典》续修于嘉庆六年（1801），告成于嘉庆二十三年，记事迄于嘉庆十七年。嘉庆朝《大清会典》的体例和乾隆朝相同，只是把《大清会典则例》之名改为《大清会典事例》。包括《大清会典》80 卷，其中"理藩院"部分 5 卷；《大清会典事例》920 卷，其中"理藩院"部分 28 卷。在嘉庆朝《大清会典》"理藩院""理刑清吏司"中也没有具体写出刑罚条文，只是列出"凡蒙古犯罪者皆论罚"，"凡蒙古之狱，各以扎萨克听之"等。在嘉庆朝《大清会典事例》中，在刑法的总目下，分名例、盗贼、捕逃、疏脱罪囚、发冢、违禁采捕、人命、失火、犯奸、略卖、杂犯、审断等项。

光绪朝《大清会典》增辑于光绪十二年（1886），告成于光绪二十五年，记事迄于光绪十三年。全书包括《大清会典》100 卷，其中"理藩院"部分 6 卷；《大清会典事例》1220 卷，其中"理藩院"部分 35 卷。在光绪朝《大清会典》"理藩院""理刑清吏司"中也没有具体写出刑罚条文，只是列出"凡蒙古犯罪者皆论罚","凡蒙古之狱，各以扎萨克听之"等。在光绪朝《大清会典事例》中，在刑法的总目下，分名例、盗贼、捕逃、疏脱罪囚、发冢、违禁采捕、人命、失火、犯奸、略卖、杂犯、审断等项。

二是《理藩院则例》①。该书为理藩院编，是理藩院治事的法规和依据。嘉庆十六年（1811），理藩院上奏，提出要在旧有的209条则例的基础上，编辑新的则例。嘉庆二十年，汉文版《理藩院则例》编就。嘉庆二十二年，满蒙文版《理藩院则例》编就，汉文版成书。次年，满蒙文版《理藩院则例》成书。此后，道光朝和光绪朝都有增修。目前能见到的汉文本有道光六年（1826）和光绪十七年（1891）刊本。道光朝和光绪朝汉文刊本《理藩院则例》，道光朝分63卷，光绪朝分64卷，一目一卷或一目多卷，每一目记述一个问题，内容具体，奖惩界限明确。该书卷35—55，分别记述了人命、强劫、偷窃、发冢、犯奸、略卖略买、首告、审断、罪罚、入誓、疏脱、捕亡、监禁、递解、留养、收赎、遇赦、违禁、限期、杂犯等内容，是研究清代藩部地区刑罚的重要资料。

三是《蒙古律例》。该书也是理藩院编，为理藩院治理蒙古刑事的法规，是研究理藩院治理蒙古刑事的宝贵材料。乾隆六年（1741）成书，乾隆朝和嘉庆朝都曾续纂。目前见到的汉文本有两种，一是乾隆三十一年殿刻本，② 一是嘉庆年间刊本。③ 两种版本均为12卷，但每卷中具体条数有差别。下面把乾隆三十一年殿刻本总目及每卷条数列出，括号中的则为嘉庆年间刊本的条目数。卷一官衔17条（24条），卷二户口差徭22条（23条），卷三朝贡9条，卷四会盟行军12条（13条），卷五边境卡哨17条，卷六盗贼29条（35条），卷七人命10条，卷八首告6条（5条），卷九捕亡18条（20条），卷十杂犯18条，卷十一喇嘛例6条，卷十二断狱25条（29条）。乾隆三十一年殿刻本《蒙古律例》已不多见，内容又有别于嘉庆年间刊本，因而更加珍贵。

---

① 杨选第、金峰校注《理藩院则例》，内蒙古文化出版社，1998。
② 故宫博物院图书馆藏。
③ 全国图书馆文献缩微复制中心，1988。

四是《西宁青海番夷成例》①。《西宁青海番夷成例》简称《番律》，是理藩院治理西宁青海地区蒙藏民刑事的法规，也是研究理藩院治理青海蒙藏民刑事的基本材料。雍正十一年（1733）成书，总计 68 条，由理藩院会同西宁办事大臣从《蒙古律例》中摘选"番民"易犯条款构成。该书条目如下：（1）派定出兵不去；（2）敌人犯界不齐集剿杀；（3）部落人逃走；（4）聚众携械同逃；（5）追赶逃人；（6）会盟不到；（7）越界驻牧；（8）越界头目罚服；（9）奸人妇女；（10）谋娶人妻；（11）少纳牲畜计数折鞭；（12）无力纳罚立誓；（13）被窃牲畜；（14）头目窝藏；（15）出兵被盗马匹；（16）挟仇出首人罪；（17）隐匿盗贼；（18）搜查贼赃；（19）移牧遗留踪迹；（20）偷猪狗等畜；（21）偷金银皮张等物；（22）踪迹分别远近言誓；（23）偷杀牲畜；（24）告言人罪；（25）私报失牲；（26）纵火熏洞；（27）擅动兵器；（28）斗殴伤人；（29）戏误杀人；（30）砍杀牲畜；（31）失去牲畜报知邻近头目找寻；（32）收取遗失牲畜；（33）犯罪私完；（34）过往之人不令歇宿；（35）恶疾传染；（36）毁伤头目；（37）不设十户头目；（38）私索乌拉秣麦；（39）罚服牛马定数；（40）出兵越次先回；（41）对敌败绩及行军纪律；（42）不拿逃人；（43）给逃人马匹；（44）拿获逃人；（45）获逃解送；（46）杀死逃人头目不报；（47）头目强劫杀人；（48）偷盗四项牲畜；（49）讨贼不与；（50）头目庇贼发觉不认；（51）夺获盗窃牲畜；（52）获贼交头目看守；（53）看守斩犯疏脱；（54）抢夺罪犯；（55）挟仇放火；（56）打伤奴仆；（57）冒认马匹；（58）出妻；（59）唐古特人不许远处番回贸易；（60）拿送逃奴；（61）私报失去牲畜；（62）重犯不招认；（63）家奴弑主；（64）解送逃人；（65）私进内地；（66）偷窃喇嘛牲畜；（67）行窃殴死追赶之人；（68）番民自相殴杀。

五是《回疆则例》②。该书为理藩院编，是理藩院管理回部的法规，嘉庆十七年（1812）开始编纂，嘉庆十九年成书。道光年间曾经续纂。体例和道光朝《理藩院则例》相同。卷 1 记回疆各城伯克设官，卷 2 记回疆各城伯克职掌、谱系、拣补，卷 3 记回部王公俸银俸缎、邮赏，卷 4 记伯克等

---

① 叶尔衡编，大河日报社，1913 年铅印本。
② 全国图书馆文献缩微复制中心，1988。

进贡、朝觐，卷 5 记伯克赏项，卷 6、卷 7 记回疆铸钱、各项禁令，卷 8 仍记回疆各项禁令。在这些禁令中，有许多关于刑罚的内容。例如"阿奇木伯克不得私理刑讯重案""巴扎尔市集禁止私设牙行""禁止大小伯克侵占渠水""禁止莫洛回子习念黑经""禁止回妇私进满城""禁止兵丁私入回庄""营马出青践食禾稼"等。

六是《藏内善后章程》，包括《钦定藏内善后章程十三条》[①]、《藏内善后章程二十九条》、《酌拟裁禁商上积弊章程二十八条》。[②] 这些是清廷改革西藏地方行政体制的法规文件，现分别藏于中国第一历史档案馆和西藏档案馆。《钦定藏内善后章程十三条》是乾隆十六年（1751）平定珠尔默特那木扎勒之乱以后，由策楞等奏订的《钦定藏内善后章程》，其中规定了格隆的司法权限。《藏内善后章程二十九条》是乾隆五十七年、五十八年清军击退入侵的廓尔喀后，福康安等多次奏订善后条款，于乾隆五十八年二月，以藏文在拉萨颁布。《藏内善后章程二十九条》藏文称为《水牛年文书二十九条》。章程内容详备，进一步加强了中央对西藏的管辖权，其中规定了西藏的司法等制度。此章程是中央政府管理西藏事务的主要法规文件。《酌拟裁禁商上积弊章程二十八条》是道光二十四年（1844）驻藏大臣琦善等拟定的，该章程重申了前两章程所定驻藏大臣职权等内容，并据当时实际情况对某些条文内容做了修改。

此外，还应提及的是一些档案资料。中国第一历史档案馆藏朱批奏折民族事务类、军机处录副奏折民族事务类中有许多具体的案例，反映了清代藩部地区的刑罚制度和具体情况。

二　研究现状

一是《大清会典》《大清会典则例》《大清会典事例》以及乾隆朝内府抄本《理藩院则例》的研究现状。李留文《〈大清会典〉研究》[③] 第一部分

---

① 张其勤原稿，吴丰培增辑《清代藏事辑要》，西藏人民出版社，1983。
② 以上见中国藏学研究中心等编《元以来西藏地方与中央政府关系档案史料汇编》（3），中国藏学出版社，1994。
③ 硕士学位论文，河南大学，2003。

探究了康熙、雍正、乾隆、嘉庆、光绪五朝会典的纂修，并对五部会典的沿革进行了探索，特别指出了会典的"工具性"社会功能。第二部分以乾隆朝《大清会典》与《清朝文献通考》为例，探讨了会典与"清三通"之间的关系。第三部分以同治十三年《户部则例》和光绪朝《大清会典》为例，探究了会典与各部则例的异同。陈灵海《〈大清会典〉与清代"典例"法律体系》① 一文指出：《大清会典》是清代实际行用的根本法，在"典例"法律体系中居于重心和基准的地位，认为《大清会典》是史书、政书、行政法典、行政法与根本法合一、综合性法典汇编的观点，低估了《大清会典》在清代法律体系中的地位。清代在明代的基础上，进一步以"典例"法律体系取代"律令"法律体系，在这一体系中，会典是纲，律例是目，前者高于后者，后者从属于前者。"律例"体系只是"典例"体系中的刑法部分，不足以全面概括清代法律体系的特征。赵静《乾隆〈大清会典〉编纂研究》② 一文认为：乾隆《大清会典》是乾隆时期典章制度的集大成者，在清代五部《大清会典》中，乾隆《大清会典》是体例比较完备、编纂比较精核的一部，其编纂具有典则分列、辞简事赅、考订精详等特点。吕丽《〈清会典〉辨析》③ 一文，引证史料，探寻考究，辨别分析，试图论证《清会典》是一部具有典制史书特点、法规汇编形式、综合性法典之外观、根本法之地位的行政法典，是礼仪之邦"官礼"的集大成者，是中华法系的一大奇观，并试图通过《清会典》，透视古代法律体系的独特构造。林乾《〈清会典〉的历次纂修与清朝行政法制》④ 认为：清朝在确立全国的统治后，先后于康熙、雍正、乾隆、嘉庆、光绪五朝修订会典，构筑了贯穿200余年间完备发达的行政法管理体系。会典及其则例的多次修订，使国家各级、各部门权力的行使有法可依、有章可循，在使国家管理职能得到有效发挥的同时，也使传统社会的依法行政达到了新的高度。李永贞《清朝则例编纂研究》⑤ 一书认为：清朝《大清会典》《大清会典则例》以及各部院

① 《中外法学》2017 年第 2 期。
② 硕士学位论文，河南师范大学，2013。
③ 《法制与社会发展》2001 年第 6 期。
④ 《西南师范大学学报》2005 年第 2 期。
⑤ 世界图书出版社，2012。

的则例等，都是依据档案文献汇编纂修而成，是清王朝通过立法治理国家、加强专制统治的重要手段。清朝在会典与则例的编纂制定方面，确立了一个基本原则：将指导总体的法律制度"律"立为典，具体的实施"细则"定为则例。其法律效力与法典相同。这样，清代的行政立法就形成了以会典为大纲、以则例为细目的规范化形式。清代则例的制定与发展，是我国早期行政立法史的一大贡献。该书第四章第三节特别探讨了清朝《理藩院则例》与《回疆则例》的编纂。达力扎布《有关乾隆朝内府抄本〈理藩院则例〉》① 一文，就乾隆朝内府抄本《理藩院则例》到底是理藩院编纂的部门则例《理藩院则例》，还是会典馆编纂的《大清会典则例》的"理藩院则例"部分进行了探讨，认为是乾隆朝《大清会典则例》"理藩院则例"的未刊稿本。赵云田《关于乾隆朝内府抄本〈理藩院则例〉》② 一文指出：第一，乾隆朝内府抄本《理藩院则例》一书是客观存在的；第二，乾隆朝内府抄本《理藩院则例》是乾隆朝会典馆编纂的《大清会典则例》中理藩院部分的则例，是乾隆二十一年（1756）呈进给皇帝看的，不是理藩院编纂的《理藩院则例》；第三，乾隆朝内府抄本《理藩院则例》和后来清廷最后出版的乾隆朝《大清会典则例》理藩院部分有很多地方不同。一是司属机构不同。乾隆朝内府抄本《理藩院则例》中记载的是五个司属机构，理藩院的职掌也是按五个司属机构叙述的。二是内容方面，很多也和乾隆朝《大清会典则例》不同。这样一个孤本，其文献价值和学术价值都不可轻估。它使人们进一步认识了理藩院机构在演变过程中的具体变革情况，进而也深化了人们对清朝统一多民族国家形成发展过程的认识。

　　二是《理藩院则例》的研究现状。冯剑《简析〈理藩院则例〉的内容特点及成因》③ 一文认为：《理藩院则例》是清朝制定的体系最为庞大、内容最为丰富、适用范围最为广泛的一部民族法规。它不仅详细规定了理藩院内部的机构设置和职权范围等内容，还规定了我国蒙古、西藏、新疆等边疆少数民族地区的政治、经济、军事、宗教、司法等各方面的基本制度。

---

① 《中国边疆民族研究》第 4 辑，中央民族大学出版社，2011。
② 《清史研究》2012 年第 4 期；《中国边疆民族研究》第 7 辑，中央民族大学出版社，2013。
③ 硕士学位论文，中央民族大学，2010。

文章首先介绍了这部法规的基本概况，然后比较系统地阐述了《理藩院则例》在内容上所具有的四个显著特点，即有关理藩院机构的规定处于统领的地位；有关蒙古地区的规定全面具体、条文最多；有关西藏地区的规定重点在于确保中央的主权管辖；喇嘛事例一分为五，全面管控其宗教内部事务。最后分析了形成这些特点的原因，即理藩院机构内部管理需要规范化和制度化，确保蒙古各部对清朝的臣服是理藩院工作的重中之重，利用喇嘛教管控西藏地区是清朝的基本国策。清代这部民族法规的制定和实施，有效地维护了国家的统一和边疆地区的安定，充分体现了清朝奉行"因俗而治"立法原则的有效性。达力扎布《略论〈理藩院则例〉刑例的实效性》① 一文认为：清朝在入关前就已开始对外藩蒙古立法，制定适用于外藩蒙古的专门法规。理藩院在历年颁布的蒙古法规基础上于崇德八年（1643）编纂了蒙古《律书》，颁发给外藩蒙古各旗施行，作为外藩扎萨克处理政务和审理刑狱的依据。清朝定都北京之后，对《律书》不断增删修订，乾隆六年修订后称之为《蒙古律例》。嘉庆年间，理藩院在乾隆五十四年修订本《蒙古律例》基础上纂修本部门则例，在增定修改蒙古法规的同时增入了其他内容。《蒙古律例》仅收录与外藩蒙古相关的条例，而《理藩院则例》的内容则包括本部门的职掌规定，以及与其所管事务相关的全部规定和条例（不包括《回疆则例》），除蒙古法规外，还有与西藏、新疆及俄罗斯事务相关的则例。《理藩院则例》从此替代《蒙古律例》成为蒙古法律的文本，理藩院不再修订《蒙古律例》文本。杨宪民《从〈理藩院则例〉管窥清朝时期蒙古地区的法律》② 一文，对《理藩院则例》的由来、内容等进行了探讨。以《理藩院则例》中蒙古地区法为研究重点，从行政制度、管理制度、宗教制度三个方面，就清朝对蒙古地区的立法内容进行了研究。杨选第《从〈理藩院则例〉析清朝对蒙古地区立法特点》③ 一文指出：《理藩院则例》是清朝理藩院治理蒙古地区事务的基本法律依据。该文结合律条分析清朝对蒙古地区立法的特点，主要有：德主刑辅、恩威并用、控制蒙古族

---

① 《元史及民族与边疆研究集刊》第 26 辑，上海古籍出版社，2014。
② 《兰台世界》2015 年第 12 期。
③ 《内蒙古社会科学》2000 年第 2 期。

上层人士；严刑峻法、严明禁令，对蒙古人民实行高压政策；编旗划界、分而治之，确保中央对蒙古地区的专制统治；维持封建等级制；具有民族地方特色等。其最终目的是加强对蒙古族的专制统治。周乌云《从〈理藩院则例·喇嘛事例〉探析清政府对蒙古实行的喇嘛教政策》① 第一部分，着重论述了清代喇嘛教方针和政策，分析并总结了清廷制定和实施喇嘛教政策的历史背景、社会原因及所采取的具体措施等。第二部分，探讨了清廷对蒙古的宗教立法和"喇嘛事例"的基本内容。第三部分，分类叙述了清廷对蒙古地区实行的喇嘛教方针、政策和该政策所产生的积极和消极作用。同时，力图揭示清朝历代统治者利用喇嘛教怀柔蒙古上层阶级、统治蒙古民众的阶级本质。李永贞《刍议清代则例的性质和分类》② 认为：清代的例是对除律（《大清律》）、典（《大清会典》）之外的所有法规的一种统称，主要由条例、则例、事例组成。此三者虽然都属于法规性质，均以上谕和臣工条奏为法源，且大都按期修订、编纂，但是三者有明显差异。则例相对简约，且独立存在于会典之外，是清代中央各机构制定的并经钦准的相关机构和官员所遵循的办理各项事宜的规章准则。在清代，则例一直是律典的辅助和补充。

三是《蒙古律例》的研究现状。张万军《"蒙古例"与清代蒙古地区刑事法治理》③ 一文指出："蒙古例"是清代边疆刑事治理过程中最核心的工具。清廷在"蒙古例"制定过程中保留了蒙古族固有法源，同时将《大清律例》中诸如慎刑、恤刑等儒家刑法理念渗透到"蒙古例"中。清廷在"多元一体"边疆法律治理策略指导下，逐步将"蒙古例"与内地法律一体化，从而增强了对边疆蒙古地区刑事法律的控制。向建华《〈蒙古律例〉与清代治蒙政策》④ 一文认为：《蒙古律例》体现的治蒙政策的内涵是多方面的。政治统治上，它继承了中国古代传统民族政策中蕴含的"羁縻之道"的统治理念，但它对"羁縻之道"的贯彻程度随着时局的变化有所不同。

① 硕士学位论文，内蒙古师范大学，2010。
② 《法学杂志》2010 年第 10 期。
③ 《贵州民族研究》2015 年第 4 期。
④ 硕士学位论文，宁夏大学，2015。

地方管理上，强调因俗而治，将蒙古地区的传统婚姻习俗、断案方法、惩罚措施纳入其中。经济政策上，通过抑商固民达到其统治目的，严格限制部落内部及部落之间的贸易。对喇嘛教则表现为尊而不佞，既礼遇喇嘛教上层，又对僧人阶层进行了规范化管理。通过对《康熙六年增定蒙古律书》及康熙三十五年、乾隆三十一年、乾隆三十九年、乾隆五十五年、嘉庆二十年汉文刊刻本《蒙古律例》等几个版本的内容进行对比，发现"治盗"政策的变化实则是对蒙古经济环境恶化的表达，蒙汉禁婚的反复实则代表着统治者在情与法两者间抉择的无奈。随着蒙汉交往的加深，《蒙古律例》日渐与《大清律例》走向交融。乌日娜《清朝〈蒙古律例〉及其整理出版述略》① 认为：《蒙古律例》为清朝颁布的第一部成文法，适用于清朝所辖八旗外蒙古、众苏鲁克沁牧场以及外藩蒙古地区。该法律颁布于崇德八年（1643），实施于整个清代，在中国法制史上具有重要的地位和作用。清朝根据蒙古地区政治和社会形势的变化，相应地对《蒙古律例》做过多次修改和增删，在此过程中，《蒙古律例》的题名屡有变化，并在满、蒙、汉文中的称呼也各不相同。崇德及康熙年间的《蒙古律书》只有蒙古文文本，乾隆六年（1741）开始有了满文、蒙古文文本，乾隆三十一年开始出现汉文刻本并定名为《蒙古律例》，直至清亡，满文、蒙古文、汉文题名仍旧。早在入关前，清朝便开始了对蒙古地区的立法。崇德八年，理藩院负责整理编订清太宗时期对蒙古地区颁布的各种法令，并称之为《蒙古律书》，这是我们目前所知《蒙古律例》的最早版本。该书的汉文名称始见于《大清圣祖仁皇帝实录》康熙六年（1667）九月癸卯条记：理藩院题，崇德八年颁给《蒙古律书》。包思勤《清朝蒙古律刑罚的变迁》② 一文认为：蒙古律是清廷主要针对外藩蒙古地区制定的特别法。清朝立法者充分考虑了当地特定的社会制度和民族习惯，大量传统蒙古法文化的内容被融入蒙古律中。受各种因素的影响，蒙古律在发展中逐渐呈现内地化的趋势，在诸多方面开始向以《大清律例》为代表的国家一般法趋近。偷窃类犯罪是蒙古律中最有代表性的犯罪类型，其法定刑基本涵盖了蒙古律的各类刑罚。该类犯

---

① 《兰台世界》2012 年第 21 期。
② 硕士学位论文，中央民族大学，2016。

罪的法定刑种类和幅度在清初与清朝基本法典存在较大差异，但在随后的
发展中逐渐向其靠拢。从法定刑种类来看，监候制度的引入丰富了死刑的
执行方式，发遣刑被逐步引入蒙古律，而源自传统蒙古法的罚畜制度则走
向衰落。从法定刑幅度来看，刑等的数量总体呈现增加的趋势。其中偷窃
四项牲畜罪所处刑罚趋于宽缓，而偷窃财物罪刑罚的上下限则大幅扩张。
导致上述变化的原因有二。其一，汉人的大量迁入致使外藩蒙古地区的社
会环境发生变化，部分地区形成了蒙古人和汉人杂居的局面，经济形式也
由单纯的游牧转变为游牧、农耕和商业混杂的形态。新社会关系的产生和
蒙汉交涉案件的增多促使清朝立法者调整蒙古律的刑罚，使其与《大清律
例》更为接近。其二，清朝官方长期存在的将内地制度引入蒙古律意愿对
蒙古律刑罚的内地化也起到了促进作用。达力扎布《清代蒙古律的适用范
围及其法律文本》[①] 一文认为：清廷通过制定蒙古法律规范外藩蒙古的军
事、行政、司法和社会生活，使外藩扎萨克在办理旗内事务及审理刑狱时
有法可依，并依法对其进行监督和管理。蒙古律除适用于外藩蒙古之外，
还施行于理藩院管辖的其他民族。为适应对蒙古地区统治的需要，理藩院
不断制定和颁布新条例，多次修订《蒙古律书》的文本，从而形成了诸多
版本。蒙古律是清朝为外藩蒙古制定的法律。天聪三年（1629）正月，清
太宗颁布敕谕于已归附的漠南蒙古诸部，令其接受后金法律。之后不断颁
布法令、法规于漠南蒙古诸部。崇德八年（1643），理藩院将清太宗时期
（1627—1643）颁布的法令、法规整理编纂为一部法典——《蒙古律书》，
颁发给外藩蒙古施行。清朝定都北京之后，继续实行以法治理蒙古的政策，
制定和颁布有关外藩蒙古的法令，并多次修订《蒙古律书》。清代称为外藩
蒙古制定的法律为"蒙古律"或"蒙古例"。以《蒙古律例》为例，其内
容包括官衔、户口差徭、朝贡、会盟行军、边境哨卡、盗贼、人命、首告、
捕亡、杂犯、喇嘛例、断狱等 12 类，全面规范了外藩蒙古的军事、行政、
司法以及社会生活。

　　四是《西宁青海番夷成例》的研究现状。贾宁《从〈中国珍稀法律典

---

① 《中国边疆民族研究》第 8 辑，中央民族大学出版社，2014。

籍集成〉中"西宁青海番夷成例"看少数民族典籍对史学专题的研究价值》① 一文指出：满文《西宁青海番夷成例》是目前展示清朝嘉庆以前对青海藏族实施管理设想、实践、法律规范条文最全面的记录，它在汉文典籍对此专题研究的迷雾中，拨开了一片无云的天际。满文《西宁青海番夷成例》与上述汉文典籍的比较研究说明，少数民族文字的史籍具有汉文字文献不包括的内涵和内容，对民族史、边疆史的研究尤为贵。追究《西宁青海番夷成例》在汉文史料中的去向，并找出嘉庆十四年以后"番人律例"在清朝青海地区的管理中作用如何，是古籍研究和史学研究共同的目标。张镟《论〈青海西宁番夷成例〉的本质》② 一文认为：《西宁青海番夷成例》是清朝为青海、西藏地区专门制定的一部法规，也是非常重要的一部法规。清朝一直非常重视边疆地区的立法与司法问题，随着统治的深入，清廷对边疆地区的统治也越来越深入，制定的法律也更加地适应民族地方，并且，清朝时期制定的民族法规是历史上最具体和深入的。也正是因为这些法规的制定和实施，清朝对边疆地区的统治加强，维护了边疆的和平安定，保证了国家的统一。那仁朝格图《试述清朝对青海蒙藏民族地方的立法》③ 一文指出：清朝在国家法制统一原则的前提下，对蒙古等民族地区采取了"因俗而治"和"众建而分其势"的统治政策。清朝平定青海后，自雍正初至末年，结合当地蒙藏民族风俗习惯，先后颁布了《青海善后事宜十三条》、《禁约青海十二事》和《西宁青海番夷成例》三个特别法规。三者互为配合、补充，成为清朝有效管理和统治青海地方的施政方针。达力扎布《〈番例〉渊源考》④ 认为：《番例》是清代针对青海和四川等地的藏族实行的法律，由达鼐等人从康熙三十五年颁布的《蒙古律书》中选录与"番人"相关条款编辑而成。选编时把原条目中蒙古人的爵职改为"番人"职官，罚畜由罚马改为罚犏牛，酌减其数量，删去了不适用于"番人"的少量内容，对原条目内容几乎没有改动。龚荫《清代民族法制概说》⑤ 一文

---

① 《传统中国研究集刊》第 6 辑，上海人民出版社，2009。
② 《兰台世界》2013 年第 6 期。
③ 《内蒙古社会科学》2008 年第 1 期。
④ 《青海民族大学学报》2012 年第 2 期。
⑤ 《西南民族学院学报》2002 年第 7 期。

认为：清代的民族法制，在以前历代民族法制的基础上已臻于完备。清代除总的制定了蒙古、西藏和新疆地区民族法规（《理藩院则例》）外，又先后分别制定了《西宁青海番夷成例》等地区民族法规。这些民族法规既有统一性，又有不同之处，各少数民族地区的民族法规各有其特点。清代的民族法规，对加强边疆地区的统治、维护边疆民族地区的和平安定、保证国家的统一和多民族大家庭的巩固，都曾起到了非常重要的作用。

五是《回疆则例》的研究现状。李奋《〈回疆则例〉研究》① 一文认为：鉴于回疆地区特殊的人文社会环境，嘉庆十六年（1811）理藩院开始奉旨撰写适用于南疆维吾尔人的《回疆则例》，嘉庆十九年初次编撰告成。道光二十二年（1842）完成修订，重新颁行。《回疆则例》是清朝中央政府治理回疆地区的基本法律规章，一方面，它以法律形式规定了回疆地区的基本政治制度，另一方面，它还详细规定了回疆地区的税制、币制、贸易、司法、驻军等具体管理条例。《回疆则例》是清朝民族法制中十分有特色的一部分，其中贯穿着清代的治边思想、民族政策以及宗教政策，对当时多民族国家的巩固和统一做出了巨大的贡献，发挥了巨大的作用。《回疆则例》是对历代民族政策和民族观的继承和发展，是清代民族法独具特色的代表，同时可以说是我国古代治边思想的一个总结。王欣《〈回疆则例〉研究》② 一文指出：作为一部重要的地方性民族法规，《回疆则例》是新疆建省前清朝处理新疆南部民族事务的主要法律依据。《回疆则例》的编纂与修订不仅反映了清朝对新疆治理的不断深入，而且其作为处理新疆民族事务的经验总结，还充分体现了清朝"因俗而治"的统治思想，及在多元文化的背景下新疆各种法律文化之间的互相调整与适应。但是由于并没有触动南疆的伯克制度和清朝在新疆的统治体制，该法的编纂与修订实际上仍属治标不治本，在本质上也是消极的。白京兰《关于〈钦定回疆则例〉研究的几个问题》③ 一文认为：《回疆则例》是清朝政府于嘉庆年间主要针对新疆天山以南维吾尔族制定的一部重要的民族法规，其内容涉及职官、宗教、

---

① 硕士学位论文，石河子大学，2007。
② 《中国边疆史地研究》2005 年第 3 期。
③ 《贵州民族研究》2006 年第 4 期。

驻军以及民族贸易、贡赋货币等，在维护统一、稳定边疆、促进发展等方面发挥了积极的作用。目前关于《回疆则例》的研究还存在一些问题，比较突出的有：在法规的名称方面，有《回律》以及《回例》等不确切的称呼，它们使《回疆则例》的性质、适用范围及对象产生了一种不确定性；在法规的性质方面，有学者将其当作刑事法规，也有学者认为《回疆则例》是回疆少数民族之间民事案件的司法审判依据，在法规性质的认定上仍然是值得商榷的；在法规内容的理解方面，就个别条款而言，缺乏对条款历史背景的考察与探究。这些问题的存在一定程度上影响了对《回疆则例》研究的深入。白京兰的《清代回疆立法——〈钦定回疆则例〉探析》[①] 一文指出：《回疆则例》是清代统治者为有效辖制西北边疆，尤其是新疆维吾尔族而制定的一部带有浓厚民族色彩和地域特色的民族法规。《回疆则例》共 8 卷，134 条，由理藩院于嘉庆十六年七月开始纂修，嘉庆十九年编成，嘉庆二十年钦定成书。《回疆则例》是以清代统治者对民族事务的关注以及由此形成的一系列边疆少数民族立法为基础编纂而成的。吴秀菊《以〈回疆则例〉为中心看清代新疆民族宗教政策》[②] 一文，以《回疆则例》为中心，系统分析了清代 18—19 世纪新疆地区的民族宗教政策，指出《回疆则例》是清代统治者为有效辖制新疆地区而制定的一部带有浓厚民族色彩和地域特色的民族法规，它的内容涵盖行政、军事、宗教事务、经济贸易等方面。龙群、吴秀菊《试析〈回疆则例〉的编纂与修订》[③] 一文认为：清朝统一新疆后，在尊重当地民族风俗习惯的基础上，制定了较为符合新疆地区的统治政策。《回疆则例》是一部针对新疆地区民族宗教特点而制定的法典。嘉庆十九年（1814）编纂完成，并规定每十年一修。但它的第一次修纂因为"西陲不靖"而延误，道光十三年（1833）进行第二次修纂，针对在新疆地区出现的社会问题，此次修纂的内容较多，范围更广，至新疆建省一直发挥着积极有效的作用。王婷《清代〈钦定回疆则例〉研究》[④]

---

① 《中南民族大学学报》2004 年第 4 期。
② 硕士学位论文，石河子大学，2013。
③ 《黑龙江民族丛刊》2013 年第 4 期。
④ 硕士学位论文，辽宁大学，2014。

一文认为：《回疆则例》贯穿着清朝统治者治理边疆的思想以及对边疆的民族政策、宗教政策，对国家的稳定与发展做出了突出的贡献，是清代民族法律制度中非常有特色的部分。通过对《回疆则例》以及历代统治者的治边政策和民族政策进行研究比较，可以看出清朝统治者管理民族的方略延续了历代的传统，而且还体现出了独有的特色。《回疆则例》是对历朝统治者管理民族策略与思想的承袭和延伸，为清朝民族法的典型，是清朝法律独具特色的组成部分。韩伟《略论清代〈回疆则例〉立法特色及现实意义》[1] 一文指出：由满族入主中原建立的清王朝，在逐步取得对内外蒙古、新疆、西藏等地区的统治之后，开始面临着边疆之乱的威胁。如何很好地治理边疆地区，维护边疆地区的稳定，如何处理好中央与边疆地区的关系，如何防止中央派驻大臣在地方的腐败、滋扰，成为摆在清朝统治者面前重大而繁杂的问题。由于这一系列矛盾、难题的存在，清朝统治者特别重视对民族地区的统治之道，从而也十分关注民族地区的法制建设，力图通过制定一些民族地区的法律，很好地解决上述问题。清代《回疆则例》就是在这样的背景下制定的一部法律。邢蕾《社会治理视阈下〈回疆则例〉的立法考察》[2] 一文，以《回疆则例》为研究中心，通过考察清代新疆的社会治理与立法活动之间的互动关系，揭示《回疆则例》在当地社会治理体系中的作用和影响。清廷统一新疆后，当地社会治理的侧重点在各个历史时期随着时局的变化而有所不同，因此相关政策的制定也经历了一个不断发展的过程，这些政策的演变使清廷对当地的立法内容做出了切合实际的调整。清廷在治理新疆的过程中积极立法，并针对旧有法条的相对滞后以及需要适时的立法补充等情况，进行了法律修订。《回疆则例》就是在这种历史情境下产生的。

此外，还应指出的是，金海、齐木德道尔吉、胡日查、哈斯巴根著的《清代蒙古志》[3]，是一部在前人研究基础上经过认真编撰而成的清代蒙古诸部历史以及社会、经济、文化的志书。该书的第二章详述了《蒙古律例》

《理藩院则例》《理藩部则例》《大清会典》以及蒙古地方法规。李永贞《清朝〈理藩院则例〉与〈回疆则例〉的编纂》① 一文认为：清朝既有全国统一的法律，又制定了适用于少数民族地区的特殊法规，这种立法编纂活动和法律实施对于巩固我国多民族国家的统一具有重要意义。其中重要的两部民族法规是《理藩院则例》和《回疆则例》。

六是《钦定藏内善后章程十三条》《藏内善后章程二十九条》《酌拟裁禁商上积弊章程二十八条》的研究现状。谭春鑫《清朝、民国中央政府对西藏宗教管理立法研究》② 一文认为：藏族是我国人口众多的少数民族之一，青藏高原封闭的地理环境和严酷的自然条件为藏传佛教的发展提供了得天独厚的土壤，使宗教和藏族社会的政治、经济、文化紧密地联系在一起，宗教成为藏族人民社会生活中相当重要的组成部分。而宗教问题是民族问题的重要方面，历代封建王朝在对藏治理中无不对其重视有加。民族立法经过元、明两朝的发展，在清朝达到了封建民族法制最发达的时期。清朝一方面总结了历代王朝对藏族治理的经验，延续已有的宗教管理制度，另一方面创造性地设立了敕封达赖、班禅和金瓶掣签等制度，对当时以至当代我国的宗教管理都产生了深远影响。论文通过对《钦定藏内善后章程十三条》《酌拟裁禁商上积弊章程二十八条》等的介绍，阐述了这些章程的立法经过、宗教方面的主要内容、法律地位、初步确立的政教合一体制的情况以及宗教管理方面规定的作用，《钦定藏内善后章程十三条》所规定的驻藏大臣地位与职权、金瓶掣签制度，并介绍政教合一的西藏政权机构的基本情况，结合法规内容分析制定背景，探讨这些规定的意义，《酌拟裁禁商上积弊章程二十八条》中宗教管理权的行使等问题，继而讨论宗教法制的实施及影响。车骑《清朝中央政府治藏法律制度研究》③ 一文指出：清朝初年实行的是"以蒙治藏"的政教分离体制，所以立法也是以《十三法典》为代表的地方性立法。随着"平准安藏"的胜利，清朝采取"以藏治藏"的新政策，但治藏体制仍为政教分离。为了给将来系统性治藏法规的出台

---

① 《阜阳师范学院学报》2010 年第 5 期。
② 硕士学位论文，中央民族大学，2009。
③ 硕士学位论文，华东政法学院，2002。

奠定基础，清朝在这一时期开始了在青海藏区的立法工作，包括《青海善后事宜十三条》《禁约青海十二事》《西宁青海番夷成例》三部法规。清出兵驱逐了廓尔喀入侵者之后，出台了全面治藏的基本法——《钦定藏内善后章程十三条》，最终确立了驻藏大臣总摄，达赖、班禅分管前后藏政教事务的政教合一体制。清朝中后期，为均衡西藏领主和农奴的封建负担、抚辑西藏百姓、稳定社会秩序、遏制寺庙及上层僧侣权势和财富的急剧膨胀、防止少数特权人物把持政教机构、振作呈积弱之势的驻藏大臣职权等，清廷出台了《铁虎清册》和《酌拟裁禁商上积弊章程二十八条》。周伟洲《驻藏大臣琦善改订西藏章程考》[①] 一文认为：琦善在驻藏大臣任内，针对西藏地方政府及藏军、驻藏清军多年积弊，奏陈《酌拟裁禁商上积弊章程二十八条》，重申、补充旧有章程，以加强驻藏大臣的权力，整顿西藏地方吏治，又针对藏军、驻防清军的若干弊端奏请改革。这一切均有助于清朝中央加强对西藏地方的管理和军事力量的增强。但他奏请放弃对商上财政的审核权、奏罢训练藏军成例及停止派兵巡查部分地区（哈喇乌苏），对以后产生了不良的影响。牛绿花《略论〈钦定西藏章程〉及其历史意义》[②] 一文认为：清朝对藏系统性的法律文件的产生是在乾隆十六年以后。至清朝末年，清政府针对西藏地方共制定了六部单行法规，即乾隆十六年（1751）《钦定藏内善后章程十三条》、乾隆五十四年《设站定界事宜十九条》、乾隆五十五年《酌议藏中各事宜十条》、乾隆五十八年《藏内善后章程二十九条》、道光二十四年（1844）《酌拟裁禁商上积弊章程二十八条》、光绪三十三年（1907）《新治藏政策大纲十九条》。李蓉《从〈西藏善后章程十三条〉到〈二十九条〉看清朝对西藏治理的加强与完善》[③] 一文指出：稳定的政局、快速发展的经济和日益增强的国力，是清前期有力统御和管辖边疆各少数民族地区的重要条件。文章通过对清乾隆时期颁布《钦定藏内善后章程十三条》和《藏内善后章程二十九条》的历史背景、事由、内容和意义所做的比较，考察分析了这一时期清朝对西藏治理加强与完善的历史

---

① 《中国边疆史地研究》2009 年第 1 期。
② 《青海民族研究》2009 年第 1 期。
③ 《西藏民族大学学报》2016 年第 5 期。

轨迹。孙镇平著《清代西藏法制研究》① 一书指出："从俗从宜"的民族法制建设主张基本上贯穿了清代民族法制建设的全过程。从这一思想出发，该书着重探究了清代西藏法制的发展历程、发展规律、法制特色、经验教训及其借鉴意义。该书认为，清代西藏法制建设基本上经历了三个阶段。第一阶段，治藏前期（1642—1793）。这一时期的法制侧重"从俗而治"，认可西藏地方政府甘丹颇章政权的合法性，优崇达赖喇嘛，树立其在藏的政教权威，确认其制定的《十三法典》《法典明镜二十一条》等法律的效力；针对西藏政教秩序混乱不堪的状况，武力平定准噶尔扰藏、西藏内讧和廓尔喀的入侵，并在此基础上颁行了旨在恢复西藏秩序的《酌定藏内善后章程十三条》《设站定界事宜十九条》《酌议藏中各事宜十条》，初步建立起符合清中央政权治藏需要的地方政权机构，实现了将西藏各项事务的管理权纳入国家大法调整范围的目的。第二阶段，治藏中期（1793—1840）。这一时期的法制侧重"从宜而治"，对西藏地方政府进行大刀阔斧的改革，颁行了治藏的根本大法《藏内善后章程二十九条》和《钦定理藩院则例》，全面建立符合清朝中央统治需要的政治制度、经济制度、军事制度、法律制度、宗教管理制度等，把西藏地方的治政权收归中央，实现了清中央政权在西藏的完全行使。第三阶段，治藏末期（1840—1911）。针对外国帝国主义的入侵、国家主权的丧失，尤其为了收回丧失的司法主权，清朝中央政府对西藏进行了一系列法制改革，颁行了《新治藏政策大纲十九条》，收到了一定的成效。

综上可见，在以往清代藩部典章和刑罚的研究中，对典章的研究比较多，提出了律例体系只是典例体系中的刑法部分，律例为典，具体实施细则定为则例，以会典为大纲，以实施细则为则例等观点，还分析了各种典章的形成过程、特点及其实施的意义。相比较而言，对典章中所体现的刑罚的研究则显得薄弱。此外，在上述研究中，有些结论还存在可质疑之处，比如认为《蒙古律例》除适用于外藩蒙古之外，还施行于理藩院管辖的其他民族，等等。

---

① 知识产权出版社，2004。

第二节　《大清会典》和藩部的刑罚

这里包括《大清会典》《大清会典则例》《大清会典事例》以及乾隆朝内府抄本《理藩院则例》中"理刑清吏司"所记有关藩部的刑罚。

首先是审判机构和程序。清廷在顺治八年（1651）规定，外藩蒙古人有诉讼，先要到各管旗王、贝勒等处申告，如果审理不能结案，各管旗王、贝勒要按规定会同会审旗分的王、贝勒等审理，如果仍不能结案，要由本旗王等遣送赴理藩院审理。未在本旗王等处申告，直接越级去理藩院申告的，一律驳回。① 从上述记载可知，外藩蒙古人的诉讼审理机构和程序可分三级：一是所在旗的王、贝勒；二是所在旗的王、贝勒会同会审旗分的王、贝勒；三是理藩院。概括说来，就是旗、盟、院三级机构，正如嘉庆朝《大清会典》所记："凡蒙古之狱，各以扎萨克听之。""扎萨克不能决者，令报盟长公同审讯。""扎萨克、盟长俱不能决者，即将今案遣送赴院。"②

到了乾隆年间，随着外藩蒙古地方军政建置日益完备，清廷驻蒙古地方的军政官员和一些邻近蒙古地方的总督、巡抚也参加对有关案件的审理。具体情况是：驻司官的地方，司官会同扎萨克审理。八沟、塔子沟、三座塔、乌兰哈达、神木、宁夏都驻扎司官，所以，喀喇沁、敖汉、奈曼、喀尔喀左翼、土默特、翁牛特、巴林、克什克腾等旗所发生的案件，由八沟、塔子沟、三座塔、乌兰哈达四司官分境管理。鄂尔多斯七旗发生的案件，神木、宁夏二司官会同管理。管理驿站的司官遇有驿站蒙古案件，也要就近管理，都应会同扎萨克审办。需要报理藩院的，八沟、塔子沟、三座塔、乌兰哈达由热河都统复核报院，驿站司官由阿尔泰军台都统复核报院，神木、宁夏司官可以径行报院。

内属蒙古地方发生的案件，所在地方的将军、都统、大臣要各率属员参加审理。归化城土默特发生的案件，归化城副都统、土默特旗员审拟，

---

① 赵云田点校《乾隆朝内府抄本〈理藩院则例〉》，第 249 页。
② 赵云田点校《乾隆朝内府抄本〈理藩院则例〉》，第 397—398 页。

绥远城将军复核。察哈尔发生的案件，察哈尔各旗司官审拟，都统复核。伊犁、塔尔巴哈台所属厄鲁特、察哈尔发生的案件，伊犁司官审拟，将军复核。科布多所属乌梁海、扎哈沁、明阿特、厄鲁特发生的案件，科布多大臣率司官审拟，唐努乌梁海发生的案件，乌里雅苏台司官审拟，都要由定边左副将军复核。应报理藩院的，由将军、都统报院。

与汉民交涉的案件，所在地方官要参加审理。直隶边民与卓索图、昭乌达二盟各旗蒙古交涉的案件，平泉州会八沟司官、建昌县会塔子沟司官、朝阳县会三座塔司官、赤峰县会乌兰哈达司官审拟，热河都统、直隶总督复核。盛京边民与科尔沁旗蒙古交涉的案件，由昌图厅铁岭县会扎萨克审拟，盛京将军会盛京刑部复核。吉林旗民与哲里木盟各旗蒙古交涉的案件，长春厅、伯都讷厅及旗员各会扎萨克审拟，吉林将军复核。直隶、山西边民与察哈尔交涉的案件，多伦诺尔厅会正蓝、镶白二旗司官，独石口厅会正白旗司官，张家口厅会镶黄旗司官，丰镇厅会正黄、正红二旗司官，宁远厅会镶红、镶蓝二旗司官审拟。与察哈尔游牧之外各扎萨克旗蒙古交涉的案件，也都要按各厅所管地方会察哈尔司官审拟。张家口厅、独石口厅、多伦诺尔厅由察哈尔都统、直隶总督复核。丰镇厅、宁远厅由察哈尔都统、山西巡抚复核。山西边民与土默特交涉的案件，归化城厅、和林格尔厅、萨拉齐厅、清水河厅、托克托城厅各会土默特旗员审拟。与土默特游牧之外各扎萨克旗蒙古交涉的案件，按各厅所管地方会土默特旗员审拟，都由绥远城将军、山西巡抚复核。察哈尔、土默特与各扎萨克旗蒙古交涉的案件，由察哈尔、土默特旗内派员审拟，察哈尔都统、绥远城将军复核。山西边民与鄂尔多斯旗蒙古交涉的案件，雁平道会神木司员审拟，由雁平道报山西巡抚复核。陕西边民与鄂尔多斯旗蒙古交涉的案件，甘肃边民与鄂尔多斯旗、阿拉善旗蒙古交涉的案件，各州县就近会神木、安边、宁夏三理事厅及扎萨克审拟，陕西则延榆绥道神木司员会核，再由延榆绥道报陕西巡抚复核；甘肃则宁夏道宁夏司员会核，再由宁夏道报陕甘总督复核。甘肃边民与青海蒙古交涉的案件，各州县报西宁大臣派员会审，由西宁大臣、陕甘总督复核。镇西府迪化州境内汉民与蒙古交涉的案件，各州县会理事厅审拟，乌鲁木齐都统、陕甘总督复核。各交涉案内如遇人命，都要先由地方官检验通报，再行会审，应报院者由将军、都统、司官报院。伊犁境内汉民与蒙古交涉的案件，由抚民、理事同知会审，伊犁将军复核。库伦、恰克图及喀尔喀土谢图汗、车臣汗部内商民、伊瑷地方种地汉民与蒙古交涉的案件，由库伦司官审拟，大臣复核报院。乌里雅苏台及喀尔喀三音诺颜、扎萨克图汗部商民与蒙古交涉的案件，由乌里雅苏台司官审拟；科布多商民与蒙古交涉的案件，由科布多大臣审拟，都要由定边左副将军复核报院。①

需要说明的是，雍正二年（1724）清廷规定：蒙古人告状，必列姓名，方允准理。② 此外，蒙古人和汉民之间的案件审理，依据的刑法不同。清初规定：边内人在边外犯罪，依刑部律；边外人在边内犯罪，依蒙古律。八旗游牧蒙古牧厂人等有犯，均依蒙古律治罪。③ 这里的边内人，指的就是汉民；边外人，指的是蒙古人。嘉庆二十二年（1817），清廷规定：凡办理蒙古案件，如蒙古例所未备者，准照刑律办理。④ 这表明《大清律》的某些条文，也适用于办理蒙古案件。嘉庆二十三年，清廷又规定：嗣后蒙古地方抢劫案件，如俱系蒙古人，专用蒙古例，俱系民人，专用刑律。如蒙古人与民人伙同抢劫，核其罪名，蒙古例重于刑律的，蒙古人与民人俱照蒙古例问拟，刑律重于蒙古例的，蒙古人与民人俱照刑律问拟。⑤ 这反映了在蒙古地区汉人和蒙古人成分的一些变化，以及相应的刑法实施中的一些改变。道光二十年（1840），清廷又规定：内外扎萨克应议处分，凡蒙古例所未备者，准咨取吏、兵、刑三部则例，比照引用。⑥ 这说明在蒙古地区刑法实施过程中，内地刑法所占比重越来越大，国家刑法统一实施的趋向日益明显。

其次是刑法类别。《大清会典》诸书记载，从清初到雍正年间，刑法类别只有刑例、人命、贼盗、军法四项。

一是刑例。清初规定：汉人在边外和蒙古人在边内犯罪适用刑法不同；

① 赵云田点校《乾隆朝内府抄本〈理藩院则例〉》，第398—400页。
② 赵云田点校《乾隆朝内府抄本〈理藩院则例〉》，第252页。
③ 赵云田点校《钦定大清会典事例·理藩院》，第419页。
④ 赵云田点校《乾隆朝内府抄本〈理藩院则例〉》，第423页。
⑤ 赵云田点校《乾隆朝内府抄本〈理藩院则例〉》，第423—424页。
⑥ 赵云田点校《乾隆朝内府抄本〈理藩院则例〉》，第424页。

犯不同罪行要罚数量不等的牲畜；被人揭发有罪而自称无罪需要立誓；民家结姻聘礼有一定数量；禁止外藩蒙古买人出边等。顺治年间增加的内容有：违禁向黑龙江等处买貂皮应受处罚；外藩蒙古审理案件有一定的机构和程序；在什么情况下才能休妻；继承家产要具备什么条件。康熙年间的新规定是：拟定死罪监候秋后犯人，要照刑部例会同九卿议奏；已结案件称有冤枉的，可赴理藩院和通政司鼓厅告理；斥堠人不行缉获被人首发的要受罚；非扎萨克贝勒、贝子、公、台吉、塔布囊有罪的照扎萨克贝勒等例议处；台吉等擅与喀尔喀、厄鲁特人婚姻往来的革去爵位并受罚；外藩蒙古人诱卖内地人及为妻妾奴仆的要受绞刑或鞭刑；贝子等在行大礼处失仪照内例治罪；食俸蒙古王、贝子、公、官员等治罪的停罚牲畜改为罚俸；王以下至闲散人等违禁与喀尔喀、厄鲁特、唐古特、巴尔虎等贸易、结亲的照定例治罪；山海关外科尔沁、土默特等旗偷盗、争夺等事按新规定办理。雍正初年，规定了蒙古人告状必列姓名才能准理。从以上刑例的发展变化来看，清初蒙古地区的封禁政策并不是很严格的，所以汉族人可以到边外蒙古地方，蒙古人也可以到边内汉族人居住的地方。正因为如此，才出现了汉人在边外犯罪和蒙古人在边内犯罪要分别使用不同的刑法。另外，从清初的规定来看，罚牲是处理违法行为的主要手段，这和蒙古族等游牧民族的生产和生活方式有密切关系。立誓的规定，反映了这一阶段对蒙古族的刑罚还处于初级阶段。顺康雍年间，对外藩蒙古的刑法更加规范化，明确了审理案件的机构和程序，也明确了蒙古人告状必列姓名才能准理。受到刑事犯罪处理的，既有下层的蒙古族牧民，也有上层的王公贵族。罚牲不再是唯一的选项，增加了绞刑和鞭刑，王公贵族还可以罚俸。照定例治罪增加了王以下至闲散人等违禁与喀尔喀、厄鲁特、唐古特、巴尔虎等贸易、结亲，这从一个侧面反映了那一时期内蒙古和外蒙古、漠西蒙古、西藏等地加强了联系。

二是人命。清初规定：外藩蒙古王故意或因仇恨杀死属下人及家奴，及射砍家奴或割截耳鼻的，都要受罚牲的处分；一般牧民斗殴伤人致残疾的，熏野兽穴以致失火的，射砍人牲畜致死的，也都要受罚牲的处分。顺康雍年间规定：丈夫故意杀妻的要处以绞刑，斗殴伤重五十日内死的也要处以绞刑；射砍家奴、割截耳鼻致死的，以故杀、仇杀论处；家奴杀主的要凌迟；官民人等失误伤人致死有人见证承认的罚牲，无见证可疑的则令旗内人立誓，如果立誓罚牲，不立誓处以绞刑；官民人等与妻斗殴误致妻死的，罚牲给妻家；妻如有过而不行首告擅杀死的，罚牲入官；蒙古王、贝勒等故杀、仇杀、谋杀他旗人的，除偿人外，还要罚牲给死者妻子；塔布囊、都统、副都统、参领、佐领、骁骑校以及平民，杀死人的都要罚牲；官民人等挟仇放火致人死的，系官处绞刑，平民处斩；致死牲畜的，系官革职，平民处鞭刑；官员射砍家奴、割截耳鼻的，要罚牲，致死的，以故杀论。综上，蒙古王公贵族和官员故意或因仇恨杀死属下人及家奴的只受罚牲处罚，而家奴杀主的则要以凌迟处死，可见这种刑法有着强烈的阶级属性，维护的是蒙古封建领主的利益。另外，从导致人命因而受罚的各种情况来看，其目的基本上是维护社会秩序的稳定，保证剥削者和被剥削者之间可以和平相处。为达到此目的，轻的罚牲，重的处以绞刑。

三是贼盗。从清初到雍正初年，以贼盗论处的有下列一些情况：亡失牲畜冒称己有的；因无失主隐匿的；亡失牲畜路人擅自收留的；窝隐盗贼的；偷盗驼马牛羊情有可疑不立誓的；盗财物的；台吉官员等携家擅出斥堠游牧，以及窝隐偷盗喀尔喀马匹贼人，擅责喀尔喀人劫夺马匹什物的；盗掘坟墓的；劫夺死罪犯人的；死犯逃脱所涉及的有关官员；外藩蒙古各旗佐领下偷盗所涉及的官员；庶人家奴偷盗所涉及的主人；八旗游牧蒙古察哈尔人为盗的以及有关官员；合伙为盗抢劫喀尔喀马匹等物的；喀尔喀人为伙盗劫内地马匹等物的；捉获贼盗不解院私议完结的；公开抢劫的；发掘王、贝勒、贝子、公等墓的；在边界禁地偷窃劫夺的；外藩蒙古王、公主、郡主等家人旗人偷向禁地采参的；外藩蒙古人入内地为盗的。上述种种贼盗罪，要受罚牲、处绞、处斩、鞭笞、革职、革爵等处罚。清廷还规定：盗贼未至十岁的，不以盗论。[①]

为什么蒙古地区出现贼盗且还会日益严重呢？康熙皇帝曾分析说：最根本的原因是蒙古各级王公、官员"沉湎于酒，不恤人民生死"，致使蒙古

---

① 赵云田点校《乾隆朝内府抄本〈理藩院则例〉》，第 255 页。

牧民越来越穷困。康熙三十年（1691），清廷曾遣官五路分查蒙古各旗佐领内贫人，用边口所积粮米，予以赈济。后来，康熙皇帝又谕示蒙古各级王公官员，择好水草处游牧，轻役减税。对查明的穷人，本旗扎萨克及富户喇嘛要予以抚养；不足的，众旗公助牛羊。每贫台吉给牛3头，羊15只；每贫民给牛2头，羊10只。"俾各喂养孳育，永作生理，勿为盗贼，亦不致流亡。"① 但是，蒙古地区贼盗现象并没有消除，以致乾隆朝以后的《大清会典》仍然有这方面的记述。

四是军法。清朝前期战争不断，为保证军事行动的顺利进行，制定军法非常必要。清初制定的军法内容包括：派令出兵规避的，出征将禁马骑瘦的，出征围猎各处不等众人先回的，越境游牧的，邻旗有兵侵而不全率所属甲兵速集议征的，都要受到罚牲处分。顺康雍年间，增加了以下内容：出征人遗失马驼各物及逃人的，擅以甲胄弓矢兵器卖与喀尔喀、厄鲁特等及给亲戚的，外藩王、贝勒、贝子、公、台吉、塔布囊等遇敌交锋败逃的，列阵攻战时不照对敌前进、尾附他队或离本伍入他伍或立视不前的，派出从征官员规避不去的。这些都各视具体情况，或罚牲，或鞭笞，或处斩，或绞刑。这期间清廷也特别注意相关政策，在军法中强调军纪。康熙十三年，清廷规定：不许拆毁庙宇，不许妄杀平民；对待俘获人，不得剥取衣服，拆散夫妇；对于不愿被俘获的人，也不得伤害、剥取衣服；出征的王、贝勒等，务必平定地方，救济生民，严禁官兵，不许抢掠，不许陷害良民；如果纵兵抢掠、指良民为贼、妄行杀戮的，从重治罪。②

从乾隆朝开始，《大清会典》律例分开编纂，刑法类别发生了变化，不再局限于以上四项。乾隆朝《大清会典》"理刑清吏司"规定的刑法类别是：罚例、死罪、重囚、听讼、疑狱。罚例是对罚牲、罚俸的规定。死罪是讲定拟的程序。重囚是说监禁的地方。听讼是重复了以前"边内人和边外人犯罪适用不同的刑法"的规定。疑狱是讲犯罪应罚而无力的，均令立誓完结。

乾隆朝《大清会典则例》"理刑清吏司"中列举的事例包括以下11项。

---

① 赵云田点校《乾隆朝内府抄本〈理藩院则例〉》，第259页。
② 赵云田点校《乾隆朝内府抄本〈理藩院则例〉》，第262页。

一是名例，即康熙、雍正朝《大清会典》"理刑清吏司"中的"刑例"，在内容上删减了清初至康熙、雍正年间的一些事例，增加了自康熙二十六年（1687）至乾隆六年（1741）的变化情况，主要是罚牲、设誓、鞭笞、罚俸等具体的规定。需要指出的是，在康熙、雍正朝《大清会典》"理刑清吏司"的记述中，清初就已规定"盗贼未至十岁者，不以盗论"。而在乾隆朝《大清会典则例》"理刑清吏司"中，这一条改为"盗犯未至十岁者，不以盗论"，并且放在康熙二十六年之后。这表明，清廷很重视这一条，所以在康熙二十六年之后再次确认。二是盗贼，即康熙、雍正朝《大清会典》"理刑清吏司"中的"贼盗"。同样删去了清初和康熙年间的一些事例，增加了雍正四年（1726）至乾隆十四年（1749）的一些事例，内容包括对偷盗四项牲畜的处罚，对官员庶人伙众或一二人行劫致杀人的处罚，对偷盗金银器皿及皮张布匹并衣服食物以及盗猪狗、盗鸡鹅鸭的处罚。值得重视的是，乾隆皇帝曾说：蒙古地方均系游牧，并无墙垣，易于偷窃，所以定例非常严厉。但蒙古一切衣食等物，大半买于内地，内地人持货赴边日积月累，迄今归化城、八沟、多伦诺尔数处所集之人，已至数十余万。今蒙古偷窃内地人牲畜，皆照蒙古律拟绞，内地人偷窃蒙古牲畜，仍依内地窃盗计赃治罪，蒙古、内地人相聚一处情同罪异，殊未平允。于是，根据乾隆皇帝的谕旨，乾隆十四年清廷规定：嗣后内地人如在边外地方偷窃蒙古牲畜的，均照蒙古例。此外，清廷还规定：凡盗贼被事主或旁人追赶致拒捕杀人的，从犯并妻子发遣南省，给驻防兵丁为奴。这表明，在蒙古族的刑罚中，增加了流放刑。三是疏脱罪囚。死罪犯人或非死罪犯人脱逃的，相关人员或被革职，或被罚牲，或被鞭笞。劫夺死罪犯人的，不分首从皆斩；劫夺非死罪犯人的，要被罚牲。四是发冢。发掘王、贝勒、贝子、公、台吉、塔布囊、官员、庶人墓的，为首的或拟斩监候，或拟绞监候，或鞭笞，或罚牲。五是违禁采捕。私向禁地盗采人参的，私入禁地采参、捕貂被获的，偷采参、捕貂私行买卖被旁人拿获的，偷捕围场内牲畜的，要受斩监候、罚牲、鞭笞等处罚。六是人命。斗殴致成残疾的，伤孕妇致胎坠的，断人发辫及帽缨的，要罚牲。斗殴伤重五十日内死的，夫故杀妻的，要绞监候。射砍家奴割截耳鼻的，以刀刺杀所属人及家奴，并故杀、仇杀、醉杀的，因戏误伤人致死的，官民人等与妻斗殴误伤致死的，故杀他旗人及谋杀、仇杀的，迎杀投到逃人的，或罚牲，或绞监候，或斩监候。奴仆弑家主的要凌迟。七是失火。因熏野兽窟穴致失火的罚牲。挟仇放火致毙人的绞监候或斩监候。致伤牲畜的系官革职，庶人鞭笞。内地民人出口贸易不戒于火致延烧牧场的，或罚牲，或比照牲畜折价罚银。八是犯奸。王、贝勒、贝子、公、台吉、官员、庶人等奸人妻的，以他人之妻为妾的，罚牲不等。与主母私通的，奸夫凌迟，奸妇斩决。九是略卖。蒙古人将内地男妇子女诱骗贩卖，或为妻妾奴婢的，蒙古人诱骗良人为妻妾子孙奴仆，贩卖与人的，或绞监候，或鞭笞，或罚牲。十是杂犯。庶人在王前明出恶言的，射砍他人牲畜致死的，不令行人歇宿致冻死的，出痘病人歇宿人家或设法禳病而传染致死人的，或罚牲，或鞭笞。十一是审断。这一部分延续了之前的有关规定，包括外藩蒙古审理的程序、罪犯监禁的地点等。此外，还规定了审理已决之事复行控告、复审无冤抑的，缉拿大盗不给以致脱逃的，要罚牲或罚俸。

嘉庆朝《大清会典》"理刑清吏司"中重点记述了三部分内容。一是蒙古人犯罪皆论罚，二是蒙古人诉讼的程序，三是罪犯监候的地点。这些基本上延续了过去《大清会典》"理刑清吏司"中的内容。嘉庆朝《大清会典事例》"理刑清吏司"中，在刑法的总则之下，列举了 12 项事例，比乾隆朝多了一项"捕逃"。另外就是在时间上，因记载到嘉庆朝，所以包括了嘉庆朝的一些事例。不过，所增加的"捕逃"一项，实际上是把康熙朝《大清会典》"录勋清吏司"中的"严禁逃人"和"抚辑逃人"，雍正朝《大清会典》"录勋清吏司"中的"严禁逃人"和"抚辑降人"的有关内容移了过来，并增加了嘉庆朝的一些内容。

光绪朝《大清会典》"理刑清吏司"也是重点记述了三部分内容，和嘉庆朝的基本相同。光绪朝《大清会典事例》中，不以司属机构为名记述各方面的内容，而是在"刑法"的条款之下，列举了 12 项事例，和嘉庆朝的基本一样。在时间上，从清初记载到道光二十五年（1845），其中也有"捕逃"一项。

嘉庆朝、光绪朝《大清会典事例》"理刑清吏司"中的"捕逃"一项，清初记述的主要内容是：外藩逃人被获的，逃人之主罚家产一半，逃人受鞭笞；窝隐逃人的以及窝主的什长罚牲；外藩蒙古全旗逃而不追的，遇有他处来逃而不报告的，带弓矢逃而不追的，见逃故纵的，卡伦官兵疏纵逃犯及追赶不力的，或罚牲，或鞭笞。顺治、康熙年间记述的主要有：食俸的扎萨克王、贝勒、贝子、公等，失察窝留逃人的罚俸；出卡伦逃往外国被获的，或处斩，或处绞；将内地民人和满洲家下逃人窝留的，或革职，或鞭笞，或罚牲；蒙古人犯罪发遣内地逃脱的枷号，枷号时间长短视情况而定；发遣为奴逃犯逃回蒙古地方知情容留藏匿的，或革职，或处杖刑、徒刑，或罚俸、罚牲。嘉庆、道光年间记述的主要是：归化城土默特地方命盗案内逃犯逾限不获的罚牲；口外游民、满洲家奴逃往蒙古地方知情容隐不报的，或革职，或鞭笞，或罚俸。

最后是刑罚种类。清代《大清会典》诸书所记载的刑罚种类，大致有如下几项。一是罚牲。罚牲一般以九论，有时也以五论，① 视情况不同，又有区别。

罚一五。扎萨克贝勒、贝子、公等所审之事，复行控告，复审无冤抑的；外藩蒙古斗殴伤人致成残疾的，断人发及帽缨的，用拳及鞭杆打人的，骑亡失牲畜的，罚五牲畜。

罚一九。王等审理已决之事，复行控告，复审无冤抑的；庶人在台吉面前明出恶言的；扎萨克王等所遣人被庶人擅责的；诟骂大臣的；外藩蒙古以他日为岁的；科尔沁十旗违禁遣人向黑龙江等处买貂皮的台吉；私遣人往喀尔喀、厄鲁特、唐古特、巴尔虎等处贸易，或遣人探亲，出斥堠迎往贸易招揽贸易的拨什库、十家长；射砍家奴，或割截耳鼻的庶人；外藩蒙古斗殴伤人致成残疾得愈的；伤孕妇致胎坠的，打损人牙齿的；熏野兽穴以致失火的，延烧致人死者；射砍人牲畜致死的；塔布囊等杀死属下人及家奴的；亡失牲畜冒认己有的；亡失牲畜因无失主隐匿的；伙隐盗贼不首的台吉；盗财物值羊的；若脱逃不系死犯的骁骑校，外藩蒙古各旗佐领下有为盗的骁骑校、十家长；外藩蒙古各旗一佐领下有盗两次的骁骑校、

① 以九论，包括马二匹，犍牛二头，乳牛二头，䗫牛二头，犙牛一头。以五论，包括犍牛一头，乳牛一头，䗫牛一头，犙牛二头。

拨什库；庶人家奴偷盗的主人；发庶人墓为首的；劫夺罪不至死的主从犯；拨什库、十家长另户之主遣家奴的；私买卖的蒙古人；蒙古人来京，不向本院说明，私买兵器带往的台吉、塔布囊、都统、副都统、参领、佐领、护卫官；围场内偷捕牲畜的蒙古人犯。以上均罚一九牲畜。

罚二九。庶人在扎萨克贝勒、贝子、公前明出恶言的；私遣人往喀尔喀、厄鲁特、唐古特、巴尔虎等处贸易，或遣人探亲，出斥堠迎往贸易招揽贸易的骁骑校；塔布囊等杀死属下人及家奴的参领、佐领、骁骑校；官员射砍家奴、割截耳鼻的；伙隐盗贼不首的扎萨克贝勒、贝子、公；死犯逃脱的骁骑校；脱逃不系死犯的官员；外藩蒙古各旗佐领下有为盗的佐领；外藩蒙古各旗一佐领下有盗两次的佐领；八旗游牧蒙古察哈尔人为盗被获两次的副管官员、佐领；发台吉、塔布囊墓的从犯；事出两造私议完结的不管旗王公、台吉官员。以上均罚二九牲畜。

罚三九。庶人在王前明出恶言的；扎萨克王等所遣人被贝勒等擅责的；私遣人往喀尔喀、厄鲁特、唐古特、巴尔虎等处贸易，或遣人探亲，出斥堠迎往贸易招揽贸易的参领、佐领；外藩蒙古王等故杀、仇杀死各属下人及家奴的台吉；射砍家奴，或割截耳鼻的台吉；熏野兽穴以致失火者的，延烧致人死的；官民人等失误伤人致死，有人见证承认的；官民人等与妻斗殴误伤致妻死的，妻有过犯，不行首告，擅杀死的；塔布囊等杀死属下人及家奴的都统、副都统；亡失牲畜冒称己有的；伙隐盗贼不首的王；驼马牛羊众人伙盗为从的；盗财物值牸牛以上价的；台吉官员等携家擅出斥堠游牧，及窝隐偷盗喀尔喀马匹贼人，擅责喀尔喀人劫夺马匹什物的斥堠官员；死犯逃脱的收管官员；外藩蒙古各旗一参领下有盗三次的参领；外藩蒙古各旗一旗下有盗三次的都统、副都统；所属人偷盗的该王、贝勒、贝子、公、台吉、塔布囊；八旗游牧蒙古察哈尔人为盗，被获两次的该管官；官民人行劫不曾杀人伤人为从者；发掘王、贝勒、贝子、公等墓的从犯，发官员墓为首一人；劫夺罪不至死为首人；边禁等地方不系盗贼因其坏边的；擅以甲胄弓矢兵器卖与喀尔喀、厄鲁特等，及给亲戚的庶人；蒙古人来京，不向本院说明，私买兵器带往的王；派出从征官员规避不去的；喀尔喀入克什克腾哨地夺人财物，其疏旷哨地的骁骑校；蒙古殴人致死，应拟绞的遇赦免罪的；台吉官员等袒护贼盗，设誓后原赃发觉，称非袒护贼盗发誓不承认的官员及十家长。以上均罚三九牲畜。

罚四九。射砍家奴，或割截耳鼻的扎萨克贝勒、贝子、公，罚四九牲畜。

罚五九。私遣人往喀尔喀、厄鲁特、唐古特、巴尔虎等处贸易，或遣人探亲，出斥堠迎往贸易招揽贸易的都统、副都统；台吉等擅与喀尔喀、厄鲁特人婚姻往来的，若将所遣送嫁人误以为逃人解院的扎萨克王等；射砍家奴，或割截耳鼻的王等；窝隐盗贼的台吉；外藩蒙古各旗一旗下有盗三次的管旗王、贝勒、贝子、公等；王以下至闲散人等，违禁与喀尔喀、厄鲁特、唐古特、巴尔虎等贸易、结亲，管理索伦副总管等；凡缉拿大盗不给以致脱逃的无俸台吉；台吉官员等袒护贼盗，设誓后原赃发觉，称非袒护贼盗发誓不承认的台吉。以上均罚五九牲畜。

罚七九。科尔沁十旗违禁遣人向黑龙江等处买貂皮的扎萨克贝勒，窝隐盗贼的扎萨克贝勒、贝子、公，均罚七九牲畜。

罚九九。科尔沁十旗违禁遣人向黑龙江等处买貂皮的王，窝隐盗贼的王，公主、郡主、王以下台吉、塔布囊以上遣家奴往的，各罚九九牲畜。

罚马。私遣人往喀尔喀、厄鲁特、唐古特、巴尔虎等处贸易，或遣人探亲，出斥堠迎往贸易招揽贸易的王，罚马 100 匹，贝勒、贝子、公等罚马70 匹，台吉等罚马 50 匹。外藩蒙古王等故杀、仇杀死各属下人及家奴，罚马 40 匹。贝勒、贝子、公等故杀、仇杀死各属下人及家奴，罚马 30 匹。蒙古王、贝勒等故杀、仇杀、谋杀他旗人的，除偿人外，王罚马 100 匹，贝勒、贝子、公罚马 70 匹，台吉、塔布囊罚马 50 匹，给死者妻子。明行抢劫的，系王罚马 100 匹，贝勒、贝子、公罚马 70 匹，台吉、塔布囊罚马 50匹。派令出兵不去的，王等罚马 100 匹，扎萨克贝勒、贝子、公罚马 70 匹，台吉罚马 50 匹。率全旗俱不往的，期约处一日不至的，王罚马 10 匹，扎萨克贝勒、贝子、公罚马 7 匹，台吉罚马 5 匹。出征，将禁马骑瘦的，王罚马30 匹，扎萨克贝勒、贝子、公罚马 20 匹，台吉罚马 10 匹。出征围猎各处不俟众先回的，王罚马 10 匹，扎萨克贝勒、贝子、公罚马 7 匹，台吉罚马5 匹，随从人罚取所骑马。越境游牧的，王罚马 10 匹，扎萨克贝勒、贝子、公罚马7匹，台吉罚马5匹，庶人罚牛1头。远越所分地界另行游牧的，王罚马100匹，扎萨克贝勒、贝子、公罚马70匹，台吉罚马50匹，庶人本身并家产俱罚给见证人。凡邻旗有兵侵而不全率所属甲兵速集议征的，王罚马100匹，扎萨克贝勒、贝子、公罚马70匹，台吉罚马50匹。擅以甲胄弓矢兵器卖与喀尔喀、厄鲁特等，及给亲戚的，王罚马100匹，贝勒、贝子、公罚马70匹，台吉、塔布囊罚马50匹。旗分贝子于行大礼处失仪，酌议罚马50匹。王以下至闲散人等，违禁与喀尔喀、厄鲁特、唐古特、巴尔虎等贸易、结亲，归化城都统、副都统，管理索伦总管等，各罚马50匹。

二是罚俸。康熙二十六年（1687），清廷规定：食俸蒙古王、贝子、公、官员等，凡治罪的停罚牲畜，照伊所坐之罪罚俸，永远为例。因公犯罪，蒙古王等应罚马百或九九牲畜，贝勒、贝子、公应罚马七十或七九牲畜，台吉应罚马五十或五九牲畜的，均罚俸一年。王等应罚马四十或五九牲畜，贝勒、贝子、公应罚马三十或四九牲畜，台吉应罚马二十或三九牲畜的，均罚俸九个月。王等应罚马三十及二十或三九牲畜，贝勒、贝子、公应罚马二十及十有五或二九牲畜，台吉应罚马十或一九牲畜的，都罚俸六个月。王等应罚马十或一九牲畜，贝勒、贝子、公应罚马七或一七牲畜，台吉应罚马五或一五牲畜的，都罚俸三个月。凡缉拿大盗不给以致脱逃的，王、贝勒、贝子、公、台吉等皆罚俸一年。道光二十年（1840），清廷又规定：蒙古王公犯罪比较重的，公罪罚俸三年，私罪罚俸五年。道光二十七年再次规定：事出两造私议完结的，王公台吉罚俸一年。

三是鞭笞。私遣人往喀尔喀、厄鲁特、唐古特、巴尔虎等处贸易，或遣人探亲，出斥堠迎往贸易招揽贸易的骁骑校；如斥堠人不行缉获，被人首发的兵丁；官民人等挟仇放火致人死、致牲畜死的人；凡驼马牛羊众人伙盗为从的，家奴偷盗的；台吉官员等携家擅出斥堠游牧，及窝隐偷盗喀尔喀马匹贼人，擅责喀尔喀人劫夺马匹什物的从往人；台吉官员等携家擅出斥堠游牧，及窝隐偷盗喀尔喀马匹贼人，擅责喀尔喀人劫夺马匹什物的兵丁；台吉等擅与喀尔喀、厄鲁特人婚姻往来的，女父不向扎萨克王、贝勒处说明的；外藩蒙古各旗佐领下有为盗的十家长，外藩蒙古各旗一佐领下有盗两次的拨什库、十家长；官民人行劫不曾杀人伤人的为从者，官民人行劫若只一人的；发掘王、贝勒、贝子、公等墓的从犯，发台吉、塔布囊墓的从犯，发官员墓的为首人；外藩蒙古王、公主、郡主等家人旗人偷向禁地采参的为从者；拨什库、十家长另户之主遣家奴往的；私买卖的蒙古人；边禁等地方不系盗贼，因其坏边的；内外官兵失于觉察，或失主或旁人捉获的内地官；擅以甲胄弓矢兵器卖与喀尔喀、厄鲁特等，及给亲戚的庶人、从者；喀尔喀人克什克腾哨地夺人财物，其疏旷哨地的骁骑校、兵丁；凡犯死罪于事未发觉之前来部首控免死的；围场内偷捕牲畜之犯，若系蒙古人，初犯再犯的。以上均要鞭100。蒙古人来京，不向本院说明，私买兵器带往的庶人；死犯逃脱的拨什库、兵丁；发官员墓的从犯，发庶人墓的为首人、从犯；脱逃不系死犯的拨什库。以上均鞭80。嘉庆十五年（1810），清廷规定：蒙古地方偷盗银两什物，其价值自1两至10两，为首的鞭90，为从同行分赃的鞭80，虽经同谋并未同行，但于窃后分赃的鞭70。脱逃不系死犯的拨什库、兵丁鞭50。偷窃10两至40两，40两至70两，70两至100两，100两至120两，120两以上的，视不同情节，有的也处以鞭刑。①

四是革职。私遣人往喀尔喀、厄鲁特、唐古特、巴尔虎等处贸易，或遣人探亲，出斥堠迎往贸易招揽贸易的都统、副都统、参领、佐领、骁骑校；斥堠人不行缉获被人首发的官员；官民人等挟仇放火致人死、致牲畜死的官员；台吉官员携家擅出斥堠游牧，及窝隐偷盗喀尔喀马匹贼人，擅责喀尔喀人劫夺马匹什物的；台吉官员等携家擅出斥堠游牧，及窝隐偷盗喀尔喀马匹贼人，擅责喀尔喀人劫夺马匹什物的斥堠官员；死犯逃脱的骁骑校；外藩蒙古各旗一佐领下有盗两次的佐领、骁骑校；都统以下，骁骑校以上，遣家奴前往的；拨什库、十家长另户之主遣家奴往的；内外官兵失于觉察，或失主或旁人捉获的内地官员；派出从征官员规避不去的；喀尔喀人克什克腾哨地夺人财物，其疏旷哨地的骁骑校。以上均革职。

五是革爵。台吉等擅与喀尔喀、厄鲁特人婚姻往来的，台吉等亲身为盗的，革去爵级。

---

① 赵云田点校《乾隆朝内府抄本〈理藩院则例〉》，第438页。

六是监禁。乾隆元年（1736），清廷规定：凡应拟斩、绞监候的蒙古人等，系科尔沁、扎赉特、杜尔伯特、郭尔罗斯十旗，喀喇沁三旗，土默特两旗，扎鲁特两旗，敖汉王旗，奈曼王旗，喀尔喀左翼旗分的，送八沟理事同知监禁。巴林两旗，阿巴哈纳尔两旗，翁牛特两旗，乌珠穆沁两旗，阿巴噶两旗，苏尼特两旗，浩齐特两旗，阿鲁科尔沁贝勒旗，克什克腾扎萨克台吉旗，及喀尔喀土谢图汗部落十有九旗，车臣汗部落二十一旗，厄鲁特郡王旗、贝子旗的，送多伦诺尔理事同知监禁。鄂尔多斯七旗、归化城土默特两旗、乌喇特三旗、喀尔喀右翼、茂明安扎萨克台吉旗、四子部落王旗、喀尔喀超勇亲王部落二十一旗、扎萨克图汗部落十有五旗的，送归化城理事同知监禁。乾隆十五年，清廷规定：八旗游牧察哈尔左翼四旗蒙古与民人交涉案，在镶黄旗地方犯事，附近张家口的，即归张家口同知收禁；在正白旗地方犯事，附近独石口的，即归独石口同知收禁；在镶白、正蓝二旗地方犯事，附近多伦诺尔的，仍归多伦诺尔同知收禁。蒙古重囚，除西宁、伊犁各处就近于所在地方官狱内寄监外，其余皆于八沟、多伦诺尔、归化城三处同知狱内寄监。科尔沁、扎赉特、杜尔伯特、郭尔罗斯、敖汉、奈曼、扎鲁特、喀尔喀左翼、土默特、喀喇沁各旗之囚，寄监八沟；翁牛特、巴林、阿鲁科尔沁、克什克腾、乌珠穆沁、阿巴噶、浩齐特、苏尼特、阿巴哈纳尔、阿拉善、喀尔喀车臣汗部、土谢图汗部各旗之囚，寄监多伦诺尔；四子部落、喀尔喀右翼、乌喇特、茂明安、鄂尔多斯、喀尔喀三音诺颜部、扎萨克图汗部各旗之囚，寄监归化城。

七是发遣。康熙四十四年（1705），清廷规定：口外偷马贼人等俱解进京城，给予大臣之家为奴。偷马从贼本身及妻子，正法首贼妻子、在逃首贼妻子，俱解内务府。疏脱贼骁骑校，俱着带至京城，当苦差行走。凡罪至遣的，遣罪以发河南、山东为一等，发湖广、福建、江西、浙江、江南为一等，发云南、贵州、广东、广西极边烟瘴为一等。雍正元年（1723），清廷重申：凡罪至遣的，遣罪以发河南、山东为一等，发湖广、福建、江西、浙江、江南为一等，发云南、贵州、广东、广西极边烟瘴为一等。凡犯死罪于事未发觉之前来部首控的，并妻子发遣邻境，给予效力台吉等为奴。一人行劫未致杀伤人的，将本犯妻子、畜产一并解送邻近盟长，给效力台吉为奴。如二三人以上，将起意一人妻子暂寄该旗，俟本犯减等，金发邻近盟长，给效力台吉为奴。为从盗犯，妻子、畜产一并解送邻近盟长，给效力台吉为奴。盗贼被事主或旁人追赶致拒捕杀人的从犯并妻子发遣南省，给驻防兵丁为奴。伤人不致死的首犯妻子暂寄该旗，俟本犯减等，金发邻近盟长，给效力台吉为奴。从犯并妻子、畜产，解送邻近盟长，给效力台吉为奴。乾隆十四年（1749），清廷规定：蒙古偷窃四项牲畜为从之犯，不再发遣邻近盟长，罚三九牲畜给予事主，人犯仍留本旗。嗣后各蒙古行窃为从犯，均照此例行，将发遣邻近盟长给台吉为奴停止。乾隆二十九年，清廷规定：蒙古充军发遣罪犯，家口有情愿随往的，听其自便，毋庸官为解往。① 道光十九年（1839），清廷规定：各案首从贼犯应发遣的，均照例刺字交驿站充当苦差。②。

八是绞刑。私遣人往喀尔喀、厄鲁特、唐古特、巴尔虎等处为首贸易人；外藩蒙古人诱卖内地人及为妻妾奴仆的为首人；诱卖蒙古人为妻妾奴仆的为首人；夫故杀妻的；斗殴伤重50日内死的；官民人等挟仇放火致人死的；驼马牛羊一人盗的主仆；官民人行劫不曾杀人伤人的为首二人；发台吉、塔布囊墓的为首一人；边禁等地方不系盗贼，因其坏边的为首一人；擅以甲胄弓矢兵器卖与喀尔喀、厄鲁特等，及给亲戚的庶人为首的。以上均处绞。乾隆十四年，清廷规定：蒙古地方均系游牧，并无墙垣，易于偷窃，是以定例綦严。但蒙古一切衣食等物，大半买于内地，内地人持货赴边日积月厚，迄今归化城、八沟、多伦诺尔数处所集人，已至数十余万。今蒙古偷窃内地人牲畜，皆照蒙古律拟绞，内地人偷窃蒙古牲畜，仍依内地窃盗计赃治罪，蒙古、内地人相聚一处情同罪异，殊未平允。嗣后内地人如在边外地方偷窃蒙古牲畜的，均照蒙古例，为首拟绞监候。③

九是处斩。官民人等挟仇放火致人死的庶人；驼马牛羊二人盗的一人，三人盗的二人；驼马牛羊众人伙盗的为首二人；官民人行劫杀人伤人的不分首从；发掘王、贝勒、贝子、公等墓的为首一人；外藩蒙古王、公主、

---

① 赵云田点校《乾隆朝内府抄本〈理藩院则例〉》，第433页。
② 赵云田点校《乾隆朝内府抄本〈理藩院则例〉》，第424页。
③ 赵云田点校《乾隆朝内府抄本〈理藩院则例〉》，第431—432页。

郡主等家人旗人偷向禁地采参的为首人；边禁等地方劫盗，巡察官兵缉拿时抗拒的，不曾抗拒被获的果系盗贼；官员庶人伙众，或一二人行劫致杀人的首从；伤人已得财产的首从；盗贼被事主或旁人追赶致拒捕杀人为首的。以上均处斩。乾隆五年，清廷规定：偷窃牲畜以致杀伤人的，只将为首一人拟斩立决。

十是凌迟。家奴杀主的凌迟。

第三节　《理藩院则例》和藩部的刑罚

《理藩院则例》不仅是理藩院的行政法规，也是清廷统治藩部地区的重要法律。有清一代，清廷曾四次编纂《理藩院则例》。第一次是嘉庆十六年（1811）四月十八日，管理理藩院事务的大学士庆桂上奏，提出理藩院旧有满洲、蒙古、汉字则例209条，自乾隆五十四年（1789）校定后，20余载，所有钦奉谕旨及大臣等陆续条奏事件，俱未经纂入颁行。他请将乾隆五十四年以来应行纂入的案件增修纂入，永远遵行，"以仰副圣主抚绥内外蒙古臣仆之至意"。[①] 在上奏中，庆桂还提出在理藩院内拣派通晓满、蒙、汉文字、熟悉案例的人员，准备用三年时间完成《理藩院则例》的编纂。得到嘉庆皇帝谕允后，编纂工作便正式开始。同年九月三十日，副都御史曹师曾上"清厘各部院衙门例案"折，指出"部院衙门为政事总汇之区，慎守纪刚，必以定例为凭。其胥吏高下其手，堂司意见参差，总由于舍例言案，盖例有一定，案多歧出也"。[②] 嘉庆皇帝阅后认为："为清除弊混起见，着照所请，交部院各衙门，堂官各率所属，将现行定例详加查核。如有例所未备而案应遵照者，即检明汇齐，纂入则例。其案与例不符者，造册注明事由，将原稿即行销毁。若有例案不符，而稿件仍有关查核者，着另行登记钤印贮库，办稿不得再行援引。"[③] 于是，清廷各部院全面对所属则例进行

---

① 杨选第、金峰校注《理藩院则例》，内蒙古文化出版社，1998，第28页。
② 杨选第、金峰校注《理藩院则例》，第29页。
③ 杨选第、金峰校注《理藩院则例》，第29页。

检查。《理藩院则例》的编纂工作也在这种情况下加紧进行。嘉庆十九年五月十五日，管理理藩院事务的大学士托津、理藩院尚书和世恭上奏指出：理藩院向有旧例二百九条，其中除远年成例及"军政""会盟"等款外，现行之例不过百余条。虽于乾隆五十四年奏修一次，其时仅添数条，并未开馆将阖院应遵照之稿案全行纂辑，是以办理事件多系援引稿案。今既经奏请开馆，理应将旧例内应更正者妥议删改，稿案内应遵照者详酌入例。该上奏中还提出：这是《理藩院则例》初次开馆，自康熙朝以来应入例之稿案甚多，且卷牍均系清文，必须译汉纂辑，方能简明。仰恳皇上天恩，俯准展限一年。这个上奏给了我们一些信息，即理藩院所存卷牍均系满文，没有存汉文和蒙古文，所以要先译成汉文。嘉庆二十年十二月初七日，托津、和世恭再次上奏，言及《理藩院则例》汉文本告成，恭呈御览。上奏中谈及了编纂的大体情况：将旧例209条逐一校阅，内有20条系远年例案，近事不能援引，拟删，其余189条内，修改178条，修并2条。同时，将理藩院所存自顺治朝以来应遵照之稿案，译妥汉文，逐件复核，增纂526条，共713条。该奏折中把《理藩院则例》亦称为《蒙古则例》，这对于我们了解《理藩院则例》和《蒙古律例》的关系有所帮助。嘉庆二十二年十月二十七日，理藩院上奏：《理藩院则例》刊刻汉字版片告成，刷印样本，翻译蒙文、满文书也已完竣，三种文体均各为67卷。嘉庆二十三年十二月二十八日，理藩院再次上奏，言及《理藩院则例》满文、蒙古文版片告成，刷印样本，恭呈御览。至此，清廷第一次编纂《理藩院则例》历时七年，终于告成。①

第二次编纂《理藩院则例》，起自道光三年（1823）十二月十三日。按当时清廷定例，六部等衙门则例，向系十年纂辑一次。因此，自嘉庆十六年奏请纂修则例12年后，即道光三年，理藩院又奏请续纂，自道光三年十二月起，至道光七年九月全部完成。这次修纂内容包括嘉庆十六年以来的有关钦奉谕旨和各大臣陆续条奏，以及理藩院大臣的酌改章程，"应行纂入者增修纂入，应行删改者酌行删改"。② 到道光七年九月十一日全部告成，

---

① 杨选第、金峰校注《理藩院则例》，第30—32页。
② 杨选第、金峰校注《理藩院则例》，第33页。

并刻出满、蒙、汉三种文字板样。此次修纂新旧条例共 1454 条，共分 65 门，共装潢 24 函。据统计，需要颁发给《理藩院则例》的有：在京各衙门、盛京、热河、伊犁等处将军、都统，兼辖蒙古事务的督抚、藩臬、道、府、州、县，西北两路新疆大臣，内外扎萨克汗、王、贝勒、贝子、公、台吉、正副盟长、协理台吉以及游牧理事司员等。共需 600 部。①

第三次编纂《理藩院则例》，起自道光十三年（1833）。还在道光十年二月，御史王玮庆上奏提出：六部重修则例，宜率由旧章，如有更改，应专折奏明。道光皇帝对此谕示：不必定限十年即开馆重修则例，可以随时酌改，已颁成例不得轻易提出修改，因时制宜必应更正之处，可随时专折奏明改定。据此，道光十三年三月五日，理藩院奏请修辑《理藩院则例》。主要是将原则例中例文不备、例意两歧、例语含混、例句虚冒等处，一体妥为修辑。"其有案可辑者，钦遵原奉上谕及臣工条奏原案纂辑，其无案可遵应行纂辑者，拟比照六部《则例》，仍体察蒙古情形，量为变通，缕晰条分，详酌确定。"② 道光十七年，汉文本完成。共修改蒙古则例 203 条，续纂蒙古则例 126 条，后又新纂 23 条，共计 352 条，道光二十一年刊刻通行。③ 道光二十三年五月，满、蒙两种文字的版片刊刻完成。新编纂的《理藩院则例》，也称为《蒙古则例》，包括原奏 1 卷，官衔 1 卷，总目上、下 2 卷，通例上、下 2 卷，旗分等 63 门 63 卷。满洲、蒙古、汉字三体，总计 207 卷。④ 正文实则是 63 卷。

第四次编纂《理藩院则例》，始于光绪十六年（1890）。当年十一月初七日理藩院上奏，自道光二十一年续修则例刊刻通行后，迄今已逾 40 年未能修辑，现当纂修会典之际，将嘉庆十八年以后案件，逐细检查，已入则例者仍循其旧，至道光二十一年以后案件，应详细查核，悉心参考，应增应续应当修入的，编纂成条。结果，仅增纂、续纂两项，就有 76 件 89 条，订为 8 本，装成 2 函。至光绪十七年十二月，再次核对，共计 73 件，分列

① 杨选第、金峰校注《理藩院则例》，第 37 页。
② 杨选第、金峰校注《理藩院则例》，第 38—39 页。
③ 杨选第、金峰校注《理藩院则例》，第 44 页。
④ 杨选第、金峰校注《理藩院则例》，第 41—43 页。

83 条。① 道光二十一年以后纂修的原则例条文，以及续辑新查出的档案、各地陆续报来的案例，则有 31 件 48 条，订为 4 本，装成 1 函。第四次编纂《理藩院则例》于光绪十七年十二月二十二日最终完成。光绪朝编纂的《理藩院则例》比道光朝两次续修的《理藩院则例》增加了"捐输"1 卷，其他分类与道光本相同。其中从"旗分"到"俄罗斯事例"各卷标题与嘉庆、道光本完全相同。

光绪三十二年，清廷将理藩院改为理藩部。光绪三十四年六月，理藩部将光绪十七年续修的《理藩院则例》又排印过一次，并改名为《理藩部则例》。该排印本对则例内容，只将"户部"改为"度支部"，"兵部"改为"陆军部"，"刑部"改为"法部"，"工部"改为"农工商部"，"理藩院"改为"理藩部"，其他仍照聚珍本原则例排印，订为 16 本，装成 2 函，每函 8 册，共刷印 200 部。②

《理藩院则例》对藩部刑罚的记述，主要反映在卷 34 至卷 55 中，表现为 21 个类别，即边禁、人命、强劫、偷窃、发冢、犯奸、略买略卖、首告、审断、罪罚、入誓、疏脱、捕亡、监禁、递解、留养、收赎、遇赦、违禁、限期、杂犯。每个类别的刑罚又有不同种类。

边禁。这里的边，一般是指藩部和中原内地的界线，有时也指清廷某些封禁地区的界线。比如山海关、喜峰口、古北口、独石口、张家口、杀虎口，都设有边门章京，这些是大的边口。一些封禁地区设有卡伦，不许随意出入，这些是小的边口。清廷规定，越边逃走人被缉获，三日内未起解送院，扎萨克王、贝勒、贝子、公、台吉、塔布囊罚俸 3 个月。蒙古人贸易，如果伪造假照，诈冒而行被获，为首的鞭 100，罚三九牲畜，为从的鞭 90，罚二九牲畜。喀尔喀所属库尔齐呼地方，禁止放枪游猎，违者管旗王公、台吉罚俸 2 年，不管旗王公、台吉罚四九牲畜，平人鞭 100。卡伦官兵旷职误期，佐领革职，罚三九牲畜，骁骑校革职，罚二九牲畜，披甲人等鞭 100。内地商人出边贸易，如果没有领部票私行的，枷号 2 个月，期满答 40，逐回原省，将货物一半入官。伊犁等地有哈萨克人迷路误入卡伦，因被

① 杨选第、金峰校注《理藩院则例》，第 44、48 页。
② 杨选第、金峰校注《理藩院则例》，第 47 页。

查拿拒捕的，照窃马例拟以绞决。哈萨克人私入卡伦，窃案得财的，首犯当即正法，从犯发烟瘴；劫案得财的，不分首从即行正法。从上述可知，违反边禁的，视情节轻重要受到罚俸、罚牲、鞭笞、革职、绞决、正法、发遣等处罚，目的是维护藩部地区社会秩序的稳定。[1]

人命。这里分以下几种情况。管旗的王公、台吉等故意将人鞭殴致死的，死者系家奴罚 1 年俸，系闲散属人罚 2 年俸，系旗下官员、披甲罚 3 年俸，仍各罚三九牲畜。管旗的王公、台吉等故意将人鞭殴成伤的，伤者系家奴罚半年俸，系闲散属人罚 1 年俸，系旗下官员、披甲罚 2 年俸，仍各罚一九牲畜。蒙古汗王等擅用金属器械伤人，各罚俸 2 年，无俸的罚四九牲畜。擅用金属器械伤人致残的，王公等罚俸 3 年，无俸的罚六九牲畜，仍各罚一九牲畜。蒙古属下官员擅用金属器物伤人的，不管所伤的是什么人，官员革职，罚二九牲畜；平人鞭 100。伤人致残的，官员革职，罚四九牲畜；平人鞭 100，枷号 1 个月，仍各罚一九牲畜。家奴杀其主，凌迟处死。台吉、塔布囊、平人无故殴妻致死或杀妻的，一律处绞监候。因过失殴妻致死或杀妻的，台吉、塔布囊革职，枷号 60 日、鞭 100。因斗殴致人 50 日内身死的，绞监候。伤人致使妇女胎坠的，王公、台吉罚俸 2 年，无俸的罚四九牲畜；官员革职，罚四九牲畜；平人鞭 100，再枷号 1 个月。从以上的刑罚可以看出，家主杀奴只受罚俸处分，而奴杀家主则要被凌迟，其维护统治者利益的目的非常明显。另外，就是尽量维护社会秩序的稳定，所以即使统治者犯了人命的案子，也要被处罚。再有就是保护孕妇，实际上反映了蒙古社会对人力资源的渴求。[2]

强劫。实际上就是抢劫，是暴力犯罪的一种形式，对藩部社会稳定危害极大。分以下几种情况。在青海和蒙古地方，白天聚众持军器邀劫道路证据确凿，或夜晚明火执仗入室抢掠财物，有杀人放火情景的，不分首从皆斩立决枭示。一般抢劫案件，为首斩决，为从发遣烟瘴地方。抢夺未伤人而得财、参与人数少的，发往南方烟瘴地方，交驿站充当苦差。抢劫中杀人的，斩立决，为从的绞监候。抢夺牲畜或财务较多的，为首或斩立决，

---

[1] 杨选第、金峰校注《理藩院则例》，第 296—304 页。
[2] 杨选第、金峰校注《理藩院则例》，第 305—308 页。

或绞监候。纠伙十人以上的，无论是否伤人，为首斩立决，为从绞监候。台吉抢劫杀人，无论是否得财，为首为从都要被处斩。同行未动手但分赃了，斩监候。抢劫中态度犹豫不决，无论是否分赃，都要革去台吉，枷号 3 个月，鞭 100，发往伊犁充当苦差。参与谋划未同行而分赃的，或同行而未分赃的，或同谋未同行也未分赃的，一律革去台吉，枷号 2 个月或 1 个月，鞭 100，发往邻盟严加管束。受到以上处罚的，还有台吉抢劫伤人得财、抢劫伤人未得财、抢劫未伤人分别得财和未得财等情况。贼盗聚众抢掠以及拒捕杀伤官兵的，不分首从都要处斩。蒙古地方发生抢劫案件，蒙古人专用蒙古例，汉人专用刑律。如蒙古人和汉人伙同抢劫，蒙古例重于刑律的，用蒙古例，刑律重于蒙古例的，用刑律。在抢劫中为从妇女情有可原的，发往邻盟，给公事效力台吉为奴。①

偷窃。这一类别在《理藩院则例》中分成上下两卷，条文较多，反映了这种现象在藩部地区普遍存在，且对社会的危害很大。大致说来有如下一些情况。偷窃木兰围场的牲畜和木材，达到一定数量的，或绞立决，或发南方烟瘴地方充当苦差，该管官员或罚俸，或罚牲。偷窃官牧场牲畜的，视情节轻重，或发遣黑龙江给兵丁为奴，或发南方烟瘴地方交驿站充当苦差，或枷号，满日鞭笞。这些是针对偷窃官家而言。如果是地方上偷窃牲畜，则视偷窃额数的多少，轻者枷号、鞭笞，较重者发南方烟瘴地方交驿站充当苦差，重者则处以绞监候。偷窃银两等财务的，视情节轻重，或罚牲畜，或受鞭刑，或发遣南方烟瘴地方充当苦差。如果偷窃牲畜等物拒捕杀人，为首的斩立决，为从的发云贵烟瘴地方交驿站充当苦差。如果偷窃牲畜等物拒捕伤人未死，为首的绞立决，为从的绞监候。蒙古地方有盗挖金银矿砂的，除照刑法律定罪外，为首的还要罪加一等，发至极边烟瘴地方充军。如果是台吉行窃，要受革职处分，该管扎萨克罚俸半年。窝隐盗贼的蒙古王公，罚俸 3 年，无俸的台吉、塔布囊罚六九牲畜。如果年未满10 岁行窃，免罪。②

发冢。分两种情况。一是平人发掘王公等坟墓，还没有看见棺材的，

---

① 杨选第、金峰校注《理藩院则例》，第 309—313 页。
② 杨选第、金峰校注《理藩院则例》，第 314—325 页。

为首绞监候，为从发山东、河南交驿站充当苦差；已经看见棺材并见尸的，为首斩立决，为从绞监候；毁弃尸身的，不分首从都斩立决。二是平人发掘平人坟墓，还没有看见棺材的，为首为从受鞭笞、枷号不等；已经看见棺材的，为首发山东、河南交驿站充当苦差，为从受鞭笞、枷号不等；开棺见尸的，为首发极边烟瘴，为从发山东、河南交驿站充当苦差；毁弃尸身的，为首绞监候，为从发极边烟瘴，交驿站充当苦差。还有其他一些发冢情形，视情况而定，受鞭笞、枷号，或发南方等地交驿站充当苦差。①

犯奸。分以下情况。王公等奸平人妻，罚俸 3 年，并罚三九牲畜给奸妇之夫；无俸的台吉、塔布囊折罚六九牲畜充公，并罚一九牲畜给奸妇之夫。平人与王公妻通奸，奸夫凌迟处死。家奴奸台吉妻妾，或斩立决，或绞监候。平人犯奸，奸夫、奸妇受枷号和鞭刑不等。②

略买略卖。指的是买卖人口。蒙古人之间相互诱卖的，受鞭刑和罚牲处理。蒙古人诱买内地人的，为首绞监候，为从鞭笞和罚牲不等。③

首告。这里有的是讲违背控告的程序，要受鞭笞和罚牲的处罚。有的是讲揭发检举问题，所罚物内有一半要给揭发者。最主要的一条是，因出首本旗事件案结后，该王公、台吉等挟仇索取出首人牲畜的，王公、台吉等罚俸 1 年，无俸的罚二九牲畜存公，挟仇索取牲畜退给本人，任其择主归投。④

审断。这里实际讲的是审理案件的机构，以及蒙古人在内地犯罪依刑律，内地人在蒙古地方犯罪依蒙古例等，包括蒙古人犯军流徒罪免其发遣，分别枷号，王公、台吉等对反叛人犯未审出实情的，要受罚俸或罚牲处分等。⑤

罪罚。这部分主要是讲蒙古王公、台吉所受处分的规定。包括有犯奉旨交议处分的，迟误御前差使处分的，失察盗挖金银矿砂处分的，喀尔喀四部落贻误驻班处分的，青海蒙古王公等贻误祭海处分的。此外，还包括

---

① 杨选第、金峰校注《理藩院则例》，第 326 页。
② 杨选第、金峰校注《理藩院则例》，第 327—328 页。
③ 杨选第、金峰校注《理藩院则例》，第 329 页。
④ 杨选第、金峰校注《理藩院则例》，第 330—331 页。
⑤ 杨选第、金峰校注《理藩院则例》，第 332—337 页。

禁止馈送差员财务、禁止演戏等。违反者所受处分，包括罚俸、罚牲、罚银两等。在罚牲方面，规定了罚九的定额和定限。[①]

疏脱。这里指的是使罪犯脱逃。解送和收管使死罪人犯脱逃的，视职务级别不同，鞭笞 50—100，罚牲一九至三九。隐匿内地逃人的，官员革职，罚三九牲畜；平人鞭 100，罚三九牲畜。失察的扎萨克罚俸 1 年，管旗章京等罚牲畜不等。隐匿蒙古逃人的，罚一九牲畜。隐匿发遣为奴人犯的，台吉、官员革职，鞭 100，罚三九牲畜；平人鞭 100，枷号 1 个月，罚三九牲畜；失察的扎萨克罚俸 2 年，管旗章京等革职，罚牲畜不等，有的还要鞭笞，枷号 1 个月。卡伦官兵故纵逃人的，革职，罚牲畜不等，鞭 100。故纵逃往外国人的，系王公革退封爵职衔；系官员绞，抄没家产；系平人斩，仍抄没家产。[②]

捕亡。指追捕逃跑的罪犯。蒙古人犯罪发遣南方逃跑的，视次数多少，枷号 1 个月至 3 个月不等，有的还要刺字。全旗逃跑不追赶的，扎萨克王公等罚俸 1 年。出卡哨逃往外国执械拒捕的，不分首从立斩；不拒捕的，为首的斩，为从的绞。自军营带来的厄鲁特、回人奴隶逃走的，视逃跑次数，或枷号 1 个月，鞭 100；或发福州、广州，给予驻防官兵为奴。[③]

违禁。是指藩部王公贵族及平人对一些限制性措施的违规。包括不准先后贺年，不准服饰违禁、丧葬违禁，事出两造不得私议完结，失察偷捕偷挖貂鼠人参，蒙古不准购买黑龙江瓜尔察索伦地方貂皮，蒙古汗王等不准擅移游牧，禁止馈送阿勒巴图，禁止延请内地书吏，禁止蒙古行用汉文，蒙古人等不得用汉字命名，煤窑烧锅不得擅请增开，等等。违反这些禁令的，要被罚俸、罚牲、鞭笞，各视具体情况和爵秩品级而定。[④]

杂犯。包括平人诽谤王公、台吉，要罚三九或一九牲畜。挟仇放火致人死的，系官员拟绞，平人拟斩，籍没产畜给事主。挟仇放火致牲畜死的，系官员革职，平人鞭 100，籍没产畜给事主。射杀牲畜的，罚赔一九牲畜。

---

① 杨选第、金峰校注《理藩院则例》，第 338—345 页。
② 杨选第、金峰校注《理藩院则例》，第 348—351 页。
③ 杨选第、金峰校注《理藩院则例》，第 352—353 页。
④ 杨选第、金峰校注《理藩院则例》，第 362—365 页。

失火延烧档案军器的，该扎萨克罚俸 1 年，其下各官或被革职，或罚牲畜不等，或被鞭笞。①

此外，《理藩院则例》还有入誓、监禁、递解、留养、收赎、遇赦、限期等类别，对入誓情况、监禁地点、发遣地方、留养和收赎条件、遇赦减等、缉捕逃犯期限等分别做了说明。不过，这些类别的记述，很少有刑罚的具体内容。②

第四节　《蒙古律例》和藩部的刑罚

《蒙古律例》最早称为《蒙古律书》，是崇德八年（1643）理藩院把清太宗时期（1627—1643）对蒙古陆续颁布的法令加以整理而成。对此，《清圣祖实录》记载："理藩院题：崇德八年颁给《蒙古律书》，与顺治十四年定例增减不一，应行文外藩王、贝勒等，将从前所颁《律书》撤回，增入见在增减条例颁发。从之。"③ 康熙六年（1667），清廷增定《蒙古律书》，共收入蒙古例 113 条，包括顺治朝至康熙五年的定例。④ 其中一些内容在《清世祖实录》中也有反映。例如，《清世祖实录》记载："谕理藩院：朕览尔衙门奏章，于死罪重犯但称处决，何以毫无分别，人命所关至重，大辟条例多端，若概为一例，则轻重何辨，着议政王、贝勒、大臣会议，定例具奏。""议政王、贝勒、大臣遵旨议定理藩院大辟条例，平人与外藩蒙古各贝勒福金通奸，福金处斩，奸夫凌迟处死，其兄弟处绞。凡发外藩蒙古贝子等冢者、截杀来降人众为首者、劫夺死罪犯人为首者、公行抢夺人财物者、与逃人通谋给马遣行者、挟仇行害放火烧死人畜者、临阵败走者、故杀人者，以上八项死罪犯人俱处斩。夫私杀其妻者、盗人口及驼马牛羊者、误伤人命择本旗人令发誓，如不发誓应坐故杀偿命者，此三项死罪犯

---

① 杨选第、金峰校注《理藩院则例》，第 372—375 页。
② 杨选第、金峰校注《理藩院则例》，第 346—347、354—361、366—371 页。
③ 《清圣祖实录》卷 24，康熙六年九月癸卯。
④ 李保文：《康熙六年〈蒙古律书〉》，《历史档案》2002 年第 4 期。

人俱处绞。又斗殴伤重五十日内死者，行殴之人处绞。议上，得旨，着永著为例。"① 康熙三十五年，再次修订《蒙古律例》，有 152 条。乾隆年间，清廷对《蒙古律例》又进行过多次修订。第一次是在乾隆六年，对此，《清高宗实录》记载："理藩院奏：《蒙古律例》告竣。除大员无庸议叙外，请将在馆办理各官及供事人等交部议叙。得旨，大臣等亦着交部议叙。""《蒙古律书》告成，总裁官以下议叙有差。"② 第二次是乾隆三十一年（1766）殿刻汉文本，12 卷，189 条。第三次是乾隆五十四年修订本，该修订本既有蒙文本，也有汉文本。《蒙古律例》最晚的版本是嘉庆年间刻本。其中的汉文本，就是本书引以为参考的本子。③

《清高宗实录》记载："盛京刑部侍郎兆惠查科尔沁蒙古人等前抵奉天，遇有命盗案件向由将军审明报部。经乾隆三年奉天将军博第奏准，移咨盛京刑部即照《蒙古条例》定拟缮折具奏。但臣部所有《蒙古条例》皆系蒙古字样，并未翻清，臣部虽有蒙古司员，不识蒙古文字，恐是非莫辨，关系匪轻，请令理藩院将《蒙古条例》翻清以裨引用。得旨，如所请，下部知之。"④ 这表明，除康熙至乾隆朝清廷编纂的《大清会典》和《大清会典则例》中有关《蒙古律例》的条文外，《蒙古律例》一书最初是蒙文本，到乾隆年间才有满文本和汉文本问世。《清高宗实录》对此记载："近来凡有谕旨兼蒙古文者，必经朕亲加改正方可颁发，而以理藩院所拟原稿示蒙古王公等，多有不能解。缘翻译人员未能谙习蒙古语，就虚文实字敷衍成篇，遂至不相吻合。又如从前德通所翻清文，阿岱阅之，往往不能尽晓……总由国朝定鼎至今百有余年，八旗满洲、蒙古子弟自其祖父生长京城，不但蒙古语不能兼通，即满洲语亦日渐遗忘。"⑤

《蒙古律例》对于藩部地区的刑罚是如何记述的呢？笔者这里根据嘉庆朝汉文本《蒙古律例》的记载试加分析。该书卷 1 官衔 24 条，卷 2 户口差

① 《清世祖实录》卷 120，顺治十五年九月癸卯、庚戌。
② 《清高宗实录》卷 156，乾隆六年十二月丙午；卷 162，乾隆七年三月甲子。
③ 有关内容可参考达力扎布《〈蒙古律例〉及其与〈理藩院则例〉的关系》，《清史研究》2003 年第 4 期。
④ 《清高宗实录》卷 167，乾隆七年五月甲申。
⑤ 《清高宗实录》卷 1088，乾隆四十四年八月甲寅。

谣 23 条，卷 3 朝贡 9 条，卷 4 会盟行军 13 条，卷 5 边境卡哨 17 条，卷 6 盗贼 35 条，卷 7 人命 10 条，卷 8 首告 5 条，卷 9 捕亡 20 条，卷 10 杂犯 18 条，卷 11 喇嘛例 6 条，卷 12 断狱 29 条，总计全书 12 卷 209 条，涉及刑罚的，有如下一些内容。

卷 1 记载：承袭王、贝勒、贝子、公、扎萨克台吉等职，如果有子而捏报无子呈报的，将该扎萨克王、台吉并协理旗务台吉革退，办理旗务之职的罚俸 1 年，无俸协理台吉罚五九牲畜。已、未管旗王、贝勒、贝子、公等封号不全称呼的，将称呼不全人罚一九牲畜。

卷 2 记载：如果隐瞒人丁，按隐瞒丁数多少，将管旗王、贝勒、贝子、公、扎萨克台吉、塔布囊罚俸 3 个月；稽查不慎致瞒人丁，该旗协理台吉、管旗章京副章京、参佐领、骁骑校罚三九至一九牲畜不等，小领催、十家长各鞭 80。三年比丁时如有隐瞒，该都统、副都统罚五九牲畜，参领罚三九牲畜，佐领革职罚二九牲畜，骁骑校革职罚一九牲畜。不放十家长的，将扎萨克王、贝勒、贝子、公、台吉、塔布囊罚俸 3 个月。隐匿无籍喇嘛、班第的，该管大喇嘛革职，罚三九牲畜，格隆、班第等罚三九牲畜。将属下家奴私为班第的，王、贝勒、贝子、公、扎萨克台吉等各罚俸 1 年，无俸台吉罚马 50 匹，官则革职，平人鞭 100，该管旗王、贝勒、贝子、公、台吉罚俸 9 个月，管旗章京副章京、参领罚一九牲畜，佐领、骁骑校罚二九牲畜，小领催、十家长鞭 100。平人将平人议定之妇乘间娶的，娶者、嫁者系有顶戴人，各罚三九牲畜，平人各罚一九牲畜。不给有龙牌使者廪给的罚牛，不给乌拉的罚三九牲畜，令牧群徙避的罚一九牲畜，扎萨克贝勒殴打因公所差人的罚三九牲畜，平人罚一九牲畜。将外藩蒙古卖与内地旗人的，失察扎萨克协理台吉、盟长等或罚俸，或罚牲畜。

卷 3 记载：假冒台吉进贡的，假冒者鞭 100，罚三九牲畜。以别人顶替的，将台吉革职，罚五九牲畜，顶替者鞭 100，罚三九牲畜。把册档无名职衔之人遣来进贡的，将该扎萨克王、贝勒、贝子、公、扎萨克台吉、塔布囊等各罚俸 1 年，协理台吉等各罚五九牲畜。

卷 4 记载：会盟已示而王等不到的，已、未管旗王、贝勒、贝子、公、台吉、塔布囊各罚俸 6 个月，无俸台吉、塔布囊各罚马 10 匹。凡会盟传集

不到的，管旗章京以下十家长以上，或罚马 1 匹至 5 匹不等，或罚牛，或鞭
笞，数额视情况而定。每年春间扎萨克王等不对军装弓箭点验的，旗扎萨
克该管人等罚俸 6 个月，有关台吉、兵丁也要被罚牲畜。奉派出征王等不行
前往的，按迟到日期罚俸 3 个月至 1 年不等。奉派出征官兵躲避不赴的，官
员革职，罚三九牲畜，领催、披甲人鞭 100，仍发往军前。王等骑瘦行军传
禁之马的，罚俸 6 个月。王、贝勒、贝子、公、台吉败阵的，革去封爵，作
为平人。围猎行军会盟时不按次序先自回家的，已、未管旗王、贝勒、贝
子、公、台吉、塔布囊等罚俸 3 个月，无俸台吉、塔布囊罚马 5 匹。

　　卷 5 记载：他王侵入人各所分地界的，要受罚牲处分。侵过所分地界另
行游牧的，已、未管旗王、贝勒、贝子、公、台吉、塔布囊等罚俸 1 年，无
俸台吉、塔布囊罚马 50 匹。伪造假单诈冒出行的，为首者鞭 100，罚三九
牲畜；为从者鞭 90，罚二九牲畜。购买黑龙江瓜尔察索伦地方貂皮的，王、
贝勒、贝子、公、扎萨克台吉、塔布囊等罚俸 1 年，闲散台吉、塔布囊罚五
九牲畜，官员、平人罚三九牲畜。偷捕貂参、禁地遣人采捕貂参、偷在围
场内打牲的，或绞监候，或鞭笞，或罚牲，或罚俸，或枷号，各视具体情
况有别。内外蒙古进出关口人数有限，违者已、未管旗王、贝勒、贝子、
公、扎萨克台吉、塔布囊罚俸 6 个月，闲散台吉、管旗章京以下骁骑校以上
罚一九牲畜，平人鞭 80。内外蒙古将军器卖给俄罗斯、厄鲁特、回人的，
已、未管旗王、贝勒、贝子、公、台吉、塔布囊等罚俸 1 年，无俸台吉、塔
布囊罚马 50 匹，平人为首的绞监候，为从的鞭 100，罚三九牲畜。护送准
噶尔、厄鲁特、俄罗斯使者途中被窃的，将坐哨章京等罚三九牲畜，披甲
人等鞭 100。由边上来逃人两日不上报的，将扎萨克王、贝勒、贝子、公、
台吉、塔布囊罚俸 3 个月。坐哨人旷职的，佐领革职，罚三九牲畜，骁骑校
革职，罚二九牲畜，披甲人鞭 100。坐哨人军器不全的，章京、骁骑校罚二
九牲畜，披甲人鞭 80。坐哨人疏漏逃人的，佐领革职，罚三九牲畜；骁骑
校革职，罚二九牲畜；小领催革退，罚 5 牲畜，鞭 100；披甲人等各鞭 100。

　　卷 6 记载：官员、平人强劫杀伤人的，不分首从即处斩，枭首示众。官
员、平人强劫而未杀人的，视人数多少和主从关系，或绞监候，或发河南、
山东交驿站充当苦差。官员、平人偷窃牲畜等物拒捕伤人的，杀人首犯斩

立决，从贼并妻子发南省给驻防兵丁为奴。若伤人未死，首犯斩监候，其余发河南、山东交驿站充当苦差。抢夺死罪人犯，不分首从俱斩监候。抢夺罪不至死人犯，为首的罚三九牲畜，余人罚一九牲畜。劫窃驼马牛羊等畜杀人的，拟斩决枭首。偷窃马一、二匹至30匹的，为首者或绞监候，或发云南、贵州、广东、广西烟瘴地方，或湖广、福建、江西、浙江，或山东、河南，或鞭笞。漠西蒙古诸部有偷窃驼马牛羊的，按数目多少，或绞监候，或发遣。偷窃皇上围猎临幸营盘马匹的，5匹以上绞立决，3匹以上发云贵两广烟瘴地方，一、二匹发湖广、福建、江西、浙江、江南等省驿站充当苦差。已、未管旗王、贝勒、贝子、公、台吉、塔布囊等窝贼，各罚俸1年，无俸台吉、塔布囊罚五九牲畜。偷窃财物的，按财物所值罚三九或一九牲畜不等。

卷7记载：王等故杀别旗人的，罚马50匹至100匹不等。王等以刃物戮杀属下家奴的，视情况不同，或罚三九牲畜，或罚俸9个月。斗殴杀人的，或绞监候，或罚三九牲畜。官员、平人故意杀妻的，绞监候。家奴杀其主的，凌迟处死。迎杀来投逃人的，为首者或绞监候，或斩监候。王等将家奴射砍残废的，罚一九牲畜至五九牲畜不等。

卷8记载：越级呈控的，不论是非，台吉、官员罚三九牲畜，属下家奴鞭100。

卷9记载：出卡哨投往外国的逃人，视情况不同，或不分首从立斩，或为首者立斩，其余者立绞。知逃往外国的逃人而不追，已、未管旗王、贝勒、贝子、公、台吉、塔布囊等革退封号职衔。全旗逃走不追赶的，扎萨克王、贝勒、贝子、公、台吉等各罚俸1年。隐匿杀来投逃人的，已、未管旗王、贝勒、贝子、公、台吉、塔布囊等各罚俸1年，无俸台吉、塔布囊等罚五九牲畜。隐匿内地逃人的，官革职，鞭100，罚三九牲畜。王等蓄谋隐匿贼人的，罚俸6个月，无俸台吉、塔布囊各罚一九牲畜。

卷10记载：违用禁物的，贝勒等罚马，平人罚三岁牛。不许先后贺年，违者管旗王等罚一九牲畜，贝勒、贝子、公等罚7牲畜，台吉、塔布囊等罚5牲畜，平人罚马1匹。平人诽谤王的罚三九牲畜，贝勒、贝子、公等罚二九牲畜，台吉、塔布囊等罚一九牲畜。已、未管旗王、贝勒、贝子、公、台吉、塔布囊等擅动有刃物，各罚俸6个月，无俸台吉、塔布囊等罚一九牲畜，平人罚5牲畜。不容行人住宿致被冻死的，罚一九牲畜。熏兽穴失火致人死的罚三九牲畜。仇害放火致人死的，系官员绞，平人斩监候。刨发王、贝勒、贝子、公、台吉、塔布囊、官员坟墓的，或首犯一人斩立决，从犯鞭100，罚三九牲畜；或首犯一人绞监候，从犯鞭100，罚二九牲畜；或为首一人鞭100，罚三九牲畜，其余鞭100，罚一九牲畜。刨发平人坟墓的，为首一人鞭100，罚一九牲畜，其余鞭80，罚一九牲畜。蒙古人互相诱卖的，鞭100，罚三九牲畜。诱卖内地人的，为首者绞监候，为从者鞭100，罚三九牲畜。平人奸平人之妻，罚五九牲畜。调戏妇人的罚三九牲畜。王等奸平人之妻，罚九九牲畜；贝勒、贝子、公等罚七九牲畜；台吉、塔布囊等罚五九牲畜。平人奸福晋，奸夫凌迟，福晋斩，奸夫妻子为奴。官员、平人为匪，发往河南、山东交驿站充当苦差。射杀牲畜的，赔一九牲畜。

卷11记载：禁止喇嘛、班第等私行，擅行住宿的喇嘛、班第罚三九牲畜。住宿无夫之妇人家内的喇嘛革退，鞭100。该管大喇嘛罚三九牲畜，扎萨克喇嘛等罚二九牲畜，德木齐等各罚一九牲畜。住房内若容留妇人，大喇嘛罚二九牲畜，德木齐等罚一九牲畜，格隆、班第等各罚5牲畜。班第等犯罪要先革退喇嘛，再行审讯。

卷12记载：罚罪九数，包括马2匹，犍牛2头，乳牛2头，三岁牛2头，两岁牛1头。五数则犍牛1头，乳牛1头，三岁牛1头，两岁牛2头。凡事出不许两造私议完结，若私议完结，系贝勒等罚二九牲畜，平人罚一九牲畜。未满10岁之子行窃者免罪，10岁以上者坐罪。蒙古人在内地犯事照内地律治罪，民人在蒙古地方犯事照蒙古律治罪。此外，该卷还记述了乾隆三十七年九月理藩院具奏定例，乾隆三十八年正月理藩院议复绥远城将军容保具奏定例，乾隆四十年闰十月理藩院具奏定例，乾隆五十二年闰九月二十七日理藩院会同刑部奏准定例。

应当指出的是，在12卷之后，有增订蒙古则例目录，总共16条。其中，1条是乾隆五十六年十一月初四日奉旨增订，15条是嘉庆三年至嘉庆十五年的增订。在这16条之后，还有嘉庆十年例、嘉庆十七年部示、嘉庆十八年新订条例、嘉庆十九年部示。这些，有的是结合具体案例做出的判决，基本上没有超出前 12 卷中的内容规定。从增订的蒙古则例可以看出，嘉庆年间《蒙古律例》的编纂应在嘉庆十九年（1814）之后，增订的蒙古则例没有按类别编入前 12 卷中，而是排在 12 卷之后，反映了编纂时比较仓促，不够严谨。

从《蒙古律例》的内容看，有许多和《大清会典》《大清会典则例》《大清会典事例》《理藩院则例》的内容相同，应当怎样解释这种现象呢？这和上述典籍编纂时资料的来源有关。众所周知，清廷"向例修纂会典，由各衙门造送册籍，以凭编纂"，并选贤能司官专管清理案卷，"协同本司官员务将该衙门所隶应入会典事件分类编年备细造送"。① 所以，《大清会典》《大清会典则例》《大清会典事例》中"理藩院"的内容是按理藩院官员整理和提供的材料编纂而成。如前所述，这些资料在康熙二十九年以后都有汉文，从康熙朝到嘉庆朝，历代《大清会典》《大清会典则例》《大清会典事例》都有汉文版刊印，其中"理藩院"部分的内容不可能不被《蒙古律例》《理藩院则例》的编纂者利用。再从《理藩院则例》的编纂来看。《理藩院则例》初次开馆时，有关大臣上奏中曾指出，自康熙朝以来应入例稿案甚多，且卷牍均系清文，必须译汉纂辑，方能简明。这个上奏中所提理藩院所有卷牍均系满文，没有汉文和蒙古文，所以要先译成汉文，这是指部分卷牍而言，并不是全部的卷牍。正因为如此，有关大臣的上奏中才又提出，理藩院旧有满洲、蒙古、汉字则例 209 条，自乾隆五十四年（1789）校定后，20 余载，所有钦奉谕旨及大臣等陆续条奏事件，俱未经纂入颁行。这里已经指出有汉文本的资料。最后从《蒙古律例》的编纂看，在乾隆朝以前，《蒙古律例》多为蒙古文本，这和适用地区多为蒙古族居住的地区有关。从乾隆朝开始，《蒙古律例》有了汉文本。既然《大清会典》《大清会典则例》《大清会典事例》《理藩院则例》《蒙古律例》的编纂都由理藩院负责，那么，理藩院所掌握的资料，会被《大清会典》《大清会典则例》《大清会典事例》《理藩院则例》《蒙古律例》的编纂者利用，就是很自然的事情了。也正是因为这些原因，《大清会典》《大清会典则例》《大清

---

① 《四库全书》第 620 册，第 6 页，来保等乾隆十二年正月奏文。

会典事例》《理藩院则例》《蒙古律例》中有许多刑罚内容相同。

第五节 《西宁青海番夷成例》和藩部的刑罚

清代称青海藏族为"番",以《西宁青海番夷成例》作为统治青海藏族地区的法律依据,所以《西宁青海番夷成例》也称为《番例》《番例条款》,该《番例》由西宁办事大臣达鼐等于雍正十一年(1733)奉命编纂而成,次年颁发青海地方施行。其从康熙三十五年修订的《蒙古律例》中选择了 66 条,另外又比拟增加了 2 条,总共 68 条。根据青海藏区的实际情况,把原《蒙古律例》中王公、台吉及官员等蒙古称呼改为千户、百户、百长、小头目等藏人称呼,罚马则改为罚犏牛。① 直至清末,《西宁青海番夷成例》都是清廷统治青海藏族地区的法律依据。

《西宁青海番夷成例》从内容上来讲,可分违背清廷有关规定、偷盗、杀人伤人、逃人、诉讼等方面。在刑罚的表现上,则有罚、鞭、斩、绞、凌迟等形式。

一是违背清廷有关规定,包括第 1 条派定出兵不去、第 2 条敌人犯界不齐集绞杀、第 6 条会盟不到、第 7 条越界驻牧、第 8 条越界驻牧罚服、第 37 条不设十户头目、第 38 条私索乌拉秣素、第 40 条出兵越次先回、第 41 条对敌败绩及行军纪律、第 59 条唐古特人不许远赴番回贸易、第 65 条私进内地等。派定出兵不去的,千户罚犏牛 50 条,百户罚 40 条,百家长等罚 30 条。误期晚到的,以误日期多少,千户罚犏牛 7 条,百户罚 5 条,百家长等罚 3 条不等。敌人犯界不齐集绞杀的,千户罚犏牛 50 条,百户罚 40 条,百家长等罚 30 条。会盟不到的,千户罚犏牛 15 条,百户罚 10 条,百家长等罚 5 条。越界驻牧的,千户罚犏牛 7 条,百户罚 5 条,百家长等罚 3 条。越过分定疆界到别处游牧的,千户罚犏牛 50 条,百户罚 40 条,百家长等罚 30 条,小百长等罚 10 条。不设十户头目的,千户罚犏牛 7 条,百户罚 5

① 参见达力扎布《〈番例〉渊源考》,《青海民族大学学报》2012 年第 2 期。

条，百家长等罚 3 条。有信票不给秫素的罚牛，有信票不给乌拉的罚二九。私索乌拉秫素的，因公差遣人罚三九，平人罚一九。凡出兵行围及会兵，不按次序先回的，千户罚犏牛 7 条，百户罚 5 条，百家长等罚 3 条。凡千户、百户、百长对敌败绩的，撤出所管人员，如系平人斩决，并将妻子、家产、牲畜抄没。违反行军纪律的，视具体情况，或斩，或抄家，或责，或革职衔。违反唐古特人不许远赴番回贸易规定的，千户罚犏牛 50 条，百户罚 40 条，百家长等罚 30 条，小百长等革去等级，罚三九，十家长各鞭 100，罚一九牲畜之价。为首贸易人处绞，抄没家产；为从者各鞭 100，并罚三九牲畜，货物入官。私进内地卖军器的，千户罚三九，百户等罚二九，百长等罚一九，小百长等罚牲畜 7 条，小头目等罚 5 条，平人鞭 80，所带军器入官。

二是偷盗，包括第 13 条被窃牲畜，第 14 条头目窝盗，第 15 条出兵被盗马匹，第 17 条隐匿盗赃，第 18 条搜查盗赃，第 20 条偷猪狗等畜，第 21 条偷金银皮张等物，第 23 条偷杀牲畜，第 48 条偷窃四项牲畜，第 49 条讨贼不与，第 50 条头目庇贼发觉不认，第 51 条夺回被盗牲畜，第 66 条偷窃喇嘛牲畜等。失窃牲畜被疑偷者，如果立誓，失者将牲畜领回，被疑者免罚。隐匿盗贼的，千户罚五九；百户等行窃罚五九，隐匿盗贼罚四九；百长等行窃罚三九，隐匿盗贼罚二九。隐匿盗赃不举报的，千户等罚三九，百户等罚二九，百长等罚一九。偷猪狗的，罚牲畜 5 条，偷鸡鸭鹅的，罚三岁牛，并还所窃之物。偷金银皮张等物的，视其所值，或罚二九，或罚一九，或罚三岁牛。偷杀牲畜的，照原物赔偿。偷窃四项牲畜的，视情况不同，或绞，或斩，或鞭笞。拿获赃犯未归还赃物又令其逃脱的，千户等罚五九，百户等罚四九，百长等罚三九。头目庇贼发觉不认的，千户等罚五九，百户等罚四九，百长等罚三九，小百长等罚二九，十家长罚一九。偷窃喇嘛牲畜的，将贼人家产牲畜入官。

三是杀人伤人，包括第 28 条斗殴伤人，第 29 条戏误杀人，第 46 条杀死逃人头目不报，第 47 条头目抢劫杀人，第 56 条头目打伤奴仆，第 63 条家奴弒杀主，第 67 条行窃殴死追赶之人，第 68 条番民自相残杀等。打架斗殴伤人较重的罚三九，较轻的或致孕妇胎坠的罚一九，用鞭棍打人的罚牲畜 5 条。因戏误伤人致死的，罚三九牲畜给死者之家。杀死逃人头目不报的，千户罚人 7 户，百户罚人 5 户，百长等罚人 3 户；有人举报的，千户等罚犏牛 7 条，百户等罚 5 条；若小头目或平人将逃来人劫杀的，为首者斩，仍罚三九牲畜，为从者各罚三九牲畜。头目抢劫杀人或伤人的，除赔偿外，还视情况不同，千户等罚犏牛 50 条，百户等罚 40 条，百家长等罚 30 条；若小头目及平人抢劫杀伤人的，不分首从或斩、或绞，视具体情况而定。头目打伤奴仆的，千户等罚四九，百户等罚三九，百长等罚二九，小百长等罚一九，小头目及平人等罚牲畜 7 条。家奴弑杀主的，要凌迟处死。行窃殴死追赶之人的，番民自相残杀的，都要追九九罚服。

四是逃人，包括第 3 条部落人逃走，第 4 条聚众携械同逃，第 5 条追赶逃人，第 42 条不拿逃人，第 43 条给逃人马匹，第 44 条拿获逃人，第 45 条获逃解送，第 60 条拿送逃奴，第 64 条解送逃人等。部落逃人不追赶的，千户等罚犏牛 50 条，百户等罚 40 条，百长等罚 30 条。本寨部落人聚众携械逃跑不追赶的，千户等罚犏牛 15 条，百户等罚 10 条，百长等罚 5 条，同时报告逃走原因。如不报告原因，千户等罚犏牛 7 条，百户等罚 5 条，百长等罚 3 条。有能将逃人追杀的，逃人的家产牲畜给追赶人。不追拿逃人的，千户等罚人 7 户，百户等罚人 5 户，百长等罚人 3 户，小百长等罚四九，小头目及平人罚三九。给逃人马匹的部落头目，革去等级，将所属人户撤出；若系小百长及小头目，家产牲畜抄没；若系平人斩，同时抄没家产牲畜。容匿逃人的及其十家长，罚一九牲畜。不及时解送逃人的，千户等罚犏牛 7 条，百户等罚 5 条，百长等罚 3 条。拿送逃奴的，可得逃奴所带物的一半。将逃人解送的，赏给缎 1 匹，毛青布 6 匹。

五是诉讼，包括第 16 条挟仇出首人罪，第 24 条告言人罪，第 33 条犯罪私完，第 62 条重犯不招认等。如果挟仇告发人取人牲畜的，千户等罚二九，百户罚一九，百长等罚 5 牲畜。凡告发人罪的，可得被告发人牲畜的一半。犯罪私议的，千户等罚三九，百户罚二九，百长等罚一九，小百长等罚牲畜 7 条，小头目及平人罚牲畜 5 条。

此外，还有一般的刑事规定，包括第 9 条奸人妇女，第 10 条谋娶人妻，第 26 条纵火熏洞，第 27 条擅动兵器，第 34 条过往行人不令歇宿，第 35 条恶病传染，第 36 条毁谤头目，第 55 条挟仇放火，第 57 条冒认马匹等。平人奸平人妻的，罚五九牲畜。谋娶人妻的，系头目罚三九，系平人罚一九。纵火熏洞的，视情节严重程度，罚牲畜三九、一九不等。擅动兵器的，千户罚二九，百户罚一九，百长等罚牲畜 7 条，小百长等罚牲畜 5 条，小头目及平人罚牲畜 3 条。过往行人不令歇宿以致冻死的，抵赔外罚一九。恶病传染致死的罚三九，病愈的罚一九。毁谤头目的视头目大小，罚牲畜三九、一九不等，少的也要罚牲畜 3 条。挟仇放火烧死人的，放火头目处绞，家产牲畜抄没；烧死牲畜的，头目革退等级，家产牲畜抄没给事主；若系平人，鞭 100，家产牲畜抄没给事主。冒认马匹的，罚牲畜 5 条。

清廷为什么从《蒙古律例》中摘编出《西宁青海番夷成例》作为管理青海藏族的法律依据呢？这是因为，青海是蒙古族和藏族共同居住的地区，都在清廷的西宁大臣管辖之下，而蒙古族和藏族又都信仰藏传佛教，在生产和生活方式上有相通的地方。从清朝初年开始，和硕特蒙古贵族就已经是青藏高原的统治者。这些使清廷认为，用统治蒙古族的法律来管辖青海藏族也能适用。此外，从《蒙古律例》中摘编出适合统治青海藏族的法律条款，这在当时是最省时省力的办法。正因为这些，清廷才从《蒙古律例》中摘编出有关条款，作为统治青海藏族的法律依据。没想到产生的效果比较明显，所以到了乾隆十三年（1748），清廷决定不以内地法律治理青海藏族地区，仍然实施《西宁青海番夷成例》。到嘉庆十四年（1809），清廷认为《西宁青海番夷成例》在青海藏族已经实施 70 多年，青海各族彼此相安，可不用再行删改。[①] 于是，《西宁青海番夷成例》便继续实施。

第六节　《回疆则例》和藩部的刑罚

嘉庆十六年（1811），理藩院奉命开馆编纂《理藩院则例》，发现承办回疆事件内"所有钦奉谕旨及臣工条奏积案繁多，未便纂入蒙古则例，以

[①] 《西宁青海番夷成例》卷首。

致条款混淆，应请另行编纂成帙，以便颁发遵守"。① 这里所说的"蒙古则例"，指的是《理藩院则例》；"回疆"即新疆南部维吾尔族居住地区。从中可以看出，嘉庆十六年清廷编纂《理藩院则例》时，也开始编纂《回疆则例》。嘉庆二十年，满、蒙、汉三体《回疆则例》编成，由理藩院徕远司刷印，颁发到回疆等处，永远遵守。道光三年（1823），清廷曾考虑续纂事宜，因和卓后裔张格尔作乱，未能如愿。直到道光十三年，新疆形势稳定后，清廷才再次对《回疆则例》进行全面修订。道光十七年，《回疆则例》汉文本告竣；道光二十二年，满、蒙文本陆续告成，遂刊刻印行。

《回疆则例》总共 8 卷 134 条。其中卷 1 记叶尔羌城等地额设阿奇木伯克等官 13 条，卷 2 记回疆各城伯克职掌、补放等 10 条，卷 3 记回部王公俸禄、诰封等 16 条，卷 4 记新疆各城伯克、四川土司年班、朝觐等 19 条，卷 5 记新疆各城伯克、四川土司赏给等 19 条，卷 6 记回部权量、铸钱、贸易等 19 条，卷 7 记新疆各城伯克、四川土司俸银俸缎及有关禁止措施 23 条，卷 8 记回部的各种禁令 15 条。在上述各卷中，有关刑法的记述比较少，具体情况如下。

第 5 卷载：回疆各城大臣衙门准用通事，如果通事借大臣之势，妄行私弊，扰乱回众，即行拿究，从重治罪。

第 6 卷载：回人赴外藩贸易勒限给票，如有赴外藩贸易逾期不归的，即行治罪。无票私往的，加倍治罪。禁止换防绿营弁兵及发遣为奴人犯擅娶回妇，否则，将擅娶回妇的弁兵分别责革，将该管官分别参处；将为奴人犯枷责，将该管阿奇木伯克等参处治罪。阿奇木伯克等不许私派家人护卫弹压市集，借端滋扰，违者严参治罪。禁止大小伯克侵占渠水，倘伯克内有倚势侵占渠水，或回众有恃强截流偷引浇灌，一经查出或被控告，系伯克参革究办，系回众照例严惩，将该管伯克等治以失察之咎。禁止"莫洛回子习念黑经"，如有习念"黑经"的，报明审实，分别时间长短，酌拟发遣枷责。

第 7 卷载：新疆各回城大小衙门不准向阿奇木伯克勒索供应，阿奇木伯

---

① 《钦定〈回疆则例〉》原修原奏，嘉庆十六年七月十一日。

克也不得假官用之名妄行摊派，一经查出或被告发，无论该管大臣并属下官员以及阿奇木伯克等均照枉法赃严行治罪。各城大小衙门一应所需，悉照市价派家人自行置办，不准阿奇木伯克垫价购买，违反的照枉法赃办理，并将阿奇木伯克一并治罪；如该参赞大臣故意容隐，即由伊犁将军查明参奏，亦准各城大臣据实揭参，一体治罪。新疆大小衙门不得私役回人充为工匠，违者照枉法赃办理，并将阿奇木伯克一并治罪，如该参赞大臣故意容隐，即由伊犁将军查明参奏，亦准各城大臣据实揭参，一体治罪。禁止阿奇木伯克供给司员等月费，倘有贪劣故违索取者事发，由该参赞大臣查明参奏，即行正法，并将滥行供应的阿奇木伯克一律治罪。禁止当差官人私索供给面斤，违者官员、阿奇木伯克一体治罪。禁止各城大臣收受所属阿奇木伯克呈递的博勒克，倘有违反，由参赞大臣查明参奏，即行正法；如参赞大臣违反，听伊犁将军查参，亦许各城大臣据实揭参，仍将馈送的阿奇木伯克一体治罪。司员收买马匹不准伯克供支料草，违者经该管大臣查出，即行参办，并将滥应代为买卖的阿奇木伯克一并从重治罪。不准滥派滥应乌拉马匹，违者有关大臣及人员一并治罪。和阗所属开雅尔等六城永行停止巡查，以免扰累，违者该参赞大臣查明参奏，即行正法。各城办事大臣不准发交变价马匹，违者照枉法赃治罪，并将逢迎的阿奇木伯克一体究办。伯克等不得私役燕齐，违者将该伯克等照枉法赃从严治罪。伯克等不准私折乌拉马匹，违者喀什噶尔大臣奏明从重治罪。年班伯克不准私敛钱文滥派马匹，违者照枉法赃治罪。阿奇木伯克等地亩不准滥派牛具，违者查出从重治罪。阿奇木伯克等不准把持粮价，违者查明严行治罪。

第8卷载：阿奇木伯克到任不准回众供支食物，违者经该管大臣查出严参治罪。禁止私毁私铸钱文，违者拿送该管衙门照例究办，加重治罪。慎选充当回人阿浑，违者当选人即行惩革，并将原保阿奇木伯克等一并参办。回人出卡要领路票，违者从重治罪，该管伯克等亦分别惩处。各城回人不准与安集延结亲，违者将回人治以嫁娶违例罪，该管伯克革职，失察阿奇木伯克降一等调用。禁止回妇私进满城，查出即城守营及阿奇木伯克等严加参处，招引回妇进城官兵照军律治罪。禁止兵丁私入回庄，违者加重治罪，该管官约束不严治以应得之咎。营马出青践食稼禾者照例究办，约束不严的该管官一并惩处。禁止兵丁强占回人园地，违者依军法从事；如系游手汉民照凶恶棍徒例治罪。禁止商民重利盘剥穷回，一经查出照例治罪。回户私自容留汉民佣工，查出治罪。内地汉回擅娶回妇，查出照新例治罪。禁止私探硝矿，一经查获从重治罪。

从以上可以看出，《回疆则例》所记有关刑法，多为类别性的，很少有具体的刑罚记载。之所以如此，和《回疆则例》是清廷统治回部的大法这一性质有关，它涉及的内容很多，刑法只是其中的一部分，因而不可能把具体的刑罚措施都写出来。要了解与《回疆则例》有关的回部地区具体的刑罚内容，还要参考《新疆回部志》《钦定西域图志》等书的有关内容。①不过，这些已经不是本节所要解决的问题了。

第七节　《藏内善后章程》和藩部的刑罚

清廷为治理西藏所颁布的法律主要有《钦定藏内善后章程十三条》《藏内善后章程二十九条》《酌拟裁禁商上积弊章程二十八条》等。

《钦定藏内善后章程十三条》是乾隆十六年（1751）清廷颁布的整顿西藏政治体制的章程。先是乾隆十五年，受命掌握西藏大权的郡王珠尔默特那木扎勒图谋变乱，为驻藏大臣傅清、拉布敦诱杀，但随后他们也被珠尔默特那木扎勒的党羽所害。清廷派四川总督策楞领兵入藏平叛后，为了更好地治理西藏，根据乾隆皇帝的谕示，策楞拟定了《藏内善后章程十三条》，获准后告示全藏正式施行。章程中废除了郡王掌政制度，建立噶厦，设格隆四人，秉承达赖喇嘛和驻藏大臣的指示办理西藏地方政务。章程中有关法律的规定主要包括：喇嘛中遇有犯法的，格隆等应秉公禀明达赖喇嘛，请示遵行；凡碟巴头目等官，遇有犯法或应抄没，或应革除，格隆等务须秉公查明，分别定拟，请示达赖喇嘛并驻藏大臣指示遵行；格隆等进行买卖交易，不得擅自征用乌拉苦累人民，不得私自滥行赏赐、加派差税，

① 参见苏尔德等撰《新疆回部志》卷4《刑法》，兰州古籍书店，1990；《钦定西域图志》卷39《风俗一》，"回部政刑条"。

不得擅行私出牌票。① 由上可见，按章程的规定，达赖喇嘛和驻藏大臣掌握着西藏的司法权。

乾隆五十六年（1791），廓尔喀军入侵西藏，抢掠遍布西藏各地寺庙中的财富，给西藏造成了极大的破坏。乾隆五十七年，清廷命大将军福康安同参赞大臣海兰察率领清兵入藏，驱逐廓尔喀军。乾隆五十八年，清廷颁布《藏内善后章程二十九条》，对西藏各种制度做出了明确具体的规定，有关法律的内容如下。

对于打架、命案及偷盗等案件的处理，可以缘依旧规，但须分清罪行之大小轻重，秉公办理。近年格隆及昂仔、辖米本等，对案件之处理不公，并额外罚款，还将所罚金银牛羊等不交政府，而纳入私囊。格隆中还有利用权势，对于地位低下之人，随便加以罪名，呈报达赖喇嘛，没收其财产者屡见不鲜。今后规定对犯人所罚款项，必须登记，呈交驻藏大臣衙门。对犯罪者的处罚，必须经过驻藏大臣衙门审批。没收财产者，亦应呈报驻藏大臣，经过批准始能处理。今后无论公私人员，如有诉讼事务，均须依法公平处理。格隆中如有倚仗权势，无端侵占人民财产者，一经查出，除将格隆职务革除及没收其财产外，并将所侵占的财产全部退还本人，以儆效尤。② 从以上可以看出，驻藏大臣完全掌握了西藏的司法权。

《酌拟裁禁商上积弊章程二十八条》，是道光二十四年（1844）驻藏大臣琦善针对西藏地方政府及藏军、驻藏清军多年积弊提出的，它对旧有的章程进行了重申和补充，以加强驻藏大臣的权力，整顿西藏地方吏治。该章程中涉及刑法方面的内容如下。

掌办人不准将商上田地、人民擅行给予寺院及送与亲友，各寺院亦不准向掌办人私行呈请，将商上庄田赏作香火养赠。违者将掌办参革，庄田追还商上，以儆专擅。达赖喇嘛赏给世家及百姓田地，不准私行呈送及典卖与掌办寺院，违者追出归还商上，以杜贪营。喇嘛只准在寺梵修，不准如前干预公事，违者将掌教之喇嘛斥革，仍查明起意之人严行治罪。"番民"争诉，分别罚赎，不得私议抄没。"番目"族戚及跟役等，均不准擅用

---

① 张其勤原稿，吴丰培增辑《清代藏事辑要》，西藏人民出版社，1983。
② 见牙含章编著《达赖喇嘛传》，人民出版社，1984。

乌拉，以苏民困，违者分别斥革处分。① 从这些内容可以看出，缺乏刑罚方面的具体记述，这与该章程不是刑法的专门章程有关。

在本章即将结束的时候，应当说明的是，在探讨清代藩部典章和刑法制度的时候，应当明确以下三个问题。一是藩部的典章和刑法，是清朝"因俗而治"民族政策的反映。因俗而治，即"从俗从宜"，②"各安其习"，③"修其教不易其俗，齐其政不易其宜"，④ 这是由两方面情况决定的。一是藩部地区少数民族本身的情况。这里以蒙古族为例。清代的蒙古族"不郛郭，不宫室，不播殖，穹帐寄而水草逐"，⑤ 几乎全民族信仰藏传佛教，因而民族问题和宗教问题往往错综复杂地交织在一起。清廷为了稳定在蒙古各部的封建秩序，防止地方割据，必须审慎地对待蒙古族上层王公，维护他们的利益，尊崇和利用他们信仰的宗教，保持他们原有的社会制度。否则，鞭长莫及，就会失去统治蒙古族的社会基础。另一个是满族本身的情况。满族是少数民族，又是清代的统治民族。满族贵族为了自身统治的需要，反对"严华夷之辨"的思想。雍正皇帝在批判曾静时说："不知本朝之为满洲，犹中国之有籍贯。舜为东夷之人，文王为西夷之人，曾何损于圣德乎？……自我朝入主中土，君临天下，并蒙古极边诸部落，俱归版图，是中国之疆土开拓广远，乃中国臣民之大幸，何得尚有华夷中外之分论哉！"⑥ 乾隆皇帝在对大臣奏疏的批示中也曾表示："蒙古汉人，同属臣民，如有书写之处，应称蒙古、内地，不得以蒙汉字面，混行填写。""今乌灵阿奏折，犹以夷、汉二字分别名色，可见伊等全未留心。""着再行传谕沿边各督抚知之、如有仍旧书写之处，朕必加以处分。"⑦ 清廷反对"严华夷之辨"，客观上有着重要意义，这也是"因俗而治"政策的思想基础。"因俗而治"表现在刑法方面，是"顺其俗抚治之"，⑧ 也就是清廷对藩部制定

---

① 《元以来西藏地方与中央政府关系档案史料汇编》（3），第928—935页。
② 《清高宗实录》卷1017，乾隆四十一年九月戊戌。
③ 《清世宗实录》卷80，雍正七年四月辛巳。
④ 祁韵士：《皇朝藩部要略》，李兆洛序。
⑤ 魏源：《圣武记》卷3《国朝绥服蒙古记三》。
⑥ 《清世宗实录》卷86，雍正七年九月癸未。
⑦ 《清高宗实录》卷332，乾隆十四年十二月戊寅。
⑧ 赵翼：《皇朝武功纪盛》卷2。

和实施的典章和刑法制度。

二是在藩部，当地的民族习惯法依然存在，和清廷规定的刑法互为补充。比如，在外蒙古，有喀尔喀法典，共 19 篇文件，形成于康熙四十八年（1709）至乾隆三十五年（1770）。^① 在西藏，有《十三法典》，制定于清前期，包括刑事、诉讼等多方面内容。^② 在维吾尔族地区，也有习惯法实施，其特点是"有刑无例，有罪无律"。^③

三是在实施过程中，清廷颁布的藩部的刑法与适用于内地的《大清律》的一些条款，在适当时候可以相互取代，反映了在清朝统一多民族国家内法制的统一，各民族融合渐进的过程，以及中华法系的丰富内涵。本来，《大清律》在"化外人有犯"一条中就规定：在大清的疆域内，《大清律》适用于各族的人。在实际生活中，如前所述，相互取代运用的实例也非常多。正因为如此，嘉庆二十二年（1817），清廷决定，凡办理蒙古案件，如蒙古例所未备者，准照刑部则例办理。道光二十年（1840）又规定，蒙古各部旗扎萨克应议处分，凡蒙古例所未备者，准咨取吏、兵、刑三部则例，比照引用。

① 参阅赵云田《清代蒙古政教制度》，中华书局，1989，第142—147页。
② 参阅喜饶尼玛、王维强主编《西藏通史·清代卷下》，中国藏学出版社，2016，第730—737页。
③ 见阮明道主编、笺注《西域地理图说法》卷2，延边大学出版社，1992。

第五章　藩部的社会制度

清朝属于我国封建社会发展的晚期。这时期藩部的蒙古族实行封建牧奴制，社会组织形式是盟旗制度；维吾尔族是封建农奴制，社会组织形式是伯克制度；西藏也是封建农奴制，社会组织形式是政教合一制度。无论是盟旗制度，还是伯克制度，或是政教合一制度，都是清廷结合少数民族地区的特点实施"因俗而治"的产物。

第一节　主要资料和研究现状

一　主要资料

研究藩部社会制度的资料，主要有三个方面，即蒙古族的盟旗制度，维吾尔族的伯克制度，西藏的政教合一制度。

首先是记述蒙古族盟旗制度的资料。一是档案，包括清初内国史院满文档案、满文土尔扈特档案、满文老档。清初内国史院满文档案系清入关前内国史院满文档案，中国第一历史档案馆将其选译并编辑，成《清初内国史院满文档案译编》。[①] 该书收入清太宗天聪七年至九年（1633—1635）和崇德二年至八年（1637—1643）档案 25 册，1985 件，其中有些是研究清太宗皇太极时期在内蒙古实行盟旗制度的资料，可以和《清太宗实录》等

---

① 中国第一历史档案馆藏（分上、中、下三册），光明日报出版社，1989。

相互参考。《满文土尔扈特档案》①，系中国社会科学院民族研究所民族史研究室编选出 145 件档案而成，时间自乾隆二十六年正月至乾隆四十年闰十月。该书是研究乾隆年间漠西蒙古实行盟旗制度的重要资料。《满文老档》是皇太极时期以满文撰写的官修史书，记载天命纪元前九年至天命十一年（1607—1626）、天聪元年至六年（1627—1632）和崇德元年（1636）共 27 年史事，其中天聪和崇德年间记载有内蒙古设立盟旗的资料。1978 年，中国第一历史档案馆与中国社会科学院历史研究所合作，以乾隆朝重抄档为蓝本全部译成汉文。②

二是《清实录》。包括《清太宗实录》《清世祖实录》《清圣祖实录》《清世宗实录》《清高宗实录》。《清太宗实录》65 卷，记事起自天命十一年（1626）八月，止于崇德八年（1643）八月，为清太宗皇太极一朝编年体史料长编。该书崇德年间记有内蒙古实行盟旗制度的资料。《清世祖实录》144 卷，记事起自崇德八年八月，止于顺治十八年（1661）正月，为顺治朝编年体史料长编。该书顺治二年、五年、六年记有内蒙古实行盟旗制度的资料。《清圣祖实录》300 卷，记事起自顺治十八年正月，止于康熙六十一年（1722）十一月，为康熙朝编年体史料长编。该书康熙三年、四年、六年、二十八年、三十年、三十二年、三十五年、三十六年、四十四年、四十六年、五十年、五十一年、五十八年、六十年记有内蒙古、外蒙古、青海蒙古实行盟旗制度的资料。《清世宗实录》159 卷，记事起自康熙六十一年十一月，止于雍正十三年（1735）八月，为雍正朝编年体史料长编。该书雍正三年、八年、九年、十年记有内蒙古、青海蒙古实行盟旗制度的资料。《清高宗实录》1500 卷，记事起自雍正十三年八月，止于嘉庆四年（1799）正月，为乾隆朝编年体史料长编。该书乾隆四年、十四年、十七年、十八年、十九年、二十年、二十一年、二十二年、二十四年、三十年、三十六年、四十年、五十年记有外蒙古、青海蒙古、漠西蒙古实行盟旗制度的资料。

三是《理藩院则例》《大清会典》《大清会典则例》《大清会典事例》

---

① 中国第一历史档案馆藏，民族出版社，1988。
② 中华书局，1990。

等。《理藩院则例》中的旗分、比丁、军政、会盟等卷，《大清会典》《大清会典则例》《大清会典事例》等书中的旗制、会盟、会集等项，有盟旗制度的详细资料。

四是清人有关著作。祁韵士《皇朝藩部要略》中，内蒙古要略、外蒙古喀尔喀部要略、厄鲁特要略的记述里有盟旗制度的资料。张穆《蒙古游牧记》，整部书都是研究清代蒙古盟旗制度的重要资料。

其次是记载维吾尔族伯克制度的资料。有《清实录》《清朝文献通考》《清朝通典》《回疆则例》《皇朝藩部要略》《西域图志》《平定准噶尔方略》《西域闻见录》《新疆回部志》《回疆志》《那文毅公奏议》《刘襄勤公奏稿》等。其中，《回疆则例》《皇朝藩部要略》《西域图志》《西域闻见录》《新疆回部志》是研究伯克制度的重要参考书。《西域图志》52 卷，内容涵盖新疆的疆域、山川、河流、兵防、屯政、贡赋、钱法、学校、封爵、风俗、音乐、服物、土产、藩属、杂录等 19 门。其中兵防、屯政、封爵等项中有伯克制度的资料。《西域闻见录》[1]，成书于乾隆四十二年（1777），书中详细记录了当时西域的人文地理、风土人情、物产习俗，包括伯克制度。《新疆回部志》[2]，4 卷。其中卷 3 主要有官制和户口两部分，分别记述各城伯克员数及其品级，各城所属户口、人口数字，是研究伯克制度以及新疆伊斯兰教和维吾尔族社会生活的重要资料。《回疆志》[3]，4 卷，记有回教风俗、耕织贸易、官制俸禄、户口赋役、邮驿隘卡等内容，也是研究伯克制度的重要资料。

再次是记述西藏政教合一制度的资料。档案主要是《元以来西藏地方与中央政府关系档案史料汇编》（全 7 册）[4]。该书的清代部分记载了清王朝在西藏设治派官、册封政教领袖、制定地方法规、强化对西藏地方的行政管理，是研究西藏政教合一制度的重要资料。

相关典籍还有以下几种。《清代藏事奏牍》[5]，该书共得 40 多位驻藏大

---

① 椿园撰，上海古籍书店，1980。
② 苏尔德等撰，兰州古籍书店，1990。
③ 苏尔德等撰，成文出版社，1968 年影印本。
④ 中国藏学研究中心等编，中国藏学出版社，1994。
⑤ 吴丰培编辑，中国藏学出版社，1994。

臣及四川总督的奏折和公牍，是研究清代西藏政教合一制度的重要资料。《清代藏事辑要》①，该书共 8 卷。卷 1 自崇德七年至雍正十三年（1642—1735），卷 2 自乾隆元年至五十二年（1736—1787），卷 3 自乾隆五十三年至五十五年（1788—1790），卷 4 自乾隆五十六年至六十年（1791—1795），卷 5 自嘉庆四年至二十四年（1799—1819），卷 6 自道光元年至三十年（1821—1850），卷 7 自咸丰元年至十一年（1851—1861），卷 8 自同治元年至十三年（1862—1874）。各卷所记事，对研究清代西藏政教合一制度有重要参考价值。《卫藏通志》，清乾隆年间以汉文编纂的西藏地方志书。全书共分 16 卷，包括考证、疆域、山川、程站、喇嘛、寺庙、番目、兵制、镇抚、钱法、贸易、条例、纪略、抚恤、部落、经典。对有关西藏历史、地理、寺院、习俗，以及清朝在西藏推行的政治、军事、经济制度等，都有较全面的叙述。其中纪略部分，叙述了清初以迄乾隆末年西藏发生的重大历史事件，是研究清代西藏政教合一制度的重要参考资料。《西藏志》②，该书分事迹、疆圉等 33 目，为以后《卫藏图识》《西藏图考》等书所参考，也是研究清代西藏政教合一制度的重要参考资料。

《理藩院则例》中的"喇嘛事例"和"西藏通制"等卷，《大清会典》《大清会典则例》《大清会典事例》中的柔远清吏司、典属清吏司所记以及西藏官制等卷，对研究清代西藏政教合一制度有重要参考价值。另外，乾隆五十八年（1793），清廷颁布的《藏内善后章程二十九条》，以及此前颁布的有关西藏的善后章程，都是具体规定西藏地方政府体制的成文法。终清一代，对于这些章程的基本原则西藏地方政府信守不渝，它们也都是研究清代西藏政教合一制度的重要参考资料。

二 研究现状

首先是盟旗制度研究。杨强《清代蒙古族盟旗制度》③ 原是一篇博士学位论文，修改后出版。全书分 9 章，分别论述了盟旗制度建立的背景、盟旗

---

① 张其勤原稿，吴丰培增辑，西藏人民出版社，1983。
② 佚名著，巴蜀书社，1986 年印本。
③ 民族出版社，2004。

制度的建立、盟旗的行政体制、盟旗立法与行政制度、盟旗教育与驿站等职司、盟旗制度与满蒙联姻、盟旗制度下的蒙古社会关系、盟旗制度嬗变等问题，是一部比较全面探讨清代蒙古族盟旗制度的学术专著。朱普选《青海蒙古族盟旗制度研究》① 一文，从青海盟旗制度建立的社会背景、空间分布、组织结构与运行方式、设立的原因及其社会影响等方面对青海盟旗制度进行了探索。牛海桢《简论清代蒙古族地区的盟旗制度》② 指出，清朝在统一蒙古族地区后，在蒙古地区实行盟旗制度，一方面防止了封建王公贵族势力坐大，影响清廷在蒙古地区的统治，另一方面又削弱了蒙古内部的联系及蒙汉人民的联合，达到在蒙古地区维护和巩固封建统治秩序的目的。吐娜《试论北路土尔扈特盟旗制度》③ 一文，对北路土尔扈特盟的牧地和盟旗的设立、社会制度、社会组织、社会阶层进行了探讨。吐娜《南路土尔扈特、和硕特部社会制度探析》，④ 对东归后的南路土尔扈特、和硕特蒙古部的社会制度进行了探析，着重对盟旗的设立、扎萨克旗的性质及盟旗制的取消等做了论述。艾丽曼的《青海河南蒙古盟旗制度略论》⑤ 认为，1723 年和硕特亲王罗卜藏丹津反清失败后，清朝把青海蒙古收为内藩，设立盟旗制度，河南蒙古被划分为 4 旗，这一制度的建立对河南蒙古产生了巨大的影响。

其次是伯克制度研究。闫宗森《清朝回疆民族政策——伯克制度研究》⑥，主要分为五个部分。其中第二部分从清朝统治阶级的治国思想和民族政策入手，论述伯克制度实施的原因背景；第三部分从伯克制度的内容入手，详细探讨伯克制度的体系及其基本特征；第四部分通过评价伯克制度的优劣，说明其历史意义，并进一步指出其对当代民族政策制定与实施的启示。文章认为：总体而言，伯克制度在一定时期适应了回疆社会发展的需求，在一定程度上是应当得到肯定的。它保证了回疆的社会稳定和经

---

① 《青海民族大学学报》2006 年第 1 期。
② 《甘肃联合大学学报》2005 年第 2 期。
③ 《西域研究》2009 年第 3 期。
④ 《西部蒙古论坛》2009 年第 3 期。
⑤ 《青海社会科学》2009 年第 1 期。
⑥ 硕士学位论文，石河子大学，2010。

济发展，使清朝出现了大一统的局面。杨亚雄《论清政府对新疆维吾尔地区伯克制度的政策演变》①指出，伯克制度是清代新疆建省前主要流行于天山以南维吾尔族地区的一种官制，其种类繁多，功能各异。清朝统一天山南北后，对既有的伯克制度予以保留，并结合实际进行了改革，促进了当地社会经济的发展。随着新疆内外部环境的变化，伯克制度的弊端暴露无遗，对清廷继续治理新疆形成了障碍。伯克制度不合时宜，将之废除已成必然。新疆建省后清廷正式宣布废除这一羁縻制度。有清一代，中央政府对新疆的伯克制度从保留到改革再到废除，治边思想从"因俗而治"到"改土归流"再到"一体化"，清朝中央对伯克制度的政策演变是内外部环境综合作用的结果，基本上顺应了当地社会发展的趋势，顺应了历史发展的潮流。贾原《清代回疆伯克制度浅析》②一文认为，清代新疆伯克制度顺应了清代"因俗而治"的历史发展进程，并通过"半土半流"的伯克官员行政管理体系，巩固并稳定了当地"政教分离"的民族政策。牛海桢《试论清王朝对维吾尔族伯克制度的改革》③指出，18世纪中叶，清朝统一新疆以后，实行了因俗而治的统治方针。其中，对维吾尔族旧有的伯克制度的改革是这一政策的主要内容，清廷通过对伯克制度的一系列改造，收到了对南疆少数民族地区直接统治的效果，也在一定程度上打破了南疆维吾尔族地区的封闭局面，在一定程度上促进了民族融合。王娟娟《关于清政府对回疆伯克制度改革的几个问题》④认为，清朝统一新疆之前该地就存在最具地方特色的伯克制度，清统一新疆后，开始对伯克制度进行改革并将其纳入清朝地方官制序列，经清朝改革的伯克制度起了积极作用。沙勇《清代新疆伯克制度考述》⑤认为，伯克制度原是天山以南维吾尔族地区旧有的社会制度，在这种制度下，大小封建主就是等级不同的伯克，且均为世袭。清朝统一新疆后，遵循"因俗而治"的原则，对伯克制进行改造，废除世袭，将其纳入地方官制序列，但旧有的社会矛盾和阶级矛盾未从根本上改

① 《青海师范大学学报》2016年第4期。
② 《兰台世界》2014年第6期。
③ 《喀什师范学院学报》2006年第1期。
④ 《和田师范专科学校学报》2007年第5期。
⑤ 《四川理工学院学报》2007年第5期。

变。王东平《关于清代回疆伯克制度的几个问题》①指出，清朝统一新疆之前该地最具地方特色的行政制度——伯克制度——存在一套固有的运行机制和管理规范，这是清朝中央政府改造伯克制度并将其纳入清朝地方官制序列的基础。清代新疆地区的伯克职官名称和实际职掌并非完全相合，名不副实的现象在一定程度上确实存在，甚至可以被视为清代伯克制度的一个特点。

　　最后是政教合一制度研究。东嘎·洛桑赤列《论西藏政教合一制度》②一书，运用历史唯物主义观点分析了西藏政教合一制度产生、发展直至消亡的历史。内容主要有：一是政教合一制度产生前的政教分离时期的情况和宗教之间的斗争；二是政教合一制度的正式建立和各教派上层人物利用宗教互相争夺政权的斗争，包括萨迦派掌握西藏地方政权以及萨迦和止贡派之间的战争，帕木竹巴掌握西藏地方政权以及格鲁派的初步兴起，帕木竹巴统治阶级内部的战争，关于仁蚌巴和格鲁派之间的战争，第司藏巴和格鲁派之间的战争，顾实汗消灭藏巴汗政权、建立原西藏地方政府，平息噶玛噶举派的反抗，宁玛派和格鲁派之间的教派矛盾以及上层分子利用这种矛盾争夺政权的战争，政教合一制度开始衰落和统治阶级内部的夺权斗争，帝国主义侵略势力渗入西藏，部分上层反动分子背叛祖国，西藏地方上层反动分子打着宗教和民族的旗帜，发动武装叛乱，政教合一制度被废除。书中提供的丰富史料，对研究西藏社会政治、宗教制度的发展和封建农奴制都有一定的参考价值。王献军《西藏政教合一制研究》③，该书分上下两编。上编是关于西藏政教合一制的通论，下编就西藏政教合一制的某些问题展开专门论述。其中，上编分四章，第一章阐述了西藏政教合一制的萌芽——西藏分裂割据时期六个政教合一地方势力的详细形成过程，第二章探讨了西藏早期的家族式政教合一制的两种典型模式，第三章是对西藏晚期政教合一制的研究，第四章分析了西藏和平解放以后，西藏政教合

---

① 《民族研究》2005 年第 1 期。
② 西藏人民出版社，2008。
③ 兰州大学出版社，2004。

一制彻底覆亡的原因。陈文祥《论西藏政教合一制度产生条件及其影响》①认为，西藏政教合一制度的产生与西藏社会的发展及西藏地方政权的政治状况密不可分。文章从与这两方面紧密相关的经济基础、教育制度、政治动因等几个方面说明了这一制度产生的条件，并在此基础上探讨了西藏政教合一制度对整个社会所产生的积极与消极影响。李加东智《略论西藏政教合一制度产生的思想渊源》②指出，政教合一制度作为一种特殊的社会政治制度，在许多国家和民族的早期历史上曾出现过。西藏政教合一制度以其持续时间之久、体系之完备和影响之深远而受到世人的关注。该文着重探讨和分析了这一制度产生的思想渊源。

综上可见，清代盟旗制度的研究，比较偏重于地域性和族别性，例如地域性中的青海、新疆，族别性中的土尔扈特、和硕特蒙古，从中可以看到近年来盟旗制度研究的细化和深入。存在的问题是：有的著作梳理前人的研究成果不够，比较重要的著作未能提及；有的著作学术表达不够规范。清代伯克制度的研究，比较偏重于历史意义和现实意义，反映了这一研究的经世致用思想。当然，在对伯克制度本身的探讨中，也有了不同程度的深入。在政教合一制度的研究中，既有对这一制度的产生至完结的全面论述，也有对这一制度产生的思想渊源，以及产生之前各历史阶段的发展过程和变化特征的分析，还有对这一制度对整个社会所产生的积极与消极两方面影响的论述，反映了清代西藏政教合一制度研究中所涉及问题的广泛和深入。

第二节　盟旗制度

盟旗制度是在清代蒙古族居住地区实施的基本社会制度。探讨这一制度，应了解以下几个问题：一是盟旗制度和满族及蒙古族原有社会制度的关系；二是盟旗制度形成的过程；三是盟旗的组织结构；四是盟旗的行政

---

① 《阿坝师范高等专科学校学报》2006 年第 2 期。
② 《四川民族学院学报》2008 年第 1 期。

职能；五是盟旗制度的社会实质。①

其一，盟旗制度和满族及蒙古族原有社会制度的关系，以及八旗制度和鄂托克、爱马克社会组织结合演变为盟旗制度的过程。盟旗制度源于努尔哈赤时期创建的八旗制度，以及蒙古族原有的鄂托克、爱马克社会组织。先说八旗制度。我国北方游牧民族在军队中很早就实行十进位制，例如金朝就是"以兵十人为一组"，② 十组设百夫长，千户设千户长。金是由女真人建立的，而女真人是满族的先世，所以十进位的传统在满族人中早有继承，并且用于行军和狩猎的活动中。他们行军狩猎，不论人数多少都依族寨行进，在出猎开围之际，每人各出箭一支，每十人中立一总领，统属其他九人，该总领称牛录额真，即大箭之主。③ 明万历十二年（1584），努尔哈赤率兵攻打瓮哥洛部，将该部鹅儿古尼俘获。努尔哈赤没有杀他，而是"赐以牛录之爵，厚养之"，④ 可见在努尔哈赤时期，古代传承的十进位制已经演变成牛录的编制。明万历二十九年，努尔哈赤根据新形势下的需要，对牛录进行改编，"将所聚之众每三百人立一牛录厄真管属"，⑤ 使改编后的牛录成为军政合一的社会组织形式。这样说的原因，第一，它是满族社会基层政权的组织形式，这从努尔哈赤、皇太极的讲话中可以证明。努尔哈赤曾对牛录额真说："凡所委脱之事，若能胜其任则受委托，若不能胜则勿受。不能胜任而强为之者，其关系非止一身。若率百人则误百人之事，率千人则误千人之事，不知此事乃国之大事也。"⑥ 皇太极继位后，也多次对牛录额真提出希望。天聪四年（1630）九月，皇太极要求部下："凡管兵备御以上，总兵官以下，各宜尽心为国，俾牛录下人等，竭力奋勉，无生厌怠之心。至牛录下壮丁，原系均分，何以士卒有众寡，马数有赢耗，皆由牛录额真贤否不同之故。"⑦ 天聪五年七月，皇太极制定小事赏罚例，小事

---

① 本节参阅了赵云田《清代蒙古政教制度》第 4 章。
② 谷霁光：《辽金纠军史料试释》，《中央研究院历史语言研究所集刊》第 15 本，1948 年。
③ 《清太祖武皇帝实录》卷 2。
④ 《清太祖武皇帝实录》卷 1。
⑤ 《清太祖武皇帝实录》卷 2。
⑥ 《清太祖武皇帝实录》卷 2。
⑦ 《清太宗实录》卷 7，天聪四年九月戊戌。

令各牛录额真审理,只有大事才送交到部。① 努尔哈赤、皇太极的讲话内容多涉及地方官吏的职掌,由此可以认为,牛录确是地方基层政权组织。第二,它是满族人民从事生产的基层组织。清代史书对此有明确记载。明万历四十三年,努尔哈赤有感于平时没有积储,虽得人畜,也难以为生,为了"固疆圉,修边关,务农事,裕积贮",便命各牛录每十人出牛四头,在旷野处屯田造仓积粮,还设仓官 16 员、吏 8 员,执掌出入。② 天聪七年(1633),皇太极也要求牛录额真组织生产,"洼地当种粱稗,高田随地所宜种之,地瘠须加倍壅,耕牛须善喂养","如孤贫无牛者,付有力之家代种,一切差徭宜派有力者,勿得累及贫人"。③ 这些说明了牛录是满族人民从事生产的基层组织。第三,它也是行军作战的基本单位,是军事组织的基层编制。努尔哈赤建立政权之初,曾规定以牛录为单位,人丁三年编审一次。在编审壮丁时,以年满 18 岁或身高 5 尺为准,合格者皆可造入丁册,老幼弱丁则不入册。从编入牛录的壮丁中选拔精正而能骑射的作为士兵,其数额约占牛录的三分之一。行军打仗时,牛录是基本的单位。④ 史载:"太祖削平各处,于是每三百人立一牛录额真……成八固山。行军时,若地广则八固山并列,队伍整齐,中有节次。路狭,则八固山合一路而行,节次不乱。军士禁喧哗,行伍禁纷杂。"⑤ "一牛录五十甲,以十甲之人守城,四十甲从征。"⑥ 可见,牛录作为军事组织的基层单位,在这些记述中非常清楚。

牛录是怎样演变成八旗制度的呢?这是牛录改革的结果。明万历四十三年(1615),努尔哈赤在设置牛录额真的基础上规定:"五牛录立一札拦(甲喇)额真,五札拦立一固山额真,固山额真左右立美凌(梅楞)额真,原旗有黄白蓝红四色,将此四色镶之为八色,成八固山(旗)。"⑦ 这就是满洲八旗制度最初形成的情况。皇太极即位后,天聪八年,额真改称章京。

---

① 《清太宗实录》卷 9,天聪五年七月庚寅。
② 《清太祖武皇帝实录》卷 2。
③ 《清太宗实录》卷 13,天聪七年正月庚子。
④ 嘉庆朝《大清会典事例》卷 1110。
⑤ 《清太祖武皇帝实录》卷 2。
⑥ 《满文老档》太祖朝卷 6,天命三年四月。
⑦ 《清太祖武皇帝实录》卷 2。

牛录章京，汉语即佐领；甲喇章京，即参领；梅楞章京，即副都统；固山章京，即都统。换句话说，八旗制度，即三百人设一佐领，五佐领设一参领，五参领设一都统，每都统又有左右副都统协助办事，八都统分别掌管八旗。满族共同体形成后，以牛录为基础的八旗制度，其性质和牛录制度一样，既是军事制度，也是政权的组织形式，是军政合一、兵民合一的社会单位，是满族社会的基本制度。在这一制度下，满族人民被编入八旗，隶属于不同的牛录。在出征作战的时候，固山、甲喇、牛录章京分别统率所属冲锋陷阵。在生产劳动的时候，筑城、修路、运输、农耕，也都按旗所属派牛录人丁担任，官粮供应、政权机构所需费用等，也都是平均摊派各旗，以牛录为单位准备。

再说蒙古族原有的鄂托克、爱马克社会组织。明清之际我国蒙古族居住地区形成的各部，比如察哈尔、喀尔喀、鄂尔多斯、土默特等，实际上是大小不一、规模不等的各个封建领主集团，他们拥有一定的领地和牧户。大的部落集团可以分成若干小的互相联合的牧户群，在一块共同的土地上游牧，由这块土地的世袭领主做首领，该首领隶属于大领主，人们称这种牧户联合体为"鄂托克"。① 因此，鄂托克是一块小领地上的地缘结合体，所有的蒙古人都必须加入，它是蒙古族社会中的基层组织。在鄂托克中，一家一户的牧户是基本的经济单位，提供赋税和兵役。② 从军事观点上看，鄂托克又是一个军事组织单位，成员中的壮丁组成武装集团，根据人口多少，提供人数不等的军队。大领地除了分成若干鄂托克外，还可以分成若干"爱马克"。爱马克是游牧于同一地区的同族牧户集团，是近亲家族的结合。爱马克也要有共同的牧地。爱马克和鄂托克的主要区别在于：爱马克不仅以地缘关系为基础，而且必须属于同一亲族集团；鄂托克则只以地缘关系为基础，牧户之间并不一定存在亲族关系。爱马克有大有小，有的一个爱马克就是一个鄂托克，甚至是一个大领地；有的几个爱马克才构成一

---

① 符拉基米尔佐夫：《蒙古社会制度史》，刘荣焌译，中国社会科学出版社，1980，第206—215页。

② 参见戈尔通斯基《1640年蒙古-卫拉特法典》，"附噶尔丹珲台吉第一项补充敕令"，1880年彼得堡俄文版。

个鄂托克。

综上可以看出，蒙古族鄂托克、爱马克社会组织和满洲八旗制度中的牛录有许多相似之处。第一，它们都是社会基层政权组织。第二，它们都是社会生产活动中的基本单位。第三，它们都是军事组织的基层编制。正是因为这些相似之处，满族贵族在统一内蒙古之后，才能比较顺利地把八旗制度的组织原则推行到蒙古族居住的广大地区，从而形成盟旗制度。此外，蒙古族和满族这两个民族的许多共同点，也是满洲八旗制度在蒙古族居住地区演变为盟旗制度的一个有利条件。满族和蒙古族一样，最初也是游牧民族，甚至满族的先世女真族中的某些部，就是由蒙古族演化而来。例如，海西女真中的叶赫部，其始祖就是内蒙古土默特部，乌拉部也是蒙古族的后裔。① 在相当长的时间里，满族使用的是蒙古族文字，满文的创制，也是对蒙古文改革的结果。满族和蒙古族的许多相同之处，使蒙古族比较易于接受满族的制度。

了解了满族的八旗制度和蒙古族的鄂托克、爱马克社会组织，还需进一步了解，八旗制度是怎样和鄂托克、爱马克社会组织结合演变为盟旗制度的呢？这是皇太极统一内蒙古以后采取一系列行政措施的结果。具体来说，这些措施包含三方面内容。一是蒙古族要接受清（后金）政权的法令制度，这是满洲八旗制度在蒙古族社会中演变为盟旗制度的基础。天聪三年（1629）正月，皇太极颁发敕谕，命令科尔沁、敖汉、奈曼、喀尔喀、喀喇沁五部"遵行本朝制度"。② 三月，皇太极派遣阿什达尔汉等人，向归附的内蒙古各部贝勒"申定军令"。③ 天聪五年四月，他又颁发敕谕，"示以行军弥盗律令"。④ 内蒙古各部在接受清（后金）政权法令制度方面是有抵制的，这里仅举一例。天聪六年九月，厄鲁特贝勒明安子、额驸多尔济"违编五十家为民之令"，并"私行围猎"。⑤ 于是，皇太极采取了更加严厉

① 《清太祖高皇帝实录》卷6，天命四年八月壬申；《清太宗实录》卷15，天聪七年九月癸卯。
② 《清太宗实录》卷5，天聪三年正月辛未。
③ 《清太宗实录》卷5，天聪三年三月戊午。
④ 《清太宗实录》卷9，天聪五年四月丙午。
⑤ 《清太宗实录》卷12，天聪六年九月癸卯。

的措施。天聪七年八月，皇太极再派阿什达尔汉向科尔沁等部颁布"钦定法律"。① 天聪八年正月，他又召集蒙古各贝勒，强调蒙古各部必须遵守满洲政权的制度。② 经过了这样的反复，内蒙古各部最终接受了满洲政权的法令制度，为盟旗制度的形成奠定了基础。二是划定游牧地界和编审地方户口，这是八旗制度在蒙古族地区演变为盟旗制度的一个重要条件。天聪三年正月，奈曼部、扎鲁特部贝勒巴图鲁衮出斯等人，因私越钦定地界驻牧，自行定议罚以驼马。③ 这表明，内蒙古划分游牧地的工作早在天聪三年以前就已进行。天聪八年十月，皇太极又一次大规模地在内蒙古分划牧地。他派阿什达尔汉、达雅齐负责这项工作，内蒙古敖汉、奈曼、巴林、扎鲁特、翁牛特、四子部落、乌喇特、喀喇沁、土默特等部管事的大小贝勒，都来到了硕翁科尔地方参加讨论，最终划好了各部疆界，规定："既分之后，倘有越此定界者，坐以侵犯之罪。至于往来驻牧，务彼此会齐，同时移动，不许参差。"与此同时，又编审了地方户口数目。④ 其中，敖汉部 1800 户，奈曼部 1400 户，巴林部 1600 户，扎鲁特部 4450 户，四子部落 2000 户，阿鲁科尔沁部 2000 户，翁牛特部 4000 户。三是任命官员，这是八旗制度在蒙古族社会演变为盟旗制度的标志。关于盟旗制度下官员的组成情况，将在下文述及，此处暂略。清廷采取上述措施之后，蒙古族社会的组织情况发生了变化。一方面，蒙古族社会中各级封建主之间原有的领属关系取消了，他们都成了清政权管辖下的臣民，其中相当一部分成了清政权在蒙古族地区的各级行政官员。对蒙古族社会中原来的汗、济农、诺颜、宰桑、台吉等，清廷根据他们的功绩大小、归顺早晚、效忠程度，或授以实职，或授以虚衔。原来位卑的小封建领主，只要对清政权功勋卓著，也可被任命为一旗之长，即扎萨克，而握有实权；原来位高的大封建领主，如果没有战功，又和清政权皇室没有姻亲关系，那也只能处于闲散地位。这样，蒙古族社会中封建领主之间原来的关系被打破，有些大封建领主再不能像从前

① 《清太宗实录》卷 15，天聪七年八月癸酉。
② 《清太宗实录》卷 17，天聪八年正月庚寅。
③ 《清太宗实录》卷 5，天聪三年五月丁未。
④ 《清太宗实录》卷 21，天聪八年十月乙巳。

那样对待自己的部属了。蒙古族社会中封建主的领地也发生了变化。清政权在内蒙古各部编旗设佐，虽然是以原来封建主的各个领地为基础，但又不是以原来的封建领地划定旗的管辖范围。原来的封建领地被改编了，有的大封建领地被编为很多旗，较小的封建领地或许保持了原来的规模，而被编为一旗。旗地的性质随之发生了变化。蒙古族封建主对旗内的土地只有管辖权和使用权，再没有占有权。旗地是蒙古族封建主的世袭领地，根据需要，清政权可以让蒙古族封建主迁徙来改变他们的封建领地情况。从这方面讲，清代蒙古族社会中盟旗制度下的旗，不是蒙古族社会中原来的鄂托克或爱马克等封建领地制度的继续，而是对它们的改造和发展。另一方面，在盟旗制度下，蒙古族各级封建领主的既得利益仍然受到了保护。在编旗设佐过程中，他们的属民基本上是被编在一起的，而且原来部落的名称往往作为旗的名称被保留下来，受编后的游牧地虽有变化，但多数还是从前的游牧地，甚至位置上也没有太大的更动。各级蒙古族封建领主的特权，经过清政权的恩赐，一般是世袭的，可以延及后世。从前蒙古族鄂托克和爱马克内部不许变更游牧地，在盟旗制度下依然如此。① 从这方面看，盟旗制度下蒙古族原有的社会组织形式虽有变化，但某些实质性的内容其实没有根本改变。

清廷在内蒙古编旗的具体情况，可由下面的记述中看到一些细节。天聪九年二月，皇太极编审内外喀喇沁蒙古壮丁，总计 16953 名，分 11 旗。其中有 8 旗仿照满洲八旗形式编设，即蒙古八旗。还有 3 旗，一旗以古鲁恩辖布为固山额真，辖丁 5286 名；一旗由耿格尔、单把共为固山额真，辖丁 2010 名；一旗由俄木布楚虎尔为固山额真，辖丁 1826 名。这是内蒙古后来盟旗制度下旗的形式。编审壮丁的条件是，"年六十以下，十八以上"，"俱照例编审"。"其目不能视，足不能行，手不能持者，不入编审内。"② 崇德元年（1636）十月，皇太极命内弘文院大学士巴克什希福、蒙古衙门承政尼堪，偕都察院承政国舅阿什达尔汉、蒙古衙门承政塔布囊达雅齐往察哈

---

① 参阅戈尔通斯基《1640 年蒙古－卫拉特法典》第 132 条；光绪朝《大清会典》卷 64。
② 《清太宗实录》卷 22，天聪九年二月丁亥。

尔、喀尔喀、科尔沁"查户口、编牛录、会外藩、审罪犯、颁法律、禁奸宄"。[①] 十一月，希福等"以五十家编为一牛录，选载牛录章京姓名，及甲士数目册籍返回"。[②] 崇德三年（1638）六月，土默特部古禄格等 22 人在林丹汗逃奔青海大草滩以后，一时间失去依靠，散居在山谷之间。皇太极派遣额尔德尼达尔汉喇嘛收其溃散之众，古禄格等遂归附皇太极。清政权"以其众，编立旗分、牛录，设固山章京、梅勒章京、牛录章京，仍依品级，各授以世职"。[③] 从上述记载可以看出，整顿社会秩序、编审户丁牛录、任命旗佐官员，是编旗具体过程中的主要工作。[④]

以上所述只是盟旗制度中旗的情况，关于盟的问题，这里还需要补充说明。在清以前蒙古族社会中，在大小封建主之间，存在一种集会叫"楚固拉干"，它不是常设机构，集会地点、参加人员也都不固定，是由参加集会的封建领主根据彼此间的关系事先商定。集会规模的大小也不尽相同，有时在一个大领地内部进行，有时在几个领地之间召开。楚固拉干盟会召开的目的，有的是调解彼此间的关系，有的是商讨重要的行政、立法事项，还有的是建立军事和贸易方面的盟约。[⑤] 其实，这种集会在满族（女真）中也存在。努尔哈赤与内蒙古就曾多次举行会盟，解决彼此间存在的问题。天命四年（1619）十一月，努尔哈赤与内喀尔喀部长会盟，把明朝视为共同的"敌国"，刑白马乌牛昭告天地，规定违盟者"皇天后土，其降之罚"。[⑥] 天命十一年五月，努尔哈赤又和科尔沁贝勒奥巴会盟，商定抵制察哈尔部林丹汗的进袭。[⑦] 皇太极执政后也是这样，天聪六年（1632）四月，皇太极率大军征讨察哈尔，曾与内蒙古各部会盟，解决各部派兵"多寡不齐，迟速亦异"[⑧] 的问题。清廷统一内蒙古之后，继续利用会盟这种形式，解决在内蒙古各部中存在的各种各样的实际问题，以加强统治。后来，清

① 《清太宗实录》卷 31，崇德元年十月丁亥。
② 《清太宗实录》卷 32，崇德元年十一月丙午。
③ 《清太宗实录》卷 42，崇德三年六月庚申。
④ 《清史稿》卷 518—520。
⑤ 参阅戈尔通斯基《1640 年蒙古－卫拉特法典》前言。
⑥ 阿桂：《皇清开国方略》卷 6。
⑦ 阿桂：《皇清开国方略》卷 8。
⑧ 《清太宗实录》卷 11，天聪六年四月癸未。

朝《理藩院则例》具体规定了蒙古各部会盟的时间、地点、仪注、内容，从而使会盟制度化。

其二是盟旗制度形成的过程。蒙古各部归附清廷的过程，也就是盟旗制度形成的过程。从时间上说，这一过程起于天聪九年（1635），终于乾隆三十六年（1771），长达130余年；从地理范围上讲，又可分内蒙古、外蒙古、青海蒙古、漠西蒙古。总的来说，清代盟旗制度形成经历了三次高潮。

第一次高潮是天聪、崇德和顺治年间，主要是内蒙古地区的编旗。天聪九年，喀喇沁部左翼旗40佐领，右翼旗44佐领。崇德元年（1636），科尔沁部右翼中旗22佐领，左翼中旗46佐领，右翼前旗16佐领，左翼前旗3佐领，右翼后旗16佐领；土默特部左翼旗80佐领；敖汉部敖汉旗55佐领；奈曼部奈曼旗50佐领；扎鲁特部左翼旗16佐领；阿鲁科尔沁部阿鲁科尔沁旗50佐领；翁牛特部左翼旗20佐领，右翼旗38佐领；四子部落四子部落旗4佐领。崇德六年，乌珠穆沁部右翼旗21佐领，苏尼特部左翼旗20佐领，阿巴噶部右翼旗11佐领。崇德七年，苏尼特部右翼旗13佐领。顺治二年（1645），土默特部右翼旗90佐领。顺治三年，乌珠穆沁部左翼旗9佐领，浩齐特部左翼旗5佐领。顺治五年，扎赉特部扎赉特旗16佐领；杜尔伯特部杜尔伯特旗25佐领；郭尔罗斯部前旗23佐领，后旗34佐领；巴林部左翼旗16佐领，右翼旗26佐领；扎鲁特部右翼旗16佐领；乌喇特部中旗12佐领，前旗2佐领，后旗4佐领。顺治六年，科尔沁部左翼后旗3佐领；鄂尔多斯部左翼中旗17佐领，右翼中旗84佐领，左翼前旗42佐领，右翼前旗42佐领，左翼后旗13佐领，右翼后旗36佐领。顺治八年，阿巴噶部左翼旗11佐领。顺治九年，克什克腾部克什克腾旗10佐领。顺治十年，喀尔喀右翼部右翼旗1佐领，浩齐特部右翼旗5佐领。顺治朝以后，内蒙古编旗仍在继续。康熙三年（1664），喀尔喀左翼部左翼旗1佐领，茂明安部茂明安旗16佐领。康熙四年，阿巴哈纳尔部左翼旗9佐领。康熙六年，阿巴哈纳尔部右翼旗7佐领。康熙四十四年，喀喇沁部中旗38佐领。乾隆元年（1736），鄂尔多斯部右翼前末旗13佐领。至此，内蒙古编旗设佐大体完成。为什么内蒙古有的旗直到康熙、乾隆年间才设立呢？究其原因，有的是族属繁衍，佐领增加，从而增加旗，比如喀喇沁部中旗、鄂尔多斯部右翼前末旗;① 有的是归附清廷较晚,所以编旗也晚,如喀尔喀左翼部左翼旗,阿巴哈纳尔部左翼旗、右翼旗。②

　　第二次高潮是康熙、雍正年间,主要是外蒙古和青海蒙古编旗。外蒙古编旗设佐,多在康熙三十年(1691)多伦会盟之后。当时,土谢图汗部设 17 旗,车臣汗部设 12 旗,扎萨克图汗部设 8 旗,总计 37 旗。康熙三十一年,清廷改外蒙古两翼为 3 路,土谢图汗称北路(雍正三年改称中路),车臣汗称东路,扎萨克图汗称西路。康熙三十六年,外蒙古回归旧牧后,清廷编 3 部为 55 旗。到雍正年间,土谢图汗部增至 38 旗,车臣汗部增至 21 旗,扎萨克图汗部增至 16 旗。雍正二年(1724),清廷在土谢图汗部内拨出 20 旗划归额驸策凌管辖,是为赛音诺颜部,外蒙古遂分 4 部。乾隆元年(1736)以后,土谢图汗部复增设 2 旗,计 20 旗,车臣汗部增设 2 旗,计 23 旗,扎萨克图汗部增设 2 旗,计 18 旗,赛音诺颜再增设 2 旗,计 22 旗,又厄鲁特部 2 旗附于赛音诺颜部,辉特部 1 旗附于扎萨克图汗部,故外蒙古 4 部总计 86 旗。至于各旗佐的数目,则多少不同。其中,土谢图汗部 58 佐领,赛音诺颜部 38 佐领半,车臣汗部 48 佐领半,扎萨克图汗部 24 佐领半。清廷在外蒙古设立 4 盟。土谢图汗部 20 旗,于汗阿林地方为一会,为汗阿林盟。车臣汗部 23 旗,于克鲁伦巴尔和屯为一会,为克鲁伦巴尔和屯盟。扎萨克图汗部 19 旗,于扎克毕拉色钦毕都尔诺尔为一会,为扎克毕拉色钦毕都尔诺尔盟。赛音诺颜部 24 旗,于齐齐尔里克为一会,为齐齐尔里克盟。外蒙古编旗具体情况是:土谢图汗部,斡齐赉巴图土谢图汗旗 1 佐领,右翼左旗 7 个半佐领,中右旗 3 佐领,左翼中旗 14 佐领,中旗 4 佐领,左翼后旗 4 佐领,右翼右旗 1 佐领,左翼前旗 3 佐领,左翼右末旗 5 佐领,左翼末旗 1 佐领,右翼右末次旗 1 个半佐领,中左翼末旗 4 佐领,右翼左末旗 1 佐领;赛音诺颜部,赛音诺颜旗 4 个半佐领,右翼右后旗 2 佐领,中前旗 1 佐领,中左旗 3 佐领,中末旗 1 佐领,右翼中左旗 4 佐领,左翼末旗 2 佐领,右翼前旗 1 佐领,左翼左旗 2 佐领,左翼右旗 3 佐领,左翼左末旗 1 佐领,

---

① 参阅张穆《蒙古游牧记》卷 2、卷 6。
② 参阅张穆《蒙古游牧记》卷 3、卷 4。

右翼左末旗 1 佐领，右翼中右旗不设佐领，右翼后旗 1 佐领，中后末旗 1 佐领，中右翼末旗不设佐领，附厄鲁特部，厄鲁特旗 1 佐领，厄鲁特前旗 1 佐领；车臣汗部，车臣汗旗 2 佐领，中末旗 3 佐领，右翼中右旗 1 个半佐领，左翼后旗 2 个半佐领，左翼后末旗 1 个半佐领，右翼后旗 3 佐领，右翼中左旗 1 佐领，右翼前旗 1 个半佐领，右翼左旗半个佐领，中末次旗半个佐领，左翼右旗 1 佐领，中右后旗半个佐领，左翼左旗 1 个半佐领，中左前旗 1 佐领；扎萨克图汗部，扎萨克图汗旗 3 佐领，中左翼左旗 2 佐领，右翼后旗 1 佐领，左翼后旗 1 佐领，中右翼末旗 1 佐领，右翼后末旗 1 佐领，左翼左旗 1 佐领，中右翼末次旗 1 佐领。

外蒙古编旗，有的在时间上差别很大。比如土谢图汗部，左翼左中末旗 1 佐领，康熙五十年（1711）编就；中右末旗 1 佐领、中次旗 1 佐领，康熙五十八年编就；右翼左后旗 2 佐领，雍正八年（1730）编成；右翼右末旗 1 佐领，雍正九年编成；左翼中左旗 1 佐领，雍正十年编成；中左旗 1 佐领，乾隆二十三年（1758）编成。赛音诺颜部，中后旗 1 佐领、右翼中末旗 1 佐领，均在康熙五十一年编成；中左末旗 4 佐领，康熙六十年编成；右末旗 1 佐领，乾隆四年编成；中右旗 1 佐领，乾隆十七年编成；左翼中旗 1 佐领，乾隆二十四年编成。车臣汗部，左翼中旗 2 佐领、中右旗 4 佐领、右翼中旗 8 佐领、中左旗 2 个半佐领、中后旗 1 个半佐领、左翼前旗 1 个半佐领、中前旗 5 佐领，均在康熙二十八年编就；中末右旗 1 佐领，乾隆十四年编就；右翼中前旗 1 佐领，乾隆二十年编就。扎萨克图汗部，左翼前旗 2 佐领、右翼前旗 1 个半佐领、右翼右旗 1 佐领，均在康熙二十八年编就；左翼右旗 1 佐领，康熙二十九年编就；右翼右末旗 2 佐领，雍正二年编就；左翼后末旗 1 佐领，雍正四年编就；左翼中旗 1 佐领，雍正五年编就；中右翼左旗 1 佐领，乾隆二十年编就；中左翼右旗 1 佐领，乾隆二十一年编就；中左翼末旗 1 佐领，乾隆二十二年编就；附辉特部辉特旗 1 佐领，乾隆三十年编就。以上所述编旗时间相差这么大，是什么原因呢？大致有以下几种情况。

一是有的从原来所属旗析出，另编一旗。如土谢图汗部左翼左中末旗，就是车凌巴勒在康熙五十年到避暑山庄朝觐，康熙帝追念其父来归之诚，"析其从子班珠尔多尔济"别为一旗。中右末旗，是辰丕勒多尔济在康熙五十八年入觐时，"请编所属别为一旗，授扎萨克一等台吉"形成的。① 属于这种情况的还有土谢图汗部中左旗、中次旗，赛音诺颜部中右旗，车臣汗部右翼中右旗、右翼中左旗。二是有的因为才能出众，建有功勋，被皇帝敕封别为一旗。如土谢图汗部右翼左后旗，朋素克喇布坦"初授协理台吉，雍正八年，上以其材超众，且谙蒙古务……别为一旗，授扎萨克一等台吉"。右翼右末旗"巴海协理旗务，雍正九年，以功封扎萨克一等台吉"。② 属于这种情况的还有土谢图汗部左翼中左旗，车臣汗部中末右旗、右翼中前旗，扎萨克图汗部的左翼中旗、左翼后末旗、右翼右末旗、中左翼右旗。三是有的幼年居住京师，长成后回归游牧地受封，另为一旗。如赛音诺颜部中左末旗，策凌"赐居京师，教养内廷"，康熙四十五年"携属归塔米尔，六十年，授扎萨克"。③ 四是有的"丁户滋众"，别封一旗。如赛音诺颜部左翼中旗，乾隆二十四年（1759），"德钦扎布奏：本旗丁户滋众，请增编佐领，授齐旺多尔济辖，别为一旗"。④ 五是有的因战乱避走他乡，战后回归旧牧再编旗。如赛音诺颜部右翼中末旗，以噶尔丹掠所部，避走青海，朔漠平，徙归喀尔喀，"康熙五十一年，编所属丁户，自为一旗"。⑤ 六是有的归附清廷早于康熙三十年，所以编旗也早。如车臣汗部左翼中旗、中右旗、右翼中旗、中左旗、中后旗、左翼前旗、中前旗，扎萨克图汗部左翼前旗、右翼右旗，都是康熙二十八年编旗，扎萨克图汗部左翼右旗则是康熙二十九年编旗。

青海蒙古有和硕特部、绰罗斯部、土尔扈特部、喀尔喀部之别，不设盟长，隶西宁办事大臣，其编旗设佐多与清廷平息罗卜藏丹津叛乱有关。雍正三年（1725），叛乱平息。清廷诏示和硕特部定界游牧，并按内蒙古例，开始编旗设佐，置扎萨克统领。这些旗包括：和硕特部，西前旗8佐领，前头旗11佐领，前左翼头旗9佐领，西后旗9佐领，北右翼旗6佐领，北左翼旗3佐领，南左翼后旗1佐领，北前旗2佐领，南右翼后旗4佐领，

---

① 参阅张穆《蒙古游牧记》卷7。
② 参阅张穆《蒙古游牧记》卷7。
③ 参阅张穆《蒙古游牧记》卷8。
④ 参阅张穆《蒙古游牧记》卷8。
⑤ 参阅张穆《蒙古游牧记》卷8。

西右翼中旗1佐领，西右翼前旗2佐领，南右翼中旗5佐领，南左翼中旗4佐领，北左末旗4佐领，北右末旗2佐领，东上旗1佐领，南左翼次旗不设佐领，南左翼末旗2佐领，南右翼末旗1佐领，西右翼后旗1佐领，西左翼后旗1佐领；绰罗斯部，南右翼头旗4佐领；土尔扈特部，南中旗4佐领，西旗4佐领，南前旗1佐领，南后旗3佐领；辉特部，南旗1佐领；喀尔喀部，南右旗1佐领。其中，绰罗斯部北中旗2.5佐领，康熙五十五年（1716）编就，这是为什么呢？原来，为避噶尔丹乱，该部徙牧青海，康熙五十五年来朝，"授公品级一等台吉，赐扎萨克职"。[1] 所以，该部编旗早于雍正三年。

另外，还有阿拉善和额济纳蒙古，不设盟，直辖理藩院。阿拉善厄鲁特蒙古也称西套厄鲁特。厄鲁特部阿拉善旗8佐领。厄鲁特原居西套，该部和罗理因噶尔丹侵西套，"逃窜近边"，"上书求给牧地"。康熙三十六年，"请视四十九旗例，编佐领，授扎萨克"。[2] 额济纳土尔扈特蒙古在阿拉善厄鲁特蒙古以西，地处甘州、肃州边外，原属漠西蒙古土尔扈特部。土尔扈特部额济纳旗1佐领。最初，该部阿喇布珠尔去西藏熬茶，返程中道路被准噶尔梗阻，"遂留居嘉峪关外，遣使至京师求内属"。康熙皇帝"悯其无归"，在康熙四十三年，封其为固山贝子，命使辖其众。其后几经变化，至乾隆十八年（1753），罗卜藏达尔札承袭爵位时，始授扎萨克。[3]

第三次高潮是在乾隆十九年和乾隆三十六年，主要是漠西蒙古编旗设佐。漠西蒙古编旗设佐，多在乾隆年间清廷平定准噶尔前后。乾隆十八年，漠西蒙古杜尔伯特部三车凌投归清廷后，被安置在推河流域札克拜达里克、库尔奇勒地方。乾隆十九年四月，清廷仿照内蒙古、外蒙古的模式，在三车凌所属编旗设佐。乾隆二十一年，三车凌徙往额尔齐斯、乌梁海地方；乾隆二十二年，又徙往乌兰古木一带。此即漠西蒙古乌兰古木杜尔伯特部赛音济雅哈图左右翼二盟，总计16旗。漠西蒙古还有新、旧土尔扈特部，是乾隆三十六年原徙牧于伏尔加河流域的土尔扈特部回归后所设。土尔扈

① 参阅张穆《蒙古游牧记》卷12。
② 参阅张穆《蒙古游牧记》卷11。
③ 参阅张穆《蒙古游牧记》卷16。

特蒙古回归祖国后，清廷除采取一系列救济措施以外，还封渥巴锡为汗，舍稜为亲王，其余的首领也被封为不同等级的王公，又令他们以新、旧分别称呼，各设扎萨克，分属乌讷恩素珠克图南路、北路、东路、西路4盟，巴图赛特启勒图中路盟，青色特启勒图盟，总计15旗，在伊犁、塔尔巴哈台、科布多附近游牧。乾隆十九年编旗的是：杜尔伯特部扎萨克特固斯库鲁克达赖汗旗10佐领，中旗、中左旗、中前旗、中后旗、中上旗、中下旗、中前左旗、中前右旗、中后左旗，附辉特一旗下前旗，均为1佐领，中后右旗不设佐领。以上为赛音济雅哈图左翼盟。还有杜尔伯特部前旗11佐领，前右旗、中右旗都为2佐领，附辉特一旗下后旗1佐领。以上为赛音济雅哈图右翼盟。乾隆三十六年编旗的有：旧土尔扈特部南路汗旗50佐领，中旗2佐领，右旗、左旗均为1佐领，属于乌讷恩素珠克图南路盟。和硕特部编旗时间不一。中路右旗3佐领是乾隆三十六年编就，中路中旗4佐领是乾隆三十七年编就，中路左旗4佐领是乾隆四十年编就，它们属于巴图赛特启勒图中路盟。旧土尔扈特部北路旗4佐领也是乾隆三十六年编就，左旗4佐领是乾隆四十年编就，右旗6佐领是乾隆五十年编就，都属乌讷恩素珠克图北路盟。旧土尔扈特部右旗4佐领，左旗3佐领，是乾隆三十六年编就，属乌讷恩素珠克图东路盟。旧土尔扈特部西路旗4佐领，乾隆三十六年编就，属乌讷恩素珠克图西路盟。新土尔扈特部新右旗1佐领、新左旗2佐领，乾隆三十六年编就，属青色特启勒图盟。

清代前期，盟旗制度下的盟，主要是指会盟制度。清廷规定，一旗或数旗合为一盟，在指定地点会盟。每盟设盟长1人，办理会盟事务。盟长在本盟内旗扎萨克中选任，报理藩院请旨简放，由理藩院颁给印信。会盟的礼节十分隆重，届时清廷要派大臣带随行官员前往。会盟的纪律也非常严格，不到或早退者，旗扎萨克要受罚牲、罚俸处分。内蒙古各盟，盟长各与所属三年一会。雍正六年（1728），内蒙古每盟增设副盟长1人，协同盟长办事。乾隆十六年（1751），清廷停派大臣参加内蒙古会盟。道光二年（1822），鉴于内蒙古农耕地区日益扩大，垦务繁忙，哲里木盟设帮办盟务2员，卓索图盟、昭乌达盟、伊克昭盟各设帮办盟务1员，协同盟长、副盟长办理全盟事务。道光十九年，内蒙古六盟各设备兵扎萨克1员，管理全盟军务。内蒙古各旗分归六盟所属。"科尔沁、扎赉特、杜尔伯特、郭尔罗斯四部落十旗为一会,盟于哲里木;敖汉、奈曼、翁牛特、巴林、札鲁特、喀尔喀左翼、阿噜科尔沁、克什克腾八部落十一旗为一会,盟于昭乌达;喀喇沁、土默特二部落五旗为一会,盟于卓索图;乌珠穆沁、阿巴噶、浩齐特、苏尼特、阿巴哈纳尔五部落十旗为一会,盟于锡林郭勒;四子部落、喀尔喀右翼、乌喇特、茂明安四部落六旗为一会,盟于乌兰察布;鄂尔多斯七旗为一会,盟于伊克昭。"① 外蒙古会盟,从雍正三年(1725)开始,清廷不再派大臣参加,而由西宁办事大臣负责把会盟情况转报理藩院。雍正六年,外蒙古4盟分设正副盟长各1人。从乾隆十六年起,西宁办事大臣亦不参加外蒙古会盟,只由各旗扎萨克在所属部落内会集,会盟后把所办事件报理藩院查核。嘉庆七年(1802),清廷决定,外蒙古赛音诺颜、扎萨克图汗二部在乌里雅苏台会盟,与定边左副将军一同办理;土谢图汗、车臣汗二部事务,在库伦会盟解决,与库伦办事大臣一同办理。青海蒙古不设盟长,乾隆十六年以前每年会盟,之后每两年举行一次,由西宁办事大臣负责。乾隆二十年,清廷以三车凌所属杜尔伯特蒙古为赛音济雅哈图左右翼二盟,各设盟长,给予印信。乾隆三十年,渥巴锡和舍稜所属分别为乌讷恩素珠克图南路、北路、东路、西路4盟,以及巴图赛特启勒图中路盟,青色特启勒图盟,每盟设正副盟长各1人。

其三是盟旗的组织结构。盟是由会盟演变来的,崇德年间,清廷设旗编佐后,为了协调各旗之间的关系,便在内蒙古设立了盟,以后推广到外蒙古和漠西蒙古。在清代前期,盟不是一级行政机构,只是对各旗进行监督,所以不设办理盟务的衙门。盟长虽然按清廷规定召集和主持各旗会盟,但不能干预各旗内部具体事务。当然,在旗扎萨克处理刑事诉讼案件时,盟长有权会同审讯。盟长还要向朝廷告发旗扎萨克的不法行为和背叛清廷的活动。在战争期间,盟长要带领所属兵丁出征作战。实际上盟长是清朝理藩院和蒙古各旗扎萨克的桥梁,是承上启下的官员。到清代后期,盟旗制度下的盟才发展为蒙古族地区行政组织,盟长的职权也扩大了,成为盟

---

① 乾隆朝《大清会典》卷79。

旗的最高行政长官，每年要召集旗长会议，统筹全盟政治上和经济上的各种重要事情。[1] 会盟一般是 3 年 1 次，时间多为当年的六、七月，主要任务是"简稽军实，巡阅边防，清理刑名，编审丁册"。[2] 每届会盟时，由各旗扎萨克王公率领本旗兵丁携带军器、马匹参加，不得迟误，否则受到严厉处罚。会盟时，清廷要派钦差大臣主持特定的仪式。各盟设盟长、副盟长各一名，从各旗任职的扎萨克和闲散王公中选拔，由理藩院呈递皇帝准批，任命后朝廷要颁给印信，不得世袭，但可终生任职。除盟长、副盟长外，还设有帮办盟务 1—2 人，协同盟长和副盟长管理盟务。应当指出的是，归化土默特有所不同。"归化城土默特向隶将军都统及各厅同知，不设扎萨克，故会盟集于本城，不设盟长，听简命大臣莅视。"[3]

旗作为清代蒙古族地区的治事机构，每旗设扎萨克 1 人，作为旗的首脑，总理旗务。旗扎萨克或世袭，或简任，视他们和清廷关系的密切程度而定。旗扎萨克由理藩院颁给印信。扎萨克的职责，一般包括旗内的行政、司法、课税、差徭、属官任用和牧场更换。扎萨克以下设协理旗务台吉 2—4 人，会同扎萨克办事。协理旗务台吉是该旗扎萨克会同盟长在闲散王公台吉内择贤能之人选用的，要经过清廷批准。每旗设管旗章京 1 员，副章京 1—2 员，视旗下佐领数目而定，10 佐领以下设 1 员，以上设 2 员，承扎萨克和协理旗务台吉之命办理旗务。旗内 150 丁编 1 佐，1 丁 1 户，即 150 户。佐设佐领，管理佐内事务。佐领从台吉、塔布囊内挑选补放。每佐设骁骑校 1 员，领催 6 名。骁骑校是佐领的助手。领催由佐领、骁骑校指派，负责审查本佐内的户籍、钱粮、婚丧、诉讼、田土等事。骁骑校、领催既可由台吉、塔布囊担任，也可由旗佐内一般平民充当。每 6 佐领设参领 1 员，管理各佐事务。参领是沟通旗和佐的中间环节。佐领以下，每 10 家设什长 1 人，平时负责维持 10 家治安，战时就是 10 个士兵之长。不过，察哈尔蒙古有所不同。察哈尔"八旗分东西二翼，其旗内官地及与汉民互市讼狱，治以四旗厅及独石口、张家口、丰镇、宁远各厅，其本旗事务，辖以都统等

---

[1] 张印堂：《蒙古问题》，商务印书馆，1937 年铅印本，第 63 页。

[2] 乾隆朝《大清会典》卷 79。

[3] 魏源：《圣武记》卷 3《国朝绥服蒙古记一》。

官，而总隶于理藩院典属司。此八旗在蒙古四十九旗外，官不得世袭，事不得自专，与各扎萨克君国子民者不同"。①

其四是盟旗的行政职能。旗是清代蒙古族地区的政权机构。作为一级行政组织，它的主要职能是统计户口，编选壮丁；察阅兵丁，巡阅边防；分配牧场地，防止过度垦种；防止人口流动，稳定社会秩序；办理蒙古族牧民的婚姻；荒歉年份进行社会救济；审理刑事诉讼案件；等等。包含了旗内的行政、军事、司法、课税、差派等各方面问题。

一是统计户口，编选壮丁。按时编审人丁，是清廷准确掌握蒙古族丁数、保证提供必要的兵员、稳定蒙古地区封建统治秩序的一项重要措施。清廷规定，蒙古地区每3年编审一次人丁，60岁以下、18岁以上的都要写入册籍。在编审年份，扎萨克以下、什长以上，按佐查核造册，由协理台吉会同管旗章京报送理藩院。如果隐匿人丁，扎萨克和骁骑校要受罚，领催和什长受鞭责。

二是察阅兵丁，巡阅边防。清廷规定，蒙古族壮丁"每三丁共一骁骑（马甲），遇有征战，以二丁遣战，一丁留家"。② 旗的军事职能非常明显。察阅兵丁始于康熙十三年（1674）。当年清廷决定，每年春季，内蒙古旗扎萨克需要把本旗下兵丁会集一处，修理器械，练习骑射，以备盟长察阅。凡器械损缺，盔尾甲背无号记，军器自马绊以上无号记，梅针箭、兔叉、鹋头箭上无号记，马不烙印或不拴号记，都要受罚。康熙三十六年以后，外蒙古4部兵丁也仿照内蒙古例，各在游牧地方操演守御，每年1次，修理更换废旧军装器械。除平时加强军备外，战时遇有征战奉调，旗扎萨克必须亲率本旗兵士出发，不到或违令的，受革职、削爵、鞭责等军法处理。邻部有警，旗扎萨克要率所属兵丁迅速前往支援，如不往援或奉调不赴，受削爵处分。在作战过程中，如果某旗战却，他旗力战，那么，战争结束后，战却之旗要分1佐领人丁给力战之旗；如果各旗皆战，1旗战却，战争结束后，战却之旗王、贝勒等都要降为庶人，所属佐领也要尽数撤去，分给力战的各旗。巡阅边防，即对外蒙古乌里雅苏台、科布多等地以及清廷

---

① 魏源：《圣武记》卷3《国朝绥服蒙古记一》。
② 乾隆朝《大清会典》卷79。

在蒙古族地区所设驼马牛羊牧厂的戍防。依据不同情况，或每季更代，或每年替换，届时旗扎萨克要派出所属兵丁戍守。

三是分配牧场地，防止过度垦种。顺治七年（1650）清廷规定，内蒙古地区，每15丁给宽1里、长20里的土地1块，作为牧放场所。后来，随着内地汉族人大量出边，在蒙古族地区租地赁屋，大面积的牧场被开垦成耕地，蒙古族各旗属下牧民的生计受到影响，清廷遂不断出示禁约，规定各旗扎萨克不得再容留汉民私垦地亩，或将土地典给汉民，否则将论罪受罚。在外蒙古和漠西蒙古，每旗内游牧场地的分派，也都由扎萨克决定。

四是防止人口流动，稳定社会秩序。清廷禁止蒙古族王公从中原内地买卖汉人出边，已入册籍的蒙古族人也不准擅自买卖。在内蒙古，未入册籍的田庄内的汉族人，只许在本旗内买卖，不准卖给别旗和内地。从外地逃来的人，一经发现，要在两天内解送理藩院所属地方办事机构，否则，要量罪处罚。扎萨克不能养育本旗人丁以致有被卖弃逃散的，要受重罚。逃往别旗已有年月而又不愿返回本旗的人，允许留居久住之旗。蒙古族牧民如果无子而养育他人之子，必须事先申明，并在本旗佐领下注册。无嗣而以族兄弟之子为子者，允许承继家产；拾取遗弃儿和异姓家奴之子的，不准承继家产。各旗除册籍内所载的喇嘛外，不得容留无籍私行的喇嘛、班第，不得将属下家奴私为班第。否则，官员革职，一般牧民受鞭责；旗扎萨克及该管官员受罚，领催和什长也要受到鞭笞，喇嘛、班第要革退。

五是办理蒙古族牧民的婚姻。按蒙古族习俗，一般牧民两姓结亲，聘礼有一定数额，即马、牛各2匹（头），羊20只。允许聘礼不足规定，不准聘礼超过额数，否则，超过的部分要罚出存公。聘礼下定之后，如果男方死亡，聘礼可全部取回；如果女方死亡，聘礼可取回一半。如果因男方嫌憎而不娶女方，聘礼不准收回；女方长到20岁时仍然不娶，允许女方父母另受他聘。如果将妻休走，妻带来的东西，双方共用的部分不予赔偿，保存的部分允许女方带走。不许乘机娶议定好的女子，否则，在职官员及一般牧民都要受罚。王公台吉乘机娶王公台吉议定之妇，如果双方都是王爵，要受罚10户；贝勒、贝子、公罚7户；台吉、塔布囊罚5户。

六是荒歉之年对蒙古族牧民进行救济。清廷规定，如遇灾荒年份，旗扎萨克及旗内富户要协力养赡；如本旗无力，则应以同一盟内的牛羊协济，将受灾人数名册上报理藩院。如本盟内无力养济，盟长要会同旗扎萨克上报理藩院，请旨派员查明，拨银救济，以该旗扎萨克王公台吉等次年俸银充用。另外，为鼓励牧区增加人口，清廷规定，在蒙古族牧民中，如一产三男均活，赏该户羊9只，由盟长报理藩院，在存公牲畜内拨用。

七是实行日常生产生活中的某些限制性措施。贺年节要依时宪书中规定的节序，提前或推后的都要受罚。所戴暖帽、毡帽要符合一定规格，否则禁止穿戴。蒙古族王公在书信内不许书写"阿哥"字样。蒙古族牧民出旗界，要报管旗章京。进出长城内外要按规定关口行走，并报明该管官登记人数；置买物件，要报理藩院并行文兵部给照。蒙古族王公到五台山熬茶，王的随从人员不得超过80人，贝勒、贝子的随从人员不得超过60人。禁止开采雅图沟、大波罗树、杨树沟、庙儿岭、白马川等处的铅矿。蒙古族牧民不得取汉文字意命名，王公不准延请内地书吏教习，不准收养优伶演听戏曲。

八是审理刑事诉讼案件。蒙古族地区有讼呈于旗扎萨克，扎萨克不能决断，或决断不公，要报盟长公同审讯。扎萨克、盟长都不能决断，再将全案遣送理藩院或理藩院所属地方办事机构审理。

其五是盟旗制度的社会实质。盟旗制度作为清代蒙古族的社会组织形式，也是一种封建等级制度。蒙古族各级封建主归顺清廷以后，清廷按照他们原来地位的高低、效忠的程度、战功的大小，比照满洲贵族的爵秩，分别授以汗、亲王、郡王、贝勒、贝子、镇国公、辅国公等爵位。在上述爵位之下，还有台吉、塔布囊四等世爵，授以成吉思汗系统和非成吉思汗系统的贵族。在一般情况下，封爵可以世袭罔替，延及后世，由清廷颁发册诰作为凭证。在清廷的保护下，蒙古封建贵族享有种种特权，包括俸禄、征收赋税、役使随丁、仪礼、服饰等方面的待遇，参阅本书第六章，此不赘。

盟旗制度实质上是封建牧奴制度的表现形式。所有的贵族构成了蒙古社会中的统治阶级，隶属于各级封建主的牧民以及喇嘛封建主的牧奴，还有地位低贱的家奴，构成了蒙古社会中的被统治阶级。牧民要自带马匹、武器守卫边境、哨卡，要承担沉重的驿站差役，要向封建主交纳实物税和服劳役等。牧民对贵族有严格的人身依附关系，只能在规定的地区内放牧，不能随便离开贵族的旗地，否则，要当作逃犯处以刑罚。牧奴除了为喇嘛封建主牧放畜群以外，还要为寺院做各种各样的杂役，包括运送货物、加工畜产品、修筑寺院等。家奴的命运更悲惨，他们不被列入丁册，一般又是世袭，因此世代要受封建主残酷的剥削和压迫。

第三节　伯克制度

伯克是突厥语词语，有首领、官吏等多种含义。古代维吾尔族中就有"伯克"这一名称的官职，明朝以后，伯克成为维吾尔族对官吏的泛称。对此，有清代学者指出："回人亦有官职品制，所谓伯克，犹华言官也。"[①] 乾隆二十四年（1759），清朝平定大小和卓叛乱、统一新疆后，采取"因俗而治"的政策，在维吾尔族居住地区沿用伯克制度进行统治。

清廷在维吾尔族居住地区实施伯克制度不是偶然的，是乾隆皇帝调查了解后做出的决策，是清廷对维吾尔族实施的一项重要政策。众所周知，清廷在新疆汉人居住地区实施郡县制，在蒙古人居住地区实施盟旗制，在维吾尔族居住的哈密、吐鲁番也因为其归顺较早而实施盟旗制中的旗长制，在天山南北维吾尔族人居住地区实施何种制度，则是经过了慎重的考虑。乾隆皇帝认为，既然历史上维吾尔族就设立伯克进行管理，且在准噶尔蒙古统治维吾尔族期间也延续了这一做法，那么，平叛之后，朝廷也可以继续实施伯克制进行管理。此外，在平定大小和卓叛乱过程中，各地伯克纷纷归附清廷，也强化了乾隆皇帝的这一认识。所以，还在平定大小和卓叛乱的过程中，乾隆皇帝就谕示军机大臣："进取回部，自可立奏肤功，但擒获逆首后，应另选本处伯克，令其办事。"[②] 他还针对一些大臣的奏报，提

[①]　苏尔德：《新疆回部志》卷3《官制第二十九》。按，清代称维吾尔族居住地区为回部，维吾尔族人亦称回人。

[②]　《清高宗实录》卷560，乾隆二十三年四月己巳。

出自己的意见。他针对黄廷桂的奏折指出："览黄廷桂奏折，有将来平定回部仍应驻兵之语，于回地情形尚未深悉。回部与伊犁不同，伊犁入我版图，控制辽阔，不得不驻兵弹压。至回部平定后，不过拣选头目，统辖城堡，总归伊犁将军节制。即从前准噶尔之于回人，亦抵如此。应传谕兆惠，将来办理回部，惟于归顺人内择其有功而可信者，授以职任管理贡赋等事。"① 他针对兆惠的奏折又指出："兆惠奏称抚定回城以鄂对为总管等语，现在招徕新附，令鄂对暂行管理尚可，若平定叶尔羌、喀什噶尔，办理安插回众时，朕意不必用回人为总管，仍循其旧制，各城分设头目，统于驻扎伊犁之将军，再于库车派大臣一员管理。看来回部事体将竣，其善后事宜更当熟筹妥协，俱着传谕知之。"② 可见，设立伯克管理维吾尔族部众，是乾隆皇帝了解维吾尔族历史和现实之后深思熟虑的结果。

清廷确定以伯克制度治理维吾尔族部众后，乾隆皇帝又进一步了解情况。他谕示兆惠、舒赫德等前方将领随时注意搜集有关伯克的情况并及时上奏。他也曾向来京朝觐的漠咱帕尔伯克询问叶尔羌、喀什噶尔等处所有阿奇木、伊什罕伯克名目，以及各该员所管事务。③ 乾隆二十四年初，参赞大臣舒赫德奏报了和阗等城以及额里齐等方城大小伯克职名、户口、粮石、牲只数目。七月，舒赫德又奏报了阿克苏的情况，指出阿克苏是回部大城，村庄很多，以前系伯克密喇布等管理。今虽不必推以内地官制，而品级职掌宜为厘定，庶足以辨等威而昭信守。④ 当月，兆惠也奏报了有关情况："查回部头目，曰阿奇木，总理一城；曰伊沙罕，协办阿奇木事；曰商伯克，管理租赋；曰哈子，管理刑名；曰密喇布，管理水利；曰讷克布，管理匠役；曰帕察沙布，查拿贼盗；曰茂特色布，承办经教；曰木特翰里，管理田宅；曰都官，管理馆驿；曰巴济格尔，管理税课；曰阿尔巴布，派差催课；曰市珲，协办都官事；曰巴克迈塔尔，专管园林；曰明伯克，其职如千总。"⑤ 针对舒赫德等奏报的情况，乾隆皇帝谕示："舒赫德所奏甚

① 《清高宗实录》卷570，乾隆二十三年九月戊戌。
② 《清高宗实录》卷571，乾隆二十三年九月丙午。
③ 《清高宗实录》卷613，乾隆二十五年五月己巳。
④ 《清高宗实录》卷592，乾隆二十四年七月己未。
⑤ 《清高宗实录》卷593，乾隆二十四年七月庚午。

是，着照所请。以阿奇木伯克为三品，伊沙噶伯克为四品，噶匝纳齐伯克为五品。将应升人员奏请补授。其小伯克密喇卜等，为六七品，俟缺出拣选补授。其余各城俱一体办理。……此等回人虽承办公事，有官职大小之殊，皆系朕之臣仆。将来如阿奇木等大伯克，或令其轮班入觐，酌给官俸。其小伯克等，或所定租赋内，通融支给亦可……俟回部全定后举行。此时不妨以筹办大概晓示回人，俾共知感激奋勉。"① 乾隆皇帝还要求舒赫德继续了解伯克的情况，"将现在官名逐一查询，并详细核对，如有遗漏错误者，即行改正具奏"。②

对于清廷采取伯克制度管理维吾尔族部众，清代文献有记载说："回民移驻等处，屯种者有伯克为之统辖，即以回人简任，而区分其品秩，于抚驭之中，收策遣之用，所以规化措置者，盖亦因地而制宜也。"③ "伯克本回部官名，我朝加意绥怀，从大臣所请，仍其旧号，而定以品秩，自三品以至七品等序有差，所谓齐其俗，不易其宜之至意也。"④ 所以，从根本上讲，清廷采取伯克制度管理维吾尔族部众，反映了乾隆皇帝"因俗而治"的民族政策。

以伯克制度管理维吾尔族部众的政策确定后，随着平定大小和卓叛乱战争的顺利进行，清廷便开始任命伯克管理地方事务。库车维吾尔人鄂对，乾隆二十年（1755）归顺清廷，乾隆二十四年任叶尔羌阿奇木伯克。乌什维吾尔人色提卜阿勒氏，乾隆二十年归顺，乾隆二十四年任阿克苏阿奇木伯克。还有霍集斯，为和阗阿奇木伯克。从乾隆二十四年到乾隆二十五年，清廷任命伯克的地方还有喀什噶尔、喀喇沙尔等地。

清代的伯克制度包含多种内容。一是品秩和额数。清廷任用的伯克是历史的延续，综合多种典籍统计，其名目达 30 多种。清朝统一新疆后，其基本情况是：阿奇木伯克，三品，总管一城、一地居民事务；伊沙噶伯克，四品，协助阿奇木伯克办事；噶匝纳齐伯克，四品，掌管土地钱粮；商伯

---

① 《清高宗实录》卷 592，乾隆二十四年七月己未。
② 《清高宗实录》卷 613，乾隆二十五年五月己巳。
③ 《清朝文献通考》卷 77—90《职官考》。
④ 《清朝通志》卷 65《职官志》。

克，四品，掌管征收、转运粮赋；哈子伯克，五品，掌管刑名诉讼；密喇布伯克，五品，职司水利、疏浚、灌溉之务；讷克布伯克，掌管工匠差役、营造事务；茂特色布伯克，五品，掌管伊斯兰宗教事务，不与民事；帕察沙布伯克，五品，掌管巡捕、提牢；克图瓦尔伯克，五品，办理工程事务；克勒克雅喇克伯克，五品，掌管贸易、商税；斯帕哈子伯克，五品，掌管贵族诉讼；拉雅哈子伯克，五品，掌管平民诉讼；哈喇都官伯克，五品，掌管台站，修整兵械；木特斡里伯克，五品，掌管买卖田园、房产及其税收；巴济吉尔伯克，六品，掌管税务；阿尔巴布伯克，六品，管理派差催课；明伯克，六品，分领回人头目，相当于千总；都官伯克，六品，掌管公文档案、驿馆及移送官文；什和勒伯克，六品，掌管驿站粮草，协办都官伯克事务；巴克迈塔尔伯克，六品，管理果园；鄂尔沁伯克，六品，征输数十人粮赋，相当于十户长；匝布梯墨克塔布伯克，六品，掌管伊斯兰宗教学校事务；哲博伯克，六品，修造兵甲器械；色依得尔伯克，六品，巡察街道、园林、果木诸务；市珲伯克，七品，协助都官伯克办事；多博伯克，七品，征输两千户粮赋；玉资伯克，七品，征收百户粮赋，相当于百户长；都尔噶伯克，七品，阿奇木首领官；巴匝尔伯克，七品，管理市集细务；哈什伯克，七品，承办采玉事务；鄂克他克齐伯克，七品，掌管宴会牲牵果品之属；依尔哈齐伯克，七品，掌管修建城垣街市、开山修路；阿尔屯伯克，七品，专管淘金；喀鲁尔伯克，七品，管巡视卡伦；密斯伯克，也称挖铜伯克、采铜伯克，七品，驻库陇勒、玉古尔采铜；管铜伯克，七品，驻库车、沙雅尔、阿克苏；采铅伯克，七品。①

到嘉庆年间，叶尔羌城及所属各城村额设三品伯克 1 缺，四品伯克 4 缺，五品伯克 16 缺，六品伯克 27 缺，七品伯克 7 缺，共 55 缺。喀什噶尔、英吉沙尔城及所属各城村额设四品伯克 1 缺，五品伯克 1 缺，六品伯克 1 缺，七品伯克 6 缺，共 9 缺。和阗城及所属各城村额设三品伯克 1 缺，四品伯克 6 缺，五品伯克 5 缺，六品伯克 6 缺，七品伯克 31 缺，共 49 缺。乌什城设三品伯克 1 缺，四品伯克 2 缺，五品伯克 2 缺，六品伯克 2 缺，七品伯

① 《回疆则例》卷 1、卷 2。参阅林恩显《清朝在新疆的汉回隔离政策》，台湾商务印书馆，1988，第 73—76 页。

克 1 缺，共 8 缺。阿克苏城额设三品伯克 1 缺，四品伯克 1 缺，五品伯克 2 缺，六品伯克 6 缺，七品伯克 36 缺，共 46 缺。赛里木设三品伯克 1 缺，四品伯克 1 缺，五品伯克 1 缺，六品伯克 1 缺，七品伯克 2 缺，共 6 缺。拜城设四品伯克 1 缺，五品伯克 1 缺，六品伯克 1 缺，七品伯克 3 缺，共 6 缺。库车设三品伯克 1 缺，四品伯克 1 缺，五品伯克 2 缺，六品伯克 1 缺，七品伯克 14 缺，共 19 缺。沙雅尔设三品伯克 1 缺，五品伯克 2 缺，六品伯克 1 缺，七品伯克 7 缺，共 11 缺。库尔勒设三品伯克 1 缺，四品伯克 1 缺，五品伯克 1 缺，六品伯克 1 缺，七品伯克 6 缺，共 10 缺。布古尔设三品伯克 1 缺，四品伯克 1 缺，五品伯克 1 缺，六品伯克 1 缺，七品伯克 6 缺，共 10 缺。吐鲁番设五品伯克 3 缺，六品伯克 7 缺，共 10 缺。伊犁设三品伯克 1 缺，四品伯克 1 缺，五品伯克 4 缺，六品伯克 10 缺，七品伯克 10 缺，共 26 缺。[①] 以上总计 265 缺。其中，阿奇木伯克、伊沙噶伯克、商伯克、哈子伯克、密喇布伯克、明伯克等品级较高的伯克在各大城普遍设置，员额占伯克总数的一半以上。在地域上，人口密集的喀什噶尔、叶尔羌、和阗所置伯克最多，而拜城、赛里木等小城仅设伯克 6 人。

为了加强对伯克的控制，清廷在喀什噶尔设参赞大臣，总辖喀什噶尔、英吉沙尔、叶尔羌、和阗、阿克苏、乌什、库车、喀喇沙尔 8 大城事务，其下附设办事大臣 1 员，专理喀什噶尔及英吉沙尔事务。在参赞大臣之下，还在英吉沙尔设领队大臣 1 员，叶尔羌设办事大臣、协办大臣各 1 员，和阗设办事大臣 2 员，乌什、库车、阿克苏、喀喇沙尔设办事大臣各 1 员。在伊犁也设领队大臣。大臣之下设章京、笔帖式、佐领、防御、骁骑校、副将、游击、都司等官统率所部兵丁，用以加强对维吾尔族部众的统治。

二是伯克的职务不得世袭。清朝以前，伯克的职务是可以世袭的，因此清廷侍郎衔喀什噶尔办事都统海明曾上奏乾隆皇帝，明确指出"回部阿奇木等伯克向系世袭"。[②] 清廷确定伯克制度后，各级伯克实际上成了朝廷任命的地方官员，为了限制他们的权力，打消他们的非分之念，清廷遂废弃了世袭政策，伯克缺职由朝廷重新任命。对此，乾隆二十四年九月，乾

① 《回疆则例》卷 1。
② 傅恒等纂《平定准噶尔方略》续编卷 6。

隆皇帝"密谕定边将军兆惠等，停止回人世袭"。乾隆皇帝这样做的理由是："回城现居平定，应将霍集占等私行征敛之项严行禁止，即办事之阿奇木等员亦应如各省大臣之例，遇缺补授，或缘事革退。""阿奇木伯克不过办事大员，毋许自称诺颜，私收贡赋，即阿奇木等缺出，亦拣选贤员，或以伊沙噶升补，不准世袭。"① 由此可见，伯克的弊端在清廷确立伯克制度之初就已经显现，伯克们若还按照过去的做法，私行征敛，私收贡赋，就会侵蚀属于朝廷的权力，久而久之，必定会危及清廷在回部地区的统治，造成社会的不安定。因此，清廷改变了传统的伯克世袭政策。当然，这一政策的实施是渐进式的，也结合了实际的情况。例如，乾隆三十一年（1766），伊犁阿奇木伯克茂萨病故，因为茂萨的父亲是吐鲁番郡王额敏和卓，而额敏和卓对清朝有突出贡献，所以乾隆皇帝决定，茂萨的伊犁阿奇木伯克一职由其弟鄂罗扎布继任。不过，这只是一个例外。乾隆四十三年，叶尔羌阿奇木伯克鄂对病故，其上司办事大臣高朴奏请以鄂对子鄂斯璊接任，遭到乾隆皇帝申斥。乾隆皇帝说："若如此父子相继办事，竟似叶尔羌阿奇木为伊家世职，久之，与唐时藩镇何异！"②

三是伯克可以被清廷授以爵位，并能世袭。叶尔羌阿奇木伯克鄂对，因军功先后被授予固山贝子和贝勒爵位。乾隆四十三年病故后，其子鄂斯璊虽不能继任阿奇木伯克，却可以袭其贝勒爵位。③ 曾任阿克苏、叶尔羌伯克的色提布阿勒迪，因在军中效力奋勉，在阿奇木伯克任上又尽心办事，先后被封为辅国公和贝子品级。乾隆五十六年病故后，其子喀什噶尔阿奇木伯克迈默特阿卜都拉承袭贝子爵位。④ 乾隆五十三年，乾隆皇帝对伯克可以封授爵位有专门谕示，有关史书亦有专门记载。⑤

四是伯克享有养廉银等待遇。清廷规定，三品伯克为300腾格，四品伯克为125腾格，五品伯克为75腾格，六品伯克为50腾格。⑥ 在不用腾格的

① 傅恒等纂《平定准噶尔方略》正编卷79；《清高宗实录》卷597，乾隆二十四年九月甲戌。
② 《清高宗实录》卷1086，乾隆四十三年十月戊午。
③ 《清高宗实录》卷1055，乾隆四十三年四月丙午。
④ 中国第一历史档案馆藏国史馆全宗档案第368号。
⑤ 《回疆则例》卷2。
⑥ 《西域图志》卷30。按，1腾格等于50普尔铜钱，合银1两。

地方，"各伯克养廉皆给地亩，并按品级拨给种地回子，以资养廉"。① 除养廉外，伯克依品级不同，分别享有清廷拨给的耕地和燕齐（即种地人）。其标准是：三品伯克为 200 帕特玛籽种耕地，种地人 100 名；四品伯克为 150 帕特玛籽种耕地，种地人 50 名；五品伯克为 100 帕特玛籽种耕地，种地人 30 名；六品伯克为 50 帕特玛籽种耕地，种地人 15 名；七品伯克为 30 帕特玛籽种耕地，种地人 8 名。②

　　五是伯克的任免规定。对于伯克的任用标准，乾隆皇帝曾谕示，要从归顺人内择其有功而可信的授以职位，管理贡赋等事。也就是说，选择伯克的标准，一要归顺清廷，二要有功劳，三要可信赖。标准确定以后，还要有一定的程序，如有关史书所记载的："回疆三品至五品伯克缺出，由参赞大臣拟定正陪奏请补放。""六品以下伯克缺出，由各该城大臣呈报参赞咨部补放。""该参赞大臣咨部补放后，仍按季造具印册，咨报理藩院，由院年终汇题。"③ 如果将"不肖之人瞻徇妄保，日久滋事，较内地妄保府道者，加倍治罪"。④ 这表明如果奏报补放的人不合格，奏报补放者要受到朝廷处罚。伯克制度实行一段时间以后，有的伯克确有劳绩，其后人在被朝廷任命时，享有优先特权。对此清廷规定："叶尔羌、喀什噶尔、阿克苏等三城阿奇木伯克缺出，由驻扎各城大臣将应调人员出具考语，如伊等祖父著有劳绩，并将世袭爵秩一并注明，移咨参赞大臣汇总，按其世袭品秩开列衔名，请旨补放。"⑤ 道光年间张格尔叛乱平定后，清廷对伯克的选用又有了新的章程。其中规定："各城遇有三品至五品伯克缺出，由本城大臣查明，先尽出力受伤或家口被害之人，次尽死事人之子孙，次尽出力世家，并视其人才能否办事，逐细声明，照内地体制，造具四柱清册，一劳绩，二资格，三人才，四世家，填注事实，出具切实考语，将应升应补之人开

---

① 苏尔德等：《回疆志》卷 3。
② 《西域图志》卷 30。按，耕地的数量以籽种的播种量计算，1 帕特玛相当于内地 5 石 3 斗，约合 26.5 亩。参阅苗普生《伯克制度》，新疆人民出版社，1995，第 40 页。
③ 《回疆则例》卷 2。
④ 《清高宗实录》卷 1110，乾隆四十五年七月己丑。
⑤ 《回疆则例》卷 2。

列四五员，咨送参赞大臣验看。"① 应当说，这时对伯克的任用标准和有关程序从文字的表述上看是更加严格了。对于伯克的免职，大体有两种情况，一是因为有罪革职，二是因为年衰体弱退职。这两种情况都要经过相关大臣奏报皇帝，经过御批后才能实行。乾隆四十年（1775）十月，乾隆皇帝谕示："阿尔祖系久在库尔勒效力办事之人，今患病不能行走……准其原品休致，仍令其戴用翎顶，遣回本城养病。所遗伊沙噶伯克员缺，着额穆尔补授。"② 反映的正是这种情况。

六是伯克的回避制度。这包括两方面内容，一是地区的回避，二是亲族的回避。关于地区的回避，乾隆二十七年八月，乾隆皇帝谕示："升补伯克，若不拘本地，准其调用别城，自是流通办法。但伊等内，如阿奇木、伊什罕、噶杂纳齐等缺，俱承办要务，若照内地之例回避调补，则伊等无掣肘之虞，且奉调时尚不觉烦苦。至小伯克等，既无庸回避，徒虑伊等得缺壅滞，调用别城，将来迁移之际，动需费用，恐于伊等生计无益，自应分别办理。着传谕各城驻扎大臣等，嗣后补授伯克，分别照例回避。"③ 其中，三品至五品属于大伯克的要回避本城，六品以下属于小伯克的要回避本庄。④ 关于亲族的回避，乾隆三十年十月，伊犁将军明瑞上奏："都官伯克之补宜公，查该伯克总办回人差务，最易射利居奇，且有阿奇木等子弟亲戚居为利薮。请嗣后该伯克缺出，必与伊沙噶、噶杂纳齐、商伯克公同保举，其阿奇木族姻俱令回避。"⑤ 清廷对伯克任用采取回避的办法，为的是防止伯克结党营私，影响清廷的统治秩序，也顾及伯克因熟悉地方，可能发生的裙带关系，以及加重对回民的剥削。

七是为伯克修建公署、颁发图记。为伯克修建公署、颁发图记，即伯克有办公的场所，能够显示其地位和身份，这些便于伯克行使职权，也是伯克是清廷在回部地区官员的象征。乾隆二十五年，清廷首先为喀什噶尔的阿奇木伯克修建了公署，此后各地陆续修建。关于图记，清代史书记载：

---

① 《那文毅公奏议》卷78，道光八年六月二日。
② 《清高宗实录》卷993，乾隆四十年十月己亥。
③ 《清高宗实录》卷669，乾隆二十七年八月戊午。
④ 《那文毅公奏议》卷78，道光八年六月二日。
⑤ 《清高宗实录》卷746，乾隆三十年十月甲寅。

"阿奇木伯克职司一城重任，有地方钱粮等事，文移档案，均需钤盖图记以昭信守。伊等旧有回子字铁石图记，皆系自行刊铸，各立名号，往往有假冒伪造之弊。经参赞尚书永（贵），于乾隆二十六年奏请给与图记，皆由部铸给，兼满洲字、蒙古字、回子字。"① 这里需要说明的是，伯克图记的大小并不一样。清廷把回部 31 城分成 3 个等级，分别为 4 大城、4 中城、23 小城。喀什噶尔、叶尔羌、阿克苏、和阗为 4 大城，伯克图记的分寸比照内地佐领。英吉沙尔、乌什、库车、辟展为 4 中城，拜城、沙雅尔、赛里木、库尔勒等为 23 小城，中城和小城图记的大小与大城相比依次递减。当公文用印时，需要阿奇木、伊沙噶、噶匝纳齐等伯克共同署名。

八是伯克的年班和围班。乾隆二十四年（1759）经兆惠将军奏请，伯克开始进京朝见皇帝，或去木兰围场参加行围狩猎活动。其具体情况参见本书第七章藩部的朝觐制度。

九是对伯克的禁令。关于这方面内容，可参考本书第四章第六节，这里只强调，清廷在回部地区实行政教分离制度，不允许伊斯兰教的阿訇干预行政，也不允许伯克兼任阿訇。本来，阿訇只是我国伊斯兰教中主持清真寺教务和讲授经典的人，但在实际生活中却成了伊斯兰教的代表人物。他们"不受职战阵，不饮酒吸烟，惟诵经讲礼，劝人行善，回人咸尊之，虽伯克亦不敢以势相加"。② 因此，在日常生活中，人们也相信阿訇，"凡回子家务及口角、争讼事件，全凭阿浑一言剖断，回子无不遵依"。③ 这样，阿訇逐渐成为宗教中的一股势力，对社会产生了一定影响。清廷正是看到了这一点，为避免宗教势力危及国家政权，破坏清廷对回部地区的统治秩序，便禁止阿訇干预行政。乾隆二十五年六月，乾隆皇帝谕示："阿浑乃回人诵经识字者，与准噶尔喇嘛相似。从前厄鲁特等不知事体，听信喇嘛，致生变乱，岂可使回人仍因旧习？着传谕舒赫德等，晓示各城回人，嗣后诸事，唯听阿奇木等伯克办理，阿浑不得干预。"④ 道光皇帝也重申："回子

---

① 苏尔德等：《回疆志》卷 3。
② 苏尔德等：《回疆志》卷 2。
③ 《那文毅公奏议》卷 77，道光八年六月二日。
④ 《清高宗实录》卷 615，乾隆二十五年六月辛丑。

当阿浑者，只准念习经典，不准干预公事。其阿浑子弟有当差及充当伯克者，亦不准再兼阿浑。"① 同样，清廷也不准伯克干预阿訇的选任。道光九年（1829）三月，那彦成等在奏疏中就曾指出：阿訇系掌教之人，必须慎选得人，"近年来均系阿奇木徇情举充，以致阿浑任意剥削，无所不至，尤为隐患，应严行禁止。嗣后，责令阿奇木遇有阿浑缺出，由各庄伯克、回子查明通达经典、诚实公正之人，公保出结，听候阿奇木禀明各大臣点充。伯克人等不准徇私滥保，阿奇木不准任意挑剔"。②

最后，对于清廷在新疆维吾尔族地区实行的伯克制度，这里需要讨论两个问题，一是伯克制度的实质，二是伯克制度的弊端及其废除。关于伯克制度的实质，苗普生先生的看法是，清廷统治新疆以前的伯克制度，主要是建立在农业生产基础之上的、以剥削农民劳动果实而存在的一种官僚制度。清廷统治新疆以后，经过一系列改革，伯克制度逐渐被纳入清朝政府地方官制，是封建统治阶级剥削和压迫广大维吾尔族群众的工具。③ 林恩显先生的看法是，伯克制度是清廷采行的地方行政制度，系地主阶级为主的封建制度，亦是封建领主制的形态。④ 这两种看法从不同的角度看都是符合实际情况的。如果从社会形态来看，也可以说，清廷在新疆维吾尔族地区实行的伯克制度，其实质是封建农奴制度。这是因为，农奴制是封建社会中封建领主在其领地上建立起来的剥削奴役农奴的经济制度。由于被剥削的主要对象是农奴，所以又称封建领主制。在这种制度下，少数封建领主或农奴主占有绝大部分生产资料，比如土地、山林、草原和河流等，并部分占有农奴。农奴从农奴主手中分得一块份地，作为代价，他们必须无偿耕种领主土地，服各种劳役，并上缴大部分劳动产品。农奴制的基本特征是农奴被束缚在土地上，不得不依附于农奴主。而农奴主则利用这种人身依附关系，对农奴实行超经济的强制剥削。农奴制的地租形式主要是劳役地租，辅以少量的实物地租和货币地租。清代新疆的伯克制度正是这样

① 《清宣宗实录》卷 151，道光九年二月乙丑。
② 《那文毅公奏议》卷 77，第 38 页。
③ 苗普生：《伯克制度》，第 24、28、81 页。
④ 林恩显：《清朝在新疆的汉回隔离政策》，第 68、72 页。

一种情况。伯克们不仅是清朝的官吏，还是大小不等的封建领主，享有各种特权。他们有养廉银，有土地，有佃户，不出田赋和差役。他们有的还受清廷册封，享有贵族爵衔和各种待遇。被他们剥削和压迫的广大维吾尔族民众，既对伯克有缴钱服役的义务，还要对清廷纳粮服役，受着双重的压迫。对此，史书记载："喀什噶尔回子交粮一万四百六十六石六斗零，交余粮一百七十一石，交布一万一千一百一十匹；英吉沙尔回子交粮二千二百六十四石，交布一千九百八十五匹；和阗回子交粮一万三千九百三十四石八斗，交布四万七千六百六十四匹；阿克苏回子交粮七千六百三十五石四斗二升八合，交布四千零三匹；叶尔羌回子交粮二万一千三百六十余石；库车回子交粮二千八百八十五石六斗；喀喇沙尔回子交粮九百八十二石；而赋钱、税钱不与焉。地获其利，人资其力，加以任土作贡，纳赆输琛，如阿克苏之桑葚，叶尔羌之石榴、苹果、木瓜，以及回剑、回斧、玉把、匕首……"① "（乾隆）二十六年谕曰：前因回人旧习，凡伯克等多朘削所属，是以赏给各城阿奇木伯克等钱帛地田及供应之人，俾得奉公自爱。"② "凡伯克皆有小回子为其家服役奴仆，自百户至三户不等，谓之烟齐，亦作燕齐。"③ 有着农奴身份的维吾尔族民众，就是这样在封建农奴制度下，受着清廷和伯克双重残酷的剥削和压迫。

关于伯克制度的弊端及其废除。清廷在维吾尔族地区实行伯克制度，从开始就存在弊端，表现在两个方面。第一个方面是制度本身的弊端。清廷在伯克之上设参赞大臣、办事大臣和领队大臣，对众伯克进行监管，再由众伯克管理维吾尔族民众，这样，清廷设立的参赞大臣、办事大臣和领队大臣与维吾尔族民众是脱节的、隔绝的，维吾尔族民众不了解这些大臣的所作所为，只知道伯克在管理他们，于是形成了"民之畏官不如其畏所管头目"的局面，④ 致使政令下达后效果如何大臣们全然不知，甚至政令下达本身都会受到严重阻碍。各级伯克利用这种情况，残酷剥削和压迫广大

①　松筠等：《新疆识略》卷3《南路舆图》。
②　《回疆通志》卷5。
③　椿园：《西域闻见录》卷7。
④　《左文襄公全集·奏稿》卷53《复陈新疆情形折》。

维吾尔族民众，"倚权借势，鱼肉乡民，为所欲为，毫无顾忌"，① "凡有征索，头目人等辄以官意传取，倚势作威"，"诛求无厌，正赋之外，需索烦多"，又利用那些大臣们文字不通、语言不同，"从中播弄，传语恐吓"，于是造成"民之怨官，不知怨所管头目"，② "视官如寇仇"③ 的局面。各级伯克还"淫滥无耻"，随意奸占妇女。④ 而对于这一切，各大臣"或皆出自禁闼，或久握兵符，民隐未能周知，吏事素少历练"，给清廷统治维吾尔族地区埋下了隐患。第二个方面是在长期的实践过程中，清廷统治维吾尔族地区的官员执行制度日益松弛，更有的贪求无厌。他们"图利剥削，年复一年，日甚一日"，"遇有伯克缺出，财贿营求积为陋习"，"近来办事各大臣不能悉属秉公，便于营私，不特阿奇木伯克尽用本城回子，即小伯克亦以本庄之人办本庄之事"。⑤ 这完全违背了当初清廷制定的伯克回避制度。伯克制度的弊端造成了清廷统治维吾尔族地区的危机日益严重。道光二十五年（1845）以后，南疆维吾尔族民众"聚众抗差""求免差徭"的斗争日益高涨。⑥ 同治三年（1864），库车爆发了大规模武装起义，起义者攻进库车城，清廷官员和各级伯克被杀。起义烈火迅速蔓延到新疆各地。同治五年，伊犁起义军攻占惠远城，将军明绪自尽，清廷在新疆的统治遭受重创。这以后，新疆经受了内部动乱、外敌入侵的非常时期。直到光绪初年，在恢复新疆稳定的过程中，有人提出："非裁去回官，实无以苏民困而言治理。"⑦ 光绪十年（1884），新疆建省。光绪十一年十一月，清廷批准"酌裁新疆各城回官"。⑧ 光绪十三年，清廷决定"将所有伯克名目全行裁汰"。⑨ 这样，清廷最终废除了伯克制度。

---

① 《刘襄勤公奏稿》卷 10《酌裁回官恩赏回目顶戴折》。
② 《左文襄公全集·奏稿》卷 59《新疆行省急宜议设关外防军难以遽裁折》。
③ 朱寿朋编《光绪朝东华录》第 2 册，第 1382 页。
④ 《那文毅公奏议》卷 78，道光八年六月二日。
⑤ 《那文毅公奏议》卷 78，道光八年六月二日。
⑥ 《清文宗实录》卷 265，咸丰八年九月甲午。
⑦ 《刘襄勤公奏稿》卷 10《酌裁回官恩赏回目顶戴折》。
⑧ 《清德宗实录》卷 220，光绪十一年十一月庚申。
⑨ 《平定陕甘新疆回匪方略》卷 320。

第四节　政教合一制度

政教合一制度是指把宗教权和政权合而为一的政治制度，是宗教领袖同时兼任政权领袖的特殊政体。清朝在西藏实行政教合一制度有一个过程。如前所述，在相当长的时间内，清朝在西藏实行的是政教分离制度。以和硕特蒙古贵族首领为政治领袖掌控西藏政局，以达赖喇嘛和班禅喇嘛为藏传佛教领袖掌控藏传佛教。康熙五十六年（1717），厄鲁特蒙古准噶尔部首领策妄阿拉布坦派兵袭扰西藏，拉藏汗不敌被杀，和硕特蒙古贵族在西藏的执政到此结束。清廷派兵进藏驱逐准噶尔军后，康熙六十年，以在驱逐准军过程中立功的康济鼐、阿尔布巴、隆布鼐为格隆，共同主管政务，自此，清廷以西藏贵族上层管理政务，以达赖喇嘛和班禅喇嘛为藏传佛教领袖掌控藏传佛教。但是，这种局面没有延续多久，就发生了阿尔布巴、隆布鼐、扎尔鼐三格隆谋害首席格隆康济鼐、预谋叛离清廷的事件。阿尔布巴等人被处以死刑。雍正五年（1727），清廷设立的驻藏大臣赴任，西藏一切行政事务由驻藏大臣监督，以忠于清廷的颇罗鼐具体管理。乾隆十二年（1747），颇罗鼐死，清廷以其子珠尔默特那木扎勒继续管理西藏政务。这种由驻藏大臣监督西藏政务、以西藏贵族上层掌控西藏政局，以达赖喇嘛和班禅喇嘛掌控藏传佛教事务，实行政教分离的局面一直延续到乾隆十五年。这一年，珠尔默特那木扎勒妄图不轨，发动叛乱，被驻藏大臣傅清、拉布敦发现后设计斩杀。随后，两位驻藏大臣也被追随珠尔默特那木扎勒的叛乱分子杀害。清廷采取措施很快平息了叛乱。在平叛过程中，七世达赖喇嘛格桑嘉措起了重要作用。叛乱一发生，他即命遭珠尔默特那木扎勒迫害的原首席格隆公爵班第达暂管卫藏事务，并下令逮捕谋杀驻藏大臣的凶手罗布藏达什等人，同时火速向朝廷奏报情况。七世达赖喇嘛和班第达还将傅清、拉布敦的遗骨厚葬。于是，乾隆十六年，清廷废除了由西藏贵族上层管理政务的规定，决定由七世达赖喇嘛和驻藏大臣共同管理西藏政务。这样，西藏政教合一制度正式确立。

当然，清廷在西藏确立政教合一制度是经过慎重考虑的。珠尔默特那木扎勒叛乱事件发生后，乾隆皇帝接到奏报，立即采取了相应措施。他命侍郎那木扎勒与副都统班第一同前往西藏，班第接替驻藏大臣职务；还命四川总督策楞等带兵速往西藏，以安定地方；又命侍郎兆惠入藏，协助策楞办事。四大臣到藏后，策楞曾向七世达赖喇嘛密询意见，请他推荐可用之人。达赖喇嘛表示："喇嘛中尚有可信之人，若得选派一人，与噶隆一同办事，于我甚属有益。"① 策楞等经过会商，决定四格隆中有一僧人，并以此上奏，同时告知七世达赖喇嘛。达赖喇嘛听后非常高兴，以手加额表示："果能如此办理，则有我徒弟呢吗坚参，人明白可信，恳请奏明，不啻我一人受大皇帝之恩于无穷，即卫藏僧俗人等均可保永享宁谧之福矣。"② 考虑到体制问题，清廷又决定赏本无名分的呢吗坚参扎萨克喇嘛职衔，每年给口粮银 100 两。这样，达赖喇嘛经清廷允许开始参与对西藏政务的处理。

达赖喇嘛最终能够参与西藏事务的处理，西藏开始实行政教合一制度，是在策楞等上奏乾隆皇帝的《钦定藏内善后章程十三条》中确定的，有其法律根据。《钦定藏内善后章程十三条》第一条规定：查照旧例添放格隆，"应选放深晓黄教一人充任"，"新选之喇嘛授与扎萨克大喇嘛名色，与诸噶伦共同办理事务"。这其实表明达赖喇嘛的势力渗透到了西藏的政务中。第二条规定："其重大事务及驿站紧要事件，务须呈请达赖喇嘛及驻藏大臣酌定办理，钤用达赖喇嘛印信与驻藏大臣关防遵行。"第三条规定："嗣后凡遇递补第巴头目等官，众噶伦等务须秉公查办，公同禀报达赖喇嘛并驻藏大臣酌定，俟奉钤印文书遵行。"第四条规定：官员革除治罪应"请示达赖喇嘛并驻藏大臣指示遵行"。第五条规定：派选堪布喇嘛，"均应由达赖喇嘛酌行"。第七条规定："嗣后凡遇调遣兵马，防御卡隘，均应遵照达赖喇嘛并驻藏大臣之印信文书行事。"第八条规定：格隆、代本遇有出缺，"由达赖喇嘛、驻藏大臣会商拣选应放之人，奏请补放"，应行革职者，"由达

---

① 《策楞等奏请添设喇嘛噶伦折》，乾隆十六年二月二十一日，见《元以来西藏地方与中央政府关系档案史料汇编》(2)，第 537 页。

② 《策楞等奏请添设喇嘛噶伦折》，乾隆十六年二月二十一日，见《元以来西藏地方与中央政府关系档案史料汇编》(2)，第 538 页。

赖喇嘛、驻藏大臣会同参奏革除"。第九条规定："遇有出力有功应行酌赏者，噶伦、代本等秉公禀明达赖喇嘛并驻藏大臣，酌定赏项遵行。"第十条规定："遇公事有必须乌拉之处，则务必禀明达赖喇嘛，发给印票遵行。"第十一条规定：仓库存储物，"遇有公事动用，必须经噶伦等商定，请示达赖喇嘛遵行，不得私行动用"。第十二条规定："阿里、那曲等处地方，甚关紧要"，"必须选择妥协可信者，庶于地方有益。且向须选择根底深厚、素有名望之人充任。应请达赖喇嘛遴选遣派，赏给号纸以资弹压"。第十三条规定：达木蒙古八旗"俱归驻藏大臣统辖"，"一切官员之革除补授，俱由驻藏大臣商明达赖喇嘛施行"。①

从上述引文中可以看出，原来以西藏上层贵族掌控西藏政局的做法被彻底废除了，建立了在达赖喇嘛和驻藏大臣领导下的格隆制——也就是噶厦政府来管理西藏。噶厦政府是一个由僧俗官员共同执政、僧官占有重要地位的地方政府。在政教合一制度下，达赖喇嘛的权力实际上大于驻藏大臣。他不仅掌控政权，还掌控藏传佛教的一切权力。清廷在西藏实行政教合一制度，极大地提高了达赖喇嘛的社会地位和政治权力，实际上削弱了驻藏大臣在西藏的地位，使清廷直接统治西藏的格局受到了影响，给后来西藏以及达赖喇嘛与清廷的关系出现不正常的局面埋下了隐患。

清廷在西藏实行的政教合一制度，不仅是行政权的管理方式，实际上还是西藏农奴制的反映。农奴主和农奴是这一制度的重要组成部分。农奴主由官家、寺院、贵族这三大领主以及他们的代理人组成，约占总人口的5%。官家指的是由贵族和上层喇嘛组成的政教合一的西藏地方政府；寺院领主指的是活佛等上层喇嘛；贵族指的是大小庄园主，他们是世袭的；农奴主代理人是指出身本来很低微的人，后来做了封建领主的管家、头人，代表领主对农奴进行直接管理，也就成了农奴主。农奴主完全占有西藏的耕地、牧场、森林、山川和大部分牲畜，不完全占有直接生产者——农奴。农奴包括世俗的和僧侣的两大部分，约占总人口的95%。他们没有土地占有权，也没有完全的人身自由。世俗的农奴，依经济地位和社会地位的不

---

① 《驻藏大臣颁布善后章程十三条晓谕全藏告示》，乾隆十六年，见《元以来西藏地方与中央政府关系档案史料汇编》（2），第551—555页。

同，又可分为差巴、堆穷、囊生三个等级。农区的差巴占有一定的生产资料，在经济上能够自食其力，人身属于地方政府，要为政府进行无偿的劳动。牧区差巴的上层有一定的经济基础，社会地位较高，甚至可以成为部落的族长和小头目。差巴有的要无偿为三大领主耕种土地，有的要为地方政府负担各种差役。堆穷的地位低于差巴，在农区，他们世代依附于农奴主，为领主的庄园耕作；在牧区，他们要被主人役使。囊生实际上就是家奴，大部分做家务，一切听从于主人。农奴中的僧侣集团，数量庞大，且多出身于贫苦的农牧民家庭。他们地位低下，承担寺院的各种杂役。①

---

① 以上参阅《西藏通史·清代卷下》《西藏通史·民国卷下》，第 916—927、565—607 页。又，关于清代西藏的封建农奴制度，参阅多杰才旦主编《西藏封建农奴制社会形态》，中国藏学出版社，1996。

第六章　藩部的封爵制度

　　清代藩部封爵制度始于清太宗皇太极时期。天聪年间（1627—1635），皇太极依靠内蒙古各部与明朝抗争，以巩固和壮大自己的势力。为了达到抚绥的效果，在崇德元年（1636）改国号为清的时候，皇太极开始对内蒙古王公贵族分封爵位，并允许世袭。顺治元年（1644）清入关后，特别是到了康熙、雍正、乾隆年间，随着国家的统一、藩部的扩大，这一制度推广到外蒙古、青海、西藏、新疆等少数民族居住地区，内容也更加丰富。有清一代，藩部所封爵位 300 多个，涉及人数近 3000 名。

第一节　主要资料和研究现状

一　主要资料

　　研究清代藩部封爵制度的资料比较丰富。一是档案，包括中国第一历史档案馆和台北"故宫博物院"等处已刊、未刊、专刊档案。这些档案资料一般来说比较具体，但未刊档案资料记载特别分散，不易搜寻，需要下很大功夫。在已刊的档案中，由于编辑人员已经把它们整理分类，所以寻找起来比较方便，但也不是记载在一个地方。这里试以内蒙古哲里木盟科尔沁部右翼中旗扎萨克和硕土谢图亲王爵位为例，看档案中是怎么记载的。《光绪朝朱批奏折》第 114 辑 303 号：科尔沁和硕图什业图亲王巴宝多尔济，色登端噜布之子，咸丰六年袭，年四十六岁。① 这里记述的是第 13 次袭爵的有关情况，包括人名、世系、袭爵年份、袭爵人的年龄。《光绪朝朱批奏折》第 114 辑 898 号：……御前行走、哲里木盟长备兵扎萨克亲王色旺诺尔布桑卜……先祖因有功绩恩赏亲王，世袭罔替，世受恩泽。这里记述的是第 14 次袭爵的有关情况，包括人名、世系、任职、先辈封爵的原因。《光绪朝朱批奏折》第 115 辑 035 号：……科尔沁扎萨克和硕图什业图亲王色旺诺尔布桑保，于光绪二十七年三月二十八日病故。色旺诺尔布桑卜、色旺诺尔布桑保，为同名异译。这里记述的是第 14 次袭爵色旺诺尔布桑保去世的时间。《光绪朝朱批奏折》第 115 辑 102 号：……前因哲里木盟正盟长、科尔沁扎萨克和硕图什业图亲王色旺诺尔布桑保，被属员逼勒身故，无嗣。这里记述了色旺诺尔布桑保去世的原因和有无后代。《光绪朝朱批奏折》第 115 辑 102 号：……科尔沁扎萨克和硕图什业图亲王色旺诺尔布桑保之嫡福晋呈请，过继近支族侄业喜海顺承袭伊故夫所遗扎萨克亲王之爵……业喜海顺，现年十二岁……光绪二十八年八月十九日。这里记述了第 15 次袭爵业喜海顺的有关情况，包括他和色旺诺尔布桑保的关系及其年龄。《光绪朝朱批奏折》第 115 辑 110 号：……该王福晋拉什满都克过子业喜海顺钦遵谕旨，谨择于十月初七日，承袭扎萨克和硕图什业图亲王爵职……光绪二十八年九月十九日。这里记述了业喜海顺承袭扎萨克和硕土谢图亲王爵职的时间。把这六部分档案记载的情况联系起来看，内蒙古哲里木盟科尔沁部右翼中旗扎萨克和硕土谢图亲王第 13 次袭爵和第 14、15 次袭爵的情况就非常清楚了，也使人们了解到袭爵的有关程序。所以，清代档案是清代藩部封爵制度研究中十分宝贵的资料。

二是历朝《清实录》。《清实录》中也有大量的藩部封爵资料，但是资料具体而分散，不易搜寻。笔者仍以内蒙古哲里木盟科尔沁部右翼中旗扎萨克和硕土谢图亲王 13—15 次袭爵的情况为例，看《清实录》中是怎么记

---

① 中国第一历史档案馆编《光绪朝朱批奏折》，中华书局，1996。该书是中国第一历史档案馆所藏光绪朝汉文朱批奏折的汇编，共辑录光绪元年（1875）至三十四年满汉官员的奏折近 10 万件，6000 余万字。该书所收奏折据该馆现行的管理体系，按内容性质分编为内政、军务、财政、外交等 24 大类，类下设项，各项奏折按时间先后编排。全书依奏折原件影印。这里收录的资料属于民族类。

载的。《清文宗实录》卷 209，咸丰六年十月丙申，以故科尔沁扎萨克土谢图亲王色登端噜布子巴宝多尔济袭爵。《清德宗实录》卷 288，光绪十六年八月庚戌，予故科尔沁扎萨克和硕亲王巴宝多尔济议恤，赏银三百两治丧。《清德宗实录》卷 292，光绪十六年十二月癸卯……科尔沁扎萨克和硕图什业图亲王色旺诺尔布桑保……在神武门外瞻觐……癸亥，命科尔沁和硕图什业图亲王色旺诺尔布桑保……在御前行走。《清德宗实录》卷 353，光绪二十年十一月戊寅……据哲里木盟盟长、科尔沁扎萨克和硕图什业图亲王色旺诺尔布桑保。《清德宗实录》卷 492，光绪二十七年十二月辛酉，谕军机大臣等：乌泰奏哲里木盟正盟长被属员逼勒毙命，假作自缢捏报病故一折……寻奏：查明哲里木盟正盟长、图什业图亲王色旺诺尔布桑保被逼自缢。《清德宗实录》卷 504，光绪二十八年八月甲寅，以故科尔沁扎萨克和硕图什业图亲王色旺诺尔布桑保嗣子业喜海顺袭爵。和档案中记载的情况相对照，可以看出两者的记载基本相同，并且在治丧、朝觐、任职、袭爵等方面都有涉及。所以，《清实录》也是清代藩部封爵制度研究中十分宝贵的资料。

三是历朝《大清会典》《大清会典则例》《大清会典事例》。康熙朝、雍正朝《大清会典》中有"爵级"的记述，乾隆朝、嘉庆朝、光绪朝《大清会典》中有"封爵"的记述，嘉庆朝、光绪朝《大清会典》中还有"回爵"的记述，比较集中地记载了藩部封爵的原因、品级、人数、享受的待遇等。乾隆朝《大清会典则例》和嘉庆朝、光绪朝《大清会典事例》中，也记述了藩部封爵的原因、等级、人数、袭爵情况等，只是比《大清会典》中的记载更详细些。这些都是研究藩部封爵的重要资料。

四是《清朝文献通考》《清朝续文献通考》。这两部书中也有藩部封爵的记述，因而也是研究藩部封爵的参考资料。例如科尔沁部右翼中旗多罗贝勒，关于第四次袭爵，《清朝文献通考》卷 255：……古木扎布，特古斯额尔克图子，乾隆二十四年袭。第八次袭爵，《清朝续文献通考》卷 292：旺楚克林沁，三音呼毕图子，道光二十八年袭。第十一次袭爵，《清朝续文献通考》卷 292：敏珠尔色丹，达木林旺济勒子，光绪七年袭。第十二次袭爵，《清朝续文献通考》卷 292：凯毕，敏珠尔色丹从弟，光绪十三年袭。

由上可见，对于袭爵的时间、袭爵人和被袭爵人之间的关系，这两部书记载的也都比较详细。

五是《钦定外藩蒙古回部王公表传》《钦定续纂外藩蒙古回部王公表传》。这两部书是研究清代藩部封爵的基本资料。仍以科尔沁部右翼中旗多罗贝勒为例。关于一次袭的情况：《钦定外藩蒙古回部王公表传》卷1、表1：……一次袭，阿必达，沙津长子，康熙三十三年，袭多罗贝勒，六十一年卒。二次袭的情况：《钦定外藩蒙古回部王公表传》卷1、表1：……二次袭，多尔济，阿必达长子……。三次袭的情况：《钦定外藩蒙古回部王公表传》卷1、表1：……三次袭，特古斯额尔克图，多尔济长子，乾隆十一年，袭多罗贝勒，二十四年卒。四次袭的情况：《钦定外藩蒙古回部王公表传》卷1、表1：……四次袭，古穆扎布，特古斯额尔克图长子，乾隆二十四年，袭多罗贝勒。总之，《钦定外藩蒙古回部王公表传》《钦定续纂外藩蒙古回部王公表传》，都会记载袭爵人和被袭爵人之间的关系、袭爵时间、爵位名称和袭爵人去世年代，为研究清代藩部封爵提供了最基本的资料。

六是《藩部世系表》①、《王公衔名表》②。《藩部世系表》是《皇朝藩部世系表》的简称，《王公衔名表》是《蒙回藏王公扎萨克衔名总表》的简称，记述了清末的藩部封爵情况。这两部书以表的形式，记述了清代的藩部封爵情况，是重要的参考资料。

七是《理藩院则例》。《理藩院则例》虽然没有封爵的条款，但是记述了品秩、袭职、俸银俸缎等内容，而这些是研究清代藩部封爵制度的重要内容。所以，《理藩院则例》是研究清代藩部封爵制度的基本资料。

此外，嘉庆《大清一统志》《皇朝藩部要略》等书，对藩部封爵及其背景也有记述，有助于深化人们对藩部封爵制度的了解。

二　研究现状

在20世纪末，晏子有发表了《清朝外藩封爵制度》③。该文分三部分：

---

① 祁韵士撰，筠渌山房刊本。
② 中华民国蒙藏院封叙科编，民国年间印本。
③ 《社会科学战线》1999年第3期。

一是内扎萨克蒙古封爵，二是外扎萨克蒙古封爵，三是外藩封爵制度的意义。文章指出：清朝在处理中央政权与边疆少数民族之间的关系上，利用自身优势，对前代制度斟酌损益，终于形成了一整套具有自己民族特点的制度，其中许多成功之处值得后人借鉴。这些制度内容繁富，外藩封爵制度是重要的方面。清朝外藩封爵，因地因俗而施。尤其对蒙古王公贵族的封爵，意义最为重大。由于清朝正确处理了满、蒙关系，二者结成长期可靠的政治军事同盟，最终解决了回、藏等少数民族的归附问题。该文认为：清朝外藩封爵制度，对于中华民族大家庭的形成以及中国疆域版图的确定，起到了极其重要的作用。

进入 21 世纪以来，有关成果如下。赵云田《清代西藏封爵考述》[1]，就有关典籍中关于西藏封爵的记述、《清史稿》中关于西藏封爵的缺误、《清史稿》等未载的西藏封爵进行了考察和辨误。都扎拉嘎《清代前期漠南东部蒙古王公封爵制度研究》[2]，分析了漠南东部蒙古王公封爵制度的背景和制度化的确立，封爵的等级、依据和表现在司法、经济、仪制、婚姻等方面的待遇，承袭的程序和义务，以及所产生的功效。文章认为：该制度具有特殊性和时代性，特别是该制度在抚绥、笼络漠南东部蒙古王公贵族，促进蒙古地区的社会稳定，增强漠南东部蒙古王公贵族对清中央政权的向心力和凝聚力，巩固和维护北部边疆及维护多民族国家统一等方面，产生了积极的作用。香莲《清代蒙古王公袭职制度研究》[3]，对清代蒙古王公制度的核心——袭职制度的确立、完善和演变进行了系统研究，着重阐述了爵职封授、世袭罔替、削革赏罚等问题。该文指出：蒙古王公封爵制度对维系清朝皇帝与蒙古王公之间的政治盟友关系发挥着至关重要的作用。清代蒙古王公袭职制度是随着蒙古王公制度的确立而产生的，也是随着蒙古王公制度的日臻完善而走向巅峰的。但是，到了清朝晚期，由于清朝国势衰微、国内政治格局骤变，蒙古王公政治地位也不断下降，蒙古王公制度日趋衰落，进而造成蒙古王公、台吉等常常无法按照正常的程序和惯例承

---

[1] 《纪念柳陞祺先生百年诞辰论文集》，中国藏学出版社，2008。
[2] 硕士学位论文，内蒙古民族大学，2012。
[3] 博士学位论文，内蒙古大学，2016。

袭爵职的窘境，甚至部分台吉、塔布囊等已不再追求爵职的承袭，这表明蒙古王公贵族的处境已今非昔比，袭职制度无可挽回地走向解体。

综上可以看出，清代藩部封爵现状研究的成果不是很多，制度层面的研究虽有涉及，但不全面和深入。之所以出现这种局面，与该课题研究涉及的资料多而散有关，学者尚需一定的时日进行搜集和整理。

第二节　藩部封爵概况

崇德元年（1636），皇太极改国号为清，为了更好地抚绥蒙古，使其成为对抗明朝的有生力量，便开始在内蒙古实施封爵制度。对此，史书记载："崇德元年，立清藩爵六等。一和硕亲王，二多罗郡王，三多罗贝勒，四固山贝子，五镇国公，六辅国公。"① 在公爵以下，还有台吉、塔布囊，又分一至四等。其中，唯有内蒙古土默特左翼旗、喀喇沁三旗称塔布囊，其余蒙古各部均称台吉。外蒙古、漠西蒙古在亲王之上还有汗爵。汗以下每等爵位根据任职与否的情况，有在职和闲散之分，在职即为扎萨克。此外，清廷还规定："公主之子，亲王之子弟，授一等台吉。（唯土默特左翼、喀喇沁全部称塔布囊。凡言台吉者，塔布囊同，后仿此。）郡主之子，郡王、贝勒之子弟，二等。县主、郡君、县君之子，贝子、公之子弟，三等。台吉之子弟，概授四等。均品如其等，俟十八岁入班供职。若简用扎萨克，则秩皆一等。应袭爵之亲王长子，秩视公，郡王、贝勒长子，视一等台吉，贝子、公长子视二等。如长子不称袭爵，于余子内择其优者，报院奏闻，届期承袭。"② 在一般情况下，封爵可以世袭罔替，延及后世，由清廷颁发册诰作为凭证。

本来，明代蒙古族首领称可汗、济农、诺颜。可汗简称汗，是最高统

---

① 《清朝文献通考》卷255。清代各朝《大清会典》均写成六等爵，只有乾隆朝《大清会典》和《大清会典则例》称是五等爵，把镇国公和辅国公合称公爵。见赵云田点校《乾隆朝内府抄本〈理藩院则例〉》，第9、176、209、269、312—314页。

② 乾隆朝《大清会典》卷79。

治者的称号；济农和诺颜是贵族首领称号。努尔哈赤天命和皇太极天聪年间，都还以旧号称内蒙古首领。比如，元太祖弟哈布图哈萨尔裔奥巴，天命十一年（1626），被努尔哈赤封为土谢图汗。奥巴长子巴达礼，天聪七年（1633）任济农，袭土谢图号。到了崇德元年，这种情况因为实施了封爵制度而发生了改变。"外藩四十九旗，或以功，或以亲，或以举国输诚，封亲王、郡王、贝勒、贝子、镇国公、辅国公，秩皆照内王等。台吉、塔布囊等，俱给以品级。"[①] 那么，有清一代藩部封爵的大体情况是怎样的呢？笔者根据有关资料梳理如下。

内蒙古哲里木盟。科尔沁部，"崇德元年，叙功，封亲王、郡王、贝勒、贝子、镇国公、辅国公有差，冠诸旗之首"。[②] 有亲王爵四，初封及袭爵总计 56 人；郡王爵三，初封及袭爵总计 34 人；贝勒爵四，初封及袭爵总计 42 人；贝子爵一，初封及袭爵总计 9 人；镇国公爵一，初封及袭爵总计 13 人；辅国公爵八，初封及袭爵总计 41 人。[③] 扎赉特部，有贝勒爵一，初封及袭爵总计 13 人。杜尔伯特部，有贝子爵一，初封及袭爵总计 17 人。郭尔罗斯部，有镇国公爵一，初封及袭爵总计 11 人；辅国公爵一，初封及袭爵总计 13 人；一等台吉爵二，初封及袭爵总计 8 人。

内蒙古卓索图盟。喀喇沁部，有郡王爵一，初封及袭爵总计 14 人；贝勒爵一，初封及袭爵总计 12 人；辅国公爵三，初封及袭爵总计 24 人；一等塔布囊爵二，初封及袭爵总计 13 人。土默特部，有贝勒爵二，初封及袭爵总计 24 人；贝子爵二，初封及袭爵总计 13 人。

内蒙古昭乌达盟。敖汉部，有郡王爵二，初封及袭爵总计 30 人；贝子爵一，初封及袭爵总计 6 人；辅国公爵二，初封及袭爵总计 6 人；一等台吉爵一，初封及袭爵总计 2 人。奈曼部，有郡王爵一，初封及袭爵总计 14 人。巴林部，有郡王爵一，初封及袭爵总计 13 人；贝子爵二，初封及袭爵总计 23 人；辅国公爵一，初封及袭爵总计 3 人。扎鲁特部，有贝勒爵二，初封

① 康熙朝《大清会典》卷 142。
② 赵云田点校《乾隆朝内府抄本〈理藩院则例〉》，第 9 页。
③ 本节相关统计数字均根据赵云田编著《清代〈藩部封爵世表〉资料汇编》，国家清史编纂委员会，2007 年印本。

及袭爵总计 27 人；镇国公爵一，初封及袭爵总计 13 人；一等台吉爵一，初封及袭爵总计 3 人。阿鲁科尔沁部，有贝勒爵一，初封及袭爵总计 13 人。翁牛特部，有郡王爵一，初封及袭爵总计 13 人；贝勒爵一，初封及袭爵总计 13 人；镇国公爵一，初封及袭爵总计 12 人；辅国公爵一，初封及袭爵总计 9 人。克什克腾部，有一等台吉爵一，初封及袭爵总计 11 人。喀尔喀左翼部，有贝勒爵一，初封及袭爵总计 12 人。

内蒙古锡林郭勒盟。乌珠穆沁部，有亲王爵一，初封及袭爵总计 12 人；贝勒爵一，初封及袭爵总计 13 人；镇国公爵一，初封及袭爵总计 7 人；辅国公爵一，初封及袭爵总计 7 人。浩齐特部，有郡王爵二，初封及袭爵总计 27 人。苏尼特部，有郡王爵二，初封及袭爵总计 30 人；贝勒爵一，初封及袭爵总计 12 人；辅国公爵一，初封及袭爵总计 12 人。阿巴噶部，有郡王爵二，初封及袭爵总计 25 人；贝子爵一，初封及袭爵总计 9 人；辅国公爵一，初封及袭爵总计 10 人。阿巴哈纳尔部，有贝勒爵一，初封及袭爵总计 13 人；贝子爵一，初封及袭爵总计 10 人。

内蒙古乌兰察布盟。四子部落，有郡王爵一，初封及袭爵总计 13 人。茂明安部，有贝勒爵一，初封及袭爵总计 10 人；一等台吉爵一，初封及袭爵总计 10 人。乌喇特部，有镇国公爵二，初封及袭爵总计 29 人；辅国公爵一，初封及袭爵总计 13 人。喀尔喀右翼部，有贝勒爵一，初封及袭爵总计 12 人；贝子爵二，初封及袭爵总计 23 人；镇国公爵一，初封及袭爵总计 11 人。

内蒙古伊克昭盟。鄂尔多斯部，有郡王爵一，初封及袭爵总计 14 人；贝勒爵一，初封及袭爵总计 13 人；贝子爵四，初封及袭爵总计 47 人；辅国公爵一，初封及袭爵总计 4 人；一等台吉爵二，初封及袭爵总计 10 人。

在内蒙古境内，但不属于六盟范围，有归化城土默特部。该部有辅国公爵一，初封及袭爵总计 5 人；三等子爵一，初封及袭爵总计 9 人；三等男爵一，初封及袭爵总计 12 人。

外蒙古土谢图汗部。有汗爵一，初封及袭爵总计 16 人；亲王爵一，初封及袭爵总计 9 人；郡王爵二，初封及袭爵总计 19 人；贝子爵一，初封及袭爵总计 11 人；镇国公爵一，初封及袭爵总计 9 人；辅国公爵五，初封及袭爵总计 48 人；一等台吉爵十，初封及袭爵总计 86 人。

外蒙古赛音诺颜部。有亲王爵二，初封及袭爵总计 20 人；郡王爵二，初封及袭爵总计 21 人；贝勒爵二，初封及袭爵总计 21 人；贝子爵三，初封及袭爵总计 31 人；镇国公爵二，初封及袭爵总计 18 人；辅国公爵九，初封及袭爵总计 77 人；一等台吉爵十二，初封及袭爵总计 96 人；三等台吉爵一，初封及袭爵总计 5 人。

外蒙古车臣汗部。有汗爵一，初封及袭爵总计 16 人；亲王爵一，初封及袭爵总计 10 人；郡王爵一，初封及袭爵总计 10 人；贝勒爵二，初封及袭爵总计 16 人；贝子爵二，初封及袭爵总计 21 人；镇国公爵二，初封及袭爵总计 15 人；辅国公爵三，初封及袭爵总计 24 人；一等台吉爵十四，初封及袭爵总计 134 人。

外蒙古扎萨克图汗部。有汗爵兼郡王爵一，初封及袭爵总计 9 人；亲王爵一，初封及袭爵总计 1 人；郡王爵一，初封及袭爵总计 19 人；贝勒爵一，初封及袭爵总计 12 人；镇国公爵二，初封及袭爵总计 16 人；辅国公爵八，初封及袭爵总计 62 人；一等台吉爵九，初封及袭爵总计 78 人；三等台吉爵一，初封及袭爵总计 5 人。

青海蒙古左翼盟和硕特部，有郡王爵三，初封及袭爵总计 28 人；贝勒爵一，初封及袭爵总计 11 人；一等台吉爵一，初封及袭爵总计 3 人。右翼盟和硕特部，有贝子爵三，初封及袭爵总计 19 人；辅国公爵三，初封及袭爵总计 27 人；一等台吉爵十一，初封及袭爵总计 99 人。绰罗斯部，有贝勒爵一，初封及袭爵总计 10 人；贝子爵一，初封及袭爵总计 10 人；辅国公爵一，初封及袭爵总计 8 人。土尔扈特部，有一等台吉爵四，初封及袭爵总计 35 人。喀尔喀部，有一等台吉爵一，初封及袭爵总计 7 人。

西套厄鲁特部，有亲王爵一，初封及袭爵总计 9 人；镇国公爵一，初封及袭爵总计 9 人。额济纳土尔扈特部，有贝勒爵一，初封及袭爵总计 10 人。

漠西蒙古乌讷恩素珠克图南路盟旧土尔扈特部，有汗爵一，初封及袭爵总计 11 人；贝勒爵一，初封及袭爵总计 8 人；辅国公爵一，初封及袭爵总计 6 人；一等台吉爵一，初封及袭爵总计 6 人。乌讷恩素珠克图北路盟旧土尔扈特部，有亲王爵一，初封及袭爵总计 7 人；一等台吉爵二，初封及袭爵总计 13 人。乌讷恩素珠克图东路盟旧土尔扈特部，有郡王爵一，初封及袭爵总计 7 人；有贝子爵一，初封及袭爵总计 6 人。乌讷恩素珠克图西路盟旧土尔扈特部，有贝勒爵一，初封及袭爵总计 11 人。

漠西蒙古巴图赛特启勒图中路盟和硕特部，有贝勒爵一，初封及袭爵总计 3 人；贝子爵一，初封及袭爵总计 9 人；一等台吉爵二，初封及袭爵总计 15 人。

漠西蒙古赛音济雅哈图左翼盟杜尔伯特部，有汗爵一，初封及袭爵总计 12 人；郡王爵一，初封及袭爵总计 7 人；贝勒爵一，初封及袭爵总计 7 人；贝子爵二，初封及袭爵总计 18 人；辅国公爵二，初封及袭爵总计 14 人；一等台吉爵四，初封及袭爵总计 26 人。左翼辉特部，有一等台吉爵一，初封及袭爵总计 10 人。赛音济雅哈图右翼盟杜尔伯特部，有亲王爵一，初封及袭爵总计 7 人；贝勒爵一，初封及袭爵总计 7 人；镇国公爵一，初封及袭爵总计 8 人；一等台吉爵一，初封及袭爵总计 8 人。

漠西蒙古青色特启勒图盟土尔扈特部，有郡王爵一，初封及袭爵总计 6 人；贝子爵一，初封及袭爵总计 6 人。哈毕察克和硕特部，有一等台吉爵一，初封及袭爵总计 5 人。

新疆回部。吐鲁番有郡王爵一，初封及袭爵总计 9 人；一等台吉爵一，初封及袭爵总计 4 人；二等台吉爵一，初封及袭爵总计 4 人。哈密有亲王爵一，初封及袭爵总计 9 人。库车有郡王爵一，初封及袭爵总计 9 人。阿克苏有郡王品级贝勒爵一，初封及袭爵总计 7 人。和阗有辅国公爵一，初封及袭爵总计 6 人。乌什有贝子品级辅国公爵一，初封及袭爵总计 7 人；三等轻车都尉一，初封及袭爵总计 4 人。拜城有辅国公爵一，初封及袭爵总计 8 人。

居京师回部。有辅国公定世袭三等台吉爵二，初封及袭爵总计 5 人；一等台吉定世袭二等台吉爵二，初封及袭爵总计 5 人；二等台吉定世袭三等台吉爵一，初封及袭爵总计 3 人；三等台吉爵一，初封及袭爵总计 2 人。

附牧察哈尔旗和硕特部，有辅国公爵二，初封及袭爵总计 13 人；一等台吉爵一，初封及袭爵总计 7 人。

西藏。有辅国公爵二，初封及袭爵总计 12 人；一等台吉爵三，初封及袭爵总计 16 人。

此外，还有居京师绰罗斯贝子爵一，初封及袭爵总计 7 人。居黑龙江厄鲁特辅国公爵一，初封及袭爵总计 6 人；扎萨克一等台吉爵一，初封及袭爵总计 5 人。居科布多扎哈沁三等信勇公爵一，初封及袭爵总计 7 人。

这里还应指出的是，以下所述，也应是清代藩部的封爵，不应遗漏，只是因为各种原因，为《钦定外藩蒙古回部王公表传》及《清史稿》关于藩部的部分所不载。

厄鲁特蒙古青海和硕特部。顾实汗，本名图鲁拜琥，元太祖弟哈布图哈萨尔 19 世孙。明万历十年（1582）生。崇德七年进控西藏。顺治十年（1653）四月二十二日以金册、金印，汉、满、蒙三种文字封"遵行文义敏慧顾实汗"。顺治十一年卒。[①] 拉藏汗，顾实汗曾孙，掌控西藏。康熙四十四年（1705）赐金印封"翊法恭顺汗"。康熙五十三年因准噶尔侵藏被害，嗣绝。[②] 达什巴图尔，顾实汗子。康熙三十七年正月初五日封亲王，康熙五十五年卒。[③] 罗卜藏丹津，达什巴图尔子。康熙五十五年十二月二十九日封亲王。雍正元年（1723）夏叛逃准噶尔。乾隆二十年（1755）擒获，免死留京。[④] 巴尔珠尔阿喇布坦，康熙五十五年十二月二十九日封固山贝子，雍正元年二月晋封贝勒，后以叛爵除。[⑤] 伊斯丹津，康熙五年八月封多罗郡王，康熙十七年十月降三等公，停袭。垂拉克诺木齐，雍正元年二月封多罗贝勒，后以叛爵除。朋楚克，康熙四十二年十一月封多罗贝勒。[⑥] 阿喇布坦鄂木布，朋楚克子。康熙四十七年五月袭多罗贝勒，后以叛爵除。拉察布，康熙五十年封辅国公，坐事削爵。丹津，康熙五十五年十二月二十九日封辅国公，后以叛爵除。[⑦] 济克济扎布，固山贝子罗布藏达尔扎子。康熙

---

① 参阅马汝珩、马大正《厄鲁特蒙古史论集》，青海人民出版社，1984，第 1—18 页；中国第一历史档案馆藏蒙文老档；《清世祖实录》卷 74，顺治十年四月丁巳。

② 参阅《清圣祖实录》卷 227，康熙四十五年十二月丁亥；《清朝文献通考》卷 255。

③ 参阅《清圣祖实录》卷 187，康熙三十七年正月辛巳；《清圣祖实录》卷 270，康熙五十五年十二月乙卯；马汝珩、马大正《厄鲁特蒙古史论集》，第 35—51 页。

④ 参阅《清圣祖实录》卷 270，康熙五十五年十二月乙卯；《清世宗实录》卷 11，雍正元年九月己丑；《清高宗实录》卷 489，乾隆二十年五月辛卯；《清朝文献通考》卷 255；《钦定外藩蒙古回部王公表传》卷 81；《清高宗实录》卷 491，乾隆二十年六月壬戌。

⑤ 参阅《清朝文献通考》卷 255；《清圣祖实录》卷 270，康熙五十五年十二月乙卯。

⑥ 以上参阅《清朝文献通考》卷 255。

⑦ 参阅《清朝文献通考》卷 255；《清圣祖实录》卷 270，康熙五十五年十二月乙卯。

六十一年封辅国公，坐事削爵。①

　　厄鲁特蒙古准噶尔部。茅海，雍正元年十月二十日封固山贝子，后以叛爵除。②

　　阿拉善厄鲁特部。达穆拜多罗，郡王策凌旺布子。康熙年间封辅国公，坐事削爵。③公格喇布坦，雍正二年十月二十七日封辅国公，无袭。④

　　厄鲁特蒙古杜尔伯特部。素诺木玉木隆，乾隆三十年授公品级，乾隆三十九年卒，停袭。⑤

　　厄鲁特蒙古辉特部。阿睦尔撒纳，拉藏汗孙，准噶尔汗策妄阿拉布坦外孙。康熙六十一年生。乾隆十九年十一月十三日封亲王，乾隆二十年五月十九日赏亲王双俸。乾隆二十一年叛，乾隆二十二年病死沙俄。⑥

　　厄鲁特蒙古附察哈尔和硕特部。班珠尔，拉藏汗孙。乾隆十九年十一月十三日来归，封郡王，晋亲王，寻以叛诛。⑦

　　喀尔喀蒙古部。济特扎布，固山贝子胡图灵阿子。乾隆四十四年降袭镇国公。四十五年缘事革职，停袭。喇布坦，乾隆二十一年授公品级，寻以老罢爵。敏珠尔多尔济，乾隆十八年授公品级，乾隆三十八年卒，停袭。那木扎布，多罗郡王色楞阿哈子。康熙三十九年降袭多罗贝勒，乾隆二十一年以青衮杂布叛诛。策登扎布，那木扎布子。雍正元年二月袭。乾隆二十一年以青衮杂布叛诛。苏泰伊尔登，康熙三十年封镇国公，无袭。扎木素，顺治十年三月封，无袭。

　　新疆回部。木萨，乾隆二十四年封辅国公品级，无嗣，停袭。⑧　阿什默

———————

　① 参阅《清朝文献通考》卷 255。
　② 《清朝文献通考》卷 255；《清世宗实录》卷 12，雍正元年十月丙寅。
　③ 《清朝文献通考》卷 255。
　④ 参阅《清朝文献通考》卷 255；《清世宗实录》卷 25，雍正二年十月丁酉。
　⑤ 参阅《清朝文献通考》卷 255。
　⑥ 参见马汝珩、马大正《厄鲁特蒙古史论集》，第 107—120 页；《清高宗实录》卷 476，乾隆十九年十一月戊子；《清高宗实录》卷 494，乾隆二十年八月甲辰；《清高宗实录》卷 547，乾隆二十二年九月丙辰；《清高宗实录》卷 555，乾隆二十三年正月甲辰；《清高宗实录》卷 489，乾隆二十年五月壬辰。
　⑦ 参阅《清朝文献通考》卷 255；《清高宗实录》卷 476，乾隆十九年十一月戊子。
　⑧ 以上参阅《清朝文献通考》卷 255。

特，乾隆二十四年封辅国公，乾隆三十一年缘事革职，乾隆五十二年卒，未袭。①

西藏。颇罗鼐，初授扎萨克台吉，雍正六年十二月二十一日封贝子，雍正九年二月初七日封贝勒，乾隆四年十二月十三日封郡王，十二年卒。② 珠尔默特那木扎勒，颇罗鼐子。乾隆十二年三月十五日袭封郡王，乾隆十五年十月十三日因叛被诛。③ 康济鼐，康熙六十年二月二十八日封贝子，雍正五年六月十八日遇害。④ 阿尔布巴，康熙六十年二月二十八日封贝子，雍正六年八月被处死。⑤ 隆布鼐，康熙六十年二月二十八日封辅国公，雍正六年八月被处死。⑥

以上总计清代藩部封爵 318 个，初封和袭爵人数共 2674 人。从清代藩部封爵的概况中，我们可以看到哪些特点呢？大体说来，有如下几方面。

一是连续性。清代藩部封爵，如无特殊情况，一般都能从受封之日起延续到清末，反映了该制度的成熟性和稳定性。这里以内蒙古哲里木盟科尔沁部右翼中旗扎萨克和硕土谢图亲王为例。初封奥巴，元太祖弟哈布图哈萨尔裔，天命十一年封土谢图汗。⑦ 一次袭巴达礼，奥巴长子，天聪七年八月任济农，袭土谢图号。崇德元年四月因功封扎萨克和硕土谢图亲王，诏世袭罔替。⑧ 三次袭阿拉善，康熙十三年八月袭爵。康熙二十七年二月，因哭临时不赴朝集，慵懒失职，被理藩院参奏，革去管五旗扎萨克、土谢

① 参阅《清朝文献通考》卷 255。
② 参阅《清世宗实录》卷 76，雍正六年十二月丁酉；《清世宗实录》卷 103，雍正九年二月庚子；《清高宗实录》卷 106，乾隆四年十二月乙酉；《清高宗实录》卷 286，乾隆十二年三月乙巳。
③ 参阅《清高宗实录》卷 286，乾隆十二年三月乙巳；《清高宗实录》卷 376，乾隆十五年十一月癸丑。
④ 参阅《清圣祖实录》卷 291，康熙六十年二月己未；《清世宗实录》卷 59，雍正五年七月癸酉。
⑤ 参阅《清圣祖实录》卷 291，康熙六十年二月己未；《清世宗实录》卷 73，雍正六年九月丁丑。
⑥ 参阅《清圣祖实录》卷 291，康熙六十年二月己未；《清世宗实录》卷 73，雍正六年九月丁丑。
⑦ 《清太祖武皇帝实录》卷 4。
⑧ 《清太宗实录》卷 28，崇德元年四月丁酉。

图亲王爵，该王爵被伊叔多罗贝勒沙津承袭，并管辖五旗。① 但是，康熙四十一年五月，因侍妾僭用仪仗罪，沙津被削去爵位，阿拉善再次袭爵。② 到第十四次袭色旺诺尔布桑保时，光绪二十七年秋冬，被属员逼勒毙命，假作自缢，其嫡福晋呈请，过继近支族侄十二岁的业喜海顺袭爵，是为十五次袭，时间是光绪二十八年八月。③ 从上述可以看出，尽管科尔沁部土谢图亲王袭爵过程中出现过波折，由于清廷处置得当，该爵位从清初一直延续到清末。这种袭爵过程中的连续性，在科尔沁部左翼中旗扎萨克和硕达尔汉亲王、科尔沁部右翼中旗多罗贝勒等许多旗的爵位中都有反映。

二是特殊性。清代藩部封爵也有特殊情况，就是出现过兼袭爵位和双爵位，反映了清廷在处理这一问题过程中因实际需要而采取比较灵活的手段。一身而兼双爵位，表现在外蒙古扎萨克图汗部。先是策旺扎布，元太祖裔喀尔喀格埒森扎扎赉尔珲台吉七世孙，其曾祖素巴第称汗，号扎萨克图。康熙三十年五月初三日，封策旺扎布为扎萨克和硕亲王，康熙四十二年诏袭扎萨克图汗号，雍正九年任所部副将军，雍正十年九月十七日以罪削，诏其族弟郡王格埒克延丕勒袭汗号。④ 格埒克延丕勒的父亲朋素克喇布坦，是喀尔喀格埒森扎扎赉尔珲台吉六世孙。康熙三十年五月初三日封扎萨克多罗郡王，康熙三十六年任盟长，康熙五十一年卒。⑤ 格埒克延丕勒是朋素克喇布坦长子，康熙五十一年十月二十三日袭扎萨克多罗郡王，雍正十年春任盟长，雍正十年九月十七日袭扎萨克图汗，仍兼郡王爵，任所部副将军，乾隆六年卒。⑥ 其子巴勒达尔，乾隆六年十一月初八日袭扎萨克多罗郡王，乾隆七年三月初五日袭扎萨克图汗，任盟长，乾隆二十一年冬任

---

① 《清圣祖实录》卷133，康熙二十七年二月丁未。

② 《钦定外藩蒙古回部王公表传》卷17。

③ 参阅《光绪朝朱批奏折》第115辑102号。

④ 《钦定外藩蒙古回部王公表传》卷9、表9，卷61；《清圣祖实录》卷151，康熙三十年五月戊子；《清世宗实录》卷123，雍正十年九月辛丑。

⑤ 《钦定外藩蒙古回部王公表传》卷9、表9，卷62；光绪朝《大清会典事例》卷970；《清圣祖实录》卷151，康熙三十年五月戊子。

⑥ 《钦定外藩蒙古回部王公表传》卷9、表9，卷62；光绪朝《大清会典事例》卷970；《清世宗实录》卷123，雍正十年九月辛丑。

所部副将军，乾隆三十五年卒。① 此后，其后继者均袭扎萨克图汗兼郡王。
一身授双爵位、食双俸，表现在阿睦尔撒纳身上。前曾指出，乾隆皇帝在
征讨达瓦齐过程中，为了更好地利用阿睦尔撒纳，在乾隆十九年十一月，
封他为亲王。② 乾隆二十年五月，又封他为双亲王，食双俸。③ 但是，阿睦
尔撒纳最终还是走上了叛乱的道路，乾隆皇帝的特殊措施没有起到作用。

　　三是宽容性。清廷在藩部所封爵位，一般都是因归附、军功、姻亲所
得，不过也有个别人的封爵不属于这些情况，反映了清廷对藩部上层人物
的包容性。这主要体现在和清廷立场对立的一些人物身上，如漠西蒙古准
噶尔部的达瓦齐。达瓦齐是准噶尔台吉额斯墨特达尔汉诺颜的十一世孙，
初为准噶尔部长，乾隆二十年十一月清军平其部，俘归释放，诏封和硕亲
王，赐第京师，乾隆二十四年卒。④ 在其后，有六次袭爵。其中一次袭罗卜
扎，达瓦齐长子，乾隆二十四年降袭多罗郡王，乾隆三十九年十二月以罪
削。⑤ 二次袭富塔喜，达瓦齐次子，乾隆三十九年十二月降袭多罗贝勒，乾
隆四十六年以罪削。⑥ 三次袭富尔纳，罗卜扎长子，乾隆四十六年十二月降
袭固山贝子，乾隆四十八年诏世袭罔替，嘉庆二年卒。⑦ 就是这样一个家
族，两次以罪削爵，清廷仍然保留其爵位，直到光绪五年唐古色六次袭。⑧
之所以如此，是因为达瓦齐家族的历史地位和影响。这种包容性还表现在
罗卜藏丹津父子身上。青海蒙古和硕特部罗卜藏丹津在康熙五十五年十二

① 《钦定外藩蒙古回部王公表传》卷9、表9，卷62；光绪朝《大清会典事例》卷970；《清
　　高宗实录》卷154，乾隆六年十一月己巳；《清高宗实录》卷162，乾隆七年三月甲子。
② 《清高宗实录》卷476，乾隆十九年十一月戊子。
③ 《清高宗实录》卷489，乾隆二十年五月壬辰。
④ 中国第一历史档案馆藏宫中档朱批奏折，民族事务类128卷；《钦定外藩蒙古回部王公表
　　传》卷12、表12；光绪朝《大清会典事例》卷972；《清高宗实录》卷500，乾隆二十年
　　十一月癸未。
⑤ 《钦定外藩蒙古回部王公表传》卷12、表12；光绪朝《大清会典事例》卷972；《清高宗实
　　录》卷973，乾隆三十九年十二月己亥。
⑥ 《钦定外藩蒙古回部王公表传》卷12、表12；光绪朝《大清会典事例》卷972；《清高宗实
　　录》卷973，乾隆三十九年十二月己亥。
⑦ 《钦定外藩蒙古回部王公表传》卷12、表12；光绪朝《大清会典事例》卷972；《清高宗实
　　录》卷1147，乾隆四十六年十二月乙未；《钦定续纂外藩蒙古回部王公表传》，嘉庆朝本，
　　卷10。
⑧ 光绪朝《大清会典事例》卷972。

月封亲王，雍正元年发动叛乱失败后逃往准噶尔，爵位被削。乾隆二十年，清军征讨达瓦齐抵伊犁，罗卜藏丹津就擒。乾隆皇帝谕示：罗卜藏丹津背恩叛逃，理应从重治罪。但伊入准噶尔年久，又率伊二子迎接大兵，随同前进。朕特施恩，将罗卜藏丹津父子，免其死罪。罗卜藏丹津着留京，赏给房屋一所居住，不许擅出。伊二子着入正黄旗蒙古旗分，授为蓝翎侍卫，在司辔上行走。乾隆皇帝这样对待罗卜藏丹津父子，除了"伊入准噶尔年久，又率伊二子迎接大兵，随同前进"之外，还有一个原因，就是当年雍正皇帝曾有旨意，说罗卜藏丹津归来后"仍宥其罪"。① 归根结底，还是乾隆皇帝考虑到罗卜藏丹津家族和社会地位的影响，才做出了这样宽容的决定。

四是离析性。这主要是指对藩部封爵有影响的群体性的离析和具体封爵过程中的离析。当然，这些离析都是由清廷决定的。群体性离析的典型事例是赛音诺颜脱离土谢图汗，自成一部。原来，赛音诺颜部隶属于土谢图汗部。其先世出自达延车臣汗。达延车臣汗孙诺诺和掌管喀尔喀左翼，有五子。其长子阿巴岱为土谢图汗部先祖；第三子图蒙肯，因排抑藏传佛教觉囊派，护持格鲁派，被达赖喇嘛授予赛音诺颜号，地位相当于"汗"。图蒙肯次子丹津喇嘛又得到"诺们汗"称号，崇德三年（1638）始遣使入贡。丹津喇嘛传位于塔斯希布，塔斯希布传位于善巴。康熙二十七年（1688），准噶尔蒙古噶尔丹大举入侵喀尔喀部，善巴率众内附，被安置于内蒙古乌喇特地界。康熙三十五年，清廷封善巴为和硕亲王，次年命善巴所部返回漠北原驻牧地。雍正九年（1731），因善巴堂弟策凌征讨准噶尔有功，清廷命分土谢图汗部西十九旗为赛音诺颜部，授策凌为"喀尔喀大扎萨克"，自此赛音诺颜部与土谢图汗部、车臣汗部、扎萨克图汗部并列为喀尔喀四部之一，称喀尔喀中路。乾隆以后增至二十二旗，与所附厄鲁特部二旗，共二十四旗会盟于齐齐尔里克，称齐齐尔里克盟。乾隆三十一年（1766），下诏准许善巴曾孙诺尔布扎布世袭赛音诺颜封号。②

---

① 《清高宗实录》卷489，乾隆二十年五月辛卯；卷491，乾隆二十年六月壬戌；《清朝文献通考》卷255；《钦定外藩蒙古回部王公表传》卷81。

② 参阅《钦定外藩蒙古回部王公表传》卷69；光绪朝《大清会典事例》卷969。

具体封爵过程中的离析性可从昭乌达盟敖汉部左翼旗扎萨克多罗郡王及敖汉部右翼旗扎萨克一等台吉中看出。昭乌达盟敖汉部左翼旗扎萨克多罗郡王五次袭是巴特玛喇什。他在乾隆三十三年袭爵,乾隆三十八年卒。子巴勒丹袭,是为六次袭。乾隆四十七年巴勒丹卒,子德钦袭,是为七次袭。德钦在乾隆四十八年四月袭扎萨克郡王爵,嘉庆五年以罪削扎萨克,只保留爵位。嘉庆十年德钦卒,其长子德济特只袭了郡王爵位,而没有扎萨克头衔。扎萨克头衔给了郡王巴特玛喇什第三子玉木扎布。玉木扎布初授二等台吉。嘉庆五年,封扎萨克一等台吉,九年削。玉木扎布从子栋罗布初授二等台吉,嘉庆九年袭扎萨克一等台吉,十四年卒,停袭。于是,德济特十四年任扎萨克,扎萨克多罗郡王又有了扎萨克的头衔。敖汉部右翼旗扎萨克一等台吉的爵位就是这么出现的,从嘉庆五年到嘉庆十四年,只存在九年时间。① 正因为上述情况,《清史稿》对这一爵位没有记载。封爵过程中的离析性还可从郭尔罗斯部后旗镇国公及郭尔罗斯部后旗扎萨克一等台吉中看出。郭尔罗斯部后旗镇国公,初封布木巴,元太祖弟哈布图哈萨尔裔。顺治五年十月封扎萨克镇国公,诏世袭罔替。到同治二年正月,噶尔玛什迪九次袭,光绪九年,缘事削扎萨克,保留镇国公爵。② 而噶尔玛什迪同族巴雅斯呼朗,光绪九年初封扎萨克一等台吉。这样,就离析出了郭尔罗斯部后旗扎萨克一等台吉这个爵位。光绪二十年,巴雅斯呼朗子勒苏隆扎布一次袭。光绪三十一年,勒苏隆扎布子布彦楚克二次袭。③ 而郭尔罗斯部后旗镇国公爵,到光绪二十八年,噶尔玛什迪子达木林扎布十次袭后,也告结束。④

五是区域性。清代藩部封爵一般考虑该部所在的区域,比如内蒙古、

---

① 参阅《钦定外藩蒙古回部王公表传》卷 3、表 3;《清高宗实录》卷 938,乾隆三十八年七月庚申;《清高宗实录》卷 1179,乾隆四十八年四月戊午;光绪朝《大清会典事例》卷 967;《钦定续纂外藩蒙古回部王公表传》,嘉庆朝本,卷 2;台北"故宫博物院"档《续纂外藩蒙古回部王公传》,道光十九年稿本,卷 2。

② 《钦定外藩蒙古回部王公表传》卷 1、表 1;《清世祖实录》卷 40,顺治五年十月己酉。

③ 见《清史稿》,第 8350—8351 页。

④ 参阅《光绪朝朱批奏折》第 113 辑 607 号;《王公衔名表》;《清史稿》第 8346—8347 页。

外蒙古、漠西蒙古、青海蒙古、新疆回部、西藏等，使其适应当地的自然环境和人文环境，尽量不改变他们的所在地。但是也有些封爵，清廷使他们脱离了原来的环境，而到了新的地方，于是出现了新疆回部王公、漠西蒙古绰罗斯部居住在京师的情况，漠西蒙古厄鲁特部居住在黑龙江的情况。这种非区域性是怎么发生的呢？

笔者这里先讲乾隆皇帝的容妃。在乾隆皇帝的妃子中，有一个容妃，容妃的父亲是阿里和卓，哥哥叫图尔都。乾隆二十三年（1758），回部大小和卓布拉尼敦和霍集占发动叛乱，图尔都和他的叔父额色尹都没有参加，而是跑到了布鲁特境内。后来清军出征霍集占，图尔都和额色尹带领一支精锐人马参加了平叛斗争，他们率领着军队一直打到喀什噶尔（今喀什）。乾隆二十四年九月，额色尹到达北京，被清廷封为辅国公。不久，图尔都和他的妹妹也到达北京，图尔都被授为台吉，他的妹妹在乾隆二十五年二月被选入宫。图尔都的妹妹入宫后，初被封为贵人，以后又晋升为嫔、妃。她就是乾隆皇帝的容妃。在京师居住的回部王公中，有四个爵位和容妃有关。分别是居京师回部辅国公定世袭三等台吉的两个爵位、居京师回部扎萨克一等台吉定世袭二等台吉、居京师回部三等台吉。居京师回部辅国公定世袭三等台吉，初封额色尹，叶尔羌回人，乾隆二十四年归顺，十月封辅国公。乾隆四十八年，额色尹之子准袭公爵，以后递降袭三等台吉，世袭罔替。[①] 居京师回部辅国公定世袭三等台吉，初封图尔都，辅国公额色尹从子，乾隆二十四年归顺，封扎萨克一等台吉。乾隆二十七年二月晋辅国公，乾隆四十四年卒。一次袭托克托，图尔都之子，乾隆四十四年袭辅国公，乾隆四十八年奉旨仍袭公爵，以后递降袭三等台吉，世袭罔替。乾隆五十五年卒，无嗣，停袭。[②] 居京师回部扎萨克一等台吉定世袭二等台吉，初封祃木特，辅国公额色尹从子。乾隆二十四年十月，封扎萨克一等台吉，乾隆四十四年卒。一次袭巴巴，祃木特长子。乾隆四十四年降袭二等台吉，

---

① 中国第一历史档案馆藏国史馆全宗档案 368 号；《清高宗实录》卷 598，乾隆二十四年十月己卯；《钦定外藩蒙古回部王公表传》卷 16、表 16。

② 《钦定外藩蒙古回部王公表传》卷 16、表 16；《清高宗实录》卷 654，乾隆二十七年二月己卯。

乾隆五十三年正月诏世袭罔替，嘉庆六年卒。① 居京师回部三等台吉，初封帕尔萨，辅国公额色尹弟，乾隆二十四年归顺，乾隆二十五年封三等台吉，乾隆五十三年正月诏世袭罔替，乾隆五十五年卒。一次袭巴巴克和卓，帕尔萨子，乾隆五十五年袭三等台吉，嘉庆二年，晋封辅国公，仍兼袭三等台吉。② 由上可见，这四个爵位的被封授者是一家人，和容妃有亲戚关系，所以他们归顺清廷后，都被安排在京师居住。

在京师居住的回部王公还有两个爵位，其中，居京师回部扎萨克一等台吉定世袭二等台吉，初封哈什木，元太祖裔，世居吐鲁番。乾隆二十四年归顺，乾隆二十五年封一等台吉，乾隆三十年卒。一次袭阿布勒，哈什木长子。乾隆三十年十月降袭二等台吉，乾隆五十三年正月诏世袭罔替，嘉庆八年卒。二次袭阿克巴什，阿布勒次子，嘉庆八年袭，嘉庆十年卒。③ 居京师回部二等台吉定世袭三等台吉，初封阿卜都尔璊，叶尔羌回人。乾隆二十四年，大军定叶尔羌获之以归，乾隆二十五年封二等台吉，乾隆三十七年卒。一次袭阿卜都呢咱尔，阿卜都尔璊长子，乾隆三十七年降袭三等台吉，乾隆五十三年正月诏世袭罔替，嘉庆元年卒。二次袭素赍璊，阿卜都呢咱尔长子。嘉庆元年袭，十六年卒。④ 由上可见，这两个爵位的被封授者，因为归附清廷，立有功劳，来到京师后，便被允许居住京师，不再返回遥远的新疆。

居黑龙江厄鲁特辅国公、居黑龙江厄鲁特扎萨克一等台吉，这两个爵位的被封授者巴桑和阿卜达什，都是漠西蒙古准噶尔部的台吉，在乾隆二

---

① 《钦定外藩蒙古回部王公表传》卷16、表16；《清高宗实录》卷598，乾隆二十四年十月己卯；《清高宗实录》卷1296，乾隆五十三年正月己巳；《钦定续纂外藩蒙古回部王公表传》，嘉庆朝本，卷12。

② 《钦定外藩蒙古回部王公表传》卷16、表16；《清高宗实录》卷1296，乾隆五十三年正月己巳；《钦定续纂外藩蒙古回部王公表传》，嘉庆朝本，卷12。

③ 《钦定外藩蒙古回部王公表传》卷16、表16；《钦定续纂外藩蒙古回部王公表传》，嘉庆朝本，卷12；《清高宗实录》卷746，乾隆三十年十月乙巳；《清高宗实录》卷1296，乾隆五十三年正月己巳；台北"故宫博物院"档《续纂外藩蒙古回部王公传》，道光十九年稿本，卷12；《钦定续纂外藩蒙古回部王公表传》，嘉庆朝本，卷12。

④ 《钦定外藩蒙古回部王公表传》卷16、表16；《清高宗实录》卷1296，乾隆五十三年正月初六日己巳；《续纂外藩蒙古回部王公表传》，嘉庆朝本，卷12；台北"故宫博物院"档《续纂外藩蒙古回部王公传》，道光十九年稿本，卷12。

十年和乾隆十九年分别归附清廷后，授以爵位，因清廷需要移居黑龙江流域，后来就居住在这个地方。巴桑的后代直到清末仍然袭爵，而阿卜达什的后代则在道光二十四年被削爵。①

第三节　藩部封爵的相关内容

清代藩部封爵制度是比照清宗室爵位制度而制定的。清宗室爵位又称宗室觉罗世爵，共分为 12 等级，② 每级都有俸银、禄米及其他特权。因此，清代藩部封爵制度在内容上，除了前文提到的六等爵位之外，还有册诰、谱系、俸禄、仪制等。总的来说，也就是给予不同等级爵位的藩部王公贵族政治和经济待遇，以求最大限度地维护清廷的利益，具体表现在如下几个方面。

一是藩部封爵要颁发册、诰。册、诰对于清廷来说，是皇帝给臣下的命令；对于藩部王公来说，是享受朝廷所给予特权的凭证。亲王、郡王、贝勒受封赐册，贝子、公以下赐诰。康熙三年（1664），清廷决定：凡承袭王、贝勒、贝子、公等爵位的，颁发的册、诰都要由本人到京师理藩院来领取，若承袭人尚未出痘，由理藩院派遣官员把册、诰送到该王公处。③ 外蒙古归附清朝后，康熙三十一年，清廷决定：编喀尔喀旗分佐领，封王、贝勒、贝子、公、台吉等爵级，给予册、诰、俸禄，照四十九旗之例。康熙三十五年，清廷又决定：喀尔喀郡王有军功者，升为亲王，贝子有军功者，升为郡王，该部撰给册命。康熙四十一年，清廷还决定：如果因为水

---

① 参见《钦定外藩蒙古回部王公表传》卷 15、表 15；光绪朝《大清会典事例》卷 972；台北"故宫博物院"档《续纂外藩蒙古回部王公传》，道光十九年稿本，卷 12；中国第一历史档案馆藏国史馆全宗档案 374 号；《清宣宗实录》卷 95，道光六年二月戊辰；《清德宗实录》卷 549，光绪三十一年九月丙申；《钦定续纂外藩蒙古回部王公表传》，嘉庆朝本，卷 12；中国第一历史档案馆藏国史馆全宗档案 374 号。

② 这 12 级分别是和硕亲王、多罗郡王、多罗贝勒、固山贝子、奉恩镇国公、奉恩辅国公、不入八分镇国公、不入八分辅国公、镇国将军、辅国将军、奉国将军、奉恩将军。

③ 康熙朝《大清会典》卷 142。

灾、火灾，或者被偷盗致使册、诰损毁的，可由理藩院补发，免除罚俸处分。① 乾隆四十九年（1784），因为内扎萨克蒙古王公等诰敕，年久字迹不清，理藩院奏请更换颁给，对此，乾隆皇帝又谕示：此诰敕俱系太祖、太宗、世祖时随同创业，懋著功绩，旌奖伊等勋伐赐予者也。今若因年久更换，将伊等原得诰敕撤回存部，则从前太祖、太宗、世祖抚绥伊等、嘉奖勋劳、赏给传代之宝，伊等转不获世守。着该院照原给诰敕，复办一份给予外，将旧有诰敕仍交伊等敬谨尊藏，作为万年子孙传世之宝，以昭我太祖、太宗、世祖抚绥旌奖之至意。将此通谕各蒙古王公等知之。② 道光十九年（1839），清廷规定，王公承袭时颁发的册、诰，要先咨送吏部，再转送内阁填写用宝，领出后咨送理藩院，由理藩院札行各该旗派员来院领取，还要把领到的日期报理藩院备案。道光二十五年，清廷又规定，蒙古王公袭职，都要在奉旨后将册命、诰命咨行吏部填妥送院，由院行令该旗于年班领俸时专员持文请领。如正值年班，饬领俸人员具状请领。③

综上所述，可以发现，首先，清廷在内蒙古颁发册、诰，和内蒙古各部封爵有直接的关系，而内蒙古各部封爵，"俱系太祖、太宗、世祖时随同创业，懋著功绩，旌奖伊等勋伐赐予者"，可见，到乾隆朝中叶，清廷给内蒙古王公颁发册、诰已经有 130 多年的历史了。其次，藩部封爵颁发册、诰，乾隆年间在方式上有了较大的变化，这就是由京遣官赍送改由咨送各盟长转行颁给。不仅如此，根据嘉庆朝《大清会典》的记载可知，在乾隆年间，袭爵者还要分生身、熟身被皇帝召见。没有出痘的称生身，袭爵者在承德避暑山庄觐见皇帝；出痘者称熟身，袭爵者令来京引见。④ 再次，乾隆四十九年后，清廷颁发的册、诰经历了一个由旧更新的过程。最后，道光朝藩部王公承袭时颁发的册、诰，在程序上又有所变化，即要先咨送吏部填妥，再转送内阁填写用宝，然后送院，由院行令有关人持文请领。

---

① 雍正朝《大清会典》卷 221。
② 参见赵云田点校《钦定大清会典事例·理藩院》，第 137—138 页。
③ 参见赵云田点校《钦定大清会典事例·理藩院》，第 138 页。
④ 参见赵云田点校《乾隆朝内府抄本〈理藩院则例〉》，第 319—320 页。根据乾隆皇帝在避暑山庄的活动，以及避暑山庄的盛衰，可知袭爵者分生身、熟身被皇帝召见是在乾隆朝，而不是嘉庆朝。

二是藩部王公要修订谱系。藩部封爵的世系，在康熙朝、雍正朝《大清会典》中没有记载，在乾隆朝《大清会典》和《大清会典则例》中开始有记载，但比较简单。乾隆朝《大清会典》中记述：蒙古诸部落世次及袭封根源，备载于册，藏诸内府，十年一修，换出旧册。[1] 乾隆朝《大清会典则例》中记述，乾隆二年奉旨：蒙古王、扎萨克等家谱履历，朕皆未甚明晰。尔院将当初袭封根源，酌量各旗部落，徐修家谱奏闻。钦此。遵旨议奏：蒙古王、扎萨克等，原系太祖、太宗时输诚向化，率属归附，各论其所著劳绩，封为王、贝勒、贝子、公、一等台吉，编设旗分佐领。其科尔沁等十旗之王、台吉，在圣祖时，因皆系太皇太后、皇太后姻亲，曾将世次具奏有案，今重加考订，造册奏闻外，其余五会扎萨克等，应俟造册送院，再行办理，并行令外藩之喀尔喀、青海、厄鲁特等，一并核明袭封根源，袭爵世次，造册送守。奉旨：蒙古王等家谱，嗣后五年缮录进呈，换出旧册。十年奉旨：蒙古王等家谱，原定五年一修，今将留内收贮者撤出，应改修者改入，嗣后着十年具奏一修。[2] 在嘉庆朝《大清会典》中，藩部封爵世系记述的比较详细，除了"凡谱系，各考其得姓受封之始，皆纪以世次……而著诸册，越十年则续而修之"以外，还记述了每一个旗的始封。例如，科尔沁右翼中旗扎萨克始封曰奥巴，为哈布图哈萨尔十八世孙；左翼中旗扎萨克始封曰满珠习礼，为奥巴从子。[3]

到光绪朝《大清会典事例》，所记述的谱系和嘉庆朝《大清会典》中的记述又有所不同，这就是删去了对每一个旗始封的记述。前曾指出，清代内蒙古也称内扎萨克，外蒙古、青海蒙古、漠西蒙古等也称外扎萨克。光绪朝《大清会典事例》中记述的藩部封爵谱系的主要内容如下。

内扎萨克49旗内，45旗为元裔，姓博尔济吉特。科尔沁、扎赉特、杜尔伯特、郭尔罗斯、阿鲁科尔沁、四子部落、茂明安、乌喇特8部16旗，系出元太祖弟哈布图哈萨尔。土默特右翼1旗，系出元太祖十六世孙阿尔坦。敖汉、奈曼、乌珠穆沁、浩齐特、苏尼特5部8旗，系出元太祖十六世

---

① 参见赵云田点校《乾隆朝内府抄本〈理藩院则例〉》，第270页。
② 参见赵云田点校《乾隆朝内府抄本〈理藩院则例〉》，第16页。
③ 参见赵云田点校《乾隆朝内府抄本〈理藩院则例〉》，第320—322页。

孙图噜博罗特。巴林、扎鲁特 2 部 4 旗，系出元太祖十六世孙阿尔楚博罗特。翁牛特部 2 旗，系出元太祖弟谔楚因。克什克腾部 1 旗，系出元太祖十六世孙谔齐尔博罗特。喀尔喀左翼、右翼 2 旗，系出元太祖十六世孙格埒森扎扎赉尔珲台吉。阿巴噶、阿巴哈纳尔 2 部 4 旗，系出元太祖弟布格博洛格图。鄂尔多斯 7 旗，系出元太祖十六世孙巴尔苏博罗特。喀喇沁 3 旗及土默特左翼 1 旗，为元臣济拉玛之后，姓乌梁罕。其土默特左翼闲散多罗贝勒，始封曰巴勒布冰图，为元太祖裔。归化城闲散辅国公，始封曰喇嘛札布，为元太祖十六世孙阿尔坦裔。外扎萨克各部：喀尔喀 4 部，与内蒙古喀尔喀部，俱为格埒森扎扎赉尔珲台吉之后。和硕特，系出元太祖弟哈布图哈萨尔十七世孙博贝密尔咱，始称厄鲁特汗，其孙曰顾实汗，青海各部落及西套厄鲁特，皆其后裔。珠勒都斯之和硕特，系顾实汗之兄昆都伦乌巴什裔。科布多之和硕特，世系未详。杜尔伯特姓绰罗斯，与准噶尔同姓，为元臣孛罕裔。孛罕六世孙额森，其子曰博罗纳哈勒，后为杜尔伯特；曰额斯墨特达尔汗诺颜，后为准噶尔。额斯墨特达尔汗诺颜七世孙，号巴图尔珲台吉，青海绰罗斯部 2 旗及附牧赛音诺颜部之厄鲁特 2 旗，皆其后裔。辉特部姓伊克明安。附牧杜尔伯特之辉特，为元臣札巴甘墨尔根之裔；青海之辉特，系出纳木占；附牧扎萨克图汗之辉特，系出罗卜藏。其前此世系皆未详。凡内外扎萨克各部落闲散贝勒、贝子、公、台吉，皆系各本旗扎萨克之族，唯附牧察哈之和硕特闲散辅国公 2 人，扎萨克衔台吉 1 人，为顾实汗之裔。附牧呼伦贝尔之厄鲁特闲散辅国公，始封曰巴桑，姓伊克明安，与辉特同姓而非其族。扎萨克衔台吉 1 人，始封曰阿卜达什，为巴桑同族。附牧科布多之扎哈沁闲散公 1 人，及唐古特封爵，其世系均未详。[①]

从以上所记藩部封爵的世系中，我们可以得出怎样的认识呢？第一，藩部王公修订谱系，乾隆二年（1737）是一个分水岭。此前，只有内蒙古科尔沁部等十旗的王公、台吉有谱系，因为康熙年间因其皆系太皇太后、皇太后姻亲，曾将世次具奏有案，而其余藩部的王公、台吉，情况不是这样，要重新核明袭封根源、袭爵世次，造册送院。所以乾隆二年以后，清

---

① 参见赵云田点校《钦定大清会典事例·理藩院》，第 139—140 页。

代藩部王公的谱系才彻底清晰明了。第二，藩部王公修订谱系的时间最初确定为五年，后来又改成十年，这从一个侧面反映了乾隆朝是藩部王公修订谱系的重要历史阶段。第三，外藩蒙古王公多是元太祖成吉思汗的后裔，也有的是元臣的后裔，还有的世系不详。第四，回部王公的封爵没有订立世系的记述，西藏的封爵又世系不详，这说明，清代藩部王公修订谱系，主要是对蒙古各部王公的要求，而清代蒙古王公的世系基本上是清晰的。第五，藩部封爵的世系，清廷非常重视，因此要贮藏内府，并按修订时间要求定期更换。

三是藩部王公给俸禄。清代藩部王公的俸禄，包括俸银、俸缎，由清廷发放，是藩部王公经济上享受的待遇，也是清廷维系藩部王公的重要举措。依据地区不同，可分为内扎萨克给俸、外扎萨克给俸。内扎萨克给俸，是指清廷给予内蒙古王公的俸禄。顺治十四年（1657），清廷"定外藩王、贝勒、贝子、公俸银、缎匹各有所差"。[①] 其中，内蒙古科尔沁部土谢图、卓里克图、达尔汉 3 亲王俸银 2500 两、俸缎 40 匹，其余亲王俸银 2000 两、俸缎 25 匹。科尔沁扎萨克图郡王俸银 1500 两、俸缎 20 匹，其余郡王俸银 1200 两、俸缎 15 匹。贝勒俸银 800 两，俸缎 13 匹。贝子俸银 500 两，俸缎 10 匹。镇国公俸银 300 两，俸缎 9 匹。辅国公俸银 200 两，俸缎 7 匹。台吉、塔布囊俸银 100 两，俸缎 4 匹。清廷之所以对科尔沁亲王、郡王特别优待，一方面因为科尔沁部归附较早，另一方面还因为科尔沁部与清廷有姻亲关系，清廷对其有特别的依靠。有清一代，清朝皇帝对内蒙古王公给俸多有谕示，反映了对内蒙古王公的重视。雍正七年（1729），雍正皇帝谕示：蒙古王以下、扎萨克一等台吉以上，增加俸银一倍。原来闲散台吉无俸，也照扎萨克一等台吉食俸数目给予。不过他强调说，这是特加之恩，不是定例，户部和理藩院在年终讨论后再请旨执行。乾隆二十三年（1758），乾隆皇帝决定：蒙古王公台吉等，袭职在三月以内，照例行文户部办给俸银、俸缎。如系特恩晋封者，俟次年春季领俸时，再行支领。在道光、咸丰年间，皇帝对内蒙古王公给俸也多有谕示。道光十九年（1839），

---

① 《清朝文献通考》卷 42《国用四》。

道光皇帝谕示：蒙古王公俸缎，定于每年二月十三日赴库支领。咸丰五年（1855），咸丰皇帝谕示：科尔沁博多勒噶台亲王，每年应领俸银俸缎，照二千五百两之例支领。这时的科尔沁博多勒噶台亲王，正是僧格林沁，由咸丰皇帝赐博多勒噶台号，[①] 在清廷中权高位重，由此也反映了清廷对内蒙古科尔沁部王公的重视。

康熙三十一年（1692），清廷决定，外扎萨克喀尔喀王、贝勒、贝子、公、台吉照内蒙古例给俸。雍正三年（1725），清廷决定，青海王、贝勒、贝子、公、台吉给俸禄，令西宁办事大臣查明一年应颁俸银数目，移咨该抚，在甘肃藩库内给发，其俸缎由理藩院在户部支领，每年差笔帖式 1 人赍往颁给。雍正十一年，雍正皇帝决定把喀尔喀蒙古土谢图汗、车臣汗、扎萨克图汗俸禄，照亲王例加增。乾隆二十年（1755），乾隆皇帝决定杜尔伯特汗、亲王、郡王、贝勒、贝子、辅国公、扎萨克台吉俸银、俸缎，照喀尔喀汗、王公、台吉之例颁给，每年差官赴京于户部关支。伊犁所属土尔扈特、和硕特汗、王、贝勒、贝子、公、台吉，应领俸银、俸缎数目，均与外蒙古同，每年由该将军放给，咨户部、理藩院核销。乾隆五十三年，清廷决定，青海王公俸禄，交派出照料回藏使臣的官员顺便解往颁给，停止差笔帖式赍往之例。嘉庆十七年（1812），清廷决定，青海王公俸禄，由西宁办事大臣查明一年应领银两数目，移咨陕甘总督颁给，其俸银由院咨行户部派司员 1 员，会同护送西藏堪布之道府官员赴库支领，即交该护送官员封固，递交西宁办事大臣分别颁给。嘉庆二十二年，清廷决定西藏王公的俸禄，由户部径拨四川总督附解该处，饬令就近关支。

清廷给外扎萨克王公的俸禄，和内扎萨克蒙古王公没有大的差别，具体情况如下。汗俸银 2500 两，缎 40 匹。亲王俸银 2000 两，缎 25 匹。郡王俸银 1200 两，缎 15 匹。贝勒俸银 800 两，缎 13 匹。贝子俸银 500 两，缎 10 匹。镇国公俸银 300 两，缎 9 匹。辅国公俸银 200 两，缎 7 匹。扎萨克一等台吉、塔布囊俸银 100 两，缎 4 匹。[②]

四是在仪制等方面的规定。第一是仪仗和顶戴。首先是仪仗。顺治九

---

① 《清文宗实录》卷 157，咸丰五年正月乙酉。
② 参见赵云田点校《钦定大清会典事例·理藩院》，第 336 页。

年（1652）清廷规定：凡遇行围出师，都要用仪仗。蒙古王以下服色，按照宗室王例，唯马缰不得用金黄紫色，特赐者准用。亲王仪仗，用销金红伞2，纛2，旗枪10。郡王仪仗，用销金红伞1，纛1，旗枪8。贝勒仪仗，用红伞1，纛1，旗枪6。贝子仪仗，用红伞1，旗枪6。镇国公、辅国公仪仗，同贝子。顺治十八年清廷又规定：蒙古王、贝勒，各照在内王、贝勒等，设长史、司仪长、护卫外，亲王设四品典仪1人，五品典仪1人。郡王设五品典仪1人，六品典仪1人。多罗贝勒设五品典仪1人。固山贝子设六品典仪1人。公等设七品典仪1人。顶戴、坐褥及补授例，与在内王等同，只是没有引见这一项。① 其次是顶戴。清廷规定：内外扎萨克汗、王、贝勒、贝子、公，俱戴用宝石顶戴，其服色、坐褥等项，均照内地王公品级服用。②

第二是随丁。顺治五年清廷规定：蒙古亲王给壮丁60人，郡王给50人，贝勒给40人，贝子给35人，公给30人。顺治九年清廷又规定：蒙古台吉及喀喇沁、土默特塔布囊一等的，给壮丁15人，二等给12人，三等给8人，四等给4人。

第三是守墓人和恤唁。顺治九年清廷规定：蒙古亲王守墓人10户，郡王8户，贝勒、贝子各6户。康熙十一年（1672）清廷决定：外藩蒙古和硕亲王薨逝，赐犊1头、羊8只、酒9瓶、纸10000张，内阁撰清字、蒙古字祭文，遣内大臣1人，侍卫1人，礼部本院尚书或侍郎1人，郎中或员外郎各1人，前往读文致祭。多罗郡王薨逝，赐犊1头、羊6只、酒7瓶、纸8000张，遣侍卫1人，礼部本院侍郎1人，郎中或员外郎各1人，前往读文致祭。多罗贝勒薨逝，赐犊1头、羊4只、酒5瓶、纸5000张；镇国公溘逝，赐犊1头、羊4只、酒4瓶、纸4000张；辅国公溘逝，赐羊4只、酒4瓶、纸3000张。以上均遣侍卫1人，礼部本院郎中或员外郎1人，前往读文致祭。一等台吉溘逝，赐羊3只、酒3瓶、纸2000张，遣礼部或本

---

① 参见赵云田点校《乾隆朝内府抄本〈理藩院则例〉》，第16页。乾隆朝《大清会典》中"旗枪"改为"小旗"，见赵云田点校《乾隆朝内府抄本〈理藩院则例〉》，第270页。光绪朝《大清会典事例》"顺治九年"为"顺治元年"，见赵云田点校《钦定大清会典事例·理藩院》，第394页。

② 《理藩院则例》卷2《品秩》，见杨选第、金峰校注《理藩院则例》，第65页。

院官，前往读文致祭。康熙三十六年，由于外藩蒙古等向不焚纸，清廷决定以后凡致祭，亲王以下，一等台吉以上，均停给纸张。牛、羊、祭酒等也折成价钱，交与往祭官员在当地采办，不再由京师携往。雍正四年（1726），清廷决定：以后青海有致祭事情，派遣西宁侍卫，如果侍卫不敷差遣，令西宁办事大臣行文该提督，于绿营参将、游击内酌委一人，代侍卫前往致祭，祭文并羊酒折价银，均由驿站发往。[①] 乾隆四十三年（1778），清廷决定：今应致祭回人贝勒等，照土尔扈特、和硕特例，将由院遣员领银之处停止，其祭文由驿递送该处驻扎大臣，就近派员动用该处库存银两，购办牛犊 1 头、羊 4 只、酒 5 瓶，前往致祭。[②]

　　这里应当说明的是，清廷在办理藩部王公致祭过程中，出现过骚扰驿站和勒索财物的现象，这使清朝皇帝大为恼怒。为此，嘉庆十一年（1806），嘉庆皇帝谕示：派出致祭的侍卫等，务宜奉法安常，沿途驿站不得任意骚扰，勒索银物。即该蒙古王公等馈遗财物，亦不可受。倘因此差骚扰驿站，肆行滋事，或勒索财物，该领侍卫内大臣即行参奏，如不参奏，一经查出，不惟将该侍卫治罪，亦必将领侍卫内大臣一并治罪。[③] 之后，这种骚扰驿站、勒索财物的现象有所减少，但是，新的问题又出来了，这就是所带引路的理藩院领催等不由正路直行，多绕程途，妄自索取财物。为了解决这一问题，嘉庆十五年，清廷在了解了各方面情况后，采取了相应措施。嘉庆皇帝再次谕示：嗣后凡派出致祭大臣官员等，由蒙古有驿站之处，限 1 日行 60 里，若遇无驿站之处，扎萨克等先期备办驿马，以便驰行。并令内扎萨克 6 盟、喀尔喀 4 部落，各将该管游牧处所距京程途报理藩院，以备下次派往大臣官员等填写驿引。此番定制以后，如派往致祭之官员仍任意稽迟，蒙古王公等即报部严参。若蒙古应备驿站之扎萨克等借端推诿，并不先期备给马匹，以致迟误，派往之大臣官员等，亦据实报部严参。[④]

　　在清代藩部封爵制度中，还有一种晋爵和停爵、降爵、削爵的现象。

---

① 参见赵云田点校《乾隆朝内府抄本〈理藩院则例〉》，第 40—41、111—112 页。
② 参见赵云田点校《钦定大清会典事例·理藩院》，第 388 页。
③ 参见赵云田点校《钦定大清会典事例·理藩院》，第 388 页。
④ 参见赵云田点校《钦定大清会典事例·理藩院》，第 389 页。

所谓晋爵，是指由各种原因而促成的爵位升迁，包括整个爵位的升迁，或一个人爵职的变化。所谓停爵、降爵、削爵，是指因为没有承袭人，或者旷职、溺职、叛乱等原因造成的爵位下降直至丧失。这种丧失，既可能是整个爵位的停袭，也可能只是一个人爵职的停止。在清朝有关典章制度的书籍中，没有专题记载晋爵和停爵、降爵、削爵，笔者这里只能依据有关史料做一论述，以便对清代藩部封爵制度有更多的了解。

据不完全统计，在清代藩部的封爵中，有30个爵位涉及40余人次晋爵，68个爵位涉及100余人次削爵或停爵、降爵。① 在晋爵中，整个爵位升迁，可以内蒙古哲里木盟科尔沁部左翼中旗多罗贝勒为例。科尔沁部左翼中旗多罗贝勒，初封绰尔济，达尔汉亲王满珠习礼从子。顺治九年八月初三日封镇国公，顺治十八年十月初五日晋多罗贝勒，诏世袭罔替。② 绰尔济以军功被封为镇国公，后来晋升为多罗贝勒，诏世袭罔替，所以他的继承者都是多罗贝勒爵位，直到清末也没有变化。这种整个爵位升迁的例子，还有内蒙古哲里木盟科尔沁部左翼中旗扎萨克和硕达尔汉亲王、科尔沁部左翼后旗扎萨克和硕博多勒噶台亲王、伊克昭盟鄂尔多斯部左翼中旗扎萨克多罗郡王、外蒙古土谢图汗部右翼左旗扎萨克和硕亲王、土谢图汗部中右旗扎萨克多罗郡王等。只是一个人爵位的升迁，最终没有促使整体爵位升迁，可以卓索图盟喀喇沁部左翼旗扎萨克多罗贝勒为例。喀喇沁部左翼旗扎萨克多罗贝勒，初封色棱为镇国公，善巴喇什三次袭时晋固山贝子，僧衮扎布四次袭时晋多罗贝勒，济克济特扎布六次袭时晋扎萨克镇国公，扎拉丰阿七次袭时晋多罗郡王。但是，自托恩多九次袭扎萨克多罗贝勒后，直到清末，熙陵阿十一次袭，还是扎萨克多罗贝勒。③ 这种一个人爵位的升迁，最终并没有促使整体爵位升迁的，还有科尔沁部左翼中旗辅国公、伊

---

① 根据赵云田编著《清代〈藩部封爵世表〉资料汇编》统计。
② 见《清世祖实录》卷67，顺治九年八月壬寅；《清圣祖实录》卷5，顺治十八年十月辛亥。
③ 《清世祖实录》卷40，顺治五年十月己酉；《清圣祖实录》卷21，康熙六年正月癸未；《清圣祖实录》卷152，康熙三十年七月己丑；《清圣祖实录》卷273，康熙五十六年七月甲戌；《清高宗实录》卷174，乾隆七年九月癸亥；《清高宗实录》卷1082，乾隆四十四年五月甲午；《清高宗实录》卷1174，乾隆四十八年二月庚午；《清宣宗实录》卷216，道光十二年七月壬戌；《清德宗实录》卷34，光绪二年六月辛卯；《光绪朝朱批奏折》第113辑607号。

克昭盟鄂尔多斯部左翼中旗扎萨克多罗郡王等。

停爵、降爵、削爵的事例，有两种情况：一是整个爵位的停袭，二是一个人爵职的停止。整体爵位的停袭，可以科尔沁部左翼后旗辅国公为例。该爵位在二次袭纳逊巴图时，因爵位非因军绩所得，被清廷停袭。① 这种整个爵位的停袭，还有科尔沁部左翼中旗辅国公。该爵位在一次袭巴特玛时，病故，奉旨削除公爵。② 一个人爵职的停止，可以内蒙古哲里木盟科尔沁部右翼中旗扎萨克和硕土谢图亲王为例。该亲王爵是一次袭巴达礼时封的，且世袭罔替。但是，三次袭阿拉善时，因懒惰失职革爵，王爵由其叔多罗贝勒沙津承袭。③ 四次袭沙津时，以其侍妾僭用仪仗罪削爵，王位仍命阿拉善袭。该王位一直延续到清末。④ 和这种情况相似的还有科尔沁部左翼中旗和硕卓里克图亲王，该王爵在二次袭鄂齐尔时以罪革退，命其叔杜尔巴袭爵，⑤ 王位也是一直延续到清末。属于这种情况的，还有郭尔罗斯部前旗扎萨克一等台吉、卓索图盟喀喇沁部右翼旗扎萨克多罗杜棱郡王、土默特部右翼旗扎萨克固山贝子等。

笔者这里要讨论的，是怎样看待清代藩部封爵中这种晋爵和停爵、降爵、削爵的现象。应当承认，清代藩部封爵中多数爵位的承袭是比较稳定的，能够从初封一直延续到清朝末年。出现晋爵和停爵、降爵、削爵，一方面反映了清代藩部王公在现实生活中的表现，即他们对清廷所规定的各种制度执行的情况，另一方面也反映了清廷在执行藩部封爵过程中所表现出的原则性、务实性和灵活性，该奖励的奖励，该处罚的处罚。正因为这样，清代藩部封爵制度基本上得以顺利实行，加强了清廷和藩部王公贵族的联系，巩固了清廷对藩部的统治。为了加深人们对这一问题的认识，笔者再举数例加以说明。

① 台北"故宫博物院"档《续纂外藩蒙古回部王公传》卷1记载，纳逊巴图，嘉庆十二年卒。奉旨：纳逊巴图所出辅国公之爵，既非因军绩所得，着毋庸承袭。
② 台北"故宫博物院"档《续纂外藩蒙古回部王公传》卷1记载，一次袭，巴特玛，道光五年病故，奉旨削除公爵。
③ 《清圣祖实录》卷133，康熙二十七年二月丁未。
④ 《清圣祖实录》卷208，康熙四十一年五月庚子；《钦定外藩蒙古回部王公表传》卷17，传第1。
⑤ 《清圣祖实录》卷104，康熙二十一年八月庚辰。

一是西藏颇罗鼐。颇罗鼐，康熙末年清军驱逐准噶尔军队对西藏的掳掠后，鉴于颇罗鼐在管理西藏政务中的功绩，封颇罗鼐为扎萨克台吉。雍正六年十二月，又被清廷封为贝子，雍正九年二月封贝勒，乾隆四年十二月封郡王。颇罗鼐之所以能够连续晋爵，是因为他对清廷的忠诚，且在管理西藏政务中做出了贡献。乾隆十二年颇罗鼐死后，其子珠尔默特那木扎勒袭封郡王。但是珠尔默特那木扎勒袭封郡王后，阴谋发动叛乱，在乾隆十五年十月被诛，随后清廷也就削除了这一郡王爵。①

二是外蒙古赛音诺颜部中左末旗扎萨克和硕亲王策凌。策凌是亲王善巴再从弟。康熙三十一年封三等轻车都尉，康熙四十五年赐贝子品级，康熙六十年任扎萨克，雍正元年二月特封郡王。雍正九年十月晋封和硕亲王，封喀尔喀大扎萨克。雍正十年九月赐号"超勇"，雍正十一年任定边左副将军、盟长。乾隆十五年二月初五日薨，谥襄，配享太庙，十六日入祀贤良祠。策凌连续晋爵，是因为他尽忠清廷，在对准噶尔战争中战功卓著。②

三是外蒙古土谢图汗部中旗扎萨克固山贝子。该爵位在一次袭敦多布多尔济时是亲王，二次袭额琳沁多尔济时也是亲王。在清廷征讨达瓦齐过程中，额琳沁多尔济被清廷授为西路参赞大臣，参与进军伊犁的军务。但是，阿睦尔撒纳叛逆行径暴露后，额琳沁多尔济以"彼双亲王，我单亲王，不敢便宜从事"，③ 未对阿睦尔撒纳采取行动。乾隆二十年（1755）八月，额琳沁多尔济偕阿睦尔撒纳进京朝觐，行至乌隆口，阿睦尔撒纳谎称"归牧治装"，④ 乘机叛逃。对额琳沁多尔济的失误，乾隆帝认为"核其情罪，万无可道"，⑤ 命其自尽。这样，额琳沁多尔济的亲王爵位被削夺。三次袭

---

① 《清世宗实录》卷 76，雍正六年十二月丁酉；《清世宗实录》卷 103，雍正九年二月庚子；《清高宗实录》卷 106，乾隆四年十二月乙酉；《清高宗实录》卷 286，乾隆十二年三月乙巳；《清高宗实录》卷 376，乾隆十五年十一月癸丑。

② 《雍正朝满文朱批奏折全译》第 241 号。光绪朝《大清会典事例》卷 969。《钦定外藩蒙古回部王公表传》卷 10、表 10。《清世宗实录》卷 4，雍正元年二月戊寅；卷 111，雍正九年十月乙卯；卷 123，雍正十年九月乙酉朔。《清高宗实录》卷 359，乾隆十五年二月己丑。《钦定外藩蒙古回部王公表传》卷 70。

③ 《清高宗实录》卷 498，乾隆二十年十月辛亥。

④ 祁韵士：《皇朝藩部要略》卷 6。

⑤ 祁韵士：《皇朝藩部要略》卷 6。

根扎布多尔济时，被降为贝子。该爵位一直以贝子延续到清末。①

第四节　有关藩部封爵记述的辨误

目前记载藩部封爵的书籍，当属《清史稿》中的"藩部世系表"最为全面。不过，因为各种原因，特别是未能很好地利用《清实录》和清宫档案资料，该书中也出现一些失误。据初步统计，这些失误有 208 处，反映在袭爵时间、削爵时间、袭爵者卒年、被承袭者和承袭者之间的关系、是否为扎萨克等方面。下面，就以《清实录》和清宫档案记载为主，对《清史稿》"藩部世系表"中的主要失误进行辨析，以增加人们对清代藩部封爵情况的进一步了解。

（1）僧格林沁晋博多勒噶台亲王时间。《清史稿》8333—8335 页"科尔沁部扎萨克博多勒噶台亲王"表中作"咸丰四年"。而《清文宗实录》卷157 载："咸丰五年正月乙酉，科尔沁郡王僧格林沁……着加恩封为博多勒噶台亲王。"《清文宗实录》卷 165 亦载："咸丰五年四月庚戌，科尔沁博多勒噶台亲王僧格林沁……前经赏给亲王，着加恩世袭罔替。"所以，僧格林沁晋博多勒噶台亲王时间应是咸丰五年，不是咸丰四年。

（2）布彦巴哩克齐和布彦图固噜克齐的关系。《清史稿》8340—8341页"科尔沁部辅国公"作"布彦巴哩克齐，布彦图固噜克齐兄"。《清穆宗实录》卷 308 亦载："同治十年四月丙寅，以故科尔沁辅国公布彦图固噜克齐兄布彦巴哩克齐袭爵。"但《光绪朝朱批奏折》第 114 辑 303 号载："科尔沁辅国公布彦巴里克齐，布彦图固鲁克齐之弟。"所以，应以档案记载为主，布彦巴哩克齐是布彦图固噜克齐之弟。

（3）博迪苏应列在何爵位内。《清史稿》8341—8342 页"科尔沁部辅国公"表中，把博迪苏列在朗布林沁所封辅国公世爵栏内，且表内为空档。实际上，伯彦讷谟祜亲王卒后，博迪苏赏给辅国公。《清德宗实录》卷 303

---

① 《钦定外藩蒙古回部王公表传》卷 7、表 7；《清高宗实录》卷 204，乾隆八年十一月壬午；《钦定外藩蒙古回部王公表传》卷 47。

载："光绪十七年十一月癸亥，伊子辅国公温都苏，着袭封贝勒。头等台吉博迪苏，着赏给辅国公。"故博迪苏不应列在朗布林沁所封辅国公世爵栏内，而应列在温都苏所封辅国公世爵栏内。

（4）那逊巴达尔呼、那逊阿尔毕吉呼应列在何爵位内。《清史稿》8341—8342页"科尔沁部辅国公"中把那逊巴达尔呼、那逊阿尔毕吉呼列在温都苏所封辅国公世爵栏内，且那逊巴达尔呼表内为空档。但《清德宗实录》卷321载："光绪十九年二月己未，科尔沁辅国公布彦巴哩克齐病故，以其子那逊巴达喇呼袭爵。"《科尔沁左翼后旗王公世袭表》亦载："那逊巴达尔呼为布彦巴哩克齐长子，那逊阿尔毕吉呼为次子。"所以那逊巴达尔呼、那逊阿尔毕吉呼均应列在朗布林沁所封辅国公世爵栏内。对此，佟佳江先生《〈清史稿〉订误》第359—360页亦有所订正。

（5）拉木棍布扎布袭郡王时间以及袭几世。《清史稿》8342—8344页"扎赉特部扎萨克多罗贝勒"作"咸丰十一年""袭三世"。但《清文宗实录》卷305载，咸丰十年正月己巳，谕内阁："……拉木棍布扎布着加恩封为郡王及身而止……"又，《清穆宗实录》卷10载，咸丰十一年十一月壬寅，又谕："理藩院奏扎赉特多罗郡王拉木棍布扎布所出之爵，其子承袭郡王，抑或承袭贝勒请旨一折。拉木棍布扎布……着加恩自伊子头等台吉阿勒坦鄂绰尔起，承袭两次郡王，袭次完时仍以贝勒世袭罔替……"所以，拉木棍布扎布袭郡王时间是咸丰十年正月，袭二世。

（6）扎拉丰阿复封贝子时间。《清史稿》8356—8359页"喀喇沁部扎萨克多罗贝子"作"乾隆三十年"。但《清高宗实录》卷601载：乾隆二十四年十一月丁卯，"晋封公扎拉丰阿为贝子"。《钦定外藩蒙古回部王公表传》卷2、表2亦载："乾隆……二十四年，复封贝子。"所以，扎拉丰阿复封贝子时间是乾隆二十四年。

（7）乌凌阿晋镇国公时间。《清史稿》8363—8364页"喀喇沁部扎萨克一等塔布囊，今停"作"咸丰五年"。但《清穆宗实录》卷174载："同治五年四月壬寅，以捐饷助械，赏还喀喇沁扎萨克公衔塔布囊乌凌阿镇国公爵。"所以，乌凌阿晋镇国公时间是同治五年。

（8）德济特袭郡王和扎萨克的时间。《清史稿》8369—8371页"敖汉部扎萨克多罗郡王"分别作"嘉庆十五年"和"嘉庆十四年"。但台北"故宫博物院"档《续纂外藩蒙古回部王公传》道光十九年本卷 2 载："八次袭,德济特,德亲长子。嘉庆十年袭多罗郡王……十四年仍授扎萨克。"所以德济特袭郡王和扎萨克的时间分别是嘉庆十年和嘉庆十四年。

(9) 达尔玛吉尔底袭爵时间。《清史稿》8369—8371 页"敖汉部扎萨克多罗郡王"作"嘉庆十八年"。但中国第一历史档案馆国史馆全宗档案368 号载："敖罕扎萨克郡王德济特遗缺,因后无嗣,伊承祀近支之弟达尔玛吉尔底,于嘉庆十七年八月十一日承袭。"《清仁宗实录》卷 260 亦载:"嘉庆十七年八月辛亥,以故敖汉扎萨克郡王德济特弟达尔玛济尔迪袭爵。"所以,达尔玛吉尔底袭爵时间是嘉庆十七年。

(10) 赞巴勒诺尔布袭爵时间。《清史稿》8390—8392 页"翁牛特部扎萨克多罗杜棱郡王"作"同治元年"。但《清穆宗实录》卷 195 载:"同治六年正月壬午,以故翁牛特扎萨克多罗杜棱郡王布尔那巴达拉继子赞巴勒诺尔布袭爵。"所以,赞巴勒诺尔布袭爵时间是同治六年。

(11) 罗卜藏晋多罗贝勒时间。《清史稿》8392—8393 页"翁牛特部辅国公"作"雍正十一年"。但《清世宗实录》卷 124 载:"雍正十年十月癸亥……贝子罗卜藏,着晋封为贝勒。"所以罗卜藏晋多罗贝勒时间是雍正十年。

(12) 阿喇布坦纳木扎勒袭爵时间。《清史稿》8398—8400 页"乌珠穆沁部扎萨克和硕车臣亲王"作"雍正十一年"。但《清世宗实录》卷 145 载:雍正十二年七月甲午,"以故乌珠穆沁扎萨克和硕车臣亲王色登敦多卜子阿喇布坦纳尔扎尔袭爵"。所以阿喇布坦纳木扎勒袭爵时间是雍正十二年。

(13) 索诺木喇布坦袭爵时间。《清史稿》8398—8400 页"乌珠穆沁部扎萨克和硕车臣亲王"作"光绪二十四年"。但《光绪朝朱批奏折》第 114 辑 914 号载:"乌珠穆沁亲王阿勒坦呼雅克图出缺,经该盟长请以伊预保子公衔头等台吉索诺木喇布坦承袭伊父亲王爵职……于光绪二十五年十一月十八日具奏,钦奉朱笔圈出索诺木喇布坦。"《王公衔名表》光绪二十七年六月二十三日亦载:"索诺木喇布坦……前光绪二十五年扎萨克和硕车臣亲王。"所以，索诺木喇布坦袭爵时间是光绪二十五年。

（14）达木林袭爵时间。《清史稿》8400—8401 页"乌珠穆沁部镇国公"作"光绪二十年十二月"。但《清德宗实录》卷 331 载："光绪十九年十二月己巳，以故乌珠穆沁镇国公堆岱扎布子达木林袭爵。"所以，达木林袭爵时间是光绪十九年。

（15）腾机思因叛削爵时间。《清史稿·藩部世表一》8407—8409 页"苏尼特部扎萨克多罗郡王"作"顺治二年"。但《钦定外藩蒙古回部王公表传》卷 4、表 4 载：初封，腾机思，元太祖裔。崇德六年，封扎萨克多罗墨尔根郡王，诏世袭罔替。顺治三年，以叛削。五年，悔罪，降。旋病殁。诏仍世袭郡王爵。光绪朝《大清会典事例》卷 968 亦载："……腾机思……顺治三年，以罪削。五年，悔罪，诏仍世袭郡王爵。"所以，腾机思因叛削爵时间是顺治三年。

（16）瓦津达喇袭爵时间。《清史稿》8415—8416 页"阿巴噶部扎萨克多罗郡王"作"同治元年"，但《清穆宗实录》卷 64 载：同治二年四月戊子"以故阿巴噶郡王阿尔塔什迪子瓦金达拉袭爵"。所以，瓦津达喇袭爵时间是同治二年。

（17）绰博和袭爵时间。《清史稿》8416—8418 页"阿巴噶部固山达尔汉贝子"和《钦定外藩蒙古回部王公表传》卷 4、表 4 作"顺治十一年"。但《清世祖实录》卷 77 载：顺治十年八月丁亥"阿霸垓部落达尔汉贝子多尔济卒，以其子绰博和袭爵"。所以，绰博和袭爵时间是顺治十年。

（18）衮楚克扎布的袭爵时间。《清史稿》8422—8424 页"阿巴哈纳尔部扎萨克固山贝子"作"康熙二十年"。但《清圣祖实录》卷 102 载：康熙二十一年四月丙申，"以阿霸哈纳尔故固山贝子董宜斯噶卜子滚楚克扎卜袭爵"。因此，衮楚克扎布的袭爵时间是康熙二十一年。

（19）达尔玛什哩袭爵时间。《清史稿》8430—8431 页"乌喇特部扎萨克镇国公"作"康熙二十八年"。但《清圣祖实录》卷 153 载：康熙三十年十月甲午，"以故吴喇忒镇国公达喇玛迪子达喇玛西礼袭爵"。所以，达尔玛什哩袭爵时间是康熙三十年。

（20）诺内袭爵时间。《清史稿》8433—8434 页"喀尔喀右翼部扎萨克多罗达尔汉贝勒"作"康熙八年"。但《清圣祖实录》卷33载:"康熙九年八月辛卯……以喀尔喀故和硕达尔汉亲王奔塔尔楚琥尔子诺内袭爵。"所以,诺内袭爵时间是康熙九年。

(21)丹忠多尔济袭爵时间。《清史稿》8455—8457页"喀尔喀土谢图汗部扎萨克多罗郡王"和《钦定外藩蒙古回部王公表传》卷7、表7作"乾隆二十年"。但《清高宗实录》卷519载:乾隆二十一年八月乙卯"其车凌拜都布,上年进兵伊犁病故,应袭王爵,未经该盟长等拟请承袭。今着加恩,即令伊子丹衷多尔济承袭"。所以,丹忠多尔济袭爵时间是乾隆二十一年。

(22)齐巴克雅喇木丕勒晋和硕亲王时间。《清史稿》8459—8461页"喀尔喀土谢图汗部扎萨克和硕亲王"和《钦定外藩蒙古回部王公表传》卷7、表7作"乾隆二十一年"。但《清高宗实录》卷577载:"乾隆二十三年十二月戊辰……晋封喀尔喀扎萨克郡王齐巴克雅喇木丕勒为亲王。"所以,齐巴克雅喇木丕勒晋和硕亲王时间是乾隆二十三年。

(23)密什克多尔济开缺时间。《清史稿》8467—8469页"喀尔喀土谢图汗部扎萨克辅国公"作"光绪二十二年三月,告休"。但中国第一历史档案馆《光绪朝朱批奏折》第115辑269号载:"图什业图汗部落扎萨克辅国公密什克多尔济……六个月假期内病仍未痊……应请照例将该扎萨克公开缺,仍戴原品顶戴,不食俸,不干预公事……着照所请,该衙门知道。光绪三十年十二月初八日。"所以,密什克多尔济开缺时间是光绪三十年十二月。

(24)鄂达尔托克齐布扬瓦齐尔袭爵时间。《清史稿》8467—8469页"喀尔喀土谢图汗部扎萨克辅国公"作"光绪二十二年"。但中国第一历史档案馆藏清朝理藩院(部)档卷154载:"扎萨克辅国公密什克多尔济请假限满开缺,查有该公之长子鄂达尔托克齐布扬瓦齐尔前于光绪六年,由院奏请预保授为二等台吉,以备将来袭爵。嗣于七年间,密什克多尔济服效军需银两,移奖伊子鄂达尔托克齐布扬瓦齐尔赏戴花翎。该台吉鄂达尔托克齐布扬瓦齐尔现年三十二岁,尚未出痘。请由院奏请承袭扎萨克辅国公爵,俟出痘后来京补行引见……光绪三十二年三月初十日具奏。奉朱笔圈出鄂达尔托克齐布扬瓦齐尔。钦此。"《光绪朝朱批奏折》第 115 辑 426 号亦载:"据图什业图汗部落新袭扎萨克辅国公乌德尔都克齐布彦瓦齐尔……光绪三十二年十一月初四日。"《王公衔名表》也载:"后路左翼左中末旗,扎萨克辅国公,鄂达尔扎克齐布扬瓦齐尔,前光绪三十二年,扎萨克辅国公。"所以,鄂达尔托克齐布扬瓦齐尔袭爵时间是光绪三十二年。

(25)绷楚克多尔济袭爵时间。《清史稿》8470—8472 页"喀尔喀土谢图汗部扎萨克公品级一等台吉"作"嘉庆二十三年"。但中国第一历史档案馆藏国史馆全宗档案 368 号载:"喀勒喀之图谢图汗部落之公爵扎萨克头等台吉萨兰多尔济缺出,于嘉庆二十年正月二十二日,其长子四等台吉绷楚克多尔济仍承袭公爵扎萨克之头等台吉。"所以,绷楚克多尔济袭爵时间是嘉庆二十年。

(26)阿克旺多尔济的继任者。《清史稿》8470—8472 页"喀尔喀土谢图汗部扎萨克公品级一等台吉"未载。但《王公衔名表》载:后路中左旗,公衔扎萨克头等台吉,端多布多尔济,前宣统二年,公衔扎萨克头等台吉。所以,阿克旺多尔济的继任者是端多布多尔济。

(27)密法木察苏特巴宝多尔济袭爵时间。《清史稿》8475—8477 页"喀尔喀土谢图汗部扎萨克辅国公"和光绪朝《大清会典事例》卷 969 作"光绪十年"。但《清德宗实录》卷 113 载:光绪六年五月乙未"以故图什业图汗部落扎萨克公旺楚克察克都尔苏伦子密法木察苏特巴宝多尔济袭爵"。所以,密法木察苏特巴宝多尔济袭爵时间是光绪六年。

(28)阿勒坦呼雅克和密法木察苏特巴宝多尔济的关系。《清史稿》8475—8477 页"喀尔喀土谢图汗部扎萨克辅国公"作"阿勒坦呼雅克,密法木察苏特巴保多尔济子"。但中国第一历史档案馆藏清朝理藩院(部)档 154 号载:"扎萨克辅国公密法木察苏特巴保多尔济出缺无嗣,亦无亲兄弟,其近支……四等台吉阿勒坦呼雅克……"所以,阿勒坦呼雅克和密法木察苏特巴宝多尔济的关系是近支。

(29)三都布多尔济封辅国公时间。《清史稿》8477—8478 页"喀尔喀土谢图汗部扎萨克辅国公"和《钦定外藩蒙古回部王公表传》卷 7、表 7 作"乾隆二十四年"。但《清高宗实录》卷 516 载:"乾隆二十一年七月壬申……扎萨克台吉三都布多尔济着封授公爵。"《清高宗实录》卷 604 又载："乾隆二十五年正月辛亥，晋封喀尔喀公品级三都布多尔济为辅国公。"所以，三都布多尔济封辅国公时间是乾隆二十五年。

（30）密济特多尔济的继任者。《清史稿》8480—8481 页"喀尔喀土谢图汗部扎萨克一等台吉"未载。但北洋时期《政府公报》第 202 号载："中左翼末旗扎萨克头等台吉那木萨赍，前清光绪十八年袭。"所以，密济特多尔济的继任者是那木萨赍，该表应据此补。

（31）达玛琳扎布袭爵时间。《清史稿》8483—8484 页"喀尔喀土谢图汗部扎萨克一等台吉"作"乾隆二十一年"。但《清高宗实录》卷 533 载："乾隆二十二年二月辛卯……予故喀尔喀扎萨克头等台吉……车凌旺舒克子达玛琳扎布……袭职。"所以，达玛琳扎布袭爵时间是乾隆二十二年。

（32）乌尔津扎布和都昂多布多尔济的关系。《清史稿》8483—8484 页"喀尔喀土谢图汗部扎萨克一等台吉"作"都昂多布多尔济，乌尔津扎布子"。但中国第一历史档案馆藏国史馆全宗档案 368 号载："喀尔喀图谢图汗爱满扎萨克头等台吉乌勒津扎布病故，其侄车都布多尔济曾经预保，于道光二年二月初十日，承袭扎萨克头等台吉。"又台北"故宫博物院"档案《续纂外藩蒙古回部王公传》道光十九年本卷 5 载："五次袭，栋多布多尔济，乌尔津扎布之侄。"所以，都昂多布多尔济是乌尔津扎布的侄子。

（33）阿克旺多尔济袭爵时间。《清史稿》8487—8489 页"喀尔喀土谢图汗部扎萨克一等台吉"和《王公衔名表》作"光绪三十三年"。但《光绪朝朱批奏折》第 114 辑 887 号载："再前因图盟盟长等呈报：该盟头等台吉扎萨克索纳木多尔济不顾时艰，于派委接管练兵边防事务任意抗违，久不到防，经奴才等照出兵退缩不往例，拟以削去索纳木多尔济扎萨克，以昭炯戒等因，于光绪二十六年十一月十七日，附片具奏。本年正月十三日奉到朱批：着照所请，该衙门知道，钦此钦遵……已革扎萨克索纳木多尔济所掌扎萨克印务，于三月十五日移交……查有索纳木多尔济亲生长子阿克旺多尔济现年九岁，于本年正月间，经由本盟请照例预保，嗣后承袭扎萨克……奏请圣恩，准以阿克旺多尔济承袭头等台吉扎萨克……光绪二十七年三月二十九日。"所以，阿克旺多尔济袭爵时间是光绪二十七年。

（34）阿克旺那林袭爵时间。《清史稿》8489—8490 页"喀尔喀车臣汗部车臣汗"作"宣统元年"。但《王公衔名表》载：东路车臣汗旗，格根车臣汗，那旺那林，前宣统二年，格根车臣汗。北洋时期《政府公报》第 202号亦载："车臣汗旗格根车臣汗阿克旺那林，前清宣统二年袭。"所以，阿克旺那林袭爵时间是宣统二年。

（35）达玛琳多尔济削爵时间。《清史稿》8492—8493 页"喀尔喀车臣汗部扎萨克和硕亲王"作"雍正十年"，但《清世宗实录》卷 87 载："雍正七年十月丙辰……革喀尔喀扎萨克多罗郡王达玛琳多尔济爵，以其违误采买军需驼只也。"所以，达玛琳多尔济削爵时间是雍正七年。

（36）喀尔喀车臣汗部扎萨克多罗郡王二次袭是何人。《清史稿》8493—8495 页"喀尔喀车臣汗部扎萨克多罗郡王"写二次袭是德木楚克。但《清世宗实录》卷 129 载，雍正十一年三月丙午，谕理藩院："喀尔喀多罗郡王垂扎卜，既承袭车臣汗名号，其扎萨克多罗郡王，着伊弟恭格萨木丕尔承袭。"《清世宗实录》卷 155 载："雍正十三年闰四月戊子……理藩院以喀尔喀车臣汗垂扎卜病故，将应行承袭之人带领引见。得旨：车臣汗之号着原爵车臣汗衮臣之子达嘛林承袭原爵车臣汗，垂扎卜之子德木楚克着承袭伊父扎萨克多罗郡王，伊叔恭额萨木丕勒着仍在郡王上行走。"所以，喀尔喀车臣汗部扎萨克多罗郡王二次袭应是贡格三丕勒。《清史稿》8493—8495 页"喀尔喀车臣汗部扎萨克多罗郡王"，相关袭次均应顺延。

（37）巴图鄂齐尔袭爵时间。《清史稿》8493—8495 页"喀尔喀车臣汗部扎萨克多罗郡王"作"嘉庆十六年"。但《清仁宗实录》卷 81 载："嘉庆六年三月丁酉……以故喀尔喀车臣汗扎萨克郡王玛哈锡哩弟巴图鄂齐尔袭爵。"光绪朝《大清会典事例》卷 970 亦载："桑斋多尔济……嘉庆六年，长子巴图鄂齐尔袭。"所以，巴图鄂齐尔袭爵时间是嘉庆六年。

（38）云敦琳沁降袭何爵。《清史稿》8499—8501 页"喀尔喀车臣汗部扎萨克多罗贝勒，今袭固山贝子"作"康熙五十二年，降袭扎萨克辅国公"。但《清圣祖实录》卷 253 载："康熙五十二年二月丁巳……理藩院题：喀尔喀多罗贝勒布达扎卜故，查册内并无世袭之语，其子云敦林臣或袭贝勒，或降袭公爵，请旨定夺。得旨：云敦林臣着袭封镇国公。"所以，云敦琳沁降袭的是镇国公。

（39）成里克多尔济有无后继者。《清史稿》8503—8505 页 "喀尔喀车臣汗部扎萨克固山贝子，今袭辅国公" 只写到八次袭成里克多尔济。但北洋时期《政府公报》第 202 号载："中后旗扎萨克辅国公通阿拉克，前清光绪三十三年袭。" 所以，成里克多尔济应有后继者，即通阿拉克，并应作为九次袭。

（40）喀尔喀车臣汗部扎萨克镇国公，还是喀尔喀车臣汗部扎萨克贝子衔镇国公。《清史稿》8508—8509 页作 "喀尔喀车臣汗部扎萨克镇国公"。但《清德宗实录》卷 290 载：光绪十六年十月甲寅，"赏扎萨克镇国公扎木萨兰扎布贝子衔，世袭罔替"。《清德宗实录》卷 332 载："光绪二十年正月己卯……喀尔喀贝子衔镇国公车林呢玛……着赏戴双眼花翎。" 所以，《清史稿》8508—8509 页表应作 "喀尔喀车臣汗部扎萨克贝子衔镇国公"。

（41）绷楚克德济特袭爵时间。《清史稿》8524—8525 页 "喀尔喀车臣汗部扎萨克一等台吉" 作 "光绪二十四年二月"。但《王公衔名表》载：东路左翼左旗，扎萨克郡王，绷楚克德济特，前光绪三十四年，扎萨克头等台吉。北洋时期《政府公报》第 202 号载："东路左翼左旗扎萨克头等台吉绷楚克德济特，前清光绪三十四年袭。" 所以，绷楚克德济特袭爵时间是光绪三十四年。

（42）车林端多布的承袭者。《清史稿》8527—8528 页 "喀尔喀车臣汗部扎萨克一等台吉" 作 "都噶尔苏伦"，并认为其袭爵时间是 "光绪二十二年"。误。因为《王公衔名表》载：都噶尔苏伦属于车臣汗部东路右翼左旗，不是东路右翼中左旗。且都噶尔苏伦袭爵时间是 "光绪三十二年"。而《王公衔名表》载：东路右翼中左旗，扎萨克头等台吉，勒木，前宣统元年，扎萨克头等台吉。北洋时期《政府公报》第 202 号亦载："东路右翼中左旗扎萨克头等台吉勒木，前清宣统元年袭。" 据此，车林端多布的承袭者应是勒木，不是都噶尔苏伦。都噶尔苏伦袭爵应放在东路右翼左旗中。

（43）多尔济帕拉玛袭爵时间。《清史稿》8533—8535 页 "喀尔喀扎萨克图汗部扎萨克图汗兼多罗郡王" 作 "光绪三年"。但《光绪朝朱批奏折》第 113 辑 666 号载："喀尔喀扎萨克图汗扎萨克多罗郡王多尔济帕拉玛蒙文呈称，适准理藩院札开，据扎萨克图汗部落盟长呈称，本部落所出扎萨克图汗扎萨克多罗郡王之爵，以伊预保承袭之子辅国公多尔济帕拉玛承袭。惟多尔济帕拉玛现年二十一岁，尚未出痘……军机大臣奉旨：知道了。钦此。光绪四年四月十五日。"所以，多尔济帕拉玛袭爵时间是光绪四年。

（44）阿育尔扎那之后有无袭爵者。《清史稿》8535—8536 页"喀尔喀扎萨克图汗部辅国公，今袭公品级三等台吉"只收录到三次袭阿育尔扎那。但北洋时期《政府公报》第 202 号载："闲散公衔三等台吉哈斯瓦多尔，前清宣统二年袭。"所以，阿育尔扎那之后应有袭爵者，即哈斯瓦多尔。据此补入哈斯瓦多尔，作为四次袭。

（45）班第的承袭者。《清史稿》8536—8538 页"喀尔喀扎萨克图汗部扎萨克郡王品级多罗贝勒"因青衮咱卜"以叛诛，故不列表"。现根据有关材料补，并把青衮咱卜作为四次袭，袭班第。相应人的袭次均后移。

（46）青衮咱卜袭爵时间。《清史稿》8536—8538 页"喀尔喀扎萨克图汗部扎萨克郡王品级多罗贝勒"作"乾隆二年……青衮咱卜袭"。但《清世宗实录》卷 146 载："雍正十二年八月丙辰……以故和托辉特扎萨克多罗贝勒班第子成滚扎布袭爵。"所以，青衮咱卜袭爵时间是雍正十二年。

（47）青衮咱卜被诛时间。《清史稿》8536—8538 页"喀尔喀扎萨克图汗部扎萨克郡王品级多罗贝勒"作"乾隆二十一年"。但《钦定外藩蒙古回部王公表传》卷 63 载："乾隆……青衮咱卜既袭扎萨克多罗贝勒，授所部副将军……二十二年正月，伏诛。"所以，青衮咱卜被诛时间是乾隆二十二年。

（48）旺布多尔济和博贝的关系。《清史稿》8536—8538 页"喀尔喀扎萨克图汗部扎萨克郡王品级多罗贝勒"作"博贝嗣子"。但《钦定外藩蒙古回部王公表传》卷 63："四次袭，旺布多尔济，博贝次子额璘沁之子。"《清高宗实录》卷 517 载："乾隆二十一年七月己丑……所有贝勒封爵，仍施恩准令额璘沁之子旺布多尔济承袭。"所以，旺布多尔济应为博贝孙。

（49）车都布袭爵时间。《清史稿》8536—8538 页"喀尔喀扎萨克图汗部扎萨克郡王品级多罗贝勒"作"乾隆二十二年"。而《清高宗实录》卷 557 载："乾隆二十三年二月乙亥……以故喀尔喀郡王品级旺布多尔济之子车德布……袭爵。"所以，车都布袭爵时间应是乾隆二十三年。

（50）索诺木伊斯扎布封辅国公时间。《清史稿》8541—8542 页 "喀尔喀扎萨克图汗部扎萨克辅国公" 作 "康熙三十六年"。但《清圣祖实录》卷 187 载："康熙三十七年正月壬寅……以征噶尔丹功议叙，封喀尔喀扎萨克台吉索诺木伊思扎卜为辅国公。"所以，索诺木伊斯扎布封辅国公时间是康熙三十七年。

（51）《清史稿》8541—8542 页 "喀尔喀扎萨克图汗部扎萨克辅国公" 四次袭是何人，敏珠尔多尔济是谁人之子。《清史稿》8541—8542 页 "喀尔喀扎萨克图汗部扎萨克辅国公" 作 "旺舒克"，并认为敏珠尔多尔济是 "旺舒克长子"。但台北 "故宫博物院" 档《续纂外藩蒙古回部王公传》嘉庆朝本卷 7 载：四次袭，敏珠尔多尔济，拉沁苏咙长子。嘉庆九年，袭扎萨克辅国公。《清仁宗实录》卷 133 载：嘉庆九年八月壬申，"以故喀尔喀扎萨克图汗辅国公拉沁苏咙子敏珠尔多尔济袭爵"。所以，喀尔喀扎萨克图汗部扎萨克辅国公四次袭是敏珠尔多尔济，为拉沁苏咙子，该表相应袭次应上移。

（52）车登端多布多尔济的承袭者及其袭爵时间。《清史稿》8541—8542 页 "喀尔喀扎萨克图汗部扎萨克辅国公" 在车登端多布多尔济后面空一栏。而据《光绪朝朱批奏折》第 113 辑 548 号载："同治十三年间，扎萨克图汗部落贝子衔扎萨克辅国公车德恩敦多布多尔济捐输实银五千两，奏蒙特旨，赏给贝子衔，世袭罔替。今该贝子衔扎萨克辅国公额尔奇木济尔噶朗所捐银两等项，较之前案银数有盈无绌，可否照案赏给贝子衔，世袭罔替，以示鼓励之处。军机大臣奉旨：该衙门议奏。钦此。光绪二年二月十五日。"可见，车登端多布多尔济的承袭者是额尔奇木济尔噶朗，为七次袭。又，"同治十三年间"，"车德恩敦多布多尔济" 在职。到了 "光绪二年二月"，已是额尔奇木济尔噶朗在职。所以，车登端多布多尔济的卒年应在光绪元年，而额尔奇木济尔噶朗袭爵时间也应在光绪元年。

（53）衮占康熙五十二年是卒还是以病解退。《清史稿》8542—8544 页 "喀尔喀扎萨克图汗部扎萨克辅国公" 作 "卒"。但是，《清圣祖实录》卷 254 载：康熙五十二年四月丙寅，"喀尔喀辅国公滚扎尔以病解退，命其子敏珠尔袭替"。所以，衮占康熙五十二年是以病解退。

（54）洛布桑端多布告休时间。《清史稿》8542—8544 页 "喀尔喀扎萨克图汗部扎萨克辅国公" 作 "光绪二十四年七月"。但《光绪朝朱批奏折》第 115 辑 526 号载："扎萨克图汗部落盟长阿尔塔萨噶喇呈，据本盟副将军扎萨克辅国公罗布桑端多布呈称……六个月假限已满，病仍未痊，呈请照例开缺……仍准戴用原品顶戴，不食俸，不预公事……光绪三十四年五月二十六日。"又，《王公衔名表》载：西路左翼前旗，扎萨克辅国公，棍楚克丹巴，前宣统元年，扎萨克辅国公。北洋时期《政府公报》第 202 号载："左翼前旗扎萨克辅国公棍楚克丹巴，前清宣统元年袭。"可见，洛布桑端多布告休时间是光绪三十四年。

（55）棍楚克丹巴的袭爵时间。《清史稿》8542—8544 页 "喀尔喀扎萨克图汗部扎萨克辅国公" 作 "光绪二十四年"。但《王公衔名表》载：西路左翼前旗，扎萨克辅国公，棍楚克丹巴，前宣统元年，扎萨克辅国公。北洋时期《政府公报》第 202 号载："左翼前旗扎萨克辅国公棍楚克丹巴，前清宣统元年袭。"所以，棍楚克丹巴的袭爵时间是宣统元年。

（56）通谟克封辅国公时间。《清史稿》8544—8545 页 "喀尔喀扎萨克图汗部扎萨克辅国公" 作 "雍正二年"。但《清世宗实录》卷 30 载："雍正三年三月丁巳……封喀尔喀扎萨克台吉通摩克为辅国公。"所以，通谟克封辅国公时间是雍正三年。

（57）沙克扎年老告休时间以及多尔济车登袭爵时间。《清史稿》8547—8548 页 "喀尔喀扎萨克图汗部扎萨克辅国公" 作 "乾隆二年"。但《清高宗实录》卷 133 载：乾隆五年十二月壬戌，"喀尔喀扎萨克辅国公沙克雅年老告休，以其子多尔济策登袭爵"。所以，沙克扎年老告休以及多尔济车登袭爵时间是乾隆五年。

（58）车都布多尔济袭爵时间。《清史稿》8547—8548 页 "喀尔喀扎萨克图汗部扎萨克辅国公" 作 "乾隆二十九年"。但《清高宗实录》卷 774 载："乾隆三十一年十二月庚戌……以故和托辉特扎萨克辅国公多尔济车登孙车都布多尔济……袭职。"所以，车都布多尔济袭爵时间是乾隆三十一年。

（59）车都布多尔济和多尔济车登的关系。《清史稿》8547—8548 页

"喀尔喀扎萨克图汗部扎萨克辅国公"作"车都布多尔济，多尔济车登长子"。但《清高宗实录》卷774载："乾隆三十一年十二月庚戌……以故和托辉特扎萨克辅国公多尔济车登孙车都布多尔济……袭职。"所以，车都布多尔济是多尔济车登孙。

（60）齐巴克扎布追封辅国公及诏入祀昭忠祠时间。《清史稿》8548—8550页"喀尔喀扎萨克图汗部扎萨克辅国公"作"乾隆二十一年"。但《清高宗实录》卷549载："乾隆二十二年十月丁亥……又谕曰：纳木扎勒奏称，进剿哈喇哈巴等处，藏匿之明噶特、乌梁海等，喀尔喀公品级齐巴克扎布，带兵前至阿尔呼特等处，将贼众尽行剿杀。齐巴克扎布被枪伤腋阵亡等语。似此奋勇捐躯，深可悯恻，着实封公爵，令伊子承袭，将其佐领属人，另编一扎萨克。"《清高宗实录》卷563载：乾隆二十三年五月癸丑，"予阵亡喀尔喀公爵齐巴克扎布祭葬，入祀昭忠祠"。所以，齐巴克扎布追封辅国公时间是乾隆二十二年，诏入祀昭忠祠时间是乾隆二十三年。

（61）呢兰瓦尔告休时间。《清史稿》8561—8562页"喀尔喀扎萨克图汗部扎萨克一等台吉"作"光绪二十四年九月"。但《光绪朝朱批奏折》第114辑711号载："据扎盟盟长达什喇布坦呈称：扎萨克台吉呢朗瓦拉因素患腰腿疼痛，加以气塞咳嗽等证，实难力疾办公……呈请开缺，自应准如所请……仍戴原品顶戴，不食俸，不预公事……光绪二十四年八月十八日。"所以，呢兰瓦尔告休时间是光绪二十四年八月。

（62）呢兰瓦尔的继任者。《清史稿》8561—8562页"喀尔喀扎萨克图汗部扎萨克一等台吉"作"车丹多尔济"。但中国第一历史档案馆藏清朝理藩院（部）档卷353，扎萨克图汗部落扎萨克头等台吉车丹多尔济袭职源流载："呢朗瓦喇因病开去扎萨克，于光绪二十六年，以伊预保次子三等台吉那木凯多尔济承袭扎萨克头等台吉。那木凯多尔济病故无嗣，于光绪三十一年，以伊三胞弟四等台吉车丹多尔济承袭……光绪三十二年十月二十二日。"所以，呢兰瓦尔的继任者是那木凯多尔济。该表中应据此补，相应袭爵也应后延。

（63）蕴端多尔济告休时间。《清史稿》8562—8564页"喀尔喀扎萨克图汗部扎萨克一等台吉"作"光绪二十四年八月"。但《光绪朝朱批奏折》

第 114 辑 709 号载："据札盟盟长达什喇布坦呈称：扎萨克台吉蕴敦多尔济因素患腰腿疼痛，加以心跳神迷等证，实难力疾办公……呈请开缺，自应准如所请……仍戴原品顶戴，不食俸，不预公事……光绪二十四年七月二十一日。"所以，蕴端多尔济告休时间应是光绪二十四年七月。

（64）齐旺扎布袭爵时间。《清史稿》8564—8566 页，喀尔喀扎萨克图汗部扎萨克一等台吉作"嘉庆十三年"。但中国第一历史档案馆藏国史馆全宗档案 374 号载："喀尔喀扎萨克图汗爱满扎萨克头等台吉齐松扎布因旧病复发开缺，其长子齐旺扎布曾经预保，于嘉庆二十三年二月十四日承袭扎萨克之头等台吉。"台北"故宫博物院"档《续纂外藩蒙古回部王公传》咸丰朝本卷 7 载："三次袭，齐旺扎布……嘉庆二十三年袭。"所以，齐旺扎布袭爵时间是嘉庆二十三年。

（65）喇嘛扎布削爵时间。《清史稿》8569—8571 页"喀尔喀赛因诺颜部扎萨克和硕亲王"作"雍正十年"。但《清世宗实录》卷 128 载："雍正十一年二月甲子……谕理藩院：喇嘛扎卜，前年一闻贼信，即骇然惊溃。及战于克尔森齐老地方，弃军奔往游牧处所。朕恐此中别有情节，令其来京讯问，伊竟无一语置对，甚属怯懦无耻。着革去扎萨克和硕亲王，令伊弟德亲扎布承袭。"所以，喇嘛扎布削爵时间是雍正十一年。

（66）额林沁萨什袭爵时间。《清史稿》8571—8573 页"喀尔喀赛因诺颜部镇国公"作"光绪二十四年二月"。但《王公衔名表》载：附闲散镇国公，额林沁萨什，前光绪二十五年，闲散镇国公。所以，额林沁萨什袭爵时间是光绪二十五年。

（67）车登巴咱尔袭爵时间。《清史稿》8575—8577 页"喀尔喀赛因诺颜部扎萨克和硕亲王"作"嘉庆二十一年"。但《清仁宗实录》卷 333 载："嘉庆二十二年八月丁亥……以故喀尔喀赛因诺颜扎萨克亲王巴彦济尔噶勒子车登巴咱尔袭爵。"所以，车登巴咱尔袭爵时间是嘉庆二十二年八月。

（68）恭格喇布坦降袭固山贝子时间。《清史稿》8577—8579 页"喀尔喀赛因诺颜部固山贝子"作"雍正元年"。但《清世宗实录》卷 15 载："雍正二年正月癸卯……封故喀尔喀多罗贝勒功额喇卜坦子佛保为固山贝子。"所以，恭格喇布坦降袭固山贝子时间是雍正二年。

（69）沙克都尔扎布袭爵时间。《清史稿》8577—8579 页"喀尔喀赛因诺颜部固山贝子"作"雍正十年"。但《清世宗实录》卷 127 载："雍正十一年正月甲辰……喀尔喀固山贝子佛保陷贼未归，以其兄沙克都尔查卜袭爵。"所以，沙克都尔扎布袭爵时间是雍正十一年正月。

（70）敦多布多尔济袭爵时间。《清史稿》8577—8579 页"喀尔喀赛因诺颜部固山贝子"作"乾隆二十七年"。但《清高宗实录》卷 700 载："乾隆二十八年十二月丙戌……以故贝勒沙克都尔扎布子端多布多尔济照例袭爵。"所以，敦多布多尔济袭爵时间是乾隆二十八年十二月。

（71）密济特多尔济袭爵时间。《清史稿》8579—8580 页"喀尔喀赛因诺颜部辅国公"作"道光二十四年"。但《清宣宗实录》卷 413 载：道光二十五年正月壬申，"以故赛因诺颜辅国公布呢达哩子密济特多尔济袭爵"。所以，密济特多尔济袭爵时间是道光二十五年正月。

（72）佛保封辅国公时间。《清史稿》8581—8582 页"喀尔喀赛因诺颜部辅国公"作"乾隆二十八年"。但《清高宗实录》卷 703 载：乾隆二十九年正月壬午，"封扎萨克贝子敦多布多尔济弟佛保为辅国公"。所以，佛保封辅国公时间是乾隆二十九年正月。

（73）三丕勒敦多克袭爵时间。《清史稿》8581—8582 页"喀尔喀赛因诺颜部辅国公"作"乾隆三十六年"。但《清高宗实录》卷 901 载："乾隆三十七年正月甲子……以故喀尔喀辅国公佛保子三丕勒敦多克袭爵。"所以，三丕勒敦多克袭爵时间是乾隆三十七年正月。

（74）车布登扎布授扎萨克时间。《清史稿》8583—8587 页"喀尔喀赛因诺颜部扎萨克多罗郡王"作"乾隆十六年"。但《清高宗实录》卷 408 载："乾隆十七年二月辛丑……又谕曰：定边左副将军成衮扎布奏，伊弟公策卜登扎布于额尔德尼昭等处，曾经报效，且公台吉等，亦有升为扎萨克者，恳将策卜登扎布所属，另编佐领，赏给印信等语。着照所请，策卜登扎布擢为扎萨克，赏给印信。"所以，车布登扎布授扎萨克时间是乾隆十七年二月。

（75）库鲁固木扎布袭爵时间。《清史稿》8583—8587 页"喀尔喀赛因诺颜部扎萨克多罗郡王"作"光绪十八年"。但《王公衔名表》载：中路中右旗，扎萨克多罗郡王，库鲁固木扎布，前宣统元年放乌里雅苏台参赞大臣，前光绪十九年，扎萨克多罗郡王。北洋时期《政府公报》第 202 号亦载："中右旗扎萨克多罗郡王库鲁固木扎布，前清光绪十九年袭。"所以，库鲁固木扎布袭爵时间是光绪十九年。

（76）栋多布章沁袭爵时间。《清史稿》8591—8592 页"喀尔喀赛因诺颜部扎萨克多罗贝勒"作"光绪十三年二月"。但《王公衔名表》载：中路中前旗，扎萨克多罗贝勒，栋多布章沁，前光绪十二年，扎萨克多罗贝勒。又《光绪朝朱批奏折》第 114 辑 279 号载："据三音诺谚部落盟长公吉克济特多尔济呈称：本盟扎萨克多罗贝勒额林沁忠鼐素患四肢疼痛，又加心跳神迷等证，实难力疾办公……现已六个月假满，病势仍未减轻，一时尚难就痊，弗克力疾办公……应照章据情奏请开缺，仍戴原品顶戴，不食俸，不预公事，所遗之缺，自应由该盟长照例另行报院承袭……光绪十二年六月二十八日。"所以，栋多布章沁袭爵时间是光绪十二年。

（77）万舒克的袭爵时间。《清史稿》8592—8594 页"喀尔喀赛因诺颜部扎萨克辅国公"作"康熙三十一年"。但《清圣祖实录》卷 153 载：康熙三十年十月己亥，"以喀尔喀故辅国公得克德黑墨尔根阿海子万舒克袭爵"。所以，万舒克的袭爵时间是康熙三十年十月。

（78）喇布坦多尔济和扎木萨兰扎布的关系。《清史稿》8592—8594 页"喀尔喀赛因诺颜部扎萨克辅国公"作"喇布坦多尔济，扎木萨兰扎布子"。但台北"故宫博物院"档《续纂外藩蒙古回部王公传》咸丰朝稿本卷 8 载："喇布丹多尔济……扎木萨兰扎布孙。"光绪朝《大清会典事例》卷 969 亦载："扎木萨兰扎布……咸丰八年，孙喇布坦多尔济袭。"所以，喇布坦多尔济是扎木萨兰扎布孙。

（79）三都克车木伯勒开缺时间。《清史稿》8594—8595 页"喀尔喀赛因诺颜部扎萨克辅国公"作"乾隆二十五年"。但《清高宗实录》卷 551 载："乾隆二十二年十一月庚戌……三都布车木伯勒既患疯疾，不能办事，着将公爵开缺，令伊子承袭。"所以，三都克车木伯勒开缺时间是乾隆二十二年十一月。

（80）齐旺多尔济晋贝子品级时间。《清史稿》8598—8600 页"喀尔喀赛因诺颜部扎萨克一等台吉公品级"作"乾隆二十年"。但《清高宗实录》卷 534 载："乾隆二十二年三月壬寅……赏齐旺多尔济贝子品级，以示鼓励。"所以，齐旺多尔济晋贝子品级时间是乾隆二十二年三月。

（81）桑济以公品级世袭罔替时间。《清史稿》8614—8615 页"喀尔喀赛因诺颜部公品级三等台吉"作"乾隆四十六年"。但《清高宗实录》卷 1150 载："乾隆四十七年二月庚午，谕：据理藩院奏，喀尔喀桑济公爵，应否准其承袭请旨等语。该院亦系循例办理。但桑济之父噶瓦，从前于青衮杂卜之事，曾经出力，是以赏给公品级，令伊子承袭。今仍着加恩，准其世袭罔替。"所以，桑济以公品级世袭罔替时间是乾隆四十七年二月。

（82）桑津扎布袭爵时间。《清史稿》8617—8618 页"喀尔喀赛因诺颜部扎萨克一等台吉"作"道光十一年"。但光绪朝《大清会典事例》卷 969 载："嘉庆……车登达什……二十五年，弟桑津札布袭。"又，台北"故宫博物院"档《续纂外藩蒙古回部王公传》道光二十九年稿本卷 8 载："桑济扎布……道光十一年卒。"所以，桑津扎布袭爵时间应是嘉庆二十五年，道光十一年是其卒年。

（83）布彦济尔噶勒的继任者。《清史稿》8617—8618 页"喀尔喀赛因诺颜部扎萨克一等台吉"作"齐默特巴勒津"，并且没有说明其和布彦济尔噶勒的关系。但《清穆宗实录》卷 327 载："同治十一年正月甲寅……以故……赛因诺颜扎萨克头等台吉布彦济尔噶勒子玛呢巴勒袭职。"这说明，布彦济尔噶勒继任者应是玛呢巴勒，他是布彦济尔噶勒子。所以，在布彦济尔噶勒栏后，应增加玛呢巴勒一栏，并作为十次袭，相应袭次顺延。

（84）额墨根授扎萨克一等台吉时间。《清史稿》8618—8619 页"喀尔喀赛因诺颜部扎萨克一等台吉"作"乾隆三年，授一等台吉，领扎萨克"。但《钦定外藩蒙古回部王公表传》卷 10、表 10 载：初授，额墨根，郡王衮布曾孙。乾隆三年，授一等台吉。四年，授扎萨克。《清高宗实录》卷 87 载："乾隆四年二月甲午……谕曰：喀尔喀头等台吉额默根，两次使往准噶尔，著有劳绩，加恩授额默根为扎萨克头等台吉。"所以，额墨根乾隆三年授一等台吉，乾隆四年二月授扎萨克。

（85）朋素克的留爵问题。《清史稿》8619—8621 页"喀尔喀赛因诺颜部厄鲁特扎萨克固山贝子"作"乾隆……四十三年，以罪削扎萨克，留贝子爵"。但《清高宗实录》卷1068载："乾隆四十三年十月壬戌……喀尔喀扎萨克固山贝子朋素克休致，以其子纳木扎勒袭爵。"故，朋素克未留贝子爵。

（86）贡楚克邦袭爵时间。《清史稿》8621—8623页"喀尔喀赛因诺颜部厄鲁特扎萨克固山贝子"作"乾隆二十六年"。但《清高宗实录》卷627载："乾隆二十五年十二月己丑……厄鲁特贝子三都布故，以其养子贡楚克邦袭爵。"所以，贡楚克邦袭爵时间是乾隆二十五年十二月。

（87）旺舒克和察罕丹津的关系。《清史稿》8630—8632页"青海厄鲁特部扎萨克多罗郡王"作"旺舒克，察罕丹津之孙"。但《清高宗实录》卷5载：雍正十三年十月癸未，"青海扎萨克和硕亲王察罕丹津故，以其养子旺楚克承袭"。所以，旺舒克是察罕丹津的养子。

（88）达什忠鼐袭爵时间。《清史稿》8630—8632页"青海厄鲁特部扎萨克多罗郡王"作"嘉庆十三年"。但《清仁宗实录》卷190载："嘉庆十二年十二月丙戌……以故青海额鲁特扎萨克郡王纳罕达尔济子达什忠鼐袭爵。"所以，达什忠鼐袭爵时间是嘉庆十二年。

（89）阿玉尔什迪袭爵时间。《清史稿》8632—8634页"青海厄鲁特部扎萨克多罗郡王"作"同治四年"。但《清穆宗实录》卷338载："同治十一年八月壬戌……以故青海扎萨克郡王乌尔津扎布子阿玉尔什第袭爵。"所以，阿玉尔什迪袭爵时间是同治十一年。

（90）色布腾扎勒是谁的九世孙。《清史稿》8634—8636页"青海厄鲁特部扎萨克多罗贝勒"作"额特鲁特达尔汉诺颜之九世孙"。但《钦定外藩蒙古回部王公表传》卷11、表11载：初封，色布腾扎勒，准噶尔族台吉额斯墨特达尔汉诺颜之九世孙。所以，色布腾扎勒是准噶尔族台吉额斯墨特达尔汉诺颜九世孙。

（91）索诺木丹津在雍正九年是封贝子还是长子。《清史稿》8636—8638页"青海厄鲁特部扎萨克多罗郡王"作"贝子"。但《清世宗实录》卷111载："雍正九年十月己酉……得旨：索诺木丹津着照伊所请封为长子。"《钦定外藩蒙古回部王公表传》卷11、表11：二次袭，索诺木丹津，额尔德尼额尔克托克托鼐第三子。雍正九年，封长子。所以，索诺木丹津在雍正九年封的是长子。

（92）伊什达尔济袭爵时间。《清史稿》8636—8638 页"青海厄鲁特部扎萨克多罗郡王"作"嘉庆三年"。但台北"故宫博物院"档《续纂外藩蒙古回部王公传》嘉庆朝稿本卷 9 载："伊什达尔济……嘉庆二年袭。"所以，伊什达尔济袭爵时间是嘉庆二年。

（93）沙克都尔袭爵时间。《清史稿》8636—8638 页"青海厄鲁特部扎萨克多罗郡王"作"嘉庆十一年"。但《清仁宗实录》卷 154 载："嘉庆十年十二月癸巳……以故青海额鲁特郡王伊什达尔济族弟沙克都尔袭爵。"所以，沙克都尔袭爵时间是嘉庆十年。

（94）达什车凌晋多罗贝勒时间。《清史稿》8638—8639 页"青海厄鲁特部扎萨克多罗贝勒"作"雍正二年"。但《清世宗实录》卷 61 载："雍正五年九月庚申……理藩院奏称，青海贝子噶尔丹代青诺尔布病故，无人承袭，伊妻请以侄贝子达锡策零兼袭伊夫世职。查贝子无兼袭两职之例，应无庸议。得旨：噶尔丹代青诺尔布于青海罗布藏丹津之事，著有功绩，因议叙封为贝子。今既病故，伊兄弟两家，止有贝子达锡策零一人，着从优加恩，并两贝子职，晋封为贝勒，世袭罔替。"所以，达什车凌晋多罗贝勒时间是雍正五年。

（95）丹巴车凌袭爵时间。《清史稿》8638—8639 页"青海厄鲁特部扎萨克多罗贝勒"作"乾隆二十二年"。但《清高宗实录》卷 558 载："乾隆二十三年三月戊戌……以故青海扎萨克多罗贝勒达什车凌子丹巴车凌袭爵。"所以，丹巴车凌袭爵时间是乾隆二十三年。

（96）车凌敦多布和丹巴的关系。《清史稿》8641—8643 页"青海厄鲁特部扎萨克固山贝子"作"丹巴，车凌敦多布再从叔父"。但《清世宗实录》卷 35 载：雍正三年八月丁亥，"以故青海固山贝子策凌敦多卜子丹巴袭爵"。所以，丹巴是车凌敦多布子。

（97）吹木丕勒诺尔布加贝勒衔时间。《清史稿》8641—8643 页"青海厄鲁特部扎萨克固山贝子"作"光绪二十二年三月"。但《清代青海蒙古族档案史料辑编》80 号载："扎萨克右翼正盟长固山贝子吹木丕勒诺木布……

光绪……二十三年在青海军务一律肃清案内，赏加贝勒衔。"所以，吹木丕勒诺尔布加贝勒衔时间是光绪二十三年。

（98）诺尔布朋素克袭爵时间。《清史稿》8643—8644 页"青海厄鲁特部扎萨克辅国公"作"康熙五十二年"。但《清圣祖实录》卷 258 载："康熙五十三年正月甲子……以故青海厄鲁特辅国公索讷木达西子诺尔布盆楚克袭爵。"所以，诺尔布朋素克袭爵时间是康熙五十三年正月。

（99）棍楚克拉逊多布和吹达尔的关系。《清史稿》8643—8644 页"青海厄鲁特部扎萨克辅国公"作"棍楚克拉逊多布，吹达尔子"。但《清穆宗实录》卷 358 载："同治十二年十月甲辰……以故青海扎萨克辅国公吹达尔弟棍楚克拉逊多布袭爵。"另外，光绪朝《大清会典事例》卷 971 载："吹达尔……同治十二年，弟棍楚克拉逊多布袭。"所以，棍楚克拉逊多布是吹达尔弟。

（100）索诺木多尔济降袭扎萨克辅国公时间。《清史稿》8648—8650 页"青海厄鲁特部扎萨克辅国公"作"乾隆十三年"。但《清高宗实录》卷 775 载："乾隆三十一年十二月丙辰……所有索诺木巴勒济之扎萨克镇国公，着减等作为扎萨克辅国公，令拟正之索诺木多尔济承袭。"所以，索诺木多尔济降袭扎萨克辅国公时间是乾隆三十一年。

（101）耀布塔尔袭爵时间。《清史稿》8648—8650 页"青海厄鲁特部扎萨克辅国公"作"光绪三十二年六月"。《清代青海蒙古族档案史料辑编》75 号载："青海扎萨克辅国公洛布藏端多布出缺，查有该故公之长子耀布塔尔，前于光绪三十一年由院奏请预保授为二等台吉，以备将来袭爵。该台吉耀布塔尔现年十五岁，尚未出痘……请由院奏请承袭扎萨克辅国公爵……光绪三十二年六月初二日奉朱批，圈出耀布塔尔。钦此。"中国第一历史档案馆藏清朝理藩院（部）档 335 卷载："据西宁办事大臣庆恕咨称，青海扎萨克辅国公洛布藏端多布出缺，查有该故公之长子耀布塔尔，前于光绪三十一年由院奏请预保授为二等台吉，以备将来袭爵。该台吉耀布塔尔现年十五岁，尚未出痘，请由院奏请承袭扎萨克辅国公爵，俟及岁出痘后来京补行引见……光绪三十二年六月初二日，奉朱批圈出耀布塔尔。钦此。"所以，耀布塔尔袭爵时间是光绪三十二年六月初二日。

（102）棍布车布坦病休时间。《清史稿》8651—8653 页"青海厄鲁特部扎萨克一等台吉"未载。但《清代青海蒙古族档案史料辑编》73 号载："青海左翼扎萨克固山贝子棍布车布坦……自咸丰三年袭爵以来……去岁得有腿疾，医治未愈，渐至沉重，惟恐有误要公，恳祈开缺……所遗扎萨克固山贝子之缺，请以伊预保长子二等台吉那木丹吹固尔承袭……。"《清德宗实录》卷 482 载：光绪二十七年四月己酉，"准因病乞休青海扎萨克固山贝子棍布车布坦子那木丹吹固尔袭爵"。所以，棍布车布坦病休时间是光绪二十七年。

（103）那木当吹布尔袭爵时间。《清史稿》8651—8653 页"青海厄鲁特部扎萨克一等台吉"作"光绪十九年"。但《清德宗实录》卷 482 载：光绪二十七年四月己酉，"准因病乞休青海扎萨克固山贝子棍布车布坦子那木丹吹固尔袭爵"。所以，那木当吹布尔袭爵时间是光绪二十七年。

（104）车楞塔什袭爵时间。《清史稿》8656—8657 页"青海厄鲁特部扎萨克一等台吉"作"光绪二十四年十二月"。而《王公衔名表》载：青海霍硕特南右翼中旗，扎萨克辅国公，车楞塔尔，前光绪二十二年扎萨克头等台吉。所以，车楞塔什袭爵时间是光绪二十二年。

（105）索诺端多布袭爵时间。《清史稿》8657—8659 页"青海厄鲁特部扎萨克一等台吉"作"光绪二十七年"。但《王公衔名表》载：青海霍硕特北右末旗，扎萨克辅国公，索诺木端多布，前光绪十七年扎萨克头等台吉。所以，索诺端多布袭爵时间是光绪十七年。

（106）布穆达什的继任者。《清史稿》8660—8661 页"青海厄鲁特部扎萨克一等台吉"作"旺丹多尔济"，并未说明旺丹多尔济和布穆达什的关系。但《清德宗实录》卷 429 载：光绪二十四年九月壬戌，"以青海扎萨克台吉诺尔布子旺丹多尔济袭职"。可见，旺丹多尔济是诺尔布子。这说明，在布穆达什和旺丹多尔济之间，应有诺尔布。所以，布穆达什的继任者是诺尔布，为八次袭。旺丹多尔济应作为九次袭。

（107）棍布车布腾病免时间。《清史稿》8663—8665 页"青海厄鲁特部扎萨克一等台吉"作"光绪二十三年十二月"。但《清代青海蒙古族档案史料辑编》77 号载："青海扎萨克头等台吉棍楚克车布坦，因患目疾，不能办理旗务……恳请开缺，所遗扎萨克头等台吉，请以伊预保长子三等台吉索那木多尔济承袭。该台吉索那木多尔济现年二十五岁……光绪三十二年十二月初十日。奉朱笔圈出索那木多尔济。钦此。"所以，棍布车布腾病免时间是光绪三十二年。

（108）索诺木多尔济袭爵时间。《清史稿》8663—8665 页"青海厄鲁特部扎萨克一等台吉"，作"光绪三十二年"。北洋时期《政府公报》第202 号作"光绪三十三年"。《清代青海蒙古族档案史料辑编》77 号载："青海扎萨克头等台吉棍楚克车布坦，因患目疾，不能办理旗务……恳请开缺，所遗扎萨克头等台吉，请以伊预保长子三等台吉索那木多尔济承袭。该台吉索那木多尔济现年二十五岁……光绪三十二年十二月初十日。奉朱笔圈出索那木多尔济。钦此。"所以，索诺木多尔济袭爵时间是光绪三十二年十二月初十日。

（109）达什多布济袭爵时间。《清史稿》8666—8667 页"青海厄鲁特部扎萨克一等台吉"，作"同治三年"。但《清穆宗实录》卷73 载："同治二年七月甲子……以故青海扎萨克头等台吉布彦达赖子达什多布济袭职。"所以，达什多布济袭爵时间是同治二年七月。

（110）沙克都尔改袭族兄伊什达尔济郡王之爵时间。《清史稿》8668—8670 页"青海厄鲁特部扎萨克一等台吉"作"嘉庆十一年"。但《清仁宗实录》卷154 载："嘉庆十年十二月癸巳……以故青海额鲁特郡王伊什达尔济族弟沙克都尔袭爵。"所以，沙克都尔改袭族兄伊什达尔济郡王之爵时间是嘉庆十年。

（111）色特尔布木授扎萨克一等台吉时间。《清史稿》8671—8673 页"青海厄鲁特部扎萨克一等台吉"，作"雍正三年"。但《钦定外藩蒙古回部王公表传》卷89 载："色特尔布木……雍正……九年……诏以色特尔布木不从逆……授扎萨克一等台吉。"所以，色特尔布木授扎萨克一等台吉时间是雍正九年。

（112）噶勒藏旺扎勒袭爵时间。《清史稿》8673—8674 页"青海厄鲁特部扎萨克一等台吉"作"光绪二十二年十二月"。但中国第一历史档案馆藏清朝理藩院（部）档卷347 载："据西宁办事大臣庆恕咨称，青海扎萨克头等台吉车林端多布年老多病，不能办理旗务，盟长出具印结，恳请开缺，所遗扎萨克头等台吉，请以伊预保长子三等台吉噶勒藏旺扎勒承袭。前于光绪二十四年报部，请将噶勒藏旺扎勒预保由部奏准，照例授为三等台吉。该台吉噶勒藏旺扎勒现年二十七岁，未出痘，照例不遣赴京，请由部奏请承袭扎萨克头等台吉之职，俟出痘后，来京补行引见……于光绪三十二年十二月十七日具奏。奉朱笔圈出噶勒藏旺扎勒。钦此。"（蒙文呈）又《清代青海蒙古族档案史料辑编》76 号载："青海扎萨克头等台吉车林端多布年老多病，不能办理旗务……恳请开缺，所遗扎萨克头等台吉，请以伊预保长子三等台吉噶勒藏旺扎勒承袭……噶勒藏旺扎勒现年二十七岁……光绪三十二年十二月十七日具奏，奉朱笔圈出噶勒藏旺扎勒。钦此。"所以，噶勒藏旺扎勒袭爵时间是光绪三十二年十二月十七日。

（113）丹忠授扎萨克一等台吉时间。《清史稿》8674—8675 页"青海厄鲁特部扎萨克一等台吉"作"雍正二年"。但《钦定外藩蒙古回部王公表传》卷 11、表 11 载：初授，丹忠，土尔扈特族扎萨克台吉达尔扎从子。雍正三年，授扎萨克一等台吉。光绪朝《大清会典事例》卷 971 载："土尔扈特南后旗扎萨克一等台吉。雍正三年，达尔札从子丹忠始封今爵。"所以，丹忠授扎萨克一等台吉时间是雍正三年。

（114）达什敦多布为公中扎萨克一等台吉时间。《清史稿》8677—8679 页"青海厄鲁特部公中扎萨克一等台吉"，作"乾隆三十年"。但《钦定外藩蒙古回部王公表传》卷 90 载："乾隆三年……以达什敦多布为公中扎萨克一等台吉。"光绪朝《大清会典事例》卷 971 载："青海喀尔喀南右翼旗公中扎萨克一等台吉……乾隆三年，复以格埒森札札赉尔珲台吉五世孙达什敦多布为公中扎萨克一等台吉。"所以，达什敦多布为公中扎萨克一等台吉时间是乾隆三年。

（115）珠尔默特策布登晋镇国公时间。《清史稿》8679—8681 页"西藏部扎萨克镇国公，今袭辅国公"，作"雍正十一年"。但《清高宗实录》卷 256 载："乾隆十一年正月甲戌……珠尔玛特策卜登，因从前带兵，在边境出力，曾施恩封为辅国公。今虽有残疾，不能效力，并着加恩封为镇国公。"所以，珠尔默特策布登晋镇国公时间是乾隆十一年。

（116）策旺珠美因病开缺时间。《清史稿》8679—8681 页"西藏部扎萨克镇国公，今袭辅国公"作"道光二十一年"。但台北"故宫博物院"档《续纂外藩蒙古回部王公传》咸丰朝稿本卷 10 载："策旺珠美……道光二十七年，因病开缺。"所以，策旺珠美因病开缺时间是道光二十七年。

（117）丹津班珠尔削爵时间。《清史稿》8682—8684 页"西藏部辅国公"，作"乾隆五十七年"。但《清高宗实录》卷 1430 载："乾隆五十八年六月己巳……又谕……丹津班珠尔所袭公爵，既系伊祖父奋勉出力，屡次晋封，今若因伊获罪，遂不准承袭，不惟没其前代勋劳，朕心亦有所不忍。但伊从前私与廓尔喀讲和，此次又被廓尔喀诱去，若将应袭之爵，仍留伊本身，不足以示警戒，着加恩将噶济奈从前所得一等台吉，令丹津班珠尔之子承袭。"所以，丹津班珠尔削爵时间是乾隆五十八年六月。

（118）敏珠尔索诺木班珠勒袭爵时间。《清史稿》8682—8684 页"西藏部辅国公"，作"乾隆五十七年"。但《清高宗实录》卷 1430 载："乾隆五十八年六月己巳……又谕……丹津班珠尔所袭公爵，既系伊祖父奋勉出力，屡次晋封，今若因伊获罪，遂不准承袭，不惟没其前代勋劳，朕心亦有所不忍。但伊从前私与廓尔喀讲和，此次又被廓尔喀诱去，若将应袭之爵，仍留伊本身，不足以示警戒，着加恩将噶济奈从前所得一等台吉，令丹津班珠尔之子承袭。"又中国第一历史档案馆藏国史馆全宗档案 368 号载："西藏头等台吉敏珠尔索诺木巴拉珠尔于乾隆五十八年承袭后并无事故。"敏珠尔索诺木班珠勒袭爵时间是乾隆五十八年六月。

（119）索诺木旺扎勒袭爵时间。《钦定外藩蒙古回部王公表传》卷 12、表 12，《清史稿》8684—8686 页"西藏部扎萨克一等台吉"，作"乾隆二十九年"。但《清高宗实录》卷 700 载："乾隆二十八年十二月辛卯……以故扎萨克头等台吉格隆车凌旺扎勒孙索诺木旺扎勒袭职。"所以，索诺木旺扎勒袭爵时间是乾隆二十八年十二月。

（120）那克旺扎勒禅后的承袭者。《清史稿》8687—8689 页"杜尔伯特部扎萨克特古斯库鲁克达赖汗"作"噶勒章那木济勒"。但《光绪朝朱批奏折》第 113 辑 661 号载："杜尔伯特汗密什克多尔济病故无嗣……以族中郡王曼达喇之长子三都克多尔济承袭。三都克多尔济故后，伊子利札勒喇布坦西哩珠特承袭，同治二年病故无嗣，经科布多参赞大臣奏请，以伊胞叔那克汪札勒禅承袭。因名实两乖，谬误相承，奏请仍以前汗密什克多尔济胞兄亲王棍布札布承袭。"《清穆宗实录》卷225载："同治七年二月甲午……所有杜尔伯特汗爵着棍布扎布承袭。"卷280载：同治九年四月丁未，"以杜尔伯特贝勒巴咱尔扎那子、台吉噶勒章那木济勒继故汗密什克多尔济为嗣，袭封汗爵。命棍布扎布仍袭亲王，巴咱尔扎那仍袭贝勒"。综上可见，同治七年二月甲午，棍布扎布承袭杜尔伯特汗爵，那克旺扎勒禅被免。表中在那克旺扎勒禅后应补棍布扎布，并作为十次袭。相应袭次后延。

（121）噶勒章那木济勒与密什克多尔济的关系。《清史稿》8687—8689页"杜尔伯特部扎萨克特古斯库鲁克达赖汗"作"噶勒章那木济勒，密什克多尔济族弟"。但《清穆宗实录》卷280载：同治九年四月丁未，"以杜尔伯特贝勒巴咱尔扎那子、台吉噶勒章那木济勒继故汗密什克多尔济为嗣，袭封汗爵"。可见，噶勒章那木济勒是密什克多尔济嗣子，不是族弟。

（122）棍布扎布承袭者。《清史稿》8689—8690页"杜尔伯特部扎萨克和硕亲王"作"索特那木扎木柴"。但《清穆宗实录》卷225载："同治七年二月甲午……杜尔伯特汗爵着棍布扎布承袭，棍布扎布所遗亲王，着巴咱尔扎那承袭。"所以，棍布扎布承袭者是巴咱尔扎那，并作为四次袭。相应袭次后移。

（123）博斯和勒袭爵时间。《清史稿》8690—8692页"杜尔伯特部扎萨克多罗郡王"作"乾隆二十四年"。但《清高宗实录》卷554载："乾隆二十三年正月己丑……原任杜尔伯特郡王巴雅勒当之职……令巴雅勒当之弟博斯和勒承袭……。"所以，博斯和勒袭爵时间是乾隆二十三年正月。

（124）那逊托克托呼和都格莫勒的关系。《清史稿》8690—8692页"杜尔伯特部扎萨克多罗郡王"作"都格莫勒，那逊托克托呼子"。但《清德宗实录》卷434载：光绪二十四年十一月己卯，"以故杜尔伯特副盟长多罗郡王那逊托克托扈胞弟之子、四等台吉图柯莫勒袭爵"。所以，都格莫勒是那逊托克托呼胞弟之子。

（125）巴咱尔扎那袭爵时间。《清史稿》8693—8694页"杜尔伯特部扎萨克多罗贝勒"作"道光十年"。但中国第一历史档案馆藏国史馆全宗档案 368 号载："杜尔伯特扎萨克多罗贝勒齐默特多尔济病故后，于道光十一年四月二十八日，伊子巴咱尔咱纳承袭扎萨克多罗贝勒之爵。"《清宣宗实录》卷 187 载："道光十一年四月庚戌……以杜尔伯特贝勒盟长齐默特多尔济长子巴咱尔扎那袭爵。"所以，巴咱尔扎那袭爵时间是道光十一年四月二十八日。

（126）巴咱尔扎那的继任者。《清史稿》8693—8694 页 "杜尔伯特部扎萨克多罗贝勒"作"图们济尔噶勒"。但《清穆宗实录》卷 225 载："同治七年二月甲午……棍布扎布所遗亲王，着巴咱尔扎那承袭。巴咱尔扎那所遗贝勒，着噶勒章那木济勒承袭。"所以，巴咱尔扎那的继任者是噶勒章那木济勒，并作为四次袭。相应袭次后延。

（127）多尔济扎布袭爵时间。《清史稿》8699—8700 页 "杜尔伯特部扎萨克辅国公"作"嘉庆十一年"。但《清仁宗实录》卷 183 载：嘉庆十二年七月辛酉，"以故杜尔伯特辅国公博第格呀子多尔济扎布袭爵"。所以，多尔济扎布袭爵时间是嘉庆十二年七月。

（128）多诺尔巴袭爵时间。《清史稿》8700—8701 页 "杜尔伯特部扎萨克辅国公"，作"道光二十四年"。但《清宣宗实录》卷 423 载："道光二十五年十一月庚申……以故杜尔伯特扎萨克辅国公达克端弟多郭喇巴袭爵。"所以，多诺尔巴袭爵时间是道光二十五年十一月。

（129）罗布桑袭爵时间。《清史稿》8700—8701 页 "杜尔伯特部扎萨克辅国公"，作"道光二十五年"。但《光绪朝朱批奏折》第 114 辑 382 号载："据杜尔伯特左翼盟长贝子察克都尔扎布呈：据新袭扎萨克辅国公罗布桑呈称，接奉科布多扎知，准理藩院咨开，本院议奏，杜尔伯特扎萨克辅国公多果尔巴病故出缺无嗣，绘谱开单，请旨简放一员，承袭扎萨克辅国公爵等因，于光绪十三年十二月二十一日具奏。奉旨：着罗布桑承袭。钦此钦遵。……光绪十四年七月二十七日。"光绪朝《大清会典事例》卷 972 载："多诺尔巴……光绪十四年，以从父罗布桑袭。"所以，罗布桑袭爵时间是光绪十四年七月二十七日。

（130）育木沁和曼达勒扎布的关系。《清史稿》8707—8708 页 "杜尔伯特部辉特扎萨克一等台吉"作"育木沁，曼达勒扎布子"。但光绪朝《大清会典事例》卷 972 载："曼达勒札布……咸丰四年，弟育木沁袭。"台北"故宫博物院"档《续纂外藩蒙古回部王公传》咸丰朝本卷 10 载："五次袭，育木沁……曼达勒扎布之弟。"所以，育木沁是曼达勒扎布之弟。

（131）那木噜拉的封爵情况。《清史稿》8707—8708 页"杜尔伯特部辉特扎萨克一等台吉"为空白。但是，《光绪朝朱批奏折》第 115 辑 226 号载："据杜尔伯特左翼正盟长副将军达赍汗噶勒章纳木济勒呈报，本翼扎萨克头等台吉阿毕尔米达于光绪三十年三月二十三日因病出缺，所遗扎萨克头等台吉之爵，请以伊长子预保膺封三等台吉那木鲁勒承袭……那木鲁勒……现年三十岁……那木鲁勒着准其承袭，该衙门知道。光绪三十年五月二十五日。"中国第一历史档案馆藏清朝理藩院（部）档卷 349 载："杜尔伯特左翼扎萨克头等台吉阿毕尔米达因病出缺，所遗台吉之爵，请以伊长子预保三等台吉那木鲁勒承袭……本年七月十一日……奉朱批：那木鲁勒着准其承袭，该衙门知道。钦此。光绪三十年七月　日……。"中国第一历史档案馆藏清朝理藩院（部）档卷 349 载："据杜尔伯特左翼正盟长副将军达赍汗噶勒章纳木济勒呈称，本部落扎萨克头等台吉纳木鲁勒于光绪三十一年七月初六日因病身故，所遗扎萨克头等台吉之职，请以伊长子鄂勒哲依达密林承袭。查鄂勒哲依达密林现年二岁，身生业经预保台吉，以备将来袭职……光绪三十二年八月二十九日。"《光绪朝朱批奏折》第 115 辑 414 号："据杜尔伯特左翼正盟长副将军达赍罕噶勒章纳木济勒呈称，本部落扎萨克头等台吉纳木鲁勒于光绪三十一年七月初六日因病身故，所遗扎萨克头等台吉之职，请以伊长子鄂勒哲依达密林承袭。查鄂勒哲依达密林现年二岁，身生业经预保台吉，以备将来袭职……着照所请，理藩部知道。光绪三十二年八月二十九日。"所以，《清史稿》中的该表应依据上述档案资料补写。

（132）罗卜藏达尔扎授扎萨克时间。《清史稿》8710—8711 页"土尔扈特部多罗贝勒"，作"乾隆十八年"。但中国第一历史档案馆藏国史馆全宗档案 371 号载："……于乾隆五年，以伊子罗布桑达尔扎赏给多罗贝勒，又于乾隆八年，赏给罗布桑达尔扎扎萨克印务。"所以，罗卜藏达尔扎授扎萨克时间是乾隆八年。

（133）布彦绰克图袭爵时间。《清史稿》8711—8712页"土尔扈特部扎萨克卓哩克图汗"作"光绪元年"。但中国第一历史档案馆藏国史馆全宗档案 371 号载："……光绪二年五月间，布彦绰克图承袭汗爵……。"所以，布彦绰克图袭爵时间是光绪二年五月。

（134）布彦蒙库袭爵时间。《清史稿》8711—8712页"土尔扈特部扎萨克卓哩克图汗"作"光绪十七年"，但《清德宗实录》卷 292 载：光绪十六年十二月庚子，"伊犁土尔扈特汗王布彦绰克图病故，命其长子布彦蒙库袭爵"。所以，布彦蒙库袭爵时间是光绪十六年十二月。

（135）蒙库那逊晋袭多罗贝勒时间。《清史稿》8712—8714页"土尔扈特部扎萨克固山巴雅尔图贝子"，作"道光十一年"。但《清宣宗实录》卷 181 载："道光十年十二月丙戌……又谕：萨迎阿奏请承袭扎萨克贝子爵职一折。喀喇沙尔贝子巴勒丹喇什在军营病故，前经降旨加恩照贝勒例赐恤，即令伊子承袭贝勒。兹据萨迎阿查明，巴勒丹喇什有子四人，所有贝勒爵职，着伊长子蒙库那逊承袭。"又，台北"故宫博物馆"档《续纂外藩蒙古回部王公传》道光十九年本卷 11 载："三次袭，蒙库那逊……道光十年袭。"所以，蒙库那逊晋袭多罗贝勒时间是道光十年十二月。

（136）巴彦克什克袭爵时间。《清史稿》8714—8715页"土尔扈特部扎萨克辅国公"，作"道光十二年"。但《清宣宗实录》卷 200 载："道光十一年十一月壬戌……以故土尔扈特公策伯克扎布子巴彦克什克袭爵，并为副盟长。"所以，巴彦克什克袭爵时间是道光十一年十一月。

（137）达尔玛巴勒袭爵时间和卒年。《清史稿》8714—8715页"土尔扈特部扎萨克辅国公"作"光绪七年"和"光绪八年"。但《光绪朝朱批奏折》第 113 辑 868 号载："乌讷恩素珠克图旧土尔扈特南部落盟长扎萨克卓哩克图汗布彦绰克图之母福晋恩克巴图咨呈：据新袭辅国公之达尔玛巴勒呈称，转奉照会，光绪六年七月十一日，由驿具奏，旧土尔扈特公满吉多尔济因病出缺，请给伊子承袭一折，于光绪六年八月二十日奉旨，达尔玛巴勒着准其承袭，该衙门知道，钦此钦遵。"《光绪朝朱批奏折》第 114 辑 139 号载，光绪十年二月二十九日，"准乌讷恩素珠克图旧土尔扈特南部落盟长扎萨克卓哩克图汗布彦绰克图呈称：本盟管理东旗扎萨克辅国公达尔玛巴勒于光绪七年八月初二日因病身故"。所以，达尔玛巴勒袭爵时间和卒年分别是光绪六年八月二十日和光绪七年八月初二日。

（138）诺尔布林沁袭爵时间。《清史稿》8714—8715 页"土尔扈特部扎萨克辅国公"作"光绪十年九月"。但《光绪朝朱批奏折》第 113 辑 175 号载："乌讷恩素珠克图旧土尔扈特南部落盟长扎萨克卓哩克图汗布彦绰克图咨呈：据新袭辅国公诺尔布林沁呈称，转奉照会，光绪十年五月十六日由驿具奏，旧土尔扈特公达尔玛巴勒因病出缺，请给伊弟承袭一折，于光绪十年闰五月二十八日奉旨，诺尔布林沁着准其承袭，该衙门知道，钦此钦遵。"所以，诺尔布林沁袭爵时间是光绪十年闰五月二十八日。

（139）额尔德尼袭爵时间。《清史稿》8714—8715 页"土尔扈特部扎萨克一等台吉"，作"道光二十五年"。但中国第一历史档案馆藏国史馆全宗档案 371 号载："乌讷恩苏珠克土旧土尔扈特部落管理东南旗扎萨克一等台吉锡勒达尔玛之亲父额尔德呢，于道光二十四年仰蒙圣主鸿恩，赏袭伊父遗出扎萨克之爵。"所以，额尔德尼袭爵时间是道光二十四年。

（140）策林喇布坦病免时间。《清史稿》8717—8718 页"土尔扈特部扎萨克和硕布延图亲王"作"光绪十年"。但《清德宗实录》卷 232 载：光绪十二年九月丁酉，"土尔扈特盟长、亲王车林拉普丹因有足疾，以其子栋固鲁布策德恩袭爵，并充盟长"。所以，策林喇布坦病免时间是光绪十二年九月。

（141）恭格车凌和策伯克多尔济的关系。《清史稿》8718—8720 页"土尔扈特部公品级扎萨克一等台吉"，作"恭格车凌，亲王策伯克多尔济子"。但《清高宗实录》卷 1137 载："乾隆四十六年七月丁巳……谕：据惠龄等奏，土尔扈特亲王奇哩布呈称，伊兄策伯克多尔济无嗣，请将伊弟扎萨克台吉阿克萨哈勒之子恭格车凌承袭。着照所请行，并赏给公品级一等台吉。"光绪朝《大清会典事例》卷 972 载："……以策伯克多尔济嗣子公品级一等台吉恭格车凌为扎萨克，仍掌北路右旗。"所以，恭格车凌是策伯克多尔济嗣子。

（142）喇特那巴咱尔和策林敏珠尔的关系。《清史稿》8718—8720 页"土尔扈特部公品级扎萨克一等台吉"，作"喇特那巴咱尔，策林敏珠尔子"。但中国第一历史档案馆藏宫中档朱批奏折民族事务类卷 240 载："……道光七年车林敏珠尔病故，遗缺系伊胞弟拉特那巴札尔承袭头等台吉，放为副盟长。"光绪朝《大清会典事例》卷 972 载："道光……策林敏珠尔……七年，弟喇特那巴咱尔袭。"所以，喇特那巴咱尔是策林敏珠尔的胞弟。

（143）伊达木车林袭爵时间。《清史稿》8718—8720 页"土尔扈特部公品级扎萨克一等台吉"，作"同治十二年"。但《清穆宗实录》卷 363 载："同治十三年二月辛巳……以故土尔扈特扎萨克头等台吉喇特那巴扎尔子依德木车林袭职。"所以，伊达木车林袭爵时间是同治十三年二月。

（144）里依扎布袭爵时间。《清史稿》8718—8720 页"土尔扈特部公品级扎萨克一等台吉"，作"光绪九年"。但《清德宗实录》卷 328 载：光绪十九年九月戊子，"以故旧土尔扈特扎萨克头等台吉依德木车林子里伊扎普袭职"。所以，里依扎布袭爵时间是光绪十九年九月。

（145）图普伸克什克革爵时间。《清史稿》8720—8721 页"土尔扈特部扎萨克辅国公"作"光绪四年"。但《清德宗实录》卷 55 载："光绪三年八月甲申……以废弛旗务，革土尔扈特扎萨克头等台吉图普新克什克职。"所以，图普伸克什克革爵时间是光绪三年八月。

（146）哩玛扎布袭爵时间。《清史稿》8720—8721 页"土尔扈特部扎萨克辅国公"作"光绪七年"。但《清德宗实录》卷 168 载："光绪九年八月丁巳……以土尔扈特扎萨克台吉车德恩多尔济子立玛扎布袭职。"所以，哩玛扎布袭爵时间是光绪九年八月。

（147）巴特玛乌巴锡袭爵时间。《清史稿》8721—8723 页"土尔扈特部扎萨克多罗毕锡呼勒图郡王"，作"乾隆五十七年"。但《清高宗实录》卷 1425 载：乾隆五十八年三月戊午，"土尔扈特郡王策楞德勒克病休，以其子巴特玛乌巴什袭爵"。所以，巴特玛乌巴锡袭爵时间是乾隆五十八年三月。

（148）巴雅尔袭爵时间。《清史稿》8721—8723 页"土尔扈特部扎萨克多罗毕锡呼勒图郡王"作"光绪二十四年"。但《清德宗实录》卷 20 载："光绪元年十月丁亥……以土尔扈特扎萨克郡王巴图长子巴雅斯胡朗乌尔库吉库袭爵，并补授东部落盟长。"所以，巴雅尔袭爵时间是光绪元年十月。

（149）帕勒塔袭爵时间。《清史稿》8721—8723 页"土尔扈特部扎萨克多罗毕锡呼图郡王"作"光绪元年"。但中国第一历史档案馆藏国史馆全宗档案 371 号载："……光绪二十四年三月十六日，经理藩部具奏，郡王巴雅尔之长子帕勒塔赏给头等台吉之职。于是年七月十六日，叩谢天恩。又于是年四月十五日，郡王巴雅尔因病呈请告休，于是年七月初七日，经伊犁将军长具奏，于八月二十五日奉朱批，着帕勒塔承袭，钦此钦遵等因。于是年十一月二十三日，头等台吉帕勒塔叩谢天恩，祗领郡王之爵，并办理盟长印务在案。"所以，帕勒塔袭爵时间是光绪二十四年八月二十五日。

（150）德恩沁阿拉什袭爵时间。《清史稿》8723—8724 页"土尔扈特部扎萨克固山伊特格勒贝子"作"光绪三年"。但《清德宗实录》卷 392 载："光绪二十二年六月戊辰……以故土尔扈特贝子普尔布噶丹孙德恩齐喀拉什袭爵，并为副盟长。"所以，德恩沁阿拉什袭爵时间是光绪二十二年六月。

（151）凌扎栋固鲁布赐亲王衔时间。《清史稿》8726—8728 页"土尔扈特部扎萨克多罗弼哩克图郡王"，作"同治八年"。但《清穆宗实录》卷 245 载："同治七年十月庚申……以科布多守城出力，赏土尔扈特郡王凌扎栋固鲁布亲王衔。"所以，凌扎栋固鲁布赐亲王衔时间是同治七年十月。

（152）乌尔图那逊袭爵时间。《清史稿》8728—8729 页"土尔扈特部扎萨克固山乌察喇勒图贝子"，作"道光二十二年"。但《清宣宗实录》卷 336 载："道光二十年七月戊戌……以故土尔扈特扎萨克贝子车林多尔济弟乌尔图那逊袭爵。"所以，乌尔图那逊袭爵时间是道光二十年七月。

（153）车林多尔济和乌尔图那逊的关系。《清史稿》8728—8729 页"土尔扈特部扎萨克固山乌察喇勒图贝子"作"乌尔图那逊，车林多尔济子"。但《清宣宗实录》卷 336 载："道光二十年七月戊戌……以故土尔扈特扎萨克贝子车林多尔济弟乌尔图那逊袭爵。"所以，乌尔图那逊是车林多尔济弟。

（154）雅兰丕勒乾隆四十八年诏世袭罔替问题。《清史稿》8731—8732 页"和硕特部扎萨克固山阿穆尔聆贵贝子"作"雅兰丕勒……乾隆……四十八年，诏世袭罔替"。但中国第一历史档案馆藏国史馆全宗档案 371 号载："窃贝子桑济扎普之始祖依勒木丕勒于乾隆三十六年由伊济勒河率领属下阿勒巴图前来，圣主蒙圣恩，于依勒木丕勒赏给世袭闲散贝子之职。嗣蒙圣恩，于依勒木丕勒赏给雍和宫扎萨克喇嘛之职。依勒木丕勒生有二子，长子布音绰克，次子鄂奇尔依勒木丕勒。于乾隆三十七年病故后，所遗之职，是年蒙圣恩给予伊长子布音绰克承袭。"可见，雅兰丕勒已于乾隆三十七年病故，不可能在乾隆四十八年诏世袭罔替。

（155）雅兰丕勒的继任者。《清史稿》8731—8732 页 "和硕特部扎萨克固山阿穆尔聆贵贝子"作"鄂济尔"。但中国第一历史档案馆藏国史馆全宗档案 371 号载："窃贝子桑济扎普之始祖依勒木丕勒于乾隆三十六年由伊济勒河率领属下阿勒巴图前来，圣主蒙圣恩，于依勒木丕勒赏给世袭闲散贝子之职。嗣蒙圣恩，于依勒木丕勒赏给雍和宫扎萨克喇嘛之职。依勒木丕勒生有二子，长子布音绰克，次子鄂奇尔依勒木丕勒。于乾隆三十七年病故后，所遗之职，是年蒙圣恩给予伊长子布音绰克承袭。"《钦定外藩蒙古回部王公表传》卷 13、表 13 载：一次袭，布延楚克，雅兰丕勒长子。乾隆三十六年，袭扎萨克固山阿穆尔聆贵贝子。四十八年，诏世袭罔替。五十五年卒。光绪朝《大清会典事例》卷 972 载："乾隆三十六年……雅兰丕勒……旋以长子布延楚克袭。四十八年，诏世袭罔替。"可见，雅兰丕勒的继任者是布音绰克。表中应把布音绰克作为一次袭，相应袭次后延。

（156）巴特玛策凌袭爵时间。《清史稿》8731—8732 页 "和硕特部扎萨克固山阿穆尔聆贵贝子"，作"嘉庆七年"。但中国第一历史档案馆藏国史馆全宗档案 371 号载："鄂奇尔于嘉庆六年病故后，所遗之职，是年蒙圣恩给予伊之长子巴特玛车林承袭。"所以，巴特玛策凌袭爵时间是嘉庆六年。

（157）洞鲁布旺扎勒和棍济克扎布的关系。《清史稿》8733—8734 页 "和硕特部扎萨克一等台吉"作"洞鲁布旺扎勒，棍济克扎布弟"。但光绪朝《大清会典事例》卷 972 载："棍济克札布……咸丰六年，子洞鲁布旺札勒袭。"所以，洞鲁布旺扎勒是棍济克扎布子。

（158）贡噶那木扎勒光绪十三年是"袭"还是"卒"。《清史稿》8733—

8734 页 "和硕特部扎萨克一等台吉"作"卒"。但《光绪朝朱批奏折》第114 辑 367 号载："巴图色特奇勒图霍硕特部落管理中旗扎萨克阿木尔凌桂贝子棍布扎布呈称：据本盟管理西旗扎萨克头等台吉栋鲁木旺扎勒呈报，该台吉自罹贼乱逃奔各处，患有腰腿酸痛之疾，医治罔效，不能当差，恳请准以原品休致，俾得安心调理。所出头等台吉员缺，以长子贡噶那木扎勒承袭。光绪十三年。"又北洋时期《政府公报》第 202 号载："中路和硕特右旗扎萨克头等台吉贡噶那木扎勒，前清光绪十三年袭。"所以，贡噶那木扎勒光绪十三年是袭。

（159）达木鼎策德恩袭爵时间。《清史稿》8735—8738 页 "哈毕察克和硕特部扎萨克一等台吉"作"光绪三十三年"。但《光绪朝朱批奏折》第115 辑 436 号载："光绪三十二年十一月十七日，据暂护霍硕特扎萨克印务章京托布楚呈报，本扎萨克头等台吉克什克布彦于本年正月初六日因病出缺，所遗扎萨克员缺，自应照例呈请承袭。查有克什克布彦预保之子三等台吉达木鼎策德恩现年十岁……拟请将克什克布彦所遗扎萨克头等台吉员缺，以伊长子达木鼎策德恩承袭。惟克什克布彦于同治十年承袭后……着照所请，该衙门知道。光绪三十二年十二月初一日。"所以，达木鼎策德恩袭爵时间是光绪三十二年。

（160）伊萨克袭爵时间。《清史稿》8738—8740 页 "哈密回部扎萨克和硕亲王"作"乾隆三十一年"。但《清高宗实录》卷 779 载：乾隆三十二年二月辛酉，"以故哈密扎萨克郡王品级贝勒玉素布次子伊萨克袭爵"。所以，伊萨克袭爵时间是乾隆三十二年二月。

（161）博锡尔赐亲王衔时间。《清史稿》8738—8740 页 "哈密回部扎萨克和硕亲王"，作"咸丰三年"。但《清穆宗实录》卷 112 载："同治三年八月壬午……以劝办开渠，暨接济防堵盐粮，赏哈密扎萨克郡王伯锡尔亲王衔。"所以，博锡尔赐亲王衔时间是同治三年八月。

（162）沙木胡索特袭爵时间。《清史稿》8738—8740 页 "哈密回部扎萨克和硕亲王"，作"光绪七年"。但《清德宗实录》卷 149 载："光绪八年七月戊戌……以故哈密扎萨克亲王迈哈默特入继子沙木胡索特袭爵。"所以，沙木胡索特袭爵时间是光绪八年七月。

（163）额敏和卓封扎萨克辅国公、晋镇国公、晋封郡王时间。《清史稿》8740—8742 页"吐鲁番回部扎萨克多罗郡王"分别作"雍正十一年""乾隆二十一年""乾隆二十三年"。但《清世宗实录》卷 125 载："雍正十年十一月乙未……额敏和卓着封为扎萨克辅国公。"《清高宗实录》卷 500 载："乾隆二十年十一月庚午……加封扎萨克辅国公额敏和卓为镇国公。"《清高宗实录》卷 599 载："乾隆二十四年十月庚子……额敏和卓着加恩晋封郡王。"所以，额敏和卓封扎萨克辅国公、晋镇国公、晋封郡王时间分别是雍正十年十一月、乾隆二十年十一月、乾隆二十四年十月。

（164）叶明和卓袭爵时间。《清史稿》8740—8742 页"吐鲁番回部扎萨克多罗郡王"作"光绪二十七年"。但《清德宗实录》卷 471 载："光绪二十六年闰八月戊午……以故吐鲁番扎萨克回子郡王玛木特子、头等台吉衔叶明和卓袭爵。"所以，叶明和卓袭爵时间是光绪二十六年闰八月。

（165）鄂罗木咱卜的前任和后继者。《清史稿》8742—8743 页"吐鲁番回部一等台吉"未载。但中国第一历史档案馆藏国史馆全宗档案 368 号载："乾隆三十一年九月十四日，谕曰：据明瑞奏称，阿奇木公茂萨病故……伊并无子嗣，应行承袭之人，加恩将伊之弟鄂罗木匝布作为头等台吉。钦此钦遵。……乾隆五十五年七月初九日，谕：……加恩鄂罗木匝布以公衔作为头等台吉，以示鼓励。嘉庆十年八月初四日……鄂罗木匝布病故……着伊长子密哩克匝特承袭，暂行署理阿奇木伯克事务。密哩克匝特于嘉庆十六年二月初十日卒，所遗世袭罔替头等台吉，据将军晋昌奏请伊子霍什那扎试承袭。是年三月初七日谕。"《清高宗实录》卷 768 载："乾隆三十一年九月辛巳……阿奇木公茂萨病故，所遗之缺……着加恩将伊第三弟鄂啰木扎布授为头等台吉，仍补放茂萨所遗伊犁阿奇木之缺。"所以，该表应根据上述资料补。

（166）丕尔敦的继任者。《清史稿》8744—8745 页"吐鲁番回部二等台吉"未载。但台北"故宫博物院"档《续纂外藩蒙古回部王公传》道光十九年稿本卷 11 载："一次袭，阿米特巴哈依，丕尔敦长孙，嘉庆二十一年，袭二等台吉后，缘事革职。二次袭，鄂罗木咱卜，迈玛萨依特次子。道光五年，袭。八年，卒。三次袭，佐霍尔鼎，额敏和卓曾孙。道光八年，袭二等台吉，四品尚伯克上行走。"该表应根据上述资料补。

（167）古禄格袭爵等级。《清史稿》8748—8749 页"居归化城之土默特，原授左翼都统，今袭三等子兼三等男"作"顺治二年，授二等子"。但《清世祖实录》卷 20 载："顺治二年八月癸未……以归化城土默特部落一等梅勒章京古禄格效力有年，升为三等昂邦章京。"《钦定外藩蒙古回部王公表传》卷 15、表 15 载：初授，古禄格，土默特人。天聪六年，来归，居归化城。崇德元年，授左翼都统。顺治二年，授三等子。所以，古禄格袭爵等级是三等子。

（168）古睦德袭爵的时间和具体名称。《清史稿》8748—8749 页"居归化城之土默特，原授左翼都统，今袭三等子兼三等男"作"康熙三十六年，仍袭都统"。但《清圣祖实录》卷 208 载：康熙四十一年六月庚辰"升土默特参领古木德为归化城左翼都统"。所以，古睦德袭爵的时间和具体名称是康熙四十一年，归化城左翼都统。

（169）巴克默特多尔济的继任者。《清史稿》8756—8757 页"居黑龙江之厄鲁特辅国公"栏空。但《清德宗实录》卷 549 载："光绪三十一年九月丙申……以故依克明安辅国公巴克莫特多尔济子巴勒吉呢玛袭爵。"据此，该表不应空。

（170）敏珠尔多尔济和车林多尔济的关系。《清史稿》8758—8760 页"科布多之扎哈沁三等信勇公"作"车林多尔济，敏珠尔多尔济子"。但光绪朝《大清会典事例》卷 972 载："敏珠尔多尔济……光绪六年，弟车林多尔济袭。"所以，车林多尔济应是敏珠尔多尔济弟。

（171）伊巴喇伊木诏世袭罔替时间。《清史稿》8762—8764 页"居新疆和阗之回部辅国公"作"乾隆四十八年"。但《钦定外藩蒙古回部王公表传》卷 16、表 16 载：一次袭，伊巴喇伊木，和什克长子。乾隆四十六年，袭辅国公。五十三年，诏世袭罔替。所以，伊巴喇伊木诏世袭罔替时间是乾隆五十三年。

（172）阿布都莫敏袭爵时间。《清史稿》8762—8764 页"居新疆和阗之回部辅国公"作"嘉庆十年"。但《清仁宗实录》卷 156 载：嘉庆十一年正月丙子，"以故回部辅国公伊巴喇伊木子阿布都莫敏袭爵"。所以，阿布都莫敏袭爵时间是嘉庆十一年正月。

（173）喀沙和卓的继任者。《清史稿》8764—8766 页"居京师之回部辅国公，定世袭三等台吉"未载。但《清仁宗实录》卷 15 载："嘉庆二年三月己未……将喀申和卓革去公爵……。壬戌……着加恩将伊镇国公爵作为辅国公，令伊从弟巴巴克和卓承袭。"该表应根据上述资料补。

（174）阿布勒的继任者。《清史稿》8769—8770 页"居京师之回部一等台吉，定世袭二等台吉"未载。但台北"故宫博物院"档《续纂外藩蒙古回部王公传》道光十九年稿本卷 12 载：阿克巴什，阿布勒次子。嘉庆八年袭。该表应根据上述资料补。

（175）阿卜都呢咱尔的继任者。《清史稿》8770—8771 页"居京师之回部二等台吉，定世袭三等台吉"未载。但台北"故宫博物院"档《续纂外藩蒙古回部王公传》道光十九年稿本卷 12 载：素赍瑸，阿卜都呢咱尔长子。嘉庆元年袭。该表应根据上述资料补。

（176）迈哈默特鄂对和伊萨克的关系。《清史稿》8773—8775 页"居新疆之库车回部多罗郡王"作"伊萨克，迈哈默特鄂对子"。但《清宣宗实录》卷 103 载："道光六年八月乙丑……即将伊萨克传至，宣示迈哈默特鄂对罪状……一面将该逆正法，一面即令伊萨克承袭贝子……接管阿奇木事务。……伊萨克系迈哈默特鄂对之胞叔。"所以，伊萨克系迈哈默特鄂对胞叔。

（177）玛木特的继任者。《清史稿》8773—8775 页"居新疆之库车回部多罗郡王"未载。但中国第一历史档案馆藏清朝理藩院（部）档卷 524 载："……奴才现年四十二岁……实系已故郡王玛木特嫡生长子，应请承袭郡王爵职，并无过继承嗣等弊，所具亲供是实。宣统元年八月初七日，具亲供台吉买买的敏。"《王公衔名表》载：库车，亲王，买买的敏……原爵郡王。所以，玛木特的继任者是嫡生长子买买的敏，该表应根据上述材料补。

（178）色提卜阿勒氏封辅国公时间。《清史稿》8775—8778 页"居新疆之乌什回部贝子品级辅国公"作"乾隆二十九年"。但《清高宗实录》卷728 载：乾隆三十年二月己卯，"封回部台吉色提巴勒氏为辅国公"。所以，色提卜阿勒氏封辅国公时间是乾隆三十年二月。

（179）关于买买提木沙的有关资料。《清史稿》8775—8778 页"居新疆之乌什回部贝子品级辅国公"栏为空白。但中国第一历史档案馆藏清朝理藩院（部）档卷 527 载："乌什回部向有贝子衔辅国公暨三等轻车都尉二项爵职……询及辅国公后裔依布拉引称……其父买买提木沙于同治三年，先后承袭前职。适值回乱，宗谱遗失。买买提木沙于光绪三年病故，依布拉引延未请袭……依布拉引……实系已故前……项爵职后裔。宣统二年八月十七日。"所以，该表应根据上述档案补。

（180）关于依布拉引的有关资料。《清史稿》8775—8778 页"居新疆之乌什回部贝子品级辅国公"栏为空白。但中国第一历史档案馆藏清朝理藩院（部）档卷 527 载："乌什回部向有贝子衔辅国公暨三等轻车都尉二项爵职……询及辅国公后裔依布拉引称……依布拉引……实系已故前……项爵职后裔。宣统二年八月十七日。"又《王公衔名表》载：贝子衔辅国公，依布拉引。所以，该表应根据上述档案补。

（181）迈玛特伊布拉赖穆以罪削时间。《清史稿》8778—8779 页"居新疆拜城之回部辅国公"，作"道光八年"。但中国第一历史档案馆藏清朝理藩院（部）档卷 525 载："迈玛提敏长子买买提亦不拉伊木于嘉庆二年承袭辅国公爵，至道光六年缘事黜革。道光八年，复请次子木沙承袭辅国公爵。"所以，迈玛特伊布拉赖穆以罪削时间是道光六年。

（182）迈玛塔哩普袭爵时间。《清史稿》8778—8779 页"居新疆拜城之回部辅国公"，作"道光十八年"。但中国第一历史档案馆藏清朝理藩院（部）档卷 525 载："木沙长子迈玛他立普于道光十七年承袭辅国公爵。"所以，迈玛塔哩普袭爵时间是道光十七年。

（183）爱玛特的继任者。《清史稿》8778—8779 页"居新疆拜城之回部辅国公"未载。但《清德宗实录》卷 480 载：光绪二十七年二月丁巳，"以故拜城回子辅国公爱玛特子二等台吉衔司地克袭爵"。所以，该表应根据上述材料补。

（184）萨里授三等轻车都尉时间。《清史稿》8779—8780 页"居新疆之乌什回部三等轻车都尉"作"乾隆二十七年"。但中国第一历史档案馆藏清朝理藩院（部）档卷 527 载："又据三等轻车都尉后裔玉素甫称，系一世祖萨里尔于乾隆二十八年六月因案出力，蒙恩赏给世袭三等轻车都尉。"光绪朝《大清会典事例》卷 972 载：又闲散三等轻车都尉一人。乾隆二十八年，萨里始授今爵。所以，萨里授三等轻车都尉时间是乾隆二十八年六月。

第七章 藩部的朝觐制度

清代藩部朝觐制度，指的是清廷规定藩部王公和藏传佛教的头面人物定期到京师或木兰围场朝见皇帝、瞻仰圣颜的年班和围班制度。这是清廷维护藩部稳定、增加藩部向心力的重要举措。清代藩部朝觐制度包括朝仪和班次、贡物和赏赐、廪饩和筵宴、住宿和返程等内容。年班制度从清初一直实行到清末，围班制度则在道光初年停止，它从一个侧面反映了清朝的由盛转衰。

第一节 主要资料和研究现状

一 主要资料

研究清代藩部朝觐制度的主要资料，是不同历史时期的《大清会典》、《大清会典则例》、《大清会典事例》和《理藩院则例》、《回疆则例》，还有清代档案和历朝《清实录》，以及一些地方史志、笔记资料等。

康熙朝《大清会典》理藩院"宾客清吏司"中有"朝集"一项，记载了内蒙古各部的朝觐制度，包括来朝时间、随从人员、马匹数量、座次安排、循环班次等内容。"贡献"一项，记载了内蒙古各部年节进贡的标准。"宴赉"一项，记载了清廷对年节来朝的内蒙古各部王公赏赐的物品以及赐食等。在雍正朝《大清会典》理藩院"宾客清吏司""朝集"一项中，增加了康熙二十六年（1687）以后的内容，包括来京住处、循环班次等。在

"贡献"一项中，增加了对内蒙古各部王公进贡汤羊限制的内容。在"宴赉"一项中，增加了对外蒙古王公赏赐的内容。乾隆朝《大清会典》理藩院"王会清吏司"中，对内蒙古各部朝觐制度记载的更加详细，分朝期、朝仪、来朝班次、位次、贡道、贡物、燕飨、赏赉、廪给、牧刍、路费等项。在"柔远清吏司"中，对外蒙古、青海蒙古、西藏的朝觐、贡期做了规定。乾隆朝《大清会典则例》理藩院"王会清吏司"和"柔远清吏司"中的记载，基本上和《大清会典》相同，只是内容上更加详尽，个别字有所变动。嘉庆朝《大清会典》理藩院"王会清吏司"中，明确提出了"年班""围班"的概念，并对班次有着详细的记载，还记述了燕飨、赏赉、供给等内容。在"柔远清吏司"中，记述了外蒙古、青海蒙古、漠西蒙古年班、围班的班次，藩部喇嘛的班次，以及燕飨、赏赉等内容。在"徕远清吏司"中，记载了新疆伯克和四川土司的年班以及贡物情况。光绪朝《大清会典》和《大清会典事例》理藩院中，在"朝觐"项中，记述了内扎萨克年班、外扎萨克年班、喇嘛年班、番子年班、各部落围班的内容。在"贡献"项中，记述了内扎萨克贡物、外扎萨克贡物、回部贡物、西藏喇嘛贡物、甘肃河州等处喇嘛贡物。在"廪给"项中，记述了内扎萨克廪给、外扎萨克廪给、喇嘛廪给的情况。在"宴赉"项中，记述了年班宴赉、围班宴赉、贡使宴赉的内容。在"仪制"项中，记述了朝仪、朝贡遣使等规定。此外，光绪朝《大清会典事例》兵部卷"木兰行围"中，有围班制度内容。综上所述可以看出，清代各朝的《大清会典》以及《大清会典则例》、《大清会典事例》理藩院及兵部卷中，集中记载了藩部朝觐制度的主要内容，是研究清代藩部朝觐制度的重要资料。

道光朝和光绪朝汉文本《理藩院则例》中，也集中记载了藩部朝觐制度的主要内容。两书的第 14、15 卷"廪饩"上下，记载了藩部王公等年班来京应供应的粮食额数，包括汗王以下各员廪饩定额、公主格格等廪饩定额、额驸等廪饩定额、各地喇嘛等廪饩定额、西藏来使供给定额。第 16 卷"朝觐"中，记载了年班来京的时间，元旦典礼的规定，不同地区的班次，什么人不可以参加年班等。第 17 卷"贡输"中，记载了藩部王公向清廷进贡的物品以及清廷给予的赏赐。第 18、19 卷"宴赉"上下，记载了清廷对年班来京的藩部王公等设宴款待的种种规定，包括仪注，什么时间在什么地方设宴，清廷要颁赏哪些物品。第20、21、22卷"扈从事例"上中下三部分，记载了围班制度中筵宴赏赉各典礼的规定，包括万树园筵宴、外蒙古四部演围动用驼马、行围典制等内容。第23卷"仪制"中，记载了蒙古王公来京朝觐午门迎送、斋戒常朝、请安服色等规定。总之，《理藩院则例》集中记载了藩部朝觐制度的主要内容，也是研究清代藩部朝觐制度的重要资料。《回疆则例》第4卷，记述了伯克等进贡、朝觐，第5卷记述了伯克赏项，对研究藩部朝觐制度有重要帮助。

藩部朝觐制度的内容在清代档案中多有记述。中国第一历史档案馆藏清朝理藩院（部）档中，在"典礼"类中，有年班、宴赏的内容；在"蒙旗""回部""土司""喇嘛管理"等类中，有朝贡的内容；在"西藏"类中，有达赖活动与入觐的内容。对于这些内容，有的记述具体入微，比如年班来京的蒙古王公，住在内馆和外馆，清廷如何派人照看；年班结束后返回故地的蒙古王公，清廷如何派员弁护送。另外，中国人民大学国学院与中国第一历史档案馆合作出版的《清朝前期理藩院满蒙文题本》中，对年班活动也有较为详细的记述。[1]

《清实录》中记载藩部朝觐制度的地方也比较多，但不系统。比如年班来京的蒙古族王公都要给清廷带来贡品，清廷则给以必要的回赏，《清世祖实录》中记载了"定外藩王、贝勒、贝子、公等元旦来朝赏例"。[2] 围班制度在乾隆朝臻于完善，进入鼎盛时期，《清仁宗实录》中记载了相关的情况。[3]

在笔记资料中，昭梿的《啸亭杂录》记述了不少藩部朝觐制度的内容。该书第1卷"善待外藩"，第7卷"木兰行围制度"，续录第1卷"山高水长殿看烟火""除夕上元筵宴外藩""大蒙古包宴"，对了解藩部朝觐制度的具体内容都有所帮助。赵翼《簷曝杂记》卷1"木兰杀虎""跳驼撩脚杂戏""蒙古诈马戏"等，姚元之《竹叶亭杂记》卷1"喀什噶尔伯克"也记

---

[1] 参阅宋瞳《清初蒙古年班制度略论》，《光明日报》2012年3月1日，第11版。

[2] 见《清世祖实录》卷80，顺治十一年正月辛酉。

[3] 见《清仁宗实录》卷114，嘉庆八年六月丙寅。

述了很多藩部朝觐制度的内容。

二　研究现状

朝觐制度是清廷治理边疆地区的重要手段之一，清廷通过这一制度笼络边疆少数民族上层，以达到不设边防的目的。张双智《清代朝觐制度研究》① 是一部值得关注的学术专著。该书共分六章，分别阐述了朝觐制度的建立、朝觐事务的组织管理机制，蒙古王公等朝觐与年班制度，西藏达赖、班禅朝觐与年班制度，伯克、喇嘛、土司的朝觐与年班制度，朝觐制度的历史意义与清帝治国理念等。该书基本的观点是：清代的朝觐制度既是中国历史发展的结果，也是当时统一多民族国家巩固和发展的集中体现，不仅反映了清廷的愿望和权力，也反映了朝觐者的政治地位与愿望，有着丰富鲜明的时代内涵及历史意义。他的《清朝外藩体制内的朝觐年班与朝贡制度》②、《清代昌都强巴林寺帕克巴拉活佛朝觐年班制度》③、《论清代前后藏朝觐年班制度》④ 等文，提出清朝针对内属外藩，创建了边疆民族首领朝觐年班制度，针对境外外藩，清朝延续前代政策实施了朝贡制度，两者有本质的区别；乾隆时期对察木多地区影响最大的强巴林寺帕克巴拉活佛、锡瓦拉活佛制定了朝觐年班制度，这一制度在《大清会典》等典籍中，有比较详细的规定；清廷明确规定西藏政教首领达赖、班禅轮流遣使于腊月进京朝觐皇帝，贺元旦、献丹书克附贡，行请安谢恩之礼，定立了前后藏年班制度，清廷则在朝礼等方面确立了严格的规章制度，作为国家管理西藏上层人士的行政措施，其一直延续到清末。

红霞《清代喀尔喀蒙古王公的朝觐制度研究》⑤，依据《理藩院则例》《大清会典事例》等文献资料，从六个方面对朝觐制度进行了论述，内容包括：中国古代朝觐制度的历史渊源及清代蒙古王公朝觐制度的概况；清朝与喀尔喀蒙古关系的历史回顾及喀尔喀朝觐制度的确立；喀尔喀蒙古王公

---

① 学苑出版社，2010。
② 《清史研究》2010 年第 3 期。
③ 《西藏民族学院学报》2010 年第 5 期。此文系张双智和张羽新合著。
④ 《西藏研究》2009 年第 5 期。此文系张双智和张羽新合著。
⑤ 硕士学位论文，内蒙古民族大学，2010。

朝觐制度的主要内容；关于围班制度及宗教领袖哲布尊丹巴朝觐的特殊规定；喀尔喀蒙古的朝觐与漠南蒙古的不同及原因；对喀尔喀蒙古王公朝觐制度的评价。该文认为，由于喀尔喀蒙古在清朝边疆的统治和治理中占有重要的战略位置，因此清朝本着"恩威并施"和"厚往薄来"的方针，制定了喀尔喀蒙古王公的朝觐制度。这一制度对怀柔喀尔喀蒙古王公、巩固北部边疆、稳定清朝的统治起到了积极的作用。同时对喀尔喀蒙古地区的社会经济发展也产生了一定的影响。红霞《清代喀尔喀蒙古王公的朝觐制度述略》①，提出朝觐制度是清朝治理边疆地区的重要手段之一，清朝通过这一制度笼络边疆少数民族上层，达到不设边防的目的。苏红彦《清代蒙古王公的年班》②，从四个方面对蒙古王公的年班制度做了探讨，主要内容有：年班制度作为清朝统治边疆地区的重要手段之一，在蒙古地区的创立和推行有深刻的历史渊源和现实需要；年班制度不仅是蒙古王公对清朝臣服和恭顺的一种表现形式，而且是清廷绥服蒙古王公的一种政治手段和对蒙政策的一项重要内容，一直为清朝统治者所重视；蒙古王公的年班制度，是随着清朝对蒙古各部的逐步统一和边疆的最终平定而逐渐发展、完善起来的；年班制度对增强蒙古王公的向心力、考察蒙古王公的德能勤绩和选拔效忠人才，起到了积极的作用，对蒙古地区经济和文化的发展乃至人民生活产生了深远的影响。苏红彦还发表了《清代蒙古王公年班制度对蒙古地区的影响》③、《试析清代蒙古王公年班的创立与发展》④、《清代蒙古王公年班的特点和作用》⑤ 等文，分别就相关问题进行了讨论。李治国《清代中后期蒙古年班制度的调整与变化》⑥ 认为：蒙古年班制度是指清代蒙古王公按期到北京朝觐清朝皇帝的制度，在长期的执行过程中，该制度遇到一系列问题与挑战。为此，清廷主动或被动地采取措施进行相应调整，使年班制度出现变化。乾隆朝增设了内廷行走年班，这是蒙古年班中的新形式，

---

① 《内蒙古民族大学学报》2010 年第 2 期。
② 硕士学位论文，内蒙古大学，2004。
③ 《阴山学刊》2005 年第 6 期。
④ 《内蒙古大学学报》2007 年第 2 期。
⑤ 《内蒙古社会科学》2007 年第 1 期。
⑥ 《内蒙古社会科学》2017 年第 2 期。

从咸丰朝开始，清廷停止了传统年班朝觐，规定仅许内廷行走年班中御前行走的蒙古王公来京朝觐，清末年班制度出现危机并最终废弛。宋瞳《清初蒙古年班制度略论》[1] 认为：清代边疆政策研究中，满蒙关系始终是研究重点。一方面隶属清朝的漠南蒙古王公贵族享有高官显爵，在旗内权力极大，另一方面为表明其对清廷的臣服，也负有出丁服兵役、岁时进京朝拜（清初称朝集，乾隆后称年班）等义务，因此年班制度无疑是清代对蒙政策中的重要一环。但在《清会典》《清实录》等史料以及前人研究中，虽然曾提到自顺治八年令蒙古王公分为两班，循环朝会，但两班如何分类、如何轮换，则语焉不详。中国人民大学国学院与中国第一历史档案馆合作出版的《清朝前期理藩院满蒙文题本》对此有较为详细的论述，恰可填补这一学术空白。另外，宋瞳《清初理藩院研究——以顺治朝理藩院满文题本为中心》[2] 的第四章，通过几件顺治朝理藩院满文题本的汉译，提供了清代藩部朝觐制度的一些新资料，包括顺治十二年（1655）年班来朝的班次、蒙古王公来京下榻的处所、对年班来京蒙古王公的赏赐等，有利于清代藩部朝觐制度研究的深化。

牛锐《清代回疆伯克年班制度研究》[3]，利用《清实录》和历史档案等资料，分析了回疆建立年班制度的历史背景，探讨了年班伯克资格的认定、年班班次的编定、年班行程时间的规定、随带行李和子弟及跟役的规定、管理机构的职责、在京的活动等。文章认为：年班制度是清代对历代边疆少数民族首领向中原王朝朝觐制度的继承和总结，维系和加强了中央与边疆少数民族地区的政治关系，促进了中原与边疆地区经济与文化的交流与发展。其消极因素是给中央和地方造成了沉重的经济压力。周乌云《试论清代蒙古地区喇嘛洞礼年班制度》[4] 指出：清朝在通过立法制定蒙古地区王公贵族进京朝觐皇帝的年班制度的同时，对蒙古地区的喇嘛教上层人物也规定了年班制度，即洞礼年班制度。洞礼年班制度规定了年班的时间、地

---

[1] 《光明日报》2012 年 3 月 1 日，第 11 版。
[2] 详见该书第 125—165 页。
[3] 硕士学位论文，北京师范大学，2005。
[4] 《内蒙古民族大学学报》2010 年第 4 期。

点、来京觐见程序和礼仪、分班情况、朝贡、赏赍、廪饩等。通过年班制度，我们能够看到它并非一种简单的朝贡，而是清朝抚绥蒙古地区喇嘛阶层的一项政治措施，从而起到笼络蒙古地区喇嘛和加强蒙古地区喇嘛教管理的作用。邹建达、杨晓燕《笼络与控制：川西北土司"年班制度"的建立及首次朝觐》① 指出："金川之役"后，为确保包括大、小金川在内的川西北土司地区的长治久安，清廷制定了一系列善后措施。其中，将之前成功施行于内外蒙古和回部王公的年班制度用于川西北土司，仿照回部年班之例建立起川西北土司的年班制度，使川西北土司成为西南众多土司中唯一享受朝觐殊荣者。而川西北土司的首次朝觐，人数之多、在京时间之长、接待规格之高、参与活动之丰富、获得赏赐之丰厚，都是极其罕见的。川西北土司年班制度的建立和首次成功朝觐，既是清廷对在征剿两金川战争中支持清军各土司的奖励，并借此加以笼络的重要措施，也是对各土司实施控制的重要制度安排。年班制度的实施，对该地区的稳定和发展产生了积极的作用。张圆《清代四川土司"年班"制度初探》② 指出：清初将蒙古各王公首领及回部伯克、蒙藏喇嘛等，各按人数多寡编定若干班次，每年各以一班于年节时轮流入京朝觐，称"年班"。该制度始于顺治五年（1648），凡是来朝朝觐，清朝均按官职等级提供旅费，并赐御宴数次，接待礼仪十分隆重。黄梅《清代年班土司赏赐述略》③，利用中国第一历史档案馆收藏的内务府奏案，重点研究了土司年班管理制度中的赏赐制度，分析了年班土司赏赐制度中的等值折赏和品级给赏两种赏赐制度的具体内容与实行形式，总结出清代年班土司赏赐制度具有连续性和稳定性的特征。该文认为：土司年班制度是清朝针对川西北藏区土司实行的管理制度，这一制度对维护川西北土司地区的稳定发挥了重要作用。黄梅在《清代年班土司贡物考》④ 中，以中国第一历史档案馆藏内务府档案中的土司年班赏赐清单为基础，分析清代年班土司贡品在种类、数量和价值等方面的特点，

---

① 《遵义师范学院学报》2017 年第 5 期。
② 《民族史研究》第 9 辑，中央民族大学出版社，2010。
③ 《清史论丛》2015 年第 1 辑（总第 29 辑），社会科学文献出版社，2015。
④ 《历史档案》2016 年第 1 期。

揭示出清代年班土司贡物以政治意义为主的特征。文章指出：土司年班制度是清廷针对川西藏区土司建立的管理制度，规定川西土司分两班轮流进京朝觐并呈进贡物，以此来表示对清廷的臣服。黄梅在《清代土司年班分班考》① 中指出：清朝于乾隆年间建立了针对川西藏区土司的年班朝觐制，并于乾隆四十七年规定四川土司分为头班和二班，两班轮流朝觐。由于资料限制，学界对头班土司和二班土司的具体安排尚无研究。该文在充分利用档案资料的基础上，对土司分班进行了详细考证，证实了土司年班朝觐是在明确分班之下进行的。王鹏《浅析清代四川藏区土司朝贡》② 一文认为：清初将蒙古各王公首领及回部伯克、蒙藏喇嘛等，分别按人数多寡编定班次，每年各以一班于年节时轮流入京朝觐皇帝，称"年班"，这是清代特有的一种朝贡制度。大小金川之战后，四川土司于乾隆四十一年（1776）才被纳入年班体系。

关于清代围班制度的研究，主要表现在以下著述中。一是赵珍的《资源、环境与国家权力——清代围场研究》③。该书第一章"清代围场行围制度"，探讨了"行围是集体狩猎的重要方式""围猎规制初创""围场行围制度的确立与变革""围班制度"等四个问题，有助于增加人们对围班制度的了解。二是张莉的《清代围班制度述论》④。该文从围班制度的渊源、围班制度的内容、围班秋狝活动三个方面进行了探讨。文章认为：渔猎之事，最初是人类维持生存的手段。随着人类文明的进步，围猎逐渐变成以习武、练兵、娱乐为目的的活动。历代帝王对此尤有独钟。清代围班之制，是皇帝到木兰行围，为笼络各少数民族上层而逐渐形成的一项有效管理边疆地区的制度。该制始于康熙皇帝，初无定制，只是由皇帝选择塞外行围地点，各蒙古王公等随扈。乾隆十四年（1749），乾隆帝以"各部王公等不无谙于骑射者，理宜轮班行走"，"若分班前往，皆得瞻仰朕颜，朕亦得识伊等"为由，令理藩院议奏轮班随围，遂成定制，轮班随围之制始立。几经修订，

---

① 《遵义师范学院学报》2016 年第 1 期。
② 《兰台世界》2015 年第 18 期。
③ 中国人民大学出版社，2012。
④ 该文载赵玲主编《纪念避暑山庄建园三百周年论文集》，辽宁民族出版社，2005。

至嘉庆八年（1803），围班典制形成。咸丰之后，木兰之礼废，围班之制遂罢。

综上可见，对清代藩部朝觐制度的研究，有专著，所述内容也比较全面，涉及朝觐制度的建立，朝觐事务的组织管理机制，蒙古王公等朝觐与年班制度，西藏达赖、班禅朝觐与年班制度，伯克、喇嘛、土司的朝觐与年班制度。另外，研究朝觐制度的文章，涉及蒙古王公的年班，回疆伯克、四川土司的年班，还有喇嘛年班，研究的有些问题还比较具体，包括四川土司年班的赏赐、贡物、分班、朝贡等。在使用资料方面，出现了多样性，既使用了《清实录》《大清会典》，还使用了中国第一历史档案馆藏的档案，以及满文档案，既扩大了研究的视野，也使相关研究的结论更具有说服力。上述研究的不足之处在于，对藩部朝觐制度的来龙去脉还缺乏整体的深入细致的梳理，对一些关键的节点缺乏必要的说明；在朝觐制度的具体内容上，论述方面还不够深入，制度层面的研究还有所欠缺；对年班制度的研究呈现个体化，缺乏整体性；对围班制度的研究用力不够。清代朝觐制度作为一种制度的实施，与个别人物因某种需要而进行的朝觐活动，应当是有所区别的，而有些著作在这方面并没有给予应有的注意。

第二节 藩部朝觐制度概况

清代藩部朝觐制度，亦称"年班"和"围班"制度。

年班制度，即清廷规定的藩部上层人士每逢年节来京朝见皇帝、瞻仰圣颜的一种制度。该制度在康熙朝、雍正朝《大清会典》中称"朝集"，在乾隆朝《大清会典则例》中称"朝觐"，在嘉庆朝《大清会典》中始称"年班"，在光绪朝《大清会典事例》中又称"朝觐"，并明确写出朝觐包括内扎萨克年班、外扎萨克年班、喇嘛年班。清代藩部朝觐制度制定和实行于顺治年间。《清实录》记载，顺治三年（1646）正月，清廷"定外藩蒙古二十七旗庆贺圣诞进献牛羊例，令于每年元旦贡献牛羊时一并奏进，其王、贝勒、贝子一半来朝，其不来朝之王、贝勒、贝子各旗，遣头目一人、厮卒五人来京"。① 这里说的是"庆贺圣诞进献牛羊"来朝，已经有年班的意思。顺治五年，清廷规定，蒙古王、贝勒、贝子、公、台吉、都统等，准于年节来朝，这可以算作年班成为制度的标志。顺治六年，清廷又具体提出：蒙古朝觐之期，每年定于十二月十五日以后、二十五日以前到齐。② 自此之后，年班制度不断完善。由于年班来京的内蒙古王公日益增多，顺治八年，清廷开始把内蒙古王公进京朝觐分为 2 班，循环进行。③ 雍正四年（1726），鉴于内蒙古"四十九旗王、台吉等，分为两班来京，其家中既有要务，或身抱病疴，亦必前来，交春始回本地，明岁冬季又复值班，为期既近，冬月往返劳苦"，④ 清廷决定把内蒙古改为 3 班，1 年 1 班，轮流 1 人前来。至于公主子孙、姻亲台吉，则 1 家 1 人，亦分 3 班轮流来京。

后来，随着藩部的扩大，年班制度逐渐推广到外扎萨克，即外蒙古、青海蒙古、漠西蒙古，以及西藏、新疆回部、四川土司。外蒙古各部虽然早就和清廷有着"九白之贡"的关系，但真正实行年班制度，则在康熙三十年（1691）多伦会盟外蒙古各部归附清廷之后。康熙三十九年，清廷认为：年例来朝之喀尔喀扎萨克等，若令与内扎萨克一例分为两班，则路途遥远，殊非体恤之意。于是决定，外蒙古分为 4 班，按年于十二月封印前到京，其未及岁之扎萨克不必来朝，各令台吉 1 人代觐。⑤ 青海蒙古实行年班制度是在雍正三年，清廷在平定罗卜藏丹津叛乱之后，决定青海蒙古的年班照外蒙古例分为 4 班，轮流来朝。⑥ 漠西蒙古各部年班，乾隆四十一年（1776）清廷决定：杜尔伯特部分为 5 班，1 年 1 班，轮流来朝。乾隆四十五年清廷又决定：土尔扈特、和硕特之台吉等，有已经来朝者，俟 10 年后，再令按班来朝。乾隆五十三年清廷再次决定：伊犁所属土尔扈特、科布多所属杜尔伯特，已出痘者分为 4 班，1 年 1 班，轮流朝觐。⑦ 西藏达赖喇嘛

---

① 《清世祖实录》卷 23，顺治三年正月壬子。
② 赵云田点校《钦定大清会典事例·理藩院》，第 296 页。
③ 雍正朝《大清会典》卷 221。
④ 嘉庆朝《大清会典事例》卷 747。
⑤ 赵云田点校《钦定大清会典事例·理藩院》，第 302 页。
⑥ 嘉庆朝《大清会典事例》卷 747。
⑦ 赵云田点校《钦定大清会典事例·理藩院》，第 303 页。

和班禅额尔德尼遣使朝贡年班始于雍正六年（1728），隔年 1 次，贝勒颇罗
鼐等人，每年 1 次。[①] 新疆回部伯克年班始于乾隆二十五年（1760），最初
限于六品以上伯克 40 人，分为 3 班，乾隆二十八年，限于四品以上伯克 20
人，分为 4 班。[②] 四川土司年班始于乾隆四十一年，照回部伯克例办理。[③]
藩部喇嘛的年班，依据归附清廷时间的不同，实行年班的时间也有差别，
大体上和该地区王公的年班时间相似。内蒙古地区喇嘛年班，在顺治年间
已经实行。外蒙古地区喇嘛年班和甘肃喇嘛年班，实行于康熙年间。清廷
规定：内扎萨克 49 旗，归化城、察哈尔、阿拉善、喀尔喀及锡埒图库伦各
处大喇嘛，除哲布尊丹巴呼图克图不列年班外，其余分编为 6 班，每年各以
1 班来京。甘肃岷州 26 寺，除荔川寺、工布寺喇嘛不入班外，其余分为 4
班，间 3 年以 1 班来京。庄浪红山堡报恩寺喇嘛，间 5 年来京 1 次。[④] 嘉庆
二十二年（1817）清廷规定：内外扎萨克等处呼图克图、呼毕勒罕、绰尔
济喇嘛、达喇嘛等，年已及岁已出痘者，准其来京朝觐，经卷熟悉者，准
其编入洞礼经。其洞礼经编为 6 班，按年轮流于十一月中旬来京。[⑤]

　　乾隆五年，清廷对在御前乾清门行走的蒙古族王公的年班也做了安排，
内蒙古扎萨克王、贝勒以下，台吉以上，外蒙古汗王以下、台吉以上，均
分 2 班，1 年 1 班，每年于万寿年节轮班来朝。乾隆十年，对管旗扎萨克和
盟长的年班班次，规定不入在两班内，或遇年班，或因事来京，仍令在御
前乾清门行走。乾隆十年后，对公主子孙、姻亲台吉、额驸等人的年班班
次，根据人员多少、情况不同，或定为 3 班、4 班，或定为 5 班、6 班，乃
至 10 班，1 年 1 班，轮流来京。

　　清廷把年班制度作为绥服藩部王公的重要手段之一，在执行中要求相
当严格。康熙二十六年（1687）清廷议定：外藩蒙古王、贝子、公等"朝

---

① 赵云田点校《钦定大清会典事例·理藩院》，第 322 页。
② 《清高宗实录》卷 601，乾隆二十四年十一月癸酉；卷 616，乾隆二十五年七月戊申；卷
　681，乾隆二十八年二月甲寅。
③ 赵云田点校《钦定大清会典事例·理藩院》，第 308 页。
④ 赵云田点校《钦定大清会典事例·理藩院》，第 305—307 页。
⑤ 赵云田点校《钦定大清会典事例·理藩院》，第 307 页。

会不齐集者，罚俸六个月"。① 康熙五十九年，清廷进一步规定："年例朝盟"，"如有事故不能来京"，以及"患病等情"，应将情由用印文报理藩院查复，"如并无事故托词不朝者"，一经发现，"将该管扎萨克等一并题参治罪"。② 直到光绪年间，清廷还议准："遇年班因有事不克赴京，即由该扎萨克预报盟长，由盟长备文报院。倘具报迟延致误班期者，各罚俸三月，无俸之员，罚五牲畜。"③

年班来京的藩部王公和藏传佛教上层人士，都要给清廷带来贡物，名为"贡献"。清廷则保证他们路费、钱粮和食物的供应，名为"廪给"。年班期间，清廷要多次设宴款待藩部王公和藏传佛教上层人士，称为"燕赉"。在年班的各项活动中，座次也是有讲究的，进京的骑从也有数量的限制，这些被称为"仪制"。此外，年班的贡道、来京的住宿地以及年班结束后的返程，清廷也都要做出严密的规划，不能出一点问题。

咸丰年间，清廷为镇压太平天国农民起义，要求藩部王公大量捐输马匹、银两。这样，一方面，藩部王公费用浩繁，劳苦倍添，无力来京，另一方面，清廷正值焦头烂额、穷于应付农民起义之际，也无心无力操办年班事务，所以，从咸丰三年（1853）开始，在数年之内，清廷谕示停止了各种形式的年班活动，直到光绪年间才有所恢复，并且一直延续到清朝灭亡。

围班制度即木兰行围制度，它是清初帝王北巡的产物。清廷定都北京以后，对蒙古王公"从龙入关"的功绩眷念不忘，于是便巡行塞外，进一步巩固他们之间政治上的联盟，这也是新形势下清廷抚绥蒙古王公的一种形式。

顺治八年（1651）四月，顺治皇帝首次出巡塞外，先后会见了翁牛特、厄鲁特、巴林、土默特、乌珠穆沁、浩齐特等部王公，各部纷纷进献驼马。顺治皇帝一面赐宴，一面赏以银币、甲胄、弓矢、缎匹。康熙十六年（1677）九月，康熙皇帝初次巡行沿边内外。他从喀喇沁部调兵 1500 名做

---

① 雍正朝《大清会典》卷 221。
② 道光朝《钦定理藩院则例》卷 22。
③ 赵云田点校《钦定大清会典事例·理藩院》，第 304 页。

向导，在近一个月的时间里，在波罗和屯、察罕和屯等地，召见喀喇沁、科尔沁、敖汉、翁牛特、土默特、奈曼等部王公、额驸、郡主、公主，对他们好言相慰，赏赐玲珑撒袋、弓矢。康熙二十三年，康熙皇帝第二次北巡期间，以喀喇沁、敖汉、翁牛特等蒙古王公敬献牧场的名义，设置了木兰围场。木兰围场在承德北 400 里蒙古各部落之中。满语谓"哨鹿"曰木兰，围场为哨鹿所在，故此得名。围场的四面立柳条边，以别内外。按八旗以 1 营房统 5 卡伦，共设 40 卡伦，各有分地，以司稽查，并设官兵分守其境。围场因地形不同，里面又分设 67 个小围场。木兰围场的设立，为围班制度的产生创造了条件。① 从康熙四十二年起，清廷又在承德修建避暑山庄，称热河离宫，至康熙五十二年基本建成，乾隆年间又有所完善。承德避暑山庄的修建，使清廷围班制度的实施增加了新的活动场所，正如嘉庆皇帝所说："外扎萨克蒙古王公台吉等业经出痘者，均于年班来京，其未经出痘者，止于热河瞻觐。"②

围班制度的产生还和清廷发扬肆武习劳的传统习俗关系极大。"行围肆武，原为满洲旧习。"③ 康熙皇帝经常强调通过行围狩猎训练军队。康熙二十一年五月，他出巡东北，曾晓谕宁古塔将军巴海等人："围猎以讲武事，必不可废。"④ 同年十二月，议政王大臣会议遵照他的旨意，议定了行猎纪律。针对部院官员"不谙骑射"的现象，他特别强调行猎时部院大臣要"一并派出，令其娴习骑射"。⑤ 康熙二十三年四月，康熙皇帝进一步强调行围习武的意义：若不"每年行围习武，渐致怠慢，军士将流于玩愒为非"。⑥ 正是在上述各方面的意义上，嘉庆皇帝总结说："秋狝大典为我朝家法相传，所以肆武习劳，怀柔藩部者，意至深远。"⑦

围班制度的形成有一个过程。每当康熙皇帝哨鹿行围时，御前及乾清

① 参见《清圣祖实录》卷110，康熙二十二年六月丁酉；卷111，七月庚午；嘉庆《大清一统志》卷42《承德府一》。
② 赵云田点校《钦定大清会典事例·理藩院》，第301页。
③ 成格、海忠纂《承德府志》卷首2。
④ 《清圣祖实录》卷102，康熙二十一年五月丙寅。
⑤ 《清圣祖实录》卷106，康熙二十一年十二月甲戌。
⑥ 《清圣祖实录》卷115，康熙二十三年四月乙丑。
⑦ 成格、海忠纂《承德府志》卷首3。

门行走并谙于骑射的外蒙古台吉等都扈从随行。乾隆六年（1741），乾隆皇帝开始哨鹿行围，定边左副将军策凌上奏，提出是否还按圣祖仁皇帝时候的做法，令御前及乾清门行走并谙于骑射的外蒙古台吉等扈从。对此，乾隆皇帝谕示：喀尔喀（即外蒙古）等既已备兵，大扎萨克不必前来，闲散公台吉等内应令几人前来，着理藩院请旨。最后清廷决定：此次哨鹿行围，备兵喀尔喀大扎萨克不必前来，不备兵的公台吉内何人谙于骑射可以随围的，应令闲散公台吉内酌选数人，于哨鹿行围时，扣算日期，令往波罗河屯伺候。乾隆十四年，乾隆皇帝哨鹿行围后谕示：此次哨鹿围场，喀尔喀来随围谙于骑射的9人。自额驸策凌奏准以来，每次仅此数人前来，喀尔喀四部落王公台吉内，不无谙于骑射之人，理宜轮班行走。若分班前往，皆得瞻仰朕颜，朕亦得识认伊等。况且前往之10人内，如世子成衮扎布、公品级额琳沁等，率领行走约束众等，亦属有益。其如何分班前往，每班令何人率领，着理藩院议奏。乾隆十五年清廷决定：喀尔喀四部落王公台吉随围分为4班，每班10人，轮班随行。这样，清代围班制度形成。[1]

乾隆年间，因为卓索图、昭乌达二盟离围场较近，所以，这两盟的盟长都要率其部以执围场之役。喀喇沁、翁牛特布围兵1000人，巴林、克什克腾布围兵100人，敖汉布围兵50人。喀喇沁进哨枪手6人、随围枪手10人、打鹿枪手40人、哈玛尔30人。巴林进枪手26人。喀喇沁、土默特、翁牛特进杭爱车200辆。此外，科尔沁布围兵100人，黑龙江将军派出索伦默尔根30人，察哈尔都统派出巴尔虎默尔根30人。[2]

清代的围班制度在乾隆年间日趋完善，其活动也达到鼎盛，这可以从以下几方面看出。

一是木兰围场的管理机构在乾隆年间已经完备，相关制度也已经实行。康熙四十五年（1706），设围场总管1员，章京8员。乾隆十八年（1753），设左右翼长各1员，骁骑校8员。总管归理藩院管辖，翼长、章京、骁骑校由总管遴选本处官员送院，奉旨补授。围场驻防满洲、蒙古兵丁800名，由八旗都统在八旗满洲、蒙古兵丁内挑取。每名士兵约给地1顷20亩。围场

---

① 赵云田点校《钦定大清会典事例·理藩院》，第309页。
② 赵云田点校《乾隆朝内府抄本〈理藩院则例〉》，第341页。

卡伦以内，无论蒙古人、汉人均不得入内，偷盗牲畜的分别治罪。清廷对围班有严格的规定："凡遇围班患病不能前往者，呈报该盟长，该盟长查验属实，出具印文报院。如不呈报盟长，竟致误班者，罚本身世职俸三年，未经查出之盟长，罚扎萨克俸六个月。"① 清廷对围班人选的要求也相当严格。外蒙古要由四部落联盟长出具考语，造册报院。青海蒙古则由西宁办事大臣按班造具详细衔名人数清册报院。伊犁、乌里雅苏台将军所属也如此。

二是围班制度所规定的内容在乾隆年间已经非常丰富和全面，主要是赐宴避暑山庄和木兰行围狩猎。在木兰行围之前，清朝皇帝一般驻跸避暑山庄，在万树园、大政殿、澹泊敬诚殿筵宴藩部王公。除御宴外，清帝在避暑山庄还举行一些其他活动。有取材于《西游记》《封神演义》等小说的唱戏，又有跳驼、布库等游戏。跳驼，即选人从八尺高的驼背上跃过，落地时人仍直立不倒。布库即相扑，二人徒手相搏，专赌脚力，胜败以倒地为定。届时，"秋狝至热河，蒙古诸王皆觐"。② 清帝结束在山庄的活动，中秋后即去木兰行围。行围有哨鹿和围猎之分。哨鹿之日，清帝在五更出营，侍卫及诸备差人分为三队相随。最后跟随皇帝的只有侍从和护卫十余骑。他们头戴制作的鹿角，吹着木制的长哨，模仿雄鹿求偶声音。"渐闻清角声扬，远林呦呦，低昂应和，倏听枪声一发"，"命中获鹿矣"。③ 围猎则规模浩大。先是行围，以几百人分两翼进入山林，围而不合。继之合围，在五鼓前，管围大臣率领虞卒并八旗劲旅、虎枪营士卒和蒙古各部射生手，齐出营盘，视围场、山川大小远近，绕围场之后，合围靠拢，形成一个方圆几十里的包围圈。日出前，清帝戎装入围，"射飞逐走，左右是宜，蒙古诸藩部落莫不欢欣踊跃"。④ 清帝射猎完毕，便驻马看城观围。这时，中军号令下达，满洲大臣、蒙古王公和各部射生手刀出鞘，箭上弦，战马声嘶，军旗招展，整个围猎声势真如"雷动猋至，星流霆击"，⑤ 宛若一场大规模

① 道光朝《钦定理藩院则例》卷22。
② 赵翼：《檐曝杂记》卷1。
③ 昭梿：《啸亭杂录》卷7。
④ 昭梿：《啸亭杂录》卷7。
⑤ 高士奇：《松亭行纪》，《小方壶斋舆地丛钞》第1帙。

的军事演习。有的野兽即使冲出包围圈，也会被最外面的一层射生手击中。行围时间一般是 20 天。行围结束时，清朝皇帝至张三营行宫，和满洲大臣、蒙古王公集聚一堂。内蒙古卓索图盟、昭乌达盟二盟长按例进宴。届时，设蒙古包 6 座，备有白驼 18 只，鞍马 18 匹，骒马 162 匹，牛 18 头，羊 162 只，酒 81 坛，食品 27 席。还有什榜（蒙古乐手）90 人，骑生驹者 20 人，生驹无定数，呈技马 250 匹。宴会期间，由蒙古族歌手演奏蒙古音乐，艺人陈相扑之戏，蒙古王公子弟表演骑生驹技艺。至此，围班内容结束。乾隆皇帝曾有塞宴四事诗，记述了围班过程中宴请蒙古王公时举行的诈马、什榜、相扑、教跳四项目的热烈场面。

三是从嘉庆皇帝的谕示和有关人士的记载中反映出的围班制度的情况。嘉庆八年（1803）六月初三日，嘉庆皇帝回忆说：我皇考高宗纯皇帝敬承世德，每岁举行秋狝大典，自平定西域以来，新疆诸部，络绎来庭，其中多有系生身者。每于山庄展觐，圣制避暑山庄后序，以后世子孙，当勿忘家法，习武木兰。① 清中期著名的史学家和文学家赵翼曾 4 次扈从乾隆皇帝至木兰行围，详细记述了围班活动中"木兰杀虎""跳驼撩脚杂戏""蒙古诈马戏""犬毙虎""鹰兔"等细节。② 礼亲王昭梿更是专门写了"木兰行围制度"，记述了木兰行围和哨鹿的详细过程，展现了乾隆年间围班制度实施的盛况。③ 还有的史书记载：围班制度在乾隆十七年（1752）以前，隔年举行 1 次，以后，每年举行 1 次。"从猎蒙古王公，内扎萨克四十九旗，又喀尔喀四部，及四卫拉特，并青海等部扎萨克，不下百余旗。"其盛况"实史册所未见"。④ 有时，中亚的哈萨克左右部、布鲁特东西部也来参加。

但是，从嘉庆年间开始，围班制度日益衰微。嘉庆皇帝亲政后，木兰围场已经没有了往日的繁盛景象。由于"砍伐官用木植之外，多有私砍者"，以及"私入捕捉牲畜"，"鹿踪远逸"，结果，"竟至查阅十数围，未

---

① 《清仁宗实录》卷 114，嘉庆八年六月丙寅。
② 赵翼：《簷曝杂记》卷 1。
③ 昭梿：《啸亭杂录》卷 7。
④ 和珅等纂《热河志》卷 47。

见有麋鹿之迹"。① 往日"林木葱郁，水草茂盛"，"群兽聚以滋畜"② 的木兰围场，逐渐变得"水涸草枯"，"鹿只甚觉寥寥"，"牲兽甚少"。③ 嘉庆皇帝无可奈何地说："朕缵绪丕基，若于行围旧典，竟不率由，而蒙古诸藩王及新疆诸部，曾不加之款洽，联为一体，是不能仰体祖考之心以为心，实愧且惧"；"若竟停止行围"，"何以仰承列圣教养之圣心？"④ 这反映了他进退维谷的窘境，也说明了围班制度确实从嘉庆年间开始走向衰微。

嘉庆皇帝亲政前的嘉庆元年、三年，乾隆皇帝还在世，就"以雨停秋狝"。嘉庆四年亲政后，在嘉庆六年（1801），又"以水灾停本年秋狝"。⑤ 此后，嘉庆七年、八年、九年、十一年至十八年、二十年至二十二年、二十四年至二十五年，嘉庆皇帝都曾巡幸木兰，但是有行围活动的，只有 10 次，而且规模都不大，大部分时间是驻跸避暑山庄，并在嘉庆二十五年七月在避暑山庄崩逝。在巡幸木兰的年代里，嘉庆皇帝也曾根据实际情况强调有关规定。嘉庆八年奏定，内扎萨克王、贝勒设管蠹大臣 1 员，管理围务。嘉庆十一年奏定：内外扎萨克汗、王、贝勒、贝子、公、台吉塔布囊、额驸等扈从进哨，严饬各该属下仆隶人等，不得擅捕牲畜，违者将蒙古仆隶并该汗、王、贝勒、贝子、公、台吉塔布囊、额驸等一体治罪。嘉庆十五年，清廷要求外蒙古各部从汗、王、贝勒、贝子、公内拣派善射者 1 员，台吉内拣派善射者 4 员，开具名册报院，与内蒙古善猎者一体当差。青海土尔扈特、杜尔伯特、和硕特、扎哈沁、乌梁海等处围班人员，由该将军、大臣咨报，与内蒙古官员一体当差。附在察哈尔旗厄鲁特公、台吉等，应值围班四五人不等，由察哈尔都统咨送。察哈尔八旗，每旗各派官 1 员，善猎兵 10 名，左右翼各派总管 1 员。嘉庆十六年，清廷对随围的内外扎萨克汗、王、贝勒、贝子、公、台吉塔布囊、额驸等预备撒袋和马匹护卫跟役的数目以及相关要求做了规定。嘉庆十七年，清廷规定：圣驾进哨以后，如有牲畜逸出围外，围外之人不得射取，即行赶入围内，以备皇帝亲射，

---

① 成格、海忠纂《承德府志》卷首 3。
② 昭梿：《啸亭杂录》卷 7。
③ 《清仁宗实录》卷 118，嘉庆八年八月丁丑；卷 289，嘉庆十九年四月乙丑。
④ 《清仁宗实录》卷 114，嘉庆八年六月丙寅。
⑤ 《清史稿》卷 16《仁宗本纪》。

违者从重治罪。上述这些情况，反映了嘉庆皇帝在围班制度走向衰微的过程中，尽力采取措施延续这一制度。

值得注意的是，嘉庆八年，清廷还向内蒙古有关旗规定：喀喇沁扎萨克王旗下，应派管围塔布囊官员 24 员，哈玛尔 10 员，围甲 213 名，近侍虎枪手 3 名，鸟枪手 2 名，虎枪手 40 名，向导 27 名，打鹿鸟枪手 13 名，赶杭爱车人 38 名。喀喇沁扎萨克公旗下，应派人员同于喀喇沁扎萨克王旗，只是赶杭爱车人减至 35 名。喀喇沁扎萨克塔布囊旗下，应派管围台吉官员 22 员，哈玛尔 10 员，围甲 214 名，近侍虎枪手 4 名，鸟枪手 2 名，虎枪手 40 名，向导 27 名，打鹿鸟枪手 14 名，赶杭爱车人 36 名。土默特扎萨克贝勒旗下，应派管围台吉官员 9 员，围甲 80 名，赶杭爱车人 39 名。土默特扎萨克贝子旗下，应派管围台吉官员 8 员，围甲 80 名，虎枪手 10 名，赶杭爱车人 32 名。翁牛特扎萨克王旗下，应派管围台吉官员 11 员，围甲 100 名，向导 10 名，赶杭爱车人 20 名。翁牛特扎萨克贝勒旗下，应派管围台吉官员 8 员，围甲 100 名，虎枪手 30 名，向导 10 名，赶杭爱车人 20 名。科尔沁王旗下，应派管围台吉官员 11 员，围甲 100 名，赶杭爱车人 20 名。巴林扎萨克王旗下，应派管围台吉官员 11 员，围甲 100 名，虎枪手 26 名，打鹿鸟枪手 6 名，赶杭爱车人 23 名。敖汉扎萨克王旗下，应派管围台吉官员 5 员，围甲 50 名，赶杭爱车人 10 名。喀喇沁扎萨克公旗下，添派管辖围甲章京官员 2 员。翁牛特扎萨克郡王旗下，添派管辖虎枪手台吉 1 员，照管围章京领赏。巴林扎萨克郡王旗下，添派鸟枪手 6 名，照喀喇沁旗下之例颁赏。[1] 上述情况表明，在围班制度走向衰微的过程中，清廷还有一定的能力采取措施维持这一制度。

道光皇帝即位后，在道光四年（1824）正月初八日，"命停今岁木兰秋狝"。[2] 这以后，木兰秋狝大典全部停止。围班制度的衰落从一个侧面反映了清朝由盛到衰的过程。

---

① 赵云田点校《钦定大清会典事例·理藩院》，第 310—311 页。
② 《清史稿》卷 17《宣宗本纪》。

第三节　朝仪和班次

朝仪是指藩部王公对皇帝的礼仪，班次是指藩部王公进京朝觐时的分班次序，这两者是朝觐制度的重要组成部分。在顺治、康熙、雍正以及乾隆朝前期，内蒙古各部的朝觐由理藩院宾客清吏司负责，外扎萨克各部由理藩院柔远清吏（右）司负责。乾隆朝中期以后，由于理藩院司属机构的调整和名称的改变，内蒙古各部改由王会清吏司负责，外扎萨克各部以及西藏、喇嘛等由柔远清吏司负责，回部伯克和四川土司则由徕远清吏司负责。

清廷对朝仪很重视，这既是树立皇帝威权的手段，也是用儒家伦理影响藩部王公的措施，还可借以加强对藩部的统治。清廷规定的朝仪包括以下几方面。一是凡遇年节，外藩王、贝勒等都要穿朝服，会集在各扎萨克处，向皇帝居住的地方行三跪九叩礼。二是年节来朝的王、贝勒、贝子等，自喀喇沁塔以内地方不许围猎。三是朝觐来京的王等，凡遇祭祀，一体斋戒；遇朝会，按班齐集。违者罚俸六个月。四是蒙古王、贝勒，如遇年节冬至及庆贺，都要行三跪九叩礼。五是蒙古王、贝勒、台吉等来朝，凡遇祭祀坛庙斋戒行礼处，停其陪祀，令于午门外按翼排班，候圣驾出入时，与不陪祀的在内王公一体迎送。[①] 从以上仪制要求穿朝服、行三跪九叩礼、斋戒等规定看，一方面处处体现了清朝皇帝的威严，另一方面也反映出藩部王公和清朝皇帝之间的礼仪是不折不扣的臣对君之礼，这和努尔哈赤打天下时与内蒙古王公的关系有了本质的变化。此外，和"在内王公一体迎送"，又体现了清廷对藩部王公不以外人相待的情感，这在一定程度上拉近了藩部王公和清廷的亲密关系。

清廷关于朝觐的班次是逐渐确立并不时有所调整，以求更符合藩部的实际。最初藩部王公来京，没有时间限制，也没有规定班次，只是对随行

---

① 参阅赵云田点校《乾隆朝内府抄本〈理藩院则例〉》，第 187 页；赵云田点校《钦定大清会典事例·理藩院》，第 391—392 页。

人员的数目有所要求。外藩王等来时，随从人员亲王准带 50 人，郡王 45 人，贝勒 40 人，贝子 35 人，镇国公、辅国公 30 人，台吉、大臣等各 10 人。额外多来者，不准支给食物草料。到顺治六年（1649）清廷才规定：外藩王、贝勒、贝子、公、大臣等年节来朝，即于十二月十五日以后、二十五日以前到齐。顺治八年又规定：年节来朝王、贝勒、贝子、公等，分两班循环而来。这些情况表明年班是逐渐制度化的，其内容也是逐渐具体明晰的。顺治十年清廷又规定：外藩王等来时，亲王及其随从人员留马 15 匹，郡王及从人留马 10 匹，贝勒及从人留马 8 匹，贝子及从人留马 6 匹，公及从人留马 4 匹，台吉等及从人留马 2 匹，行文户部支给草料，这以外的马驼则交礼部饲养。[①] 对藩部王公来朝的座次，也有了安排：外藩亲王在内亲王下，郡王在内郡王下，贝勒在内贝勒下，贝子在内贝子下，公在内公下，接坐。如果在一处，则分左右翼，各按爵次坐。外蒙古汗、亲王、郡王、贝勒、贝子、公、扎萨克一等台吉等，各按其品秩，坐于右翼内扎萨克亲王、郡王、贝勒、贝子、公、扎萨克一等台吉之次。漠西蒙古杜尔伯特等部落汗、王、贝勒、贝子、公、扎萨克台吉，各按品秩，序于外蒙古之次。回部伯克、四川土司等，列于西边行礼内地官员之末。这些安排表明，清廷对内王公和藩部王公的态度虽然有区别，但对藩部王公是非常重视的；在藩部王公之间，则是以归顺清廷的先后顺序和爵位高低安排座次。

年班的班次，在嘉庆朝《大清会典》和光绪朝《大清会典事例》等书中，分为内扎萨克年班、外扎萨克年班、喇嘛年班、伯克年班、番子年班、各部落围班等。内扎萨克年班即内蒙古各部的年班，最初分为 2 班，雍正四年（1726）改为 3 班，1 年 1 班，轮流 1 人前来。具体安排如下。1 班：哲里木盟内，科尔沁亲王、郡王、贝勒、镇国公、辅国公各 1 人，郭尔罗斯一等台吉 1 人；昭乌达盟内，敖汉郡王、巴林郡王、翁牛特贝勒、巴林贝子、敖汉辅国公各 1 人；卓索图盟内，土默特贝子、喀喇沁贝子各 1 人，辅国公 2 人，扎萨克一等塔布囊 1 人；锡林郭勒盟内，苏尼特郡王、阿巴噶郡王、浩齐特郡王、阿巴哈纳尔贝勒、乌珠穆沁贝勒、苏尼特贝勒、阿巴噶贝勒、

---

① 以上参阅赵云田点校《乾隆朝内府抄本〈理藩院则例〉》，第 187—188 页。

阿巴噶贝子、乌珠穆沁镇国公辅国公各1人；乌兰察布盟内，乌喇特辅国公
1人；伊克昭盟内，鄂尔多斯贝勒、辅国公各1人，归化城土默特辅国公一
人。2班：哲里木盟内，科尔沁亲王、郡王各1人，扎赉特贝勒1人，郭尔
罗斯镇国公1人，科尔沁辅国公3人，郭尔罗斯辅国公1人；昭乌达盟内，
翁牛特郡王、扎鲁特贝勒、喀尔喀左翼贝子、敖汉贝子、巴林贝子、翁牛
特镇国公、扎鲁特镇国公、巴林辅国公各1人；卓索图盟内，喀喇沁郡王、
镇国公各1人；锡林郭勒盟内，浩齐特郡王、苏尼特郡王、阿巴哈纳尔贝子
各1人；乌兰察布盟内，四子部落郡王、茂明安贝勒、喀尔喀右翼贝子、乌
喇特镇国公、茂明安扎萨克一等台吉各1人；伊克昭盟内，鄂尔多斯郡王1
人，贝子2人，扎萨克一等台吉1人。3班：哲里木盟内，科尔沁亲王、郡
王各2人，贝勒、贝子各1人，杜尔伯特贝子1人，科尔沁镇国公1人，辅
国公2人；昭乌达盟内，奈曼郡王、敖汉郡王、阿鲁科尔沁贝勒、扎鲁特贝
勒、翁牛特贝子、敖汉辅国公、克什克腾扎萨克一等台吉各1人；卓索图盟
内，土默特贝勒、喀尔喀贝勒、喀喇沁贝子各1人；锡林郭勒盟内，乌珠穆
沁亲王、阿巴噶郡王、苏尼特辅国公、阿巴噶辅国公各1人；乌兰察布盟
内，喀尔喀右翼贝勒、贝子各1人，乌喇特镇国公、喀尔喀右翼镇国公各1
人；伊克昭盟内，鄂尔多斯贝勒、贝子各1人。[1] 以上每班各30人，三班
总计90人，表明有90个爵位，这和本书第六章所说内蒙古有96个王公爵
位基本相当。[2] 另外，每班都以哲里木盟科尔沁亲王为首，反映了内蒙古科
尔沁部和清廷在历史上形成的密切关系，以及清廷对科尔沁部的倚重。

　　外扎萨克年班。外蒙古四部、厄鲁特及驻扎额济纳土尔扈特，康熙年
间分为4班，乾隆三十五年（1770）以后分为6班。康熙年间外蒙古四部、
厄鲁特及驻扎额济纳土尔扈特的班次如下。1班：扎萨克图汗，及部内贝

---

[1] 赵云田点校《钦定大清会典事例·理藩院》，第297—298页。赵云田点校《乾隆朝内府抄
　　本〈理藩院则例〉》，第332—334页，记载与此不完全相同，反映了不同时期内蒙古年班
　　的变化。

[2] 这里所说的90个爵位，是光绪二十五年（1899）清廷编纂的《大清会典事例》理藩院中
　　统计的数字，本书第六章所说96个爵位，是根据赵云田编著《清代〈藩部封爵世表〉资
　　料汇编》清灭亡前统计的数字，二者之间的差别反映了该时期内蒙古王公爵位有所变化。
　　以下外蒙古4部、厄鲁特及驻扎额济纳土尔扈特的情况也大体如此。

勒、辅国公各 1 人，一等台吉 3 人；土谢图汗部内，亲王 1 人，辅国公 3 人，一等台吉 2 人；赛音诺颜部内，亲王品级郡王、世子辅国公、一等台吉各 1 人，土尔扈特贝勒、乌兰乌苏厄鲁特贝子、西套厄鲁特镇国公、推河厄鲁特公品级一等台吉各 1 人。2 班：土谢图汗，及部内辅国公品级一等台吉 1 人；赛音诺颜部内，亲王、贝勒、贝子品级辅国公、镇国公、辅国公各 1 人，一等台吉 4 人；车臣汗部内，郡王 1 人，镇国公 2 人，辅国公 1 人，一等台吉 3 人；扎萨克图汗部内，镇国公 1 人，辅国公 2 人，公品级一等台吉 1 人，一等台吉 3 人；西套厄鲁特郡王、镇国公各 1 人。3 班：车臣汗，及部内贝勒、辅国公各 1 人，一等台吉 4 人；土谢图汗部内，亲王、郡王、贝子各 1 人，贝子品级辅国公 1 人，辅国公 2 人，公品级一等台吉 1 人，一等台吉 3 人；赛音诺颜部内，贝勒 1 人，贝子品级一等台吉 1 人，辅国公、一等台吉各 2 人；扎萨克图汗部内，镇国公、一等台吉各 1 人，乌兰乌苏厄鲁特贝子 1 人。4 班：赛音诺颜扎萨克亲王，及部内郡王、贝勒、镇国公各 1 人，辅国公 3 人，一等台吉 2 人；车臣汗部内，亲王、贝勒、贝子、镇国公、公品级一等台吉各 1 人，一等台吉 3 人；土谢图汗部内，郡王品级贝子、辅国公、一等台吉各 1 人；扎萨克图汗部内，镇国公 1 人，辅国公 4 人，一等台吉 1 人。青海蒙古分 4 班。1 班：厄鲁特郡王、贝子各 2 人，镇国公、一等台吉、土尔扈特一等台吉各 1 人。2 班：厄鲁特贝勒、辅国公各 1 人，一等台吉 3 人，辉特辅国公、土尔扈特一等台吉各 1 人。3 班：厄鲁特亲王 1 人，辅国公 2 人，一等台吉 3 人，土尔扈特一等台吉 1 人。4 班：厄鲁特郡王、贝子各 1 人，一等台吉 4 人，土尔扈特一等台吉、喀尔喀一等台吉各 1 人。① 以上外蒙古四部、厄鲁特及驻扎额济纳土尔扈特年班每班人数分别为 19 人、27 人、26 人、26 人，总计 98 人，表明是 98 个爵位。青海蒙古 4 班总计 29 人，表明是 29 个爵位。此外，清廷对外蒙古四部、厄鲁特及驻扎额济纳土尔扈特的王公年班，在嘉庆十八年（1813）还做了新的规

---

① 以上据赵云田点校《钦定大清会典事例·理藩院》，第 301—302 页。赵云田点校《乾隆朝内府抄本〈理藩院则例〉》，第 379—386 页所记与此有些不同，反映了不同时期外扎萨克年班的变化。

定，即 65 岁以上的可以不参加年班活动，而直接去热河瞻觐。① 这反映了清廷在年班活动中实行比较灵活的政策。漠西蒙古的年班。伊犁所属土尔扈特、和硕特，科布多所属土尔扈特、杜尔伯特、和硕特汗王等的年班，各定为 4 班，间年一班，轮流前来。具体情况是：北路科布多所属杜尔伯特、新土尔扈特，西路伊犁所属旧土尔扈特、和硕特，各以熟身（即已出痘）汗、王、贝勒、贝子、公、扎萨克台吉，分编为年班 4 班。班少的以二人为率，不足则选其闲散台吉中状貌好且知礼节的备列，通北路、西路每年 1 班，相间轮值。②

喇嘛年班。清代喇嘛有驻京喇嘛、西藏喇嘛、番喇嘛、游牧喇嘛之别。喇嘛年班主要是指西藏喇嘛、番喇嘛、游牧喇嘛参加的年班。西藏喇嘛除达赖喇嘛和班禅额尔德尼外，还有呼图克图 18 人，沙布隆 12 人，在理藩院登记造册。番喇嘛指甘肃庄浪、河州、循化、西宁、岷州，四川木里，以及将入藏境的乍雅、察木多、类乌齐各寺居住的喇嘛，其中在理藩院登记造册的有庄浪 2 人，西宁 33 人，木里 1 人，乍雅、察木多、类乌齐 4 人。游牧喇嘛是指在归化城土默特、察哈尔、锡埒图库伦、内蒙古 49 旗、外蒙古 4 部、阿拉善各游牧区居住的喇嘛，其中在理藩院登记造册的有归化城 12 人，察哈尔 9 人，锡埒图库伦 2 人，科尔沁 3 人，郭尔罗斯 1 人，土默特 6 人，乌珠穆沁 6 人，浩齐特 1 人，阿巴噶 1 人，阿巴哈纳尔 5 人，苏尼特 2 人，四子部落 1 人，乌喇特 5 人，鄂尔多斯 1 人，外蒙古 19 人，阿拉善 2 人。上述在理藩院登记造册的喇嘛被称为“有行者，能以神识转生于世，曰呼毕勒罕，皆入名于奔巴金瓶而掣定焉”，③ 这些喇嘛都有资格参加年班活动。

清廷不把西藏达赖喇嘛和班禅额尔德尼列入年班，但他们要派遣使者轮流参加年班活动，间年一次。附前藏达赖喇嘛使者参加年班活动的有由京派往西藏办事的呼图克图，曾恩赐名号的呼图克图及格隆 4 人，闲散辅国公 1 人，扎萨克衔一等台吉 1 人，闲散台吉 4 人。附后藏班禅额尔德尼使者

① 赵云田点校《钦定大清会典事例·理藩院》，第 304 页。
② 赵云田点校《乾隆朝内府抄本〈理藩院则例〉》，第 384 页。
③ 赵云田点校《乾隆朝内府抄本〈理藩院则例〉》，第 368—369 页。

参加年班活动的有曾恩赐名号的诺们汗及商卓特巴1人。

内蒙古49旗、归化城、察哈尔、阿拉善、喀尔喀及库伦、锡埒图库伦各处大喇嘛，除哲布尊丹巴呼图克图不列年班外，其余分编为6班。1班：喀尔喀那鲁班禅呼图克图1人，阿拉善达克布呼图克图1人，科尔沁诺颜呼图克图1人，土默特迈达尔呼图克图1人，浩齐特毕里克图诺们汗1人，阿巴哈纳尔班第达喇嘛1人，鄂尔多斯那旺端多布呼图克图1人，归化城额尔德尼达彦齐呼图克图1人，彦察尔齐喇嘛1人，乌喇特罗布藏达木巴喇布斋喇嘛1人，喀尔喀墨尔根班第达呼图克图1人，计11人。2班：察哈尔额尔德尼诺木齐罗本绰尔济大喇嘛1人，喀尔喀额尔德尼伊拉古克三喇嘛1人，土默特喇克巴鄂杂尔大喇嘛1人，阿巴哈纳尔喇木札木巴锡喇木札木苏喇嘛1人，乌喇特巴尔多尔济喇嘛1人，归化城垂斯哈布达彦齐呼图克图1人，吹齐托音呼图克图1人，察哈尔叶固则尔呼图克图1人，阿拉善托布桑喇嘛1人，乌珠穆沁罗布藏多布丹喇嘛1人，计10人。3班：察哈尔岱青绰尔济罗布藏丹达尔喇嘛1人，喀尔喀西瓦锡勒图呼图克图1人，库伦章楚布多尔济喇嘛1人，郭尔罗斯沙布陇札木苏喇嘛1人，乌珠穆沁固沙哩绰尔济那旺索特巴喇嘛1人，阿巴哈纳尔固锡罗布藏垂珠尔喇嘛1人，乌喇特东廓尔班第达喇嘛1人，归化城宁宁呼图克图1人，那旺达木巴大喇嘛1人，察哈尔固什敏珠尔绰尔济喇嘛1人，计10人。4班：喀尔喀青苏珠克图诺们汗1人，罗布藏札木禅诺们汗1人，土默特阿裕什墨尔根绰尔济喇嘛1人，苏尼特罗布藏喇什大喇嘛1人，乌珠穆沁阿旺罗布藏彭楚克喇嘛1人，阿巴哈纳尔玛依寺罗布藏尼玛喇嘛1人，乌喇特喇木札木巴格图彭楚克喇嘛1人，归化城锡勒图呼图克图1人，达彦齐呼图克图1人，察哈尔喇木札木巴罗布藏丹木巴喇嘛1人，计10人。5班：喀尔喀额尔德尼班第达呼图克图1人，札雅班第达呼图克图1人，土默特苏苏克图绰尔济阿旺锡喇布喇嘛1人，乌珠穆沁莫罗木喇木札木巴罗布桑里瓦喇嘛1人，阿巴哈纳尔拜扎奢布东喇嘛1人，锡埒图库伦萨木鲁阿旺札木扬呼图克图1人，乌喇特固什罗布藏达木辟勒喇嘛1人，归化城达尔汉绰尔济呼图克图1人，察罕第彦齐呼图克图1人，察哈尔达赍呼图克图1人，计10人。6班：土默特察汉第彦齐呼图克图1人，苏尼特干珠尔巴额尔德尼堪布喇嘛1人，乌珠穆沁莫罗木喇木札木巴衮楚克喇什喇嘛 1 人，阿巴哈纳尔德尼墨尔根喇嘛 1 人，乌喇特墨尔根第彦齐喇嘛 1 人，归化城札彦班第达呼图克图 1 人，鄂木布札木散大喇嘛 1 人，察哈尔额木齐达尔汉绰尔济喇嘛 1 人，固什札木张雍噜依喇嘛 1 人，计 9 人。以上总计 60 人，每年各以 1 班来京。

甘肃岷州 26 寺，除荔川寺、工布寺喇嘛不入班外，其余分为 4 班。1 班：圆觉寺、大崇教寺、刹藏寺、弘教寺、洪福寺、讲堂寺喇嘛。2 班：法藏寺、朝定寺、三竹寺、藏经寺、裕龙寺、石崖寺喇嘛。3 班：鲁班寺、永安寺、广德寺、昭慈寺、洪济寺、广善寺、羊圈寺喇嘛。4 班：崇隆寺、永宁寺、写儿朵寺、赞林寺、宝净寺喇嘛。每隔 3 年以 1 班来京。庄浪红山堡报恩寺喇嘛，每隔 5 年来京 1 次。①

清廷为什么要安排喇嘛年班？这和清廷利用藏传佛教加强对藩部地区的统治有关。清代藩部地区藏传佛教盛极一时，蒙古和西藏几乎全民族都信仰藏传佛教。清廷安排各地有影响的藏传佛教领袖人物定期到北京和热河朝觐，一方面可以更好地密切清廷和藏传佛教领袖人物的关系，另一方面又可以通过他们稳定藩部地区的统治秩序。

伯克年班。大小和卓叛乱平定后，清廷决定回疆伯克每年年班朝觐。"各城回子伯克，自郡王、贝勒、贝子、公至五品以上伯克等，只准酌带子弟二三人，令其随同瞻觐。六品以下伯克毋庸来京朝觐，以昭限制。"② 回疆伯克年班曾分为 6 班，每班派三品阿奇木伯克 1 员带领四品以下伯克 9 人。但是，回疆共有三品阿奇木伯克 9 员，六班轮派领班，只需 6 员，其余 3 员只能作为散众跟随。嘉庆皇帝认为这样与官制不符，而且四品以下伯克 6 年一轮，为期过快，况且路程遥远，会造成伯克往返旅费拮据。于是在嘉庆十六年（1811），嘉庆皇帝谕示：伯克等年班改为 9 班，"三品阿奇木伯克俱得一律领班，而四品以下伯克亦得稍为宽假"。布古尔三品阿奇木伯克为第 1 班，库尔勒三品阿奇木伯克为第 2 班，赛里木三品阿奇木伯克为第 3 班，库车三品阿奇木伯克为第 4 班，沙雅尔三品阿奇木伯克为第 5 班，阿克苏三品阿奇木伯克为第 6 班，和阗三品阿奇木伯克为第 7 班，叶尔羌三品阿

---

① 赵云田点校《钦定大清会典事例·理藩院》，第 305—307 页。
② 《回疆则例》卷 4。

奇木伯克为第 8 班，喀什噶尔三品阿奇木伯克为第 9 班。每班三品阿奇木伯克带领四品伯克 2 员，五品伯克 4 员，伊犁五品伯克 1 员，共 8 员。① 参加年班的伯克，来往都走驿道，有驿站提供方便，从役和行李有定额。如果伯克有爵位，视爵位等级；没有爵位，视伯克等级。从役数目，王 15 人，贝勒、贝子、公 6 人，台吉 5 人，三品伯克 4 人，四品伯克 3 人，五品伯克 2 人，六品伯克及伯克子弟 1 人。行李，王 6000 斤，贝勒 4000 斤，贝子、三品伯克 3500 斤，公 3000 斤，四品伯克 2500 斤，五品伯克 1500 斤，六品伯克 1200 斤，台吉、伯克子弟 600 斤。本身从役给马，行李给车。②

番子年班，指的是清廷平定大小金川之后，安排当地土司的年班。应当说明，四川不属于清朝藩部，但是大小金川土司归理藩院管辖，为了加强管理，稳定当地秩序，清廷便也安排了土司的年班。乾隆四十一年（1776）清廷规定：四川各部落番子等隔 3 年轮班朝觐，四川总督会同成都将军将拟定应来人数预先奏闻，并先行咨报理藩院。③ 道光年间，土司年班的班次由 3 年改为 5 年，以示朝廷"怀柔远服体恤优加至意"。④

除上述年班外，清廷还把科尔沁、敖汉、巴林三处公主子孙姻亲台吉定为 4 班，科尔沁、巴林每年各派台吉 10 员，敖汉派台吉 20 员，轮班来朝。闲散行走的额驸分为 3 班，1 年 1 班，轮流来朝。后来，随着人员的增加，公主子孙姻亲台吉以及额驸的年班多有变化，有的定为 5 班，有的改为 6 班、10 班，每班多至 60 人或 80 人。⑤ 不过，清廷规定的公主子孙姻亲台吉和额驸的年班，多为亲情方面的考虑，与有爵位掌控藩部地方实权的王公们的年班有区别，虽然清廷给这些人的待遇也非常丰厚。

最后，关于围班。一般说来，围班班次和年班班次是相对应的。已经出痘的去京师参加年班，还未出痘的去木兰参加围班。乾隆二十七年，清廷对年班和围班重新进行了安排。御前乾清门行走的喀尔喀汗王等分为 2 班，轮流来京朝觐，2 班轮流赴木兰随围。乾隆三十五年，乾隆皇帝将喀尔

① 《回疆则例》卷 4。
② 赵云田点校《乾隆朝内府抄本〈理藩院则例〉》，第 395 页。
③ 《回疆则例》卷 4。
④ 《清宣宗实录》卷 318，道光十九年正月癸亥。
⑤ 赵云田点校《钦定大清会典事例·理藩院》，第 298—305 页。

喀年班分为 6 班，轮流来京朝觐。未出痘的，亦分为 6 班，按年轮赴木兰随围。乾隆三十八年，清廷决定：住居察哈尔的绰罗斯台吉、土尔扈特台吉，另作为一个扎萨克，照乾清门行走，附在察哈尔侍卫之厄鲁特侍卫等之列，编为 3 班，按年轮赴木兰随围。乾隆三十九年，清廷又决定：土尔扈特及新疆伯克等分为 6 班，按年轮赴木兰随围。乾隆五十三年，清廷还决定：伊犁所属土尔扈特、科布多所属杜尔伯特，未出痘的，分为 4 班，按年轮赴木兰随围。科布多所属阿尔泰乌梁海、乌里雅苏台所属唐努乌梁海，也分为 4 班，按年轮赴木兰随围。青海年班，照例分 4 班外，仍另分 4 班，按年赴木兰随围。嘉庆皇帝即位后，多次对围班进行安排，嘉庆八年（1803）奏定，内扎萨克王、贝勒、贝子、公、台吉塔布囊、额驸等围班，分定 3 班，轮流咨调。嘉庆二十二年，清廷规定：内外扎萨克汗王等未出痘者，免其来京年班，准入于木兰围班，前赴热河。伊犁所属土尔扈特、和硕特，科布多所属土尔扈特、杜尔伯特、和硕特，王公台吉等围班，各定为 4 班，间年 1 班，由院具奏咨调。内蒙古闲散额驸等围班，亦定为 3 班。① 凡参加围班的，都要先到喀喇河屯迎驾，随至热河，再随驾入木兰围场。

从以上所述可以看到，清代藩部年班和围班有一个显著的特点，就是变化性，反映了不同时期的不同情况。顺治八年（1651），清廷曾规定内蒙古年班分为 2 班，循环来朝。雍正四年（1726），清廷以"往返劳苦，深克轸念"为名，将内蒙古年班分为 3 班。② 同样是 3 班，嘉庆朝《大清会典》和光绪朝《大清会典事例》所记班次有明显的不同。外扎萨克年班也有这种情况。康熙三十九年（1690），清廷规定外蒙古年班班次是 4 班，乾隆三十五年（1770），乾隆皇帝考虑到外蒙古"道路遥远，非内蒙古可比，宜多设几班，以息伊等之力"，决定喀尔喀、厄鲁特、辉特王公扎萨克台吉，已出痘的，分为 6 班，1 年 1 班，轮流来京朝觐。直到道光十九年（1839），外蒙古年班班次仍是 6 班。③ 伯克年班也有这种情况。乾隆年间曾分为 3

① 赵云田点校《钦定大清会典事例·理藩院》，第 310—315 页；赵云田点校《乾隆朝内府抄本〈理藩院则例〉》，第 341—342 页。
② 赵云田点校《钦定大清会典事例·理藩院》，第 297 页。
③ 赵云田点校《钦定大清会典事例·理藩院》，第 310、304 页。

班、4 班，嘉庆年间又分为 6 班、9 班，都是适应变化了的情况的结果。

第四节　贡物和赏赐

藩部王公和藏传佛教领袖人物年班来京时要给皇帝带来贡物，称贡献。在清廷看来，这反映了其对朝廷的忠诚度，正如康熙皇帝所说："夫贡物何足珍贵，正鉴其诚敬之心耳。"① 依地区不同，可分内扎萨克贡物、外扎萨克贡物、回部贡物、西藏喇嘛贡物、甘肃河州等处喇嘛贡物等。

一是内扎萨克贡物，即内蒙古贡物。归化城土默特 2 旗，曾定贡马 100 匹、缎 100 匹、石青 2000 斤，以及鹿、鹰、鹍数量不等。科尔沁等 10 旗，贡羊 108 只，乳酒 108 瓶。鄂尔多斯 6 旗、乌喇特 3 旗，贡羊 81 只，乳酒 81 瓶。其余 25 旗，以及阿巴哈纳尔 2 旗、喀尔喀 1 旗，贡羊 27 只，乳酒 27 瓶。康熙二十四年（1685），清廷对内蒙古贡物做了调整：蒙古王等年节进贡，每旗只进羊 1 只，乳酒 1 瓶。乾隆元年（1736），清廷重申了这一规定，并着为定例。乾隆朝晚期和嘉庆年间，乌珠穆沁、克什克腾贡汤羊的数量有所变化，这反映了清廷对汤羊、活羊和乳油需求一度有所增加。② 内蒙古各旗年班贡的羊和酒，年节时派章京、副章京送到京城。台吉贡的汤羊，都陈于东华门内桥西路南，由内膳房选收。喀喇沁各旗台吉，有时也进贡猪。

二是外扎萨克贡物，包括喀尔喀，即外蒙古，以及青海蒙古、漠西蒙古等。外扎萨克年班贡物多是羊、马、香、羱、刀、械等，没有定额。其中，喀尔喀、阿拉善、额济纳贡羊、马。青海贡马、藏香和镪镥。杜尔伯特、土尔扈特、和硕特贡羊、马、佩刀、手枪。土谢图汗、车臣汗贡白驼 1、白马 8，名为"九白"之贡。阿尔泰乌梁海贡皮张。康熙五十二年（1713）清廷对外蒙古贡物也做了调整：和托辉特部王公进马不得过 10，其余扎萨克不得过 5。外蒙古进贡汤羊，王、贝勒、贝子、公不得过 10，扎萨

---

① 《清圣祖实录》卷 124，康熙二十五年正月乙亥。
② 赵云田点校《钦定大清会典事例·理藩院》，第 319—320 页。

克一等台吉等不得过 5，此外台吉等不得过 2。康熙五十三年又改为：外蒙古贡汤羊，王等各 5，贝勒 4，贝子 3，公、扎萨克台吉等各 2，台吉等各 1。同治七年（1868），清廷停止了阿尔泰乌梁海进贡的皮张。[①]

三是回部贡物。哈密、辟展贡干瓜、葡萄、绸帕、佩刀。喀什噶尔贡黄金、绿葡萄、金丝缎、毛毯，以及木瓜、苹果、秋梨、石榴等果品。叶尔羌贡黄金、葡萄。和阗贡黄金和玉。后来，哈密改贡鹰 5 只，羊角面弓 10 副，布 4 匹，还有干瓜、小刀、砺石等。吐鲁番贡葡萄 200 斤，布 10 匹，手巾 10 条，小刀 4 把，干瓜 2 匣。道光十九年（1839），哈密、吐鲁番、叶尔羌、喀什噶尔，每年例贡改为间年一贡，不是朝觐之年即停止。光绪十年（1884）新疆建省后，哈密、吐鲁番等地贡物都改为 2 年一贡。[②]

四是西藏喇嘛贡物。达赖喇嘛和班禅额尔德尼遣使入贡，贡物有哈达、铜佛、舍利、珊瑚、琥珀数珠、藏香、氆氇等。随同一起来的格隆、闲散辅国公、扎萨克衔一等台吉、闲散台吉等附贡哈达、铜佛、藏香、氆氇。达赖喇嘛和班禅额尔德尼、由京派往西藏办事的呼图克图、格隆，还要各呈进庆祝之礼“丹书克”，包括吉祥佛、金字经、银塔、七宝、八珍。此外，察木多帕克巴拉呼图克图 4 年一贡，贡物有金碗、黄连。

五是甘肃河州等处喇嘛贡物。河州宏化显庆寺贡物有舍利、铜塔、佛像、番犬，以及马驼、氆氇、貂皮、酥油等物。西宁瞿昙寺贡物有舍利、藏菩提数珠、琥珀、氆氇、猞猁狲皮、狼皮、狐皮、酥油、马。西纳演教寺贡舍利、琥珀数珠、珊瑚数珠、青金石数珠、菩提数珠、花毯、西绒毯、氆氇、腰刀、猞猁狲皮、艾叶豹皮、金钱豹皮、狼皮、狐皮、马、驼、羊、酥油等物。岷州圆觉寺等贡马、青木香，以及旧有画佛、舍利、珊瑚、枣、酥油、延寿果、雕翎等物。乾隆八年（1743），甘肃河州等处喇嘛贡物由礼部改归理藩院管理。

藩部王公和藏传佛教领袖人物进贡时都走哪些贡道？根据所在的位置

① 赵云田点校《乾隆朝内府抄本〈理藩院则例〉》，第 70—71 页；赵云田点校《钦定大清会典事例·理藩院》，第 320—321 页。

② 赵云田点校《乾隆朝内府抄本〈理藩院则例〉》，第 292 页；赵云田点校《钦定大清会典事例·理藩院》，第 321 页。

和离贡道的远近，清廷做出了适当的安排。内蒙古的科尔沁、扎赉特、杜尔伯特、郭尔罗斯由山海关道进京。土默特、喀喇沁、敖汉、奈曼、扎鲁特、阿鲁科尔沁、翁牛特、喀尔喀左翼由喜峰口道进京。乌珠穆沁、巴林、阿巴噶、阿巴哈纳尔、克什克腾由独石口道进京。四子部落、苏尼特、茂明安、喀尔喀右翼由张家口道进京。乌喇特、归化城、土默特、鄂尔多斯由沙虎口道进京。都可驰驿往来。青海蒙古各部由西宁进京。喀尔喀、厄鲁特、土尔扈特分别由张家口、独石口、喜峰口道进京。哈密、吐鲁番由嘉峪关道进京。西藏原定贡道是由西宁进京，和青海蒙古相同，后来改由四川打箭炉进京。甘肃等处喇嘛贡道是庄浪卫、岷州卫等。①

清廷对年班来京藩部王公的骑从有一定限制。顺治五年（1648）规定：蒙古王等来京，亲王随 50 人，郡王 45 人，贝勒 40 人，贝子 35 人，镇国公、辅国公各 30 人，台吉 10 人。在定额之外多来的，不准支给食物草料。顺治十年，清廷又规定：蒙古王等来京，亲王及随从人，共马 15 匹；郡王及随从人，共马 10 匹；贝勒及随从人，共马 8 匹；贝子及随从人，共马 6 匹；公及随从人，共马 4 匹；台吉及从人，共马 2 匹。以上均行文户部支给草料。②

清廷对进贡的人选也有要求。康熙年间，蒙古各旗扎萨克要把进贡的台吉、塔布囊的职名、年貌、贡物数目，以及愿来的台吉情况逐一开明，给印文令其来京，以杜绝假冒。如果将册内无名品级的台吉，徇情滥给印文令其前来，要将该旗扎萨克王、贝勒、贝子、公、台吉等各罚俸 1 年，协理旗务台吉各罚牲畜五九。乾隆年间，由于每旗台吉人数过多，清廷一方面对来的人数有所限制，另一方面则要求旗扎萨克把旗所来的人名、数目等汇造一簿，先行报到理藩院，以备查核。③

藩部王公和藏传佛教领袖人物的进贡特点明显。一是有鲜明的区域性，即贡品多是进贡者所在地的特产。比如归化城土默特二旗贡石青，以及鹿、

---

① 以上据赵云田点校《乾隆朝内府抄本〈理藩院则例〉》，第 71—72、275、285—286 页。
② 赵云田点校《乾隆朝内府抄本〈理藩院则例〉》，第 73—74 页；赵云田点校《钦定大清会典事例·理藩院》，第 397 页。
③ 赵云田点校《乾隆朝内府抄本〈理藩院则例〉》，第 73 页。

鹰、鹘等；内蒙古各部贡汤羊和乳酒；青海蒙古贡马、藏香和氆氇；杜尔伯特、土尔扈特、和硕特贡佩刀、手枪；土谢图汗、车臣汗及哲布尊丹巴贡"九白"；阿尔泰乌梁海贡皮张；回部贡玉、干瓜、葡萄、绸帕、佩刀、黄金、毛毯；西藏及各地喇嘛等贡哈达、铜佛、舍利、珊瑚、藏香、氆氇、琥珀数珠、番犬、酥油等。二是在实施过程中有可变性。藩部王公和藏传佛教领袖人物的进贡不是一成不变的，而是根据清廷的需要以及进贡者的情况不时有所变化。顺治十四年（1657），清廷要求归化城土默特贡石青2000斤，康熙四十年（1701），清廷不需要了，便停止归化城土默特进贡石青。土默特曾向清廷进贡鹿、鹰、鹘等珍贵动物，康熙三十四年，康熙皇帝认为"土默特效力甚苦"，便决定"嗣后马、鹿、鹰、鹘等永行停止"。[①]清廷需要的梨，向来由吐鲁番进贡，道光十年（1830），道光皇帝认为不需要了，便在这一年停止了进贡。

清廷对藩部王公和藏传佛教领袖人物的年班进贡一般都给予赏赐。早在顺治十一年，清廷就规定了外藩王、贝勒、贝子、公等元旦来朝赏例：亲王等赏一等玲珑鞍辔一，银茶筒一，重50两，银盆一，缎36匹，茶5篓；郡王等赏二等玲珑鞍辔一，银茶筒一，重50两，缎29匹，茶4篓；贝勒等赏三等玲珑鞍辔一，银茶筒一，重40两，缎22匹，茶3篓；贝子等赏一等漆鞍一，银茶盆一，重30两，缎14匹，茶2篓；镇国公、辅国公等赏三等漆鞍一，银茶盆一，重30两，缎10匹，茶2篓；一、二等台吉塔布囊等赏三等漆鞍一，缎7匹，茶1篓；三、四等台吉塔布囊赏三等漆鞍一，缎5匹，茶1篓。科尔沁土谢图亲王、卓里克图亲王、达尔汉亲王加赏一等甲1副，缎8匹。扎萨克图郡王加赏银茶盆一，重50两，缎6匹。[②]当然，这主要是对内蒙古王公的赏赐，赏给的物品均在午门外颁给。

康熙十三年，清廷对内蒙古王公的有关赏赐做了调整，强调不同爵级要分出等次：亲王雕鞍一，银茶筒、茶盘各一，缎36匹，茶5篓；郡王雕鞍一，银茶筒一，缎29匹，茶4篓；贝勒雕鞍一，银茶筒一，缎22匹，茶3篓；贝子漆鞍一，银茶盆一，缎14匹，茶2篓；镇国公、辅国公漆鞍一，

---

① 赵云田点校《钦定大清会典事例·理藩院》，第319页。
② 《清世祖实录》卷80，顺治十一年正月辛酉。

银茶盆一，缎 10 匹，茶 2 篓；一二等台吉漆鞍一，缎 7 匹，茶 1 篓；三四等台吉漆鞍一，缎 5 匹，茶 1 篓。科尔沁土谢图、卓里克图、达尔汉三亲王加赏甲胄 1 副，缎 8 匹。扎萨克图郡王加赏银茶盆一，缎 6 匹。[1] 外蒙古归附后，清廷决定外蒙古王公年班进贡的赏赐同于内蒙古。康熙五十四年，赏赐情况有所变化。一是清廷决定：赏年例来朝的外蒙古亲王，视内蒙古郡王例；郡王、贝勒视贝子例；贝子、公、台吉等，各视其品级为差。二是所赏缎、布、鞍辔、银茶筒、银茶盆、茶叶等物，照价值由户部折银赏给。对于外蒙古王公赏赐降低的情况，清廷没有说明原因，可能和这一年准噶尔蒙古策妄阿拉布坦派兵侵扰哈密、清廷用兵西北，以及这一年蒙古发生大雪灾有关，清廷用以对外蒙古王公发出告诫。至于一切赏赐物均折银赏给，康熙皇帝说出的理由是近年来这些赏赐物"实为粗陋"。[2] 折银赏给后不同爵位的内外蒙古王公应得银的数目是：亲王酌量折给银 430 两，郡王酌给银 317 两，贝勒酌给银 238 两，贝子酌给银 150 两，公酌给银 117 两，扎萨克台吉酌给银 76 两，一二等台吉酌给银 63 两，三四等台吉酌给银 53 两。内蒙古科尔沁三亲王各加银 72 两，扎萨克图郡王加银 73 两。到乾隆年间，折银赏赐数目又有所变化。内蒙古科尔沁三亲王赏银 500 两，其余汗、亲王 400 两，内蒙古科尔沁扎萨克图郡王 350 两，其余郡王 300 两，贝勒 200 两，贝子 150 两，公 100 两，扎萨克台吉、塔布囊 70 两，一二等协理台吉、塔布囊 60 两，三四等协理台吉、塔布囊 50 两。[3] 对比康熙和乾隆年间的赏赐可以看出，除内蒙古科尔沁三亲王、扎萨克图郡王外，其余不同爵位的赏赐都有所降低。伊犁、科布多所属土尔扈特、杜尔伯特、和硕特王、公、台吉等年班朝觐的赏赐，在嘉庆年间，初次来京的，赏赐的物品是蟒袍、补褂、顶帽、朝带、朝珠、荷包、靴袜、坐褥等。各地呼图克图、喇嘛等的年班进贡，或赏荷包，或颁果品，或赏其他物品。

以上所述，是指藩部王公亲自前来京城进贡的赏赐，如果不是亲自前来，而是派遣使者，赏赐则是另一种情况。内蒙古亲王、郡王遣使来京的，

① 赵云田点校《钦定大清会典事例·理藩院》，第 367 页。
② 赵云田点校《钦定大清会典事例·理藩院》，第 368 页。
③ 赵云田点校《钦定大清会典事例·理藩院》，第 369 页。

来使赏给洋缎 1 匹、彭缎 1 匹、三梭布 12 匹、仆从布 4 匹；贝勒、贝子、公来使，赏给彭缎 1 匹、布 8 匹、仆从布 3 匹；台吉等来使，赏给大缎 1 匹、彭缎 1 匹、布 12 匹。外蒙古亲王、郡王遣使，赏缎 2 匹、布 12 匹、仆从布 4 匹；贝勒、贝子、公来使，赏缎 1 匹、布 8 匹、仆从布 3 匹；台吉等遣使，赏缎 2 匹、布 12 匹。西藏、青海厄鲁特等来使，照来使品级赏给物品或折合银两。①

　　除年班赏赐外，还有围班赏赐。参加围班的藩部王公，一方面要给皇帝带来贡品，另一方面还要为围班做多方面的准备工作，这需要许多人员、牲畜和物资，所以清廷的赏赐涉及的人员也更多。康熙六十一年（1722），清廷规定围班的赏赐是：蒙古随围的多罗郡王 4 人，各赏纬帽 1 件、绵龙缎袍 1 件、妆缎褂 1 件、镀金环佩带 1 副、毡袜皮靴各 1 双、腰刀 1 件、镶绿松石珊瑚撒袋 1 副、弓矢全；贝勒 4 人，贝子 2 人，公 4 人，各赏给纬帽、缎袍、缎褂、佩带、毡袜、皮靴，不给腰刀、撒袋、弓矢；扎萨克一等台吉 1 人，赏如贝勒，只是不给缎褂；台吉、塔布囊、管旗章京、副章京，及参领、佐领、侍卫总管、副管、骁骑校等共计 422 人，各赏官用缎 1 匹。随围马甲长枪手、鸟枪手、前锋、护军、领催、哈玛尔、向导、捕户等，共计 1742 人，各赏银 6 两。牵驼马人及蒙古王等闲散随从人，共计 585 人，各赏银 3 两，毛青布 1 匹。② 从以上赏赐中，大体上可以了解围班的参与者及其规模，以及清廷用于赏赐的开销，它也反映了康熙朝末年的国力和围班情况。

　　乾隆六年（1741），乾隆皇帝第一次木兰秋狝，管理围场的科尔沁、敖汉、翁牛特、喀喇沁等处贝勒 3 人、贝子 1 人、公 3 人、多罗额驸 1 人、固山额驸 1 人、台吉塔布囊 72 人、侍卫官员 225 人，都照康熙六十一年例赏给。随围马甲捕户人等，共计 1811 人，照旧例赏银 6 两外，又各加赏银 3 两。牵驼马人、赶车人等，共 296 人，照旧例赏银布外，各加赏银 1 两 5 钱。此外，贝勒、公等护卫官员，照前例各赏毛青布 1 匹、银 3 两。科尔沁

<hr />

①　赵云田点校《钦定大清会典事例·理藩院》，第 366、368、370 页。
②　赵云田点校《乾隆朝内府抄本〈理藩院则例〉》，第 87 页；赵云田点校《钦定大清会典事例·理藩院》，第 370—371 页。

土谢图亲王等 15 人，各加赏纬帽 1 顶、妆缎衣 1 袭、佩带袜靴各 1 双。科尔沁达尔汉亲王等 3 人，各加赏腰刀 1 件、撒袋 1 副、弓矢全。哈玛尔行走 31 人，各加赏官用缎 1 匹。额驸策凌虽未随围，亦照随围亲王之例赏给 1 份，交伊子公车布登扎布寄去。① 由上可以看出，乾隆初年的围班赏赐，已经超过了康熙末年，反映了清朝国力的增强，以及乾隆皇帝对围班的重视。乾隆十九年（1754），清廷对围班的赏赐是：管围的亲王、郡王，每人各赏上用蟒缎 1 匹，大缎 3 匹，彭缎 3 匹；贝勒、贝子、公每人各赏官用蟒缎 1 匹，大缎 1 匹，官用缎 2 匹；额驸等每人各赏官用蟒缎 1 匹，官用缎 1 匹；扎萨克台吉、塔布囊每人各赏官用蟒缎 1 匹，官用缎 1 匹；王、贝勒、贝子、公、扎萨克台吉、塔布囊、额驸的随从护卫官员、跟役人等，每人各赏银 3 两，毛青布 1 匹。② 可见，围班的赏赐仍是以各种缎匹和银两为主。乾隆朝末年，由于出现一些意想不到的情况，清廷对围班的赏赐也有改变。这种情况主要是围班准备工作已经落实，但因为天气等原因，无法实施，所以只能停止进哨。在这种情况下，"所有预备上围之各项蒙古兵丁等，应领赏银，减半奏给"。③

嘉庆年间，参加围班的内蒙古六盟、外蒙古四部落王公，在领赏物时，要注明是由京扈从，还是只在行在请安。在行在请安过了八月十日的，一律不给赏赐。青海随围的王公、台吉等，由军机处按照品级拟赏银两。伊犁所属土尔扈特、和硕特，科布多所属杜尔伯特、土尔扈特、扎哈沁、乌梁海，乌里雅苏台所属乌梁海等处，应行随围的王、公、台吉等，由军机处按照品级拟赏银两，由广储司支给。外赏衣、帽、靴、袜、朝带、荷包、坐褥等物各 1 份。如果是初来的，加赏蟒袍、补褂、朝珠 1 份。进木兰行围时，初次来的，赏连鞍马 1 匹，撒袋 1 份。伊犁所属土尔扈特、和硕特，科布多所属杜尔伯特、和硕特、扎哈沁、乌梁海，定边左副将军所属乌梁海等处围班人等，按品级拟赏缎匹。奉旨准令随同察哈尔善猎上行走的尚都

① 赵云田点校《乾隆朝内府抄本〈理藩院则例〉》，第 87—88 页；赵云田点校《钦定大清会典事例·理藩院》，第 371 页。
② 赵云田点校《钦定大清会典事例·理藩院》，第 372 页。
③ 光绪朝《钦定大清会典事例》卷 986；赵云田点校《钦定大清会典事例·理藩院》，第 373 页。

达布逊诺尔达里冈爱牛羊群官员，每人赏官用缎 1 匹，兵丁每名赏银 6 两，奏赏时应否赏给之处，夹片请旨。预备骑生马驹的内蒙古官兵 20 名，以及尚都达布逊诺尔官兵 20 名，无论骑坠，各赏 1 两重银锞 1 个。赶杭爱车的兵丁，每名赏银 3 两、毛青布 1 匹。哲布尊丹巴呼图克图至热河瞻觐，所进贡物、马匹、驼只，收者行内务府折赏。当天同来的呼图克图徒弟喇嘛以及由京扈从的呼图克图，也都赏赐物件不等。[①]

从围班赏赐可以看出，嘉庆年间基本上延续了乾隆朝的规定，也有一些变化。一是赏赐审查更严了。不仅规定了"在行在请安过了八月十日的，一律不给赏赐"，而且还有"奏赏时应否赏给之处，夹片请旨"。也就是说，能否给赏，要由皇帝和有关部门审查后决定。二是有些地方更松了。这表现在"预备骑生马驹的内蒙古官兵二十名，以及尚都达布逊诺尔官兵二十名，无论骑坠，各赏一两重银锞一个"。骑生马驹坠落的也可以赏赐，可见要求松了。以上一紧一松，反映了嘉庆年间围班制度的日趋衰落。参加围班的藩部王公可以不按时到行在向皇帝请安，管理官家牧场的官员和兵士出现了失职问题，所以能否领赏要经过审查，骑生驹的会从马上掉下来，这些只是现象，反映的本质问题是围班本身出现了问题。这和清朝在嘉庆年间日益衰微的总体趋势是一致的。

除藩部王公年班赏赐、围班赏赐外，还有藏传佛教领袖人物参加年班的赏赐。这种赏赐在顺治年间就开始了，经历了康熙、乾隆、嘉庆等不同阶段。顺治十年（1653），西宁瞿昙等寺国师、禅师、喇嘛各进贡方物，清廷赏给各寺国师、禅师采缎表里各 1，纻丝衣各 1 袭，靴袜各 1 双。班第红布衣各 1 袭，靴袜各 1 双。国师加采缎各 2，漆鞍各 1。禅师及喇嘛头目，加采缎各 1，漆鞍各 1。贡马，每马给表缎 1、里 1，绢 1。贡驼，每驼给采缎表里各 3、绢 4。西宁西纳演教寺国师入贡，赏国师采缎表里各 1，纻丝衣 1 袭，布 1，靴袜各 1 双，加赏银茶筒 1、茶盘 1、漆鞍 1、红缎袈裟 1 件、缎 4、茶 1200 斤。其随贡的喇嘛，赏采缎表里各 1，布各 1，靴袜各 1 双，衣各 1 件。马驼赏项和瞿昙等寺同。河州端严、宏化寺喇嘛进贡，每名

---

① 赵云田点校《钦定大清会典事例·理藩院》，第 373—375 页。

赏纻丝衣 1 袭，布 1，采缎表里各 1，靴袜各 1 双，茶 60 斤。贡马，每匹给纻丝 1，绢 1，或折银。贡驼赏项，如瞿昙等寺，靴袜都折银。其中只有端严寺加缎 1，漆鞍 1。庄浪红山堡报恩寺都纲进贡，赏都纲金黄绸衣 1 袭，袈裟 1 袭，班第等红布祫衣各 1 袭。所贡马，共给表里缎 4。① 西宁等地藏传佛教寺庙是群体性向清廷进贡比较早的地区寺院，这在清初全国政局尚不稳定的形势下，对稳定清廷在西北的统治起了重要作用，在政治上具有重要意义，因而清廷给予的赏赐非常丰厚。

康熙二年（1663），甘肃岷州圆觉等 26 寺每 3 年以 1 班入贡。每贡马给表缎 1、里 1，绢 1。赏班首头目表缎 3、里 1，红缎祫衣 1 袭，袈裟 1 袭，裙 1，靴袜各 1 双，漆鞍 1。各寺头目，减表缎 1。赏小喇嘛表缎各 1、里各 1，红布祫衣各 1 袭，靴袜各 1 双。仆从布各 4。康熙三十年，外蒙古哲布尊丹巴呼图克图进贡"九白"，清廷照例赏给 30 两重银茶筒 1，茶盘 1，缎 30，布 70。赏正使缎 3，布 24。副使缎 2，布 12。仆从布 6。康熙五十二年，达赖喇嘛、班禅额尔德尼遣使进贡，除例赏外，回时皆奉旨慰问。加赐达赖喇嘛重 60 两镀金银茶筒 1，镀金银瓶 1，银钟 1，各色缎 30，大哈达 5，小哈达 40，五色哈达 10。正使二等雕鞍 1，重 30 两银茶筒 1，茶盆 1，缎 30，毛青布 400，豹皮 5，虎皮 3，江獭皮 5。副使三等蟒缎 1，方补缎 1，大缎 1，三梭布 24。正使从人彭缎各 2，毛青布各 20。副使从人彭缎各 1，毛青布各 10。加赐班禅额尔德尼重 30 两银茶筒 1，瓶 1，钟 1，各色大缎 20，大小哈达各 10。来使金黄蟒袍 1，重 30 两银茶盆 1，缎 1，毛青布各 62。从人缎各 2，毛青布各 20。从役缎各 1，毛青布各 10。日给正使银 2 钱，副使银各 1 钱 5 分，从人各 1 钱。②

乾隆十六年（1751），察木多帕克巴拉丹拜尼玛呼图克图遣使来朝进贡，照例折赏外，赐帕克巴拉丹拜尼玛呼图克图重 34 两银茶筒 1，各色大缎 12，大小哈达各 7。正使三等蟒缎 1，缎 3，布 24。副使缎 2，布 12。从人布 6。乾隆二十七年，章嘉呼图克图遣使来朝进贡，除照例折赏外，仍降旨慰问。赐章嘉呼图克图大缎 6，彭缎 4。来使大缎、彭缎各 1，布 20。从

---

① 赵云田点校《钦定大清会典事例·理藩院》，第 375—376 页。
② 赵云田点校《钦定大清会典事例·理藩院》，第 376—377 页。

人 3 名，每人布 5。

嘉庆二十二年（1817），庄浪红山堡报恩寺达喇嘛来京进贡。清廷每马给表缎 1、里绸 1，绢 1。赏达喇嘛表缎 3、里绸 4，红缎袷衣 1 袭，袈裟 1，裙 1，靴袜各 1 双，漆鞍 1。赏小喇嘛表缎各 1、里各 1，红布袷衣各 1 袭，靴袜各 1 双。仆从布各 4。[①]

从上可以看出，第一，康乾时期是清朝发展的鼎盛时期，也是利用藏传佛教统治蒙藏地区最为成熟的时期。康熙朝甘肃、外蒙古、西藏藏传佛教寺院的活佛向清廷进贡，尤其是西藏达赖喇嘛、班禅额尔德尼以及外蒙古哲布尊丹巴呼图克图，是清朝的大活佛，他们遣使进贡，对清廷来说具有重要的政治意义，对蒙藏地区产生了巨大影响。乾隆朝察木多帕克巴拉丹拜尼玛呼图克图遣使来朝进贡，特别是章嘉呼图克图遣使来朝进贡，意义深远。章嘉呼图克图也是清朝的大活佛，对稳定西北蒙藏地区的形势起过重要作用。所以，他们进贡都得到了丰厚的赏赐，这是清廷对藏传佛教政策的重要内容。嘉庆年间延续了这一政策。第二，藏传佛教领袖人物遣使来京进贡，清廷给予丰厚的赏赐，这也是中原内地和藩部经济交流的一种形式。如前所述，顺治十年西宁瞿昙等寺进贡方物，每马给表缎 1、里 1，绢 1，每驼给采缎表里各 3、绢 4。西宁西纳演教寺入贡，马驼赏项和瞿昙等寺同。河州端严、宏化寺贡马，每匹给纻丝 1、绢 1，或折银，贡驼赏项，如瞿昙等寺。康熙二年甘肃岷州圆觉等寺入贡，每马给表缎 1、里 1，绢 1。嘉庆二十二年庄浪红山堡报恩寺进贡，每马给表缎 1、里绸 1、绢 1。这些进贡的马驼，以及清廷按每马每驼定价给予银两，正是经济交流的表现形式。也正因为是经济交流，所以藩部来京的贡使人员有时非常多，致使清廷不得不采取限制措施。康熙二十三年（1684），清廷曾表示："达赖喇嘛来使从人，多致数百名。嗣后使人至西宁关口时，令西宁总兵官查明人数造册报院。至奉使差往喇嘛人役，亦应裁减。倘有隐瞒数目，多带人来往者，罪之。"[②] 这是清廷从自身需要采取的单方面措施，也从一个侧面反映了年班进贡以及清廷的赏赐对藩部来说在经济上有重要意义。这种经济交

① 以上见赵云田点校《钦定大清会典事例·理藩院》，第 378 页。
② 赵云田点校《乾隆朝内府抄本〈理藩院则例〉》，第 122 页。

流的形式，从伯克所带物件上也有表现，最高爵位的王可以带 6000 斤行李，最低的台吉、伯克子弟也可以带 600 斤，这些物品大部分是用于到京城交换的，实际上是经济交流。

第五节　廪给和筵宴

在藩部朝觐制度中，廪给和筵宴占有重要内容。所谓廪给，指的是清廷向年班来京的藩部王公和藏传佛教领袖人物提供路程和食宿费用，筵宴则是指各种形式的宴请活动。

首先是廪给，清代典籍中也称廪饩，有内扎萨克廪给、外扎萨克廪给、喇嘛廪给之分。内扎萨克廪给即内蒙古各部的廪给。起初，内蒙古王公台吉等来京，所骑马驼由所住馆舍喂养，给予坐马草料及煮料柴薪，在户、礼、工三部领取口粮食物。康熙四十六年（1707），为了使内蒙古王公更方便，清廷决定把在三部领取的口粮食物，照所定价减十分之一折银支给。康熙六十一年，清廷规定了内蒙古王公来京新的廪给标准。科尔沁土谢图、卓里克图、达尔汉三亲王本身及随从人等，每日共给银 7 两 3 钱 5 分，坐马草料，每日共给银 1 两 1 分 2 毫 5 忽，来京进喜峰口给路费银 18 两 5 钱，进张家口给银 18 两，进古北口给银 17 两。科尔沁达尔汉亲王旗贝勒本身及随从人等，每日共给银 6 两 3 钱，随从 30 人，每日共给路费银 1 钱 8 分，其余同于科尔沁三亲王。各部落亲王本身及随从人等，每日共给银 6 两 3 钱 5 分，坐马草料，每日共给银 1 两 1 分 2 毫 5 忽。郡王本身及随从人等，每日共给银 5 两 3 钱 5 分，坐马草料，每日共给银 6 钱 7 分 3 厘 4 毫 7 丝。贝勒本身及随从人等，每日共给银 3 两 4 钱，坐马草料，每日共给银 5 钱 3 分 8 厘 7 毫 6 忽。贝子本身及随从人等，每日共给银 2 两 9 钱，坐马草料，每日共给银 4 钱 4 厘 8 丝 2 忽。公本身及随从人等，每日共给银 2 两 4 钱 1 分，坐马草料，每日共给银 2 钱 6 分 9 厘 3 毫 8 丝 8 忽。扎萨克台吉本身及仆从，每日共给银 1 两 6 钱 1 分，坐马草料，每日共给银 2 钱 2 厘 4 丝 1 忽。台吉本身及仆从，每日共给银 9 钱 2 分，坐马草料，每日共给银 6 分 7

厘 4 毫 4 丝 7 忽。① 嘉庆二十二年（1817），清廷规定内蒙古各旗计程支给路费。郭尔罗斯、扎赉特、杜尔伯特给 30 日，科尔沁给 25 日，阿鲁科尔沁、乌珠穆沁、扎鲁特、鄂尔多斯给 20 日，土默特给 16 日，四子部落、克什克腾、喀尔喀、浩齐特、茂明安、乌喇特、阿巴哈纳尔、巴林、苏尼特给 15 日，奈曼、归化城、翁牛特左翼给 13 日，敖汉、喀喇沁、翁牛特右翼给 11 日。② 道光二十五年（1845），鉴于以往蒙古王公、台吉、呼图克图喇嘛及回部王公、台吉等年班来京支给禄米日期多寡不等，清廷规定以请安之日为准，限次日行文户部，5 日札仓复文到院，即敕令赴仓支领。光绪八年（1882），清廷规定嗣后除年班来京外，不得擅请支给廪饩。③

外扎萨克廪给，包括外蒙古、青海蒙古、漠西蒙古等。康熙三十年（1691），清廷规定外蒙古王公来朝廪给照内蒙古王公标准。康熙六十一年，规定外蒙古、厄鲁特王、贝勒、贝子、公等均给 10 日廪给，台吉等以下至来使，均给 7 日廪给。外蒙古土谢图汗照亲王例、车臣汗照郡王例给予廪给，护卫官员各日给银 1 钱，仆从各日给银 5 分，均核给 40 日，骑到马驼交住宿馆舍喂养。若遣使来京，正使日给银 5 钱，坐马 2 匹，副使日给银 3 钱，坐马 1 匹，仆从无定数，各日给银 5 分，骑到马驼交住宿馆舍喂养。青海王公廪给标准：青海亲王来京，日给银 3 两 2 钱，郡王日给银 3 两，贝勒日给银 1 两 9 钱，贝子日给银 1 两 8 钱，公日给银 1 两 7 钱，扎萨克一等台吉日给银 1 两，闲散台吉日给银 6 钱，总计给 60 日，马驼交住宿馆舍喂养。如果是青海遣使来京，正使日给银 5 钱，副使日给银 3 钱，仆从无定数，各日给银 5 分，核给 60 日。正使坐马 3 匹，副使坐马 2 匹，骑来马驼全部交所住馆舍喂养。雍正四年（1726）清廷规定：青海廪给，郡王日给银 4 两 3 钱 5 分，贝勒日给银 2 两 6 钱，贝子日给银 2 两 3 钱，公日给银 1 两 9 钱 1 分，扎萨克台吉日给银 1 两 3 钱 1 分，其坐马及回时路费，均照外蒙古例，仍不计数。嘉庆二十二年（1817）规定：科布多所属杜尔伯特、土尔扈特

---

① 赵云田点校《钦定大清会典事例·理藩院》，第 343—347 页。
② 赵云田点校《钦定大清会典事例·理藩院》，第 350 页。
③ 赵云田点校《钦定大清会典事例·理藩院》，第 351—352 页。

汗王、台吉等来京朝觐，所骑驼只由院咨交上驷院喂养，起程时照数领回。①

喇嘛廪给。清廷规定：凡朝贡来京的呼图克图、呼毕勒罕、扎萨克达喇嘛，日给银8钱5分，米1斗5升，坐马3匹，养马14匹；副扎萨克达喇嘛，日给银7钱3分，米1斗3升，坐马3匹，养马12匹；扎萨克喇嘛，日给银6钱2分，米1斗2升，坐马2匹，养马10匹；达喇嘛、副达喇嘛，日给银4钱7分，米9升，坐马1匹，养马7匹；嘎布楚、兰占巴，日给银3钱7分，米7升，坐马1匹，养马6匹；德木齐、格思规、格隆，日给银3钱，米6升，坐马1匹，养马5匹；格素尔班第，日给银5分，米1升，坐马1匹；斋桑喇嘛，日给银5钱，米2升，坐马1匹。均核定5日廪给。西藏来使堪布并随来的兰占巴等，各日给米2升，跟役日给米1升。正使每10日给羊10只，黄茶20包，面20斤，乳油5斤，牛乳15斤，盐10两，黄蜡烛10支。兰占巴等，日给羊肉2斤，间日给羊肉1盘，黄茶1包，面1斤，乳油、灯油各2两；跟役日给羊肉1斤8两。均各给盐1两。正使日给木柴20斤，兰占巴等每人给木柴10斤，跟役每人日给木柴4斤。各例给90日。庄浪达喇嘛进贡来京，日给米2升，羊肉1斤，盐5钱，木柴7斤8两，应带小喇嘛7名，番人2名，每名日给米1升，羊肉1斤，盐5钱，木柴3斤。岷州各庙四班达喇嘛进贡来使，日给米2升，羊肉1斤，盐5钱，木柴7斤8两，应带小喇嘛1名，每班番人4名，日给米1升，羊肉1斤，盐5钱，木柴3斤。乾隆二十七年（1762），清廷规定：察木多帕克巴拉呼图克图遣使来京，正使日给银5钱，副使日给银3钱，米各2升，从人日给银5分、米1升。嘉庆二十二年规定：哲布尊丹巴呼图克图遣使来京，正使每日给银5钱，米2升，拴马2匹，入馆马40匹；副使每日给银3钱，米2升，拴马1匹，入馆马10匹；跟役每日给银各5分，米1升。如果是哲布尊丹巴呼图克图来京，每日给蒙古羊1只，鹅2只，鸡3只，牛乳7镟。每10日给牛1只，2两重黄茶150包，乳油5斤，棉花8两，盐18斤，2两重黄蜡烛50支，白蜡烛10支，灯油10斤，酱5斤8两，醋1斤，苹果、柿

---

① 赵云田点校《钦定大清会典事例·理藩院》，第352—356页。

各 100 枚，槟子、梨各 150 枚，栗子、干枣各 10 斤，葡萄 15 斤，核桃 300
个。嘉庆二十四年规定：外蒙古四部落年班呼图克图、呼毕勒罕喇嘛等来
京，支给 28 日廪饩；内蒙古各部呼图克图、呼毕勒罕喇嘛等来京，支给 26
日廪饩；达赖喇嘛和班禅额尔德尼来使，支给 90 日廪饩。[①]

综上所述，清廷廪给中的一些特点大致说来有如下几方面。一是办理
廪给的机构有变化。在康熙四十六年（1707）以前，藩部王公台吉等来京
的廪给，由户、礼、工三部分别负责"备器用、具廪饩"，康熙四十六年以
后，由于理藩院成立了银库，藩部王公台吉等来京的廪给，由理藩院负责，
并且把口粮食物等照所定价减十分之一折银支给，这表明清廷对藩部王公
的廪给开始制度化。在一般情况下，银库额贮宾馆廪给银 5 万两，薪刍银
5000 两，在户部 1 年支取 1 次或 2 次，视藩部王公台吉等来京的人数多少
或爵位高低等具体情况而定，实际数目并不限于 5 万两或 5000 两。另外，
理藩院每月都要将到来的宾客、发的廪给银数目、薪刍银数目各具一折奏
闻。每年十一月起至次年十月止，要将一年所发廪给薪刍银具体数目以及
宾客人数、姓氏造册两本进呈，并将旧管、新收、开除、实在、银数、汇
疏随册奏闻。[②] 二是在清廷廪给制度化的过程中，有两个重要的时间节点，
一个是康熙六十一年，另一个是嘉庆二十二年。康熙六十一年，清廷规定
了内蒙古、青海蒙古王公来京新的廪给标准，以及外蒙古、厄鲁特王公的
廪给数目，标志着清廷廪给制度的完善。雍正、乾隆年间，基本上是按照
这些标准实施的。嘉庆二十二年，清廷规定内蒙古各旗计程按日支给路费，
科布多所属杜尔伯特、土尔扈特王公等来京朝觐所骑驼只交上驷院喂养，
以及不同爵级回程路费的标准，表明清廷廪给制度已经开始了部分的改革。
三是到嘉庆二十二年以前，内外蒙古、青海蒙古、漠西蒙古王公以及西藏、
青海、甘肃等地的喇嘛来京朝觐的廪给，都已陆续实施，并在清会典、会
典事例中有所体现。但是，新疆伯克、四川土司年班朝觐的廪给，却很少
在清会典、会典事例中记录，甚至也不在《理藩院则例》中记述，[③] 这和

① 以上见赵云田点校《钦定大清会典事例·理藩院》，第 357—360 页。
② 赵云田点校《乾隆朝内府抄本〈理藩院则例〉》，第 173—174 页。
③ 见杨选第、金峰校注《理藩院则例》，内蒙古文化出版社，1998。

《回疆则例》及有关档案中的记述有很大不同。① 这一情况表明清廷对伯克及土司年班活动的重视程度与内外蒙古是有区别的。四是内蒙古科尔沁土谢图、卓里克图、达尔汉三亲王的廪给数目在所有藩部王公中最高，而外蒙古土谢图汗照亲王例，车臣汗照郡王例给予廪给。这反映了内蒙古科尔沁土谢图、卓里克图、达尔汉三亲王和清廷的密切关系。五是喇嘛廪给受到了清廷的高度重视。包括达赖喇嘛和班禅额尔德尼来使，内蒙古不同级别的喇嘛来京，西藏来使堪布并随来的兰占巴，庄浪达喇嘛进贡来京，岷州各庙四班达喇嘛进贡来使，哲布尊丹巴呼图克图遣使来京，哲布尊丹巴呼图克图来京，外蒙古四部落年班呼图克图、呼毕勒罕喇嘛等来京，都享受一定数目的廪给，反映了清廷对藏传佛教以及不同地区、不同级别喇嘛的重视程度。

其次是筵宴，有年班筵宴、围班筵宴和贡使筵宴之别。年班筵宴指的是年班来京朝觐的藩部王公在京城所受到的宴请活动。清初曾规定：年节来朝的蒙古王等，除夕赐宴一次，正月赐宴两次，五旗王府各设宴一次。康熙三十九年规定：年例来朝的外蒙古汗王赐宴，以及五旗王府筵宴，与内蒙古王公相同。嘉庆二十二年规定：中正殿西厂子赐饭，于十二月中旬蒙古王公到齐时，由院在年班朝觐并驻京王公内拟定，奏请钦派 12 人或 14 人入座，并将应行入座领赏王公等衔名开单先期奏闻。除夕赐宴保和殿时，由院将应行进爵的汗王等衔名，咨行掌仪司具奏，恭候钦派。准备由皇帝亲赐酒的王公，由院拟定人数具奏，恭候钦派。除赐宴外，年终内果房还要颁给果品，由院颁给年班来京的藩部王公和藏传佛教领袖人物。②

年班筵宴座次安排是固定的。藩部亲王在内亲王之下，郡王在内郡王之下，贝勒在内贝勒之下，贝子在内贝子之下，公在内公之下，一二等台吉在内大臣之下。在一二等台吉之下，子、三等台吉、管旗章京、男、四等台吉、副章京、参领、佐领各按品级分别叙坐。一般回部伯克的座位，安排在殿外蒙古管旗章京、副章京之后。

中正殿赐宴在十二月二十三日，当天在西场子安设大蒙古包，中间设

---

① 见张双智《清代朝觐制度研究》第四章所引有关档案。
② 以上见赵云田点校《钦定大清会典事例·理藩院》，第 366—368 页。

立皇帝的宝座，稍后是呼图克图坐的矮床，两旁安设钦派入座王公的坐褥。其余王公都在大蒙古包外，东西相向；呼图克图喇嘛等则坐在院内东西支起的蒙古包内。皇帝来临落座，王公等要跪行一叩首礼。进茶、进膳，王公们照例要行礼。赐宴结束，皇帝驾临黄幕，升宝座，王公、呼图克图喇嘛等按品级列座看戏，还有蒙古相扑人的表演。表演完毕，皇帝还宫，王公、喇嘛等跪送。按照品秩每人赏给玻璃瓷器、茶叶、哈密瓜等各 1 份。领赏后，王公、喇嘛等至乾清门外，行三跪九叩首礼谢恩。

保和殿除夕赐宴，乐部和声署在殿檐下左右设中和韶乐，在中和殿北檐下左右设丹陛大乐，在殿外东隅陈笳吹队舞、杂技百戏。武备院在殿南正中张黄幕，内务府在幕内设反坫，上摆各种各样饮具。尚膳总领在御座前设御筵。殿内左右，是蒙古王公及内大臣的席位。皇帝御殿，中和韶乐作"元平之章"，蒙古王公及内大臣均跪，皇帝升宝座，乐止，王公等行一叩首礼坐。进茶时，丹陛清乐作"海宇升平日之章"，皇帝用茶，众皆行礼如前，坐后乐止。进酒时，丹陛清乐作"玉殿云开之章"，通过晋爵大臣晋爵、皇帝授爵、皇帝饮酒、藩部王公跪等程序后，乐止，众归座。进膳时，中和清乐作"万象清宁之章"，皇帝赐食品毕，乐止，进蒙古乐歌，同时皇帝赏酒，王公等再行一叩首礼，饮毕，乐止。接着是在丹陛上进庆隆舞，司章在西边歌曲，小司舞、大司舞、司舞人依次进舞，每对舞毕，退正中行三跪九叩礼。然后是表演杂技。一切结束，众王公在原处行一跪三叩首礼，中和韶乐作"显平之章"。皇帝还宫，乐止。在保和殿除夕赐宴活动中，清廷还颁发赏赐，由理藩院派员率领通事，传集领赏的藩部王公等到礼部和光禄寺领取。科尔沁三亲王各给大蒙古羊 2 只，猪 1 只，雉 30 只，鱼 30 条，席 4 桌，茶 2 桶。亲王各给大蒙古羊 2 只，汉羊 1 只，猪 1 只，鱼 25 条，席 4 桌，茶 2 桶。郡王各给大蒙古羊 2 只，猪 1 只，鱼 20 条，席 3 桌，茶 1 桶。贝勒各给蒙古羊 1 只，猪 1 只，鱼 10 条，席 2 桌，茶 1 桶。贝子和公各给蒙古羊 1 只，猪 1 只，鱼 5 条，席 1 桌，茶 1 桶。台吉、塔布囊各给汉羊 1 只，鱼 5 条。达赖喇嘛来使，各给汉羊 1 只。[1]

---

① 杨选第、金峰校注《理藩院则例》，第 197—198 页。

　　紫光阁筵宴安排在元旦以后，藩部王公都要着蟒袍补服赴宴。皇帝宝座两旁设矮床，供藏传佛教的呼图克图入座。其余呼图克图喇嘛在两旁豹尾枪末斜坐，藩部王公等按品级在左右两旁入座，回部伯克等列坐于露台上。皇帝驾临，藩部王公等在道旁按翼跪迎。皇帝升座后，相继进茶、进酒、进膳，在这一过程中，藩部王公等均依次行一叩首礼。用膳毕，蒙古乐人进乐。乐停后表演相扑。随后又进茶、进酒。膳桌撤后，藩部王公等行三叩首礼谢恩。皇帝还宫，众人皆在道旁跪送。随后，御前大臣在阁西黄幕下监放荷包、瓷器、火镰等物，总管内务府大臣在阁东黄幕下监放绸缎、皮张等物。藩部王公等均依次跪领。[①]

　　五旗王府筵宴，指的是正红、镶白、镶红、正蓝、镶蓝五旗王公各筵宴一次。由礼部奏闻，在元旦后择吉日进行。届时由理藩院等官员带领藩部王公到有关王府受宴。各王府要准备藩部亲王、郡王、贝勒、贝子、公等各席 1 桌，台吉、塔布囊等 2 人共席，随王护卫等各 10 员共席。每 2 席蒙古羊 1 只，每 3 席酒 1 瓶，又大蒙古羊 3 只。每旗主席，由亲王或郡王 1 人在府中设席，其余本旗王公陪席。主人席西向，宾席东向。宾至，主人迎入，行礼叙坐，视宾秩尊卑，各以其班接待入座。藩部王公和内地王公相见，按规定的礼节进行。筵宴过程中，要演奏各种音乐，表演多种杂技。宴会结束，藩部王公各退。[②]

　　除以上筵宴外，在正月十四、十五两日，皇帝驾幸山高水长看放烟火。届时，藩部王公、回部伯克、呼图克图喇嘛等各携坐褥，由西南门入至药栏内，会同侍卫处，按品级列坐。内蒙古王公列于南，外扎萨克、回部王公列于北，呼图克图喇嘛等俱在南边蒙古包内坐。皇帝驾临，藩部王公、喇嘛等在本位跪迎。进茶后，表演相扑，胜者赏缎 1 匹。然后进各样技艺，恩赐食品，看放烟火。皇帝回宫，众人行一叩首礼，随后各退。正月十五日，正大光明殿筵宴，仪注与保和殿相同，座次与紫光阁相同。正月十九日，皇帝在山高水长继续筵宴，藩部王公、喇嘛等全部参加。入座前，由理藩院堂官带领跪安，行陛辞礼。座次与十四、十五两日相同。正月二十

---

①　杨选第、金峰校注《理藩院则例》，第 202—203 页。
②　杨选第、金峰校注《理藩院则例》，第 203—206 页。

日，藩部王公等在午门外接受皇帝恩赏。赏物有衣、帽、撒袋、腰刀、鞍辔、缎匹、茶、布等，全部折成银两按品秩发放。内蒙古科尔沁土谢图、卓里克图、达尔汉三亲王各赏银 500 两，其余汗、亲王各赏银 400 两。科尔沁扎萨克图郡王赏银 350 两，其余郡王各赏银 300 两。贝勒各赏银 200 两，贝子各赏银 150 两，公各赏银 100 两，扎萨克台吉、塔布囊各赏银 70 两。[①]回部伯克的赏赐，不在午门外颁发，而是通过理藩院徕远司交军机处办理。[②] 正月二十日午门外赏赐后，藩部王公、喇嘛以及回部伯克就陆续离开京城返回故里，一年一度的年班活动也宣告结束。

对年班御宴情况，清礼亲王昭梿曾写道："国家威德远被，大漠南北诸藩部无不尽隶版图。每年终，诸藩王贝勒更番入朝，以尽执瑞之礼。上于除夕日宴于保和殿，一二品武臣咸侍坐。新岁后三日宴于紫光阁，上元日宴于正大光明殿，一品文武大臣皆入座，典甚巨也。"[③] 乾隆皇帝也曾多次写诗，记述清代年班御宴盛况，并抒发他封建帝王大一统的胸怀。乾隆四十一年（1776），乾隆皇帝在西苑接见了朝正外藩年班蒙古族以及回部、哈萨克来使和四川土司土舍头人初次觐见者，并作诗云："步辇西华西苑巡，匪游图觐远徕臣。夹衢左右纷迎接，露冕笑言普拊循。回部更番久依例，内旗札萨旧称宾。土尔扈入朝如雁，哈萨克流仰集鳞。来享来王来贺节，土司土舍土头人。抚兹武偃文修世，益切盈持泰保寅。"[④] 诗中真实地记录了年班御宴的盛况，也反映了清代统一多民族国家巩固发展的历史进程。

围班筵宴是指木兰行围活动中的筵宴，主要包括万树园筵宴、月牙城进宴和张三营筵宴。万树园筵宴在避暑山庄万树园内进行，一般安排在八月上旬，进木兰围场之前。武备院在万树园支搭大蒙古包并张黄幕。在蒙古包中设宝座，两旁稍后设呼图克图坐的矮床，其余呼图克图等设侧座于豹尾枪末，藩部王公按品秩分别左右，预设坐褥，穿蟒袍补褂。皇帝驾临，呼图克图喇嘛和藩部王公在大蒙古包外跪迎。皇帝升座后，呼图克图喇嘛

① 杨选第、金峰校注《理藩院则例》，第 206—208 页。
② 《回疆则例》卷 3。
③ 昭梿：《啸亭续录》卷 1。
④ 《钦定日下旧闻考》卷 21。

和藩部王公入大蒙古包，行一叩首礼坐。随后进茶、进酒过程中，都要行一叩首礼。皇帝用馔、恩赐食品毕，进蒙古乐歌，同时赏酒，藩部王公等跪接。饮毕，复行一叩首礼。蒙古乐止后，有相扑表演和各种技艺展现。皇帝御宴散前，呼图克图喇嘛和藩部王公在原座处行一跪三叩首礼。皇帝驾还行宫，众人在原座处跪送，筵宴结束。①

月牙城进宴安排在皇帝进木兰围场后、行围狩猎启銮之前，由昭乌达、卓索图二盟长暨喀喇沁扎萨克王公具体操办。预备蒙古包五架交武备院，在大营附近择宽阔地方立并张黄幕，设大小蒙古包于月牙城内，其余蒙古包支搭两旁，所进驼只、马匹排列道旁，以备御览。皇帝驾临，藩部王公穿蟒袍补褂在月牙城外跪迎。皇帝升座，藩部王公等列坐两旁，其余都坐在两旁蒙古包内。皇帝升座，藩部王公行一叩首礼后入座。在进茶、进酒、进膳过程中，藩部王公都要行一叩首礼。随后是进蒙古乐歌，再进茶。茶毕，皇帝驾临黄幕，开始相扑表演，以及骑生马驹表演。观看表演后，皇帝驾还行宫，众人在原座处跪送，筵宴结束。②

张三营筵宴是在木兰秋狝大典礼成之后，在张三营行宫举行的筵宴。皇帝升座赐宴后，御前大臣带领领赏人员谢恩，行一叩首礼毕，藩部王公各按品级排坐两旁。皇帝赏赐饭食及烧烤，相扑人表演相扑。结束后，皇帝驾还行宫。理藩院司员会同户部、内务府司员，将恩赏缎匹、银两、布匹，公同按名发放。赏赐的具体情况是：管围亲王、郡王每人各赏上用蟒缎1匹，大缎2匹，彭缎2匹；贝勒、贝子、公，每人各赏官用蟒缎1匹，大缎1匹，官用缎2匹；扎萨克台吉、塔布囊，每人各赏官用蟒缎1匹，官用缎1匹；藩部王公随从人等，每人各赏银3两，毛青布1匹。捷手善猎上行走的内外扎萨克亲王、郡王，每人各赏大缎2匹，官用缎2匹；贝勒、贝子、公，每人各赏大缎1匹，官用缎2匹；扎萨克台吉、塔布囊，每人各赏大缎1匹，官用缎1匹。由京扈从御前、乾清门行走及围班前来边外行走的内外扎萨克汗王、郡王衔贝勒，每人各赏大缎1匹，官用缎1匹；贝勒、贝子、公衔台吉等，每人各赏官用缎2匹；备宴入围的闲散台吉等，每人各赏

① 杨选第、金峰校注《理藩院则例》，第217—218页。
② 杨选第、金峰校注《理藩院则例》，第224—225页。

官用缎 1 匹。管理围甲各项兵丁的扎萨克台吉、塔布囊官员，每人各赏官用缎 1 匹。哲里木、昭乌达、卓索图三盟围甲兵丁，每名各赏银 7 两。赶杭爱车的兵丁，每名各赏银 3 两，毛青布 1 匹。伊犁所属土尔扈特、和硕特，科布多所属杜尔伯特、和硕特、扎哈沁、乌梁海，定边左副将军所属乌梁海等处围班人等，按品级拟赏缎匹，夹片请旨遵行。藩部王公等领赏后，各归游牧处所。[1]

贡使筵宴多是指藩部藏传佛教领袖人物的使者来京进贡参加的筵宴活动。康熙二年（1663），甘肃圆觉 26 寺喇嘛进贡，作为定例，由理藩院设宴招待 1 次。康熙三十年，外蒙古哲布尊丹巴进贡"九白"，来使在理藩院赐宴 1 次。嘉庆二十二年（1817），庄浪红山堡报恩寺等喇嘛进贡，由理藩院赐宴 1 次。由上可见，贡使筵宴多为理藩院操办，规模不大，且一次来使只赐宴 1 次。[2] 贡使筵宴的具体情况，可以岷州喇嘛和庄浪喇嘛进贡筵宴为例：达喇嘛 2 人桌 1 张，小喇嘛 3 人桌 1 张，番人共桌 1 张，陪筵官桌 1 张。大蒙古羊 2 只，奶茶 3 桶，熬茶木柴 10 斤，大布幕 2 架，煮肉大铁锅 1 口，铁勺 1 把，砖砌锅腔 1 座，肉叉子 1 把，刷帚 1 把，红布大单 1 块，铺垫席 2 块。以上桌张由光禄寺预备，布幕器具由工部备办，送理藩院听用，宴毕领回。[3]

第六节　住宿和返程

藩部王公和藏传佛教领袖人物年班来京，清廷对住宿地妥善安排。康熙二十六年（1687）以前，内蒙古王公来京参加年班活动，清廷在皇城内拨房令其居住。康熙二十六年，内蒙古科尔沁等 10 旗王公来京请安进贡，清廷安排他们住在礼部所属的会同馆内。后来，清廷在东长安门外玉河桥侧东江米巷（即今东交民巷）内修建了"内馆"，康熙三十三年完工，专供

---

① 杨选第、金峰校注《理藩院则例》，第 228—231 页。

② 赵云田点校《钦定大清会典事例·理藩院》，第 375—378 页。

③ 杨选第、金峰校注《理藩院则例》，第 400—401 页。

内蒙古王公来京时居住。与此同时，清廷也在德胜门外正黄旗校场北修建了"外馆"，专供外扎萨克王公来京时居住。回部哈密、吐鲁番王公来京居住地是哈密馆，伯克居住地是四译馆，如果在圆明园参加活动，有时亦居住在营造司。① 各地喇嘛来京参加年班活动，由喇嘛印务处负责安排居住地，比如甘肃岷州喇嘛来京住所，就安排在化成寺。② 参加围班的藩部王公，住宿地多是支搭的蒙古包。

清廷对藩部王公和藏传佛教领袖人物年班来京住宿地的安全非常重视，采取了许多保卫措施。这里仅以内馆和外馆的情况略做说明。内外馆各设监督 1 人进行管理。③ 清廷派理藩院、光禄寺、户、礼、工部官员和笔帖式前往照看。"遇宾客到日，各项应给之物，照数速发，所给草束，照谷草七斛之数，若有短少，将专管官员、笔帖式及录发人等一并题参。"④ 清廷还制定了严密的保护措施，内外馆设稽查监督各 1 人，行使稽查弹压之责，分别由六部、都察院保送科道司员内奏委，一年更换。另额设大吏各 4 人，小吏各 8 人，每年十月初一日至次年二月二十日，专在内外馆应承蒙古来京人员事。此外，理藩院每年还要咨行步军统领衙门，派出捕盗章京 2 人，于十月至次年二月，分别带领捕役若干人，在内外馆附近访查，遇有欺骗蒙古人的，即行缉捕，送交刑部严加惩处。直到清末，清廷对那些假公索贿、招摇撞骗、向来京蒙古王公诈骗需索的不肖胥吏，仍给予很重的惩罚。⑤

清廷对年班来京的藩部王公和藏传佛教领袖人物的返程也非常重视。一是给予返程路费，标准视爵位高低和路程远近而定。内蒙古科尔沁土谢图、卓里克图、达尔汉三亲王本身及随从人等，回家出喜峰口给路费银 25 两 5 钱 9 分，出张家口给银 25 两 9 分，出古北口给银 24 两 9 分，随从 40 人，每日共给路费银 3 钱。科尔沁达尔汉亲王旗贝勒本身及随从人等，回家出喜峰口给路费银 25 两 5 钱 9 分，出张家口给银 25 两 9 分，出古北口给银 24 两 9 分，随从 30 人，每日共给路费银 1 钱 8 分。各部落亲王本身及随从

---

① 《回疆则例》卷 3；张双智：《清代朝觐制度研究》，第 178 页。
② 杨选第、金峰校注《理藩院则例》，第 402 页。
③ 赵云田点校《乾隆朝内府抄本〈理藩院则例〉》，第 76、401 页。
④ 中国第一历史档案馆藏清朝理藩院（部）档第 146 卷，第 1523 号。
⑤ 光绪朝《大清会典事例》卷 986。

人等，回家给路费银 12 两 8 钱，随从 40 人，每日共给路费银 3 钱。郡王本身及随从人等，回家给路费银 7 两 8 钱 8 分，随从 35 人，每日共给银 2 钱。贝勒回家给路费银 5 两，随从 30 人，每日共给路费银 1 钱 8 分。贝子回家给路费银 3 两 7 钱，随从 25 人，每日共给路费银 1 钱 5 分。公及随从人等，回家给路费银 3 两 7 分，随从 20 人，每日共给路费银 1 钱 2 分。扎萨克台吉本身，回家给路费银 7 钱 5 分，仆从 10 人，每日共给路费银 5 分。台吉本身及仆从，回家给路费银 7 钱 5 分。[1] 外蒙古土谢图汗、车臣汗回时路费，亦照亲王、郡王例给予。若遣使来京，回时路费，正使给银 3 两，副使 1 两 5 钱，正副使均不得超过 10 人。青海王公，回时路费，亲王给银 12 两 8 钱，郡王 8 两，贝勒 5 两 1 钱，贝子 3 两 7 钱 2 分，公、扎萨克台吉各 3 两 7 分，台吉 3 两，护卫 2 两，仆从每人 1 分，核给 60 天。如果是青海遣使来京，回时路费，正使给银 3 两，副使 2 两，正使、副使不得超过 10 人。科布多所属杜尔伯特、土尔扈特汗王、台吉等来京朝觐，回程路费，汗、亲王给银 17 两 3 钱，米 4 石 9 斗 5 升；郡王给银 10 两 8 钱 8 分，米 4 石 2 斗；贝勒给银 7 两 7 钱，米 3 石 3 斗；贝子给银 5 两 9 钱 5 分，米 2 石 7 斗；公给银 4 两 8 钱 7 分，米 2 石 1 斗 7 升 5 合；扎萨克台吉给银 1 两 5 钱，米 9 斗 7 升 5 合，俱不计途程远近及随带人等。[2] 西藏来使堪布并随来的兰占巴等，回程路费，正使日给银 2 钱，副使日给银 1 钱 5 分，跟役各给银 1 钱，共支给 40 日。察木多帕克巴拉呼图克图遣使来京，回程路费，正使日给银 2 钱，副使日给银 1 钱 5 分，从人各给银 1 钱，共支给 40 日。哲布尊丹巴呼图克图遣使来京，回程路费，正使给银 3 两，副使给银 1 两 5 钱，米照住京原额支给 40 日。如果是哲布尊丹巴呼图克图来京，回日路费，给牛 1 头半，天池茶 100 包，乳油 5 斤，2 两重黄蜡烛 50 支，盐 24 斤，跟来喇嘛、台吉、宰桑、护卫等，照例各按品级给予银两。[3]

二是允许利用驿站返回原住地。比如回部伯克和四川土司，路途遥远，

①　赵云田点校《钦定大清会典事例·理藩院》，第 343—347 页。
②　赵云田点校《钦定大清会典事例·理藩院》，第 352—356 页。
③　赵云田点校《钦定大清会典事例·理藩院》，第 357—360 页。

清廷就"来往皆给驿"。①

三是在返程途中,清廷采取一切措施确保藩部王公和藏传佛教领袖人物的安全,以防止意外事件发生。蒙古族王公返回游牧地途经内地时,清廷地方官要派委员弁护送出口。② 达赖喇嘛、班禅额尔德尼遣使来朝进贡,回时"送至西宁"。察木多帕克巴拉呼图克图遣使来京,返回时由理藩院差领催 1 人照看,照例雇给骑驮之骡,由西安一路送至四川,至四川界,由总督遣人作伴送至打箭炉自回。章嘉呼图克图遣使来朝进贡,回时由理藩院遣员照看,也照例雇给骑驮之骡,由西安一带送至西宁口外,令其自回。③

----

① 赵云田点校《乾隆朝内府抄本〈理藩院则例〉》,第 395 页。
② 中国第一历史档案馆藏军机处录副奏折民族类,第 119 卷第 18 号。
③ 赵云田点校《钦定大清会典事例·理藩院》,第 377—378 页。

第八章　藩部的驿站和卡伦制度

清廷根据军事等方面的需要，在藩部地区设立驿站，配有驿官、驿丁、驿马，并储存一定的物资，供往来需要。在藩部重要的地区还设置卡伦，用以加强防守。清廷在中央和地方都设有相应机构，以加强对驿站和卡伦的管理。在驿站和卡伦内部，亦配有相应的设施。与此同时，清廷还规定了驿站和卡伦的使用规则，以保证通达边情、宣布号令。

第一节　主要资料和研究现状

一　主要资料

记述清代藩部驿站和卡伦制度的资料比较丰富，包括清代档案和历朝《清实录》，不同历史时期的《大清会典》《大清会典则例》《大清会典事例》《钦定理藩院则例》，以及一些地方史志、笔记资料等。

藩部驿站和卡伦制度的内容在清代档案中多有记述。例如《清代中俄关系档案史料选编》①第一编下册，"理藩院为俄人在我奇兰卡伦附近筑房树标事致俄楚库柏兴城长官咨文"（康熙五十四年八月初一日）、"允祀等奏奉旨遵议与俄会议交还逃人并勘定喀尔喀边界事宜折"（雍正二年十月十三日）、"锡保等奏为派遣隆科多与俄使议定阿尔泰等处边界事宜折"（雍正四

---

① 中国第一历史档案馆编，中华书局，1981。

年正月三十日），有记述卡台的内容。再如《清代西迁新疆察哈尔蒙古满文档案全译》①，"伊犁将军伊勒图等奏请将贝克纳延分别补放察哈尔营总管副总管折""伊犁将军特依顺保奏呈会议巡哨章程折"，也都有记述藩部卡台的内容。《雍正朝汉文朱批奏折汇编》②，"岳钟琪奏请沿边口外添设驿站并加添马匹折"（雍正七年五月二十二日），《宫中档乾隆朝奏折》③，"刘统勋奏为照例安设塘站军报折"（乾隆十九年十一月初四日），则有记述藩部安设台站的内容。

《清实录》中记述藩部驿站和卡伦制度的内容多在《清圣祖实录》、《清世宗实录》、《清高宗实录》以及《清宣宗实录》中，且记述比较分散。如《清圣祖实录》卷113记述了内蒙古临时驿站的设置和人员、马匹的情况，卷154记述了内蒙古地区五路驿站的设置安排，卷171、176以及《清世宗实录》卷130记述了外蒙古驿站的设置情况，《清高宗实录》卷690、691记述了漠西蒙古巡查卡伦的安排，卷749记述了漠西蒙古驿站的管辖情况，卷888记述了将军、大臣对卡伦的巡查，《清宣宗实录》卷95记述了藩部卡台的设置、管理等问题。由于《清实录》卷帙浩繁，又没有专门的卡伦、驿站资料的汇编，需要使用者进行耐心的审读。

康熙朝、雍正朝、乾隆朝、嘉庆朝、光绪朝《大清会典》，以及乾隆朝《大清会典则例》，嘉庆朝、光绪朝《大清会典事例》"理藩院""兵部"中，集中记载了藩部驿站和卡伦制度的主要内容，是研究清代藩部驿站和卡伦制度的基本资料。康熙朝《大清会典》理藩院"录勋清吏司"中有"驿递"一项，记述了顺治十二年（1655）至康熙二十五年（1686）有关驿马使用的情况，为研究藩部驿站的设立提供了线索。雍正朝《大清会典》理藩院"录勋清吏司"中也有"驿递"一项，记述了从顺治十二年至雍正元年（1723）内外蒙古驿站的设立、使用及有关规则。乾隆朝《大清会典》理藩院"旗籍清吏司"中有"汛地""邮政""驿官""驿丁""驿骑""驿使"等条款，记述了藩部驿站、卡伦的设置及相关规则。嘉庆朝、光绪朝

---

① 中国第一历史档案馆编，新疆人民出版社，2004。
② 中国第一历史档案馆编，江苏古籍出版社，1989。
③ 台北"故宫博物院"，1987。

《大清会典》理藩院"旗籍清吏司""典属清吏司"中都有"驿道"条款，比较详细地记述了藩部驿道的情况。此外，乾隆朝《大清会典则例》理藩院中，嘉庆朝、光绪朝《大清会典事例》理藩院中，有"斥堠""驿站""驿官""驿丁""驿马""驿使""供应"等条款。嘉庆朝、光绪朝《大清会典事例》"兵部·邮政"中，记述了"驿费""驿程""驿夫""驿马""驿禁"等。以上这些都是研究清代藩部驿站和卡伦制度的重要资料。

道光朝和光绪朝汉文本《钦定理藩院则例》中，也集中记载了藩部驿站和卡伦制度的主要内容。两书的第 31、32、33 卷"邮政"上中下，记载了藩部驿站的情况及相应规则。第 55 卷"杂犯"、第 63 卷"俄罗斯事例"中，有卡伦的内容。这些是研究清代藩部驿站和卡伦制度不可缺少的资料。

除以上所述外，下列诸书中亦有清代藩部驿站、卡伦的内容。赵尔巽编纂的《清史稿》"职官""藩部""兵部"有关部分，记述了清廷对藩部驿站、卡伦的管理，以及藩部驿站、卡伦的情况。刘墉等纂《清朝文献通考》"兵考"，记述了木兰围场卡伦的情况。温达等奉敕撰的《亲征平定朔漠方略》卷 19，记述了理藩院会同兵部商议自京师至杀虎口设置驿站的情况。大学士傅恒等奉敕撰的《平定准噶尔方略》，辑录康熙、雍正、乾隆三朝清廷用兵西北时，前方将军、大臣的奏疏和皇帝的谕旨，是清廷统一漠西蒙古进程的全面记录，其中也有驿站、卡伦的内容。伊犁将军松筠撰的《新疆识略》《西陲总统事略》《卫藏通志》等书，记述了清代新疆政治、经济、军事、地理、社会等情况，以及西藏史地。其中《新疆识略》中的北路舆图、南路舆图、伊犁舆图、边卫等项，《西陲总统事略》卷 3 至卷 9，记叙了天山南北两路疆域、山水以及卡伦、军台的建置。《卫藏通志》中的路程部分，有卡伦、军台的内容。还有松筠撰《百廿老人回忆录》（抄本）一书，所述卡伦及理藩院官员巡查卡伦的情况，多为清代官书所不载，是研究藩部卡台制度极其生动的史料。佚名著《乌里雅苏台志略》，《蒙古律例》卷 5，也都有边境卡哨的记载。何秋涛《北徼喀伦考》，[①] 黄可润编《口北三厅志》卷 6"台站"，麒庆《奉使科尔沁行记》《奉使鄂尔多斯行

---

① 见何秋涛《朔方备乘》卷 10。

记》，^① 文祥《巴林纪行》，^② 姚莹《卡伦形势记》，范昭逵《从西纪略》，^③ 景廉《冰岭纪程》，^④ 以及《左宗棠全集》^⑤ 等书，也都记有藩部驿站、卡伦的资料。这里还应指出，康熙朝《满汉合璧清内府一统舆地秘图》^⑥、乾隆朝《内府舆图》^⑦、满文《科布多驿站卡伦图》^⑧，对研究藩部地区驿站、卡伦亦有重要参考价值。^⑨

二 研究现状

对清代藩部驿站的研究，在专著方面，首先应推刘文鹏《清代驿传及其与疆域形成关系之研究》^⑩。该书指出：驿传是古代信息传递的主要方式，在国家行政管理、疆域形成方面具有重要的作用。清代驿传是中国古代驿传系统发展的最后阶段，它虽承袭于明代，但又根据国家行政运转的实际需要做出了很大的改变，特别是与清代的疆域形成有着非常密切的互动关系。书中首先考察了清代驿传在地域范围上的变化，列举了驿传的主要网络干线；其次，从功能学的角度，对清代驿传管理制度中的物资供给、信息传递、交通运输等方面的制度变革的内容、背景进行了分析；最后，在中国走向近代化的时代背景下，分析了清代驿传的近代转型，具体探讨了传统驿传是如何在功能方面被电报、近代邮政逐步取代，最终退出历史舞台的。通过对以上内容的陈述与分析，该书揭示了清代驿传的实际运行方式，阐述了其对国家政治、军事、疆域形成等的作用，从而使清代驿传系统的轮廓、功能和运行更清楚地展现在世人面前。从研究藩部地区驿站的

---

① 见《八旗文经》卷41。
② 见"辽海丛书"第8集。
③ 以上两书均见《小方壶斋舆地丛钞》第2帙。
④ 光绪五年印本。
⑤ 该书第9册，上海书店出版社，1986。
⑥ 现藏国家图书馆善本部。关于康熙朝《满汉合璧清内府一统舆地秘图》和乾隆朝《内府舆图》的版本，参见薛月爱《康熙〈皇舆全览图〉与乾隆〈内府舆图〉绘制情况对比研究》，《哈尔滨学院学报》2008年第10期。
⑦ 1932年故宫博物院重印本，现藏台北"故宫博物院"。
⑧ 中国科学院图书馆藏。
⑨ 关于以上各书的详细介绍，参见赵云田《清代治理边陲的枢纽——理藩院》第2编"史料简介"，新疆人民出版社，1995。
⑩ 中国人民大学出版社，2004。

角度看，该书"边疆地区的驿传网络""清朝中央的驿传管理机构""边疆地区台站系统的管理""清代驿传系统的功能与制度之变革""清代驿传系统之财政供给政策""清代驿传系统面临的困境""清代驿传系统在中国古代驿传史上的地位""清代驿传系统对政治体制完备的推动作用""清代驿传系统在疆域形成中的作用"等章节，具有启发和借鉴作用。

在论文方面，以下一些篇章值得重视。乌兰巴根《清代库伦南北路驿站考述》①，利用中国第一历史档案馆藏满文附录奏折等档案文献，在前人研究基础上，考述了清代库伦南北路驿站的安设时间、提议者及其发展完善的过程。该文认为：库伦南北路驿站在清代蒙古地区驿站中比较特殊，初设目的是应付沙俄使臣往来，归库伦办事大臣管理，在职能及监管方面有自己的特点。边巴次仁、朗杰扎西《清代入藏驿站及西藏地方内部驿站考》② 提出，清朝官方文书传递、官役公务往来时的食宿交通，以及与军事物资运输有关的邮驿体系，伴随着清王朝走完了它的全部历程，对统一多民族国家的巩固发挥了重要的作用。清代所制定的一整套邮驿制度，与清代政治、经济、军事、法制制度一起构成了国家发展不可缺少的重要内容。清朝政府为管理边疆地区，建立了一整套行政体制，在西藏建立了驻藏大臣制度，与此同时，也建立了邮驿体制，这是进一步加强中央政府与西藏地方之间政治、军事和经济联系的重要举措。潘茂桐《清代内扎萨克的蒙古驿站》③ 认为，清廷内扎萨克蒙古驿站规章的制定与措施的执行，使清代200 余年内扎萨克驿站维持着较正常的运转。在五路驿站之前，公使差员、王公马队、征战军伍、旅蒙商贾，都来往不绝。蒙古驿站将遥远的北疆与发达的内地联结起来，对于巩固清王朝在蒙古地区的统治、维护国家的统一、促进内扎萨克各旗经济的发展，均发挥了积极的作用。吕文利《清代盟旗制度与内蒙古五路驿站的设立——兼论草原丝绸之路的形成》④ 指出，清廷在内蒙古地区设立了五路驿站，这些驿路经过周密的设计，恰好通过

---

① 《中国边疆史地研究》2015 年第 4 期。
② 《西藏大学学报》2008 年第 4 期。
③ 《内蒙古日报》2014 年 7 月 15 日。
④ 《中国边疆学》2014 年。

内蒙古 49 个扎萨克旗和察哈尔、归化城土默特等总管旗，像一个大血管贯穿全身，不但增强了清廷的统治力，促进了草原丝绸之路的形成，而且促进了当地经济的发展，促进了各族群的交流和交往。特克寒、张杰《清代承德通向内蒙古地区的驿路和驿站》① 提出，清初，清廷在承德境内建有四条通向内蒙古的驿路，并在沿线建若干驿站，保证了谕令、公文的传递，军事物资的运输，加强了东北地区各民族之间的联系，促进了承德地区和内蒙古地区商业的繁荣和城镇的形成与发展。宫宏祥《论清代驿站的组织与管理》② 认为，清代驿站有一套行之有效的组织管理体制，并配置了役夫和驿马、驿车、驿船等设施，清末的腐败现象和近代电信交通业的发展，是清代驿站衰落的原因。宫宏祥的《清代的邮驿立法》③，对清代邮驿的组织和管理以及有关立法做了探讨，并简要分析了清代邮驿立法的作用和演变的主要原因，认为清代邮驿对于统一的多民族国家的形成和巩固发挥过重要的作用。贡布多加《从清代驿站制度建设看康区社会发展》④ 认为，清代，中央政府为了更好地联络与统辖边疆地区，以京师皇华驿为中心，在全国范围内设立了五条主干驿道。其中，康藏驿道、滇藏驿道、青藏驿道的设立和藏区有着直接的关系。清廷通过这三条驿道，有效地管理了藏区的政教事务，维持了川滇藏边疆地区社会长期稳定的局面，促进了地方经济的发展和民族间文化的交流。杜心宽、张海山《深度解析清代蒙古驿站》⑤，根据内蒙古自治区档案馆收藏的档案，对清代蒙古驿道、驿站及其组织管理、驿站当差人员的经济状况和两极分化进行了新的解析。葛雅丽《从清代〈甘新驿道旅程抄本〉看古代驿站的功能》⑥ 指出，甘肃省博物馆馆藏《甘新驿道旅程抄本》是研究和探讨清代甘肃到新疆交通的重要资料，由此可见古代驿站之多种功能，其在经济、文化交流、军事、信息传播中

---

① 《承德民族职业技术学院学报》2004 年第 4 期。
② 《太原大学学报》2003 年第 3 期。
③ 《山西高等学校社会科学学报》2003 年第 10 期。
④ 《四川民族学院学报》2013 年第 5 期。
⑤ 《档案与社会》2012 年第 3 期。
⑥ 《丝绸之路》2012 年第 8 期。

发挥了重要作用。包岩明《蒙旗驿站若干问题研究》①，在前人研究的基础上，利用《准格尔旗扎萨克衙门档案》，对清代鄂尔多斯左翼前旗境内的栋素海站的设置及其变迁、站丁金发、站丁生活等进行了探讨。

另外，有些清代驿站遗址也为今人研究提供了一些信息，值得重视。新疆艾比湖清代驿站遗址为清代的"托多克"驿站，驿站总面积约 300 平方米。托多克是迪化（乌鲁木齐）至伊犁进入中亚的必经之路。据历史记载，托多克（即托托）驿站也是一座"军台"，在维护祖国统一、反对民族分裂的斗争中发挥了巨大的作用。乾隆十九年（1754），清廷为满足征讨准噶尔部军事上的需要，从迪化至伊犁设置了 21 座军台，传递军内公文书信，在托多克设军台和营塘，辖区东至塌桥子，西至葛顺腰台（今精河沙泉子附近），东西长 60 公里。配备有笔帖式和外委（清朝低级军官）各 1 员，字帖（文职人员）1 名，兵丁 18 名，军马 40 匹（实际人员 20 名，马 25 匹），牛 10 头，骆驼 4 峰，铁车 3 辆，年拨经费白银 850 两，是精河五座军台中规模最大的一座。光绪十年（1884）新疆建省后，军台改为驿站。②

对清代藩部卡伦的研究，在专著方面，有宝音朝克图《清代北部边疆卡伦研究》③。该书指出，卡伦是清朝特有的一种防御、管理设施，它在清代的社会治安、生产、资源管理，以及边防建设、疆域形成等方面均起到了不可忽视的作用。在前人研究的基础上，该书首先对"卡伦"一词的词源及其含义进行辨析，并对卡伦的设置时间及清代中国北部（包括东北、西北）边疆卡伦的分布、设置等做了比较深入的考证；其次，比较翔实地剖析了清代卡伦具有的各种职能；再次，从与卡伦相关的设施、清廷对卡伦的监管、守卡官兵的拣选及其生计、坐卡等多个角度考察了清代卡伦管理制度；最后，通过考察卡伦在清朝边防中的地位和作用，剖析了清朝疆域的形成与卡伦之间的内在联系和互动作用。总的来看，该书对研究清代藩部卡伦的设置时间、卡伦的类型，以及漠北的卡伦、天山南北的卡伦、

---

① 硕士学位论文，内蒙古大学，2013。
② 《新疆艾比湖清代驿站遗址亟待保护》，新疆生产建设兵团新闻网，2008 年 5 月 23 日，http://www.huaxia.com/xjbt/xwsc/2008/05/965473.html。
③ 中国人民大学出版社，2005。

卡伦的职能、卡伦事务的管理、坐卡制度、卡伦设施及驻卡官兵的生计、对驻卡官兵的奖惩与抚恤制度、卡伦与相关边防设施、卡伦与清代的边防等问题，都有一定的启示。

马长泉《清代卡伦制度研究》①，探讨了清代北部边防思想和措施、卡伦制度的形成和发展、卡伦制度的衰落与重整、卡伦的类型、卡伦的管理系统、卡伦的职能、卡伦人员的构成及生活、卡伦制度的历史作用等问题，附录有卡伦与驿站、军台的区别和联系，边境卡伦方位表，伊犁将军所属各卡伦表，卡伦纪事等，从内容上讲比较全面。

在论文方面，宝音朝克图提供了以下多篇文章。《清代蒙古地区卡伦设置时间考——以漠北地区为中心》② 提出，卡伦是在关隘、要塞等处派兵驻守，执行巡查、稽查、监督、征收和传递文书等各种任务的防御、管理据点，其设置是清代特有的治理边疆、巩固边防之重要举措。以往，学术界就清代蒙古地区真正意义上的卡伦之设置时间持有"雍正五年""康熙年间"等不同观点。经过剖析《大清会典事例》等相关史料发现，蒙古地区的边境卡伦和内地卡伦之设置时间均可以追溯到康熙朝初期，而且，当时的卡伦已具备治理边疆、巩固边防等广义之卡伦的多种职能。《清朝边防中的三种巡视制度解析》③ 认为，"卡伦弁兵的巡逻""巡查卡伦""察边"是清朝政府在其边防中所采取的内容、形式互不相同的巡视制度，但由于其名称比较相似，容易混淆。文章根据《科布多政务总册》等文献记载，在分别解释上述三种巡视制度的基础上，对它们之间的本质区别及其内在联系做了较全面的论述。《清代卡伦官兵的坐卡制度解析》④ 认为，"卡伦"是清代特有的一种防御设置，官兵被派遣到固定的卡伦驻守执勤称为"坐卡"，清朝政府从各种防御目的出发，在卡伦官兵的坐卡管理方面制定专项条款，要求每位官兵在其坐卡驻守期间必须遵守各项规定，并采取相应的奖惩等各项具体、有效的措施，使其逐渐成为一套较为完善的防务管理制

---

① 哈尔滨出版社，2005。
② 《河北师范大学学报》2007 年第 2 期。
③ 《清史研究》2003 年第 4 期。
④ 《内蒙古大学学报》2004 年第 2 期。

度。《嘉道年间的大青山山后卡伦》① 指出，清代，大青山为绥远城将军所辖归化城土默特和乌兰察布盟各旗毗连交界之地，将军驻地归化城（今呼和浩特市）也坐落在大青山脚下土默特平原。嘉庆朝后期，大青山一带擅自越界等事件频繁发生，为此，清朝政府在归化城土默特，以及乌兰察布盟四子部落、茂明安、乌喇特（前、中、后旗）等旗边界先后设置卡伦，加强巡逻。《清代漠北地区卡伦巡边职能概述》② 认为，清代漠北地区卡伦巡边职能包括驻守、巡查边界，监护矿山、守护封禁资源，稽查游牧、监护屯田、稽查贸易、征收赋税、检验税票，稽查盗窃抢劫、查拿逃犯，传递官方文书等。《清朝的北疆巡边措施》③ 指出，早在康熙年间，清朝政府为防范沙俄侵占中国领土，在北疆采取"卡伦"和"察边"两种巡查边界的措施，并在实施过程中逐步形成了较为完善的管理制度。清廷深知两种巡边措施的利与弊，但受当时的人力和财力等客观局限，选择了两种措施同时并用、互补长短的办法，力求巩固边防。清代的巡边措施之得与失将为当今的边防建设提供更加丰富的经验。《清代蒙古地区卡伦官兵的奖惩机制》④ 提出，清朝政府在漠北和漠西蒙古地区卡伦管理中制定和实施由考核、奖惩、抚恤等程序组成的较为完善的奖惩制度，这一制度与清代内地军队中所实施的奖惩制度相比，既有不可分割的共性，也有诸多的特殊性。《中俄划界中的清代西北卡伦》⑤ 认为，清代西北地区的卡伦除少数是边境卡伦外，多数为执行稽查游牧、监护物产、维持社会秩序等任务的内地卡伦。清代卡伦分为三种，其设置方位在边境地带由内向外依次为常设卡伦、移设卡伦、添设卡伦。鸦片战争后沙俄提出以清朝卡伦作为两国边界走向的无理要求，进而混淆"常设卡伦"与"现有卡伦"两种概念，强占了中国大片领土，使该地区原有部分卡伦失去维持社会秩序、巩固边防的职能，反而成为沙俄割占中国领土的有力工具。《清代喀尔喀四部摊派科布多驻卡

---

① 《清史研究》2007 年第 1 期。
② 《卫拉特研究》2007 年第 1 期。
③ 《西部蒙古论坛》2008 年第 1 期。
④ 《西部蒙古论坛》2009 年第 2 期。
⑤ 《西部蒙古论坛》2011 年第 2 期。

差役的蒙文档案》① 指出，清代扎萨克图汗部官府所存蒙古文《四部差役摊派档册》是有关嘉庆至光绪年间喀尔喀四部落分摊差役的原始档案，记载了摊派科布多地区卡伦差役的翔实数据，可与汉文史料相互补充，具有较高的史料价值。《关于清代科布多地区卡伦的若干问题》②，以嘉道时期为中心，剖析清代科布多地区卡伦的设置及变迁、卡伦弁兵的来源、驻卡差役的摊派及其相关制度，为清代北疆史相关问题的研究提供了一些线索。此外，宝音朝克图还有《清代阿尔泰驻卡问题阐释》③ 一文，探讨了清廷在阿尔泰驻守卡伦官兵的有关问题。

马长泉也发表了一系列有关清代卡伦的文章，分述如下。《简论松筠的卡伦制度研究——以〈钦定新疆识略〉为中心的考察》④ 一文提出，松筠通过《钦定新疆识略》研究了卡伦制度，总结了自己在新疆活动的经验。他对卡伦的设立目的、种类、职能、分布及守卡官兵生活状态的研究较为详细、生动，对西北边疆史地学和中国历史产生了较大影响。《论清代卡伦的文化内涵》⑤ 一文认为，卡伦在清代边防中占有重要地位，见证了中国边界的变迁和中国屈辱百年的历史进程。在维护统一多民族国家各项事业的发展、增进各民族的交往、沟通边地与内地的联系等方面，卡伦起到了推动作用。《卡伦的起源及类型问题》⑥ 认为：卡伦是清代一项重要的军事制度，它对于清代政权的建立起到了积极作用。卡伦产生于努尔哈赤时代，在原有基础上可以分为边境卡伦、国家禁地卡伦和行军作战时的卡伦三种，对于了解清代军事制度的发展有一定的借鉴作用。《清代卡伦职能简论》⑦ 指出，作为一项重要的军事制度，卡伦在清代起到了积极的作用。卡伦的主要职能是巡查边界、监督贸易、监督游牧、管理禁区。卡伦在执行职能时有利有弊，有得有失，但其积极作用是主要的。其弊端的产生有着人为和

---

① 《中国社会科学报》2011 年 11 月 17 日（第 239 期）。
② 《西部蒙古论坛》2012 年第 2 期。与刘朝辉合写。
③ 第七届中国卫拉特历史与文化学术研讨会论文集，2012 年。
④ 《内蒙古师范大学学报》2011 年第 5 期。与张春梅合著。
⑤ 《黑龙江民族丛刊》2007 年第 3 期。
⑥ 《新乡师范高等专科学校学报》2003 年第 1 期。
⑦ 《新疆大学学报》2003 年第 2 期。

社会发展诸方面的原因。

另外，张敬《清代内蒙古地区的卡伦》① 指出，卡伦是清朝政府在北部边境地区实行的一项军事措施。清朝在内蒙古地区依据具体形势设置了很多处卡伦，以巡查边境、防止牧民越界、监管围场、巡查盗贼、维护治安、检查过往行人票据为主要职能。内蒙古地区卡伦的设立，维护了当地社会的稳定。张帅《论清代呼伦贝尔地区卡伦的设置》②，概述了清代呼伦贝尔境内卡伦的设置年代及其变迁、坐卡制度、卡伦的职责等，认为清代呼伦贝尔一隅，为国防边疆重地，清廷在呼伦贝尔境内设立的卡伦，作为执行防守、巡视、驱逐、稽查走私等任务的手段，曾起到了重要的固边作用。黄治国《清代土默特地区卡伦的职能及其管理》③ 提出，清代在归化城土默特地区根据形势需要设置了诸多卡伦，以稽查盗贼、保护行旅、防止牧民非法越界放牧、检查过往行人的票照、确保封禁政策的实施。为有效管理卡伦，清廷制定了严格的管理措施，如建立奖惩制度、订立巡缉章程、定期巡查汇报等。卡伦制度的实施，维持了土默特地区的社会稳定，保证了清朝政府对漠南归化城地区封禁政策的实行。刘春媛《清代呼伦贝尔地区卡伦述略》④ 认为，清代呼伦贝尔地区人烟稀少，边防力量薄弱。卡伦作为清代重要的边防举措，在维持边境安宁、维护国家安全和保卫我国领土完整等方面做出了重要贡献。陈剑平《清代新疆卡伦的体系构成》⑤，在系统研究新疆诸志及相关史料的基础上，探讨了清代西北卡伦的体系构成。该文认为，清代新疆的卡伦体系包括卡伦、布克申、安达兰、塔布图、察克达、其他小卡伦及开齐等众多机构与设施。整个体系可以分为作为驻所的卡伦与作为联结纽带的开齐两部分。卡伦是整个卡伦体系的中心、支柱。开齐则是卡伦体系的重要根基，它使原本孤立、分散的卡伦形成一个有机整体，是实现卡伦缉查职能的重要保障。玉努斯江·艾力、潘勇勇《〈伊犁

---

① 《广播电视大学学报》2016 年第 4 期。
② 《边疆经济与文化》2013 年第 11 期。
③ 《阴山学刊》2013 年第 4 期。
④ 《呼伦贝尔学院学报》2014 年第 4 期。
⑤ 《北方民族大学学报》2014 年第 4 期。

史〉中有关清代卡伦的记载》①，对《伊犁史》中有关清代卡伦的记述进行了考证。

综上所述，清代藩部驿站和卡伦的研究取得了比较大的成绩，但也存在一些问题。一是缺乏比较宏观的系统性阐述，影响了人们对此一问题的概括性了解。二是有的著作对内蒙古地区的卡伦缺乏专门叙述，对前人的研究成果关注不够，一定程度上影响了研究的视野。三是资料的使用方面还有待挖掘，特别是记载早中期清朝典章制度的书籍，如康熙、雍正、乾隆朝《大清会典》，需要对它们加强分析、利用。四是对清代藩部驿站和卡伦制度层面的研究，需要进一步深入、细化。五是有些问题还值得进一步探讨，例如认为漠北地区的边境卡伦早在喀尔喀蒙古各部正式归附清朝（康熙三十年）之前就已设置，其设置时间竟然可以追溯到康熙十三年，就值得商榷。

第二节　藩部驿站和卡伦的设置

首先是藩部驿站的设置。内蒙古是清廷在藩部最早设置驿站的地区。本来，清廷定鼎北京后，在京师设有皇华驿，额设驿马、马夫、车、车马、车夫数量不等，供有关方面使用。在内蒙古，则有由各盟旗设置的驿站。顺治年间，理藩院官员前往内蒙古办事，有时是自备马匹，由朝廷供应口粮草料；有时是乘皇华驿提供的驿马，各给信牌，根据官员品级，给马自 1 匹至 15 匹、车自 1 辆至 7 辆不等。康熙三年（1664），清廷派往内蒙古参加会盟的大臣，以及随从的郎中、员外郎、主事、笔帖式、领催等，都带帐房、粮米，在野外宿营。朝廷提供的马匹、骆驼和车辆，按品级规定给予。② 这些情况表明，直到康熙初年，清廷还没有使用内蒙古的驿马。康熙九年，清廷决定：凡奉旨特遣，或理藩院往各旗遍传事务紧急差遣，或巡

---

① 《兰台世界》2016 年第 8 期。
② 赵云田点校《乾隆朝内府抄本〈理藩院则例〉》，第 220 页。

查斥堠送诏等事，自内地驰驿外，仍给信牌，许乘边外驿马。^① 这是清廷首次允许理藩院官员去内蒙古办事使用内蒙古盟旗提供的驿站设施。康熙三十年，根据内蒙古盟旗所设驿站的情况，清廷做出两项决定。一是鉴于外藩驿站差役繁多，嗣后除特奉钦差紧要事件外，凡封王致祭、审理事务、查点马群等一应平常事件，俱汇集一年两次，在四月、九月间差往，均令由山海关出奉天法库门前去，不许强乘度冬马匹，宰杀度冬羊只。如敢浮派勒索，令该扎萨克举报到院，有关人员要受革职等处分。二是内蒙古49旗，要照理藩院给发印文供应差马、廪羊，不许规避，否则，要受罚畜等处分。康熙三十一年，清廷决定动用国帑在内蒙古设置驿站，对此，康熙皇帝谕示内大臣阿尔迪和理藩院尚书班迪等人："凡遇边外事务，皆用蒙古马匹，不但甚累蒙古，且恐事亦有误。今设立驿站，虽费用国帑，日后于蒙古裨益良多，亦不致迟延误事，最为紧要。特遣尔等料理，务加详慎，必将确然不易，可垂永久之策，筹划而行。"^② 清廷设置的内蒙古驿站凡五路，其中，张家口驿道24站，通达四子部落旗，苏尼特右翼旗、左翼旗，喀尔喀右翼旗，茂明安旗。喜峰口驿道18站，通达喀喇沁右翼旗、中旗、左翼旗，土默特右翼旗、左翼旗，喀尔喀左翼旗，敖汉旗，奈曼旗，扎鲁特左翼旗、右翼旗，科尔沁左翼后旗、中旗、前旗、右翼中旗，郭尔罗斯后旗、前旗，科尔沁右翼前旗、后旗，扎赉特旗，杜尔伯特旗。古北口驿道16站，通达翁牛特右翼旗、左翼旗，扎鲁特右翼旗、左翼旗，巴林右翼旗、左翼旗，阿鲁科尔沁旗，乌珠穆沁右翼旗、左翼旗。独石口驿道7站，通达克什克腾旗，阿巴噶右翼旗、左翼旗，阿巴哈纳尔右翼旗、左翼旗，浩齐特右翼旗、左翼旗。杀虎口驿道12站，通达乌喇特旗、鄂尔多斯六旗。^③ 此后数年间，清廷又在各驿站增设了车辆，完善了管理机构。

清廷在外蒙古设置的驿站，亦称北路驿站，又名阿尔泰军台，是在平定准噶尔贵族内乱和处理复杂的国际事务中，根据物资转运和通信联系等方面的需要而逐渐设置的。

---

① 赵云田点校《乾隆朝内府抄本〈理藩院则例〉》，第220—221页。
② 《清圣祖实录》卷154，康熙三十一年三月丙辰。
③ 杨选第、金峰校注《理藩院则例》，第270—286页。

康熙三十五年（1696），清廷决定兵分中、西两路出击噶尔丹。行前，兵部、理藩院官员对两路设驿问题进行了商讨，并向康熙皇帝提出了初步计划。关于西路设驿，该计划提出，自杀虎口以外，应置驿60处，每驿设马20匹，两驿合设笔帖式1员，拔什库2名，蒙古官1名，士兵10名。60驿需马1200匹，余下300匹用于西路至中路军前应设驿之处。康熙皇帝批准了这一计划。关于中路设驿，兵部、理藩院的计划中提出，自独石口外，约设60驿，每驿马40匹，中路大军到汛界后，与西路联络处设15驿，每驿马20匹。中路正站、腰站（旁站）俱两驿合设笔帖式1员，拔什库2名，扎萨克蒙古官1员，士兵10名，由理藩院、兵部各派官员2名管理正站，1员管理腰站。康熙皇帝在审议这个计划时，除调整每驿均设马20匹外，还提出"有情愿效力废员，每一驿可用两三人"。① 不久，康熙皇帝亲自统率中路大军，沿内蒙古独石口驿站前进，经过外蒙古苏勒图、哈毕尔汉、和尔和、格德尔皮、塔尔奇刷、僧色、科图、苏勒图、瑚南、鲁苏台寨罕诺尔、喀喇芒奈哈必尔汗、席喇布里图、西巴尔台、察罕布拉宽、拖陵布喇克、阿敦齐陆河鲁布喇克、枯库车尔等地，最后到达克鲁伦河中游一带。中路大军运粮队的路线基本上和此相同。西路大军主力部分则由费扬古率领，出归化城，越过大青山，穿过戈壁滩，经过外蒙古得里巴尔哈孙、翁锦河渡口，最后在土拉河流域昭莫多地方和噶尔丹遭遇，并将噶尔丹击败。西路大军的运粮路线在出归化城以后，和西路大军的进军路线基本上一样。昭莫多大捷后，费扬古奉命驻扎在外蒙古科图地方，以后又移驻鄂尔坤河流域。康熙三十五年九月，理藩院上奏，自张家口外设蒙古驿至费扬古驻兵之处。② 这样，就为清廷在外蒙古设置驿站奠定了最后的基础。

雍正五年（1727），清廷出帑金10万两在哲布尊丹巴呼图克图所居故地库伦，建立庆宁寺，使库伦成为外蒙古的政治和宗教中心。从这时开始，从赛尔乌苏到库伦的驿站最终建置并正式固定下来。从库伦到恰克图驿站的设置，与清廷和沙俄签订中段界约密切相关。雍正五年，中俄签订了《恰克图条约》，正式划分中俄中段边界。清廷为了巡查恰克图地区的卡伦，

---

① 《清圣祖实录》卷171，康熙三十五年二月壬辰。

② 《清圣祖实录》卷176，康熙三十五年九月丙寅。

以及确保中俄恰克图互市的正常进行，便正式设置了由库伦至恰克图的驿站。

清廷设置由赛尔乌苏至乌里雅苏台、由乌里雅苏台至科布多台站，是在比较复杂的情况下进行的，而且延续的时间达数十年之久。康熙五十四年（1715），漠西蒙古准噶尔部策妄阿拉布坦起兵反清，清廷为了增强西路军的力量，便命位于外蒙古的清军以及外蒙古各部骑兵进驻推河流域，进而在鄂尔坤河、土拉河一带驻兵屯田，以接济军食。不久，清军又由推河流域进驻阿尔泰山东部地区。康熙五十八年，为适应前方军事的需要，清廷增设了从杀虎口到鄂勒齐图郭勒的驿站，并在鄂勒齐图郭勒到察罕瘦尔之间增设 11 个新站，派理藩院司官 1 员前往，会同清朝振武将军傅尔丹，将夫马车辆等项照古北口外安站例设置，并派兵部尚书范时崇前往料理。据记载，当时清廷曾将鄂尔多斯、乌喇特、归化城土默特、茂明安、四子部落等蒙古站丁千余家，每家五六口，总计 6000 余人派往布尔哈大台站处安设台站，直至傅尔丹新设木城止。① 至雍正四年（1726），清廷进一步了解了阿尔泰山地区的形势，便于雍正九年，在地处交通要道的科布多建城驻军。雍正十一年，把军营由察罕瘦尔移到乌里雅苏台地方，并建置乌里雅苏台城。② 乾隆二十年（1755），清廷出兵平定达瓦齐，北路清军从乌里雅苏台出发，再次进占科布多地区，次第统一了外蒙古西部以及漠西蒙古准噶尔部的中心地域。清廷正是在从康熙朝到乾隆朝长达数十年之久的对准噶尔部用兵的过程中，逐渐设置了从赛尔乌苏到乌里雅苏台、从乌里雅苏台到科布多的台站。

综上可知，清廷在外蒙古设置的阿尔泰军台驿站主要线段有：由赛尔乌苏至库伦，由库伦至恰克图，由赛尔乌苏至乌里雅苏台，由乌里雅苏台至科布多。此外还有由奇拉伊木呼尔至赛尔乌苏路，乌里雅苏台至津吉里克卡伦路，科布多至索果克卡伦路，科布多至搜吉卡伦路。

奇拉伊木呼尔至赛尔乌苏路有 5 站，向南承接内蒙古张家口驿道，向北以赛尔乌苏为枢纽，分达外蒙古各地。赛尔乌苏至库伦路有 14 站，终点是

---

① 范昭逵：《从西纪略》，王锡祺辑《小方壶斋舆地丛钞》第 2 帙。
② 《清世宗实录》卷 130，雍正十一年四月庚申。

图拉。库伦至恰克图路有 6 站，终点是努克图。赛尔乌苏至乌里雅苏台路有 25 站，终点是察罕瘦尔。乌里雅苏台至科布多路有 6 站，终点是哈喇乌苏。乌里雅苏台至津吉里克卡伦路有 7 站，终点是察罕托罗海。科布多至索果克卡伦路有 5 站，终点是索果克。科布多至搜吉卡伦路有 8 站，通达于西路，以及喀尔喀、杜尔伯特、旧土尔扈特、和硕特、乌梁海、扎哈沁等处游牧。

　　清廷在新疆北部设置的驿站，亦称天山北路台站，主要包括：从巴里坤到乌鲁木齐，从乌鲁木齐到伊犁，从库尔喀喇乌苏到塔尔巴哈台。这也是清廷在对准噶尔部的长期战争中逐渐设置的。早在康熙十八年（1679），清廷就已经在巴里坤等地安设哨卡。康熙五十六年，为进攻准噶尔部军队，清军曾驻防巴里坤。康熙五十八年，清军进而打通了从巴里坤到乌里雅苏台附近察罕瘦尔木城的交通。雍正九年，清廷建置巴里坤城。乾隆二十年春，为彻底平息达瓦齐之乱，清朝定北将军班第提出了从伊犁至哈密、巴里坤至乌里雅苏台安设驿站的计划。经军机大臣议复，乾隆皇帝予以批准。后来，清军由巴里坤出兵，中经乌鲁木齐，直逼伊犁。随着清廷对天山北部地区的统一，从哈密经乌鲁木齐到伊犁的天山北路驿站也最终设置起来了。以后清廷又平息了大小和卓的叛乱，新疆南部的驿站也相继设置。巴里坤至乌鲁木齐路有 16 站，终点是昂吉尔图。乌鲁木齐至伊犁路有 20 站，终点是乌哈尔里克。库尔喀喇乌苏至塔尔巴哈台路有 12 站，终点是于齐罕莫多。此外，哈密至安西有 7 站，哈密至乌鲁木齐有 6 站，巴里坤至吐鲁番有 12 站，乌鲁木齐至吐鲁番有 6 站，哈密至喀什噶尔有 60 站，阿克苏至乌什有 3 站，叶尔羌至和阗有 7 站，阿克苏至伊犁有 15 站。[①]

　　青海西宁在清代属于甘肃省下辖的一个府，清廷有驿道从京师通往兰州，从兰州再有 13 站到达西宁。西宁的重要性在于，康熙年间清军驱逐准噶尔军出西藏，青海西宁是清军前往西藏的重要路线之一。康熙五十六年（1717），准噶尔军入侵西藏，拉藏汗被杀，西藏政局处于动荡之中。为驱逐准军，康熙皇帝派军入藏。平逆将军延信为中路从西宁出发进藏，征西将军噶尔弼为南路从打箭炉入藏，抚远大将军、皇子允禵驻扎西宁居中调

---

　　① 见《西域图志》卷31；祁韵士等《西陲要略》卷1，商务印书馆，1936。另见刘文鹏《清代驿传及其与疆域形成关系之研究》，第108—112 页。

度。正是清廷在用兵西藏、驱逐准噶尔军出西藏的过程中，清廷在西藏设置的驿站得以确立，并发挥了重要作用。对此，史书记载："康熙五十九年，大兵定藏，抚有是土。十数年官兵往来其间，崇山鸟道，竟成通衢大道。"① 在雍正和乾隆年间，清军又曾几次从青海、四川、云南入藏，平定阿尔布巴之乱，驱逐廓尔喀入侵军。乾隆皇帝曾经谕示："从西宁至藏界，仿照康熙年间之例安置驿站，专为驰送藏中来往奏折之用。并按站分派弁兵赍领驰送，以专责成。"②

清廷设置的西藏驿站线段主要有：从打箭炉（今四川康定）至拉萨有84 站，13 汛，为川藏驿道；自青海西宁至拉萨有 68 站，为青藏驿道；自云南中甸至西藏洛隆宗有 38 站，再从此去拉萨，为滇藏驿道；还有青海玉树至拉萨有 38 站。在西藏设置的驿站有：由拉萨至察木多（今昌都）45 站，至日喀则 17 站，至堆噶尔本（今阿里）28 站，至那曲 29 站，至三十九族37 站。由扎什伦布至拉萨 13 站；至定结有 2 条路，一为 11 站，一为 12 站；至萨迦 9 站；至聂拉木也有 2 条路，一为 17 站，一为 25 站；至阿里 19 站；至大吉岭 16 站。昌都至拉萨有 3 条路线，一为 5 站，一为 11 站，一为 7站；至玉树 4 站；至纳古 9 站；至云南德钦 6 站；还可至察隅、巴塘和康定。③

其次是藩部卡伦的设置。内蒙古归附清廷最早，因而也是卡伦设置最早的地区。内蒙古设置的卡伦有以下几种情况。一是汛地卡伦，即在军队驻扎的地方设置卡伦，起着哨所的作用。康熙十三年（1674）清廷规定：蒙古汛地，各设卡伦，以资防守。④ 当时把卡伦总称为"斥堠"，也就是"哨所"之意。汛地卡伦的坐卡官兵，由该旗扎萨克派出，定期轮换。二是各盟旗之间的卡伦。清代内蒙古卡伦的设置，与清廷在内蒙古编旗设盟有关。清廷给内蒙古各部各旗划出一定范围的游牧地，供其使用，并严禁私越旗界。为了保证不越界游牧，清廷便在内蒙古各部、旗之间建置许多鄂

① 《西藏考》，《丛书集成初编》本，中华书局，1983。
② 《清高宗实录》卷 1390，乾隆五十六年十一月癸酉。
③ 参阅黄沛翘《西藏图考》，西藏人民出版社，1982；光绪朝《大清会典事例》卷 689，兵部二"邮政"。另见喜饶尼玛、王维强主编《西藏通史·清代卷下》，第 976—977 页。
④ 赵云田点校《乾隆朝内府抄本〈理藩院则例〉》，第 49—50 页。

博或卡伦，作为疆界的标志。"因山河以表鄂博，无山河则表以卡伦"，"凡内外扎萨克之游牧，各限以界，或以鄂博，或以卡伦"。① 关于各盟旗之间的卡伦，这里可以举两个事例。一个事例是：大青山后各扎萨克蒙古游牧，向多"盗贼"，清廷为维持那里的封建统治秩序，便在四子部落郡王旗边界添设卡伦 4 处，达尔汉贝勒旗边界添设卡伦 2 处，茂明安扎萨克旗边界添设卡伦 1 处，乌喇特公三旗边界添设卡伦 2 处。这些都是各旗之间的卡伦。坐卡官兵由该扎萨克出派，轮替驻宿。② 另一个事例是：康熙二十九年（1690）清廷决定，杜尔伯特、郭尔罗斯 2 旗，卡伦原设哈达雅地方，与墨尔根村庄相近，应移于席令吉齐河山顶安设；其扎赉特 3 卡伦，亦近索伦游牧之处，应将东卡伦移于柴河北山顶安设，中卡伦移于伊罕克勒河山顶安设，西卡伦移于库勒齐山顶安设；至科尔沁 3 卡伦，坐落内地，与各处鸾远，应将东卡伦移于哈布齐河山顶安设，中卡伦移于纳哈拜齐札尔汉山顶安设，西卡伦移于哈麻尔口北山顶安设。③ 这些记载从一个侧面说明了内蒙古盟旗之间设置卡伦比较普遍的情况。三是封禁卡伦。清廷在内蒙古的一些封禁地区也设置卡伦，这里主要指的是木兰围场的四周。"凡木兰之地周遭树栅为界"，"设卡伦四十"，"规取高地为之，或于冈，或于阪，或于山川之隙，随宜设置"，"以八旗兵守之"。④ 木兰围场四周卡伦的作用是防止蒙古、汉民私入围场盗伐木植，偷打牲畜。四是被驿站替代的卡伦。康熙四十四年（1705），清廷曾对自归化城至杀虎口 200 里内的卡伦进行调整。之前这一地段设置 6 处卡伦，后来经过调查，发现归化城至杀虎口有东西两路。东路岭隘河多，雨雪时行走艰难，所以决定将所设 6 处卡伦裁撤。西路平稳，应在东尔昆东口安设 20 户为驿。另外，额伦布塔处，将土默特人安设 20 户；喀拉巴拉克郎孙处，将镶蓝旗游牧察哈尔人安设 20 户。共 60 户，委官 2 人，令其管辖，往还巡查，以便公差。⑤ 可见，原来的 6 处卡伦在一定程度上起着驿站的作用。

---

① 《清史稿》卷 137《兵志八》。
② 杨选第、金峰校注《理藩院则例》，第 301 页。
③ 赵云田点校《乾隆朝内府抄本〈理藩院则例〉》，第 50 页。
④ 《清朝文献通考》卷 183《兵考五》；《清史稿》卷 137《兵志八》。
⑤ 赵云田点校《乾隆朝内府抄本〈理藩院则例〉》，第 50—51 页。

清代外蒙古地区由清廷设置的卡伦，据何秋涛记载，始于雍正五年
（1727）。这一年，清廷派郡王策凌、侍郎图里琛等与俄罗斯使臣萨瓦勘定
疆界，同时设置北部卡伦59座。其中47座在外蒙古四部界内，分别以四部
属下蒙古，按游牧远近，每卡设章京1员率领兵丁携眷戍守。①清代外蒙古
地区的卡伦，从性质上说，可分边境卡伦和内地卡伦两种；从地理位置和
设置单位来讲，又可划为5段。

从库布勒哲库到乌尔和特，中经蒙克托罗盖、哲格拉他音、孟格几克、
华鄂博果、鄂凌图、托尔罗克、土尔克能、托克托尔、呼林纳尔索、托苏
克、伙尔秦、博尔克，总计卡伦14座，为第一段，位于鄂嫩河以东，由车
臣汗部设置，属边境卡伦。从巴彦阿都尔噶到布拉，中经阿嘎楚、齐勒伯
尔、集尔浑、库木里、哈苏鲁克、阿仍乌、库野、明几、乌雅勒喀、库得
里、奇泰、奇兰，总计卡伦14座，为第二段，位于鄂嫩河以西，由土谢
图汗部设置，属边境卡伦。从察罕乌苏到哈特呼勒，中经哈拉呼几尔、哈
布塔海、济尔格岱、鄂尔多果、特穆伦、额林沁拉木、阿勒浑博勒尔、鄂
依拉噶、达尔钦图、库克托罗盖，总计卡伦12座，是第三段，位于恰克图
以西，由赛音诺颜部所设，为内地卡伦。从博勒图斯到巴彦布拉克，中经
察汉布隆、阿噶里、锡巴尔、齐噶勒、哈起克，计有卡伦7座，是第四段，
位于唐努山以南，由扎萨克图汗部设置，也是内地卡伦。

除上述外，在科布多地区，从津吉里克到吗尼土噶图勒，中经额尔逊、

① 何秋涛的这一说法近年来有人提出质疑，见宝音朝克图《清代蒙古地区卡伦设置时间考——
以漠北地区为中心》，《河北师范大学学报》2007年第2期。不过，细读有关史料就可发
现，何秋涛记载的是清廷设置的边境卡伦，这在时间上并没有错。质疑者提出的"漠北地
区内地卡伦早在康熙十六年就已设置，同时还说明喀尔喀各部正式归附清朝之前该地内地
卡伦就已存在"，也有可能并没有错。因为在外蒙古各部归附清廷以前，他们各部之间的
界线处也会安设卡伦，只不过这些卡伦并不是清廷设置的，而是外蒙古四部各自设置的。
此外，认为漠北地区的边境卡伦早在喀尔喀蒙古各部正式归附清朝（康熙三十年）之前就
已设置，而且，其设置时间竟然可以追溯到康熙十三年。这种认识值得商榷。一是对有关
史料的理解可能存在误区。"出卡伦逃往外国之人，如追时不曾抗拒者，被获之日将为首
一人斩，余绞。若持兵抗拒皆斩。逃往外国被执送院，曾拒捕伤人者斩，未伤人者鞭一百，
交还原主。逃而未伤人自还者免罪，交原主。"这段史料出自康熙朝《大清会典》理藩院
"录勋清吏司·严禁逃人"部分，与质疑者引文有所出入。二是在外蒙古各部归附清廷以
前，清廷竟能在外蒙古四部和俄罗斯接壤的地方设置卡伦，其设置时间竟然可以追溯到康
熙十三年，这能讲的通，不能不使人产生怀疑。

萨木噶勒台、阿拉克鄂博、鄂尔济呼布拉克、齐齐尔噶那、汉达盖图、博罗沁格格图、博陀罗尼霍垒、乌鲁克诺尔、齐格尔素台、哈韬乌利雅苏台、哈克诺尔、素果克、卫霍尔、噶鲁图、乌科克、沁达垓土、乌尔鲁、昌吉斯台、那林、塔木伯勒济尔、库兰阿吉尔噶、噶拉济尔巴什、和尼迈拉虎，还有卡伦26座。这些卡伦虽然不在上述47座卡伦范围内，但也在外蒙古，它们属科布多参赞大臣管辖，在乾隆十九年（1754）以后陆续设置，可算第五段，由外蒙古四部扎萨克选派台吉、章京带领兵士分驻戍守，一年一换，官给钱粮。

清廷平定准噶尔贵族内乱，开始在新疆天山以北设置卡伦，称北路卡伦。乾隆二十三年（1758），清廷下令在斋桑湖以西、额尔齐斯河支流布昆河一带安设卡伦。[①] 乾隆二十六年，塔尔巴哈台参赞大臣阿桂奉清廷命令，在伊犁西路各交通要道安设卡伦。

新疆北路卡伦分塔尔巴哈台参赞大臣所属和伊犁将军所属两部分。塔尔巴哈台参赞大臣所属的卡伦有：塔尔巴哈台东路卡伦，从辉迈拉虎到乌里雅苏图，中经札哈苏淖尔、策克德克果勒、喜尼乌苏、干济罕莫多、哈喇布拉、特木尔绰尔、哈达苏、固尔班乌里雅苏图、博洛呼济尔、板长沟、哈玛尔达巴罕，计13座，均系夏季安设，由领队大臣专管；从玛尼图噶图勒干到锡伯图，中经鄂伦布拉克、乌里雅苏图、俄栋果勒、乌兰布拉、布尔噶苏台、博勒济尔，计8座，也称塔尔巴哈台东路卡伦，亦由领队大臣专管，只不过均在冬季安设；塔尔巴哈台西路卡伦，从巴克图到阿鲁沁达兰，中经玛尼图、沙喇布拉克、察罕托海、额尔格图、巴尔鲁克、莫多巴尔鲁克，总计8座，以专理游牧领队大臣1员兼管。上述塔尔巴哈台参赞大臣所属卡伦共29座，卡伦侍卫由清廷派往。

伊犁将军所属的卡伦有：从沙喇布拉克到固尔札渡口，中经塔勒奇、干珠罕、库库哈玛尔、毕齐克图、库库俄罗木，计7座，由惠宁城领队大臣具体管辖；从固尔班托海到达尔达木图，中经安达拉、沙巴尔托海、托里、玛哈沁布拉克、春稽、乌里雅苏图、额木纳察罕乌苏、辉图察罕乌苏、塔

---

① 傅恒等纂《平定准噶尔方略》，正编卷55。

木哈、察罕托海、托赖图、沙喇托罗海、额里音莫多、头勒克、大桥，计17座，其中常设卡伦6座，移设卡伦4座，添撤卡伦7座，[①] 由锡伯营领队大臣具体管辖；[②] 从霍尔果斯到奇沁，中经齐齐罕、奎屯、博罗呼济尔、崆郭罗鄂伦、辉发、奎屯色沁，计8座，其中常设卡伦6座，添撤卡伦2座，由索伦营领队大臣具体管辖；从塔尔奇阿满到硕博图，中经鄂博勒奇尔、鄂勒奇图博、乌兰布拉、绰伦古尔、达尔达木图、札克鄂博、哈布塔海、音德尔图、乌柯克、沁达兰、索达巴罕、冲库克、喀喇乌珠尔、阿尔齐吐哈玛尔、木鲁、沙喇布鲁克、察奇尔图泥盖、苦苦托木、察罕乌苏、雅玛图、鄂托克赛里安达拉，计23座，其中常设卡伦11座，添撤卡伦12座，由察哈尔营领队大臣具体管辖；从特穆尔哩克到博尔克阿曼，中经特穆尔哩克渡口、雅巴尔布拉克、鄂博图、鄂博图渡口、额尔格图、札拉图、哈尔干图、哈尔奇拉渡口、齐齐罕图、库图勒、格根、鄂尔果珠勒、哈尔奇喇、沙喇雅斯、特克斯色沁、敦达哈布哈克、伊克哈布哈克、察察、那林哈勒噶、巴噶塔木哈、察林河渡口、察林河察罕鄂博、根根西里克、铜场外、那喇特，计25座，由厄鲁特营领队大臣具体管辖。

新疆天山以南的卡伦称南路卡伦，是在清廷平定准噶尔蒙古以及大小和卓叛乱过程中陆续设置的。其中，自伊犁南经木苏尔达巴罕至乌什城西北一带，设卡伦6处，为乌什办事大臣专辖。自乌什而西，直达喀什噶尔城，设卡伦17处，为喀什噶尔领队大臣专辖。自喀什噶尔东南行至英吉沙尔城，设卡伦12处，为英吉沙尔领队大臣专辖。自英吉沙尔至叶尔羌城，设卡伦7处，为叶尔羌办事大臣专辖。自叶尔羌至和阗，设卡伦12处，又

---

① 新疆卡伦"有常设、移设、添撤之分。历年不移而设有定地者，是谓常设之卡伦"，"住卡官兵，有时在此处安设，有时移向彼处，或春秋两季逆移，或春冬两季逆移，或春夏秋三季逆移者，是谓移设之卡伦"，"其地虽有卡伦，而有时安设，过时则撤者，是谓添撤之卡伦"（《钦定新疆识略》卷10《边卫》）。又，新疆卡伦其制有三。"其在内者曰常设卡伦，在外者曰移设卡伦，最在外者曰添撤卡伦。三者惟常设卡伦为永远驻守之地，余皆值气候和暖则外展，寒则内迁，进退盈缩，或千里，或数百里不等。"（《清史稿》卷137《兵志八》）

② 需要说明的是，上述诸卡伦中，安达拉、沙巴尔托海、托里、玛哈沁布拉克、春稽、乌里雅苏图、额木纳察罕乌苏、辉图察罕乌苏、塔木哈、察罕托海、沙喇托罗海、额里音莫多、头勒克等卡伦，因光绪八年（1882）中俄签订《伊犁条约》，被沙俄侵占。参见宝音朝克图《清代北部边疆卡伦研究》，第97—101页。

从札马耳路至阿克苏，设卡伦 1 处，为和阗领队大臣专辖。自叶尔羌东北行至阿克苏城，其东北路通著勒士斯，设卡伦 1 处，为阿克苏办事大臣专辖。自阿克苏至库车城，设卡伦 5 处，再至喀喇沙尔城，设卡伦 2 处，再至吐鲁番城，设卡伦 6 处，再至哈密城，设卡伦 4 处，均由各城驻扎大臣专辖。① 据研究，喀什噶尔领队大臣、英吉沙尔领队大臣所辖卡伦有：喀浪圭、图舒克塔什、乌帕拉特、明约洛、巴尔昌、伊兰瓦斯、伊斯里克、玉都巴什、伊尔古楚、图木舒克、乌鲁克、特尔克奇克、特比斯等 13 座。乌什办事大臣所辖卡伦有：卡尔布拉克、巴什雅哈玛、沙图、贡古鲁克、毕德里克等5 座。②

另外，在乌鲁木齐都统辖区内，还有红山嘴、他奔托罗海、伊拉里克、阿尔哈特、济木萨、五道梁子、洛克伦、玛纳斯山口、玛纳斯沙拉托会等11 座卡伦，其中，济木萨包括旧、南、北 3 座。③

这里应当强调的是，清廷在京师设有皇华驿。自皇华驿至内蒙古绥远城 1145 里，至青海西宁 4629 里，至新疆省城迪化共 8639 里，至新疆伊犁共 10214 里，至喀什噶尔共 11951 里，至西藏共 10920 里，至外蒙古乌里雅苏台共 4960 里，至科布多共 6280 里，至库伦共 2880 里。④ 以京师皇华驿为起点，构成了以京城为中心连接藩部各个地区的交通运输网络，从而加强了清廷政治中心和广大藩部的联系。

第三节　管理机构及内部设施

清廷对藩部的驿站非常重视，在管理方面，在中央政府机构中，采取了以理藩院为主、兵部为辅的双重领导体制。在理藩院，康熙和雍正年间，设录勋清吏司，掌驿递；乾隆朝前期，设录勋清吏司，掌驿站、驿官、驿

---

① 《清史稿》卷 137《兵志八》。
② 参见宝音朝克图《清代北部边疆卡伦研究》，第 130—134 页及注。
③ 《乌鲁木齐志略·卡伦》，参见宝音朝克图《清代北部边疆卡伦研究》，第 135—136 页。
④ 光绪朝《大清会典事例》卷 688、689，兵部，"邮政·驿程"一、二。

丁、驿马、驿使、供应；在乾隆朝中后期，设旗籍清吏司，掌汛地、邮政、驿官、驿丁、驿骑、驿使；在嘉庆朝至光绪朝，设旗籍清吏司，掌内蒙古驿道，设典属清吏司，掌外蒙古、新疆、西藏驿道。理藩院还设有满档房，负责派往管理驿站的官员，包括张家口、杀虎口、喜峰口、古北口、独石口、赛尔乌苏等地司员、笔帖式。在兵部，设车驾清吏司，"掌牧马政令，以裕戎备。凡置邮，曰驿、曰站、曰塘、曰台、曰所、曰铺，驰驿者验邮符，泄匿稽留者论如法"。① 应当强调的是，清代藩部驿站设置时，就有许多是由理藩院和兵部共同负责的，在康熙三十一年到五十四年（1691—1715），兵部负责检查藩部台站达30多次。在平时，清廷也以兵部协助理藩院监督检查。② 在对驿站的管理中，除由清廷定期派出理藩院官员外，地方亦派出官员，同样形成双重领导体制。清廷曾以陕甘总督统辖新疆台站，③ 以热河都统管辖喜峰口驿站，④ 以绥远城将军兼管杀虎口驿站，⑤ 直至以藩部各扎萨克台吉管理附近台站，而理藩院管站官员只是在每年春、冬二季巡查两次，以核功过。⑥ 显然，清代藩部驿站这种从中央到地方的双重领导体制，既适应了藩部地区的特点，在领导上做到了统一，便于清廷的统一管理，又发挥了藩部各地方官员的主动性，增强了他们的责任感，从而保证了驿站的顺通畅达。

具体说来，内蒙古各驿道，分别由张家口驿站管站司员、喜峰口驿站管站司员、古北口驿站管站司员、独石口驿站管站司员、杀虎口驿站管站司员具体管辖。外蒙古各驿道，奇拉伊木呼尔至赛尔乌苏，行政上归张家口管站司员统辖。赛尔乌苏至库伦、库伦至恰克图，属库伦办事大臣具体管辖。赛尔乌苏至乌里雅苏台，中间以哈拉尼敦为界分成两段：赛尔乌苏至哈拉尼敦属阿尔泰军台都统管辖，哈拉尼敦至乌里雅苏台行政上属定边左副将军管辖。乌里雅苏台至科布多，分别隶属科布多参赞大臣和定边左

① 《清史稿》卷114《职官志一》。
② 《清圣祖实录》卷171，康熙三十五年二月壬辰。
③ 《清高宗实录》卷749，乾隆三十年十一月癸巳。
④ 《清宣宗实录》卷95，道光六年二月癸酉。
⑤ 高庚恩纂《绥远旗志》卷5上。
⑥ 傅恒等纂《平定准噶尔方略》正编卷34。

副将军统管。乌里雅苏台至津吉里克卡伦,属定边左副将军统管。科布多至索果克卡伦,科布多至搜吉卡伦,属科布多参赞大臣管辖。新疆各驿道,巴里坤至乌鲁木齐,分别归巴里坤大臣、吐鲁番大臣、乌鲁木齐都统具体管辖。乌鲁木齐至伊犁,有的辖于乌鲁木齐都统,有的属伊犁将军。库尔喀喇乌苏至塔尔巴哈台,分别辖于乌鲁木齐都统和塔尔巴哈台参赞大臣。各驿站所需要的驼马牛羊等,由清廷按官价向所在地派购,它们被称为帮台牲畜,限期由所在地的地方官提供,逃避者要受罚,唯独科布多至搜吉卡伦 8 站,由扎哈沁官兵供役。

藩部因地区不同,各有特点,具体驿站的管理也不尽相同。在新疆,驿站具体管理多以级别较低的官员笔帖式为主。在伊犁、塔尔巴哈台地区,"往来递送奏折文移,因多系清字,曾奏明由伊犁满兵内拣选识字者,酌委笔帖式,给六品顶戴,支给笔帖式分例盐菜口粮,管理军台,登记往来事件"。① 在南疆回部地区,"叶尔羌至辟展一带军台,沿途俱有回民居住,每台分驻回民十名,绿营兵五名,共十五名,或前锋校,或满兵,派能写字者一名,赏给六品顶戴,以笔帖式委用管束"。② 在内蒙古,驿站初设时,多由笔帖式、领催、章京等管理驿站的具体事务。从雍正朝后期起,改为司驿官管理。到乾隆朝末年,"派往张家口坐台领催二名,一年更换。嗣后令军台都统,即于驻防官员内择其粗通文义者,酌派一员,带同能识清汉字领催二名,令其接递文报"。③ 在外蒙古,"张家口外阿尔泰军台正站二十九处,腰站十五处,管站官十五员,向来遇有发往军台效力废员,即令废员管理"。④ 这一记载说明,外蒙古除以笔帖式管理驿站外,有的地方还派各部院获罪人员前往效力赎罪,这些人被称为"废员"。在西藏,除驻藏大臣管理驿站外,还在"文职内派委州、县、丞、卒,武职内派拨游击、都司、守备、千总,分驻巡防,办理事务"。⑤

---

① 光绪朝《大清会典事例》卷 703。
② 光绪朝《大清会典事例》卷 703。
③ 光绪朝《大清会典事例》卷 703。
④ 光绪朝《大清会典事例》卷 703。
⑤ 中国第一历史档案馆藏宫中档朱批奏折,转引自张羽新编著《清代治藏典章研究》,第 1159 页;另参刘文鹏《清代驿传及其与疆域形成关系之研究》,第 150—152、155—163 页。

清廷对卡伦的管理，基本上同于清廷对驿站的管理。在中央采取以理藩院为主、兵部为辅的双重体制。在理藩院，先后设录勋清吏司、旗籍清吏司、典属清吏司掌斥堠、防汛。在地方对卡伦的管理中，理藩院又和地方官员的管理相结合，同样形成双重领导体制。在内蒙古，有绥远城将军、热河都统、察哈尔都统、呼伦贝尔副都统等管辖卡伦。在外蒙古，有乌里雅苏台将军、库伦办事大臣、科布多参赞大臣等管辖卡伦。在新疆，有伊犁将军、塔尔巴哈台参赞大臣、乌鲁木齐都统以及各地的领队大臣、办事大臣管辖卡伦。在西藏，有驻藏大臣管辖卡伦。具体到卡伦本身，"卡伦兵领以侍卫"，[①] 也就是清廷以卡伦侍卫具体管理卡伦事务。比如，伊犁、塔尔巴哈台各设卡伦侍卫12员，乌里雅苏台有卡伦侍卫6员，科布多3员。[②]。卡伦侍卫一般由京师派遣，三年更换。设卡伦侍卫具体管理卡伦事务，反映了清廷对卡伦守卫的极其重视。

清廷规定，藩部驿站要设驿丁、驿马、驿船和必要的物资。不过，藩部驿站内部的具体设施，因地区不同，情况也有所差别。

内蒙古。张家口驿道。张家口汉站额设马30匹，军夫马30匹，马牌子2名，军夫、马夫各24名，兽医1名。察罕托罗海蒙古第一正站，额设官马25匹，驼10只，廪羊25只，章京1员，领催1名，马甲10名，乌拉齐10名。布尔哈苏台蒙古腰站、鄂罗依琥图克蒙古腰站，额设官马25匹，驼10只，廪羊25只，骁骑校1员，领催1名，马甲8名，乌拉齐10名。哈留台蒙古第二正站、奎苏图蒙古第三正站，额设官马25匹，驼10只，廪羊25只，骁骑校1员，领催1名，马甲8名，乌拉齐10名。札哈苏台蒙古腰站、布鲁图蒙古腰站，额设官马25匹，驼10只，廪羊25只，章京1员，领催1名，马甲9名，乌拉齐10名。明垓蒙古第四正站，额设官马25匹，驼10只，廪羊25只，章京1员，领催1名，马甲8名，乌拉齐10名。察汗尔图蒙古腰站，额设官马25匹，驼10只，廪羊25只，章京1员，领催1名，马甲8名，乌拉齐10名。庆岱蒙古第五正站，额设官马25匹，驼10

---

①　《清朝文献通考》卷179《兵考一》。

②　《伊江汇览》"官制"；《塔尔巴哈台事宜》卷1；《乌里雅苏台志略》；富俊辑《科布多政务总册》；参阅马长泉《清代卡伦制度研究》，第190页。

只，廪羊 25 只，副参领 1 员，领催 1 名，马甲 9 名，乌拉齐 10 名。乌兰哈达蒙古第六正站，额设官马 25 匹，驼 10 只，廪羊 25 只，骁骑校 1 员，领催 1 名，马甲 9 名，乌拉齐 10 名。本巴图蒙古腰站，额设官马 25 匹，驼 10 只，廪羊 25 只，骁骑校 1 员，领催 1 名，马甲 9 名，乌拉齐 10 名。锡拉哈达蒙古第七正站，额设官马 25 匹，驼 10 只，廪羊 25 只，章京 1 员，领催 1 名，马甲 8 名，乌拉齐 10 名。鄂伦琥图克蒙古第八正站，额设官马 23 匹，驼 10 只，廪羊 25 只，副参领 1 员，领催 1 名，马甲 8 名，乌拉齐 10 名。察罕琥图克蒙古腰站，额设官马 23 匹，驼 10 只，廪羊 25 只，骁骑校 1 员，领催 1 名，马甲 8 名，乌拉齐 10 名。锡拉穆楞蒙古第九正站，额设官马 23 匹，驼 10 只，廪羊 25 只，章京 1 员，领催 1 名，马甲 8 名，乌拉齐 10 名。敖拉琥图克蒙古第十正站，额设官马 23 匹，驼 10 只，廪羊 25 只，章京 1 员，领催 1 名，马甲 9 名，乌拉齐 10 名。吉斯黄郭尔蒙古第十一正站，额设官马 22 匹，驼 10 只，廪羊 25 只，章京 1 员，领催 1 名，马甲 6 名，乌拉齐 10 名。喜喇穆呼尔蒙古第十二正站，额设官马 22 匹，驼 10 只，廪羊 25 只，骁骑校 1 员，领催 1 名，马甲 6 名，乌拉齐 10 名。布隆蒙古腰站，额设官马 22 匹，驼 10 只，廪羊 25 只，骁骑校 1 员，领催 1 名，马甲 6 名，乌拉齐 10 名。叟吉布拉克蒙古第十三正站，额设官马 22 匹，驼 10 只，廪羊 25 只，骁骑校 1 员，领催 1 名，马甲 6 名，乌拉齐 10 名。托里布拉克蒙古第十四正站，额设官马 22 匹，驼 10 只，廪羊 25 只，骁骑校 1 员，领催 1 名，马甲 6 名，乌拉齐 10 名。图固里克蒙古第十五正站，额设官马 22 匹，驼 10 只，廪羊 25 只，章京 1 员，领催 1 名，马甲 6 名，乌拉齐 10 名。综上，张家口驿道共额设参领 2 员，骑都尉 1 员，章京 12 员，骁骑校 11 员，领催 23 名，马甲 180 名，乌拉齐 230 名。共额设官马 547 匹，驼 230 只，廪羊 575 只。

喜峰口驿道。喜峰口汉站，额设马 60 匹，马夫 30 名，字识 1 名，兽医 1 名。宽城汉站，额设马 60 匹，管站把总 1 员，外委 1 员，效力当差壮丁 50 名，马夫 16 名，字识 1 名，马牌子 1 名，兽医 1 名。浩沁塔宾格尔蒙古第一站、克依斯呼蒙古第二站、托郭图蒙古第三站、伯尔克蒙古第四站、黄郭图蒙古第五站、沙尔诺尔蒙古第六站、库库车勒蒙古第七站、三音哈克蒙古第八站、希纳郭勒蒙古第九站、奎苏布拉克蒙古第十站、博罗额尔济蒙古第十一站、诺木齐蒙古第十二站、哈沙图蒙古第十三站、阿勒坦克埒苏特依蒙古第十四站、仲堆蒙古第十五站、哈岱罕蒙古第十六站,均额设马50匹,廪羊60只,章京1员,昆都1员,马甲48名。

古北口驿道。古北口汉正站,额设马35匹,抄牌2名,马夫28名,兽医1名,扛轿9名,接递皂隶3名。鞍匠屯汉正站,额设马40匹,把总1员,外委2员,驿目4名,壮丁24名,抄牌1名,兽医1名,夫役9名。王家营汉正站,额设马30匹,把总1员,外委2员,驿目4名,壮丁14名,抄牌1名,兽医1名,夫役9名。红旗营汉正站、什巴尔台汉正站、坡赖村汉正站,均额设马30匹,把总1员,外委2员,驿目4名,壮丁14名,抄牌1名,兽医1名,夫役7名。美尔沟蒙古正站,额设马50匹,章京1员,骁骑校1员,笔齐业齐1名,领催4名,乌拉齐143名。希尔哈蒙古正站、色拉木伦蒙古正站、卓索蒙古正站,均额设马35匹,章京1员,骁骑校1员,笔齐业齐1名,领催4名,乌拉齐98名。阿美沟蒙古腰站、陈博图蒙古腰站、赍散琥图克蒙古腰站,均额设马15匹,骁骑校1员,笔齐业齐1名,领催2名,乌拉齐41名。噶察克蒙古正站、海拉察克蒙古正站、阿噜噶木尔蒙古正站,均额设马50匹,章京1员,骁骑校1员,笔齐业齐1名,领催4名,乌拉齐143名。以上蒙古各站,每站额设廪羊60只。

独石口驿道。独石口汉站,额设马29匹,书手1名,兽医1名,马夫43名。奎腾布拉克蒙古第一站、额楞蒙古第二站、额墨根蒙古第三站、卓索图蒙古第四站、锡林郭勒蒙古第五站、胡鲁图蒙古第六站,均额设马50匹,兵丁50名,章京1员,昆都2员。以上蒙古各站,每站额设廪羊60只。

杀虎口驿道。杀虎口汉站,额设马40匹,马夫20名,驿书1名。八十家蒙古站、二十家蒙古站、萨勒沁蒙古站、归化城蒙古站,均额设军需喂马10匹,草台马50匹,章京1员,昆都1员,兵丁48名。杜尔格蒙古站、栋素海蒙古站、吉克苏台蒙古站、巴彦布拉克蒙古站、阿噜乌尔图蒙古站、巴尔素海蒙古站、察罕札达垓蒙古站,均额设草台马50匹,章京1员,昆都1员,兵丁48名。①

---

① 以上据杨选第、金峰校注《理藩院则例》卷31、32。

此外，科尔沁扎萨克固山贝子旗沙拉木楞、沙拉巴魁地方有河，设渡船 5 只。①

外蒙古阿尔泰军台。"凡驿，北路皆由阿尔泰军台达之。张家口外阿尔泰军台，自出内扎萨克四子部落境起，由第十九站奇拉伊木呼尔，至赛尔乌苏，凡六站。由赛尔乌苏至哈拉尼敦，凡二十一站。由哈拉尼敦，至乌里雅苏台，凡二十站。由乌里雅苏台，至科布多，凡十四站，是为阿尔泰军台。"② 所以，阿尔泰军台应指张家口—赛尔乌苏—乌里雅苏台—科布多的驿站，包括了内蒙古的张家口驿路和外蒙古的赛尔乌苏驿道。③ 此外，由赛尔乌苏至库伦，由库伦至恰克图，由乌里雅苏台至津吉里克卡伦，由科布多至索果克卡伦，这些线段的驿站都在外蒙古境内。

赛尔乌苏驿道。自张家口所属图固哩克站接算。默霍尔噶顺蒙古第十六正站、霍尼齐蒙古第十七正站、毕勒格库蒙古腰站、哈济布齐蒙古第十八正站、扎拉图蒙古腰站、卓布哩蒙古第十九正站，均额设骑驼 20 只，驮驼 10 只，廪羊 25 只。博罗鄂博蒙古腰站、库图勒多伦蒙古第二十正站、塔拉多伦蒙古腰站、默端蒙古第二十一正站、哈比尔噶蒙古腰站、希保台蒙古第二十二正站、栳萨蒙古第二十三正站、吉埒木蒙古第二十四正站、沙克舒尔噶蒙古腰站、察布察尔蒙古第二十五正站、哈沙图蒙古腰站、哲愣蒙古第二十六正站、翁锦蒙古第二十七正站、乌纳格特蒙古第二十八正站、哈达图蒙古第二十九正站，均额设骑马 20 匹，驮驼 10 只，廪羊 25 只。④

乌里雅苏台驿道。从赛尔乌苏驿道哈达图站起，中经哈拉尼敦台、嘎鲁底台、塔楚台、乌尔图额尔呼都克台、沙尔噶勒卓特台、推台、乌尔图哈拉托罗该台、鄂勒该台、乌塔台、都特库图台，均设喀尔喀章京 1 员，骁骑校 1 员，兵 12 名，马 25 匹，驼 10 只。扎克台，设喀尔喀台吉 1 员，章京 1 员，骁骑校 1 员，兵 12 名，马 25 匹，驼 10 只。霍波尔车根台、乌兰奔巴土台、鄂伯尔陶寨台、阿噜陶寨台，均设喀尔喀章京 1 员，骁骑校 1

---

① 杨选第、金峰校注《理藩院则例》卷 33。
② 赵云田点校《乾隆朝内府抄本〈理藩院则例〉》，第 364 页。
③ 光绪朝《大清会典事例》卷 658《兵部》，"邮政·置驿四"。
④ 杨选第、金峰校注《理藩院则例》卷 31。

员，兵 12 名，马 25 匹，驼 10 只。呼济尔图台，所设同于扎克台。岱罕得勒台，所设同于哈拉尼敦等台。特木尔图台、舒噜克台，所设同于哈拉尼敦等台。霍克噜图台，所设同于扎克台。乌里雅苏台底台，设章京 2 员，骁骑校 2 员，兵 41 名，马 60 匹，驼 30 只。阿勒达勒台、博勒霍台、呼都克乌兰、依克哲斯台、巴噶哲斯台、珠勒库珠台、布固台、阿勒噶令图台、巴噶诺尔台，均设喀尔喀章京 1 员，骁骑校 1 员，兵 9 名，马 44 匹，驼 22 只。

乌里雅苏台至津吉里克卡伦驿道。从乌里雅苏台底台起，中经楚布哩雅台、可尔森迟柳台、鄂博尔乌拉克沁台、艾拉克诺尔台、阿噜乌拉克沁台、查布旦台、塔木塔尔海台、珠噜库珠台、察罕托罗海台，均设喀尔喀章京 1 员，兵 5 名，马 24 匹。

赛尔乌苏至库伦驿道。从赛尔乌苏台起，中经愍吉台、苏鲁海台、毕拉噶库台、托克达台、博罗达噶台、套里木台、莫敦台、那兰台、他拉布拉克台、佛都尔多布台、吉尔噶朗土台、布哈台、布库克台，各台均设章京 1 员，昆都 1 名，兵 10 名，马 48 匹，驼 16 只。透拉毕拉台，设总管图萨拉克齐 2 员，章京 1 员，昆都 1 名，兵 10 名，马 72 匹，驼 16 只。

库伦至恰克图驿道。中经库依台、布尔噶勒台，设章京 1 员，昆都 1 名，兵 7 名，马 69 匹，驼 24 只。博罗诺尔台，设章京 1 员，昆都 1 名，兵 4 名，马 44 匹，驼 16 只。呼齐干台、他沙尔台、伯特格台、乌鲁莫克图台、库特勒那拉苏台、噶萨那台、努克图台，均各设章京 1 员，昆都 1 名，兵 4 名，马 40 匹，驼 16 只。库都格诺尔台，设章京 1 员，昆都 1 名，兵 5 名，马 40 匹，驼 20 只。

乌里雅苏台至科布多驿道。从乌里雅苏台驿道的巴噶诺尔台起，中经杜尔根诺尔台、哈尔噶那台、吉勒噶朗图台，均各设喀尔喀章京 1 员，骁骑校 1 员，兵 9 名，马 44 匹，驼 22 只。扎哈布拉克台，设喀尔喀章京 1 员，骁骑校 1 员，兵 10 名，马 48 匹，驼 24 只。哈拉乌苏台，设喀尔喀台吉 2 员，章京 1 员，骁骑校 1 员，兵 9 名，马 44 匹，驼 22 只。绰和尔台，设章京 4 员，兵 20 名，马 60 匹，驼 30 只。

科布多至索果克卡伦驿道。中经锡拉布拉克台，设喀尔喀参领 1 员，章京 1 员，兵 4 名，马 20 匹，驼 5 只。和济苏鲁克台、轰鄂尔鄂笼台、霍硕罗图台、哈韬乌里雅苏图台，均各设喀尔喀章京 1 员，兵 4 名，马 20 匹，驼 5 只。乌兰格依台，设喀尔喀章京 1 员，兵 4 名，水手兵 4 名，马 36 匹，驼 5 只。必柳图台、博罗布尔噶苏台，各设喀尔喀章京 1 员，兵 4 名，马 20 匹，驼 5 只。

科布多至搜吉卡伦驿道。起自慜吉台，设扎哈沁参领 1 员，章京 1 员，兵 9 名，马 40 匹，驼 20 只。中经察罕布尔噶苏台、达布索图淖尔台、纳林博罗齐尔台、依什根托罗垓台、札哈布拉克台、西博图台、鄂兰布拉克台，均各设扎哈沁章京 1 员，兵 9 名，马 40 匹，驼 20 只。①

新疆驿道。新疆驿道的台站有的称军台，有的称营塘，正如祁韵士所说："伊犁至塔尔巴哈台及精河有军台无营塘，精河至乌鲁木齐有军台有营塘，乌鲁木齐至吐鲁番有军台有营塘，乌鲁木齐经巴里坤至哈密无军台有营塘，吐鲁番至哈密有军台无营塘，喀什噶尔至吐鲁番有军台无营塘，哈密至嘉峪关有军台有营塘。"② 新疆驿道主要分南北两路。北路包括伊犁、塔尔巴哈台、库尔喀喇乌苏、乌鲁木齐、古城、巴里坤等城，南路含哈密、吐鲁番、喀喇沙尔、库车、阿克苏、乌什、喀什噶尔、叶尔羌、英吉沙尔、和阗等城。新疆南北两路的驿道，根据情况不同，又可分若干段落。

乌鲁木齐至伊犁路，中经洛克伦台、呼图壁台、图古里克台、玛纳斯台、乌兰乌苏台、安吉海台、奎屯台、库尔喀喇乌苏台、布尔噶济台、墩木达喀拉乌苏台、固尔图喀拉乌苏台、托多克台、精河台、托里台、托霍木图台、胡素图布拉克台、鄂尔哲图博木台、博洛济尔台、塔尔奇阿满台、乌哈尔里克台。③ 共额设官马 875 匹，牛 160 只，车 60 辆，兵丁 270 名，字识 15 名，跟役 40 名，笔帖式 20 名，外委 15 名。

库尔喀喇乌苏至塔尔巴哈台路，中经奎屯台、库尔河台、沙拉乌苏台、鄂伦布拉克台、乌尔图布拉克台、乌尔格尔布拉克台、雅玛图台、沙喇和

---

① 以上据光绪朝《大清会典事例》卷 658《兵部》，"邮政·置驿四"。
② 见松筠修《西陲总统事略》卷 3。
③ 《清高宗实录》卷 641，乾隆二十六年七月庚申记载："乌鲁木齐至伊犁，共设二十一台，每台马兵五名，人给马二匹，绿旗兵十五名，人给马一匹，每台驼四只。"这可增加我们对每个台站设施的了解。

洛苏台、色德尔莫多台、塔尔巴哈台底台。共额设官马 170 匹，牛 55 只，车 17 辆，兵丁 135 名，字识 3 名，笔帖式 4 员，外委 3 员。

巴里坤至乌鲁木齐路，中经搜济台、肋巴泉台、套赖泉台、梧桐窝台、盐池台、齐克腾木台、苏鲁图台、辟展底台、里雅木沁台、胜金台、吐鲁番台、根忒克台、哈必尔罕布拉克台、喀喇巴勒噶逊台、昂吉尔图台。共额设官马 346 匹，车 30 辆，兵丁 56 名，回回兵 136 名，跟役 22 名，字识 14 名，把总 4 名，外委 10 名。①

哈密至喀什噶尔路。该路穿越吐鲁番、库车、喀喇沙尔、叶尔羌等南疆各城。起自哈密本城驿站，中经头堡台、三堡台、鸭子泉台、瞭敦台、橙槽沟台、肋巴泉台、盐池台、齐克塔木台、苏鲁图台、辟展台、连木齐台、胜金台、吐鲁番台、布干台、托克三台、苏巴什台、阿哈尔布拉克台、库木什阿克玛台、额克尔齐台、乌沙克塔勒台、特伯勒古台、海都河北台、海都河南台、哈喇噶阿满台、库陇勒台、哈喇布拉克台、车儿出台、策特二台、英噶萨尔台、玉古尔台、阿巴特台、托和鼐台、库车台、赫色勒台、赛里木台、拜城台、鄂依斯塔克齐台、察尔齐克台、哈喇玉尔滚台、扎木台、阿克苏底台、库木巴什台、英额阿利克台、都齐特台、乌图斯克满台、汗阿利克台、库克辙尔台、巴尔楚克台、哲克德利克托海台、塞尔古努斯台、毕萨克台、阿克萨克玛拉尔台、阿朗格尔台、迈那特台、赖里克台、艾吉特呼台、叶尔羌底台、喀喇布扎什台、赫色察木伦台、托朴鲁克台、英噶萨尔台、库森提斯滚台、喀什噶尔底台，总计 60 余台。②

关于新疆南路驿站的内部设施，以下资料可令我们了解更多情况。乾隆二十五年（1760），清廷决定：叶尔羌至辟展一带军台，每台分驻回民 10 名，绿营兵 5 名，以笔帖式委用管束。每台办给马 15 匹，驼 4 只。笔帖式、绿营兵丁照例支给盐菜口粮，坐台回子不给口粮，照绿营兵例支给盐菜。乾隆三十五年，清廷又决定：辟展所属七格塔本台起，北路至伊犁，南路

① 《嘉庆重修一统志》第 33 册，卷 517—521。参阅赵云田《清代蒙古政教制度》，第 182—183 页。
② 《嘉庆重修一统志》第 33 册，卷 521—528。参阅刘文鹏《清代驿传及其与疆域形成关系之研究》，第 110—111 页。

至喀什噶尔、塔尔巴哈台、和阗等处台站，共计 111 台，往来递送奏折文移，因多系清字，曾奏明由伊犁满兵内拣选识字者，酌委笔帖式给六品顶戴，支给笔帖式分例盐菜口粮，管理军台，登记往来事件。此内辟展、乌鲁木齐、库尔喀喇乌苏、伊犁、塔尔巴哈台所属，共 46 台，每 2 台俱派委笔帖式 1 员兼管。其喀喇沙尔、库车、乌什、和阗、叶尔羌、喀什噶尔所属，共 65 台，每台供委笔帖式 1 员管理。①

西藏台站的内部设施，因情况不同也常有变化。乾隆十年（1745），打箭炉至德格，按道路远近设随营军台。每台安马 6 匹，藏民马夫 4 名。自打箭炉折多塘至巴塘，添设汉塘，每塘安马 4 匹，藏民马夫 2 名。自理塘至擦马所，安设蛮塘，每塘安马 5 匹，共拨土兵 200 名。② 乾隆十三年，自红石起到军营，安设马步 24 塘，每塘马 12 匹，马夫 6 名，挂号兵 1 名，藏民马夫 3 名。③ 以上是战争状态下西藏台站内部设施情况。在社会稳定时期，则是另一种情况。这里以昌都至拉萨的驿站为例加以说明。

江卡：浦多塘、谷黍塘、普那塘，每塘兵 10 名，土兵 2 名；江卡塘，兵 16 名，土兵 4 名；梨树塘，兵 10 名，土兵 2 名；阿布拉塘、石板塘，每塘兵各 4 名。

乍丫：阿足塘、雨撒塘、昂地塘，每塘兵各 20 名，土兵 3 名；噶尔塘、洛家宗塘、俄伦多塘、瞻对、尔公塘、邦地塘，每塘兵各 10 名，土兵 2 名；达布擦哇塘、蒙固塘，每塘兵各 10 名，土兵 3 名；王卡塘、巴贡塘，每塘兵各 6 名。

察木多：包墩塘、蒙堡塘、鹅落塘、裹脚塘、拉贡塘，各兵 6 名；察木多底塘，兵 20 名。

类伍齐：恩达塘，兵 6 名；瓦合塘、麻利塘，各兵 7 名。

洛隆宗：嘉玉桥塘、洛隆宗塘，各兵 10 名；迭哇塘、曲齿塘，各兵 10 名，土兵 2 名。

硕般多：硕般多塘，兵 10 名，土兵 4 名；忠义塘、巴里塘、喇贲塘、

---

① 光绪朝《大清会典事例》卷 703《兵部》，"邮政·管驿"。
② 《清高宗实录》卷 252，乾隆十年十一月丁丑。
③ 《清高宗实录》卷 326，乾隆十三年十月癸巳。

宾巴塘、丹达塘、达拉宗塘、达摩塘、阿兰通塘，各兵 10 名，土兵 2 名；同祖塘、朗结宗塘，各兵 10 名，土兵 1 名。

拉里：夹贡塘、多洞塘、拉里塘、擦竹卡塘，各兵 10 名，土兵 2 名。[1]

关于藩部卡伦的设施。一是外蒙古卡伦的设施。从库布勒哲库到乌尔和特，总计卡伦 14 座，位于鄂嫩河以东，由车臣汗部设置，有专管卡伦扎萨克 1 员，车臣汗所属驻卡士兵 200 名，归库伦办事大臣及总管卡伦扎萨克管辖，属边境卡伦。从巴彦阿都尔噶到布拉，总计卡伦 14 座，位于鄂嫩河以西，由土谢图汗部设置，有专管卡伦扎萨克 1 员，驻卡士兵 200 名，亦归库伦办事大臣及总管卡伦扎萨克管辖，属边境卡伦。从察罕乌苏到哈特呼勒，总计卡伦 12 座，位于恰克图以西，由赛音诺颜部所设，有专管卡伦扎萨克 1 员，驻卡士兵 200 名，属乌里雅苏台将军及总管卡伦扎萨克管辖，为内地卡伦。从博勒图斯到巴彦布拉克，计有卡伦 7 座，位于唐努山以南，由扎萨克图汗部设置，有专管卡伦扎萨克 1 员，驻卡士兵 200 名，归乌里雅苏台将军及总管卡伦扎萨克管辖，也是内地卡伦。[2]

二是新疆卡伦的设施。伊犁将军管辖的天山以北的卡伦称北路卡伦。沙喇布拉克卡伦，设官 1 员，兵 35 名。塔勒奇卡伦，设卡伦侍卫 1 员，兵 20 名，夏秋增添官 2 员，兵 20 名。干珠罕卡伦，设卡伦侍卫 1 员，兵 30 名，夏秋增添官 1 员，兵 10 名。库库哈玛尔卡伦，设官 1 员，兵 15 名。毕齐克图卡伦，设官 1 员，兵 10 名。库库俄罗木卡伦、鄂博勒奇尔卡伦，各设官 1 员，兵 15 名。固尔扎渡口卡伦，设领催 1 名，兵 6 名。固尔班托海卡伦、安达拉卡伦，各设领催 1 名，兵 6 名。沙巴尔托海卡伦，设官 1 员，兵 10 名。托里卡伦，设蓝翎 1 员，兵 20 名。玛哈沁布拉克卡伦、春稽卡伦、乌里雅苏图卡伦、塔木哈卡伦、沙喇托罗海卡伦、额里音莫多卡伦，各设官 1 员，兵 20 名。头勒克卡伦，设官 1 员，兵 25 名。察林河口卡伦，设官 2 员，兵 20 名。旧霍尔果斯卡伦，设官 2 员，兵 30 名。齐齐罕安达拉卡伦，设官 2 员，兵 15 名。霍尔果斯卡伦，设卡伦侍卫 1 员，官 1 员，兵

---

① 《西藏图考》，西藏人民出版社，1982；另参阅喜饶尼玛、王维强主编《西藏通史·清代卷下》，第 994 页。

② 嘉庆朝《大清会典事例》卷 746；另参阅赵云田《清代蒙古政教制度》，第 169—170 页。

30 名。齐齐罕卡伦，设卡伦侍卫 1 员，官 1 名，兵 20 名。奎屯卡伦，设卡伦侍卫 1 员，官 1 员，兵 20 名。博罗呼济尔卡伦，设卡伦侍卫 1 员，官 1 员，兵 30 名。崆郭罗鄂伦卡伦，设卡伦侍卫 1 员，官 1 员，兵 35 名。辉发卡伦，设卡伦侍卫 1 员，官 1 员，兵 25 名。奎屯色沁卡伦，设官 1 员，兵 20 名。乌兰布拉卡伦，设卡伦侍卫 1 员，官 1 员，兵 27 名。绰伦古尔卡伦，设官 1 员，兵 10 名。达尔达木图卡伦、札克鄂博卡伦，各设蓝翎 1 员，兵 10 名。哈布塔海卡伦，设卡伦侍卫 1 员，官 1 员，兵 20 名。音德尔图卡伦，设官 1 员，兵 20 名。乌柯克卡伦，设蓝翎 1 员，兵 20 名。沁达兰卡伦，设卡伦侍卫 1 员，官 1 员，兵 30 名。索达巴罕卡伦，设卡伦侍卫 1 员，兵 30 名。冲库克卡伦，设蓝翎 1 员，兵 20 名。喀喇乌珠尔卡伦，设领催 1 名，兵 9 名。阿尔齐吐哈玛尔卡伦，设领催 1 名，兵 15 名。木鲁卡伦，设官 1 员，兵 15 名。沙喇布鲁克卡伦、察奇尔图泥盖卡伦，各设领催 1 名，兵 9 名。察罕乌苏卡伦，设官 1 员，兵 19 名。雅玛图卡伦，设官 1 员，兵 20 名。鄂托克赛里安达拉卡伦，设官 2 员，兵 17 名。硕博图卡伦，设卡伦侍卫 1 员，官 1 员，兵 25 名。特穆尔哩克卡伦，设官 2 员，兵 40 名。特穆尔哩克渡口卡伦，设官 1 员，兵 30 名。鄂博图卡伦，设官 2 员，兵 34 名。额尔格图卡伦，设领催 1 名，兵 20 名。札拉图卡伦、哈尔干图卡伦，各设官 1 员，兵 30 名。哈尔奇拉渡口卡伦，设官 1 员，领催 1 名，兵 22 名。齐齐罕图卡伦，设领催 1 名，兵 20 名。库图勒卡伦，设官 1 员，兵 25 名。格根卡伦，设官 1 员，领催 1 名，兵 23 名。鄂尔果珠勒卡伦，设官 2 员，兵 40 名。哈尔奇喇卡伦，设官 1 员，领催 1 名，兵 22 名。沙喇雅斯卡伦，设官 1 员，领催 1 名，兵 21 名。特克斯色沁卡伦、敦达哈布哈克卡伦，各设领催 1 名，兵 20 名。伊克哈布哈克卡伦，设官 1 员，兵 20 名。察察卡伦，设领催 1 名，兵 20 名。那林哈勒噶卡伦、巴噶塔木哈卡伦，各设官 1 员，兵 20 名。察林河渡口卡伦、察林河察罕鄂博卡伦，各设官 1 员，兵 30 名。根根西里克卡伦、铜场外卡伦，各设官 1 员，兵 20 名。那喇特卡伦，设官 2 员，兵 28 名。博尔克阿曼卡伦，设官 1 员，兵 25 名。

乌鲁木齐都统管辖的卡伦称东路卡伦。红山嘴卡伦，设卡伦侍卫 1 员，外委 1 名，兵 10 名，马 10 匹。他奔托罗海卡伦，设卡伦侍卫 1 员，兵 6

名，马 6 匹。伊拉里克卡伦，设卡伦侍卫 1 员，兵 12 名，马 12 匹。阿尔哈特卡伦，设卡伦侍卫 1 员，兵 10 名，马 10 匹。济木萨卡伦，设卡伦侍卫 1 员，兵 7 名，马 5 匹。五道梁子卡伦，设卡伦侍卫 1 员，兵 5 名。洛克伦卡伦，设卡伦侍卫 1 员，兵 8 名，马 10 匹。玛纳斯山口卡伦，设卡伦侍卫 1 员，兵 20 名，马 18 匹。玛纳斯沙拉托会卡伦，设卡伦侍卫 1 员，兵 12 名，马 18 匹。①

另据有关资料统计，新疆共有 153 座驿站，有驿夫 834 名。伊犁额设马 302 匹，牛 158 头。塔尔巴哈台额设马 110 匹，牛 20 头。乌鲁木齐额设马 760 匹，牛 95 头。巴里坤、吐鲁番额设马 160 匹。喀喇沙尔额设马 138 匹。库车额设马 136 匹，牛 54 头。乌什额设马 49 匹，牛 8 头。阿克苏额设马 308 匹，牛 173 头。叶尔羌额设马 228 匹，驴 2 头，牛 176 头。和阗额设马 30 匹，驴 17 头，牛 40 头。喀什噶尔额设马 75 匹，牛 10 头。喜峰口额设马 800 匹。古北口、独石口各额设马 350 匹。阿尔泰额设马 2319 匹。库伦额设马 1165 匹。科布多额设马 780 匹。乾隆二十六年（1761），阿克苏所属迪东至拜城、迪西至叶尔羌之都齐特，共 8 台，每台设车 4 辆，每车 1 辆，给驴 2 头。喀什噶尔所属 5 台，每台设车 2 辆，每辆给牛 1 头。嘉庆八年（1803），塔尔巴哈台自色特尔莫多军台起，至乌尔图布拉克军台止，每处制买铁瓦车 2 辆。② 这些有助于我们对藩部驿夫、驿马、驿车设置的了解。

藩部驿站和卡伦的管理及内部设施有如下几个特点。第一，在管理方面实行的是双重体制。这表现在以下三个方面。一是在中央机构中，以理藩院和兵部双重管理；二是在中央和地方机构中，也实行双重管理，而以地方官员为主；三是朝廷派遣侍卫加强管理，出现问题直接上报清廷。这样就巩固了清廷对藩部驿站和卡伦的掌控，从而最大限度地发挥了驿站和卡伦的作用。第二，在驿站和卡伦内部的设施上，采取因地制宜、因时制宜的原则。清代藩部土地辽阔，民族众多，社会和自然环境都比较复杂。

---

① 松筠修《西陲总统事略》卷 4《官制》，卷 9《卡伦》；《乌鲁木齐政略·卡伦》，《清史稿》卷 137《边防》。参阅宝音朝克图《清代北部边疆卡伦研究》，第 90—91、97—101、105—107、114—117、122—127、135—136 页。

② 光绪朝《大清会典事例》卷 693《兵部》，"邮政·驿夫四"；卷 694《兵部》，"邮政·驿马"；卷 695《兵部》，"邮政·驿车"。

因此，清廷采取因地制宜、因时制宜的方针，或设马，或设驼，或设羊，或马、驼、羊兼设，由所在地区的自然环境和社会环境而定。移设卡伦和添设卡伦，更是因时制宜的具体体现。第三，驿站设施不是一成不变的，有其临时性和变化性。嘉庆十六年（1811），清廷曾决定："倘系在口外安设驿站，准其每三站设兽医、铁匠各一名，令居适中之地，往来医治马镫，打造铁掌。所需工食口粮，照马夫之例给予。"① 第四，驿站和卡伦的驻守人员，由不同民族的官兵组成。其中，既有满族，也有汉族，还有蒙古族、锡伯族、维吾尔族等。这反映了清代驿站和卡伦在现实生活中发挥了重要作用，是各民族共同努力的结果，一定程度上也反映了清廷的民族政策。第五，在藩部驿站和卡伦的建设和使用中，各民族的基层民众做出了巨大牺牲。尤其是蒙古地区的牧民，担任马夫，承担了繁重的役务，却得不到清廷的任何补偿，"均系各该本旗给与养赡，不支工食"。② 这也是后来一些地方蒙古牧民发动反抗起义的重要原因。

第四节　职能及使用规制

清代藩部驿站主要用于"宣传命令，通达文移"。③ 嘉庆皇帝曾说："国家设立驿站，原为驰递军报，及地方紧要事件。"④ 所以，藩部驿站的主要职能是传达清廷的命令和文告，驰递军报，把地方紧要事件上报朝廷。当然，在边事紧张时，传报公务，押送军饷、火药、钱粮、器械、农具，以及押解发遣人犯、护送投顺人等，都是驿站要做的。从这个角度看，清代藩部的驿站既是交通站，又是兵站。

在藩部驿站的职能里面，有一项是沟通地方和清廷的信息。清廷最初规定：各省督抚、将军、都统副都统、提镇、盐政本章到京日期有一定时

---

① 光绪朝《大清会典事例》卷686《兵部》，"邮政·驿费一"。
② 杨选第、金峰校注《理藩院则例》卷32。
③ 《清朝通典》卷26。
④ 光绪朝《大清会典事例》卷702《兵部》，"邮政·邮递"。

限。涉及藩部的是，热河都统限 5 日，察哈尔都统限 4 日，绥远城将军、归
化城副都统均限 6 日，西宁镇限 24 日，乌鲁木齐提督限 36 日，巴里坤镇限
30 日，伊犁镇限 43 日。乾隆十八年（1753）规定：热河副都统衙门、察哈
尔都统衙门均限 4 日，归化城副都统衙门、绥远城将军衙门限 11 日。乾隆
三十六年，清廷又强调：新疆各路奉差人员，要以日行 100 里为率，否则由
该管大臣查核参奏，交部议处。嘉庆九年（1804）奏定：新疆满营武职官
员引见系遇差驰驿来京，伊犁往返 210 日，乌鲁木齐、古城往返 190 日，吐
鲁番往返 180 日，巴里坤往返 150 日。如违程限，按例分别议处。同治元年
（1862），清廷又议准：伊犁限 193 日，塔尔巴哈台限 161 日，科布多限 105
日，乌里雅苏台限 83 日，库伦限 48 日。① 清廷上述关于使驿程限的规定，
可以使人想见不同的历史时期清代藩部驿站使用职能及其繁忙的程度。

　　以下的一些事例也可以增加人们对清代藩部驿站职能的认识。康熙十
四年（1675）题准：运送物料，每 600 斤给车 1 辆，不及 600 斤者，酌给异
夫驮马。这是讲运送物资给驿情况的。康熙二十二年题准：盐差、税差，
夫马车船永不准给。除此外，文武大小各官各照例给予勘合火牌。康熙三
十八年奉旨：嗣后侍卫、太监等骑驿马，支给饭食，不必给廪粮。这些是
讲不同级别的人奉命出差使驿情况的。雍正六年（1728）议准："口外军台
原与内地不同，所有马驼自应酌减，方与军台有益。嗣后一品官应给马十
匹的，止给六匹……"② 这是讲官员使驿马匹减少情况的。藩部驿站的职
能，还包括以下这些内容：内务府运送张家口牛羊群官兵俸饷，理藩院运
送青海王公扎萨克等俸缎回原游牧地，新疆伯克来京返回原处拉载行李，
前往西藏拉载赏给物件，嘉峪关以外士子赴西安乡试或进京会试，赏给驿
马等。③ 不仅如此，西藏来使往来，新疆伯克年班入觐，往迎哲布尊丹巴呼
图克图呼毕勒罕、章嘉呼图克图呼毕勒罕，以上这些不但使驿，还要派兵
沿途保护。④ 从上述情况可以看出，藩部驿站的职能，除一般的交通、军事

---

① 光绪朝《大清会典事例》卷 700《兵部》，"邮政·程限"。
② 光绪朝《大清会典事例》卷 698《兵部》，"邮政·给驿一"。
③ 光绪朝《大清会典事例》卷 699《兵部》，"邮政·给驿二"。
④ 光绪朝《大清会典事例》卷 701《兵部》，"邮政·疆护"。

功能外，在使用上还有着鲜明的民族、宗教特色。

藩部卡伦的职能包括如下这些。一是稽查边境。位于外蒙古和新疆的边境卡伦，主要职守是稽查边境，防止俄罗斯和哈萨克的入侵。"自沙弥奈岭至额尔古纳河堤，以山之阳为中国，山之阴为俄罗斯。彼此属下，如有不肖之徒偷入游牧，占地居住及盖房居住者，查明令移回本处。边地之人，如有犬牙相错居住者，亦查明，各令收回本处。"① "俄罗斯有私越边界者，应拿送该管官，照所犯轻重治罪。"② "俄罗斯十七人执持器械，赶马五十余匹，越入我境，被卡上官兵拿获……嗣后如有外国人私入我境，无论是否贼匪，即行擒拿。"③ "乌梁海西界设立卡伦四座，派兵防守，不准哈萨克潜入乌梁海游牧地方。如私入内地，立即驱逐，仍责成卡伦官员不时严查。"④

二是监督贸易。清廷规定在恰克图与俄国贸易通商，边境的其他地方禁止贸易。因此，清廷规定："俄罗斯等除在恰克图地方交易外，其霍尼迈拉呼卡伦，俱不准通商。" "内地商民至卡伦时，查验部给执照，与其车辆驼只等数目相符，另给执照，俟至恰克图时，恰克图部员再行查验，如无卡伦所给执照，不准入市。"⑤ 在新疆，伊犁城北塔尔奇一带，及伊犁河渡口，设卡伦七处，"专为哈萨克贸易交通，并稽察逃人而设"，⑥ 显然也是以稽查贸易为主。在外蒙古，乌里雅苏台将军、科布多参赞大臣所管辖的内地卡伦，其主要职能也是防止内地商民前往唐努乌梁海地区进行贸易。清廷认为："乌梁海地方，系在卡伦之外。商民等私自前往贸易，俱由该将军大臣等平日不能留心所致，不可不亟为禁止。" "嗣后内地商民，各宜留心体察。" "乌梁海人等有换取什物者，于进皮张之便，前往乌里雅苏台贸易。"⑦

三是传递文报。清代档案中曾记载伊犁将军明瑞的一个奏折，其中写

---

① 杨选第、金峰校注《理藩院则例》卷63。
② 嘉庆朝《大清会典事例》卷746。
③ 《清高宗实录》卷1090，乾隆四十四年九月壬午。
④ 杨选第、金峰校注《理藩院则例》卷34。
⑤ 以上参阅嘉庆朝《大清会典事例》卷746。
⑥ 《清史稿》卷137《兵志八·边防》。
⑦ 嘉庆朝《钦定大清会典事例》卷746。

道："雅尔驻兵，需由伊犁相助，且彼此通信行文，亦需设驿站。若照常设驿站之例，仅驻兵十来名，则不能相顾，往返经商哈萨克又易起偷盗马匹等牲畜之邪念。相应自雅尔至额敏河岸、巴尔鲁克、沁达兰等三处，各驻兵三十名，以为三大卡伦。雅尔、伊犁二处行文，即令该三卡兼递。其所需兵共九十名，于塔尔巴哈台兵马内派出。"① 这说明新疆的一些卡伦有传递文报的职能。其实，卡伦的这一职能在清代的典籍中也有记载："添设察罕鄂博卡伦一处，冬季公文即由卡伦行走。"② 反映的就是这种情况。

四是稽查游牧。这主要表现在新疆。在新疆，"伊犁额鲁特游牧。在伊犁之南境，南倚天山，东南西一带皆设卡伦。东逾卡伦，与精土尔扈特游牧接。南逾卡伦及天山，天山之内为珠勒都斯土尔扈特、和硕特游牧。西逾卡伦，与布鲁特为界。察哈尔游牧在伊犁之东北境，北一带设卡伦，逾卡伦与哈萨克为界。塔尔巴哈台、额鲁特、察哈尔、哈萨克各佐领游牧，东与霍博克萨里土尔扈特接，西与北逾卡伦，皆与哈萨克为界"，③ 这一记载清楚地表明，这一地区设立的卡伦就是为了防止哈萨克越界游牧，事实上也正是这样。乾隆二十六年（1761），哈萨克人进入清朝的游牧地，被清军驱离后，乾隆皇帝谕示："嗣后惟谨守本境，不可逾越。"④ 乾隆二十八年，为了防止哈萨克越界游牧，伊犁将军明瑞上奏清廷，提出在塔尔巴哈台等地设立卡伦，"则哈萨克等再无法通行"。⑤ 外蒙古乌里雅苏台将军、科布多参赞大臣所管辖的内地卡伦，除禁止内地商人前往乌梁海地区外，在乌梁海西界设置的卡伦，也负有不准哈萨克潜入乌梁海游牧地之责，哈萨克"如私入内地，立即驱逐，仍责成卡伦官员不时严查"。⑥ 应当指出的是，新疆卡伦稽查哈萨克越界游牧，带有对外的性质。

五是防止越界。内蒙古各旗之间所设的卡伦，就是防止各盟旗越界游

---

① 《伊犁将军明瑞等奏察哈尔官兵分别移驻博罗塔拉及塔尔巴哈台地方等情折》，转引自宝音朝克图《清代北部边疆卡伦研究》，第 161 页。

② 《塔尔巴哈台事宜》卷 4《军台》，转引自宝音朝克图《清代北部边疆卡伦研究》，第 161 页。

③ 光绪朝《大清会典》卷 63。

④ 《清高宗实录》卷 630，乾隆二十六年二月壬午。

⑤ 《清代西迁新疆察哈尔蒙古满文档案译编》，第 63 页，转引自马长泉《清代卡伦制度研究》，第 175 页。

⑥ 道光朝《钦定理藩院则例》卷 34。

牧，这在前文已经涉及，此不赘述。青海所设卡伦也是这样。嘉庆二十二年（1817）奏定："青海所属奎屯、希厘鄂伦布、曲玛尔屯次三卡迤西十余里，蒙古地面设卡伦五处，中间草地各立鄂博，蒙古番子俱不准越境，以免滋事。"① 这里指的是清廷为了防止蒙古族和藏族之间因游牧生事，便采取设立卡伦的措施。

六是稽查盗贼。内蒙古大青山后各扎萨克蒙古游牧，向多"盗贼"，清廷为维持那里的封建统治秩序，便在四子部落郡王旗边界添设卡伦 4 处，达尔汉贝勒旗边界添设卡伦 2 处，茂明安扎萨克旗边界添设卡伦 1 处，乌喇特公三旗边界添设卡伦 2 处。新疆卡伦的主要职能之一也是稽查盗贼。伊犁等处"哈萨克私入卡伦窃案得财者，首犯即行正法，从犯发烟瘴；劫案得财者，不分首从即行正法"。②

七是稽查采矿。新疆和阗产玉，为了加强控制，清廷在和阗地区设卡伦 12 座，"为稽查采玉回民"。叶尔羌密尔贷山地区也产玉，清廷便"设密尔贷卡伦，禁采玉"。伊犁西南产铜，为了进行监督生产，清廷也设立了卡伦。塔尔巴哈台的达尔达木图产金，为防止民人私采，清廷也安设卡伦稽查。③ 乾隆四十九年（1784），喀喇沙尔办事大臣福禄上奏，内容是"派设卡伦、驻扎官兵、稽查铅厂各事宜"，④ 提出要加强对产铅地方库穆什阿哈玛的稽查。

八是封禁地方。这主要是指对木兰围场的封禁。木兰围场是清廷举行木兰秋狝大典的地方，为了防止那里的自然环境被破坏，兽类得以滋生，清廷不允许任何人私入围场。"凡木兰之地周遭树栅为界"，"设卡伦四十"，"规取高地为之，或于冈，或于阪，或于山川之隙，随宜设置"，"以八旗兵守之"，防止蒙古人及汉民进入围场"盗伐木植，偷打牲畜"。⑤

除以上八个方面之外，清代藩部卡伦的职能还包括稽查屯田、逃人、

---

① 《钦定大清会典事例·理藩院》，第 408 页。
② 道光朝《钦定理藩院则例》卷 34。
③ 以上参阅《清史稿》卷 137《兵志八·边防》；祁韵士等《西陲要略》卷 1，南北两路卡伦总叙；徐松《西域水道记》卷 1；《钦定新疆识略》卷 11《边卫》。
④ 《清高宗实录》卷 1210，乾隆四十九年七月丙辰。
⑤ 《清朝文献通考》卷 183《兵考五》；《清史稿》卷 137《兵志八·边防》。

征收赋税等项。这些，有的前面已经述及，不再重复。

鉴于藩部卡伦"固封围昭慎重"① 的重要作用，清廷非常重视，建立了比较严密的巡查制度。新疆地区卡伦，就由所属将军、大臣负责巡查，② 后又由各领队大臣分管，在每年春秋二季各巡视一次。外蒙古科布多地区，原规定三年巡查一次，乾隆三十六年（1771）以后，改为每年稽查一次，并由乌里雅苏台将军选派干练官员率兵百名进行巡查。③ 清廷对外蒙古东部地段的卡伦也有严密的巡查制度。松筠曾详细记述办理蒙古事务的满、蒙官员的回忆，谈到他们巡查卡伦时写道："每一次挨查，将卡伦人等应约束者以理约束，应抚绥者以理抚绥，恺切教谕，务使明晓，于是各知感畏，遵谕奉行。"④

藩部驿站的使用规制，包括如下一些内容。第一，驰驿人员要由兵部发给勘合、火牌，由理藩院发给乌拉票。勘合、火牌内要填注奉差官役姓名，以及所给夫、马、车、船、廪给、口粮数目。然后，再到理藩院办理乌拉票，乌拉票上的内容照兵部勘合、火牌上的内容填写。奉差人员到达驿站后，驿站的管站司员要查验勘合、火牌和乌拉票，查验合格没有发现问题的，驿站才能按例给付夫、马、车、船、廪给、口粮。如中途遇有事故，应行扣除的，将勘合、火牌付驿站注明，由该驿站转传下一个驿站一体扣除。差役结束回京后，由本员缴销；驻扎差所及由京差竣回程的，由各该管大臣备文缴销。此外，驿站递送公文，令司驿官各立印信号簿，上站号簿，用下站官印信。月底彼此移送查核。倘有沉匿，即行详报。

第二，奉差从役马匹数目有规定。凡内地文武大小官员奉差出口驰驿，从驿人等乘用马匹数目，照兵部例给予。一品官骑马 10 匹，引马 2 匹，包马 4 匹，跟役 7 名。二品官骑马 8 匹，引马 2 匹，包马 4 匹，跟役 6 名。三品官骑马 7 匹，引马 2 匹，包马 4 匹，跟役 5 名。四品官骑马 6 匹，引马 1 匹，包马 2 匹，跟役 4 名。五、六品官骑马 5 匹，引马 1 匹，包马 2 匹，跟

---

① 何秋涛：《朔方备乘》卷 10《北徼喀伦考叙》。
② 《清高宗实录》卷 690、691，乾隆二十八年七月癸亥、癸未。
③ 《清高宗实录》卷 888，乾隆三十六年七月辛亥。
④ 松筠：《百廿老人回忆录》。

役 3 名。七品官骑马 3 匹，引马 1 匹，包马 1 匹，跟役 2 名。八、九品官骑马 3 匹，引马 1 匹，包马 1 匹，跟役 2 名。领催等骑马 2 匹，包马 1 匹，跟役 1 名。

第三，蒙古王公及喇嘛等应给廪粮。凡蒙古王公暨喇嘛等奉差由内地驰驿，应给廪粮照内地大臣官员等品级分别支给。其对应的品级数目是：一品官，廪羊 2 只，廪给银 2 钱；二品官，廪羊 2 只，廪给银 1 钱 8 分；三品官，廪羊 1 只，廪给银 1 钱 6 分；四、五品官，廪羊 1 只，廪给银 1 钱 4 分；六、七品官，廪羊 1 只，廪给银 1 钱 2 分；八、九品官，廪羊半只，廪给银 1 钱；无职人奉差及大臣官员从役，各给口粮银 5 分。

第四，察哈尔军台由管站部员巡查。察哈尔军站 24 台，专由该管站部员间年巡查 1 次。倘有驿务废弛、马匹亏短疲瘦等事，由该部员随时呈报都统等核办。该都统于隔年查旗之便，随在抽查。该部员查台年份，不得与都统等查旗年份并为一年。

第五，严禁重包。凡蒙古王公、喇嘛等奉差由内地驰驿，不得擅用重包，违者照兵部例查议。兵部例有关规定是：将军、都统等赍送本章，用小匣装盛，若送册籍，用马驮载，禁止装填大包。勘合、火牌内应用包马的背包，不得过 60 斤。擅带背包过 70 斤的，杖 60，系职官，降一级调用。重包至 100 斤以上的，杖 100，系职官，革职。如果前站徇隐，被后站查出，将该驿员降二级调用。

第六，不得擅用驿递马夫。藩部将军、都统如有私用驿递夫马，并差遣家人卫役私发牌票支取夫马的，降二级调用。藩部将军、都统等所属各官，私发牌票支取夫马的，本官降二级调用；将军、都统等失于察觉的，降一级留任。将军、都统等家人衙役，倚势索取夫马，而将军、都统等不行题参，均降二级调用。若驿递不行盘诘滥行应付的，革职。

第七，不得枉道扰驿，不得驰驿越站，不得折给羊价。内外差遣人员，不照勘合、火牌填注道路行走，枉道骚扰驿站的，系职官，降二级调用；无职人员等鞭 100；首先滥应驿站官员，降一级调用。藩部将军、都统、大臣等差员赍递奏章，不得擅行越站行走，违者照兵部例治罪。其中，越站跑伤马匹的，系职官降一级调用，无职人员鞭 60；越站跑死马匹的，系职官降二级调用，无职人员鞭 70，仍追偿马匹还官。若有索诈财物的，交刑部治罪。口外驰驿人员，驿所例给廪羊的，照数支给羊只，不准折价。

第八，整饬驿务，蒙古部落按例供应差马廪羊。驿站马匹不得缺额、疲瘦，违者查参。奉差人员借端需索及纵容家人骚扰的，驿站官吏分晰揭报参处。驿丁为窃，照例治罪，其管驿官罚一九牲畜，骁骑校罚五牲畜。驿站官兵遗失公文兵牌的，将遗失兵丁鞭责，革退钱粮，本站官员罚钱粮一年。内外扎萨克要遵照理藩院所发印文供应差马廪羊，不许规避。不供应差马的，罚三九牲畜；不供应廪羊的，罚一九牲畜。如奉差人员有勒索骚扰等情，准其报院。阿尔泰军站应承办乌拉的官员、人役、牲畜等项，由外蒙古四部公同备办 3 年，由哲布尊丹巴呼图克图之徒众备办 3 年，轮流办理。

第九，藩部王公、扎萨克使驿。伊犁、塔尔巴哈台、喀喇沙尔所属土尔扈特、和硕特等来京，汗准带跟随 7 名，亲王 6 名，郡王、贝勒各 5 名，贝子 4 名，公、扎萨克台吉各 3 名，闲散头等台吉至四等台吉各 2 名。汗准带行李 4000 斤，亲王、郡王 3000 斤，贝勒、贝子 2400 斤，扎萨克台吉1200 斤，闲散台吉 600 斤。每人各给骑马 1 匹。每年来京的土尔扈特、杜尔伯特、和硕特、扎哈沁、青海王公台吉等回游牧处时，由院奏闻，准令驰驿前往。各扎萨克一应公务，皆准驰驿，私事勿得擅用。管旗王公等因公驻宿准食廪羊，不得支食牛只。扎萨克因公差人，所过旗分查验票据后供应驼马廪羊。外蒙古四部王公因公行走，除骑用本身乌拉外，准其于本旗支用乌拉、廪给。内外扎萨克报院公文由驿递送，涉及引见、袭职、年班、朝觐等的准其分别亲身、专员进京赴院当堂投递；其余公文交该管将军、大臣由驿转递，径达兵部，再移交理藩院。外蒙古要在本旗内给人乌拉票，令所属应付马匹廪给。哲布尊丹巴呼图克图因事遣使外蒙古四部，准给乌拉票，返回后撤销。外蒙古、漠西蒙古、青海蒙古各旗扎萨克王公，有事出境，要呈报本地将军大臣，合乎条例的给予执照，并酌量随从人数，不得逾制。

第十，钱粮支领和牲畜损耗。藩部驿站的钱粮，一般都是由司驿官预先支领，存储地方官署，由地方官员奏销，不得私借与人图利。乾隆四十七年（1782），清廷强调：回疆乌什、叶尔羌、喀什噶尔，以及库车、喀喇沙尔等处，均由各办事大臣奏销，将各项数目移咨陕督查核。内蒙古地区驿站牲畜的损耗，每千匹准报三成倒毙，每年合计允许倒毙二百四十匹，每匹马价银按六两五钱支付，扣去皮脏银，实领马价银一千五百一十二两，由理藩院管站司员行文热河都统衙门，转咨理藩院和户部查核，由八沟税员在其征收税银项内支领。①

综上可见，清代藩部驿站的规制是比较严谨的。但是，即使如此，使用中仍然出现许多弊病，主要是滥用。嘉庆五年（1800），嘉庆皇帝曾说："近来督抚等，往往以寻常奏事，亦附驿呈递，殊属非是。着再通谕各督抚等，于应行差人赍递之折，毋得靳惜小费，擅用驿马。即应驿递者，其里数亦应斟酌事之缓急，毋得如意滥用。违者必当一体交部严议，决不稍贷。"② 滥用驿递，看来包括藩部驿站在内都是一种普遍的现象。

通过藩部驿站和卡伦的职能及驿站使用规制，我们可以更清楚地认识到清代藩部驿站和卡伦的军事性质及其特点。首先，清代藩部驿站和卡伦实质上是清廷军事系统的组成部分，无论是驿站还是卡伦，都有士兵及层级不等的军官，以及军夫和军夫马。这些士兵可以称为驿站兵和卡伦兵。以新疆卡伦为例。"卡伦兵以侍卫领之，屯田兵以督屯武职领之，驻防马兵以佐领领之，绿旗兵以营员领之，特设将军为之统辖。"③ 作为兵种之一，其军事性质是无可置疑的。其次，清代藩部驿站和卡伦在设施上是有军有民、军民共用的。蒙古地区的驿站，一般都设有骁骑校、领催、马甲等军事人员，同时设有乌拉齐十名左右。乌拉齐，就是站丁，是对驿站服役者的称谓。由理藩院指令蒙古各盟旗分派阿拉特牧户负担某一驿站劳役，是一种无偿的劳役。既要承担驿站劳役，又要供应往来官员的食宿。④ 其有军有民、军民共用的特点非常突出。在新疆天山以南，"每台、卡俱置防守

---

① 以上参阅杨选第、金峰校注《理藩院则例》卷33；光绪朝《大清会典事例》卷685《兵部》，"邮政·驿费一"；卷696—697《兵部》，"邮政·驿禁一至二"；卷698—699《兵部》，"邮政·给驿一至二"。

② 光绪朝《大清会典事例》卷702《兵部》，"邮政·驿递"。

③ 《清史稿》卷130《兵志一·边防》。

④ 《民族词典》，上海辞书出版社，1987，第170页。

兵，多至十人，少或一人，俱有供役回人十户"，① 也是有军有民、军民共
用。当然，这一特点也表现了清廷在藩部驿站和卡伦的使用中对广大底层
民众的剥削和掠夺。

第五节　官兵的奖惩措施

藩部驿站和卡伦作为军事系统的重要组成部分，清廷对其非常重视，
为了更好地发挥它们的作用，制定了对藩部驿站和卡伦官兵的奖惩措施。
这些措施集中体现在《大清律例·兵律·邮驿律》、《大清会典事例·兵部》
以及《理藩院则例》等文献中。

首先是奖励和抚恤措施。这分为两部分，一是升迁的记录奖励。"塔尔
巴哈台管理霍尼迈拉虎等卡伦，台吉一年更换，期满无过，各予纪录一
次。"② 这是属于升迁的记录奖励。"喀尔喀四部落在俄罗斯边界驻守卡伦之
扎萨克、参领、章京、骁骑校等，如经历三年巡防妥善，该卡座并无盗贼
事故，各赏给纪录二次；五年期满时，再各赏加一级。其统稽边卡之扎萨
克等五年期满，如果统稽严密，各卡座并无事故，各赏加一级。科布多、
乌里雅苏台之驻卡官兵年满时，该管卡座如无盗贼等事，亦各赏给纪录二
次。"③ 这也是属于升迁的记录奖励。光绪二十九年（1903）二月，"以防
守边疆异常出力，予土盟盟长扎萨克敦都布多尔济双眼花翎，土盟参赞郡
王阿囊达瓦齐紫缰，土盟副盟长扎萨克镇国公察克都尔扎布、土盟副将军
亲王杭达多尔济、总管西卡伦额鲁特扎萨克贝子达克丹多尔济乾清门行走，
余给奖有差"。④ 这还是属于升迁的记录奖励。

二是物质奖励。嘉庆四年（1799），泽巴格地方送公文蒙古兵贡布落河
身死，赏给他家一九牲畜。嘉庆皇帝还就此事颁发谕旨，表示要把此作

① 《清史稿》卷 130《兵志一·边防》。
② 杨选第、金峰校注《理藩院则例》卷 34。
③ 杨选第、金峰校注《理藩院则例》卷 63。
④ 《清史稿》卷 521《藩部四》。

为定例，嗣后如有送公文身死者，一体给赏，"将朕怜悯蒙古之心通谕知之"。① 这属于物质奖励。外蒙古四部落在俄罗斯边界驻守卡伦兵丁，"于三年内巡防妥善者，每各赏亮梭布一对，每对作价银一两；砖茶二块，每块作价银二钱；黄烟一包，每包作价银一钱"。② 这也是属于物质奖励。不过，在清朝的文献中，对于藩部驿站和卡伦奖励的记载很少，这是一个值得深思的现象。

其次是惩罚措施。这方面的记载很多。仅从乾隆二十七年（1762）至五十八年，乾隆皇帝就五次发布上谕，就新疆驿站存在的问题向当地将军、大臣等提出警告："各督抚严饬管驿大小官员，务期马匹足额膘壮，如有短少疲瘦，立即严参示儆。"③ 在《大清律例·兵律·邮驿律》中，也有许多条款规定了对驿站官兵的惩罚措施。比如在"递送公文"条中规定："铺兵递送公文昼夜须行三百里，稽留三刻，笞三十，每三刻加一等，罪止笞五十。其公文到铺不问角数多少，须要随即递送，不许等待后来文书，违者铺司笞二十。"在"私借驿马"条中规定："凡驿官将驿马私自借用或转借与人及借之者，各杖八十，驿驴减一等。"④

有关藩部驿站和卡伦惩罚措施的还有如下各项。驿站沉匿公文的："若沈匿寻常公文一角，马夫杖六十，每一角加一等。司驿官各减二等议处。如沈匿军机紧要机密公文，不拘角数，马夫杖六十，徒一年，司驿官不准减等，即行革职。若有规避者，各从重论。"⑤ 驿站违例的惩罚。不按规则办事，滥应索要的驿站官员降一级调用。驿站马匹缺额疲瘦的要查参。驿站官兵遗失公文兵牌的要治罪。内外蒙古各盟帮办牲畜，借灾推诿的要论罚。蒙古各旗扎萨克不遵照理藩院所发印文供应差马牛羊、有意规避的，如不供应差马，罚三九牲畜，不供应廪羊，罚一九牲畜。如填注遗漏，罚俸六个月；应用朱笔而用墨笔的，罚俸三个月。如管站司员申报遗漏，一经查出，照例处分。如驿站应付迟误，准许奉差人员随时具报查参。驿丁

---

① 《蒙古律例》，"增订蒙古则例"。
② 杨选第、金峰校注《理藩院则例》卷 63。
③ 光绪朝《大清会典事例》卷 696《兵部》，"邮政·驿禁一"。
④ 《大清律例》卷 22《兵律·邮驿律》。
⑤ 光绪朝《大清会典事例》卷 702《兵部》，"邮政·邮递"。

为盗，除照例治罪外，管驿官要罚一九牲畜，骁骑校罚一五牲畜，领催鞭八十。内外差遣人员不照勘合、火牌填注道路行走，首先滥应驿站官员降一级调用。

卡伦失职的："奉差之人由每旗经过，其旗下卡伦章京等宜妥为照料护送。倘不照料护送，以致被窃，将卡伦章京等罚三九牲畜，披甲人等鞭一百。"① "卡伦官兵旷职误期，佐领革职，罚三九牲畜，骁骑校革职，罚二九牲畜，披甲人等鞭一百。如不到所派之处而径往它处者，章京、骁骑校革职，披甲人等鞭八十。"② 如果空误卡伦，"佐领革职，罚三九，骁骑校革职，罚二九，兵丁鞭一百"。如果擅离汛地，"佐领、骁骑校皆革职，兵丁鞭八十"。如果器械缺少，"佐领、骁骑校各罚二九，兵丁鞭八十"。如果佐领、骁骑校失察，"各罚一九"。如果参领不发遣兵丁往各防汛地，或者佐领、骁骑校不在各汛地，擅往参领处同住，"参领、佐领皆革职，罚三九，骁骑校革职，罚二九，领催、兵丁鞭八十，巡逻兵丁鞭一百"。③

从上所述可以看出，清廷对藩部驿站和卡伦的措施中，惩罚多于奖励。出现这种情况，与清廷的认识有关。客观上，清代藩部驿站和卡伦在使用中出现的问题越来越多，有的是驿站和卡伦本身的问题，有的是用驿方的问题，两者错综交叉，而这些都与清朝由盛转衰、吏治日益腐败相关联。在这种情况下，清廷试图采取更多的惩罚措施维护驿站和卡伦的正常运作，以巩固统治和维持社会的稳定。归根结底这是由清廷政权性质决定的，是其阶级本质的反映。

① 道光朝《钦定理藩院则例》卷55，"杂犯"。
② 道光朝《钦定理藩院则例》卷34，"边禁"。
③ 乾隆朝内府抄本《理藩院则例》，第184页。

第九章　藏传佛教制度

清代藩部最有影响的宗教是藏传佛教。藏传佛教俗称喇嘛教，其中的格鲁派又称黄教，在清代受到了藏族和蒙古族几乎全民族的信仰，在蒙藏地区有着广泛的影响。清廷为了更好地利用藏传佛教统治蒙藏地区，沿袭了历史上形成的活佛转世制度，制定了金瓶掣签制度，对其领袖人物进行册封，并对藏传佛教寺庙的规模进行限制，还颁布了许多喇嘛禁令。

第一节　主要资料和研究现状

一　主要资料

研究清代藏传佛教制度的主要资料有以下这些。

一是档案。《清初五世达赖喇嘛档案史料选编》①，该书汇集了许多五世达赖喇嘛的档案，对研究清代藏传佛教的册封制度有重要价值。例如该书收集的第 51 号"蒙文老档"，记载了顺治十年（1653）三月初三日，清廷以金册金印封五世达赖喇嘛为"西天大善自在佛所领天下释教普通瓦赤喇怛喇达赖喇嘛"的情况。《清代以来中央政府对西藏的治理与活佛转世制度史料汇集》②，该书收集了许多清代活佛转世的资料，非常珍贵。其中"一史馆藏内阁起居注"记载："谕马齐等执解六世达赖喇嘛仓央嘉措，系防其

---

① 中国第一历史档案馆等编，中国藏学出版社，2000。
② 赵学毅等编，华文出版社，1996。

为策旺阿拉布坦迎去。"康熙四十五年十月二十一日，又谕马齐等曰："前遣护军都统西住等往擒假达赖喇嘛及第巴妻子时，皇太子、诸皇子及诸大臣俱言，一假达赖喇嘛擒之何为？朕意以众蒙古俱倾服达赖喇嘛，此虽假达赖喇嘛，而有达赖喇嘛之名，众蒙古皆服之，本朝若不遣人往擒，如策旺喇卜滩迎去，则西域、蒙古皆向策旺喇卜滩矣，故差西住前去。"这对了解康熙皇帝对藏传佛教的态度很有帮助。《元以来西藏地方与中央政府关系档案史料汇编》①，该书第 1649 号"一史馆藏宫中朱批奏折"记载：开泰等在乾隆二十二年二月二十八日奏七世达赖喇嘛涅槃熬茶者必多已饬台汛查察约束折，讲述了七世达赖喇嘛于该年二月初三日涅槃的情况。《西藏地方是中国不可分割的一部分（史料选辑）》②，该书以 1963 年生活·读书·新知三联书店出版（内部发行）的《西藏地方历史资料选辑》为基础，增加了不少新材料，包括从藏文、英文、俄文译出的重要史料。辑录重要历史文献资料 1100 余条，以新鲜、翔实、可靠的史料充分阐明了西藏地方与祖国的亲密关系。其中五世达赖喇嘛进京入觐，清帝册封达赖喇嘛、班禅额尔德尼，清军入藏平定准噶尔之乱，护送七世达赖入藏坐床，六世班禅额尔德尼进京祝嘏，敕谕八世达赖喇嘛亲政、授印册，建立金瓶掣签制度，二十九条章程，主持达赖喇嘛和班禅额尔德尼的认定、坐床，十三世达赖喇嘛入京觐见和受封，对研究清代藏传佛教制度有重要意义。《清末十三世达赖喇嘛档案史料选编》③，该书第 220 号"宫中杂档"写道，光绪三十四年十月初十日，内阁奉上谕：……达赖喇嘛业经循照从前旧制，封为西天大善自在佛，兹特加封为诚顺赞化西天大善自在佛……按年赏给廪饩银一万两。第 301 号"军机处上谕档"记载，宣统二年正月十六日内阁奉上谕：西藏达赖喇嘛……光绪三十年六月间乘乱潜逃……奉旨暂行革去名号……此次川兵入藏……该达赖未经报明，即于正月初三日夜潜出，不知何往……掌理教务，何可迭次擅离……着革去达赖喇嘛名号，以示惩处。嗣后无论逃往

① 中国第一历史档案馆等编，中国藏学出版社，2003。
② 中国社会科学院民族研究所、西藏社会科学院、中央民族学院藏学研究所、中国第二历史档案馆编，西藏人民出版社，1986。
③ 中国第一历史档案馆、中国藏学研究中心编，中国藏学出版社，2002。

何处及是否回藏，均视与齐民无异。这是研究十三世达赖喇嘛封号的珍贵史料。

二是《清实录》，包括《清世祖实录》至《清德宗实录》《宣统政纪》，总计 10 种。《清实录》中记载了许多藏传佛教制度的资料。例如《清世祖实录》卷 74，顺治十年四月丁巳，遣礼部尚书觉罗郎球、理藩院侍郎席达礼等，赍送封达赖喇嘛金册金印于代噶地方。文用满、汉及图白忒国字。册文曰：……兹以金册印封尔为"西天大善自在佛所领天下释教普通瓦赤喇怛喇达赖喇嘛"。印文曰："西天大善自在佛所领天下释教普通瓦赤喇怛喇达赖喇嘛之印。"《清圣祖实录》卷 227，康熙四十五年十月乙巳，谕大学士等：前遣护军都统席柱等往擒假达赖喇嘛……众蒙古俱倾心皈向达赖喇嘛，此虽系假达赖喇嘛，而有达赖喇嘛之名，众蒙古皆服之。《清高宗实录》卷 1186，乾隆四十八年八月庚午，赐达赖喇嘛玉册玉宝。敕曰：尔达赖喇嘛乃宗喀巴之法嗣，根敦鲁布八转世身也。……先是顺治年间，五转世达赖喇嘛来京瞻觐……自兹四世咸倾心依向，广布教乘，宠渥有加焉……。《宣统政纪》卷 30，宣统二年正月辛酉，谕内阁：西藏达赖喇嘛阿旺罗布藏吐布丹甲错济寨汪曲却勒朗结……光绪三十年六月间，乘乱潜逃，经驻藏大臣以该达赖喇嘛声名狼藉据实纠参，奉旨暂行革去名号……前年来京展觐，赐加封号……此次川兵入藏……甫抵拉萨，该达赖未经报明，即于正月初三日夜内潜出，不知何往……阿旺罗布藏吐布丹甲错济寨汪曲却勒朗结着革去达赖喇嘛名号，以示惩处。嗣后无论逃往何处及是否回藏，均视与齐民无异。不过，《清实录》中记载的藏传佛教制度的资料比较分散，不系统，使用时需要认真搜寻。

三是《理藩院则例》《大清会典》《大清会典则例》《大清会典事例》《蒙古律例》等。《理藩院则例》中，分五卷记载了喇嘛事例。五种《大清会典》中，每一种都有专记喇嘛的部分。乾隆朝内府抄本《理藩院则例》"柔远清吏左前司下"，分九个方面记载了喇嘛的各种情况，包括敕封喇嘛、喇嘛册牒、喇嘛禁例等。光绪朝《大清会典事例》"理藩院"中，用两卷记载了喇嘛封号，其中包括"指认呼毕勒罕定制"，另有"游牧喇嘛部落、喇嘛年班、喇嘛廪给、喇嘛服色"等内容。在"礼部·方伎"中，记述了喇嘛禁例。例如光绪朝《大清会典事例》卷 974 记载：顺治十年，前藏五世达赖喇嘛来朝，赐以金册金印，授为西天大善自在佛领天下释教普通瓦齐呼达喇达赖喇嘛。乾隆朝内府抄本《理藩院则例》"柔远清吏左前司下"记载：顺治十年，前藏五世达赖喇嘛来朝，赐以金敕金印，授为西天大善自在佛，领天下释教普通瓦赤喇怛喇达赖喇嘛。① 《蒙古律例》中，有一卷是喇嘛例。上述典籍中所记资料相对来说比较集中，使用起来也比较方便，是研究藏传佛教制度最基本的资料。

四是藏文、蒙文的历辈达赖喇嘛传、班禅额尔德尼传、哲布尊丹巴传、章嘉活佛传等。其中，以下几种达赖喇嘛传已经有汉文译本，包括《五世达赖喇嘛传》②、《七世达赖喇嘛传》③、《八世达赖喇嘛传》④、《九世达赖喇嘛传》⑤ 和《十二世达赖喇嘛传》⑥ 等。这些书中都记载了达赖喇嘛受封的情况，以及和清廷的关系，是研究清代藏传佛教制度的重要参考资料。另外，《宝贝念珠》⑦、《哲布尊丹巴传》⑧、《章嘉国师若必多吉传》⑨ 中，有许多关于哲布尊丹巴、章嘉国师的资料，也是研究清代藏传佛教制度的重要参考资料。

还应指出的是，和琳等编《卫藏通志》、昭梿《啸亭杂录》等书中，也有关于清代藏传佛教制度的资料，值得研究者重视。《卫藏通志》全书共分 16 卷，有 2 卷记述了喇嘛、寺庙，是研究清代藏传佛教制度的重要资料。《啸亭杂录》卷 2 中，有"活佛掣签"一节，对活佛掣签制度的起源、作用做了明确而简要的概述。

---

① 这里应当指出的是，清代官方典籍中，达赖喇嘛的封号在"佛"与"领"之间没有"所"字。其原因，参考赵云田《从〈大清会典〉看清朝对西藏的施政》，《明清论丛》第 18 辑，故宫出版社，2018。
② 陈庆英等汉译，中国藏学出版社，2006。
③ 蒲文成汉译，中国藏学出版社，2006。
④ 冯智汉译，中国藏学出版社，2006。
⑤ 王维强汉译，中国藏学出版社，2006。
⑥ 熊文彬汉译，中国藏学出版社，2006。
⑦ 噶尔丹著，乌兰巴托蒙文版本，1960。
⑧ 蒙文抄本。
⑨ 土观·洛桑却吉尼玛著，陈庆英、马连龙译，民族出版社，1988。

二 研究现状

在著作方面。对清代藏传佛教制度的研究，第一是拉巴平措、陈庆英总主编，张云执行总主编，邓锐龄、冯智主编的《西藏通史·清代卷上》，喜饶尼玛、王维强主编的《西藏通史·清代卷下》。[①] 上卷从历史的角度，概述了五世达赖喇嘛和五世班禅的受封、七世达赖喇嘛的圆寂、八世达赖喇嘛受封和办理政务、金瓶掣签制度的实施。下卷从宗教的角度，论述了金瓶掣签制度的制定，以及各活佛系统掣签的情况。总的看来，叙述比较翔实，内容也比较丰富。第二是魏道儒主编的《世界佛教通史》第七卷上下两册，是由尕藏加研究员撰写的《中国藏传佛教》（上下卷）。[②] 该书的第六章，写了噶丹颇章政权时期五世达赖喇嘛觐见顺治帝、达赖喇嘛转世灵童之争。第七章写的内容有：一是噶厦政府时期活佛转世制度，包括清代四大活佛世系、拉萨四大活佛世系、驻京八大呼图克图世系、清代建档呼图克图；二是金瓶掣签制度，内容包括金瓶掣签之设立、清代四大活佛转世灵童掣签、其他大活佛转世灵童掣签；三是册封赏赐制度，内容包括达赖喇嘛名号、班禅额尔德尼名号、哲布尊丹巴呼图克图名号、章嘉国师名号、其他活佛名号；四是寺院经营管理，内容包括新建与修缮寺院、限制寺院规模；五是僧团组织管理，内容包括僧职头衔、度牒制度、寺僧禁令、西藏寺僧管理、蒙古人进藏熬茶限制等。应当说，该书对清代藏传佛教制度做了比较详尽的叙述，是这一领域的代表作。第三是星全成、陈柏萍《藏传佛教四大活佛系统与清朝治理蒙藏方略》[③]，共分七章，梳理了许多文献资料，对清代重要历史事件评说其来龙去脉，辨析真伪疑义。在勾勒出清王朝发挥藏传佛教高僧的作用治理蒙藏地区的过程中，既揭示了四大活佛系统与清朝治边方略的内在联系，又深刻分析了清朝确立治理蒙藏方略的认识基础，并阐述这一方略的发展与演变，探讨其得失与影响，总结出经验与启示。该书对四大活佛系统的梳理，对人们认识清代藏传佛教

---

① 中国藏学出版社，2016。
② 中国社会科学出版社，2015。
③ 青海人民出版社，2010。

制度有一定启示。第四是嘎·达哇才仁主编的《藏传佛教活佛转世制度研究论文集》①，该书是关于活佛方面的研究成果汇集。它既收集了以往活佛转世研究的重要成果，又吸纳了活佛现状研究方面的最新成果，反映了目前活佛转世研究领域的基本特点和研究水平。该书中黄维忠《藏传佛教的活佛转世制度》、W. 魏里的《活佛转世制度：西藏佛教的一次政治改革》、廖祖桂等的《清朝金瓶掣签制度及其历史意义》、却西活佛等的《金瓶掣签——释尊垂示之体现》、郑堆的《略述达赖喇嘛转世制度》、陈庆英的《雍和宫的佛仓简说》、张云等的《藏传佛教活佛管理的历史定制和制度创新》，对研究清代藏传佛教制度有一定借鉴作用。第五是胡日查《清代蒙古寺庙管理体制研究》②，认为寺庙管理体制包括寺院内部喇嘛等级管理制度与寺院执事喇嘛组成的"朝干对会"、通过学部（达场）的组织形式建立起来的喇嘛学制、学位的管理制度和寺院对喇嘛实行的司法管理制度、寺院对所属僧侣和沙毕纳尔的管理以及寺院对庙仓财产的经营管理等。第六是蔡志纯、黄颢编著《藏传佛教中的活佛转世》③。该书比较系统、扼要地介绍了活佛转世的由来及转世全过程、新转世活佛的教育和日常生活、中央政府对转世活佛寻访认定的管理和对大活佛的册封等。该书认为：活佛及活佛转世是藏传佛教的一种特有现象，对西藏的政治及社会生活曾具有关键性影响，至今这种影响力仍不可忽视；无论是从西藏的发展与稳定的角度看，还是从藏学研究的角度看，活佛转世问题都是一个必须重视、必须搞懂的问题。

在论文方面。鲁宁《清朝对蒙古地区宗教政策及宗教立法研究》④ 提出，清朝统治者通过优礼藏传佛教上层首领、支持藏传佛教的发展，赋予藏传佛教寺院集团种种特权，加强对藏传佛教的管理，创立金瓶掣签转世制度等办法来实现其政治目的。立法方面，清朝特别重视喇嘛教立法，这在《蒙古律例》《理藩院则例》等法律文献中有充分体现。《蒙古律例·喇嘛例》对喇嘛的服饰、喇嘛、班第及喇嘛庙的管理和喇嘛犯罪的内容做了

---

① 中国藏学出版社，2007。
② 辽宁民族出版社，2013。
③ 华文出版社，2007。
④ 硕士学位论文，内蒙古大学，2009。

专门规定。在此基础上,《理藩院则例》专设"喇嘛事例"五门,制定了清朝对蒙藏地区喇嘛教事务管理制度,分别确立了蒙古地区活佛转世制度、蒙古喇嘛职衔、名号、册命制度,蒙古地区喇嘛定额、升用、品级制度,钱粮、衣服、度牒等制度和其他管理制度。制定专门的喇嘛例是清代民族立法的一个重要特色。清代喇嘛事务在整个蒙古地区行政管理中占有相当大的比重,因此也备受重视。赵远《清前期藏传佛教政策研究》[①] 指出,清前期藏传佛教政策的制定和实施分为两个层面,即对藏传佛教的扶植和对藏传佛教的限制。扶植政策包括:(1) 建立较为完善的藏传佛教僧侣优待制度;(2) 建立较为完善的活佛册封和活佛确认制度;(3) 兴建宗教场所。限制政策主要包括:(1) 把藏传佛教事务纳入国家法律与制度体系;(2) 使用行政手段瓦解黄教的力量。宋晓亮《清代藏传佛教度牒制度探究》[②] 提出,清廷为防止留京藏僧人数过多以及加强稽查约束,首先在驻京喇嘛中试行度牒制度。该文第二章以清代两份典型的喇嘛度牒为切入点,试图还原清代藏传佛教度牒概貌,并简要分析度牒的管理程序,包括相关管理机构、度牒禁令等事项,展现了清代藏传佛教度牒管理的方式方法与历史地位。第三章梳理了清代藏传佛教度牒制度的发展历程:清代藏传佛教度牒制度萌芽于顺治时期,试行于康熙时期,在罗卜藏丹津叛乱后,推行于甘青等地区,到乾隆时期逐渐成熟,覆盖了京城、五台山、蒙古以及甘青等广大地区。藏传佛教度牒制度借鉴蒙藏地区宗教管理体制,以政令为制度保障,以寺院额缺和喇嘛口粮衣单为补充手段,体现了清代僧人管理的法制化理念。最后,该文认为度牒制度的出现是藏传佛教发展的必然需要,是清代对藏传佛教以管促控、以控带管的生动实践,是清代中央政府对藏传佛教控制力强化的具体表现。白文固《清代对藏传佛教的禁约和整饬》[③]一文认为,清康乾之世对藏传佛教进行了多方面的禁约和整顿,诸如严肃国师禅师的封赠,禁止私自剃度或私行建寺,严禁喇嘛游方他地或久居京师,并对喇嘛的服饰及饮食制度做了规整。这些禁约、整饬办法的颁行,

---

① 硕士学位论文,河南大学,2017。
② 硕士学位论文,西藏大学,2014。
③ 《中国藏学》2005 年第 3 期。

对于整饬藏传佛教中的诸多流弊、严肃教戒僧规、促使其健康发展不无益处。但更多的效果是在政治方面，即经过整饬的藏传佛教，成了统治者用之而得心应手的工具。周燕《略论"金瓶掣签"制度的演变》①认为，金瓶掣签制度是清军两次征剿廓尔喀战争期间，乾隆皇帝为了整饬格鲁派活佛转世中存在的弊端而制定的一项宗教改革措施，并成为清朝治理西藏宗教政策的核心内容。这一制度在实际执行过程中不断被调整和完善，既体现了清朝中央政府对西藏宗教治理的原则性和灵活性，也保障了其对西藏宗教治理的有效性。于鹏翔《"金瓶掣签"制度研究》②指出，金瓶掣签制度是藏传佛教活佛转世制度的重要环节，是对传统确认方法的扬弃。清高宗乘平定藏乱之机果断改革，首次确定金瓶掣签制度，不仅理顺了藏传佛教内部矛盾，同时安定了藏区，稳定了蒙古，进一步实现了中央对西藏的管辖。从转承本身来看，它完成了从习惯到法制的飞跃、从人神相隔到人神合一的跃升、从地方自主到中央施控的升华，终成千古之规法。祁美琴《清代蒙旗社会喇嘛教信仰问题研究》③指出，明清鼎革，清朝统治者为争取蒙古上层的支持，赢得蒙古民众的信任，在蒙古地区推行"因俗而治"统治策略，大力扶植喇嘛教，修建喇嘛寺庙，礼遇哲布尊丹巴、章嘉呼图克图等宗教首领，让为数众多的蒙古男子选择僧侣生活，致使清代以来的蒙古社会成为弥漫着浓厚的喇嘛教信仰的宗教社会。清代蒙古社会喇嘛教信仰即是一种社会信仰，喇嘛的等级化、官僚化以及生活与劳动的世俗化均体现了这一特征。安子昂《藏传佛教与清朝国家关系研究的回望与反思》④认为，藏传佛教与清朝国家关系是中国古代政教关系史的重要研究领域之一。文章对当前学术界关注比较多的"藏传佛教与清朝国家关系的表述与分期""清朝的藏传佛教政策""藏传佛教领袖与清廷关系""藏传佛教在蒙藏治理中的历史角色""清帝宗教形象的多维度解读"等问题的研究进行综述。在此基础上，展望藏传佛教与清朝国家关系研究在内涵拓展与

---

① 《西华师范大学学报》2015 年第 4 期。
② 《松辽学刊》2002 年第 3 期。
③ 《内蒙古大学学报》2010 年第 1 期。
④ 《中国边疆民族研究》第 10 辑，中央民族大学出版社，2016。

范式转化方面的前景。牛绿花《清朝对藏传佛教宗教事务的法律调整及其历史启示》① 指出，清朝借鉴并继承元明两朝对藏传佛教宗教事务的管理和立法调整的经验，对有关喇嘛封赏、私自出家建寺、寺庙及僧人数量、喇嘛游方等进行立法规制；以立法明确了藏传佛教宗教首领的政治权力；制定并完善了藏传佛教活佛转世的金瓶掣签制度。这些政策法规的实施强化了统一国家主权、保持了藏区社会稳定、促进了藏区经济发展，在当今复杂的国内外形势下，对国家如何管理藏传佛教宗教事务和藏传佛教如何谋求自身发展有着重要借鉴意义。陈庆英《清代金瓶掣签制度的制定及其在西藏的实施》② 认为，金瓶掣签是乾隆皇帝针对活佛转世中的一些弊病而制定的一项重要管理制度，在制定时结合了藏传佛教活佛转世认定中的一些传统做法和清朝选官制度的签选办法，体现了清朝对活佛转世事务的管理权。文章对金瓶掣签的制定和在西藏的实施做了详细的介绍分析，为研究金瓶掣签制度提供了详细可信的资料，说明金瓶掣签是清朝管理活佛转世事务的重要历史定制。冯智《八世达赖喇嘛及其在清朝治藏中的政教业绩》③ 一文，根据《八世达赖喇嘛传》等藏汉文原始史料，阐述和评价了八世达赖喇嘛一生主要的政教业绩，论述了他在清朝治藏中的历史作用，尤其是对八世达赖喇嘛的灵童寻访和坐床叙述得比较详细。刘大伟《哲布尊丹巴呼图克图研究》④ 认为，哲布尊丹巴活佛转世系统是清代藏传佛教四大活佛转世系统之一，与达赖喇嘛、班禅额尔德尼、章嘉呼图克图转世系统齐名。哲布尊丹巴活佛转世系统形成于明末清初。1691 年，康熙皇帝在多伦诺尔会盟之时，一世哲布尊丹巴呼图克图被正式册封为"大喇嘛"，位居喀尔喀王公之首，标志着哲布尊丹巴呼图克图作为最高政教首领开始掌管喀尔喀蒙古地区的政教事务。一世、二世哲布尊丹巴呼图克图均出生于土谢图汗部，对喀尔喀蒙古的政治、宗教、文化等方面有着非常重要的贡献，在抵制沙俄侵略、调停内部纷争、实现清王朝统一大业等方面做出了巨大贡献。

① 《青海师范大学学报》2010 年第 2 期。
② 《西藏民族学院学报》2006 年第 3 期。
③ 《中国藏学》2006 年第 2 期。
④ 博士学位论文，中央民族大学，2017。

从三世哲布尊丹巴呼图克图起，历世均为藏族，这是哲布尊丹巴转世系统在认定方面的重要转变，也是清朝皇帝干预、限制该转世系统的一个重要表现。清代中后期，哲布尊丹巴世系在政治上建树颇少，但四世、五世哲布尊丹巴呼图克图在兴建寺庙、整顿寺院秩序、弘扬佛教等方面做出了重大贡献。

从上述的研究综述中可以看出，从制度层面探讨清朝的藏传佛教还存在一些问题。一是一些著作对制度本身的研究还缺乏深入，更多的是对制度外围一些问题的叙述，使人感到中心问题没有凸显。二是对有些问题的探讨还停留在政策层面，没有进一步上升到制度层面，所以在深度和广度上都有提升的空间，需要进一步加大研究。三是一些著作对所探讨的问题在叙述方面过于空泛，没有抓住核心问题，因而虽是新作，却缺乏新意。当然，有些著作也体现出了令人欣喜的成果，这就是把清代藏传佛教的研究集中到制度层面，为后来者的研究奠定了基础。出现这样一些著作，与对前人的研究继承和发展有关。本来，对藏传佛教的研究，在 20 世纪就已经出现了比较有新意的成果，突出表现是廖祖桂、陈庆英、周炜《清朝金瓶掣签制度及其历史意义》[1] 一文。该文认为西藏的活佛转世制度是藏传佛教特有的宗教首领传承方式，这种传承方式把佛教的基本教义、仪轨和政教上层错综复杂的政治因素、宗教因素协调起来，解决了宗教首领的地位和政治、经济权力的传承和延续问题。活佛转世制度相沿既久，到清朝已流弊丛生，需要由朝廷制定相应的法规加以整饬。乾隆皇帝制定的金瓶掣签制度，就是为了进一步完善活佛转世制度而采取的一项重要措施。应当承认，前面所提到的一些创新成果，正是继承和发展 20 世纪研究的产物。

第二节　活佛转世制度

活佛转世是藏传佛教特有的传承方式，是藏传佛教寺院为解决其首领的继承问题而采取的一种制度。采用这种传承方式的都是具有一定名望的

[1]　《中国藏学》1995 年第 3 期。

大喇嘛和活佛。活佛转世最早开始于 13 世纪藏传佛教的噶举派，到 16 世纪中叶，也为格鲁派所采用，并很快形成了达赖喇嘛、班禅额尔德尼、哲布尊丹巴、章嘉四大活佛转世系统。

一般说来，活佛转世要经过寻访灵童和坐床等步骤。寻访灵童可分两个阶段。第一阶段是寻访前的准备工作。一要考虑大活佛临死前的遗嘱，看有什么启示；二要采用降神的方式，即神灵依附在人体来传达神的旨意，指出灵童的出生方向，甚至灵童父母的名字等；三要通过高僧占卜，确认灵童出生的方向和属性，占卜结果往往与降神所示情况相互印证；四要观湖，即在西藏山南地区加查县被称为神湖的拉姆拉措湖旁，通过虔诚的祈祷，湖中会显现一些景象，这些景象会显示灵童出生的具体地方，用以解决同一方位会出现许多同一种属性的灵童问题。通过以上措施，能基本上确定灵童出生的大致方向、时间和家庭情况。第二阶段是具体的寻访确认。一是观察灵童的体相、举止言谈等，通过观察找出与前世活佛有联系的线索或与众不同的特性，把它作为认定活佛转世灵童的重要参考依据；二是寻访者要向被寻访者的家属和周围的人询问灵童出生前后所出现的各种预兆，包括各种奇异的征兆和梦；三是在寻访过程中，寻访者要带一些前世活佛的遗物和仿造品，同时摆在被寻访者的面前，让他辨认，如果辨认准确无误，即被认定为转世灵童。乾隆五十八年（1793）以后，灵童的确认最终要经过金瓶掣签来决定。

灵童确认后，要择机举行坐床典礼。坐床是藏传佛教寺院中的重大宗教仪式，是活佛传承过程中，转世者由转世灵童正式继任活佛并改称活佛名号的必要仪式。届时要将转世灵童迎接到寺院，向释迦牟尼像、松赞干布和宗喀巴等各教派传承祖师献哈达，并念《成就四业经》。举行坐床典礼以后，灵童就不再称"灵童"，而称"呼毕勒罕"。"呼毕勒罕"是蒙古语，意为"化身"，也就是藏语中"转世者"。转世者成年以后，不再称"呼毕勒罕"，而称为"呼图克图"，意为"再来的人"，即活佛。所以，坐床标志着坐床者能以"前世活佛"的身份公开与外界往来，正式成为有权势的活佛。[1]

---

[1] 参阅蔡志纯、黄颢编著《藏传佛教中的活佛转世》第 2 章、第 4 章。

下面，对清代的四大活佛系统活佛转世制度详加考述。

一是达赖喇嘛系统。清代的达赖喇嘛，从五世到十三世，共有九位，即五世阿旺罗桑嘉措（1617—1682），六世仓央嘉措（1683—1706），七世格桑嘉措（1708—1757），八世强白嘉措（1758—1804），九世隆朵嘉措（1805—1815），十世楚臣嘉措（1816—1837），十一世克珠嘉措（1838—1855），十二世成烈嘉措（1856—1875），十三世土登嘉措（1876—1930）。

清代达赖喇嘛系统活佛转世制度的实行是从达赖六世开始的。康熙二十一年（1682），五世达赖喇嘛阿旺罗桑嘉措在西藏布达拉宫圆寂，其手下政务总管第巴桑结嘉措出于各种目的，实行匿丧，未及时向清廷报告，并擅自选定了五世达赖喇嘛的转世灵童仓央嘉措。因此，清廷未能参加六世达赖喇嘛仓央嘉措的灵童寻访。康熙三十五年，康熙皇帝在平定噶尔丹叛乱之后，从准噶尔部俘虏处得知五世达赖喇嘛早已去世的消息，非常震怒，立即致书第巴桑结嘉措，进行严厉质问。第巴桑结嘉措接到康熙皇帝书信后，慑于清廷的威力，赶忙派尼玛唐呼图克图等人前往北京，向康熙皇帝报告，说达赖喇嘛身故已16年，再生之小达赖喇嘛已15岁，并请求朝廷宽恕，承认六世达赖喇嘛。[①] 于是，康熙三十六年十月，仓央嘉措被迎至布达拉宫。康熙皇帝谕示二世章嘉活佛出使西藏，主持了仓央嘉措的坐床典礼，正式承认并授予印信封文。从这方面说，六世达赖喇嘛仓央嘉措的坐床典礼是清廷主持的。

康熙四十年，达延汗去世，其子拉藏汗继承汗位。拉藏汗继位后，与第巴桑结嘉措的关系日益恶化。康熙四十四年，第巴桑结嘉措毒害拉藏汗的阴谋败露，经过一场战争，第巴桑结嘉措遭俘获，被拉藏汗处死。随后，拉藏汗一方面委任了新的第巴代替桑结嘉措，一方面向康熙皇帝报告了第巴桑结嘉措"谋反"的经过。还指出，第巴桑结嘉措所立的仓央嘉措，不是真达赖的灵童，请求废掉。康熙皇帝为了稳定西藏局势，派侍郎赫寿等人前往西藏安抚，敕封拉藏汗为"翊法恭顺汗"，赐金印一枚，并要求把仓央嘉措押送北京。仓央嘉措在押送途中，死于青海。

---

① 《清圣祖实录》卷181，康熙三十六年三月辛未、壬申。

仓央嘉措被废后，拉藏汗另立伊西札穆苏为达赖喇嘛，康熙四十九年（1710），得到了康熙皇帝的认可。这样，仓央嘉措就成了"假"达赖喇嘛，而伊西札穆苏则成为六世达赖喇嘛。但是，拉藏汗所立的伊西札穆苏不为西藏三大寺所承认。他们认为，在理塘出生的格桑嘉措才是达赖喇嘛的转世灵童，是六世达赖喇嘛，并以此反对拉藏汗所立的伊西札穆苏。青海和硕特蒙古王公支持西藏三大寺势力，他们共同上奏康熙皇帝，请求册封在理塘出生的格桑嘉措为六世达赖喇嘛。康熙五十六年，准噶尔蒙古势力进入西藏，拉藏汗被杀。康熙五十九年，康熙皇帝册封格桑嘉措，格桑嘉措被迎至拉萨布达拉宫坐床，仪式极为隆重。有记载说："达赖喇嘛身着比丘的殊胜法衣，在文殊大皇帝的大臣阿达哈达、科秋艾增等诸多活佛高僧簇拥下，从甘丹曲果出发前往布达拉宫，拉萨四如和布达拉宫附近的居民载歌载舞相迎。文殊康熙大皇帝为祝贺达赖喇嘛坐床，赏赐上等哈达一条、白银万两等，并颁发诏书：'为利益佛教、众生，莲足永固，法轮长转。'皇帝所派官员和王族头领们各自献了丰厚礼品。"[1] 由上可见，七世达赖喇嘛的坐床典礼也是清廷主持的。拉藏汗所立的伊西札穆苏则被送往内地。这样，在西藏历史上，曾出现三个"六世"达赖喇嘛。这也是七世达赖喇嘛曾被称为"六世"的原因。乾隆四十八年（1783），乾隆皇帝赐八世达赖喇嘛玉册玉宝，敕书中写道："尔达赖喇嘛乃宗喀巴之法嗣，根敦噜布八转世身也。……先是顺治年间，五转世达赖喇嘛来京瞻觐……自兹四世咸倾心依向，广布教乘，宠渥有加焉……"这里有"先是顺治年间，五转世达赖喇嘛来京瞻觐……自兹四世咸倾心依向"等字句。这些表明，乾隆皇帝已经承认仓央嘉措是六世达赖喇嘛，格桑嘉措是七世达赖喇嘛。[2]

乾隆二十二年（1757）二月初三日，七世达赖喇嘛在布达拉宫圆寂。乾隆二十三年六月二十五日，八世达赖喇嘛强白嘉措在后藏拖结拉日岗地方出世。[3] 乾隆二十六年，将其迎至扎什伦布寺。乾隆二十七年八月，迎至

---

① 蒲文成汉译《七世达赖喇嘛传》上卷，第73—76页。又见妙舟《蒙藏佛教史》第4篇第3章第8节，上海佛学书局，1935。

② 《清高宗实录》卷1186，乾隆四十八年八月庚午。

③ 妙舟：《蒙藏佛教史》第4篇第3章第9节；冯智汉译《八世达赖喇嘛传》，第14页。

布达拉宫。对于八世达赖喇嘛的寻访和坐床，有关典籍记载甚详。七世达赖喇嘛圆寂后，乾隆皇帝召见章嘉国师谕示："确认达赖喇嘛之转世灵童至关重要。章嘉呼图克图须去西藏，寻访认定其转世。"[1] 章嘉国师遵照乾隆皇帝谕旨，随即进藏，并于乾隆二十三年（1758）赴后藏拜会六世班禅，讨论达赖喇嘛转世。乾隆二十三年冬至乾隆二十四年春，六世班禅与噶厦地方政府共同派出代表前往拉日岗查访发现的灵童。此后，章嘉与班禅同到拉萨，召集拉莫、乃穷、桑耶、噶栋、昌珠诸路护法降神预言，但各种预言意见不一。于是章嘉国师请班禅做主，班禅预示后藏拉日岗的男孩是达赖喇嘛的"真身转世"。[2] 乾隆二十四年六月十八日，六世班禅到噶丹绕结林寺，又让灵童辨认前世达赖喇嘛的各种真假遗物，结果均能认出，从而认定。乾隆二十五年，乾隆皇帝降旨，令将该灵童迎至布达拉宫附近的幽静寺庙供养，"待该童于众人前不羞涩腼腆，并能稳定之后，即示坐床"。[3] 乾隆二十六年春，奉乾隆皇帝谕旨，灵童被迎到拉萨以南的聂塘德瓦坚寺暂住。驻藏大臣等在寺门外将其迎至寺内，并献上了哈达、锦缎、景泰蓝等物以示祝贺。四月十八日，驻藏大臣接到特赐达赖喇嘛转世灵童的圣旨，于是择定五月初六日，由驻藏大臣以及西藏地方僧俗上层赍旨至寺，将灵童迎至杜康佛殿宝座前，集福大臣在其右，福鼐大臣在其左，分奉汉藏文圣旨，向灵童举行宣旨仪式。乾隆皇帝敕谕中盛赞前世达赖喇嘛"德才超人"，又称其转世明现，"甚慰朕怀"，勉励八世达赖喇嘛"多闻勤思，苦修不懈"，"嗣后仍享朕无穷之恩庇"。[4] 灵童听了圣旨后，向前移动二三步，躬身接旨。乾隆二十七年正月，乾隆皇帝派遣外蒙古亲王车布登扎布赴藏，照看八世达赖喇嘛呼毕勒罕坐床，赏车布登扎布银1000两治装。[5] 乾隆二十八年五月二十九日，奉乾隆皇帝谕旨，灵童被迎进布达拉宫坐床。清廷特派阿嘉呼图克图和驻藏大臣傅景前去赐礼。六世班禅也出席了典礼。次日，在措钦宁巴大殿，驻藏大臣主持了八世达赖喇嘛的坐床典

---

[1]　土观·洛桑却吉尼玛：《章嘉国师若必多吉传》，第233页。
[2]　土观·洛桑却吉尼玛：《章嘉国师若必多吉传》，第367页。
[3]　多喀尔·夏仲策仁旺杰：《噶伦传》，周秋有译，西藏人民出版社，1986，第53页。
[4]　冯智汉译《八世达赖喇嘛传》，第23页。
[5]　《清高宗实录》卷652，乾隆二十七年正月丁酉。

礼，并当众宣读了满、蒙、藏三种文字写成的圣旨。圣旨宣读完毕，依次奉上皇帝所赐厚礼，以及章嘉大国师等人的贺礼。① 至此，八世达赖喇嘛完成了由灵童到活佛的转变。

嘉庆九年（1804），八世达赖喇嘛患痘，于十月十八日在布达拉宫圆寂。嘉庆十年十二月初一日，九世隆朵嘉措生于金沙江畔的邓柯地方。八世达赖喇嘛圆寂后，驻藏大臣上报清廷，嘉庆皇帝派成都副都统文弼进藏祭奠，同时任命济咙呼图克图担任摄政，负责灵童的寻访、认定。驻藏大臣、七世班禅、摄政济咙呼图克图、第穆活佛、热振活佛等以及各格隆，都曾对灵童进行考察。第穆活佛向灵童递送八世达赖喇嘛生前随身之物，让他进行辨认，灵童都能准确地认出来，并毫无失误地辨认出了所有的真品佛像及日常用品。这使在座的人一致认为，出生于邓柯地方的灵童为真正的八世达赖喇嘛转世化身，遂决定上奏，请求免于金瓶掣签，直接认定。嘉庆十三年二月，嘉庆皇帝谕示，同意免于金瓶掣签。于是，九世达赖喇嘛灵童被迎至布达拉宫日光殿内，行坐床大典。赖仲译钦莫宇卡哇高声宣读嘉庆皇帝圣谕，按旧例设盛大喜宴，供上等汉茶以及丰盛的百味佳肴、甘美食物。当日举行了盛大的庆祝仪式和各种宗教活动，派往西藏照看达喇嘛坐床的钦差、驻藏大臣及青海、蒙古等地的蒙、藏僧俗各界人士参加了坐床大典。②

嘉庆二十年二月十六日，九世达赖喇嘛在西藏布达拉宫圆寂。情况上奏清廷后，噶厦和三大寺即派出代表寻访九世达赖喇嘛转世的灵童。其时在四川理塘，正好有一个生于嘉庆二十一年的幼童，聪明伶俐，其父是当地的头人。于是，噶厦和三大寺代表就请求驻藏大臣玉麟上奏，求定该幼童为达赖喇嘛呼毕勒罕，还表示，如果朝廷不批准，就前去京城请求。嘉庆皇帝对此颁发谕旨给予严斥。接到嘉庆皇帝谕旨后，噶厦和三大寺的代表在西康地方又找到了两个灵童，总计三人。他们把情况上奏朝廷。此时嘉庆皇帝已去世，道光皇帝继位。道光皇帝谕示：要经过金瓶掣签。最后掣出四川理塘生的小孩为十世达赖喇嘛。道光二年（1822）八月初八日，

---

① 冯智汉译《八世达赖喇嘛传》，第 27—28 页。
② 参阅王维强汉译《九世达赖喇嘛传》第 2 章。

十世达赖喇嘛楚臣嘉措在布达拉宫举行坐床典礼。七世班禅派他的哥哥康建堪布和卓尼多确二人为代表，前去拉萨参加坐床典礼，并向十世达赖喇嘛致贺。道光皇帝特命成都副都统苏冲阿和章嘉呼图克图前去西藏"看视坐床"，赏坐床银 1 万两，并谕"前世达赖喇嘛俱经赏用黄轿、黄缰、黄鞍坐，着加恩现在达赖喇嘛之呼毕勒罕仍准赏用"，"赏给前世达赖喇嘛之金印，该呼毕勒罕坐床时现经捧用，坐床后着加恩折内仍前钤用"。[①]

道光十七年（1837）十月初二日，十世达赖喇嘛楚臣嘉措在西藏布达拉宫圆寂。十一月十一日，道光皇帝命驻藏大臣关圣保前往祭奠，按惯例赏赉。十世达赖喇嘛去世以后，西藏各界代表前往各地寻访转世灵童，并在西康找到了四个灵童。经过金瓶掣签，结果是康定（今四川省甘孜藏族自治州道孚县）一个普通农民家庭的幼童中签。七世班禅为这个幼童剪发、更衣，并取法名克珠嘉措，迎入布达拉宫居住，这就是十一世达赖喇嘛。道光二十二年四月十六日，在布达拉宫举行十一世达赖喇嘛克珠嘉措坐床典礼。道光皇帝颁给了敕书、赏赉等，还赏银 1 万两。驻藏大臣孟保会同成都副都统什蒙额、章嘉活佛等参加了坐床仪式。[②]

咸丰五年（1855）十二月二十五日，十一世达赖喇嘛克珠嘉措在布达拉宫圆寂，驻藏大臣满庆奉命前往祭奠。咸丰皇帝任命热振阿齐图呼图克图为摄政，寻访十一世达赖喇嘛的转世灵童，经过多方面考察，最终认定桑日、沃卡和达布拉索等三地所报幼童灵异卓著。经过金瓶掣签，出生在西藏山南地区沃卡、乳名洛桑丹增晋美的幼童中签。摄政热振阿齐图呼图克图为转世灵童举行了剃度仪式，并献袈裟，上法名"至尊阿旺洛桑丹贝坚赞成烈嘉措贝桑波"，简称成烈嘉措。咸丰十年七月初三日，在布达拉宫旧殿司西平措大殿，隆重举行了十二世达赖喇嘛成烈嘉措的坐床典礼。由满文仲译和堪仲用满、汉、藏三种语言宣读了咸丰皇帝的诏书。十二世达赖喇嘛和摄政活佛等人行三叩九拜之礼。接着，驻藏大臣向十二世达赖喇嘛敬献哈达，摄政呼图克图、噶厦政府官员、高僧大德、社会名流也依次向十二世达赖喇嘛敬献了礼物。

---

① 赵学毅等编《清代以来中央政府对西藏的治理与活佛转世制度史料汇集》，第 200、222 页。
② 《清宣宗实录》卷 354，道光二十一年七月丁卯；卷 355，道光二十一年八月丙申。

　　光绪元年（1875）三月二十日，十二世达赖喇嘛成烈嘉措在西藏布达拉宫圆寂。随后，摄政达擦呼图克图和噶厦政府派出多人寻访灵童。在下塔布（今西藏朗县）一户普通农家里寻得一名叫朗顿的幼童，他的表现与圣湖显影、神佛预言完全相同。慎重起见，噶厦再次派人前往下塔布考察灵童，八世班禅丹白旺秋、摄政达擦呼图克图、各寺高僧等都认为该灵童确系前世达赖喇嘛转世。于是，驻藏大臣松桂把情况上奏光绪皇帝，朝廷决定免于金瓶掣签。光绪四年正月十二日，在贡汤德娃尖寺，八世班禅额尔德尼为转世灵童剃发授戒，取定法名阿旺罗桑土登嘉措，简称土登嘉措。光绪五年三月二十一日，光绪皇帝谕示："以达赖喇嘛呼毕勒罕坐床，赏给黄哈达一方，佛一尊，铃杵一分，念珠一串，并赏给伊父工噶仁青公衔。准达赖喇嘛呼毕勒罕钤金印及黄轿、黄车、黄鞍、黄缰并黄布城。"[1] 六月十三日，土登嘉措被迎至布达拉宫司喜平措大殿坐床。一位年长堪仲宣读了光绪皇帝的敕谕，驻藏大臣向达赖喇嘛敬献各种礼品。

　　二是班禅额尔德尼系统。清代的班禅额尔德尼总计有六世，即四世罗桑确吉坚赞（1567—1662）、五世罗桑益西（1663—1737）、六世班丹益西（1738—1780）、七世罗桑丹贝尼玛（1782—1853）、八世丹白旺秋（1855—1882）、九世罗桑确吉尼玛（1883—1937）。

　　清代班禅额尔德尼系统的活佛转世是从五世罗桑益西开始的。康熙元年（1662），四世班禅在扎什伦布寺圆寂，清廷遣官致祭。[2] 康熙二年，扎什伦布寺苏本堪布罗桑丹增认定日喀则以西兰珠甲地方一平民家庭仓村索南旺扎之子为转世灵童，派人报告五世达赖喇嘛。康熙三年，扎什伦布寺将该幼童接入托布甲寺供养。康熙四年，扎什伦布寺前后派出三批人员，经过遗物验证，认为该幼童为班禅转世灵童，并派人向五世达赖喇嘛报告，达赖喇嘛予以承认，为其举行了剃度仪式，并上法名罗桑益西，指示将灵童迎入扎什伦布寺坐床。康熙六年正月初三日，举行了坐床典礼，罗桑益西继任为五世班禅。

　　乾隆二年（1737）七月初五日，五世班禅罗桑益西圆寂于扎什伦布寺。

---

①　《清德宗实录》卷90，光绪五年三月乙丑。

②　《清圣祖实录》卷9，康熙二年八月丙申。

　　乾隆五年，扎什伦布寺喇嘛派人寻访，在西藏南木林宗札西则溪卡找到一个两岁的幼童，经过护法神"降神"之后，七世达赖喇嘛派代表会同噶厦政府官员，最后确认这个幼童是五世班禅的转世灵童。七世达赖喇嘛给幼童进行了剃发，取法名为班丹益西，正式通知扎什伦布寺，并通知驻藏大臣纪山，请他上奏乾隆皇帝。清廷很快做出反应："乾隆五年议准，班禅额尔德尼之呼毕勒罕，经达赖喇嘛等验明是实，即送往后藏坐床。"① 乾隆六年六月初四日，六世班禅班丹益西在扎什伦布寺日光殿举行了坐床典礼。

　　乾隆四十五年（1780）十一月初二日，六世班禅班丹益西在北京黄寺圆寂。班禅遗体在黄寺停放了六天，供各界人士和佛教徒瞻仰。乾隆四十六年二月，六世班禅灵塔运往西藏扎什伦布寺。六世班禅圆寂以后，共找了四个转世灵童。扎什伦布寺派出六世班禅的苏本堪布前往四个灵童的出生地进行访察，并拿出六世班禅生前用过的茶杯、铃杵、念珠等让灵童自己挑选，以行试验。结果，只有乾隆四十七年四月初八日生于西藏白朗吉雄（今白朗县）的灵童选出的器物，是六世班禅用过的。于是，苏本堪布肯定这个灵童确系六世班禅的转世，遂请驻藏大臣博清额转奏乾隆皇帝予以批准。乾隆四十八年正月二十三日，"内阁奉上谕：据博清额奏称，为寻访班禅转世灵童，今寻得灵异幼童四名。司膳堪布令班禅大师侍从等面认。该侍从等公认四月初八日所生幼童为真身灵童，达赖喇嘛并护法神亦以为该幼童为班禅大师之转世灵童，等语。朕甚欣慰。前世班禅恭顺谦和，远途觐见，谨行佛事，不幸圆寂，已逾两载，朕随时盼望灵童早见。今不负朕意，不违再再祝祷之愿，如期寻得灵童，幸甚佳甚。……赏赐班禅大师灵童御库大哈达一方、珍珠一串、玉如意一柄"②。按乾隆皇帝谕允，四月初八日所生幼童为六世班禅呼毕勒罕。乾隆四十九年秋，灵童被迎到扎什伦布寺。八月十二日，在扎什伦布寺日光殿举行了七世班禅坐床大典，由驻藏大臣博清额主持。九月初七日，在扎什伦布寺的益格穹曾宫内，举行了八世达赖喇嘛给七世班禅剪发并取法名的典礼，取法名为罗桑丹贝尼玛。

---

① 光绪朝《大清会典事例》卷974；赵云田点校《乾隆朝内府抄本〈理藩院则例〉》"柔远清吏左前司下"。

② 赵学毅等编《清代以来中央政府对西藏的治理与活佛转世制度史料汇集》，第340—341页。

对于七世班禅的坐床，乾隆皇帝非常重视，特赏"法衣、铃杵、如意、数珠、缎匹、玻璃瓷器等物，派出乾清门侍卫伊鲁勒图同果莽呼图克图赴藏赍送"。①

咸丰三年（1853）正月初九日，七世班禅在扎什伦布寺圆寂，咸丰皇帝命驻藏帮办大臣谆龄往奠茶酒，赏银5000两治丧。② 随后寻访灵童，咸丰七年经过金瓶掣签，托布加溪卡丹出生的一个幼童被认定为八世班禅。咸丰十年十月初二日，八世班禅被迎请到扎什伦布寺举行了坐床典礼。咸丰皇帝派"恩庆会同色综本诺们罕前往看视，并派理藩院拣派司员二人驰驿，所有颁给敕书、赏赉等件赍往"。③

光绪八年（1882）七月十六日，八世班禅在他的故乡托布加溪卡丹圆寂，光绪皇帝派驻藏办事大臣色楞额往奠，赏银5000两治丧。八世班禅去世以后，扎什伦布寺派出代表多人寻找转世灵童，经过金瓶掣签，达布地区的仓珠嘉措被认定为九世班禅额尔德尼。当天在布达拉宫日光殿，九世班禅拜十三世达赖喇嘛土登嘉措为师，剃发取法名确吉尼玛。光绪十七年，光绪皇帝谕示："班禅额尔德尼呼毕勒罕于明年正月初三日坐床，着派升泰会同苏勒诺们罕前往看视。所有颁发敕书、赏赉等件，着由驿驰递。"④ 光绪十八年正月初三日，九世班禅在扎什伦布寺坐床。驻藏办事大臣升泰奏："遵旨看视班禅呼毕勒罕坐床礼成。"⑤

三是哲布尊丹巴系统。清代的哲布尊丹巴总计有八世，即一世罗布藏旺布札勒三（1635—1723），二世罗布藏丹必栋密（1724—1757），三世伊什丹巴尼玛（1758—1773），四世罗布藏图巴坦旺舒克（1775—1813），五世罗布藏楚勒都本齐克墨特（1815—1842），六世罗布藏巴勒垫丹拜佳木粲（1842—1848），七世阿旺吹济旺渠车拉嘉木磋德（1850—1868），八世阿旺罗布藏吹叽呢玛丹增旺楚克（1870—1924）。清代哲布尊丹巴系统的活佛转世，始于一世哲布尊丹巴。

---

① 《清高宗实录》卷1200，乾隆四十九年三月丙戌。
② 《清文宗实录》卷90，咸丰三年四月乙亥。
③ 《清文宗实录》卷308，咸丰十年二月丁巳。
④ 《清德宗实录》卷302，光绪十七年十月癸丑。
⑤ 《清德宗实录》卷309，光绪十八年三月乙亥。

明崇祯八年（1635）九月二十五日，一世哲布尊丹巴生于外蒙古乌苏居勒地方，为西藏觉囊派札阿囊昆噶宁波转世，是土谢图汗衮布多尔济之子。崇德二年（1637），从扎木巴力诺们汗受乌巴什戒，次年从旺希布如勒喇嘛受小戒，在锡埒图察罕诺尔寺坐床。顺治七年（1650），至西藏扎什伦布寺晋谒四世班禅额尔德尼，受沙弥戒；至拉萨拜谒五世达赖喇嘛，受哲布尊丹巴呼图克图尊号，改信格鲁派。顺治八年，返回外蒙古。①

雍正元年（1723）正月十四日，一世哲布尊丹巴在北京圆寂。雍正皇帝至灵前悬帕供茶。② 据一世哲布尊丹巴弥留时所示，雍正二年八月初一日，二世哲布尊丹巴生于外蒙古土谢图汗部，是一世哲布尊丹巴呼图克图曾侄孙，第四代土谢图汗惇多布多尔济子。经七世达赖喇嘛遴选，由雍正皇帝确定为转世活佛。雍正六年，二世哲布尊丹巴从东科尔呼图克图那旺罗布藏受格宁戒。雍正七年，由外蒙古诸王主持举行坐床盛典。

乾隆二十二年（1757）十二月二十七日，二世哲布尊丹巴在外蒙古库伦圆寂。乾隆二十三年十月初一日，三世哲布尊丹巴转生于西藏理塘，是第巴阿木布木之孙，取名伊什丹巴尼玛。据说，该幼童出生时，"异兆甚众，喜诵梵经，计距哲布尊丹巴呼图克图涅槃甫及十月，疑即其呼毕勒罕"，而二世哲布尊丹巴圆寂时曾有百年后转回本处之语，乾隆皇帝表示这"正与前言相符，朕甚欣悦"，一方面遣沙克都尔堪布等赴藏面问，另一方面则传谕外蒙古汗、王公、台吉等知道。③ 乾隆二十七年，乾隆皇帝先派侍郎福德后又改派集福等前往西藏迎接哲布尊丹巴呼图克图呼毕勒罕，并谕示所过地方准其交易马匹牲只口粮。回来时路经承德，受到乾隆皇帝接见。从三世章嘉呼图克图若必尔多吉受沙弥戒。由多伦诺尔到库伦后，外蒙古四部王公为三世哲布尊丹巴举行了隆重的坐床典礼。乾隆皇帝谕示哲布尊丹巴，因年岁尚幼，要勤学经典，④ 并赐黄布围墙、红色车轿。

乾隆三十八年（1773）秋，三世哲布尊丹巴在外蒙古库伦圆寂。乾隆

---

① 见妙舟《蒙藏佛教史》第 5 篇第 1 章第 2 节；噶尔丹《宝贝数珠》；《哲布尊丹巴传》。
② 《清世宗实录》卷 3，雍正元年正月丙申。
③ 《清高宗实录》卷 646，乾隆二十六年十月丁丑。
④ 《清高宗实录》卷 741，乾隆三十年八月丁巳。

皇帝一方面谕示哲布尊丹巴所属诺们汗、商卓特巴等派妥实明白人赴藏寻访呼图克图呼毕勒罕，另一方面又传谕达赖喇嘛、班禅额尔德尼，留心咨访呼图克图呼毕勒罕，闻其转生，即一面奏闻，一面晓谕呼图克图所属诺们汗札木巴勒多尔济、商卓特巴达木垂喇木寨等所遣徒众喇嘛知之。① 结果，八世达赖喇嘛选定乾隆四十年出生于西藏藏堆托嘉拉日岗、其伯父索诺木达什之子为四世哲布尊丹巴呼图克图呼毕勒罕，所以，该幼童实为八世达赖喇嘛从兄弟。乾隆四十三年，四世哲布尊丹巴在布达拉宫受戒，取法名罗布藏图巴坦旺舒克。乾隆四十六年，外蒙古僧俗各界前往西藏迎接，回来时途经多伦诺尔，四世哲布尊丹巴从三世章嘉若必多吉受戒，后至库伦坐床。

嘉庆十八年（1813），四世哲布尊丹巴在五台山圆寂。寻找的灵童经过金瓶掣签，最后掣定衮布敦都布子为四世哲布尊丹巴的转世灵童。嘉庆二十四年，在布达拉宫从七世班禅受戒，起法名罗布藏楚勒都本齐克墨特。嘉庆二十五年赐用黄色布围城、黄色车轿，被迎入外蒙古库伦坐床。

道光二十二年（1842），五世哲布尊丹巴在外蒙古库伦圆寂。寻找了三个灵童，经过金瓶掣签，结果掣出牧驴者绥那玛之子聂尔阿定为呼毕勒罕，命名罗布藏巴勒垫丹拜佳木粲，是为六世哲布尊丹巴呼毕勒罕。道光二十六年，该呼毕勒罕年及 5 岁，从班禅额尔德尼受戒。道光二十八年，外蒙古各部僧俗 5000 人由西藏迎六世哲布尊丹巴呼毕勒罕入库伦坐床，途中遭 2 次扰劫。在库伦坐床仅 59 日后，六世哲布尊丹巴即罹天花圆寂，享寿 7 岁。

六世哲布尊丹巴圆寂后，照例在西藏寻访灵童，经过金瓶掣签。道光三十年十二月初九日，由金瓶掣出平民密玛尔之子乌金策仁为呼毕勒罕，达赖喇嘛定其法名为阿旺吹济旺渠车拉嘉木磋德，是为七世哲布尊丹巴。咸丰皇帝赏该呼毕勒罕黄手帕 1 方，佛 1 尊，大缎 4 匹。② 咸丰五年（1855），七世哲布尊丹巴被外蒙古各部迎至库伦坐床。咸丰皇帝念七世哲布尊丹巴"虔唪皇经，实属诚悃可嘉"，赏其大荷包 1 对，小荷包 4 个，黄缎 2 匹，蟒

---

① 《清高宗实录》卷 943，乾隆三十八年九月乙酉。

② 《清文宗实录》卷 27，咸丰元年二月壬戌。

缎 2 匹。[1]

同治七年（1868）十二月十四日，七世哲布尊丹巴阿旺吹济旺渠车拉嘉木磋德在外蒙古库伦圆寂。同治九年春，八世哲布尊丹巴呼图克图呼毕勒罕生于西藏拉萨十二世达赖喇嘛一近侍家中。由金瓶掣出平民贡确策仁之子阿旺罗布藏成勒迥奈丹贝甲木参之名，定为呼毕勒罕，达赖喇嘛遵依经文，定哲布尊丹巴呼图克图之呼毕勒罕名曰阿旺罗布藏吹叽呢玛丹增旺楚克。[2] 同治十三年秋，驻藏大臣恩麟及外蒙古僧俗各众从西藏迎八世哲布尊丹巴入库伦坐床。护送队伍行至西宁通天河沿地方时，遭遇骑马藏民抢劫。[3]

四是章嘉活佛系统。清代章嘉活佛有六世，即二世阿旺罗桑却丹（1642—1715），三世若必多吉（1717—1786），四世业希丹毕坚赞（1787—1846），五世业希丹毕尼玛（1849—1875），六世业希丹毕嘉索（1878—1888），七世历迎叶锡道尔济（1891—1958）。

清代章嘉活佛转世是从二世阿旺罗桑却丹开始的。明崇祯十五年（1642）十月，二世章嘉阿旺罗桑却丹出生于青海湟水南岸伊格沟达秀村（今青海省湟中县境内）一个山西商人家庭，自幼聪慧，据说能辨识前世章嘉经典佛像，经郭隆寺喇嘛寻找，又在顺治三年（1646）经四世班禅额尔德尼认定，为一世章嘉活佛转世灵童。先驻锡于塘让塔哇林寺，受出家戒，取法名为丹增勒雪嘉措。顺治七年，二世章嘉被迎请到郭隆寺，举行了隆重的坐床典礼。顺治九年，五世达赖喇嘛赴京朝见顺治皇帝途经青海地区时，二世章嘉谒见了达赖喇嘛，并从五世达赖喇嘛受沙弥戒，取法名为阿旺罗桑却丹。

康熙五十四年（1715），二世章嘉在内蒙古多伦诺尔圆寂。康熙五十六年正月初十日，三世章嘉若必多吉出生于甘肃凉州一个藏族牧民家中。康熙五十八年，班禅额尔德尼确认其为前世章嘉呼图克图所转世，并上奏清廷，奉旨尊为三世章嘉呼图克图呼毕勒罕，使习经典。康熙五十九年六月

① 《清文宗实录》卷178，咸丰五年九月乙酉。
② 《清穆宗实录》卷321，同治十年十月庚午；卷331，同治十一年四月甲寅。
③ 《清穆宗实录》卷370，同治十三年八月己亥。

初十日，被迎请到青海郭隆寺坐床，由却藏活佛罗桑丹贝坚赞为他剪去头发，起名为阿旺却吉扎巴丹贝坚赞贝桑布。后来，班禅额尔德尼为他授近事戒和沙弥戒，并取法名为"若必多吉"。

乾隆五十一年（1786）四月初二日，三世章嘉若必多吉在北京圆寂。乾隆五十二年五月十八日，四世章嘉业希丹毕坚赞出生于青海宗江，为却藏活佛罗桑图旦热吉之兄。当年十二月十八日，奉旨作为章嘉呼图克图之呼毕勒罕，赏给御用金珠记念素珠一串，并坐床佑宁寺。

道光二十六年（1846）六月初五日，四世章嘉在北京圆寂。咸丰三年（1853）六月，章嘉呼图克图呼毕勒罕出痘安适，咸丰皇帝赏给佛1尊、经1卷、哈达1条、珊瑚朝珠1挂、表1个、荷包1对、小荷包4个。① 咸丰八年，理藩院代奏章嘉呼图克图呼毕勒罕请旨进京朝觐，获咸丰皇帝谕允。同年十二月十三日抵京师，十九日晋谒咸丰皇帝于颐心殿。

光绪元年（1875）十一月，在从五台山回北京的途中，五世章嘉业希丹毕尼玛病逝于京郊天宁寺。光绪四年，六世业希丹毕嘉索生于青海西宁附近的多隆基。光绪八年七月十四日，在北京雍和宫金奔巴瓶依例抽签。七月二十日，理藩院上奏，光绪皇帝准如所请，颁旨晓谕蒙古各旗王公、西藏达赖喇嘛、班禅额尔德尼，并驻京各呼图克图。光绪九年八月初二日，以大金刚教海喇嘛为师，修习威德金刚等经，从受小戒。光绪十年四月十五日，从噶隆匝伯特耶丹萨喇嘛受噶索戒。光绪十二年十二月十二日，旨谕莅京。十六日，晋谒光绪皇帝于中正殿。②

光绪十四年（1888）九月初七日，六世章嘉业希丹毕嘉索在内蒙古多伦善因寺圆寂。光绪十七年十一月，七世章嘉历迎叶锡道尔济在青海唐克托出生。寻访灵童、金瓶掣签和坐床仪式，都按照既定制度进行。

清代的活佛转世不限于以上所述的四大活佛系统。③ 但是，仅从上述的情况，我们就可以感受到清代的活佛转世有以下两个问题值得注意。

---

① 《清文宗实录》卷97，咸丰三年六月甲申。
② 参阅妙舟《蒙藏佛教史》第5篇第2章第5节。
③ 据魏源统计，清代入理藩院册籍能转世的活佛有160名。见魏源《圣武记》上册，第218页。

第一，清廷对活佛转世非常重视，采取一切措施使其顺利进行。这里仅以二世哲布尊丹巴转世为例加以说明。三世哲布尊丹巴被定为二世的呼毕勒罕后，乾隆皇帝闻讯后立即遣人赴藏面问，并把这一消息告诉外蒙古所有的汗、王公、台吉。迎接三世哲布尊丹巴从西藏到外蒙古，除派专人前往照料外，乾隆皇帝还给沿途各处大臣、扎萨克打招呼，命他们在物质上提供一切方便。在往迎三世哲布尊丹巴过程中，乾隆皇帝根据实际情况更换派往的大臣，以使迎接工作更为顺利。在迎接哲布尊丹巴呼图克图呼毕勒罕路途中，外蒙古扎萨克图汗巴勒达尔呈控清廷副都统留保住妄自尊大、需索钱物。对此，乾隆皇帝不偏听偏信，而是进行认真调查。结果，乾隆皇帝了解到，留保住确有态度倨傲问题，且办事糊涂；而巴勒达尔也不是安分的人，办事想取巧，少给藏民银两并勒买羊只，在现有禾苗地亩内住宿，亦属不当。于是，留保住革去副都统职，在理藩院郎中上行走，巴勒达尔亦着严行申饬。三世哲布尊丹巴坐床后，赛音诺颜部落喇嘛清苏珠克图诺们汗未来叩谒，也不派人前来。因为此前他曾推荐一个小喇嘛是哲布尊丹巴呼图克图呼毕勒罕，没有被认定，所以心存怨忿。乾隆皇帝了解情况后，命将军成衮扎布派侍卫、台吉各 1 员，将那个小喇嘛护送来京，"待朕看视后，再为定夺"。三世哲布尊丹巴因年幼，正宜学习经典，需要教习喇嘛，但是，教习喇嘛堪布诺们汗扎木巴勒多尔济等"有擅打小呼图克图一事"。乾隆皇帝了解情况后，命把堪布诺们汗扎木巴勒多尔济等"俱令来京"，从西藏来的普宁寺堪布喇嘛罗布藏扎木巴拉赏诺们汗名号，遣往库伦，成为哲布尊丹巴呼图克图新教习。[1] 清廷之所以采取上述措施保证哲布尊丹巴转世顺利进行，正如乾隆皇帝所说："哲布尊丹巴呼图克图系喀尔喀（即外蒙古）等供养之大喇嘛……倘喀尔喀等妄生疑虑，于事大有不便。"[2] 归根结底，还是从外蒙古社会的稳定来考虑。

第二，清廷对活佛转世的弊端有比较清醒的认识。乾隆皇帝就曾经指出活佛转世中"私相传袭积弊"。[3] 比如七世达赖喇嘛圆寂后，寻访的八世

---

① 《清高宗实录》卷 741，乾隆三十年八月丁巳。
② 《清高宗实录》卷 732，乾隆三十年闰二月丙寅。
③ 《清高宗实录》卷 1416，乾隆五十七年十一月丙午。

达赖喇嘛是六世班禅额尔德尼的亲戚；三世哲布尊丹巴圆寂后，寻访的四世哲布尊丹巴是八世达赖喇嘛的亲戚；三世章嘉活佛的弟侄辈，也都被认定为活佛。正因为这些，乾隆皇帝认为："现在之达赖喇嘛与班禅额尔德尼呼毕勒罕，及喀尔喀四部落供奉之哲布尊丹巴呼图克图，皆以兄弟叔侄姻娅递相传袭，似此掌教之大喇嘛呼毕勒罕，皆出一家，几与封爵世职无异。""即蒙古内外各扎萨克供奉之大呼毕勒罕，亦有各就王公家子弟内转世化生者。即如锡呼图呼图克图，即系喀尔喀亲王固伦额驸拉旺多尔济之叔；达克巴呼图克图，即系阿拉善亲王罗卜藏多尔济之子；诺木绰尔济呼图克图，即系四子部落郡王拉什燕丕勒之子；堪卜诺们汗札木巴勒多尔济之呼毕勒罕，即系图舍图汗车登多尔济之子。似此者难以枚举。"① 除此之外，在活佛转世过程中，灵童的一些表现在一些史书的记载中颇有文学描写的味道，并不全是历史真实的再现。九世达赖喇嘛圆寂后，驻藏大臣玉麟上奏，言及西藏僧俗人等曾要求对于选定的一个灵童予以承认，免于掣签。对此，嘉庆皇帝认为这一要求"甚属非是"。他说："从前各处呈报呼毕勒罕出世，每多附会，争端渐起，弊窦丛生。""今里塘所报幼孩，其所述灵异何足征信？若遽听其言，与此前指定者一人何异？玉麟等不严行驳饬，实为错误，着传旨申饬。"② 不但嘉庆皇帝如此，道光皇帝也曾表现出这一思想，就九世达赖喇嘛的转世灵童，他就曾表示："但系各该处具报之词，或恐有过其实。"③ 清廷对活佛转世弊端的深入了解，尤其是担心"递相传袭"所造成的宗教势力和世俗权势相结合可能给清廷统治造成不利影响，是乾隆皇帝制定金瓶掣签制度的思想基础。

当然，清廷对活佛转世制度的态度，可以用乾隆皇帝的一句话概括："兴黄教即所以安众蒙古，所系非小，故不可不保护之。""佛本无生，岂有转世？但使今无转世之胡图克图，则数万番僧，无所皈依，不得不如此耳。"④

<hr>

① 《高宗纯皇帝御制喇嘛说》，参见和琳等编《卫藏通志》，第148—150页。
② 《清仁宗实录》卷355，嘉庆二十四年三月戊申。
③ 《清宣宗实录》卷23，道光元年九月辛亥。
④ 见乾隆《喇嘛说》，碑藏北京雍和宫。

第三节 金瓶掣签制度

金瓶掣签制度是乾隆皇帝亲自制定的有关活佛转世如何确定灵童的制度。如前所述,在活佛转世确定灵童的过程中,出现了种种弊端,乾隆皇帝对此极为清楚,他决不允许宗教势力和世俗特权相结合给清廷的统治造成威胁,所以决定采取措施清除这些弊端。廓尔喀人入侵西藏事件的发生及其产生的严重后果,给了乾隆皇帝一个恰当的时机。

乾隆四十四年(1779),六世班禅东来参加乾隆皇帝七十大寿庆典期间,收获许多布施赏赐。乾隆四十五年秋,六世班禅因患天花在北京圆寂,这些财物的大部分被其兄扎什伦布寺的仲巴呼图克图洛桑金巴据为己有,而六世班禅的另一位同父异母兄沙玛尔巴,即噶玛噶举红帽系第十世活佛却珠嘉措则分毫未得。沙玛尔巴心生嫉恨,于是借机前往廓尔喀,挑唆廓尔喀国王发兵入侵西藏,抢劫扎什伦布寺。这样就先后发生了两次廓尔喀入侵西藏的战争。在乾隆五十六年廓尔喀第二次入侵西藏时,仲巴呼图克图携物潜逃,扎仓堪布、孜仲喇嘛等人假借神言散布"不可与贼拒战",而七世班禅额尔德尼也早已移居拉萨,所以扎什伦布寺内无人组织,以致人心惶惶,僧众四散逃亡。廓尔喀军没有受到有力抵抗,把扎什伦布寺洗掠一空。乾隆皇帝得奏报后震怒,以福康安为大将军率兵入藏,在西藏各界人民的支持下,不仅将廓尔喀兵逐出西藏,还一度进攻到廓尔喀首都附近。廓尔喀国王几次乞降,并将沙玛尔巴的尸骨、随从及掠去的扎什伦布寺财物一并送至福康安军前。清军取得了反击廓尔喀入侵西藏战争的胜利。

在这两次廓尔喀入侵西藏的战争中,活佛转世与家族势力相结合以及用降神的方法决定灵童转世的弊端暴露无遗。乾隆皇帝为了稳定西藏局势,在乾隆五十七年(1792)九月至乾隆五十八年五月发布了一系列上谕,并于乾隆五十八年制定了《藏内善后章程二十九条》,就金瓶掣签制度进行了详细的阐释,主要内容如下。

一是多次说明拉穆吹忠降神附体决定转世灵童的荒谬,揭露拉穆吹忠的谎言。乾隆五十七年十一月，乾隆皇帝谕示军机大臣："向来藏内出呼毕勒罕，俱令拉穆吹忠降神附体，指明地方、人家寻觅，其所指呼毕勒罕不止一人，找寻之人各将所出呼毕勒罕生年及伊父母姓名一一记明，复令拉穆吹忠降神祷问，指定真呼毕勒罕，积习相沿，由来已久。朕思此事，近于荒唐，不足凭信。拉穆吹忠往往受人嘱托，假托神言任意妄指，而藏中人等因其迹涉神异，多为所愚，殊属可笑。此等拉穆吹忠即系内地师巫，多以邪术惑人耳目。闻拉穆吹忠降神时，舞刀自扎，身体无害，是以人皆信之。此等幻术，原属常有。但即使其法果真，在佛教中已最为下乘。若使虚假，则更不值一噱。其妄诞不经，岂可仍前信奉？"① 乾隆五十八年三月，乾隆皇帝根据蒙古地方活佛转世出现的问题，再一次斥责寻找灵童过程中出现的弊端。"达赖喇嘛、班禅额尔德尼系宗喀巴大弟子，世为黄教宗主，众蒙古番民素相崇奉。近年因指认呼毕勒罕之古尔登巴等法术无灵，不能降神，且徇情妄指，或出自族属姻娅，或出自蒙古汗、王公等家，竟与蒙古王公、八旗世职官袭替相似，论以佛法，必无此理……乃喀尔喀赛音诺颜部落额尔德尼班第达呼图克图圆寂后，其商卓特巴那旺达什寻觅呼毕勒罕，赴藏恳达赖喇嘛、班禅额尔德尼、拉穆吹忠指示。讵达赖喇嘛等原不能具先知确切指认，反向商卓特巴询问名字。而商卓特巴遂私指出土谢图汗之子，呈报理藩院具奏。朕以此事可疑，其中必有弊窦，因一面派令松筠前往喀尔喀，查讯车登多尔济等，一面派令奎舒带同扎萨克喇嘛格勒克那木喀，前赴额尔德尼班第达呼图克图游牧附近，无论台吉属下人等，于其圆寂后一年内所生俊秀端方幼孩逐加询访数人，并令军机大臣讯之商卓特巴那旺达什。彼即供伊师圆寂后，为寻呼毕勒罕，至哲布尊丹巴呼图克图庙内行礼。在额尔德尼昭庙地方遇见土谢图汗车登多尔济，据伊告称，伊生一幼子，生时有一点微光，那旺达什即问明此子年庚及父母岁数，又回至公额琳沁多尔济家，问及额琳沁多尔济之子年庚及父母岁数，前往藏内，向拉穆吹忠求其指认。而拉穆吹忠初次、二次所指不明，那旺达什虑及再往多费，复求切实指示。拉穆吹忠看出那旺达什情形，用言试探，那

① 《清高宗实录》卷1417，乾隆五十七年十一月壬子。

旺达什遂将车登多尔济暨额琳沁多尔济二人之子向其告知。拉穆吹忠遂指车登多尔济之子是呼毕勒罕。"① 后来，乾隆皇帝了解到了更多的情况，再次谕示："本日据和琳奏，询之达赖喇嘛称：那旺达什到藏时，向我问额尔德尼班第达的呼毕勒罕出在何方，我令他去问拉穆吹忠，他就赴吹忠处问过。吹忠批说，土谢图汗属鸡的儿子就是。我向来总据吹忠所说为凭，就照向例凭吹忠龙单上的语给他批了。并讯据吹忠之尼尔巴敦珠卜达尔结供，那旺达什于五十七年复至拉穆庙内，求问呼毕勒罕究竟在于何处。吹忠降神龙单内批令于东方中等人家找寻。过了几日，那旺达什来寺，又送银五十两，缎一匹，哈达一个，向吹忠告称，土谢图汗车登多尔济之子暨公林沁多尔济之子俱是属鸡的，此二人内是否真实，并开伊等父母年岁，求其降神。吹忠即于那旺达什所递字上批说，车登多尔济之子属鸡的，是真呼毕勒罕等语。"② 乾隆皇帝的上述谕示，彻底揭穿了拉穆吹忠降神附体的荒诞不经，以及蒙古王公力图掌控宗教权力而采取的非法手段。

乾隆皇帝不仅揭露了拉穆吹忠降神附体的荒诞，还进一步戳穿了拉穆吹忠的欺骗伎俩。乾隆皇帝多次谕示福康安："现在整饬藏务，正应趁此破其积弊，莫若在藏即令拉穆吹忠各将其法试演，如用刀自扎等项果能有验，则藏中相沿日久，亦姑听之。若福康安亲加面试，其法不灵，即当将吹忠降神荒诞不可信之处对众晓谕，俾僧俗人等共知其妄，勿为所愚。嗣后出呼毕勒罕，竟可禁止吹忠降神。"③ "至吹忠降神一事，虽番众相沿日久，一时骤难革除，但当此整顿藏务之时，总当传来面试。即不以吞刀、剜肉等事令其搬演，亦应将难试之事穷其伎俩，俾番众等共知其妄，积弊自可渐除。此时福康安如尚在藏内，仍当公同试验。若福康安接奉前旨业已起程，即令和琳等遵照谕旨，再为面试，务令吹忠不能行其幻术，番众不为所愚，方为妥善。"④ 遵照乾隆皇帝谕示，和琳等进行了试验，结果，拉穆吹忠等见了刀剑各个恐惧战栗，既不能用刀自扎，也不能以舌舔刀。乾隆皇帝彻

---

① 《清高宗实录》卷 1424，乾隆五十八年三月戊申。
② 《清高宗实录》卷 1427，乾隆五十八年四月辛巳。
③ 《清高宗实录》卷 1417，乾隆五十七年十一月壬子。
④ 《清高宗实录》卷 1422，乾隆五十八年二月丁卯。

底揭穿了拉穆吹忠的谎言，为在今后寻找灵童过程中废除拉穆吹忠降神附体行为奠定了基础。

二是严厉处分在寻找灵童过程中弄虚作假的蒙古王公以及犯有过错的活佛。外蒙古土谢图汗车登多尔济明知朝廷对活佛转世方法有严格规定，仍恃达赖喇嘛及吹忠所指，故意试探。而萨木丕勒多尔济、蕴端多尔济等俱系盟长、副将军，遇有此等事件，没有严行饬驳，而是瞻徇转报。他们认为达赖喇嘛、吹忠之言不敢违背，却可以不遵乾隆皇帝圣旨，已属不能饶恕。况且，车登多尔济从前有私给乌拉票一案，就应当从重治罪，只是乾隆皇帝曲赐矜全，最终还是令其乾清门御前行走，赏给花翎黄褂，授为副盟长。对此，车登多尔济不但不感激思奋，还妄想利用灵童转世占便宜。鉴于以上情况，乾隆皇帝谕示："车登多尔济革去汗爵、花翎、黄褂，只保留顶戴，并令其即刻由张家口回赴游牧，安分自悔。其汗爵仍施恩令伊嫡子敏珠尔多尔济承袭。"给予车登多尔济处分后，乾隆皇帝又分析了车登多尔济等人的心理："蒙古汗、王、贝勒、贝子、公、台吉等爵，世袭罔替，已属尊荣。即如车登多尔济，获罪革爵，仍得以伊子承袭。又何必欲占一呼毕勒罕，复谋喇嘛之利？在伊等私认呼毕勒罕之意，不过欲使一子袭爵，又使一子为呼毕勒罕，可得喇嘛财产，遂不问真伪，妄相攀引，殊属见小。可谓知有利而不知有义，实可笑矣。"对于商卓特巴那旺达什有意营谋汗王子弟为呼毕勒罕，代求达赖喇嘛、拉穆吹忠附会妄指，乾隆皇帝也认为"其罪甚重"。结果，那旺达什被剥去黄衣，发往河南地方安置。萨木丕勒多尔济等不审察是非，辄行瞻徇情面，转为咨报，也"俱属非是"，交理藩院严加议处。①

正当乾隆皇帝整顿藏传佛教弊端之时，京师的噶勒丹锡埒图呼图克图却私遣徒众额尔德尼达赍等远赴外蒙古科布多各部落旗下化缘，引起乾隆皇帝愤怒。乾隆皇帝认为："朕现在保护黄教，清理喇嘛一切弊端，而噶勒丹锡呼图呼图克图乃至如此，若不严行办理，断难整饬。"结果，噶勒丹锡呼图呼图克图被革去扎萨克达喇嘛之职，所遗之缺，令济咙呼图克图补授。

----

① 《清高宗实录》卷1424，乾隆五十八年三月戊申。

济咙呼图克图未到之前，以果莽呼图克图署理。果莽呼图克图副扎萨克达喇嘛之缺，由东科尔呼图克图署理。乾隆皇帝还认为："噶勒丹锡哷图呼图克图年少不谙事务，此事俱系商卓特巴罗卜藏丹津挑唆。"于是，"令将罗卜藏丹津剥黄，发往江宁；所有科布多看守喇嘛黑人等，俱押解送部严行治罪"。①

三是颁发金奔巴瓶及说明使用方法。乾隆皇帝在揭露拉穆吹忠降神附体决定转世灵童荒谬的同时，决定颁发金奔巴瓶，利用掣签决定灵童转世。乾隆五十七年九月，乾隆皇帝派御前侍卫惠伦、乾清门侍卫阿尔塔锡第将金瓶赍往拉萨。他指出："令达赖喇嘛等会同驻藏大臣将呼毕勒罕名姓并生年月日各书一签贮金奔巴瓶内，对众拈定，作为呼毕勒罕。"②"前发去金奔巴瓶，原为签掣呼毕勒罕之用，但不必俟该处大呼图克图转世方行试用。或现在藏内不拘何呼图克图应出呼毕勒罕，即可将金奔巴瓶先行签掣。如此办理数次，定为章程后，该处僧俗人等共相遵奉，将来遇有大呼图克图转世，照此签掣，更可坚众人崇信之心，而此前私相传袭积弊，亦可不动声色借以革除。"③ 除在西藏拉萨设立金瓶外，乾隆皇帝还决定在京城雍和宫内也设立一金瓶，如蒙古地方出呼毕勒罕，即报明理藩院，将年月、名姓缮写签上，入于瓶内，一体掣签。这样，蒙古王公若赴京在雍和宫所设金奔巴瓶内签掣，比起去西藏，不仅程途甚近，即一切礼物熬茶等费，也可节省。更为主要的是，从前王公子弟内私自作为呼毕勒罕的陋习，可永行停止。④

乾隆五十八年，乾隆皇帝在《御制喇嘛说》中写道："兴黄教即所以安众蒙古，所系非小，故不可不保护之……兹予制一金瓶送往西藏，于凡转世之呼毕勒罕，众所举数人，各书其名，置瓶中掣签以定，虽不能尽去其弊，较之从前一人之授意者，或略公矣。"⑤ 这里既说明了清廷尊崇藏传佛教黄教派的原因，也说明了实行金瓶掣签制度的公平性。清廷颁布的《藏

---

① 《清高宗实录》卷1417，乾隆五十七年十一月辛酉。
② 《清高宗实录》卷1411，乾隆五十七年八月癸巳。
③ 《清高宗实录》卷1416，乾隆五十七年十一月丙午。
④ 《清高宗实录》卷1424，乾隆五十八年三月戊申；卷1427，乾隆五十八年四月辛巳。
⑤ 《清高宗实录》卷1427，乾隆五十八年四月辛巳。

内善后章程二十九条》，其中第一条就是金瓶掣签制度，内容如下："关于寻找活佛及呼图克图灵童问题，依照藏人旧例，确认灵童必须问卜于四大护法，这样就难免发生弊端。大皇帝为求黄教得到兴隆，特赐一金瓶，今后遇到寻认灵童时，邀集四大护法，将灵童的名字及出生年月，用满、汉、藏三种文字写于签牌上，放进瓶内，选派真正有学问的活佛，祈祷七日，然后由各呼图克图和驻藏大臣在大昭寺释迦佛像前正式认定。假若找到的灵童仅只一名，亦须将一个有灵童的名字的签牌，和一个没有名字的签牌，共同放置瓶内，假若抽出没有名字的签牌，就不能认定已寻得的儿童，而要另外寻找。达赖喇嘛和班禅额尔德尼像父子一样，认定他们的灵童时，亦须将他们的名字用满、汉、藏三种文字写在签牌上，同样进行。这些都是大皇帝为了黄教的兴隆，和不使护法弄假作弊。这个金瓶常放在宗喀巴佛像前，需要保护净洁，并进行供养。"① 《藏内善后章程二十九条》的颁布，标志着清代的金瓶掣签制度正式产生和实行。

这里需要说明的是，金瓶掣签有一定的程序。首先是选定的灵童确定后，要上报驻藏大臣，再由驻藏大臣上奏皇帝，得到皇帝批准后，才能举行金瓶掣签。其次是皇帝批准金瓶掣签后，要把确定的呼毕勒罕候选人及其亲属等接到拉萨，并经驻藏大臣和摄政、各大呼图克图看验，准确无误又有灵异表现，才能举行掣签。此外，还要将金奔巴瓶从大昭寺迎到布达拉宫供有乾隆皇帝画像和皇帝万岁牌位的萨松南杰殿，由大呼图克图率三大寺及布达拉宫南杰扎仓僧众诵经祈祷数日。最后是掣签当天，驻藏大臣和各大呼图克图、僧俗官员对用满、汉、藏文书写名签核对无误后，由驻藏大臣封签放入金瓶中，摇动后掣出一签，当众宣读掣中者名字，并当场传阅。随后还要取出未掣中的名签传阅，以示书写及掣出的名签真实无欺。掣签的情形和结果由驻藏大臣上奏皇帝，得到皇帝批准后，再向呼毕勒罕宣读圣旨。②

金瓶掣签制度颁布后，四大活佛系统实行掣签情况如下。

首先是达赖喇嘛系统。九世达赖喇嘛隆朵嘉措没有经过金瓶掣签。八

---

① 见牙含章编著《达赖喇嘛传》，第62—63页。
② 参阅《番僧源流考》，黑龙江教育出版社，2015，附录"掣签典礼"。

世达赖喇嘛圆寂后，西藏摄政济咙呼图克图向驻藏大臣报告，在所报灵异幼童中，德格甸麻出生的春科土司之子最为灵异。驻藏大臣遂与七世班禅等验看商议后，向嘉庆皇帝奏报有关灵童的情形，提出七世班禅等请求将德格甸麻出生的灵童免于金瓶掣签作为达赖喇嘛的呼毕勒罕。嘉庆皇帝将此作为特例予以批准，并谕示："此次呼毕勒罕出世，诸多征验，实为吉事有祥，殊堪嘉慰……今达赖喇嘛甫逾二岁，异常聪慧，早悟前身。似此信而有征，洵为从来所未有。设当高宗纯皇帝时，亦必立沛恩施，无须复令贮瓶签掣。但此系仅见之事，且征验确凿，毫无疑义，嗣后自应仍照旧章，不得援引为例。"①

十世达赖喇嘛楚臣嘉措经过金瓶掣签。九世达赖喇嘛圆寂后，对寻找出的灵童，道光皇帝谕示："达赖喇嘛掌管西方黄教，其呼毕勒罕出世自必有灵异可征。前据玉麟等奏理塘幼孩有灵异之迹。今察木多所属复出有幼孩二人，均有吉祥佳兆。前后共得三人，已符入瓶掣签之例。但系各该处具报之词，或恐有过其实。着照文干等所奏，将幼孩三名，令其亲丁师傅等携至前藏，文干等会同噶勒丹锡呼图萨玛第巴克什等确加试验，如均有灵异之性，即照例写签入瓶，对众讽经掣定，核实奏闻。若试验未确，仍令另行访查，俟灵异幼孩数足三人再行办理可也。将此谕令知之。"② 遵照道光皇帝谕旨，道光二年（1822）正月十五日，在布达拉宫的皇帝牌位前举行金瓶掣签仪式。掣签仪式由七世班禅主持，由驻藏大臣文干和帮办大臣保昌亲自执行，结果抽出四川理塘生的小孩为十世达赖喇嘛，随后由七世班禅为其剪去头发，换了僧衣，并取法名为阿旺罗桑丹增楚臣嘉措，简称楚臣嘉措。此外，档案中对此也有记载："向案上瓶内敬掣一签……签写里塘民罗布藏捻扎所生之子小名噶勒桑坚参……此次掣定之呼毕勒罕年已七岁。"③

十一世达赖喇嘛克珠嘉措经过金瓶掣签。道光十七年，十世达赖喇嘛圆寂。道光二十年底，驻藏大臣孟保、海朴据西藏摄政策墨林诺们汗的报

---

① 《清仁宗实录》卷192，嘉庆十三年二月乙亥。
② 《清宣宗实录》卷23，道光元年九月辛亥。
③ 赵学毅等编《清代以来中央政府对西藏的治理与活佛转世制度史料汇集》，第196—198页。

告，向道光帝奏称，已访得西藏所属之桑昂曲宗及四川打箭炉所属之孔萨土司等处出生幼童4名。道光皇帝谕示："孟保等即译咨噶勒丹锡呼图萨玛第巴克什，并咨行四川总督，饬将各该处幼子令该亲丁师傅等携至前藏，由该大臣等照例会同班禅额尔德尼及噶勒丹锡呼图萨玛第巴克什等面加试验，并令识认从前达赖喇嘛所用什物后，缮签入瓶，对众掣签。俟掣定何人，再行奏明办理。"① 五月，4名幼童陆续到拉萨东面的桑阿林寺后，二十一日，由驻藏大臣和七世班禅、策墨林诺们汗等前往看验，认为均有灵异，乃决定将4人名字入瓶掣签。经各寺呼图克图等在布达拉宫对金奔巴瓶诵经七日后，于农历五月二十五日（藏历为二十四日）举行掣签。这次掣出的呼毕勒罕出自平素卖柴贫苦藏民之家，于道光二十二年四月十六日在布达拉宫坐床，道光皇帝派章嘉呼图克图等入藏"看视"达赖喇嘛坐床，并向达赖喇嘛颁赐金册金印及御赐礼品。

十二世达赖喇嘛成烈嘉措经过金瓶掣签。寻访十一世达赖喇嘛的转世灵童，经过多方面考察，最终认定桑日、沃卡和达布拉索等三地所报幼童灵异卓著。驻藏大臣满庆将相关情况上奏咸丰皇帝，咸丰皇帝谕示："自达赖喇嘛涅槃已及二年，兹据满庆奏称，其颖悟异常显著瑞灵幼童三名，实属祥瑞之事，朕心瑞慕。着照所请，即遵成例将此三幼童之名入瓶，敬谨掣定呼毕勒罕，由驿奏闻。"② 咸丰八年（1858）正月十三日，经过金瓶掣签，出生在西藏山南地区沃卡、乳名洛桑丹增晋美的幼童中签。驻藏大臣满庆再次将有关情况上奏咸丰皇帝，咸丰皇帝谕示："顷据驻藏大臣满庆奏称，尔呼毕勒罕自出世以来，吉兆祥瑞，慧性湛深，举止端庄，谙习经典，稔知前辈达赖喇嘛祭佛用物。全藏僧俗所见所闻，皆倾心向化。择正月十三日，热振呼图克图等虔诚祝祷诵经之后，会同驻藏大臣于布达拉寺供奉高宗纯皇帝圣像前叩拜，由金本巴瓶抽中尔名等情，朕甚愉悦。即降旨将尔作为达赖喇嘛之呼毕勒罕，特遣驻藏办事大臣满庆、恩庆于咸丰十年七月初三日共同看视，扶尔呼毕勒罕于布达拉寺坐床。随敕赐尔各项什物，除着理藩院司员置办以外，并遣使缮汉文清单交满庆等赍往，至时祗领。

---

① 《清宣宗实录》卷344，道光二十一年正月辛丑。
② 《清文宗实录》卷240，咸丰七年十一月甲午。

今呼毕勒罕适值聪慧抚育之际，理应感戴朕之鸿恩，所有经典，善自研习，以推兴黄教，安抚僧俗众生。"①

十三世达赖喇嘛土登嘉措没有经过金瓶掣签。光绪元年（1875），十二世达赖喇嘛圆寂，按惯例寻找转世灵童。两年后摄政济咙呼图克图向驻藏大臣松桂禀告，经请班禅大师等占卜授记，护法降神，明示灵童出生在东方或东南方，各地所报灵异儿童中经班禅大师等考察，认为下塔布出生的灵童征兆殊异，举止非凡，为众人所瞩望，故祈请转奏皇上恩准免于金瓶掣签，予以认定。此后又由各呼图克图、格隆、三大寺堪布等僧俗大众盖印画押，向驻藏大臣呈递公禀，恳求免于掣签。经松桂转奏，光绪皇帝降旨免于掣签："贡嘎仁钦之子罗布藏塔布开甲木错，即作为达赖喇嘛之呼毕勒罕，毋庸掣瓶。"②

其次是班禅额尔德尼系统。七世班禅圆寂以后，扎什伦布寺派出代表到各地找寻转世灵童，共找了3个。咸丰七年（1857）十一月二十三日，在布达拉宫举行金瓶掣签，掣出的是在托布加溪卡丹出生的一个幼童，遂被认定为八世班禅。由摄政呼征阿齐图呼图克图担任堪布，给八世班禅剃发换僧衣，并取法名为曲结扎巴丹白旺秋贝桑布，简称丹白旺秋。咸丰皇帝对此谕示："本年十一月二十三日，驻藏大臣等亲往布达拉山会同呼征阿齐图呼图克图、色综本诺们罕率僧俗人等唪经，由金瓶内掣出番民丹择旺结之子拉木结旺堆嘉木参之名签，拟定为呼毕勒罕……着赏给该呼毕勒罕大哈达一幅，珊瑚数珠一串，玉如意一柄。"③

八世班禅去世以后，扎什伦布寺派出代表多人寻找转世灵童，结果找到了3个灵童。经清廷批准，择定光绪十四年（1888）正月十五日在布达拉宫举行金瓶掣签仪式，从金瓶中抽出1名，是达布地区的仓珠嘉措的名字，于是就认定其为第九世班禅额尔德尼。当天在布达拉宫日光殿，九世班禅拜十三世达赖喇嘛土登嘉措为师，剃发取法名确吉尼玛。档案和《清

---

① 赵学毅等编《清代以来中央政府对西藏的治理与活佛转世制度史料汇集》，第 239 页。
② 《清德宗实录》卷 52，光绪三年六月戊子；赵学毅等编《清代以来中央政府对西藏的治理与活佛转世制度史料汇集》，第 252 页。
③ 《清文宗实录》卷 215，咸丰六年十二月壬寅。

实录》对此记载："……自正月初九日起，由达赖喇嘛董率众僧诵经七日，初十日，奴才率同第穆胡图克图阿旺洛桑称勒拉普结，验看得访获幼子三名，虽年皆童稚，而端庄凝重，迥异常人。十五日午刻，奴才率同随印司员理藩院员外郎裕钢，恭诣布达拉山高宗纯皇帝圣容前行礼，缮签入瓶，诵经祈祷，一切如仪。既而奴才跪向金瓶掣得原报琼科尔结所属达布地方幼子仑珠甲错，母名阿杕，是为仲巴腔子期美汪波之甥孙。奴才当将掣出名签遍示达赖喇嘛、第穆胡图克图以及苏勒诺们罕并各执事番官喇嘛人等，仍将其余顿宇缴苉、丹增坚参二签拆封传看。其时，自达赖喇嘛以下僧俗诸人莫不欢欣鼓舞，感戴鸿慈，将该幼子仑珠甲错定为班禅额尔德尼呼毕勒罕。达赖喇嘛即于十六日申刻，按依佛典，为该呼毕勒罕披剃，取法名曰罗布藏吐卜丹取吉宜玛格勒克纳木结。"① "……本年正月十五日由驻藏大臣亲往布达拉山，会同第穆呼图克图、苏勒挪们罕罗普藏敦珠，率领喇嘛徒众嗪经，由奔巴金瓶掣出仑珠甲错之名，定为呼毕勒罕。"②

再次是哲布尊丹巴系统。嘉庆十八年（1813），四世哲布尊丹巴在五台山圆寂。嘉庆二十年五月初九日，五世哲布尊丹巴出生于前藏。四世哲布尊丹巴入寂后，报告西藏，七世班禅选出3个幼童，以满、蒙、藏三种文字录其名置入金瓶，在西藏大昭寺金瓶掣签，最后掣定衮布敦都布子为四世哲布尊丹巴的转世灵童。嘉庆二十四年，在布达拉宫从第七世班禅受戒，起法名罗布藏楚勒都本齐克墨特。嘉庆二十五年赐用黄色布围城、黄色车轿，被迎入外蒙古库伦坐床。

道光二十二年（1842），五世哲布尊丹巴在外蒙古库伦圆寂。道光皇帝谕示：前辈哲布尊丹巴呼图克图呼毕勒罕都出于西藏，所以寻访呼图克图呼毕勒罕，仍着达赖喇嘛、班禅额尔德尼由西藏寻访。但是，额尔德尼商卓特巴那旺吹木玻勒却公开违旨，前往外蒙古地方寻访呼图克图呼毕勒罕，遭到清廷严行查办。③ 道光二十三年秋，在西藏访获聪慧异常幼童3名，驻藏大臣会同达赖喇嘛、班禅额尔德尼、噶勒丹锡呼图萨玛第巴克什带领喇

---

① 赵学毅等编《清代以来中央政府对西藏的治理与活佛转世制度史料汇集》，第364—365页。
② 《清德宗实录》卷253，光绪十四年三月丙寅。
③ 《清宣宗实录》卷385，道光二十二年十一月癸酉。

嘛等众唪经，将此 3 名幼童名字置于金奔巴瓶内，结果掣出牧驴者绥那玛之子聂尔阿定为呼毕勒罕，命名罗布藏巴勒垫丹拜佳木粲，是为六世哲布尊丹巴呼毕勒罕。道光皇帝对此深为畅悦，加恩赏给该呼毕勒罕哈达 1 条，佛 1 尊，大缎 4 匹。还命扎萨克图汗、爱曼诺们汗、伊什当津等留藏侍奉呼毕勒罕。[①] 道光二十六年，该呼毕勒罕年及 5 岁，从班禅额尔德尼受戒。道光二十八年，外蒙古各部僧俗 5000 人由西藏迎六世哲布尊丹巴呼毕勒罕入库伦坐床，途中遭 2 次扰劫。在库伦坐床仅 59 日后，即罹天花而圆寂，享寿 7 岁。

六世哲布尊丹巴圆寂后，照例在西藏寻访灵童。道光三十年秋，在西藏所属地方访得"聪慧异常、英灵夙著幼童二名"。咸丰皇帝谕示驻藏大臣会同达赖喇嘛、班禅额尔德尼及达喇嘛罗布桑巴勒卓尔等，将此二童之名入金瓶，敬谨唪经，以便定掣呼毕勒罕。道光三十年十二月初九日，由金瓶掣出平民密玛尔之子乌金策仁为呼毕勒罕，达赖喇嘛定其法名为阿旺吹济旺渠车拉嘉木磋德，是为七世哲布尊丹巴。咸丰皇帝赏该呼毕勒罕黄手帕 1 方，佛 1 尊，大缎 4 匹。[②] 咸丰五年（1855），七世哲布尊丹巴被外蒙古各部迎至库伦坐床。咸丰皇帝念七世哲布尊丹巴"虔唪皇经，实属诚悃可嘉"，赏其大荷包 1 对，小荷包 4 个，黄缎 2 匹，蟒缎 2 匹。[③]

同治七年（1868）十二月十四日，七世哲布尊丹巴阿旺吹济旺渠车拉嘉木磋德在外蒙古库伦圆寂。同治九年春，八世哲布尊丹巴呼图克图呼毕勒罕生于西藏拉萨十二世达赖喇嘛一近侍家中。同治十年十月，访出哲布尊丹巴呼图克图呼毕勒罕灵异幼童。十二月二十一日，驻藏大臣恩麟会同达赖喇嘛、呼图克图罗布藏青饶汪曲并伊徒达喇嘛等，率领众喇嘛等唪经，由金瓶掣出平民贡确策仁之子阿旺罗布藏成勒迥奈丹贝甲木参之名，定为呼毕勒罕，达赖喇嘛遵依经文，定哲布尊丹巴呼图克图之呼毕勒罕名曰阿旺罗布藏吹叽呢玛丹增旺楚克。[④] 同治十三年秋，驻藏大臣恩麟及外蒙古僧

---

① 《清宣宗实录》卷 399，道光二十三年十一月戊寅；卷 403，道光二十四年三月甲申。
② 《清文宗实录》卷 27，咸丰元年二月壬戌。
③ 《清文宗实录》卷 178，咸丰五年九月乙酉。
④ 《清穆宗实录》卷 321，同治十年十月庚午；卷 331，同治十一年四月甲寅。

俗各众从西藏迎八世哲布尊丹巴入库伦坐床。护送队伍行至西宁通天河沿地方时，遭遇骑马藏民抢劫。①

最后是章嘉系。道光二十九年（1849）十一月，出生于甘肃扎拉通的幼童噶勒藏楚克噜布因"似识章嘉呼图克图之物"，被扎萨克喇嘛爵木磋认为是四世章嘉呼图克图的呼毕勒罕。对此，道光皇帝根据有关上奏谕示："此子甫经九月，尚未能言。从前乾隆年间若有呼图克图呼毕勒罕出世，均将所生数子年岁、花名书写签支，入于瓶内掣定。着哈勒吉那转谕吹布藏呼图克图、扎萨克喇嘛爵木磋等，于该地方再为访察二三幼童及此子之名一并具奏，再降谕旨办理。"② 道光三十年冬，由理藩院大臣将访察的 3 名幼童在雍和宫进行金瓶掣签，结果，将端噜布所生之子桑哈色特迪掣定。据说，桑哈色特迪识认前代章嘉呼图克图曾用物件，即铃杵、素珠、木碗 3 项。道光皇帝对此也非常满意，将平日常用念珠一串赏给该呼毕勒罕。③

六世章嘉圆寂后，有关方面就开始寻访章嘉呼图克图呼毕勒罕，共访得 2 个幼童。光绪二十年（1894）十一月，在雍和宫唪经，将此二童子之名装入金瓶，结果掣定嘎拉穆楞亲之子桑吉扎布。据说桑吉扎布认识前世章嘉呼图克图所用念珠、铃杵等物。光绪皇帝对此感到非常愉悦，命将此事晓谕蒙古王公及在京呼图克图、喇嘛和章嘉呼图克图所住庙内各喇嘛等知悉，并欣告西藏达赖喇嘛、班禅额尔德尼，以及章嘉呼图克图徒众。他还把自己常用的噶巴拉念珠 1 串赏给该呼毕勒罕。④

综上所述可以看出，在执行金瓶掣签制度过程中，一些问题仍然不可忽视。一是金瓶掣签制度制定后，四大活佛系统的活佛转世虽然基本上是由金瓶掣签决定的，但是也有例外，达赖喇嘛九世和十三世经过皇帝同意，没有经过金瓶掣签。这反映了金瓶掣签制度实行过程中的不彻底性，以及清廷最高统治者在特定情况下对藏传佛教势力的妥协。二是金瓶掣签制度实行后，一些地方的僧俗代表人物公然违背朝廷意志，想在自己管辖的地

① 《清穆宗实录》卷 370，同治十三年八月己亥。
② 《清宣宗实录》卷 17，道光三十年九月壬寅。
③ 《清宣宗实录》卷 24，道光三十年十二月丙戌。
④ 《清德宗实录》卷 353，光绪二十年十一月丁丑。

区寻找转世灵童，企图维护自己小集团的私利。这反映了即使制定了金瓶掣签制度，一些地方僧俗界的代表人物，也并不考虑认真执行。这是地方僧俗势力抗衡清廷的表现，给清廷警惕地方僧俗分裂势力敲响了警钟。三是进入近代，清廷内忧外患日益严重，社会秩序越来越不稳定，以致在一些地方迎接转世灵童的车队遭到不法分子的抢劫。这也是清朝国力日益衰微的表现。

第四节　活佛册封制度

清廷为了更好地利用藏传佛教加强对蒙藏地区的统治，实行了对藏传佛教活佛进行册封的制度。通过颁发金册金印，给以各种封号，提高了藏传佛教领袖人物在清廷和宗教界的地位，进而又通过各大活佛系统，把朝廷的施恩传递到更广阔的地区和更多层面的领域。清代活佛册封制度表明，所有藏传佛教活佛的权威都是由清廷授予而确立的，也正因为如此才具有合法性。可以说，清廷的册封制度是活佛得以延世和存在的基础。下面，仅从四大活佛系统探讨清代的活佛册封制度。

首先是达赖喇嘛系统。达赖喇嘛系统的活佛册封始于五世达赖喇嘛。鉴于达赖喇嘛在蒙藏地区的影响，当清廷还在关外时，为了稳定蒙古的统治秩序，皇太极就邀请达赖喇嘛访问盛京（今沈阳），只是由于各种原因达赖喇嘛未能成行。清廷入关后，顺治皇帝继续邀请达赖喇嘛前来京师，而达赖喇嘛也考虑到和新兴的清政权建立关系，有利于藏传佛教格鲁派获得新的发展，便接受了清廷邀请。顺治九年（1652）冬，五世达赖喇嘛到达京师，受到了清廷的热情接待。顺治十年春，五世达赖喇嘛以不适应气候为由，提出要离京返藏，得到顺治皇帝谕准。同年四月，当五世达赖喇嘛行至内蒙古代噶时，清廷派遣"礼部尚书觉罗郎球、理藩院侍郎席达礼等，赍送封达赖喇嘛金册金印于代噶地方。文用满、汉及图白忒国字。册文曰：……兹以金册印封尔为西天大善自在佛所领天下释教普通瓦赤喇怛喇达赖喇嘛……印文曰：西天大善自在佛所领天下释教普通瓦赤喇怛喇达赖喇嘛之印"。① 清廷对五世达赖喇嘛的册封，开启了清廷册封藏传佛教领袖人物的先河，由此藏传佛教领袖人物的地位和权威得以确立，获得了合法性，而清廷则成为所有藏传佛教活佛命运的主宰者，清廷和藏传佛教领袖人物的关系进入一个新阶段。

六世达赖喇嘛仓央嘉措，受到过康熙皇帝册封。康熙皇帝曾派遣章嘉呼图克图等赴藏，把仓央嘉措迎至布达拉宫坐床，诏加封"弘法觉众"四字，赏赐甚多。② 对于拉藏汗另立的后来被废的伊西札穆苏，康熙皇帝也进行了册封。对此有关史书记载："康熙四十九年，封前藏伊西札穆苏为六世达赖喇嘛，给金印金册。后废。"③ 七世达赖喇嘛格桑嘉措，在康熙五十九年（1720）二月二十七日，被康熙皇帝以六世名义颁发册印赐予"弘法觉众"名号。④ 雍正元年（1723）六月二十二日，七世达赖喇嘛被雍正皇帝赐金册金印封"西天大善自在佛所领天下释教普通瓦赤喇怛喇达赖喇嘛"。⑤ 八世达赖喇嘛强白嘉措，乾隆四十六年（1781）正月初一日，被乾隆皇帝赐金册金印封为"西天大善自在佛所领天下释教普通瓦赤喇怛喇达赖喇嘛"。乾隆四十八年八月十一日，赐玉册玉宝。⑥ 九世达赖喇嘛隆朵嘉措仅享年10岁，延续了"西天大善自在佛所领天下释教普通瓦赤喇怛喇达赖喇嘛"的封号。⑦ 十世达赖喇嘛楚臣嘉措，道光十五年（1835）七月初七日谕准更换金册，延续"西天大善自在佛所领天下释教普通瓦赤喇怛喇达赖喇嘛"封号。⑧ 十一世达赖喇嘛克珠嘉措，道光二十一年八月初一日改授金册，封"西天大善自在佛所领天下释教普通瓦赤喇怛喇达赖喇嘛"。⑨ 十二世达赖喇嘛成烈嘉措，同治六年（1867）七月初三日准用前辈金册，延续

---

① 《清世祖实录》卷74，顺治十年四月丁巳。
② 见妙舟《蒙藏佛教史》第4篇第3章第6节。
③ 赵云田点校《乾隆朝内府抄本〈理藩院则例〉》，"柔远清吏左前司下"。
④ 赵学毅等编《清代以来中央政府对西藏的治理与活佛转世制度史料汇集》，第159页。
⑤ 赵学毅等编《清代以来中央政府对西藏的治理与活佛转世制度史料汇集》，第160—161页。
⑥ 赵学毅等编《清代以来中央政府对西藏的治理与活佛转世制度史料汇集》，第176页；《清高宗实录》卷1186，乾隆四十八年八月庚午。
⑦ 见《清仁宗实录》卷192，嘉庆十三年二月乙亥。
⑧ 赵学毅等编《清代以来中央政府对西藏的治理与活佛转世制度史料汇集》，第222页。
⑨ 赵学毅等编《清代以来中央政府对西藏的治理与活佛转世制度史料汇集》，第234页。

"西天大善自在佛所领天下释教普通瓦赤喇怛喇达赖喇嘛"封号。[1] 十三世达赖喇嘛土登嘉措，光绪五年（1879）三月二十一日准用前辈金印，延续"西天大善自在佛所领天下释教普通瓦赤喇怛喇达赖喇嘛"封号。[2] 光绪三十年七月十一日，暂行革去名号。[3] 光绪三十四年十月初十日，加封"诚顺赞化西天大善自在佛"。[4] 宣统二年（1910）正月十六日，诏夺名号，黜为齐民。[5]

其次是班禅额尔德尼系统。清廷还在关外时期，班禅额尔德尼系统便已初受封号。崇德七年（1642），四世班禅罗桑确吉坚赞与五世达赖喇嘛及藏巴汗、顾实汗等派遣的使者同至盛京（今沈阳），皇太极赠四世班禅"金刚大师"号。[6] 不过，"班禅额尔德尼"封号的出现，却是在康熙年间。康熙五十二年（1713）正月三十日，康熙皇帝颁满、汉、藏三体文字金册金印，封五世班禅罗桑益西为"班禅额尔德尼"。[7] 六世班禅班丹益西，乾隆三十年（1765）赐金册，乾隆四十五年准袭用御赐五辈班禅金册金印，并另赐满、蒙、汉、藏四体字玉册玉印，延续"班禅额尔德尼"封号。[8] 七世班禅罗桑丹贝尼玛，延续"班禅额尔德尼"封号，道光二十二年（1842）四月三十日加"宣化绥疆"封号。[9] 八世班禅丹白旺秋，咸丰十年（1860）二月颁给敕书，延续"班禅额尔德尼"封号。[10] 九世班禅罗桑确吉尼玛，光绪十七年（1891）颁给敕书，延续"班禅额尔德尼"封号。[11]

---

[1] 赵学毅等编《清代以来中央政府对西藏的治理与活佛转世制度史料汇集》，第243—244页。

[2] 赵学毅等编《清代以来中央政府对西藏的治理与活佛转世制度史料汇集》，第254页。

[3] 《清末十三世达赖喇嘛档案史料选编》第89号《有泰为达赖潜逃乞代奏暂行褫革其名号班禅暂来拉萨主持黄教致外务部电》。

[4] 《清末十三世达赖喇嘛档案史料选编》第220号《谕内阁加封达赖喇嘛诚顺赞化西天大善自在佛封号》。

[5] 《宣统政纪》卷30，宣统二年正月辛酉；《清末十三世达赖喇嘛档案史料选编》第301号《外务部为将达赖潜逃被革暨西藏并无更动情形详告英外部事致李经方电》。

[6] 妙舟：《蒙藏佛教史》第4篇第4章第5节。

[7] 赵学毅等编《清代以来中央政府对西藏的治理与活佛转世制度史料汇集》，第331—332页；《清圣祖实录》卷253，康熙五十二年正月戊申。

[8] 赵学毅等编《清代以来中央政府对西藏的治理与活佛转世制度史料汇集》，第351—352页。

[9] 赵学毅等编《清代以来中央政府对西藏的治理与活佛转世制度史料汇集》，第354页；《清宣宗实录》卷371，道光二十二年四月戊申。

[10] 《清文宗实录》卷308，咸丰十年二月丁巳。

[11] 《清德宗实录》卷302，光绪十七年十月癸丑。

　　再次是哲布尊丹巴系统。哲布尊丹巴系统获得封号始于一世罗布藏旺布札勒三。康熙三十二年（1693），清廷封一世哲布尊丹巴为"大喇嘛"。① 雍正元年（1723）正月十六日，雍正皇帝以金册印封一世哲布尊丹巴为"启法哲布尊丹巴喇嘛"。② 二世哲布尊丹巴罗布藏丹必栋密，乾隆三年（1738），以新册仍封"启法哲布尊丹巴喇嘛"。乾隆二十一年（1756），乾隆皇帝加封二世哲布尊丹巴为"隆教安生哲布尊丹巴呼图克图"。③ 三世哲布尊丹巴伊什丹巴尼玛，乾隆二十八年十一月，清廷另颁册仍封"启法哲布尊丹巴喇嘛"。④ 四世哲布尊丹巴罗布藏图巴坦旺舒克，延续"启法哲布尊丹巴喇嘛"封号。五世哲布尊丹巴罗布藏楚勒都本齐克墨特，道光元年（1821）七月初五日，以金册印被封为"启法安众哲布尊丹巴呼图克图"。⑤ 六世哲布尊丹巴罗布藏巴勒垫丹拜佳木粲，延续"启法哲布尊丹巴喇嘛"封号。七世哲布尊丹巴阿旺吹济旺渠车拉嘉木磋德，咸丰五年（1855）九月，以金册印封"启法安众哲布尊丹巴呼图克图"。⑥ 八世哲布尊丹巴阿旺罗布藏吹叽呢玛丹增旺楚克，延续"启法哲布尊丹巴喇嘛"封号。

　　最后是章嘉活佛系统。章嘉活佛系统受封始于二世章嘉阿旺罗桑却丹。康熙三十二年（1693），清廷封二世章嘉"扎萨克达喇嘛"。⑦ 康熙四十四年，康熙皇帝以金印敕书封二世章嘉为"灌顶普善广慈大国师"。⑧ 三世章嘉若必多吉，雍正十二年（1734），清廷以银印敕书封"灌顶普善广慈大国师"。⑨ 乾隆元年（1636）十二月二十一日，乾隆皇帝封三世章嘉为"扎萨克达喇嘛"。乾隆十六年，清廷赐三世章嘉"振兴黄教大慈大国师"印。⑩

---

① 赵云田点校《乾隆朝内府抄本〈理藩院则例〉》，"柔远清吏左前司下"。
② 《清世宗实录》卷3，雍正元年正月丙申；赵云田点校《乾隆朝内府抄本〈理藩院则例〉》，"柔远清吏左前司下"。
③ 光绪朝《大清会典事例》卷974。
④ 《清高宗实录》卷699，乾隆二十八年十一月己巳。
⑤ 见噶尔丹《宝贝数珠》。
⑥ 《清文宗实录》卷178，咸丰五年九月乙酉；丁实存：《历代哲布尊丹巴呼图克图传略》。
⑦ 妙舟：《蒙藏佛教史》第5篇第2章第2节。
⑧ 光绪朝《大清会典事例》卷974。
⑨ 光绪朝《大清会典事例》卷974。
⑩ 妙舟：《蒙藏佛教史》第5篇第2章第3节。

四世章嘉业希丹毕坚赞，延续"灌顶普善广慈大国师"封号。① 嘉庆二十四年（1819），嘉庆皇帝封四世章嘉为"扎萨克达喇嘛掌印喇嘛"。道光八年（1828），清廷赏四世章嘉大国师印。② 五世章嘉业希丹毕尼玛，延续"灌顶普善广慈大国师"封号。③ 同治九年（1870）四月十三日，清廷以金印敕封五世章嘉为"大国师"。④ 六世章嘉业希丹毕嘉索，延续"灌顶普善广慈大国师"封号。⑤ 七世章嘉历迎叶锡道尔济，光绪二十六年（1900），被清廷封为"扎萨克达喇嘛""灌顶普善广慈宏济光明昭因阐化综持黄教净觉辅教大国师"。光绪三十年十二月十三日，补放副扎萨克达喇嘛，赏"灌顶普善广慈大国师"印并敕书。⑥

从以上所述可以看到，活佛册封制度中的有些问题很值得重视。一是活佛册封和当时清廷所面临的问题有密切关系，这从对五世达赖喇嘛的册封可以看出。顺治年间清廷延请五世达赖喇嘛前来京师，不仅是完成皇太极遗愿，更主要的是与入关后蒙古地区不稳定的形势有密切关系。顺治三年（1646），内蒙古苏尼特部腾机思等率所属逃奔外蒙古。同年七月，在清军追击腾机思过程中，外蒙古土谢图汗部出兵 2 万人，横列查济布喇克的上游，阻挡清军去路。同时，外蒙古车臣汗部也出兵 3 万人驻守查济布喇克道口，腰截清军。顺治六年十月，顺治皇帝在对厄鲁特蒙古奉事佛法诺们汗的晓谕中，谈到了入关后清廷和外蒙古的关系，指出："今喀尔喀方以信体通好，乃遣人诱我苏尼特部落腾机思反叛，挟之而去。及我师追腾机思时，土谢图汗丹津喇嘛、硕雷汗无故出兵，两次拒敌"，"二楚虎尔又无故侵我巴林，杀人掠畜。俄木布额尔落尼又无故加兵于我"，"巴尔冰图又来侵我土默特部落，杀其人民，劫马二千匹，此辈每起兵端"。⑦ 应当说，这表达了清廷对外蒙古不稳定形势的忧虑，而当时清廷在中原内地正面临着追剿

---

① 光绪朝《大清会典事例》卷 974。
② 妙舟《蒙藏佛教史》第 5 篇第 2 章第 4 节。
③ 妙舟《蒙藏佛教史》第 5 篇第 2 章第 5 节。
④ 见丁实存《历代章嘉呼图克图传略》，《中国边政》第 1—12 期，1943—1945 年。
⑤ 妙舟：《蒙藏佛教史》第 5 篇第 2 章第 6 节。
⑥ 妙舟：《蒙藏佛教史》第 5 篇第 2 章第 7 节。
⑦ 《清世祖实录》卷 46，顺治六年十月壬辰。

李自成农民军的激烈战争。顺治皇帝延请五世达赖喇嘛进京，正是为了解决外蒙古问题。顺治十年四月，五世达赖喇嘛离京返藏途中停留代噶。顺治皇帝派遣大臣前往赍送金册金印，用满、汉、藏三种文字刻写清廷对五世达赖喇嘛的封号。这样，清廷通过优礼达赖喇嘛，不仅加强了西藏和清廷的联系，而且为解决外蒙古问题奠定了基础。顺治十二年十月，外蒙古土谢图汗、车臣汗、墨尔根诺颜等与清廷和好约誓。十一月，各部又分别遣使恢复向清廷进"九白之贡"，清廷则"赏赍如例，并赐宴"，① 从而使清廷和外蒙古的关系进入了新阶段，为清廷对农民军战争取得胜利创造了条件。

二是活佛册封和清廷统治西藏的大局密切相连，这主要表现在对三位"六世"达赖喇嘛和十三世达赖喇嘛的册封上。五世达赖喇嘛圆寂后，第巴桑结嘉措匿丧不报，私立仓央嘉措为六世达赖喇嘛。开始，康熙皇帝闻讯后极为震怒，但当第巴桑结嘉措向清廷表示认罪后，康熙皇帝便宽恕了他，还派二世章嘉出使西藏主持仓央嘉措的坐床典礼，正式承认并授予印信封文。康熙皇帝之所以采取这样的态度，是因为第巴桑结嘉措当时还在西藏掌权，清廷只有通过桑结嘉措才能保持和西藏的联系并加以掌控。当第巴桑结嘉措被拉藏汗处死后，拉藏汗另立伊西札穆苏为达赖喇嘛，并请求康熙皇帝废掉仓央嘉措。在这种情况下，康熙皇帝谕令废除仓央嘉措的封号，而承认伊西札穆苏为达赖喇嘛。清廷这样做的原因，当然是拉藏汗掌握了西藏权力，康熙皇帝只有通过拉藏汗才能掌控西藏。但是，拉藏汗所立的伊西札穆苏不为西藏三大寺所承认，青海和硕特蒙古王公又支持西藏三大寺势力，请求册封在理塘出生的格桑嘉措为六世达赖喇嘛。结果，当准噶尔蒙古势力进入西藏、拉藏汗被杀后，康熙皇帝就又废掉了伊西札穆苏，而册封格桑嘉措为六世达赖喇嘛。从上述情况可以看出，康熙皇帝对三位"六世"达赖喇嘛的册封，以及对其中两位达赖喇嘛废除封号，都是从清廷统治西藏的大局考虑的。清廷对十三世达赖喇嘛的册封和废除封号也是这样。先是光绪五年（1879），按照惯例，清廷准十三世达赖喇嘛用前辈金

---

① 《清世祖实录》卷94、95，顺治十二年十月庚申、十一月辛丑。

印，延续"西天大善自在佛所领天下释教普通瓦赤喇怛喇达赖喇嘛"封号。
光绪三十年六月，英军侵略西藏，进攻拉萨，十三世达赖喇嘛乘乱潜逃。
清廷认为十三世达赖喇嘛的逃跑行为有损朝廷利益，经驻藏大臣据实纠参，
奉旨革去名号。光绪三十四年十月，十三世达赖喇嘛来到北京，陛见光绪
皇帝和慈禧太后，在这种情况下，清廷加封十三世达赖喇嘛为"诚顺赞化
西天大善自在佛"。宣统二年（1910）正月初三日，川军进入拉萨，十三世
达赖喇嘛当夜离开拉萨，逃往印度。于是，清廷革去达赖喇嘛名号，将其
黜为齐民，以示惩处。所以，清廷对十三世达赖喇嘛的册封和惩处，都是
与统治西藏的大局相关联的。

　　三是活佛册封和清廷抑制达赖喇嘛的权势有关。原来，明朝万历六年
（1578），内蒙古阿勒坦汗尊索南嘉措为"圣识一切瓦齐尔达喇达赖喇嘛"，
从此有了"达赖喇嘛"的称号。索南嘉措就是三世达赖喇嘛。当年顺治皇
帝册封五世达赖喇嘛为"西天大善自在佛所领天下释教普通瓦赤喇怛喇达
赖喇嘛"，既延续了达赖喇嘛的封号，又限制了达赖喇嘛的权势范围。因为
"西天大善自在佛"中的"西天"，包含了区域所指，所以"所领天下释
教"，是专指蒙藏地区的佛教。此外，在现实生活中，清廷还视达赖喇嘛对
清廷的态度，通过册封其他活佛进一步抑制达赖喇嘛的权势。

　　康熙十三年（1674），吴三桂在云南发动叛乱，康熙皇帝派遣理藩院员
外郎拉笃祜前赴西藏，联系达赖喇嘛派兵扼住吴三桂西退之路。不料五世
达赖喇嘛对康熙皇帝的平叛斗争不但没有给以支持，反而以"我兵前进，
粮草不继，人饥马瘦，何能深入"[①]为借口，拒绝从西藏发兵。五世达赖喇
嘛还上书康熙皇帝，说什么"吴三桂若穷蹙乞降，则宥其一死；倘竟鸱张，
则不若裂土与之罢兵"。[②]显然，在清廷平定吴三桂之乱的过程中，五世
达赖喇嘛的所作所为，使清廷极为不满，以致康熙皇帝严厉斥责了达赖喇嘛。
此外，康熙二十七年，漠西蒙古准噶尔部噶尔丹在迫使外蒙古全部进入内
蒙古地区后，又进兵乌兰布通，公开和清廷对抗。康熙三十四年，第巴桑
结嘉措假借达赖喇嘛之名，遣使上奏康熙帝，请求勿革噶尔丹、策妄阿拉

① 《清圣祖实录》卷48，康熙十三年七月壬申。
② 妙舟：《蒙藏佛教史》第4编第3章第6节。

布坦汗号，撤回在青海一带所置戍兵。康熙三十五年，噶尔丹在最后失败之际，对部下说："此行非我意，乃第五世达赖喇嘛之使，言南征大吉，是以深入也。"① 鉴于达赖喇嘛的上述表现，康熙皇帝便采取"众建以分其势"之策，通过册封其他活佛，削弱达赖喇嘛的势力。

康熙三十年（1691）多伦会盟后，康熙皇帝封一世哲布尊丹巴呼图克图为大喇嘛，于外蒙古地方立为库伦，广演黄教。雍正元年（1723），哲布尊丹巴一世圆寂时，清朝理藩院的奏文中说："哲布尊丹巴胡图克图，黄教中第一流人也。当噶尔丹叛乱时，率七族喀尔喀等来归，最有功。""臣等鉴之，请如达赖喇嘛、班禅额尔德尼例，赐以名号印册。"② 于是，清廷正式决定，哲布尊丹巴呼图克图照班禅额尔德尼、达赖喇嘛之例，给予封号，给予金印敕书，授为启法哲布尊丹巴喇嘛，世世永称呼毕勒罕名号。雍正皇帝还亲至棺前，悬帕奠茶。雍正五年，雍正皇帝又遵康熙皇帝遗诏，用银十万两，在外蒙古库伦修建庆宁寺。康熙四十四年，清廷封章嘉呼图克图为灌顶普善广慈大国师，给予敕印。康熙四十五年，清廷又赏其金印，重八十八两八钱八分。康熙五十二年，康熙帝巡幸多伦，面谕二世章嘉呼图克图："黄教之事，由藏东向，均归尔一人掌管。"③ 使章嘉呼图克图成为内蒙古黄教事务的领袖。康熙三十四年，康熙皇帝遣使册立五世班禅为班禅呼图克图，康熙五十二年，诏封班禅呼图克图为班禅额尔德尼，如达赖喇嘛例，颁给金册金印，注明扎什伦布各寺地方属班禅额尔德尼管理。

活佛册封制度是清代藏传佛教制度的基础，它决定了活佛与清廷的关系是附从与主导的关系。由于清廷的册封，活佛才被藏传佛教界以及社会所承认，才合法化，也才有了地位和威信。当然，清廷对活佛的册封，也是由活佛本身的宗教价值和社会价值所决定的，是活佛对清廷做出贡献的结果，也是活佛在蒙藏地区影响较大的产物。在一定程度上可以说，活佛册封是一种双向的承认。这种双向承认如果顺利，清廷和藏传佛教界就可以相安无事，活佛也能很好地发挥作用；如果这种双向承认不顺利，清廷

---

① 妙舟：《蒙藏佛教史》第 4 编第 3 章第 6 节。
② 妙舟：《蒙藏佛教史》第 5 编第 1 章第 2 节。
③ 妙舟：《蒙藏佛教史》第 5 编第 2 章第 2 节。

和藏传佛教界就会出现矛盾，社会也会受到影响，特别是帝国主义列强侵略中国以后，这种矛盾和影响就更加明显，十三世达赖喇嘛和清廷的关系就是最好的说明。

第五节　寺庙规制及喇嘛禁令

清廷在实施针对藏传佛教上层人物各种制度的过程中，对反对清廷的藏传佛教寺庙和喇嘛进行严厉镇压，进而确定了寺庙规制；对一般的喇嘛则通过颁布禁令加以规制，以便更好地掌控藏传佛教，稳定蒙藏地区的社会秩序。

首先是对反对清廷的藏传佛教寺庙和喇嘛进行严厉镇压，确定寺庙规制。康熙五十八年（1719），清廷派兵入藏，把准噶尔部策妄阿拉布坦的势力驱逐出西藏，同时将策妄阿拉布坦派往西藏搞煽惑活动的100多名喇嘛及其追随者也全部逮捕，将他们或处死，或监禁。雍正二年（1724），清廷对参与罗卜藏丹津叛乱的青海喇嘛也采取了镇压措施。雍正皇帝在谈到这一问题时说："西海逆贼罗卜藏丹津一事，喇嘛等理宜将叛乱之人善育开导，令其和辑，不致起事，戕害生命，是为维持佛教。如其不能，亦应呈明该将军等，各自闭户安居。岂意反助西海悖逆之人，竟纠合数千喇嘛，手持兵刃，公然抗拒官兵，及至溃败，犹不降顺，入庙固守。"① 结果，清军追杀数千名参与叛乱的喇嘛，还将作为叛乱据点的喇嘛庙烧毁。清廷还规定："嗣后定例，寺庙之房不得过二百间，喇嘛多者三百人，少者十数人。仍令每年稽察二次，令首领喇嘛出具甘结存档。至番民之粮，应俱交地方官管理，每年量各庙用度给发，再加给喇嘛衣服银两，庶可分别其贤否，地方官得以稽察。"② 这样，将青海的喇嘛寺庙直接置于清廷地方官员的管理之下，寺庙喇嘛和世俗势力的直接联系被割断，也使寺庙在经济上完全受清廷控制。这里应当说明的是，清廷严厉镇压参与叛乱的藏传佛教寺庙和喇

① 《清世宗实录》卷15，雍正二年正月甲申。
② 《清世宗实录》卷20，雍正二年五月戊辰。

嘛，主要原因是这些寺庙和喇嘛严重地影响了清廷的统治地位，危害了清廷的利益，也破坏了社会秩序，造成了社会的动荡和不安，也违背了藏传佛教的宗旨。

其次是对喇嘛的各种禁令。清廷颁布对喇嘛的各种禁令与清廷对藏传佛教的认识有关。清廷的最高统治者并不信奉藏传佛教，皇太极曾说："喇嘛等口作诳言，假以供佛持戒为名，潜肆邪淫，贪图财物，悖逆造罪，又索取生人财帛牲畜，诡称使人免罪于幽冥，其诞妄为尤甚。喇嘛等不过身在世间，造作罪孽，欺诳无知之人耳。至于冥司，孰念彼之情面，遂免其罪孽乎？今之喇嘛当称为妄人，不宜称为喇嘛。乃蒙古等深信喇嘛，糜费财物，忏悔罪过，欲求冥魂超生福地，是以有悬转轮、结布幡之事，甚属愚谬，嗣后俱宜禁止。"① 康熙皇帝也说过："蒙古之性，深信诡言，但闻喇嘛胡图克图胡必尔罕，不详其真伪，便极诚叩头，送牲畜等物，以为可以获福长生，致破家荡产不以为意。"② 正是由于这种认识，当藏传佛教喇嘛僧人做出种种违规的事情之后，清廷便颁布各种禁令予以制止。

一是禁止喇嘛、班第等私行。顺治四年（1647），顺治皇帝谕示：喇嘛不许私自游方，有游方者，着发回原籍。③ 顺治十四年题准：格隆、班第等如为人治病，必告知达喇嘛，限定日期，方许前往。若有私往违限，依律治罪。康熙十年（1671）定：唐古特喇嘛徒众，非奉旨不许私来。嘉庆二十二年（1817）定：喇嘛、班第等私自逃走，自行逃回者，初次鞭六十，二次鞭八十，三次鞭一百，革退。拿获者，鞭一百，革退。④ 另外，凡人欲请喇嘛、班第等治病念经的，要将缘由禀明该管大喇嘛，准其带往。带往之人送回，特交付大喇嘛。若喇嘛、班第等宿于所去之家，不告知大喇嘛，私自行走；请喇嘛之人不告知大喇嘛，带往令宿其家内者，将擅行住宿的喇嘛、班第罚三九牲畜存公，将私自带往之人交院治罪。若宿于无夫之妇人家内，革退喇嘛，鞭一百；外地妇人亦鞭一百，内地妇人交该部治罪。

① 《清太宗实录》卷28，天聪十年三月庚申。
② 《清圣祖实录》卷142，康熙二十八年十一月庚申。
③ 《大清会典事例》卷501《礼部·方伎·喇嘛禁例》。
④ 赵云田点校《钦定大清会典事例·理藩院》，第413、415页；杨选第、金峰校注《理藩院则例》卷59《喇嘛事例四》。

若齐巴罕察（即尼僧）行奸者，将齐巴罕察革退，鞭一百。该管大喇嘛罚三九牲畜，扎萨克喇嘛等罚二九牲畜，德木齐等各罚一九存公。道光十九年（1839）又规定：内外扎萨克各旗所属喇嘛，如遇治病念经前往他处，以及朝贡，除报明该管喇嘛外，并报明该管扎萨克，方准行走。①

　　二是不得擅留喇嘛。顺治十四年题准：游方之徒，不得擅留，违者治罪。顺治十七年题准：归化城喇嘛有事往厄鲁特、喀尔喀地方者，均令具题请往，都统不时稽查，毋许妄为。厄鲁特、喀尔喀往来人，格隆、班第等亦不许擅留，违者，比照喇嘛私请私行例各罚一九牲畜。康熙五年题准：在京喇嘛等奉使达赖喇嘛地方，擅带彼处班第等回来者，罪之。康熙十年定：容留无籍之格隆、班第者，将该管之达喇嘛革退，罚牲畜三九，格隆、班第等各罚三九。如内地家人作为班第，送至喇嘛处，或隐匿在家，及容留无籍游行之格隆、班第者，将都统以下、领催以上同本人一并交部分别议处治罪。另外，清廷还规定：蒙古地方，除领有札付度牒、册籍有名之格隆、班第外，遇有游食无籍之喇嘛，立即驱逐，不准容留。违者，照私将家奴充当班第例办理。②

　　三是不得增设喇嘛徒众。顺治十五年题准：喇嘛徒众，除院册者有名外，不得增设。康熙元年题准：外藩蒙古八旗游牧察哈尔蒙古等，欲送家人为喇嘛徒弟，及留住外来之格隆、班第，皆令开具姓名，送院注册，违者坐以隐丁之罪。康熙十年规定：外番蒙古地方除册籍有名之喇嘛外，其游牧之喇嘛、班第皆令驱逐。倘不行驱逐，或隐匿容留，及将各该属家奴私为班第者，事发，王、贝勒、贝子、公、扎萨克台吉等各罚俸一年；无俸之台吉，罚马五十匹入官，仍革职，闲散鞭一百；该管之王、贝勒、贝子、台吉等，各罚俸九个月；都统、副都统等，各罚牲畜一九；佐领、骁骑校各罚二九；领催、什长各鞭一百。如经属下家奴首出，即准开户，将

① 赵云田点校《钦定大清会典事例·理藩院》，第416页；杨选第、金峰校注《理藩院则例》卷59《喇嘛事例四》；《蒙古律例》卷11。
② 赵云田点校《钦定大清会典事例·理藩院》，第413、414页；杨选第、金峰校注《理藩院则例》卷59《喇嘛事例四》。

私为班第及收留之喇嘛、班第，勒令还俗，发回本旗，给还原主。其八旗游牧察哈尔马厂人等有犯，亦照此例。同年还规定：凡蒙古地方骁骑壮丁不准私为乌巴什，违者照私为格隆、班第例治罪。蒙古妇女不准私为齐巴罕察，违者亦照私为班第例定罪。道光十九年又规定：各寺庙徒众更名，即时呈报，若遗漏不报，该达喇嘛等罚钱粮一月。①

四是寺庙不得容留妇女。顺治十四年题准：借端留妇女于寺庙者，依律治罪。道光十九年规定：喇嘛所住庙宇内，不准妇人行走。若住房内令妇人行走者，容留之大喇嘛罚二九牲畜，德木齐罚一九，格隆、班第等罚五牲畜，存公。所往妇人之夫，若系内地官员、民人，一并交该部治罪。②

五是不得私建寺庙。康熙四十二年（1703），康熙皇帝谕示：以民田展修庙宇，有关民生。嗣后凡修庙有碍民地者，着永行禁止。③ 清廷还规定：凡内外扎萨克等旗地方，有建立庙宇过 50 间者，请赐庙名，由院撰拟具奏，奉旨圈出后，交内阁懋勤殿，敬谨缮写，用宝发给。④ 这实际上表明清廷掌控了蒙古地区修建较大寺庙的权力。

六是有欺诳之行、容留盗贼的喇嘛要治罪。雍正三年题准：洮、岷地方喇嘛，以治病禳灾为名诓骗蒙古，即令扎萨克严禁，如果治病有益，分别保留，其余一概逐回原籍。嗣后有隐藏者，发觉，将扎萨克等一并议处。道光十九年（1839）规定：各寺庙班第等不守清规，该师呈请驱逐，须该管达喇嘛等讯明果有实迹，方准驱逐。喇嘛容留犯罪盗贼，与犯人一律科罪。⑤

七是有关喇嘛服色等的规定。顺治十二年题准：喇嘛、格隆服用黄红色，非奉上赐，不得用五爪团龙。班第用黄帽黄衣。康熙六年题准：喇嘛等许服金黄、明黄、大红等色，班第等许服大红色，其余不得擅服。曾蒙

① 赵云田点校《钦定大清会典事例·理藩院》，第 413、414、417 页；杨选第、金峰校注《理藩院则例》卷 59《喇嘛事例四》。
② 赵云田点校《钦定大清会典事例·理藩院》，第 413、416 页；杨选第、金峰校注《理藩院则例》卷 59《喇嘛事例四》；《蒙古律例》卷 11。
③ 赵云田点校《钦定大清会典事例·理藩院》，第 414 页。
④ 杨选第、金峰校注《理藩院则例》卷 59《喇嘛事例四》。
⑤ 赵云田点校《钦定大清会典事例·理藩院》，第 414、416 页；杨选第、金峰校注《理藩院则例》卷 59《喇嘛事例四》；《蒙古律例》卷 11。

恩赏赐者，各色均准服用。违者，达喇嘛罚牲畜一九，班第以下鞭一百。①

此外，清廷还在嘉庆二十二年（1817）规定：喇嘛寺院，不准开设棚厂店口。道光二十五年规定：领有度牒的喇嘛，不准承袭爵职。②

以上所述清廷关于喇嘛的种种禁令，反映了一些什么问题呢？第一，是清廷为了维护蒙藏地区社会秩序的稳定而采取的相应措施。喇嘛等私行、擅留喇嘛、寺庙容留妇女等，这些都是扰乱社会秩序的行为，会产生许多社会问题，影响社会的稳定和清廷在蒙藏地区的统治。所以，这些禁令实际上是清廷加强对喇嘛管理的一种措施，有利于蒙古地区社会秩序的稳定。第二，从深层次来看，喇嘛由于身份特殊，可以接触到各方面的人，既能够了解到蒙藏地区的许多实情，也能够了解到清廷的情况。康熙皇帝就是从喇嘛的口中了解到第巴桑结嘉措对五世达赖喇嘛圆寂匿丧不报的情况。因此，为了不让喇嘛了解到清廷的情况，并把这些情况传播到藩部地区，清廷便采取了限制喇嘛活动的措施。这从一些官员的奏折中可以看出。康熙朝郎谈曾上奏康熙皇帝，指出：边内非蒙古所居之处，寨口非喇嘛任意来往之所。臣意欲严令诸隘口官吏，不得令喇嘛任意出入，俾内地消息泄于边外蒙古。③ 乾隆五十八年（1793）议准：嗣后凡遇蒙古王公等延请喇嘛者，令西宁办事大臣行文赴藏，再由驻藏大臣给予执照，并咨明西宁办事大臣，庶彼此各有关会，来往时日，皆可按照而稽，永杜私相往来之弊。道光四年（1824）奏定：青海地方，凡有北口各部落蒙古喇嘛赴藏熬茶，十人以上，仍留原处请票；十人以下，无票出口者，由西宁何处营卡行走，即责令该营卡官弁查验人畜包物数目，报明青海衙门核给执照，一面移咨驻藏大臣查照，将票缴销。回时由驻藏大臣发给路票，在青海衙门查销。④第三，是清廷维持蒙古地区人口数量而采取的措施。增设喇嘛、蒙古地方骁骑壮丁私为乌巴什、蒙古妇女私为齐巴罕察，这些都会影响蒙古人口的

---

①　赵云田点校《钦定大清会典事例·理藩院》，第 400 页；杨选第、金峰校注《理藩院则例》卷 59《喇嘛事例四》；《蒙古律例》卷 11。

②　赵云田点校《钦定大清会典事例·理藩院》，第 415、417 页。

③　杨应琚：《西宁府新志》卷 34《艺文（条议附）》，参见白文固《清代对藏传佛教的禁约和整饬》，《中国藏学》2005 年第 3 期。

④　赵云田点校《钦定大清会典事例·理藩院》，第 411—413 页。

增长，影响蒙古社会生产力的发展。清廷采取有关禁令，既有利于保护蒙古社会的生产力，也保证了蒙古地区有足够的兵员供清廷调遣。不过，这些措施执行起来有一定的灵活性。蒙古地方骁骑壮丁不得私为乌巴什，而年老残废丁册除名之人，愿为乌巴什的可以随意。在乾隆朝中后期，台吉中有愿当喇嘛的也不禁止。道光皇帝时又规定：台吉当喇嘛，照例报院请领度牒，如未领度牒私自出家者，勒令还俗，失察之盟长、扎萨克罚俸。①第四，清廷禁止擅自筑寺，是为了保护民生、保护牧场，也是为了保证清廷财政的收入。前提及的郎谈，针对青海境内寺庙的状况，曾上奏指出：西海境诸民，尽衣褚衣，鲜事生产者几万户……自古所有寺庙应存留者令梵修者居之，其余喇嘛愚民，任意盖造者，宜悉毁之，驱游惰之徒，归于田亩，以收国赋充而游民少之效果。②第五，喇嘛寺院不准开设棚厂店口、领有度牒的喇嘛不准承袭爵职、对喇嘛服饰的规范等，则是进一步维护喇嘛寺院的清规戒律，防止喇嘛的权势过重，辨明喇嘛的等级，有利于清廷的进一步掌控。

---

① 赵云田点校《钦定大清会典事例·理藩院》，第 414、415、154 页。
② 杨应琚：《西宁府新志》卷 34《艺文（条议附）》，参见白文固《清代对藏传佛教的禁约和整饬》，《中国藏学》2005 年第 3 期。

第十章 备指额驸制度

备指额驸最初只是满族贵族从外藩蒙古王公中选择额驸的三种形式之一，是清廷为了维持和藩部蒙古王公政治上的联盟而采取的措施。作为制度，备指额驸不仅在选择外藩蒙古额驸中有特定的部、旗限制，有一定的规范，而且在待遇上，与另外两种形式的额驸完全相同。备指额驸主要集中在内蒙古十三旗，是由清廷和十三旗蒙古王公的密切关系决定的。这一制度在嘉庆朝以后凸显，是清廷针对满蒙联姻实行过程中出现的问题而采取的反制措施。外藩蒙古额驸的各种待遇，也是备指额驸制度的重要内容。

第一节 主要资料和研究现状

一 主要资料

研究备指额驸制度的主要资料，一是档案。档案中大多是比较具体的材料，包括下嫁格格及蒙古额驸的相关情况。档案中第一是玉牒。玉牒是清代皇族的族谱，记录了满族贵族公主所嫁蒙古夫婿的各方面情况。据统计，中国第一历史档案馆所藏玉牒（含满文玉牒、星源吉庆）中，记载了377名蒙古额驸的情况，为研究备指额驸制度提供了重要史料。① 第二是

---

① 这里主要根据杜家骥《清朝满蒙联姻研究》（故宫出版社，2013）附录一"满蒙联姻总表"中提供的信息，以及乔吉《从一份蒙文档案看清代"备指额驸"产生年代》（《中国边疆史地研究》2009 年第 4 期）一文所披露的资料，对有关档案做一介绍。书中有关蒙古额驸的数据，是根据《清朝满蒙联姻研究》附录一"满蒙联姻总表"统计的。

《清初内国史院满文档案译编》①。该书从中国第一历史档案馆所藏清入关前内国史院满文档案中选译并编辑史料，收入清太宗天聪七年至九年（1633—1635）和崇德二年至八年（1637—1643）档案 25 册，1985 件，文字逾百万。内国史院满文档案形成于清入关前，所记内容距事件发生时间较近，大率为当时人记当时事。其史料来源又最为直接，并保持了清初满文档案文件所固有的文字朴实、记载详尽等特点，当更为可据。在《清初内国史院满文档案译编》中，记述了 5 名蒙古额驸的情况。第三是关孝廉编译《天聪五年八旗值月档》②。自努尔哈赤时期开始，八旗分编为四组，每组为两旗，轮值一个月，称作"八旗值月"，逐日记录当时发生的事件。天聪五年档，是天聪五年由两黄、两蓝、两白、两红各为一组轮值，逐日记事，年终合订成册。该档记述了 1 名蒙古额驸情况。第四是《天聪九年档》③。天聪九年的档册，在乾隆年间编纂《满文老档》时，因纷乱难寻，未能收入。1935 年 9 月，北京故宫博物院文献馆在整理内阁大库档案时发现了 3 册满文旧档案册，其中就有《天聪九年档》。《天聪九年档》记事从正月至十二月，记录完整，十分珍贵，弥补了《满文老档》的不足。该档中记述了 1 名蒙古额驸的情况。第五是《宗人府全宗》。顺治九年（1652），清廷设宗人府，管理皇家宗室事务。内容包括掌管皇帝九族的宗族名册，按时编纂玉牒，记录宗室子女嫡庶、名字、封爵、生死时间、婚嫁、谥号、安葬等事。该档记述了 8 名蒙古额驸的情况。第六是《理藩部全宗》。光绪三十二年（1906），理藩院改名理藩部。该档记述了 2 名蒙古额驸情况。第七是内蒙古自治区档案馆藏档案。该档案中全宗 503、第 757 号，记述了 2 名蒙古额驸情况。第八是《康熙朝满文朱批奏折全译》④。该档案中记述了 1 名蒙古额驸情况。第九是军机处朱批奏折民族事务类。该档案中记述了 1 名蒙古额驸情况。⑤ 第十是《康熙四十六年九月记注档册》⑥。该档案中记

---

① 中国第一历史档案馆编，光明日报出版社，1989。
② 原文连载于《历史档案》2000 年第 4 期及以后多期。
③ 关嘉禄、佟永功、关照宏译，天津古籍出版社，1987。
④ 中国第一历史档案馆编译，中国社会科学出版社，1996。
⑤ 见该档案第 0273 号。
⑥ 见《清代档案史料丛编》第 14 辑，中华书局，1990。

述了 2 名蒙古额驸情况。第十一是《理藩院行文》。该"行文"是乾隆三十五年（1770）春二月由理藩院下达的致翁牛特旗多罗郡王布达扎布的信函。"行文"的下达时间虽是乾隆三十五年春二月，但文中所叙有关满蒙联姻问题的时间则是从乾隆二年夏五月开始，同时追溯了乾隆三年、三十一年、三十二年、三十四年满蒙联姻的具体经过。"行文"还记录了乾隆皇帝有关满蒙联姻的五道谕旨。①

二是《康熙起居注》②。该书是一部记录康熙皇帝日常起居言行的档案汇编。该起居注中记述了 2 名蒙古额驸情况。

三是唐邦治辑《清皇室四谱》③。该书有 4 卷，分帝后、妃、皇子、皇女 4 编，其生卒年月大都依据玉牒，凡有事实可征者，皆具小传。书中记述了 8 名蒙古额驸情况。

四是《爱新觉罗宗谱》④。该书记述了 8 名蒙古额驸情况。

五是《太祖高皇帝位下睿忠亲王家谱》⑤。睿忠亲王，即爱新觉罗多尔衮。该家谱中记述了 3 名蒙古额驸情况。

六是奕赓《寄楮备谈》⑥。书中记述了 2 名蒙古额驸情况。

七是《宗人府则例》⑦。该书是宗人府奉敕撰，书中记述了 2 名蒙古额驸的情况。

八是光绪朝《大清会典事例·理藩院》。该书卷 978 记载了备指额驸制度的内容，以及如何带领引见、恭候钦指等。书中还记述了 2 名蒙古额驸的情况。

九是《钦定外藩蒙古回部王公表传》。书中记述了 14 名蒙古额驸的

---

① 参阅乔吉《从一份蒙文档案看清代"备指额驸"产生年代》，《中国边疆史地研究》2009年第 4 期。该档案为一份蒙文档案，杜家骥教授发现。原件藏内蒙古赤峰市博物馆，登录卷号为 207。原档笔迹为清前期蒙文毛笔楷书，乔吉研究员翻译成汉文并披露于世。
② 该书为上、中、下三册，中华书局，1984。
③ 上海聚珍仿宋印书局聚珍铅印本，1923。
④ 徐丽华主编《中国少数民族古籍集成》，四川民族出版社，2002 年影印本。第 42—64 卷，收录了《爱新觉罗宗谱》。《北京图书馆藏家谱丛刊·民族卷》第 11—32 册也有收录。
⑤ 该家谱藏于日本东京东洋文库。
⑥ 见燕京大学图书馆藏《佳梦轩丛著》。
⑦ 世铎等修，光绪十四年刻本。

情况。

十是《清实录》。书中记载了清代皇帝的许多谕旨，其中就有关于备指额驸制度的内容。此外，还记述了蒙古额驸的情况。其中，《清太宗实录》10 名，《清世祖实录》1 名，《清圣祖实录》12 名，《清世宗实录》2 名，《清高宗实录》26 名，《清仁宗实录》2 名，《清宣宗实录》12 名，《清文宗实录》2 名，《清穆宗实录》3 名，《清德宗实录》1 名。

十一是《理藩院则例》。《理藩院则例》卷 25 "婚礼"中，详细记载了备指额驸制度的内容，以及如何带领引见、恭候钦指。

十二是《清史稿》。该书的《职官志》中有额驸的具体解释。

二 研究现状

赵云田发表《清代的"备指额驸"制度》① 近 20 年以后，杜家骥教授出版的《清朝满蒙联姻研究》② 第 15 章，谈到了备指额驸制度。该书认为，备指额驸制度的产生，源于嘉庆前期以后满蒙联姻中出现的新问题——漠南蒙古中与清廷联姻的部落已显著减少，因而清帝为了维持与蒙古联姻的祖制，保持与漠南蒙古联姻部落的广泛性和持续性，而对漠南蒙古方面制定了这一指令性措施。这就是所谓"备指额驸制度"及其由来。2013 年，杜家骥教授在《清朝满蒙联姻中的"备指额驸"续谈》③ 中又认为：清朝联姻蒙古的指婚制度，经历了发展、变化的过程。清初的指婚制，到康熙时期已发展为记名皇家格格以备指蒙古额驸的做法，乾隆二年以后，又实行令漠南科尔沁等十三旗蒙古提供子弟以备指额驸的做法。嘉庆二十二年后，皇帝鉴于漠南蒙古与清廷的联姻比以前显著减少，又在漠南科尔沁等十三旗中推行强制性政策，以备指额驸，此后，官方始将"备指额驸"作为联姻蒙古的专门概念。而对于我们今天的研究，不妨可将嘉庆二十二年后的这一特殊做法称为狭义的"备指额驸"制，康熙以后就实行的"备指额驸"称为广义的"备指额驸"制。嘉庆二十二年后狭义的"备指额驸"

① 《故宫博物院院刊》1984 年第 4 期。
② 人民出版社，2003；故宫出版社，2013。
③ 《烟台大学学报》2013 年第 3 期。

制，效果并不明显，嘉道以后的满蒙联姻，主要是满蒙王公之间的自行通婚。

2004 年，乔吉研究员在《从一份蒙文档案看清代"备指额驸"产生年代》中，[①] 对藏于内蒙古赤峰市博物馆的一份蒙文档案《理藩院行文》进行了汉译和考订，并据此对清代"备指额驸"制度的形成时间进行了分析。该文认为：清代的确有过"备指额驸"制度，"备指额驸"制度形成时间应该是乾隆二年。

此外，李晓莉《满族皇室婚姻制度研究》[②]，王春强、阳灿飞《清代皇室婚姻制度刍议》[③] 等文章，虽然没有直接论述备指额驸制度，但是所述内容开阔了人们的视野，有一定的参考价值。

第二节　满族贵族选择外藩蒙古额驸及其制度

要认识清代的备指额驸制度，首先应了解满族贵族在外藩蒙古王公中选择额驸的大体情况以及有关制度。

额驸，是清代对满族贵族包括皇室女夫婿的专称。其一般情况是，尚固伦公主（中宫所生女）的称固伦额驸，尚和硕公主（妃所生女及中宫抚养女）的称和硕额驸，尚亲王之女的称郡主额驸，尚郡王之女的称县主（多罗）额驸，尚贝勒之女的称郡君额驸，尚贝子之女的称县君（固山）额驸，尚镇国公、辅国公之女的称乡君额驸。[④]

满族贵族在外藩蒙古王公中选择额驸始于努尔哈赤。《清太祖武皇帝实录》记载：明万历三十三年（1605），内蒙古喀尔喀部的巴约特部恩格得尔台吉从蒙古地区前往辽河流域谒见太祖，并进马 20 匹。第二年（1606）十二月，恩格得尔又引内蒙古喀尔喀部五卫之使拜谒努尔哈赤，称其为"崑

---

① 《中国边疆史地研究》2009 年第 4 期。
② 硕士学位论文，西南政法大学，2008。
③ 《牡丹江师范学院学报》2006 年第 3 期。
④ 《清史稿》卷 117《职官志四》。

都伦汗",并进奉驼马。"从此蒙古相往不绝。"① 当时,努尔哈赤进行的统一女真(满族)内部的战争正处于紧张阶段,对关内明朝中央政权所表现出的离心倾向也日益明显。在这种情况下,恩格得尔首先充当了内蒙古各部首领与努尔哈赤之间友好往来的桥梁,这在物质和精神上都是对以努尔哈赤为首的贵族集团的极大支持。为表达对恩格得尔的特殊感情,也是作为对他归附作用的肯定,努尔哈赤在建立后金政权的第二年,即天命二年(1617)二月,便"以皇弟打刷汉把土鲁郡主孙带与蒙古膀儿膀部巴约卫恩格得力台吉为妻"。② 这样,恩格得尔便成了满族贵族的第一个外藩蒙古额驸。天命十一年五月,努尔哈赤又把舒尔哈齐子、皇太极抚从兄贝勒图伦次女嫁给了科尔沁部奥巴。该女号肫哲公主,抚养于宫中,后被封和硕公主;奥巴是成吉思汗弟哈布图哈萨尔后裔,婚后被努尔哈赤封为土谢图汗。③

皇太极即位后,他在内蒙古面临的形势错综复杂。一方面,由于察哈尔部林丹汗兴兵攻略其他各部,内蒙古局势动荡不定。皇太极顺应形势的变化,及时地向内蒙古各部表示和好的诚意,提出"善者不欺,恶者不惧"④ 的原则。这有利于分化察哈尔部林丹汗的势力,也是对内蒙古各部反林丹汗力量的支持。另一方面,在内蒙古动荡的形势下,原来和后金政权有较密切关系的蒙古王公,这时态度上出现反复。以科尔沁土谢图汗奥巴为例,他是努尔哈赤的外藩蒙古额驸,努尔哈赤死后,却不前来吊孝,只派遣使者致书,表达敬意。不久,他又派人企图接回太祖时下嫁的公主。在处理前往察哈尔、喀尔喀部寻找走失的畜群问题上,奥巴也擅自决定,不告知后金政权。这些都表明在当时的形势下,一些归附后金的蒙古王公正在产生离心倾向。对此,皇太极及时地采取措施。天命十一年十二月,他派遣巴克什希福前往科尔沁部土谢图额驸奥巴处,历述从前盟誓之词,

---

① 《清太祖武皇帝实录》卷2。恩格得力也译成恩格得尔。
② 《清太祖武皇帝实录》卷2。这里指的就是舒尔哈齐第四女嫁与旧喀尔喀五部的巴约特部恩格得尔。
③ 《清史稿》卷166《公主表》;《清太祖武皇帝实录》卷4。
④ 《清太宗实录》卷2,天聪元年二月己亥。

重申努尔哈赤"重以婚姻"①的政策。这表明在对待归附的蒙古王公问题上，皇太极和努尔哈赤的政策具有一致性和连续性。

皇太极多从外藩蒙古选择额驸。从天聪元年（1627）到崇德七年（1642），满族贵族从外藩蒙古选择了24名额驸。内蒙古科尔沁部10名，巴林、敖汉、喀喇沁部各2名，土默特、奈曼、察哈尔、苏尼特、阿鲁科尔沁各1名，另有3名部属不详。其中，有皇太极第一女固伦公主，天聪七年正月下嫁敖汉部台吉、成吉思汗后裔班第。该额驸在崇德元年被封为内蒙古昭乌达盟敖汉部左翼旗扎萨克多罗郡王，世袭罔替。皇太极第二女固伦公主，天聪九年九月，应许嫁给察哈尔部额哲。额哲是林丹汗子，林丹汗原是蒙古大汗，在蒙古各部中处于"正宗"地位。林丹汗败亡、额哲归附，后被封为察哈尔亲王。皇太极第三女固伦公主，崇德四年正月下嫁奥巴从孙奇塔特，奇塔特后被封为科尔沁部左翼中旗多罗郡王，世袭罔替。皇太极第四女固伦公主，崇德六年正月下嫁弼尔塔哈尔，弼尔塔哈尔是满珠习礼兄乌克善子，而乌克善在崇德元年被封为科尔沁部左翼中旗和硕卓里克图亲王，世袭罔替。弼尔塔哈尔后来承袭了亲王爵位。皇太极抚从兄克勤郡王岳托第三女和硕公主，天聪元年二月下嫁满珠习礼从弟色棱。顺治五年（1648），色棱被追封为巴林部左翼旗固山贝子。天聪五年正月，以大贝勒莽古尔太女下嫁喀喇沁部喇斯喀布；以贝勒阿巴泰第四女下嫁土默特部布尔哈图岱达尔汉。②崇德二年六月，和硕礼亲王代善女嫁奈曼部达尔汉郡王子巴达礼。③崇德五年正月，以多罗郡王阿达礼妹嫁苏尼特部落墨尔根台吉腾机思。腾机思为成吉思汗后裔，崇德六年十月封为苏尼特部左翼旗扎萨克多罗郡王。④崇德五年二月，郑亲王济尔哈朗第四女嫁阿鲁科尔沁部穆彰。穆彰是成吉思汗弟哈布图哈萨尔后裔，顺治元年被封为阿鲁科尔沁部旗扎萨克固山贝子，顺治四年卒，顺治五年追封为多罗贝勒，世袭罔替。⑤

---

① 《清太宗实录》卷2，天聪元年二月己亥。
② 《清太宗实录》卷8，天聪五年正月庚寅。杜家骥《清朝满蒙联姻研究》第678页附录一"满蒙联姻总表"中作天聪四年十月，恐为订婚时间，但未注明。
③ 《清太宗实录》卷36，崇德二年六月甲子。
④ 《清太宗实录》卷50，崇德五年正月辛未；卷58，崇德六年十月壬申。
⑤ 《清世祖实录》卷36，顺治五年正月甲寅。

顺治元年五月初，多尔衮率清军入京师。十月初，顺治皇帝在京师行登基典礼，即皇帝位，清政权成为全国性的政权。顺治朝有外藩蒙古额驸22名。内蒙古科尔沁部8名，敖汉部3名，巴林、阿巴噶、阿鲁科尔沁各2名，杜尔伯特、翁牛特、喀喇沁各1名，另外2名部属不详。顺治二年正月，豫亲王多铎第一女嫁巴林齐门。同年四月，皇太极第八女固伦公主下嫁科尔沁土谢图亲王巴达礼长子巴雅斯护朗。同年十二月，英亲王阿济格第二女嫁杜尔伯特部额林臣子扎穆索台吉。顺治三年八月，英亲王阿济格第四女嫁翁牛特部杜棱郡王博多和。博多和是成吉思汗弟谔楚因的后裔，顺治二年闰六月，袭扎萨克多罗杜棱郡王，世袭罔替。顺治四年十二月，皇太极第十一女固伦公主下嫁阿巴噶部噶尔玛索诺木。顺治五年二月，皇太极第五女固伦公主下嫁巴林部色布腾。色布腾是成吉思汗后裔，顺治七年八月，由扎萨克辅国公晋封扎萨克多罗郡王，世袭罔替。① 顺治十六年十二月，授和硕简亲王济度女为郡主，嫁阿鲁科尔沁郡王朱尔扎哈子台吉色楞。色楞在康熙十七年（1678）十一月袭扎萨克多罗郡王。② 顺治朝和皇太极时期相比，选择外藩蒙古额驸，少了土默特、奈曼、察哈尔、苏尼特部，而增加了阿巴噶、杜尔伯特、翁牛特部。

康熙三十年多伦会盟后，外蒙古归附清朝，这对满族贵族选择外藩蒙古额驸有一定影响。康熙朝有外藩蒙古额驸55名。内蒙古科尔沁部19名，巴林部7名，喀喇沁部6名，敖汉部4名，阿鲁科尔沁、土默特、厄鲁特、翁牛特各2名，阿拉善、准噶尔、乌珠穆沁、奈曼、和硕特、察哈尔各1名，外蒙古扎萨克图汗部等5名。康熙四年四月，贝勒博洛第九女郡主嫁察哈尔亲王布尔尼。康熙三十六年十一月，康熙皇帝第六女恪靖公主嫁外蒙古土谢图汗部郡王敦多布多尔济。康熙四十一年四月，原辅国将军富达礼第七女郡君嫁外蒙古扎萨克图汗和硕亲王策旺扎普。康熙四十五年二月，觉罗长泰女照镇国公女例特封乡君嫁准噶尔部噶尔丹之子色布腾巴勒珠尔。色布腾巴勒珠尔是在战争中被俘的，被康熙皇帝安排在京师居住，并赦免

---

① 《清世祖实录》卷50，顺治七年八月己丑。
② 《清圣祖实录》卷10，康熙二年九月庚寅；卷78，康熙十七年十一月癸亥。

其罪，娶妻后被授为镇国公婿。① 康熙四十五年五月，康熙皇帝第十女纯悫
公主嫁外蒙古赛音诺颜部台吉策凌，策凌即后来闻名漠北的亲王，长期担
任定边左副将军。康熙四十八年正月，郡王允禔第三女嫁外蒙古赛音诺颜
部二等台吉恭格喇布坦，恭格喇布坦为策凌弟，后被封为多罗贝勒。康熙
五十五年九月，诚亲王允祉第二女郡主嫁外蒙古土谢图汗部头等台吉根扎
普多尔济。根扎普多尔济后来袭扎萨克固山贝子，被封为和硕额驸。

雍正朝外藩蒙古额驸总计 25 名。其中内蒙古科尔沁部 10 名，敖汉部 7
名，喀喇沁部 3 名，奈曼部、土默特部、厄鲁特各 1 名，外蒙古 2 名。雍正
五年五月，宗室杨德第四女乡君品级乡君嫁外蒙古土谢图汗部格扎多尔济，
格扎多尔济父敦多布多尔济曾为土谢图汗，后以溺职降袭郡王。② 雍正七年
十一月，怡亲王允祥第四女和惠公主嫁外蒙古土谢图汗部多尔济色布腾。
多尔济色布腾后被封为贝子。

乾隆朝前中期，清朝统一新疆，土尔扈特蒙古回归祖国。这些重大事
件对满族贵族选择外藩蒙古额驸亦有影响。乾隆朝外藩蒙古额驸总计 176
名。其中内蒙古科尔沁部 36 名，敖汉部 37 名，喀喇沁部 43 名，郭尔罗斯
部 6 名，翁牛特部 10 名，巴林部 11 名，阿拉善 4 名，奈曼部 2 名，察哈尔
部 1 名，土默特部、厄鲁特各 4 名，外蒙古赛音诺颜部等 8 名，所属部未详
者 10 名。外蒙古 8 名的情况如下。乾隆九年十二月，慎郡王允禧第三女县
主嫁外蒙古土谢图汗部桑斋多尔济。桑斋多尔济后来曾晋亲王，以罪削，
复郡王爵，任所部副将军。③ 乾隆十一年十二月，弘晟第五女嫁外蒙古土谢
图汗部车布登多尔济。车布登多尔济是根扎普多尔济次子，曾袭扎萨克固
山贝子。④ 乾隆二十一年闰九月，乾隆皇帝第七女和静公主嫁外蒙古赛音诺
颜部拉旺多尔济。拉旺多尔济是策凌孙。乾隆二十三年十二月，宗室广英
第七女嫁外蒙古土谢图汗部逊都布多尔济。逊都布多尔济是车布登多尔济

① 《清圣祖实录》卷 224，康熙四十五年二月辛丑。
② 《钦定外藩蒙古回部王公表传》卷 7、表 7。
③ 《清高宗实录》卷 81，乾隆三年十一月甲子；卷 496，乾隆二十年九月癸未；卷 741，乾隆
三十年七月丁酉。《钦定外藩蒙古回部王公表传》卷 7、表 7。
④ 《清高宗实录》卷 607，乾隆二十五年二月庚子。

长子，后袭扎萨克固山贝子，曾任盟长。① 乾隆二十五年十月，穆护第一女嫁外蒙古四等台吉车默特多尔济。乾隆四十四年二月，和亲王永璧第七女郡君嫁外蒙古土谢图汗部桑斋多尔济长子蕴端多尔济。蕴端多尔济袭扎萨克多罗郡王，世袭罔替。他曾任库伦办事大臣、所部副将军及盟长。② 乾隆四十七年八月，四品宗室永恕第八女嫁外蒙古土谢图汗部逊多布多尔济。乾隆五十六年十二月，贝勒永瑗第七女嫁外蒙古土谢图汗部蕴端多尔济。

嘉庆朝外藩蒙古额驸总计 28 名。内蒙古喀喇沁部 13 名，科尔沁部 4 名，土默特部 2 名，阿拉善、巴林、敖汉各 1 名，外蒙古土谢图汗部等 3 名，部名未详的 3 名。嘉庆十年正月，辅国将军明恭第三女嫁外蒙古土谢图汗部伦布多尔济。伦布多尔济是逊都布多尔济长子，原名宁保多尔济，因避道光皇帝名讳，改名为伦布多尔济。他曾任乌里雅苏台参赞大臣、库伦办事大臣，袭扎萨克固山贝子。③ 嘉庆十五年十二月，庄亲王绵课第三女县主嫁外蒙古土谢图汗部旺沁多尔济。旺沁多尔济是伦布多尔济弟，逊都布多尔济次子。嘉庆二十一年十二月，因庄亲王绵课第三女县主已去世，所以庄亲王绵课第六女又嫁旺沁多尔济。

道光朝外藩蒙古额驸 54 名。内蒙古喀喇沁部 25 名，科尔沁部 7 名，阿拉善 5 名，土默特 3 名，翁牛特部 2 名，哈达沁、敖汉、奈曼各 1 名，外蒙古土谢图汗部等 6 名，部名未详的 3 名。道光七年正月，庄亲王绵课第十一女嫁外蒙古土谢图汗部蕴端多尔济子多尔济林布。道光九年二月，贝子载锡第二女嫁外蒙古土谢图汗部伦布多尔济子德勒克多尔济。德勒克多尔济袭扎萨克贝子，曾任库伦帮办大臣、绥远城将军。④ 道光十四年九月，贝勒奕绘第一女郡君嫁外蒙古赛音诺颜部车登巴咱尔。车登巴咱尔袭封亲王，

---

① 《钦定外藩蒙古回部王公表传》卷 7、表 7，卷 47、传第 31。

② 中国第一历史档案馆藏国史馆全宗档案 368 号；台北"故宫博物院"档《续纂外藩蒙古回部王公传》，道光十九年稿本，卷 5；《清宣宗实录》卷 72，道光四年八月己丑；《钦定外藩蒙古回部王公表传》卷 7、表 7，卷 49。

③ 中国第一历史档案馆藏国史馆全宗档案 368 号、371 号；台北"故宫博物院"档《续纂外藩蒙古回部王公传》，嘉庆朝稿本，卷 5；《清仁宗实录》卷 42，嘉庆四年四月癸卯；《清宣宗实录》卷 205，道光十二年二月乙酉。

④ 台北"故宫博物院"档《续纂外藩蒙古回部王公传》，道光二十九年稿本，卷 5；《清宣宗实录》卷 226，道光十二年十一月己亥；《清穆宗实录》卷 239，同治七年七月辛丑。

曾任正红旗蒙古都统、正白旗领侍卫内大臣。① 道光十五年十一月，二品宗室奕繁第一女嫁外蒙古土谢图汗部那逊巴图。那逊巴图袭封郡王，曾任镶红旗蒙古都统。② 道光二十九年三月，辅国公敬敦第五女嫁外蒙古赛音诺颜部车登巴咱尔。

　　咸丰朝外藩蒙古额驸 4 名。内蒙古阿拉善 2 名，敖汉 1 名，外蒙古土谢图汗部 1 名。咸丰二年十二月，镇国公祥林第五女嫁外蒙古土谢图汗部二等台吉那木济勒端多布。那木济勒端多布后来袭扎萨克固山贝子，任协理将军、库伦办事大臣。③

　　同治朝外藩蒙古额驸 14 名。内蒙古喀喇沁部 8 名，科尔沁部 4 名，阿拉善 1 名，外蒙古赛音诺颜部 1 名。同治二年十月，原怡亲王载垣第三女嫁外蒙古赛音诺颜部达尔玛。达尔玛咸丰年间袭扎萨克亲王，同治年间长住京城，任御前行走。④

　　光绪朝外藩蒙古额驸 27 名。内蒙古喀喇沁部 6 名，科尔沁部 5 名，阿拉善、土默特部各 3 名，鄂尔多斯、奈曼、巴林、厄鲁特各 1 名，外蒙古土谢图汗部等 5 名，部名未详的 1 名。光绪十年四月，庆亲王奕劻第一女嫁外蒙古赛音诺颜部和硕亲王那彦图。那彦图是达尔玛子，同治十三年袭扎萨克和硕亲王，曾任御前大臣、镶白旗蒙古都统、正红旗满洲都统、领侍卫内大臣、资政院议员，长住京城。⑤ 光绪十二年九月，肃良亲王隆懃第二女嫁外蒙古土谢图汗部二等侍卫车林巴布。车林巴布在光绪二十一年袭扎萨克多罗郡王。⑥ 光绪十三年二月，贝勒溥庄第三女郡君嫁外蒙古鄂博噶台。

---

① 台北"故宫博物院"档《续纂外藩蒙古回部王公传》，道光二十九年稿本，卷 8；《清仁宗实录》卷 333，嘉庆二十二年八月丁亥；中国第一历史档案馆藏国史馆全宗档案 374 号。

② 《清宣宗实录》卷 322，道光十九年五月庚戌；台北"故宫博物院"档《续纂外藩蒙古回部王公传》，咸丰朝稿本，卷 5。

③ 《光绪朝朱批奏折》第 113 辑 507 号；中国第一历史档案馆藏宫中档朱批奏折民族事务类 203 卷；《清穆宗实录》卷 248，同治七年十二月丁巳。

④ 中国第一历史档案馆藏宫中档朱批奏折民族事务类 203 卷；《清文宗实录》卷 56，咸丰二年三月戊辰。

⑤ 《王公衔名表》；光绪朝《大清会典事例》卷 969；《清德宗实录》卷 328，光绪十九年九月乙酉；卷 353，光绪二十年十一月丁丑；卷 393，光绪二十二年七月戊午；卷 416，光绪二十四年三月庚寅；卷 459，光绪二十六年二月己卯；《宣统政纪》卷 34，宣统二年四月甲戌。

⑥ 《清德宗实录》卷 379，光绪二十一年十一月戊戌。

光绪三十年九月，镇国将军毓长第六女嫁外蒙古赛音诺颜部头等台吉祺诚武。祺诚武是那彦图亲王子。光绪三十四年十月，镇国公溥芸第七女嫁外蒙古赛音诺颜部祺克坦。祺克坦也是那彦图亲王之子。

宣统朝外藩蒙古额驸 2 名，均来自内蒙古科尔沁部。一是载澍第二女，宣统三年三月嫁科尔沁左翼中旗卓里克图亲王色旺端鲁布。二是肃亲王善耆女，宣统年间嫁科尔沁部右翼中旗扎萨克和硕土谢图亲王业喜海顺。业喜海顺在光绪二十八年袭其叔父色旺诺尔布桑保亲王爵，时年 12 岁，被选择额驸时不满 20 岁。①

综上所述，满族贵族从外藩蒙古选择额驸有以下两个特点。一是和政治形势密切相关。满族贵族选择蒙古额驸大都是从属于政治的，这可以从清朝不同的历史时期予以说明。第一是太祖、太宗时期。清政权尚在关外，它最大的政治任务是积蓄力量，进据中原，夺取明朝政权。为此，必须处理好同蒙古的关系，才能解除后顾之忧和道梗之患。特别是怎样利用蒙古这一马上民族，使其成为进逼中原的借助力量，更是满族贵族朝夕所虑。努尔哈赤和皇太极时期选择蒙古额驸，其基本出发点就在于此，所以他们选择蒙古额驸时，特别注意选择对蒙古各部有影响的人物。这方面突出的事例是皇太极将次女下嫁给察哈尔部林丹汗的儿子额哲。虽然在争夺控制内蒙古各部的斗争中，皇太极和林丹汗处于敌对的立场，但是，林丹汗毕竟是蒙古大汗，在蒙古各部中处于"正宗"的地位。因此，当林丹汗败亡、其子额哲归附后，天聪十年（1636）九月，皇太极就毫不犹豫地把次女固伦公主嫁给他，其娶婚仪式之隆重，赏赐物品之丰厚，均前所未有。② 第二是从顺治朝初年到康熙朝中叶。这一时期，满族贵族在蒙古王公、汉族地主阶级的支持下，已经进据中原，面临着彻底打败李自成农民军和南明政权，以及平定三藩之乱和收复台湾的任务，进而建立全国范围内的封建统治秩序。因此，作为后方的蒙古地区的稳定非常重要。顺治十三年（1656），顺治皇帝谕示内蒙古各部王公："朕荷祖宗鸿庥，统一寰宇，恐于懿行有违，成宪未洽，恒用忧惕，亲政以来，六年于此，未得与尔等一见。

---

① 《光绪朝朱批奏折》第 115 辑 102 号；《清德宗实录》卷 504，光绪二十八年二月甲寅。
② 《清太宗实录》卷 30，崇德元年八月癸巳。

虽因万几少暇，而怀尔之忧，时切朕念。""特遣官赍敕赐币，以谕朕意。嗣后有所欲请，随时奏闻，朕无不体恤而行。朕方思致天下于太平，尔等心怀忠荩，毋忘两朝恩宠。"① 这是满族贵族在中原未定的形势下，希望和蒙古王公结成更牢固联盟的表露。在这种思想指导下，清廷以有影响的蒙古王公做额驸，进一步密切和内蒙古各部的关系，以借助于内蒙古各部的力量。顺治三年八月英亲王阿济格第四女嫁内蒙古翁牛特部杜棱郡王博多和，顺治十三年闰五月镇国公屯齐第二女嫁阿鲁科尔沁珠勒扎干郡王，顺治十六年十一月简亲王济度第三女端敏公主和科尔沁班第订婚，同年十二月简亲王济度第一女郡主和阿鲁科尔沁色楞订婚，康熙六年（1667）正月镇国公屯齐第八女嫁科尔沁达尔汉亲王和塔，都属于这种情况。第三是康熙朝中叶到乾隆朝末期。这一时期正值"康乾盛世"及其进入衰落时期，清廷的重要任务之一是解决漠西蒙古准噶尔的问题。从康熙二十七年到乾隆二十二年（1757），准噶尔蒙古在噶尔丹、策妄阿拉布坦、噶尔丹策凌、达瓦齐等统治下，与清廷时而和时而战，极大地威胁着清廷在西藏及蒙古地区的统治。平定达瓦齐之乱后，阿睦尔撒纳又发动叛乱。在这种情况下，清廷不得不用很大的力量解决准噶尔问题。采取的措施之一就是通过联姻加强和内外蒙古王公的关系，奠定解决准噶尔问题的牢固基础。康熙三十年外蒙古归附清廷，这使满族贵族选择蒙古额驸的范围更加扩大。这一时期，满族贵族从外藩蒙古中选择额驸将近250名。值得指出的是，仅康熙年间就有：康熙三十年六月康熙皇帝第三女荣宪公主嫁巴林乌尔衮，康熙三十一年十月康熙皇帝第五女端静公主嫁喀喇沁杜愣郡王扎什之子噶尔藏，康熙三十六年十一月康熙皇帝第六女恪靖公主嫁外蒙古土谢图汗部郡王敦多布多尔济，康熙四十一年四月庄亲王博果铎第三女嫁阿拉善阿宝。总之，这一时期首次出现了内蒙古以外的蒙古额驸，外蒙古土谢图汗部、扎萨克图汗部、赛音诺颜部以及西套厄鲁特蒙古和罗理部，都有蒙古王公作为满族贵族的额驸而为清廷奔走效力。最能反映这一时期满族贵族选择蒙古额驸所要达到目的的，是雍正元年（1723）清廷的一个规定。针对公主等外

① 《钦定外藩蒙古回部王公表传》卷17。

嫁蒙古但久住京师的现象，这一年清廷议准："公主等下嫁蒙古，成婚之后，久住京师，与蒙古无甚裨益。嗣后公主等下嫁蒙古，非奉特旨留京者，不得过一年之限。若因疾病事故不能即往者，奏明展限。"① 要求下嫁公主前往蒙古与额驸在一起，就是要发挥额驸的政治作用。第四是从嘉庆朝到清末。这一时期，清廷经过康、雍、乾三朝对西北用兵，准噶尔问题已经解决，各方面采取一系列措施之后，整个北部和西部边疆地区的稳定局势延续了100年。在这种情况下，满族贵族利用外藩蒙古额驸作用的需求有所减少。嘉庆六年（1801）十月，曾任军机大臣的台布在一次上奏中指出："蒙古强实为中国之患，蒙古弱乃为中国之福。"嘉庆皇帝碍于此话"经蒙古人闻之，岂不因而解体"，表示不赞成，并重申了"我朝开国以来，蒙古隶我臣仆，重以婚姻，联为一体"。② 但在实际上，台布的话显然反映了清廷对外藩蒙古政策的变化。与此同时，由于清廷连年用兵西北，中原内地人民增加了不少负担。随着统治阶级日益腐败，阶级矛盾渐趋激化，嘉庆元年，爆发了轰轰烈烈的白莲教大起义，猛烈地震撼了清廷的统治。清廷这一时期所面临的政治任务，已由解决西北问题转移到镇压中原内地人民的起义。在这种情况下，由于清廷统治蒙古各部已比较稳定，所以，以联姻求得蒙古各部的绥服，不再像前一时期那样迫切了。正是在这样的政治形势下，满族贵族选择外藩蒙古额驸的数量减少，地域和部族的范围也缩小了。从嘉庆朝到清末，116年的时间里，清廷总计选择外藩蒙古额驸130名，其中还有一些是长期住在京师的。

二是始终以内蒙古科尔沁等部为重点。满族贵族选择外藩蒙古额驸，始终以内蒙古科尔沁等部为重点，这从一些统计数字上可以看出。有清一代，满族贵族从内蒙古科尔沁部选择额驸106名，从敖汉部选择额驸53名，从喀喇沁部选择额驸至少92名。③ 这些占外藩蒙古额驸总数431的半数以上。清廷选择外藩蒙古额驸以科尔沁等部为重点，是由清廷与科尔沁等部

---

① 光绪朝《大清会典事例》卷993。
② 《清仁宗实录》卷88，嘉庆六年十月丙午。
③ 因为还有12名不能确定是喀喇沁部还是土默特部。见杜家骥《清朝满蒙联姻研究》，第117—118页。

的密切关系决定的。第一，从地理位置上看。科尔沁部、喀喇沁部都在盛京边墙界以北，敖汉部在喀喇沁部以东，这三部和后金及清政权在关外时所控制的地区相邻。第二，从归附清廷的时间上看。科尔沁部的奥巴早在努尔哈赤时期就已经归附后金。喀喇沁部的苏布地在天聪初年携同族色棱归附皇太极。敖汉部的卓诺木杜棱、塞臣卓里克图两兄弟在天聪元年（1627）归附后金。第三，从所做的贡献上看。科尔沁部奥巴子巴达礼在崇德元年（1636）叙功封扎萨克和硕土谢图亲王。不仅如此，科尔沁部"有大征伐，必以兵从。如亲征噶尔丹，及策妄阿拉布坦、罗布藏丹津、噶尔丹策凌、达瓦齐诸役，扎萨克等效力戎行，莫不懋著勤劳"。① 喀喇沁的苏布地和色棱在后金打击察哈尔部林丹汗的战事中立有大功。敖汉部的卓诺木杜棱、塞臣卓里克图两兄弟在归附后金时，曾把明朝诱降书献给皇太极。塞臣卓里克图在从征明朝永平还师时去世。第四，从清廷的态度上看。乾隆皇帝出巡进入科尔沁境以后，曾写诗表示："塞牧虽称远，姻盟向最亲。嗣徽彤管著，绵泽砺山申。设候严喧沓，清尘奉狩巡。敬诚堪爱处，未忍视如宾。"正是这种密切的关系和科尔沁部对清廷所做出的贡献，科尔沁部土谢图亲王、达尔汉亲王、卓里克图亲王、扎萨克图郡王等四爵位，"俸币视他部独增，非为礼崇姻戚，抑以其功冠焉"。② 乾隆皇帝出巡进入喀喇沁部境内，也曾写诗描绘清廷和喀喇沁部密切的关系："列帐沿冈道左迎，羊群马骆各将诚。亲藩众建堪同例，外域羁縻岂近情。漫拟星辰环北极，也知稼穑望西成。百年化育皆先德，继绪心殷惕捧盈。"③ 第五，从有关书籍的记载看。道光二十年《理藩院则例》载："科尔沁左翼中旗旗下，公主子孙台吉、姻亲台吉共二千人。"道光二十二年《理藩院则例》载："敖汉王旗下，公主子孙台吉共六百十余人，巴林旗下公主子孙台吉共一百七十余人。"④ 由上可见满族贵族对在内蒙古科尔沁等部选择额驸的重视及成效。

满族贵族从外藩蒙古中选择额驸，其基本制度是指婚制，杜家骥教授

① 张穆：《蒙古游牧记》卷1《内蒙古哲里木盟游牧所在·科尔沁》。
② 张穆：《蒙古游牧记》卷1《内蒙古哲里木盟游牧所在·科尔沁》。
③ 张穆：《蒙古游牧记》卷2《内蒙古卓索图盟游牧所在·喀喇沁》。
④ 参见张穆《蒙古游牧记》卷1《内蒙古哲里木盟游牧所在·科尔沁》；卷3《内蒙古昭乌达盟游牧所在·敖汉》。

对此有详细论述。① 这里根据新发现的档案资料，做进一步探讨。

清廷从外藩蒙古选择额驸，在顺治元年（1644）入关以后，已经有一些措施开始执行。自顺治九年设立宗人府，这些措施逐渐制度化。顺治九年题准："宗室自亲王以下至辅国公所生子女周岁，由长史、司仪、长典仪等官，详开嫡出庶出第几男第几女，母某氏，所生子女名某，并所生子女之年月日时，具册送府。镇国将军以下至闲散宗室，由族长查明，亦照例开报送府。均载入黄册。其收生妇某，一并开送存案。如将抚养异姓之子捏报者，治以重罪。觉罗所生子女，报之各族首领，首领于生子三日内，亲加查询某人某妇，于某年月日时生第几男第几女名某，收生妇某，逐一开录，于每年正月初十日以内，亲赍送府，编入红册。如迟误不报，报不以实者，首领从重治罪。"② 清廷的上述规定为选择外藩蒙古额驸奠定了基础。

《理藩院行文》中记载：查得先指额驸时，有特旨指婚者，有乞奏而被指婚者，亦有奏疏而联姻者。③ 这里提到了清廷选择外藩蒙古额驸的三种形式。特旨指婚，就是指额驸，是把清廷皇室女嫁给外藩蒙古的具体一个人，嫁女与额驸是一对一的；乞奏而被指婚，就是备指额驸，是把清廷皇室女嫁给外藩蒙古的王公贵族，嫁女是确定的，而额驸是不确定的，是从备选的蒙古王公贵族中的几个人中选择一个，由皇帝最后决定；奏疏而联姻，就是奏疏额驸，把联姻的情况上奏给皇帝知道即可，并不通过皇帝指认。所以，备指额驸是清廷选择外藩蒙古额驸的三种形式之一，与指额驸、奏疏额驸同时存在，在顺治九年以后以及康熙年间就已经实行。这三种形式，可以从以下实例中得到验证。

首先是指额驸。康熙三十六年十一月，康熙皇帝第六女恪靖公主嫁外蒙古土谢图汗部郡王敦多布多尔济。康熙四十一年四月，庄亲王博果铎第三女郡主嫁西套厄鲁特蒙古阿宝。康熙四十五年五月，康熙皇帝第十女纯

---

① 见杜家骥《清朝满蒙联姻研究》中编第 15 章。
② 光绪朝《大清会典事例》卷 1《宗人府》。
③ 本节所引《理藩院行文》内容，均见乔吉《从一份蒙文档案看清代"备指额驸"产生年代》（《中国边疆史地研究》2009 年第 4 期）一文。

悫公主嫁外蒙古赛音诺颜部策凌。雍正七年十一月，怡亲王允祥第四女和惠公主嫁外蒙古土谢图汗部多尔济色布腾。乾隆三年十一月，庄亲王允禄第八女县主指嫁西套厄鲁特蒙古罗布藏多尔济。当时公主六岁，罗布藏多尔济五岁。乾隆二十一年闰九月，乾隆皇帝第七女和静公主嫁外蒙古赛音诺颜部拉旺多尔济，当时和静公主只有三个月大。[①] 当然，清代指额驸还不止以上这些，但即便如此也足以说明问题，即指额驸由皇帝决定，和所嫁公主是一对一的，带有非常强烈的政治色彩，且多限于外蒙古、西套厄鲁特蒙古等。

其次是备指额驸。《理藩院行文》对此有明确记述："又依乾隆二年之例，行文科尔沁等十三旗，查取各该旗王、贝勒、贝子、公之嫡亲子弟，公主格格之子孙内，十五岁以上、二十岁以下，有成长模样、聪明俊秀堪指额驸之台吉塔布囊，将其衔名八字年名等一同注明，每年于冬首月内送院来。此内若有患病残疾事故者，由所属扎萨克处出具印结之保证书报院，开除其名。此外，其已开送职名人等，令其父兄于年节前来叩首请安时，各自务必带来（京）备指额驸。"《理藩院行文》对十三旗的具体名称没有指出，但指出了具体人名，即科尔沁亲王色旺诺尔布、喇什纳木扎勒、郡王纳旺色布腾、齐默特多尔济、喇特纳扎木素、巴林郡王巴图、敖汉郡王巴特玛喇什、翁牛特郡王布达扎布、奈曼郡王拉旺喇布坦、喀喇沁郡王喇特纳锡第、贝子瑚图灵阿、公衔扎萨克塔布囊齐齐克、土默特贝勒素诺木巴勒珠尔。这样，人们就知道了十三旗的具体名称。[②]

从《理藩院行文》规定中可以看出，备指的额驸不止1名，而是多名，由皇帝从多名中选择1名作为额驸，指配给所嫁的公主或格格。《理藩院行文》中的具体事例也印证了这一点。

第一个事例。乾隆二年夏五月二十日，"总管太监苏培盛等呈报，内廷教养宗室格格有三人，为二十岁以上，及二十三岁，为此，谨奏请旨"。乾

<hr/>

① 见杜家骥《清朝满蒙联姻研究》，第148—149、170、158、154、159—160页。
② 道光朝《钦定理藩院则例》卷25；光绪朝《大清会典事例》卷978。两者所记个别地方有所不同，主要是旗的爵级有所变化，如科尔沁左翼中扎萨克固山贝子旗改为达尔汉亲王旗，科尔沁左翼后扎萨克郡王旗改为博多勒噶台亲王旗，喀喇沁中扎萨克固山贝子旗改为头等塔布囊旗。

隆皇帝谕理藩院："凡蒙古众台吉中，有年岁略大，堪指额驸者，查访奏来。"理藩院谨遵此旨，"行文科尔沁等十三旗，于所送之人中，查取年岁相符者，有喀喇沁贝勒僧衮扎布、奈曼固山额驸敦多布、科尔沁旗台吉索诺穆、翁牛特旗台吉策布登等四人"，并将其名衔注明上奏。结果，乾隆皇帝谕示：将弘晢之三女封多罗格格，指给喀喇沁贝勒和硕额驸僧衮扎布；四女封固山格格，指给科尔沁亲王阿喇布坦之弟、尚未封衔台吉索诺穆；曾为王爵保泰之女封固山格格，指给翁牛特郡王罗卜藏之子、尚未封衔台吉策布登。从4个外藩蒙古台吉中选择3名，作为3名格格的额驸，这是一个典型的备指额驸事例。

第二个事例。乾隆三年夏四月十九日，"为多罗贝勒弘明之女格格及其弟散秩大臣弘暄之女格格指定额驸事宜，乞奏上"。乾隆皇帝谕示理藩院：查得堪指额驸者奏上来。理藩院把去年拣选额驸时所查送来的4名台吉的衔名注明具奏。结果，乾隆皇帝谕示：将贝勒弘明之女格格指给巴林公主之孙一等台吉丹津，将弘暄之女格格指给巴林公主之孙、尚未封衔台吉诺尔布扎木苏。这是从4名备选人中指定了2名额驸。

最后是奏疏额驸。所谓奏疏额驸，实际上就是自行嫁女选择额驸，再上奏皇帝知道。这种情况多属于和皇帝世系比较远的宗室王公。"远派者许自行指给，至出嫁时奏请品级"，① 说的就是这种情况。

康熙朝一件满文奏折有助于人们对备指额驸的了解。这件奏折的汉译如下。

和硕简亲王雅尔江阿谨奏：
窃臣女蒙皇父记名选配于人，臣喜之不尽。臣身荷皇父之恩，将此一女，若蒙皇父无论指配于蒙古亲戚之子，或此地大臣之子，则更感激殊恩弥深也。唯祈请毋指配于达尔汉王罗卜藏古木布之弟策旺多尔济。王之母公主与臣父王彼此极为不和，若指配于策旺多尔济，则臣略有难处，故将臣为难之处奏于父皇。

----

① 光绪朝《大清会典事例》卷1《宗人府·婚嫁》。

朱批：朕深知此事，尔之所奏朕记着了。看来公主性情乖戾，不但尔父，对所有人皆不和。①

从这份奏折中可知：和硕简亲王雅尔江阿之女在宗人府是备案的；由康熙皇帝指婚中，策旺多尔济可能是人选之一；策旺多尔济是科尔沁蒙古左翼中旗亲王罗卜藏古木布的弟弟。上述三个条件，都与备指额驸相符。这也说明，备指额驸在康熙朝时已经实行。

关于宗室王公的婚嫁，乾隆皇帝在乾隆三年谕示："从前宗室王公等婚嫁，候旨指配者居多。凡人嫁娶，理宜及时。今宗室繁衍，若不分别远近，一概候旨指配，不能无逾时久旷之虑。朕意世系近者，若年已长成，婚姻结定，令其奏闻；若尚未结定，令其请旨。世系远者，当各听其便。其如何分别远近定例之处，着宗人府王等详议具奏。"宗人府王等遵旨议奏："宗室内系皇帝伯叔辈王贝勒等子女，至十五岁请旨，其余宗室子女，系特旨指婚者，令候旨行，余酌量及时婚嫁。应得品级，该部照例奏给。"② 从指婚的三种方式来看，在乾隆三年以前，候旨指配者居多，这意味着在选择外藩蒙古额驸时，备指额驸的方式是多数。特旨指婚，也就是指额驸，包括皇帝伯叔辈王贝勒等子女，以及部分宗室子女，也在范围内。世系远的，在选择外藩蒙古额驸时，各听其便，不过要上奏皇帝知道，这就是奏疏额驸。

第三节　清廷和内蒙古十三旗的关系及备指额驸制度的凸显

备指额驸制度规定，满族贵族从内蒙古七部十三旗中选择额驸。清廷为什么做出这样的规定？这需要对内蒙古十三旗和清廷的关系做一回顾。

---

① 《康熙朝满文朱批奏折全译》，中国社会科学出版社，1996，第 1558 页；杜家骥：《清朝满蒙联姻研究》，第 268 页。

② 《清高宗实录》卷 60，乾隆三年正月戊午；光绪朝《大清会典事例》卷 1《宗人府·婚嫁》。

如前所述，备指额驸规定的内蒙古七部为科尔沁部、巴林部、喀喇沁部、奈曼部、翁牛特部、土默特部、敖汉部。十三旗为科尔沁左翼中扎萨克达尔汉亲王旗，科尔沁右翼中扎萨克土谢图亲王旗，巴林右翼扎萨克郡王旗，喀喇沁右翼扎萨克杜棱郡王旗，科尔沁左翼前扎萨克冰图郡王旗，科尔沁左翼后扎萨克博多勒噶台亲王旗，科尔沁右翼前扎萨克多罗扎萨克图郡王旗，奈曼扎萨克达尔汉郡王旗，翁牛特右翼扎萨克多罗杜棱郡王旗，土默特扎萨克达尔汉贝勒旗，敖汉扎萨克郡王旗，喀喇沁中扎萨克固山贝子旗，喀喇沁左翼扎萨克头等塔布囊旗。

科尔沁部"在喜峰口东北八百七十里，至京师千二百八十里"。巴林部"在古北口东北七百八十里，至京师九百六十里"。喀喇沁部"在喜峰口东北三百五十里，至京师七百六十里"。奈曼部"在喜峰口东北七百里，至京师千一百十里"。翁牛特部"在古北口东北五百二十里，至京师七百二十里"。土默特部"在喜峰口东北五百九十里，至京师千里"。敖汉部"在喜峰口东北六百里，至京师千一十里"。①

十三旗和清廷的关系如下。科尔沁左翼中扎萨克达尔汉亲王旗。初封满珠习礼，土谢图汗奥巴从子，崇德元年（1636）四月封扎萨克多罗巴图鲁郡王，诏世袭罔替，顺治九年正月赐达尔汉号，十六年五月晋和硕达尔汉巴图鲁亲王。一次袭和塔，满珠习礼长子，康熙四年七月袭扎萨克和硕达尔汉亲王，停袭巴图鲁号。二次袭班第，和塔长子。三次袭罗卜臧衮布，班第长子。四次袭色布腾巴勒珠尔，罗卜臧衮布第三子，乾隆二十年五月从征准噶尔有功，赐双俸，二十一年正月以罪削，二十三年四月复封和硕亲王。五次袭色旺诺尔布，罗卜臧衮布次子。六次袭旺扎勒多尔济，色旺诺尔布长子。七次袭丹曾旺布，旺扎勒多尔济长子。八次袭布彦温都尔瑚，丹曾旺布长子，道光元年五月因事革扎萨克。九次袭索特那木绷素克，布彦温都尔瑚子，道光二十八年赐还扎萨克。十次袭棍布旺济勒，索特那木绷素克子。十一次袭那木济勒色楞，棍布旺济勒子，光绪十一年袭，二十

① 张穆：《蒙古游牧记》卷1《内蒙古哲里木盟游牧所在·科尔沁部》；卷2《内蒙古卓索图盟游牧所在·喀喇沁部、土默特部》；卷3《内蒙古昭乌达盟游牧所在·巴林部、奈曼部、翁牛特部、敖汉部》。

七年署盟长。①

科尔沁右翼中扎萨克土谢图亲王旗。初封奥巴，元太祖弟哈布图哈萨尔裔，天命十一年六月封土谢图汗。一次袭巴达礼，奥巴长子，崇德元年四月封扎萨克和硕土谢图亲王，诏世袭罔替。二次袭巴雅斯呼朗，巴达礼长子。三次袭阿拉善，巴雅斯呼朗长子，康熙二十七年二月以惰职削。四次袭沙津，巴达礼次子，康熙十四年九月封多罗贝勒，二十七年二月袭，四十一年五月以罪削。五次袭阿拉善，康熙四十一年五月仍袭扎萨克和硕土谢图亲王。六次袭鄂尔齐图，阿拉善长子。七次袭阿喇布坦，鄂尔齐图长子。八次袭垂扎布，阿喇布坦长子。九次袭纳旺，垂扎布长子。十次袭喇什纳木扎勒，垂扎布次子。十一次袭诺尔布璘沁，喇什纳木扎勒长子。十二次袭色登端噜布，诺尔布璘沁子。十三次袭巴宝多尔济，色登端噜布子。十四次袭色旺诺尔布桑保，巴宝多尔济子，光绪二十七年三月遇害。十五次袭业喜海顺，色旺诺尔布桑保嗣子，光绪二十八年八月袭。②

巴林右翼扎萨克郡王旗。初封色布腾，元太祖裔，顺治五年正月封扎萨克辅国公，七年八月晋多罗郡王，诏世袭罔替。一次袭鄂齐尔，色布腾次子。二次袭纳木达克，鄂齐尔长子。三次袭乌尔衮，鄂齐尔次子。四次袭璘布，乌尔衮长子，雍正八年以罪削。五次袭桑哩达，鄂齐尔第三子，雍正二年十一月以军功封辅国公，八年十一月袭扎萨克多罗郡王。六次袭璘沁，桑哩达长子，乾隆八年七月封辅国公，十三年袭扎萨克多罗郡王，十九年赐亲王品级。七次袭巴图，璘沁次子，乾隆四十八年九月赐亲王品级。八次袭索特纳木多尔济，巴图长子，嘉庆十四年九月赐亲王品级。九次袭那木济勒旺楚克，索特纳木多尔济之孙，道光七年九月袭，赐亲王品级。十次袭额勒莫斯巴咱尔，那木济勒旺楚克子。十一次袭额勒奇木巴雅尔，额勒莫斯巴咱尔兄。十二次袭扎噶尔，额勒奇木巴雅尔子，光绪十七

---

① 赵云田点校《钦定大清会典事例·理藩院》，第51页；赵云田编著《〈藩部封爵世表〉资料汇编》，"科尔沁部左翼中旗扎萨克和硕达尔汉亲王表"。

② 赵云田点校《钦定大清会典事例·理藩院》，第50—51页；赵云田编著《〈藩部封爵世表〉资料汇编》，"科尔沁部右翼中旗扎萨克土谢图亲王表"。

年袭。①

喀喇沁右翼扎萨克杜棱郡王旗。初封固噜思奇布，元臣济拉玛裔，初为喀喇沁塔布囊，天聪九年任扎萨克。崇德元年封固山贝子，赐多罗杜棱号。顺治七年八月晋多罗杜棱贝勒，诏世袭罔替。一次袭图巴色棱，固噜思奇布长子，顺治十五年九月袭扎萨克多罗杜棱贝勒。二次袭班达尔沙，固噜思奇布第三子，康熙三年七月袭，七年十二月晋多罗杜棱郡王。三次袭扎什，固噜思奇布次子。四次袭噶勒藏，扎什次子，康熙五十年以罪削。五次袭色棱，扎什第三子。六次袭伊达木扎布，色棱次子。七次袭喇特纳锡第，伊达木扎布长子，乾隆四十八年九月封亲王品级。八次袭端珠布色布腾，喇特纳锡第长子。九次袭满珠巴咱尔，端珠布色布腾长子，乾隆五十三年八月封亲王品级。十次袭布呢雅巴拉，满珠巴咱尔子。十一次袭色伯克多尔济，布呢雅巴拉子。十二次袭旺都特那木济勒，色伯克多尔济子，光绪十四年正月封亲王衔。十三次袭贡桑诺尔布，旺都特那木济勒子，光绪二十四年袭。②

科尔沁左翼前扎萨克冰图郡王旗。初封洪果尔，达尔汉亲王满珠习礼叔父，崇德元年四月封扎萨克多罗冰图郡王，诏世袭罔替。一次袭额森，洪果尔长子。二次袭额济音，额森长子。三次袭达达布，额济音长子。四次袭宜什班第，达达布长子。五次袭喇特纳扎木素，宜什班第长子。六次袭桑对扎布，喇特纳扎木素长子。七次袭罗卜藏占散，桑对扎布长子。八次袭林沁扎勒参，罗卜藏占散子。九次袭锡里巴咱尔，林沁扎勒参子，光绪二年六月革帮办盟务任及备兵扎萨克职。十次袭敏鲁普扎布，锡里巴咱尔子，光绪二十五年简放帮办盟务。十一次袭棍楚克苏隆，敏鲁普扎布子，宣统元年十二月陈自强之法。③

科尔沁左翼后扎萨克博多勒噶台亲王旗。初封栋果尔，冰图郡王洪果

---

① 赵云田点校《钦定大清会典事例·理藩院》，第62—63页；赵云田编著《〈藩部封爵世表〉资料汇编》，"巴林部右翼旗扎萨克多罗郡王表"。

② 赵云田点校《钦定大清会典事例·理藩院》，第57—58页；赵云田编著《〈藩部封爵世表〉资料汇编》，"喀喇沁部右翼旗扎萨克杜棱郡王表"。

③ 赵云田点校《钦定大清会典事例·理藩院》，第54页；赵云田编著《〈藩部封爵世表〉资料汇编》，"科尔沁部左翼前旗扎萨克多罗冰图郡王表"。

尔从子，崇德元年封镇国公，顺治五年四月追封多罗贝勒。一次袭彰吉伦，栋果尔长子，顺治五年四月袭多罗贝勒，七年晋扎萨克多罗郡王，诏世袭罔替。二次袭布达礼，彰吉伦长子。三次袭扎噶尔，布达礼长子。四次袭岱布，扎噶尔长子。五次袭阿喇布坦，岱布长子。六次袭罗卜藏喇什，岱布次子。七次袭齐默特多尔济，罗卜藏喇什长子，任盟长。八次袭巴勒珠尔，罗卜藏喇什次子。九次袭索特纳木多布斋，巴勒珠尔长子，道光五年七月追赠亲王衔。十次袭僧格林沁，索特纳木多布斋嗣子，任御前大臣、领侍卫内大臣、都统、盟长。咸丰五年正月晋亲王，赐博多勒噶台号，四月诏世袭罔替，十年八月革亲王，九月复郡王，十一年十月复亲王，同治二年二月仍诏世袭罔替，四年四月阵亡。十一次袭伯彦讷谟祜，僧格林沁子，任御前大臣、领侍卫内大臣、都统。十二次袭阿穆尔灵圭，伯彦讷谟祜孙，宣统三年四月署镶红旗蒙古都统。①

科尔沁右翼前扎萨克多罗扎萨克图郡王旗。初封布达齐，土谢图汗奥巴弟，天命十一年六月赐扎萨克图杜棱号，崇德元年四月封扎萨克多罗扎萨克图郡王，诏世袭罔替。一次袭拜斯噶勒，布达齐长子。二次袭鄂齐尔，拜斯噶勒长子。三次袭萨祜拉克，鄂齐尔第六子。四次袭沙津德勒格尔，萨祜拉克长子。五次袭纳旺色布腾，沙津德勒格尔长子。六次袭喇什端罗布，纳旺色布腾长子。七次袭敏珠尔多尔济，喇什端罗布长子。八次袭索诺那木伦布木，敏珠尔多尔济子，任副盟长。九次袭达特巴扎木苏，索诺那木伦布木子。十次袭根敦占散，达特巴扎木苏嗣子。十一次袭乌泰，根敦占散嗣子。光绪二十八年二月革扎萨克职，留任三年。②

奈曼扎萨克达尔汉郡王旗。初封衮楚克，元太祖裔，崇德元年四月封扎萨克多罗达尔汉郡王，诏世袭罔替。一次袭阿罕，衮楚克次子，顺治十六年以罪削。二次袭扎木三，衮楚克第三子，康熙十四年以叛削。三次袭鄂齐尔，衮楚克孙。四次袭班第，鄂齐尔第六子。五次袭吹忠，班第长子，

---

① 赵云田点校《钦定大清会典事例·理藩院》，第54—55 页；赵云田编著《〈藩部封爵世表〉资料汇编》，"科尔沁部左翼后旗扎萨克和硕博多勒噶台亲王表"。

② 赵云田点校《钦定大清会典事例·理藩院》，第54 页；赵云田编著《〈藩部封爵世表〉资料汇编》，"科尔沁部右翼前旗扎萨克多罗扎萨克图郡王表"。

康熙五十九年以罪削。六次袭阿咱拉，班第第三子。七次袭拉旺喇布坦，阿咱拉长子，乾隆四十九年诏世袭罔替。八次袭巴勒楚克，拉旺喇布坦次子。九次袭阿完都洼底扎布，巴勒楚克子，任帮办盟长、盟长。十次袭德木楚克扎布，阿完都洼底扎布子，任御前大臣、都统。同治四年卒，追赐亲王衔。十一次袭萨噶拉，德木楚克扎布嗣子。十二次袭玛什巴图尔，萨噶拉子，光绪三十一年九月卒。①

翁牛特右翼扎萨克多罗杜棱郡王旗。② 初封逊杜棱，元太祖弟谔楚因裔，崇德元年四月封扎萨克多罗杜棱郡王，诏世袭罔替。一次袭博多和，逊杜棱孙。二次袭毕哩衮达赉，博多和长子。三次袭苍津，毕哩衮达赉次子，雍正五年以罪削。四次袭鄂齐尔，博多和次子。康熙六十一年四月封辅国公，十一月晋固山贝子，雍正五年八月袭扎萨克多罗杜棱郡王，任盟长。五次袭罗卜藏，鄂齐尔次子，雍正五年九月袭固山贝子，十年十月晋多罗贝勒，十一年七月袭扎萨克多罗杜棱郡王，十三年任副盟长。六次袭齐旺，罗卜藏长子。七次袭布达扎布，齐旺长子。八次袭旺舒克，布达扎布长子。九次袭包多尔济，旺舒克长子。十次袭喇特纳济尔迪，包多尔济子。十一次袭布尔那巴达拉，喇特纳济尔迪子。十二次袭赞巴勒诺尔布，布尔那巴达拉嗣子，同治六年正月袭，任帮办盟长。③

土默特扎萨克达尔汉贝勒旗。初封善巴，元臣济拉玛之裔，初为土默特塔布囊，天聪九年任扎萨克，崇德元年封达尔汉镇国公，诏世袭罔替。一次袭卓里克图，善巴长子，顺治十四年十月袭扎萨克达尔汉镇国公，康熙元年晋多罗达尔汉贝勒。二次袭兆图，卓里克图长子。三次袭额尔德木图，兆图长子。四次袭玛尼，额尔德木图长子。五次袭阿喇布坦，玛尼长子。六次袭索诺木巴勒珠尔，阿喇布坦孙，任盟长、理藩院侍郎。七次袭

---

① 赵云田点校《钦定大清会典事例·理藩院》，第62页；赵云田编著《〈藩部封爵世表〉资料汇编》，"奈曼部旗扎萨克多罗达尔汉郡王表"。
② 张穆：《蒙古游牧记》卷3《内蒙古昭乌达盟游牧所在·翁牛特部》，认为是左翼；赵云田点校《钦定大清会典事例·理藩院》也认为是左翼；此处从道光朝《钦定理藩院则例》卷25。
③ 赵云田点校《钦定大清会典事例·理藩院》，第65页；赵云田编著《〈藩部封爵世表〉资料汇编》，"翁牛特部右翼旗扎萨克多罗杜棱郡王表"。

贡楚克巴勒桑，索诺木巴勒珠尔次子。八次袭济克默特扎布，贡楚克巴勒桑子。九次袭那逊鄂勒哲依，济克默特扎布之子，道光二十六年任副盟长。十次袭散巴勒诺尔赞，那逊鄂勒哲依子，同治七年缘事削扎萨克。十一次袭哈斯塔玛噶，散巴勒诺尔赞弟，同治九年三月袭扎萨克一等塔布囊。十二次袭色凌那木济勒旺保，散巴勒诺尔赞子，光绪十一年袭扎萨克一等塔布囊，十四年九月袭贝勒，二十八年六月十六日任盟长，宣统二年五月任理藩院额外侍郎。[①]

敖汉扎萨克郡王旗。初封班第，元太祖裔，崇德元年四月封扎萨克多罗郡王，诏世袭罔替。一次袭墨尔根巴图鲁温布，班第长子。二次袭扎木素，墨尔根巴图鲁温布长子。三次袭垂木丕勒，扎木素长子，雍正十二年任副盟长。四次袭垂济喇什，垂木丕勒长子，乾隆二十一年任副盟长。五次袭巴特玛喇什，垂济喇什长子。六次袭巴勒丹，巴特玛喇什长子。七次袭德亲，巴勒丹长子，嘉庆五年以罪削扎萨克。八次袭德济特，德亲长子，嘉庆十四年任扎萨克。九次袭达尔玛吉尔底，德济特近支弟，道光二十八年任副盟长。十次袭达旺多克丹，达尔玛吉尔底子。十一次袭色丹诺尔多克，达旺多克丹子。十二次袭达木林达尔达克，色丹诺尔多克子，光绪五年任副盟长，二十一年八月任盟长，二十三年十二月革，二十四年革扎萨克。十三次袭勒恩扎勒诺尔赞，达木林达尔达克子，光绪二十四年十一月袭扎萨克，二十八年袭郡王，三十一年正月被护卫砍死。十四次袭棍布扎布，勒恩扎勒诺尔赞叔，宣统元年十月袭扎萨克多罗郡王。[②]

喀喇沁中扎萨克固山贝子旗。初封色棱，杜棱贝勒固噜思奇布祖，初为喀喇沁塔布囊，天聪九年任扎萨克，顺治五年十月封镇国公，诏世袭罔替。一次袭奇塔特，色棱长子。二次袭乌特巴拉，奇塔特长子。三次袭善巴喇什，奇塔特次子，康熙五十五年晋固山贝子。四次袭僧衮扎布，善巴喇什次子，康熙五十六年七月袭扎萨克固山贝子，雍正九年八月晋多罗贝

①　赵云田点校《钦定大清会典事例·理藩院》，第60页；赵云田编著《〈藩部封爵世表〉资料汇编》，"土默特部左翼旗扎萨克多罗达尔汉贝勒表"。
②　赵云田点校《钦定大清会典事例·理藩院》，第61页；赵云田编著《〈藩部封爵世表〉资料汇编》，"敖汉部左翼旗扎萨克多罗郡王表"。

勒，乾隆二年任理藩院额外侍郎。五次袭瑚图灵阿，僧衮扎布长子，乾隆
七年九月袭扎萨克固山贝子，十四年以旷职降镇国公，二十年诏复贝子，
三十八年任定边左副将军。六次袭济克济特扎布，瑚图灵阿长子，乾隆四
十四年五月袭扎萨克镇国公，四十五年以罪削。七次袭扎拉丰阿，僧衮扎
布次子，乾隆七年九月封辅国公，十四年晋固山贝子，十八年任理藩院额
外侍郎，二十年五月晋多罗郡王，二十一年五月以罪削，是年复由公品级
封贝子，寻降辅国公，二十四年复封贝子，四十四年五月晋多罗贝勒，四
十五年兼袭扎萨克镇国公，四十八年二月晋多罗郡王。八次袭丹巴多尔济，
扎拉丰阿长子，乾隆四十八年七月袭扎萨克固山贝子，五十六年八月因罪
革扎萨克，九月封公衔，嘉庆四年二月封镇国公，八年晋封贝勒，十八年
卒，追封郡王。九次袭托恩多，丹巴多尔济子，嘉庆十八年正月袭多罗贝
勒。十次袭德木齐扎布，托恩多子。十一次袭熙凌阿，德木齐扎布子，光
绪二十三年十二月复袭扎萨克。①

喀喇沁左翼扎萨克头等塔布囊旗。初封格呼勒，杜棱贝勒固噜思奇布
从孙，初袭其父茂秀一等塔布囊，康熙四十四年任扎萨克。一次袭喀宁阿，
格呼勒从子。二次袭齐齐克，喀宁阿长子，乾隆十九年封公品级。三次袭
玛哈巴拉，齐齐克长子，乾隆四十年五月袭公品级扎萨克一等塔布囊，四
十九年诏世袭扎萨克罔替，五十三年八月封辅国公，嘉庆十八年八月任理
藩院额外侍郎，道光三年五月以副盟长管盟长事，八年十二月任盟长，九
年九月封贝子衔，十七年封贝勒衔。四次袭德勒格尔，玛哈巴拉之长孙，
道光二十四年八月袭扎萨克一等塔布囊，二十八年帮办盟务，二十九年任
伊犁领队大臣。五次袭阿育尔扎那，德勒格尔子，同治八年七月袭，光绪
十七年卒。②

综上所述，清廷和内蒙古七部十三旗关系密切。第一，从地理位置上
说，七部十三旗都在内蒙古的东部，相对说来离京师比较近。其中科尔沁

---

① 赵云田点校《钦定大清会典事例·理藩院》，第58—59页，该处作"扎萨克一等塔布囊"；
　赵云田编著《〈藩部封爵世表〉资料汇编》，"喀喇沁部中旗扎萨克多罗贝勒表"。
② 赵云田点校《钦定大清会典事例·理藩院》，第59页；赵云田编著《〈藩部封爵世表〉资
　料汇编》，"喀喇沁部左旗扎萨克一等塔布囊表"。

部最远，也不过是 1280 里，最近的翁牛特部，才 720 里。这对于马上民族来说，道路并不算遥远。因此，这七部十三旗送备指额驸到京师不会过多地在路上耗费时日。第二，从设旗和封爵的时间上看，也都比较早。十三旗中多数是在崇德元年设旗受封，有的甚至在天命十一年受封，最晚的也在顺治五年设旗受封，这表明十三旗和清廷的关系密切。第三，这十三旗都是扎萨克旗，表明从这些旗中选择的额驸都是有实权的蒙古王公，而这对于清廷来说非常重要，尤其是在军事活动来临之际，将对清廷给以极大的支持。第四，这十三旗大多数出身高贵，有的彼此之间还有血缘关系。例如，科尔沁右翼中扎萨克土谢图亲王旗，初封奥巴，是元太祖弟哈布图哈萨尔的后裔。科尔沁左翼中扎萨克达尔汉亲王旗，初封满珠习礼，是土谢图汗奥巴从子。科尔沁左翼前扎萨克冰图郡王旗，初封洪果尔，是达尔汉亲王满珠习礼叔父。科尔沁左翼后扎萨克博多勒噶台亲王旗，初封栋果尔，是冰图郡王洪果尔从子。科尔沁右翼前扎萨克多罗扎萨克图郡王旗，初封布达齐，是土谢图汗奥巴弟。这些有血缘关系的旗，相互影响着对清廷的态度，其产生的正面效果不可忽视。第五，这些旗的王公不仅掌握着本旗的权力，而且有的还承担着清廷的重要职务，例如都统、盟长、御前大臣、领侍卫内大臣，甚至伊犁领队大臣。这反映了清廷对这些旗王公的器重。

　　清廷从内蒙古七部十三旗中选择蒙古额驸，即备指额驸，既然在清朝初年就已经实行，为什么在清前期的有关典籍中没有反映，只是在道光六年的《理藩院则例》和光绪朝编纂的《大清会典事例》中才有记载呢？这与清廷选择外藩蒙古额驸日益减少有关，是清廷采取的反制措施。

　　实际上，从乾隆年间开始，满族贵族对从外藩蒙古中选择额驸越来越看淡，他们更愿意在京师选择额驸，而外藩蒙古对备指额驸的热度也已经有所降低。[①] 有关资料可以说明这些问题。

　　乾隆二十四年（1759），乾隆皇帝发布一道上谕，内容如下。"定例：王子之女，格格中近派者，俱奏请指人，远派者许自行指给，至出嫁时奏

---

① 参阅杜家骥《清朝满蒙联姻研究》，第 281—282 页。

请品级。今渐至近派王者，亦间有先许人而后奏闻者。从前王等之女格格，俱许给蒙古台吉，此系旧例，因蒙古等原系世为姻亲故也。况京师勋旧子弟内，亦有择配王公之女者。今王等多不遵旧例，情愿择配京师旗人。更有无耻之人，喙缘王子，私行聘定，出嫁时始行奏请格格品级，甚属恶习。向日并未有此，此风特起自近来数年间耳，其渐断不可长。除业经聘嫁者毋庸置议外，着交该衙门将现在亲王郡王之女格格中，其已许京师旗人尚未娶者不便离婚，仍听其给予，查明指名奏闻，将某亲王某郡王罚俸一年。嗣后凡亲王郡王之格格，俱遵照旧例，候朕旨指给蒙古台吉等。其间或有原系姻亲熟识蒙古等，情愿自行许给，尚属可行，伊等可自行定议奏闻。其不行奏闻而私行许聘京师旗人者，着永远禁止。"① 上谕中提到的"今王等多不遵旧例，情愿择配京师旗人"，"此风特起自近来数年间耳"，说明了在乾隆初年满族贵族选择额驸的范围已经有所变化，即情愿选择京师旗人，而不太愿意选择外藩蒙古。

据《理藩院行文》，在前曾述及的弘晳之三女封多罗格格，指给喀喇沁贝勒和硕额驸僧衮扎布，四女封固山格格，指给科尔沁亲王阿喇布坦之弟、尚未封衔台吉索诺穆，曾为王爵保泰之女封固山格格，指给翁牛特郡王罗卜藏之子、尚未封衔台吉策布登之后，清廷重申：此后，凡每年年节前来叩首请安之蒙古王公额驸之子孙子弟内，若有堪指额驸者，将其八字年名一同注明，乞奏报院，造具档册录之。凡及岁的格格等，咨送宗人府宗令王处。查选格格奏报时，堪指额驸的蒙古台吉塔布囊等的名衔写在蓝头签上一并上报。不料，乾隆三十一年十二月，外藩蒙古七部十三旗王公来京参加年班活动时，没有上报备指额附的名单，原因是在他们的子弟内"及岁而堪指额驸之人无有"。据此理藩院认为："对格格指定额驸之事，关系重大，合亟先备应行事宜。"得知这一情况后，乾隆皇帝谕示，依照旧例向科尔沁等蒙古七部十三旗行文，选择额驸。这说明，还在乾隆年间，已经出现了外藩蒙古没有堪指额驸的现象。

嘉庆二十二年（1817），外藩蒙古王公年节来朝，又没有上报备指额驸

---

① 光绪朝《大清会典事例》卷1《宗人府·婚嫁》。

的名单。对此，嘉庆皇帝谕示："本日宗人府因质郡王绵庆之女，贝子奕纯之女，选指额驸俱拣选在京八旗年岁相当之子，带领引见。我朝国初创建定制，近派及岁宗室之女，将年岁相当之蒙古世族子嗣选指额驸。此次以蒙古内无年岁相当之子，备选额驸均未报出，殊失结亲本意。凡指额驸，着不必拘泥同岁，或年长三四岁，年幼三四岁，均可选指。嗣后每遇指选额驸，着将年长五岁、年幼五岁蒙古子嗣，拣选报部。倘有及岁隐匿不报者，一经查出，定行治罪。着交理藩院通谕各蒙古知之。"[①] 嘉庆皇帝的上谕指出了备指额驸中"有及岁隐匿不报"的现象，说明外藩蒙古王公对备指额驸也不像以前那样热情了。

正是在上述情况下，清廷为了借助历史上形成的以联姻形式巩固和蒙古王公政治上的联盟，重申了备指额驸的规定，并在道光六年的《理藩院则例》中凸显出来，还写进了光绪朝《大清会典事例》中。[②]

第四节　额驸的主要待遇

清廷规定的额驸待遇是额驸制度的重要内容，主要表现在以下几个方面。

一是在日常生活方面。早在顺治五年（1648）清廷就规定：固伦额驸给壮丁 40 人，和硕额驸 30 人，多罗额驸 20 人，以供役使。康熙十一年（1672）又题准：额驸等所役兵丁，虽额驸身故，亦不得裁汰。嘉庆十年（1805）又规定：宗室王公与蒙古王公结亲的，不准索使蒙古王公属下旗人随丁，蒙古王公也不准将属下旗人随丁给宗室王公等役使。[③]

二是在来京骑从方面。顺治十年题准：蒙古王等来京，固伦额驸及随从人共马 6 匹，和硕公主额驸、郡主额驸、县主额驸及随从人等共马 4 匹，均行文户部支给草料。顺治十八年题准：公主、郡主等与额驸同来，随从

---

① 光绪朝《大清会典事例》卷 1《宗人府·婚嫁》。
② 见道光六年《钦定理藩院则例》卷 25；赵云田点校《钦定大清会典事例·理藩院》，第 216—217 页。
③ 见赵云田点校《乾隆朝内府抄本〈理藩院则例〉》，"录勋清吏司下·随丁"，第 40 页；光绪朝《大清会典事例》，"仪制·随丁"，第 395 页。

人员悉照来数支给食物草料；若额驸等独来，固伦额驸准随 40 人，和硕额驸 30 人，多罗额驸、公主之子 20 人，固山额驸 15 人。余人不准支给食物草料。康熙六十一年议准：若固伦公主之固伦额驸、和硕公主之和硕额驸来京，均准随护卫 6 人，随从 9 人，仆从 10 人，养马 35 匹，坐马 6 匹。郡主之和硕额驸，随从 13 人，仆从 12 人，养马 35 匹，坐马 6 匹。县主之多罗额驸，随从 10 人，仆从 10 人，养马 25 匹，坐马 4 匹。郡君之多罗额驸，随从 8 人，仆从 7 人，养马 25 匹，坐马 4 匹。县君之固山额驸，随从 3 人，仆从 7 人，养马 15 匹，坐马 3 匹。乡君额驸，仆从 6 人，养马 8 匹，坐马 1 匹。乾隆二十七年议准：固伦公主之固伦额驸，和硕公主之和硕额驸，原定 35 匹，今裁去 10 匹，给 25 匹。郡主之和硕额驸，原定 35 匹，今裁去 10 匹，给 25 匹。县主之多罗额驸、郡君之多罗额驸，原定 25 匹，今裁去 5 匹，给 20 匹。县君之固山额驸，原定 15 匹，今裁去 5 匹，给 10 匹。乡君额驸，原定 8 匹，今裁去 2 匹，给 6 匹。[1]

三是在留京居住期限方面。康熙六十一年议准：凡额驸等尚主之后，未往蒙古地方的，按其应得口粮，折银支给。额驸亲属，凡系姻戚来京者，皆得展限居住。雍正二年奏准，来京的内蒙古额驸，准住 40 日。如限满后仍欲留京的，需要奏明再支供给。雍正五年规定：近御的额驸台吉等所供廪给，不用设置限期，随居住时间供给。乾隆九年议准：擢于近御行走的额驸台吉不设期限，擢于乾清门行走的还是有 40 日期限，期限到了要起行离京。[2]

四是在廪给方面。康熙六十一年议准：额驸本身口粮，原定日给银 7 钱 3 分，应加增 7 分，日给 8 钱。还规定：固伦公主之固伦额驸、和硕公主之和硕额驸，本身及随从人等，每日共给银 4 两。坐马草料，每日共给银 4 钱 4 厘 8 丝 2 忽。额驸回家，出喜峰口给路费银 25 两 5 钱 9 分；出张家口给银 25 两 9 分；出古北口给银 24 两 9 分。随从 25 人，每日共给路费银 1 钱 5 分。郡主之和硕额驸，本身及仆从每日共给银 3 两 2 钱 5 分。坐马草料，每

---

[1] 见赵云田点校《乾隆朝内府抄本〈理藩院则例〉》，"宾客清吏司·骑从"，第 73 页；光绪朝《大清会典事例》"仪制·骑从"，第 397 页。

[2] 见赵云田点校《乾隆朝内府抄本〈理藩院则例〉》，"宾客清吏司·限期"，第 76 页。

日共给银 2 钱 6 分 9 厘 3 毫 8 丝 8 忽。额驸回家路费银 15 两 1 钱。仆从 25
人，每日共给路费银 1 钱 3 分。县主之多罗额驸本身及仆从，每日共给银 2
两 1 分。坐马草料，每日共给银 2 钱 6 分 9 厘 3 毫 8 丝 8 忽。额驸回家路费
银 8 两 5 分。仆从 20 人，每日共给路费银 1 钱。郡君之多罗额驸本身及仆
从，每日共给银 1 两 8 钱 1 分 5 厘。坐马草料，每日共给银 2 钱 6 分 9 厘 3
毫 8 丝 8 忽。额驸回家路费银 6 两 5 钱 5 分。仆从 15 人，每日共给路费银 8
分。县君额驸本身及仆从，每日共给银 1 两 3 钱 3 分 5 厘。坐马草料每日共
给银 2 钱 2 厘 4 丝 1 忽。额驸回家路费银 3 两 8 钱。仆从 10 人，每日共给
路费银 5 分。乡君额驸本身及仆从，每日共给银 1 两 1 分。坐马草料，每日
共给银 6 分 7 厘 3 毫 4 丝 7 忽。额驸回家路费银 2 两 4 钱 9 分。仆从 6 人，
每日共给路费银 3 分。乾隆四十二年奏准：蒙古王公子弟台吉等为聘娶格格
来京的，给予聘娶前 7 日、后 9 日的廪给；因筵宴来京的，也给予前 7 日廪
给；如聘娶之际来的，不拘 7 日之数，计日给予。嘉庆二十二年规定：指婚
未经成礼额驸，按额驸标准给予四分之一廪给。①

　　笔者注意到，嘉庆朝《大清会典》和上述记载有所不同。在供给方面，
固伦额驸、和硕额驸，护卫官 6 人，随侍 9 人，从役 10 人，廪给每日银 4
两，米 1 斗 6 升 7 合，坐马 6 匹，从马 25 匹，草料每日银 2 两 8 分 7 厘 7 毫
4 丝 7 忽。郡主额驸，随侍 13 人，从役 12 人，廪给每日银 3 两 2 钱 5 分，
米 1 斗 2 升 7 合，坐马 4 匹，从马 25 匹，草料每日银 1 两 9 钱 5 分 3 厘 6 丝
3 忽。县主额驸，随侍 10 人，从役 10 人，廪给每日银 2 两 1 分，米 1 斗 9
合，坐马 4 匹，从马 20 匹，草料每日银 1 两 6 钱 1 分 6 厘 3 毫 2 丝 8 忽。郡
君额驸，随侍 8 人，从役 7 人，廪给每日银 1 两 8 钱 1 分 5 厘，米 8 升 4 合，
坐马 4 匹，从马 20 匹，草料每日银 1 两 6 钱 1 分 6 厘 3 毫 2 丝 8 忽。县君额
驸，随侍 3 人，从役 7 人，廪给每日银 1 两 3 钱 3 分 5 厘，米 5 升 9 合，坐
马 3 匹，从马 10 匹，草料每日银 8 钱 7 分 5 厘 5 毫 1 丝 1 忽。乡君额驸，从
役 6 人，廪给每日银 1 两 1 分，米 2 升 4 合，坐马 1 匹，从马 6 匹，草料每

---

① 以上见赵云田点校《乾隆朝内府抄本〈理藩院则例〉》，"宾客清吏司·廪给刍牧折价·廪
　给定数"，第 78 页；赵云田点校《钦定大清会典事例·理藩院》，"廪给·内扎萨克廪给"，
　第 332 页。

日银 4 钱 7 分 1 厘 4 毫 2 丝 9 忽。在返程方面，固伦额驸、和硕额驸出喜峰口者，给银 25 两 5 钱 9 分；出古北口者，给银 24 两 9 分；出张家口者，给银 25 两 9 分。随从 25 人，按程限每日给银 1 钱 5 分。郡主额驸给银 15 两 1 钱，随从 25 人，每日给银 1 钱 3 分，米 1 斗 3 升 7 合。县主额驸给银 8 两 5 分，随从 20 人，每日给银 1 钱，米 1 斗 9 合。郡君额驸给银 6 两 5 钱 5 分，随从 15 人，每日给银 8 分，米 8 升 4 合。县君额驸给银 3 两 8 钱，随从 10 人，每日给银 5 分，米 5 斗 9 合。乡君额驸给银 2 两 4 钱 9 分，随从 6 人，每日给银 3 分，米 3 升 9 合。①

五是在俸银俸缎方面。清初规定，固伦公主之固伦额驸、和硕公主之和硕额驸，俸银 200 两，俸缎 9 匹。郡主额驸，俸银 100 两，俸缎 8 匹。县主之多罗额驸，俸银 40 两，俸缎 4 匹。县君之固山额驸，俸银 30 两，俸缎 3 匹。康熙四十年议准：蒙古额驸于郡主等薨逝后续娶者，销去额驸之号，停其俸禄。如郡主等薨逝后，不曾别娶，仍留额驸之号，照旧给予俸禄。② 到乾隆朝前期，额驸的俸银俸缎有所改变，固伦公主额驸，俸 300 两，和硕公主额驸，俸 200 两。郡主额驸，俸 100 两。县主额驸，俸 50 两。郡君额驸，俸 40 两。县君额驸，俸 30 两。③ 嘉庆年间，额驸的俸银俸缎再次改变：固伦公主额驸，俸银 300 两，俸缎 10 匹。和硕公主额驸，俸银 255 两，俸缎 9 匹。郡主额驸，俸银 100 两，俸缎 8 匹。县主额驸，俸银 60 两，俸缎 6 匹。郡君额附，俸银 50 两，俸缎 5 匹。县君额驸，俸银 40 两，俸缎 4 匹。如尚主后留京者不给俸缎，改给俸米。其尚主或遇公主格格逝后未别娶者，仍称额驸，照常给俸，已别娶者停止。俸银俸缎发放时间，在每年的二月，要先于上年十二月十五日截数，在十二月十五日以后出缺的仍然发给。④

《理藩院则例》中对额驸的俸银俸缎记载有所不同。公主格格等下嫁蒙古及蒙古额驸，在京居住者，按俸银数目多寡给予米石，回游牧处所者，

---

① 以上见赵云田点校《乾隆朝内府抄本〈理藩院则例〉》，"王会清吏司·外藩供给·燕衎"，第 338、340 页。
② 见赵云田点校《乾隆朝内府抄本〈理藩院则例〉》，"宾客清吏司·俸币"，第 88 页。
③ 赵云田点校《乾隆朝内府抄本〈理藩院则例〉》，"王会清吏司·俸币"，第 278 页。
④ 赵云田点校《乾隆朝内府抄本〈理藩院则例〉》，"王会清吏司·制外藩之禄"，第 331 页。

给予缎匹。倘额驸内别有兼衔，从其数目多者给予。如有蒙特恩照宗室王公给予俸米者，另行办理。乾隆五十四年议定：固伦额驸在京居住者，岁支银 300 两，米 150 石；在游牧处所居住者，岁支银 300 两，缎 10 匹（八庹大蟒缎 1 匹、八庹大闪缎 1 匹、八庹宫绸 1 匹、八庹片金 1 匹、八庹织大缎 1 匹、八庹织蓝素 1 匹、八庹纱 1 匹、六庹纺丝 1 匹、六庹绫 2 匹）。和硕额驸在京居住者，岁支银 255 两，米 127 石 5 斗；在游牧处所居住者，岁支银 255 两，缎 9 匹（八庹大蟒缎 1 匹、八庹片金 1 匹、八庹织大缎 1 匹、八庹织蓝素 1 匹、八庹宫绸 1 匹、八庹织衣素 1 匹、八庹织帽缎 1 匹、八庹纱 1 匹、六庹绫 1 匹）。郡主额驸在京居住者，岁支银 100 两，米 50 石；在游牧处所居住者，岁支银 100 两，缎 8 匹（八庹大蟒缎 1 匹、八庹片金 1 匹、八庹织大缎 1 匹、八庹织蓝素 1 匹、八庹织衣素 1 匹、八庹宫绸 1 匹、八庹纱 1 匹、六庹绫 1 匹）。县主额驸在京居住者，岁支银 60 两，米 30 石；在游牧处所居住者，岁支银 60 两，缎 6 匹（八庹大蟒缎 1 匹、八庹片金 1 匹、八庹织大缎 1 匹、八庹织蓝素 1 匹、八庹织衣素 1 匹、六庹绫 1 匹）。郡君额驸在京居住者，岁支银 50 两，米 25 石；在游牧处所居住者，岁支银 50 两，缎 5 匹（八庹大蟒缎 1 匹、八庹片金 1 匹、八庹织大缎 1 匹、八庹织衣素 1 匹、六庹绫 1 匹）。县君额驸在京居住者，岁支银 40 两，米 20 石；在游牧处所居住者，岁支银 40 两，缎 4 匹（八庹大蟒缎 1 匹、八庹织大缎 1 匹、八庹织蓝素 1 匹、八庹织衣素 1 匹）。乡君额驸以下无支款。嘉庆二十二年规定：驻京额驸如系亲王、郡王、贝勒、贝子，照原品支领俸银；其俸米，或照额驸份例支领，或将原品应得俸缎，按照俸银数目核计减半折给米石。均系临时请旨。[①] 领俸的时间在每年正月。

六是在额驸后代授予品级方面。康熙元年题准：公主之子授为一品，郡主之子授为二品，县主、郡君、县君之子，授为三品。乾隆十七年又有所变动，把袭爵之子和余子进行了区别。属于长子的授予不同等级的台吉，将来各承袭父爵；余子等及岁时仍授应得品级。额驸庶出子，及岁时俱按其父本爵，给予应授职衔。[②]

---

① 杨选第、金峰校注《理藩院则例》，第 155—157 页。
② 赵云田点校《钦定大清会典事例·理藩院》，"封爵·承袭台吉塔布囊"，第 141 页。

从以上额驸的主要待遇可以看出以下特点。第一，从时间上看，这些待遇规定最早的在顺治年间，最晚的在嘉庆年间，康熙、雍正、乾隆三朝相对来说规定的比较多。这从一个侧面证明，包括备指额驸在内的清代额驸制度在清朝初年已经形成，后来经历了较长时间的完善过程，在康乾盛世阶段达到完备。第二，从过程上看，这些待遇并不是一成不变的，这从廪给和给俸方面看得很清楚。从廪给上说，康熙六十一年议准的，包括额驸及随从人的用费、坐马草料、返程费用等三项，随从人都包括哪些人，没有说明，粮食的供给也没有讲。到嘉庆年间，讲明了额驸的随从人员包括护卫官、随侍、从役三种人，额驸的等级不同，三种人的数目也不一样。这实际上表明额驸的待遇更加细化了，制度上更加完善了。不仅如此，还写明了米的供应数量，这也表明了额驸待遇的细化。从给俸上说，顺治、康熙年间，额驸俸银和俸缎在数量上分四个等级，分别是200两、9匹，100两、8匹，40两、4匹，30两、3匹。到乾隆朝前期，分六个等级，数量上也有变化，分别是300两、9匹，200两、9匹，100两、8匹，50两、5匹，40两、4匹，30两、3匹。到乾隆朝后期和嘉庆年间，仍然是六个等级，但数量发生变化了，分别为300两、10匹，255两、9匹，100两、8匹，60两、6匹，50两、5匹，40两、4匹。不仅如此，还规定了在京师居住与在牧区居住的区别，在京师居住给米，不给绸缎；在牧区居住给绸缎，不给米。给的绸缎也有了具体的规定。这些变化说明，在乾嘉年间，额驸制度更加完备，额驸待遇也有所提高。

第十一章　清末藩部新政改革

　　清末新政是清廷在内外交困的情况下为了延续统治而采取的自救措施。藩部的新政改革则是在当地的督抚大员和王公贵族的参与下进行，涉及政治、经济、军事、文化等领域。腐败的清廷已经病入膏肓，因而不可能在不改变根本统治制度的情况下起死回生。尽管藩部实施新政的官员大多恪尽职守，但是随着辛亥革命爆发清廷被推翻，藩部新政改革也停止了，改革的一些举措对社会产生了一定影响。

第一节　主要资料和研究现状

一　主要资料

　　研究清末藩部新政改革的主要资料有五种。一是已刊未刊档案。其中《光绪朝朱批奏折》① 第116辑收录了有关西藏新政的资料。《清朝理藩部档案》② 有外蒙古新政的资料。《宫中档光绪朝奏折》③ 第15辑有新疆新政的资料。《西藏档》④ 有西藏新政的资料。《元以来西藏地方与中央政府关系档

---

① 中国第一历史档案馆编，中华书局，1996。
② 中国第二历史档案馆藏。
③ 台北"故宫博物院"，1974。
④ 台北中研院近代史研究所藏。

案史料汇编》① 第 4 册，收集了 40 余件西藏新政的档案。《联豫驻藏奏稿》②、《清季筹藏奏牍》③ 中有许多西藏实施新政的资料。《清末川滇边务档案史料》④ 对研究西藏新政有重要作用。《清代新疆稀见奏牍汇编》⑤ 内有不少反映新疆新政的资料。《饶应祺新疆奏稿》、《联魁科布多奏稿》⑥ 中有许多新疆和外蒙古新政的资料。《散木居奏稿》⑦、《清末蒙古史地资料汇萃》⑧ 是研究外蒙古新政的重要资料。《贻谷垦务奏议》⑨ 是了解新政期间蒙古地区放垦的重要资料。《义和团档案史料》⑩ 收录了清廷新政上谕全文，以及藩部将军、都统等奏折 20 余件，有助于了解内蒙古和新疆新政的实施情况。《清末筹备立宪档案史料》⑪ 选编了 200 余件档案，有的直接反映了藩部预备立宪的情况。

二是编年体史书。其中《清德宗实录》是研究藩部新政的基本资料。《光绪朝东华录》⑫ 在光绪二十六年十二月以后，多有藩部实行新政的记述。《光绪政要》⑬、《宣统政纪》⑭ 两书中也有许多藩部新政的资料。

三是纪传体史书《清史稿》。该书的"德宗本纪"、"宣统本纪"，"地理志"中的西藏、新疆、内外蒙古，"选举志"中的"新选举"，"职官志"中的"新官制"，"兵志"中的"防军""陆军""边防"，"交通志"中的"铁路""轮船""电报"，"疆臣年表"中的"各边将军都统大臣"，"列传"中的有关人物，如"饶应祺传""锡良传""贻谷传"等，都为研究藩部新政提供了资料。

---

① 中国藏学研究中心等编，中国藏学出版社，1994。
② 吴丰培主编，西藏人民出版社，1979。
③ 吴丰培辑，商务印书馆，1938。
④ 四川省民族研究所编，中华书局，1989。
⑤ 吴丰培编，新疆人民出版社，1997。
⑥ 吴丰培编，未刊，藏中央民族大学图书馆。
⑦ 瑞洵撰，杨仲羲校勘，1939 年铅印本。
⑧ 吴丰培编，全国图书馆文献缩微复制中心，1990。
⑨ 民国年间京华印书局本。
⑩ 国家档案局明清档案部编，中华书局，1959。
⑪ 故宫博物院明清档案部编，中华书局，1979。
⑫ 中华书局，1983。
⑬ 沈桐生编，上海崇义堂，1909 年印行。
⑭ 中华书局，1987。

　　四是政书类史书。《清朝续文献通考》①，该书中的兵、选举、学校、职官、邮传、实业、宪政等门类，是研究藩部新政不可忽视的资料。《理藩部第一次统计表》②，记载了理藩部设官和职掌情况。《蒙藏院调查内蒙及沿边各旗统计报告》《蒙藏院调查外蒙统计表》③ 中有许多新政期间藩部经济情况的记述。《筹蒙刍议》《筹藏刍议》④ 记载了内蒙古和西藏新政的情况。

　　五是地方史志。《新疆图志》⑤，该书在职官志、实业志、学校志、民政志、军制志、道路志、奏议志、人物志、兵事志等门类中，都有新疆新政的内容。《新疆志稿》⑥，书中有许多记述新疆实业的内容。《西藏新志》⑦，该书记述了驻藏大臣、财政、商务、教育等内容，是研究西藏新政的重要参考书。

　　此外，《东方杂志》⑧ 在清末新政期间在谕旨、教育、实业、大事件等栏目中，多有藩部新政的内容，是研究藩部新政不容忽视的刊物。

二　研究现状

　　第一是偏于整体方面的研究。赵云田《清末新政研究》⑨，以档案史料为基础，从政治、经济、军事、文化教育等方面对藩部蒙古、新疆、西藏的新政举措和经验教训进行了较为全面系统的探讨，既肯定了新政的历史作用，又剖析了其最终失败的原因。该书特别强调了藩部新政实施者的爱国情怀和忧患意识，对当今我国社会改革有着重要的启示和借鉴作用。《清末新政与边疆新政》（全 2 册）⑩，是 2014 年 7 月在西北民族大学召开的"清末新政·边疆新政与清末民族关系"第六届晚清史研究国际学术研讨会

---

① 刘锦藻编纂，万有文库十通本。
② 光绪末年抄本，藏中国社会科学院近代史所图书馆。
③ 民国初年刊本。
④ 姚锡光撰，光绪年间刊本。
⑤ 袁大化修，王树枏等纂，东方学会，1923 年增补本。
⑥ 钟广生撰，哈尔滨中国印书局，1930 年印本。
⑦ 许世光等编纂，上海自治编辑社，民国年间印本。
⑧ 光绪二十年一月（1904 年 3 月）创刊于上海，1948 年 12 月停刊。商务印书馆出版。
⑨ 黑龙江教育出版社，2004 年初版，2014 年再版。
⑩ 中国社会科学院近代史研究所政治史研究室、西北民族大学历史文化学院编，社会科学文献出版社，2018。

的论文集，内容涉及新政各项改革及清末边政思想、边防政策、新政在边疆，以及边疆新政与近代化等议题，对推动晚清史和清末新政史、清末边疆史等研究，不无益处。柳岳武《清末藩部地区筹备司法改良探微》① 提出：晚清随着内外危机的加深，清廷开始对藩部司法进行改良，以推进藩部地区新政，实现传统藩部与内地省份司法治理上的统一。为实现此目标，清中央政权、具体负责藩部事务的地方官员分别做出努力，围绕旧律废除、新律修订，司法人才培养，各级审判厅、检察厅设立，进行尝试，肇启了传统边陲地区司法近代化之路，推动了藩部地区法制的进步。柳岳武《得不偿失的新政——清末蒙藏边陲编练新军研究》② 认为：晚清以降，蒙藏诸边遭受着内外的双重危机。为防止外敌侵吞边陲，也防止蒙藏诸部分崩离析，清末时人企图通过"练军经武"来解决这一危机。但内部的腐败无能、财政空虚和藩部王公领主的反对，以及外部殖民势力的阻挠，均严重影响到此项新政的进行，新政未能有效地解决边疆危机，反倒给边疆地区带来了极大的消极影响。

第二是蒙古新政研究。首先是内蒙古新政。赵云田《清末新政期间的"筹蒙改制"》③ 认为：理藩院改为理藩部后，加强了和中央各机构的联系，并多次对蒙古各方面情况进行调查，推动了蒙古地区新政的开展，特别是在维系蒙古王公和清朝中央政府关系方面起了重要作用，而这在当时的情况下，对维护国家统一有着不可忽视的作用。阿尔泰办事大臣和内蒙古地区一些州县的设立，对蒙古地区开展新政以及防止沙俄入侵起了积极作用。包德强《清末在京蒙古王公政治团体及其主要活动研究》④ 提出：辅助蒙地新政的实施是在京蒙古王公组织政治团体的最初目的。1909 年 4 月，驻京蒙古王公那彦图发起组织蒙政协助会，但最终未能成立。在日俄对蒙古进一步渗透的情况下，喀喇沁王贡桑诺尔布发起组织保蒙会，企图通过协助政府积极推行蒙地新政，实现蒙古的"自强"。于晓娟《清末热河地区新政

① 《中国边疆史地研究》2015 年第 2 期。
② 《史学集刊》2017 年第 3 期。
③ 《民族研究》2002 年第 5 期。
④ 硕士学位论文，内蒙古大学，2013。

研究》① 认为：热河地区新政内容包括移民实边、放垦蒙地、筹蒙改制、教育改革等。实施新政是热河历史上一次比较全面系统的社会改革，给热河社会带来了深刻的影响，推动了热河地区的社会进步，促进了生产力的发展、社会观念的更新，加强了中央的直接控制。同时，新政本身无法克服的弊端，又给热河地区带来了诸多社会问题。田锋《清末内蒙古"新政"及其社会影响》② 指出："蒙地放垦"是清政府在内蒙古新政中用力最多、收效也最显著的一项措施。其实质是清政府对内蒙古地区的一次经济掠夺，对蒙汉各族人民来说是一场严重的灾难。清末在内蒙古地区的改设行省、遍设州县等措施，反映了以满蒙贵族联合统治为主的政权已转变为以满汉地主阶级联合为主的政权。清政府实行的工商实业、文化教育等各项新政措施，客观上对内蒙古地区向近代化的迈进具有一定的意义。张彩云《清末"新政"时期贡桑诺尔布教育实践活动探究》③ 认为：贡桑诺尔布的教育改革活动，开创了蒙古族近代教育的先河，冲破了旧式教育的堡垒，打破了"学在寺院"的传统，使更多的人接受教育，并将西方的自然知识、科学技术、音乐艺术等引入了蒙古族的教育体制中，培养了大批新式人才，不仅促进了喀喇沁旗文化教育的发展，同时影响了其他地区的发展。郝晓梅《清末新政中的内蒙古地区》④ 提出：移民实边、垦务运动对内蒙古地区社会、经济、生态等方面造成了深刻影响，虽然使其农耕业有了长足的发展，但激化了民族和阶级矛盾。

其次是外蒙古新政。海纯良《清末新政与外蒙古独立》⑤ 指出：外蒙古"独立"的根本原因是清末逐渐削减对蒙古王公的优待，甚至进行勒索，而新政的推行，尤其是垦荒成为外蒙古"独立"的导火线。樊明方《清末外蒙新政述评》⑥ 认为：20 世纪初，针对外蒙古地区落后的经济状况和深重的边疆危机，清政府在当地推行新政。库伦办事大臣辖区的新政进展较大。

---

① 硕士学位论文，内蒙古大学，2007。
② 硕士学位论文，内蒙古大学，2010。
③ 硕士学位论文，河北大学，2011。
④ 《黑龙江史志》2015 年第 3 期。
⑤ 《内蒙古民族大学学报》2009 年第 1 期。
⑥ 《西域研究》2005 年第 1 期。

外蒙古新政是当时中国社会近代化运动的一部分，但它激化了社会矛盾。葛根托雅《清末喀尔喀四盟差役研究》①，概述了喀尔喀四盟以及差役制度的形成，分析了国内外局势，着重阐述了新政期间喀尔喀四盟兵役状况，论述了光绪年间喀尔喀四盟兵役以外的其他差役，探讨了清末喀尔喀四盟差役及其变化，以及它对喀尔喀社会产生的影响。

第三是西藏和川边新政研究。首先是西藏新政。赵云田《清末西藏新政述论》② 指出：清末西藏新政是在英、俄等国加快侵略西藏的步伐、清政府统治西藏面临困难的情况下实施的。政治上调整行政体制和整肃吏治，经济上发展实业，军事上训练新军和加强兵备，文化上兴办学堂和创办报纸，是清末西藏新政的主要内容。西藏实施新政后，政府机构的办事效率有所提高，农牧工矿和交通电信业得到发展，近代化军队产生，近代文化得到传播，清政府加强了对西藏的统治，维护了对西藏的主权，有利于抵御外来势力的侵略。帝国主义国家的干涉和破坏、清政府的腐败、新政的某些措施脱离藏族地区的实际，最终使西藏新政归于失败。汪霞《清末查办藏事大臣张荫棠在藏"新政"之研究（1906—1907）》③ 认为：张荫棠在藏时在各领域推行全面的新政，开启了西藏近代化的大门，为以后西藏的进步和发展奠定了良好的基础。李国政《晚清时期西藏近代工业的萌芽与反思》④ 提出：西藏是一个传统农牧业社会，在晚清产生了近代工业萌芽。清末新政和帝国主义入侵是西藏近代工业产生的时代背景，张荫棠筹藏、联豫改革等推动了西藏近代工业的产生。陈鹏辉《清末"藏俗改良"：一个文化认同的个案研究》⑤ 认为：在清末西藏边疆危机严重的情势下，张荫棠劝导的"藏俗改良"是以创新的儒家文化为向导加强中华文化认同、巩固边疆少数民族地区对清王朝国家认同的一个典型个案。罗布《新政改革与大臣体制》⑥ 从清末西藏新政的背景动因、运作结构和体制传统的角度进行

---

① 硕士学位论文，内蒙古大学，2010。
② 《近代史研究》2002 年第 5 期。
③ 硕士学位论文，四川师范大学，2012。
④ 《乐山师范学院学报》2014 年第 10 期。
⑤ 《西北民族大学学报》2015 年第 5 期。
⑥ 《西藏大学学报》2010 年第 1 期。

了分析与梳理，认为清末西藏新政在一定程度上打破了西藏地区长期以来停滞不前的局面。罗布在《清末西藏新政失败原因探析》①中提出：作为以筹边改制和开发图强为核心的清末边疆地区新政改革运动的一部分，西藏地区的新政开发活动在 20 世纪初陆续开展，张荫棠和联豫从查办事件到举办新政采取了一系列措施，也取得了一定的成绩，但从整体上看，清末西藏新政未能达到预期的目标而告失败。张晓珊《清末西藏新政推行其失败原因分析》②，从主观与客观、历史与现实、内部与外部等方面，对西藏新政推行失败的原因进行了分析。并认为 20 世纪初，清政府推行新政的目的是挽救其摇摇欲坠的统治，巩固国防，发展经济，抵御外侮，保持西藏领土、主权的完整。任明《清末西藏新政法制史》③认为：清末新政出台的法规全面，涉及西藏行政、经济、文化教育等，但由于腐败的清王朝即将覆灭和财政紧缺，很多新政法规并未实施。最终，清王朝覆灭，新政流产。扎洛《清末民族国家建设与张荫棠西藏新政》④提出：辛亥革命前，在中国近代民族国家建设和国族建构的背景下，张荫棠在西藏举办新政，旨在建立一体化的中央集权管理体制和建构具有同质文化的国族，拉开了西藏社会现代化转型的序幕。张荫棠试图通过新政，强化中央政府的权威和增强当地人的国家认同，凝聚人心，抵御外侮，增强中国的国际竞争力。但是，受到单一民族国家理念的影响，特别是对"民权（民主）"思想采取排斥态度，他未能充分关注当地的文化传统和利益诉求，因而未能实现预期目标。在某种意义上讲，张荫棠的西藏新政是对在中国这样一个多民族社会如何构建现代民族国家的历史性命题的尝试性解答，其中的得失利弊，值得深入研究。刘士岭《清末西藏新政失败的主观原因探析》⑤认为：满汉统治者的文化沙文主义、大民族主义以及由此而产生的对藏民族、藏文化的偏见和歧视，使多数新政措施脱离了西藏的实际，加之新政排斥和拒绝西藏地方人士参与决策，这就决定了清末西藏新政失败的命运。杨娅《清末西藏

---

① 《西藏研究》2003 年第 4 期。
② 《延边党校学报》2014 年第 4 期。
③ 《湖北函授大学学报》2017 年第 9 期。
④ 《民族研究》2011 年第 3 期。
⑤ 《兰州学刊》2007 年第 3 期。

新政改革述评》① 从社会背景、改革的内容措施及改革失败的主客观原因对此次新政改革进行了梳理和分析，指出：清末西藏新政改革是清中央政府在内忧外患、统治基础摇摇欲坠的情况下，为巩固在西藏的统治和主权、抵制英帝国进一步入侵西藏而开展的一场自上而下的改革运动。其力图从经济、政治、军事、思想文化等层面对西藏社会进行改革。唐春芳《晚清驻藏大臣联豫及其历史作用》② 指出：晚清的中国面临着严重的内忧外患，清政府被迫实行新政，在此特殊时期，联豫作为最后一任驻藏大臣，秉承清政府之命，走进西藏，全理西藏一切事务，尤其是新政事务。作为一位有一定世界眼光的封疆大吏，联豫在藏六年期间，实行了一系列新政措施。他的所作所为，无论是对藏区还是对中央政府都起着非常重要的历史作用，是一种自觉适应时代发展需要的行为，在一定程度上是值得肯定的。冯智《清末西藏兴办近代式教育刍议》③ 提出：清末在西藏兴办的近代式的普通教育，在西藏历史上是第一次，也是有史以来最深刻的一次，它给被西藏封建农奴制腐化的社会注入了一些近代式的文明因素，近代式教育的文明之花从此开始在西藏萌芽。某些合理的教育思想难能可贵，同时清末西藏教育革新的开展在某种意义上加强了汉藏文化交流，维护了国家的主权。

其次是川边新政。赵云田《清末川边改革新探》④ 提出：清末川边改革是一个历史过程，与清末西藏实施新政密切相关。清政府在川边进行改革，既是为了抵御帝国主义国家的侵略，也是为了解决川边存在的问题。从进程上说，它经历了三个发展阶段。从内容上讲，它包括政治上改土归流，建置府县；经济上鼓励垦荒，兴办厂（场）矿；交通上修筑道路，办理邮政；文教卫生上创办学堂，设立官药局，改革旧的风习等。这一切有利于川边地区的社会进步。徐君《 "新" 与 "旧"：清末川边新政之再探》⑤ 认为：晚清政府任命赵尔丰为川滇边务大臣，在川边改土归流，实行屯垦、开矿、兴学、修路等新政措施，前后七年，轰轰烈烈，却随着清王朝的覆

---

① 《四川民族学院学报》2013 年第 6 期。
② 硕士学位论文，四川师范大学，2010。
③ 《民族教育研究》2011 年第 5 期。
④ 《中国藏学》2002 年第 3 期。
⑤ 《西藏大学学报》2018 年第 1 期。

灭，人亡政息。究其原因，与其没有彻底摧毁旧有制度、没有触及社会基层、缺乏社会基础有很大关系。"新面目"与"旧根基"之间的脱节、地方利益与国家权益的冲突、"以夏变夷""以儒化佛"诸种措施及其诸种复杂矛盾的彼此扭结与冲突、不同民族文化传统之间的磨合与碰撞，都在川边七年经营中纠葛着，并在相当程度上蕴含着现代民族政治的一些敏感问题。潘崇《锡良与清末川边新政》① 提出：锡良督川时期的川边施政，不仅苦于坐镇成都遥控指挥之不便，也深受运输困难之窒碍。更重要的是，派办边务的马维骐、赵尔丰皆对边事心存畏葸，遂致互相推诿卸责。锡良川边施政，极大地影响了清末川边历史进程。首先，奠定了川边历史朝着改土归流方向演进的基本格局。其次，实现了川边治理由川督遥控指挥到川滇边务大臣专负其责的重大改革。从清末川边历史进程的整体性、连续性审视锡良川边施政，可以细致深入地探析清末川边治理的诸多困境，以及清末重提川边改土归流、设置川滇边务大臣之缘由。罗先凤《赵尔丰与清末川边教育新政》② 认为：清朝末年，列强觊觎西藏，西藏上层统治集团分裂倾向日益明显。为了"固川保藏"，赵尔丰等在川边推行新政，内容涉及政治、经济、文教卫生和社会习俗等各个方面。其中在文化教育上，赵尔丰通过兴办学堂，劝谕藏民入学，普及了文化，传播了文明，提高了川边藏族人民的文化教育水平，推动了川边地区近代教育的兴起，促进了汉藏民族间的文化交流和团结，有利于川边地区的社会进步。顾旭娥《赵尔丰与清末川边新政》③，通过系统考察赵尔丰在川边推行新政改革的背景、主要措施、意义和影响，力图对赵尔丰本人及其川边改革的功过是非有一个全面、总体的把握和客观的评价。赵尔丰通过实行改土归流、建置州县、废除奴隶制残余、取缔杂税徭役等措施，废除了川边地区落后的封建农奴制度，取缔了农奴主的政治经济特权，使川边社会向前推进了一步。鼓励垦种、兴办工矿业、改善交通、发展商品经济、兴办学堂、改善医疗卫生条件和改革风俗习惯等措施，使川边地区的社会经济得到发展，汉藏民族联

---

① 《民族研究》2018 年第 2 期。
② 《科技信息》（学术研究）2007 年第 6 期。
③ 硕士学位论文，郑州大学，2005。

系得到加强，对粉碎帝国主义和西藏地方上层集团分裂西藏的阴谋、巩固多民族国家的统一都起到了极为重要的作用。薛建刚《试论清末赵尔丰川边兴学及其影响（1906—1911）》①指出：赵尔丰在当地的教育改革不仅具有文化意义，同时具有政治意义，有利于该区域边疆少数民族的政治改革和近代民族国家的政治重建。罗莉《清末川边改土归流对西藏地方的影响》②认为：赵尔丰在川边的改土归流在一定程度上震慑了英俄等帝国主义国家，使其不敢再明目张胆地以武力来犯我国西南边疆，促进了西藏地方的相对稳定，为驻藏大臣在西藏开展新政提供了保障。

第四是新疆新政研究。周伟洲《晚清"新政"与新疆维吾尔族地区近代经济的萌芽》③提出：地处西北边疆的新疆维吾尔族地区，在晚清新政期间，也在"练兵""兴学""商务""工艺"等方面有所变革，使新疆地区近代化经济有所萌芽。尽管这些变革和萌芽未改变其根深蒂固的封建经济制度和政治体制，但是代表了社会发展的趋势，是冲破新疆经济发展桎梏的有力武器，必然会由萌芽而成长、壮大。赵云田《清末新政期间新疆文化教育的发展》④认为：清末新政期间，新疆创办学堂的成绩是显著的，这和一些地方官吏尤其是一些知州和知县的努力分不开。从学堂的性质上看，有官立、公立、私立之分，其中官立是主要的。从学堂的种类上看，有师范、实业、专业、普通之别，其中普通学校的数量最多。就总体而言，新疆在创办学堂和普及教育过程中，一是注意师范学堂的创办，二是注意外语人才的培养，三是以普及文化教育为主。学堂的创办、教育的普及，尤其是选派留学生，给新疆社会带来了新气象，资本主义的一些民主政治思想和自然科学知识传播到新疆，为新疆各方面的发展奠定了基础。刘国俊《清末科阿分治与阿勒泰新政》⑤指出：科阿分治是清末政治史上的一件大事，布伦托海办事大臣的设立是科阿分治的一次尝试。清末科布多与新疆在借地问题上的博弈，事实上暴露了阿勒泰归属科布多的体制弊端。科阿

---

① 硕士学位论文，中央民族大学，2013。
② 硕士学位论文，中央民族大学，2011。
③《陕西师范大学学报》2005 年第 1 期。
④《西域研究》2002 年第 2 期。
⑤《新疆社科论坛》2011 年第 1 期。

分治，是清政府顺应形势做出的正确决策。但以军府制为基础的科阿分治在一定程度上延缓了阿勒泰发展进步的步伐，科阿分治的不彻底性也为日后科阿边界的纠纷埋下了隐患。邢剑鸿《清末新政期间新疆军事改革述论》[①] 提出：清末新政时期，巡抚联魁、将军长庚响应中央决策在新疆筹练新军、创办警政，使新疆军事制度凸显了近代化内涵。清末新政的军事改革对新疆后世产生了深远的影响。方燕、郭院林《清末新疆学堂研究》[②] 认为：天山南北数量众多的各级各类学堂的创立，打破了儒家经典一统天下的局面，建立了统一的教育行政体系，对文化教育的推广和普及、新疆近代教育体制的形成和完善起到了积极的作用；颇具规模的实业教育培养了大批掌握先进技术的工人，促进了民族工业的起步和发展，为新疆近代工业的发展奠定了人才基础；新疆省官立法政学堂、新疆省官立陆军小学堂、新疆省官立中俄学堂等的创立，在培养大批军工、商业、翻译人才的同时，传播了资本主义的民主政治思想和自然科学知识，给社会带来了新气象，为新疆后来各方面的发展奠定了基础。郭芳芳《清末新政时期新疆财政研究》[③] 提出：清末新政期间，由于财政困难，中央在预备立宪中将清理财政和实行财政的预决算作为一项主要任务。新疆按照度支部的规定进行了财政清理并编制了清理财政说明书。新疆财政收入的主要来源是协饷，新政期间，解往新疆的协饷减少，而新疆实行新政需要巨款，于是当局通过各种方法增加赋税，增加了当地百姓的负担，但赋税的增加使新疆的财政有了自立的趋势。这一时期财政支出仍然以军政费用为主，由于新政的举办，新疆相对增加了教育、实业等费用的支出，这在一定程度上有利于新疆经济的发展。赵卫宾《清末新政期间新疆警政的创建与发展》[④] 指出：清末新政初期，新疆地方政府应编练新军之要求，于 1903 年组建新疆巡警兵，开启了新疆警政建设的历史之门；1906 年，署理巡抚吴引荪遵照巡警部政令对新疆警政重加整顿，使新疆巡警初步成型；在预备立宪计划的严格限定

---

① 《新疆广播电视大学学报》2005 年第 4 期。
② 《新疆社科论坛》2011 年第 1 期。
③ 硕士学位论文，兰州大学，2012。
④ 《中国边疆史地研究》2017 年第 1 期。

下，新疆警政建设发展迅速，至 1911 年，逐步形成了一套较为系统化、规模化和职业化的近代警察体系。韦波《清末新疆新政研究》[①] 指出：清末新政是中国传统社会向现代社会过渡的转折点，对中国历史产生了深远影响。在全国改革的浪潮下，新政在新疆也得到了较为有力的推行。清末新疆新政的主要内容是编练新军、实行警政、设立新式学堂、整肃吏治、设立谘议局、兴办实业、开发矿藏、成立公司、发展通信业、实施禁烟等。新政对新疆社会产生了重大影响，它推动了新疆生产力的发展，巩固了国防，培养了一批实用人才，给新疆注入了一些新鲜空气，初步改变了新疆经济文化落后的面貌，开启了新疆近代化的进程，对后来新疆的发展影响深远。党文静《清末新疆学堂教育研究》[②] 提出：随着清末新政的推行，新式学堂如雨后春笋般在全疆范围内建立起来。学堂的教学实践有如下特点：教育政策上对维吾尔族有一定的倾斜，奖励维吾尔族师范生；经费收入与支出构成多元化，民间性的捐助占有一定比重；因教员短缺，常一人身兼多职；教学内容侧重自然科学与时事政治，加习维吾尔文；注重学生的品行，单独设立操行科，与其他科目一样实行计分制；教材多元，选择空间大，编纂乡土志教材。清末新疆新式学堂的办学成效体现在以下方面：学务办理之进步、赏罚分明的兴学考成、推动新疆教育的近代化、新式教育人才的培养等。

综上可以看出，近年来清末藩部新政研究取得了很大成绩，体现在如下几个方面。一是突破性。出现了研究藩部新政的专著《清末新政研究》。该书被学界认为是中国边疆研究中同类主题学术专著的第一部，加强了清末边疆新政这一课题研究中的薄弱环节，并为学术界的进一步研究奠定了良好的基础。[③] 有突破就有发展，有基础就有完善，相信更多的学术专著在新的起点上会陆续出版。二是国际性。清末边疆（含藩部）新政研究已经引起了国外学者的注意，有关学术会议的召开就是一个很好的证明。这预示着清末藩部新政研究必将在深度和广度上进入一个新阶段，在国际化变

---

① 硕士学位论文，陕西师范大学，2012。
② 硕士学位论文，石河子大学，2017。
③ 参阅马大正《当代中国边疆研究（1949—2014）》，第 105 页；李细珠《新世纪以来中国大陆学界晚清政治史研究的新趋向》，《东亚文化》第 46 辑。

革的大趋势下，逐渐发展为世界学术研究中的显学。三是全面性。这表现
在两个方面：一是地区的全面，蒙古、西藏、新疆的新政都有研究；二是
内容上的全面，政治、经济、军事、文化教育都涵盖到。四是可发展性。
清末藩部新政研究是一个新兴的研究领域，结合国家的改革大潮，这一领
域的研究规模会越来越大，成果也会越来越多。众多硕士论文的出现，就
是一个很好的说明。

当前清末藩部新政研究还存在一些问题。一是理论上还需学习。所谓
理论学习，是指对马克思主义经典作家关于社会变革的理论的学习，对习
近平新时代中国特色社会主义思想的学习，并用学习的成果分析清末复杂
的社会矛盾，进而对清末藩部新政给予实事求是的评价。为什么在当前的
研究中，对清末新政中的同一事件会有截然相反的评价？这除了与掌握资
料的多少有关，还与对马克思主义关于社会变革的理论理解的程度有关。
只有掌握了马克思主义关于社会变革的理论，并用这种理论指导对清末藩
部新政的研究，才能得出比较符合实际的结论。二是研究力度上还需加大。
当前清末藩部新政研究，在整体的研究上还是显得很薄弱，缺乏影响深远
的比较系统的学术专著，即使是一些有影响的学术单位，在这方面也还缺
乏比较详细的规划，课题设置显得有些碎片化。因此，从最基本的资料编
纂开始，为深入研究打好基础就显得非常重要。而要做好这些，加大研究
力度是非常必要的。三是研究重点还需突出。当前清末藩部新政研究，经
济方面的研究已经出现了一些成果，这是一种可喜的现象。认真总结清末
藩部新政中经济领域的变革及其效果，应当成为一个重点，这无论是从清
末藩部新政改革的实际上看，还是从当前我国新时代社会变革发展经济的
现实上看，都是很重要的。

第二节　调整行政体制和整顿吏治

清末新政期间，清廷在藩部的政治改革，主要是调整行政体制和整顿
吏治。

　　一是蒙古。清廷对蒙古的新政改革非常重视，除派人进行考察外，还要求边疆大吏和蒙古王公陈述意见。但最终落实的并不多。在外蒙古，主要是设立了阿尔泰办事大臣。阿尔泰地区原属外蒙古乌里雅苏台将军辖区，由科布多参赞大臣具体管理。同治三年九月（1864 年 10 月）《中俄勘分西北界约记》签订后，沙俄割占阿尔泰诺尔乌梁海等地区，阿尔泰成为中国与俄国的接壤区。阿尔泰地区不仅"田牧肥美，种落错居，兼有鱼盐林木之饶"，而且"南控赫色勒巴斯淖尔，即布伦托海，东达新疆玛纳斯，又玛呢图噶图勒干、昌吉斯台各卡伦均在左右，辅车相依，且据俄斋桑斯科之上游，险固形便，实为漠北襟要"，① 具有重要的战略地位。光绪三十年（1904），清廷派成都将军长庚前往考察。后来长庚向清廷奏报，提出阿尔泰地区是西北边疆要地、中外之大防，应设官管理。他还陈述了固疆域、重巡防、辑哈部等具体建议。清廷认为长庚的建议很有见地，便命科布多参赞大臣瑞洵等人会同悉心统筹。瑞洵认为"科布多治所本不当冲，已成后路，无须多置官长。惟帮办仍需秉承参赞，似不如将参赞移节驻扎，更为相宜，第事权尚宜加重，方足以资统率，而备非常。布伦托海地属中权，并宜增设一官，督办兵屯，俾脉络贯通，联为一气"。② 清廷综合了长庚和瑞洵的意见，在光绪三十年四月决定废除科布多帮办大臣一职，设立阿尔泰办事大臣，赏热河兵备道锡恒副都统衔，即为首任阿尔泰办事大臣，"驻扎阿尔泰山，管理该处蒙哈事务"。③ 光绪三十二年十二月，清廷决定"科布多所属迤西附近阿勒泰山之乌梁海七旗，新土尔扈特二旗，霍硕特一旗，共计三部落十旗，暨昌吉斯台等西八卡伦，并布伦托海屯田，一并归阿尔泰管理，以专责成"。光绪三十三年三月，清廷又决定，所有旧土尔扈特满蒙官兵，均归锡恒节制，以增加恰勒奇荄等处的边防。阿尔泰办事大臣设置后，在光绪三十二年二月，拟订了阿尔泰防守事宜九条办法，内容包括：修建哈喇通古城署等，酌定防守兵额，拟添枪炮各械，酌定局处领数，拟

---

① 瑞洵：《散木居奏稿》卷 20。
② 瑞洵：《散木居奏稿》卷 20。
③ 《清德宗实录》卷 529，光绪三十年四月辛酉。

先兴办开垦，酌更驿递章程，调取挽运驼只，劝惩哈莎克头目，酌定蒙哈驻班。[1] 光绪三十三年十一月，根据阿尔泰情形，锡恒又拟定了以下办法：添设局所，加给崇衔，招练马队，开垦荒地，创立公司，分设学堂，筹办电线，振兴工艺，由部派员交涉，等等。[2] 这些办法得到了清廷的认可，推动了这一地区新政的实施。

在内蒙古，原来属于蒙古王公管辖下的盟旗地方，通过设立府州县，改为清廷通过地方官进行管辖。光绪二十八年（1902）初，山西巡抚岑春煊上奏，提出晋省边厅，治理较难，为"辑和民俗，绥靖边隅"，[3] 应增设民官。同年十月，山西布政使赵尔巽也上奏，指出晋省边外各属，今昔情形变迁，察哈尔牧界议垦开荒，乌兰察布、伊克昭两盟牧界私租私垦日多，疆域日拓，事务日繁，非分设厅治，不能收长治久安之效。[4] 光绪二十九年四月署山西巡抚吴廷斌上奏中，就"边外地广，民每不靖，非设官分治，无以为绥边弥患之谋，长治久安之计"的现实，提出了增设民官等更具体的建议。在这种情况下，晋边内蒙古地区的行政建置有所变化：太原府同知移驻二道河，名兴和厅抚民同知；汾州府同知移驻大佘太，名五原厅抚民同知；泽州府同知移驻翁滚城，名武川厅抚民同知；蒲州府同知移驻宁远厅，名宁远厅抚民同知；原有宁远厅抚民通判移驻科布尔，名陶林厅抚民通判。均属山西归绥道。[5] 在这些新的建置中，兴和厅、陶林厅管理察哈尔右翼垦地，处理旗民交涉案件。五原厅、武川厅管理乌兰察布盟垦地，以及伊克昭盟达拉特、杭锦等旗蒙民交涉案件。光绪二十九年夏，伊克昭盟有些旗地开始放垦，随着垦地和汉民日益增多，光绪三十三年，设立了东胜厅，治板素壕，也隶山西归绥道，管理当地垦务，兼理鄂尔多斯一些旗的蒙民交涉案件。

光绪二十九年，热河都统锡良上奏："热河幅员辽阔，亟宜添官分治，拟将朝阳县改设一府，该府治东添设一县，平泉州、建昌县适中之区添设

---

① 《清德宗实录》卷555，光绪三十二年二月己酉。
② 《清德宗实录》卷583，光绪三十三年十一月丙午。
③ 朱寿朋编《光绪朝东华录》第5册，第4831页。
④ 朱寿朋编《光绪朝东华录》第5册，第4947—4949页。
⑤ 朱寿朋编《光绪朝东华录》第5册，第5025—5026页。

一县，此新添两县及旧有之建昌县归新设知府管理。"于是，朝阳县改为府，府治就在原来的县治旧所。新设阜新县，县治在鄂尔土板，管辖东土默特等地。新设建平县，县治在新邱，位于敖汉旗和喀喇沁左旗之中。朝阳府管辖阜新、建平、建昌三县。这样，卓索图盟东部和昭乌达盟南部被开垦土地上的汉民，归府县管理，游牧的蒙民，归盟旗管理。[①] 光绪三十三年（1907）十二月，热河都统廷杰奏称："新开蒙旗各地方，亟应添设州县等缺。"鉴于垦务日辟，旗务日繁，蒙汉杂居，而赤峰一县兼辖翁牛特等九旗，内阿鲁科尔沁、东西扎鲁特以及巴林左右翼等旗，又皆散处于潢河以北，阜新县属小库伦一旗，毗连锦、义，距该县治四百余里，鞭长莫及，于是，清廷决定：在阿鲁科尔沁、东西扎鲁特三旗地方添置一县，名开鲁县。在巴林左翼地方添置一县，名林西县。原有赤峰县升为州，兼辖新设两县。在小库伦所属库街地方建立一县，益之以奈曼一旗，名为绥东县，归朝阳府统辖。东土默特喀尔喀二旗，仍隶阜新县管理。[②]

哲里木盟境内，光绪二十八年，设辽源州，治郑家屯，管理科尔沁左翼中旗及左翼后旗部分垦地；设彰武县，治横道子，隶新民府，管理科尔沁左翼前旗及土默特左翼旗部分垦地。光绪三十年，设洮南府，治双流镇，设靖安县，治白城子，设开通县，治七井子，设醴泉县，治醴泉镇，设镇东县，治南叉干挠，均归洮南府管辖，洮南府隶奉天将军，管理科尔沁右翼前旗、右翼中旗等垦地。宣统元年（1909），设洮昌道，治郑家屯，辖洮南、昌图两府，兼管蒙旗事务。[③] 光绪二十九年，设大赉厅，治莫勒红冈子，隶黑龙江将军，管辖扎赉特旗垦地。光绪三十一年，科尔沁右翼后旗南部设安广县，治解家窝铺，隶洮南府。光绪三十二年，设肇州厅、安达厅、法库厅、长岭县，治分别在肇州、安达、法库门、长岭子，管理郭尔罗斯后旗、杜尔伯特旗、科尔沁左翼前旗、郭尔罗斯前旗垦地，以及旗民交涉事件。其中，法库厅隶奉天府，长岭县隶长春府。宣统元年，设西南

---

① 《光绪谕折汇存》，光绪二十九年四月初十日。参阅乌云格日勒《清末内蒙古的地方建置与筹划建省"实边"》，《中国边疆史地研究》1998 年第 1 期。

② 朱寿朋编《光绪朝东华录》第 5 册，第 5863 页。

③ 《宣统政纪》卷 8。

路道，管辖长春府及农安、长岭二县。宣统二年，设德惠县，治大房身，隶长春府，管理郭尔罗斯前旗部分垦区。

呼伦贝尔地区原属呼伦贝尔副都统管辖，直到光绪朝前期，仍然是"旗丁以游牧为生，不知耕作"，"汉民迁往者尚少"。[①] 沙俄在东北地区修筑铁路后，呼伦贝尔面临着被蚕食的危险。程德全、徐世昌多次上奏，提出"设法招徕，认真开垦"，"于辟荒之中，寓实边之意，立御外之规"，"边卫过于空虚，非增设民官，不足以言拓殖"。[②] 于是，光绪三十四年，清廷裁呼伦贝尔副都统，设呼伦兵备道，在呼伦贝尔城设呼伦直隶厅，又设胪滨府以及吉拉林设治局，管理境内各方面事务。

综上所述，清末新政期间，清廷总计在内蒙古设 3 道 2 府 10 厅 13 县，并改设 1 府 2 州。经过以上的设治，内蒙古的行政建置就由原来的盟旗制改变为盟旗制和州县制并存。

二是川边和西藏。清末川边，即今四川省甘孜地区和西藏自治区昌都市，所以清末西藏新政包括川边地区的改革。川边政治上的改革主要是在川滇边务大臣赵尔丰主持下实行的改土归流，建置府县。光绪三十二年（1906）十一月以后，相继改巴塘为巴安府，盐井为盐井县，三坝为三坝厅，乡城为定乡县，理塘为理化厅，稻坝为稻城县，贡噶岭设县丞，中渡为河口县，打箭炉为康定府。设炉安盐茶道，驻巴安府，统辖新设各府州县。炉安道设兵备兼分巡道 1 员，加按察使衔，兼理刑名。康定府设知府 1 员，管理地方钱粮词讼，以及理化厅、河口县、稻城县。巴安府设知府 1 员，管理三坝厅、盐井县、定乡县。贡噶岭设县丞 1 员，隶属稻城县。理化设同知 1 员，三坝设通判 1 员，四县各设知县 1 员。光绪三十四年十一月，原德格土司全境设官分治。宣统元年（1909）十一月，原高日、春科两土司境内改土归流，在郎吉岭设官管理。宣统二年正月，原江卡九地土百户改土归流，不再属藏。[③] 到宣统三年闰六月，川边藏区原土司管辖的得荣、

---

① 《程将军（雪楼）守江奏稿》卷 7，"统筹善后十四条折"。
② 《程将军（雪楼）守江奏稿》卷 10，"拟照屯垦办法开辟地段折"，"复陈筹办江省善后情形折"；徐世昌：《退耕堂政书》卷 16，"疆省添设道府厅县折"。
③ 《清末川滇边务档案史料》中册，第 495—496、526、543—544 页。

东科、白利、朱窝、罗科、瞻对、灵葱、明正、孔撒、崇喜、鱼科、绰斯甲、革什咱等地方相继改土归流，瞻对五土司原辖地归并为怀柔县，罗科、朱窝归并为炉霍县，孔撒土司原辖地设甘孜县，鱼通、木雅、孔玉、木居城子改归康定府，冷绩、沈村、咱里改为泸定县，菩萨龙、三安龙、墨地龙、麦地龙、三盖龙、八阿龙、迷窝龙、洪地龙、湾坝龙改为九龙县，白孜、崇喜、夺浪中、巴衣绒、宜马宗、八角楼改为河口县，鱼科、泰宁、渣坝三村改为道孚县，巴底、巴旺、革什咱改为丹巴县，俄洛改为果罗县，色达改为达威县，绰斯甲改为周来县，察木多粮员改为同知，乍丫设理事通判。①

西藏的政治改革，是在张荫棠和联豫主持下实施的。光绪三十二年四月，清廷派张荫棠前往西藏查办事件，当年十月，张荫棠到达拉萨。他首先着手的是整肃吏治。光绪三十二年十一月，张荫棠致电外务部，请代参奏藏中吏治积弊请旨革除惩办。根据张荫棠的参奏，前藏游击刘文通等革职，归案审判，分别监追。卸任靖西同知知县松寿及善佑革职，永不叙用，递解回籍，严加管束。署靖西游击周占彪、后藏都司马全骥勒令休致。游击李福林革职留任，戴罪效力。驻藏大臣有泰庸懦昏聩，贻误事机，并有浮冒报销情弊，先行革职，不准回京，听候归案查办。后来，张荫棠又致电军机处、外务部请代奏复查各员贪污情形请旨惩罚。清廷决定，西藏前任粮台黄绍勋、郭镜清、胡用霖、杨兆龙等交四川总督照数监追，粮台知县李梦弼、同知恩禧、文案委员范启荣及松寿等押解四川分别追缴，刘文通解往四川永远监禁，并将原籍寄居财产查抄充公，有泰发往军台效力赎罪。② 光绪三十三年三月，张荫棠又致电军机处、外务部请代奏惩办藏官。箭头寺降神护法曲吉，借神苛敛，怙势横行，重利盘剥，抄家害命，强夺庄田，积资数百万，印藏之战，以降神符咒蛊惑达赖，致大局靡烂。结果，箭头寺四品护法曲吉罗桑四朗、桑叶寺护法曲吉罗桑彭措，即行革职，永不叙用。③

---

① 参阅赵云田《清末新政研究》，第 243—244 页。
② 《张荫棠奏牍》卷 2。
③ 《张荫棠奏牍》卷 3。

在调整行政体制方面，光绪三十三年正月，张荫棠提出，拟达赖、班禅优加封号，厚给岁俸，照旧制复立藏王体制，以达赖专管商上事，而以汉官监之。拟特简亲贵，为西藏行部大臣，体制事权用王礼。设会办大臣一员统治全藏，下设参赞、副参赞、参议、左右副参议五缺，分理内治、外交、督练、财政、学务、裁判、巡警、农工商矿等局事务。在亚东、江孜、扎什伦布、阿里、噶大克、察木多、三瞻、三十九族、工布、巴塘等处，酌设道府同知，均用陆军学堂毕业生，督率番官，治理地方，兼办巡警裁判。每有番官之地，应设一汉官。张荫棠认为，这样可以使事权集中而政令统一，从而加强清廷对西藏的统治。光绪三十三年三月，张荫棠又提出在西藏设立交涉、督练、盐茶、财政、工商、路矿、学务、农务、巡警九局，附设植物园，并订有章程。交涉局总局设在拉萨，分局设在江孜，主管西藏三埠通商交涉事宜。督练局主管西藏练兵，每镇设粮饷局，还设军械局、司法局、参谋局，分管粮饷、军械、弁兵犯罪、战守机宜等事。盐茶局负责盐茶的贩运及茶的引种。财政局主管财政，包括设银行、铸钱币等事。工商局负责工艺制造、商品贩运。路矿局主管修建道路、矿山开采。学务局主管兴办学堂、文化教育。农务局主管农、林、牧、副等业。巡警局总局设在拉萨，督率各营官，分地举办巡警。巡警专为缉捕盗贼，安靖地方，弹压械斗，保护中外往来官商，分段修治道路。巡警局内附设裁判局，管户婚、钱债、词讼之事；卫生局，专管医院卫生之事。植物园设五谷区、蔬菜区、果实区、树木区、花草区，每区设园丁数名，司理掘地、种植、灌溉等事。① 综上可以看出，九局所管的事务，包括了西藏政治、经济、军事、文化等各方面，是西藏治事机构的一次大调整。光绪三十三年七月，张荫棠被任命为全权大臣与英议和，离开西藏，他在西藏的行政改革也被迫停止。

光绪三十一年（1905）三月，清廷命联豫为驻藏帮办大臣，后改为驻藏大臣兼帮办大臣。联豫任驻藏大臣后，对西藏行政体制多有调整。光绪三十一年九月，他指出：因边外多事，前帮办大臣桂霖始请改驻察木多，

---

① 《张荫棠奏牍》卷 2、卷 3。

主持练兵、开垦、开矿一切新政。其意原以外人窥伺西藏，势成岌岌，欲为保我疆圉，不得不择一居中之地驻扎，以便策应。但察木多本一小台站，孤悬川境之外，距川距藏，均有 30 余站之遥，其地烟户仅数十家，即使藏外有事，依然鞭长莫及。于是，联豫提出：熟审川藏情形，驻藏帮办大臣宜规复旧制，仍驻前藏。① 光绪三十二年十二月，联豫提出裁粮员改设理事官。西藏粮员原为沿途制兵而设，实施新政后，裁去制兵，招练新军，所有饷项统归驻藏大臣派人收管，每月发交统协各官，按名给发，粮员无事，所以裁撤。但是，察木多、拉里、前后藏等处汉民日益增多，以前遇有汉民和藏民涉讼之事，全赖粮员持平断结，粮员裁撤后，汉民将无所归依。因此，联豫提出，裁粮员之后，以前凡有粮员之处，均改设理事官一员，专管地方词讼事，保护汉民，由四川委派。以后巡警日渐推广，凡有汉民居住的地方，都可遍设，理事官即可兼裁判之任。惟靖西关一缺，因有同知兼该关监督，所以仍然保留，但也改名为理事官，渐收地方管辖权及办理中外交涉事。②

宣统二年二月，在噶大克、江孜、靖西已经设官的基础上，联豫提出在西藏择要酌设委员，包括藏西曲水委员 1 员，扼西路要冲；藏北哈喇乌苏委员 1 员，通西宁边路；藏南江达委员 1 员，控制工布，另有山南委员 1 员；藏东硕般多委员 1 员，招抚波密，并通边藏消息。此外，三十九族地方虽已驻兵，也设委员 1 员，以期逐渐开化。这些委员均令常川驻扎，管理刑名词讼，清查赋税数目，振兴学务工艺，以及招练商贾，经营屯垦，调查矿山盐场。

宣统二年十一月，联豫奏请裁撤驻藏帮办大臣，改设左右参赞。宣统元年，驻藏帮办大臣仍驻前藏之后，添设参赞 1 员，驻扎后藏，管理三埠通商事宜。鉴于新政期间改革官制，应责任必专，权限必明，而要以一政权，而资治理，就必须归并员缺。于是，联豫提出裁撤驻藏帮办大臣，设左参赞 1 员，驻前藏，禀承办事大臣之命，筹划全藏一切要政。设右参赞 1 员，驻后藏，禀承办事大臣之命，总监督三埠事务。经联豫奏准，钱锡宝为右

① 中国第一历史档案馆藏军机处录副奏折，档案号：165-8024-16。
② 《元以来西藏地方与中央政府关系档案史料汇编》(4)，第 1517—1523 页。

参赞，罗长绮为左参赞。品秩均为从二品官。左参赞和驻藏大臣同署办公，不设机构和属员。右参赞设有专门衙署和办事人员。①

宣统三年六月，联豫上奏改设治事议事各厅，设立幕职分科办事。这是对驻藏大臣衙门内部机构的调整。西藏办事大臣衙门从前公事不多，所以只就奏调咨调各随员中，择文理清通的，酌派二三员经理文牍，尽管如此，也有一套办事机构。宣统二年川军进藏后，政权渐次收回，事务日繁，往来文件比以前增加数倍，几与边小省治无异。在这种情况下，联豫提出，应仿照各省督抚衙门章程，设立幕职分科办事，以责专成。于是，将已裁帮办大臣衙门改建治事厅1所，作为科荟萃办事处所。又建议事厅1所，为会集各员议事处所。办事大臣每天都要到治事厅判行事件，遇有需要讨论的，可随时和属员面商。每10天办事大臣要召集幕职及地方办事人员在议事厅开会，讨论应兴应革之事。各科事简的，由他科代理。设秘书员1员，以驻藏左参赞罗长绮兼任；协理1员，以投效分省试用府经历谢庆尧充当。改原来各房为科，计有：吏科兼礼科、法科，设参事1员，以奏调广东试用知县邓祖望充当；度支科兼营缮科，设参事1员，以奏调候选直隶州州判寿昆充当；军政兼巡警科，设参事1员，以奏调四川即用知县王言绰充当；交涉兼邮电科，设参事1员，以奏调高等毕业生优贡生吴观光充当；学务兼农工商科，设参事1员，以咨调四川试用同知常印充当；番务兼夷情藩属科，设参事1员，以奏调四川补用知县李嘉吉充当；协理1员，以主簿用候选巡检李湘充当。②

光绪三十四年八月，联豫在拉萨设立了戒烟局，十一月又设立了查验公所，用以查禁吸食鸦片。本来，西藏并不生产鸦片烟，只是邻近的四川、云南均是产烟省，商人贩运方便，所以西藏吸食的人越来越多。考虑到西藏地处极边，村落辽阔，而且医药两缺，必须采取有力措施，查禁鸦片烟才能取得有效成果。于是，光绪三十四年春，联豫咨请四川总督，由四川购买各种戒烟药品，运解来藏，同时分札各台，饬将吸烟人数造具清册，

---

① 中国第一历史档案馆藏军机处录副奏折，档案号：165-8024-34；吴丰培主编《联豫驻藏奏稿》，第152—154、167页。

② 吴丰培主编《联豫驻藏奏稿》，第168—169页。

旧设烟馆一律封闭歇业。随后，又相继设立了戒烟局所。戒烟局发给戒烟药片，限期戒断。查验公所派官员及医生实力查验，进行治疗。

整肃吏治和调整行政体制，既是清末西藏实施新政改革的产物，加强了清廷对西藏的统治，同时，又有利于新政在西藏的进一步推行。

三是新疆。清末新疆新政改革包括增设行政建置、整顿吏治、增设谘议局等内容。首先是增设行政建置。这是光绪二十八年八月饶应祺等上奏提出获清廷批准的，基本情况如下。西四城喀什噶尔道的疏勒州升为疏勒府，原辖疏附县内增设伽师县。莎车直隶州升为莎车府，原辖叶城县内增设泽普县，增设浦犁通判。和阗直隶州所辖于阗县内增设洛浦县。玛喇巴什直隶厅改为巴楚州，归疏勒府管辖。东四城阿克苏道的温宿直隶州升为温宿府，旧城巡检升为温宿县。焉耆府南布告尔分防巡检升为轮台县，新平县内卡克里克分防县丞升为若羌县。库车直隶厅改为库车直隶州，辖境内的沙雅尔地方增设沙雅县。北路的迪化府阜康县属济木萨县升为孚远县，吐鲁番直隶厅同知辟展巡检升为鄯善县，昌吉县属呼图壁巡检升为县丞。行政建置的增设，"民事可就近经理，地利可逐渐垦兴，边防亦益增严密"。① 后来潘效苏主政后，把泽普县改为皮山县，巴楚州属莎车府。

其次是整顿吏治。随着行政建置的调整，对吏治也进行了整肃。因苛征巧取、贪黩虐民、擅作威福、废弛公务，莎车府知府联恩、叶城县候补知县王礼源、鄯善县候补知县苗茂、署若羌县候补知县夏朝选、候补知县刘襄、吐鲁番候补县丞赵谦、于阗县典吏徐丙炎、候补巡检周鸿年、候补典史韩兴奇，均即行革职。和阗直隶州知州刘兆松、轮台县知县易绍昌、乌什直隶厅候补通判李振銮、候补知州梁贞慵、候补府经历许汝霖、候补知县罗俊杰、拜城县知县刘兆栋、轮台县典史甘铭鼎、皮山县典史余家骧、奇台县典史龙式作、拜城县典史许惠元，因苛敛有据、揽权舞弊、昏愦糊涂、纵役扰民，均即行革职。此外，焉耆府知府闻端兰、署轮台县知县荫锡、署沙雅县知县李微高、署乌什厅同知胡赐福、署英吉沙尔同知黎丙元、叶城县知县易润庠、阜康县知县巨国柱、宁远县知县李方学、孚远县知县

① 《新疆图志》卷106《新疆巡抚饶应祺奏稿》。

王懋勋、署于阗县知县安允升，或因为官贪劣，经征钱粮，又额外私加火耗，或因兴学不力，也都即行革职。奇台县知县杨方炽，措置乖方，几酿重案；鄯善县知县寻选，驭下不严，控案累累，则被开缺另补。对实心兴学的焉耆府知府张铣、温宿府知府彭绪瞻、署宁远县知县赵孟盘等人，则从优议叙，传旨嘉奖。①

最后是增设谘议局等机构。清末新政进入预备立宪阶段，光绪三十三年（1907）九月，清廷颁布上谕，要求各省督抚在省会设立谘议局，作为地方的谘议机关，"采取舆论之所，即将来议院之基"。②光绪三十四年五月，新疆设局开办，并遴选官绅充当议员。十月，奉宪政编查馆文，将谘议局改为谘议局筹办处，制订了章程，组建了机构。筹办处设总办3员，坐办1员，总务、考核、文牍三科。宣统元年（1909）七月，谘议局筹办处还设立了省城自治研究所，"以开自治之知识，养自治之能力"。九月，新疆谘议局成立，设议长1员，副议长2员，常驻议员4员，议员23员，满营专额议员1员。谘议局制定了议事细则、旁听规则、办事规则等。宣统二年三月，又设立了新疆全省地方自治筹办处，以筹办谘议局人员兼司其事。为此，新疆各府厅州县分别设立了调查处、自治研究所、议事会、董事会等机构。③不过，上述机构的设立，都只是徒有形式，在现实生活中没有产生什么影响。

第三节　移民实边和发展实业

清末藩部经济上的新政改革，因地区不同，内容上也有区别。

在蒙古，特别是内蒙古，主要是移民实边和发展实业。首先是移民实

---

① 《清德宗实录》卷555，光绪三十二年二月庚子；卷567，光绪三十二年十一月辛亥；卷597，光绪三十四年二月壬戌。《宣统政纪》卷9，宣统元年闰二月壬戌；卷37，宣统二年六月庚子。
② 《新疆图志》卷45《民政志六、地方自治一》。
③ 以上见《新疆图志》卷46《民政志七、民政志八》，卷47《地方自治二、地方自治三》。

边。清廷认为，移民实边是"朝出一令，暮入千金"。[①] 贻谷也认为："防边之本在实蒙，实蒙之本在垦地。"[②] 所以，贻谷被清廷任命为督办蒙旗垦务大臣后，就陆续成立了各级垦务机构，在内蒙古西部开始移民实边。其中，察哈尔左右翼八旗的土地，收银 287800 余两。[③] 绥远八旗牧场，到光绪三十四年，共放地 3780 余顷。[④] 土默特旗的土地额，光绪三十二年以后，共放地 9800 余顷，应征地价银 222000 余两。[⑤] 杀虎口驿站管理的台站地，共放地 1380 余顷，应征押荒银 41500 余两。[⑥] 乌兰察布盟，从光绪三十二年夏到光绪三十四年春，共放垦 7840 顷。伊克昭盟，从光绪二十九年夏到光绪三十四年，共放垦 22000 余顷，获押荒银 764000 余两。[⑦] 内蒙古东部扎赉特、杜尔伯特、郭尔罗斯后旗境内，在黑龙江将军成立的垦务总局的主持下，从光绪二十八年到光绪三十四年，共放垦 1330000 余垧。吉林将军管辖下的郭尔罗斯前旗境内，丈放了 210000 余垧的土地。盛京将军管辖下的科尔沁六旗，丈放了 170 余万垧。热河都统管辖下的卓索图盟和昭乌达盟，放垦了 16000 余垧。[⑧] 放垦期间，通过移民实边，内蒙古地区的汉族人口增加了 70000 余人。[⑨] 光绪二十八年，在外蒙古科布多所属阿尔泰地区，曾兴办五处官垦，只是成效不大。

其次是发展实业。清末新政改革期间，蒙古地区的邮电通信业得到了发展。内蒙古的昌图、辽源、洮南、赤峰、归化，外蒙古的阿尔泰、科布多、乌里雅苏台都新设了电报局所。光绪三十二年，清廷设立邮传部以后，内蒙古的辽源、洮南、赤峰、归化、绥远、包头、武川、五原、萨拉齐、

---

① 徐宗亮：《黑龙江述略》卷 4。
② 贻谷：《蒙垦陈诉事略》。
③ 贻谷：《垦务奏议》，"察哈尔右翼垦务局自开办起至光绪三十年征收四六分经费造册核销折"，"察哈尔左翼垦务局自开办起至光绪三十一年征押荒造册核销折"，"察哈尔左翼垦务局光绪三十三年续收押荒升科地亩数目汇报折"。
④ 贻谷：《垦务奏议》，"查明绥远城牧场情形并酌拟变通办法折"。参见李晓霞、呼格吉勒《清末新政与归化城土默特地区的垦务》，《内蒙古师大学报》1998 年第 1 期。
⑤ 贻谷：《绥远奏议》，"土默特参领上贻谷禀文"。
⑥ 贻谷：《蒙垦奏议》，"杀虎口驿站地私垦过多并四子王旗地商呈报地亩拟归官放以利推行折"。
⑦ 甘鹏云：《伊克昭盟调查记》，"调查归绥垦务报告书"卷 1，晋北镇守使署，1916 年印本。
⑧ 参阅郝维民主编《内蒙古近代简史》，内蒙古大学出版社，1990，第 24—25 页。
⑨ 参阅赵云田《清末新政研究》，第 162 页。

托克托、和林格尔，外蒙古的库伦、恰克图等地，都设立了邮政局所。[①] 在新民、辽源、昌图等地还设立了文报局，用以传递内蒙古卓索图盟、昭乌达盟、哲里木盟之间的公文。[②] 此外，许多地方兴办了厂矿。热河都统色楞额在东西扎鲁特各旗产碱地方设局试办碱厂。转山子金矿、土槽子银矿、甘河煤矿等，采用了官办、商办、官商合办等不同形式。光绪三十年，绥远城将军贻谷设立了工艺局，集资近万金，以毛织地毯及熟羊皮为业。光绪三十一年，归绥兵备道胡孚臣创办了归化城毛纺工艺局，专门从事织毛布和染色等生产。多伦厅工艺局也专门生产毛毯。[③] 喀喇沁右旗也办了综合工厂，织造毡毯，制作染料、肥皂、蜡烛等。蒙古族地方士绅阜得胜等创办了祥裕木植公司，专营木材。光绪三十二年，哲里木盟盟长齐克庆与汉族商人合资筹建了大布苏造碱厂，所造灰碱运销东北各地。[④] 宣统二年，部分蒙古王公在北京还创办了蒙古实业公司，试图"振兴蒙古实业"，"增殖蒙人生计"，在蒙古地区兴办垦务、盐务、运输、航运等。[⑤]

在川边和西藏，主要是鼓励垦荒，发展农牧工矿和交通邮电业。先说川边。这里有许多可耕的荒地，赵尔丰便订立章程，采取官招民垦及军垦方式，开荒种地，增加粮食生产。不适合种植农作物的地方，便栽种树木。为了开化边荒，重农训俗，改良种植，川边一些地方成立了农事试验场，试种各种蔬菜果木。其中登科农事试验场比较著名，到宣统三年春，登科农事试验场试种的小麦、胡豆、豌豆、外国豆均已成熟，场中出产抵还官地粮资以及场丁口粮外，还有剩余。为了"讲求树艺培植之法，以全种全收为效验"，登科农事试验场附设农事改良所和分所，讲求积肥、整地、制

---

① 王树枬等纂《奉天通志》卷 166《交通六·邮政》；郭象伋等纂《绥远通志稿》卷 55《邮电》。

② 《东三省政略》卷 11《实业·东三省文报》。

③ 《清德宗实录》卷 492，光绪二十七年十二月己未；高庚恩纂《绥远旗志》卷 5 下、卷 6 下。

④ 《中国近代手工业史资料》第 2 卷，第 388 页；《东三省政略》卷 2《蒙务下·筹蒙篇·纪实业》。

⑤ 《东方杂志》第 7 卷第 10 号，1910 年。参阅汪炳明《"蒙古实业公司"始末》，《内蒙古近代史论丛》第 3 辑，内蒙古人民出版社，1987。

造农具、改良水田等。① 为开通藏民风气，振兴地方实业，收利权以备军用，光绪三十四年十二月，巴塘设立了制革厂，生产的各种皮革、军用靴鞋、图囊等物，在南洋劝业会展出时，获得了超等文凭和银奖牌。宣统二年，登科制革厂设立，该厂用藏地制革法生产，产品卖给当地藏民。宣统二年六月，在稻城试办造纸厂和制墨厂，同年十一月，鸡贡地方也试办了造纸厂，到十二月时，已造纸 1000 余张，到宣统三年，更生产细纸 10000余张、粗纸 2500 张。宣统三年二月，商人宗锡钧也在稻城创办了造纸厂，既能造粗纸，也能造细白纸。② 光绪三十一年，泰宁设立了金厂，淘金工多至六七百人。德格地区扩络垛金矿很旺，地方官员在这里开办金厂，招工开采。宣统元年十二月，德格铜厂成立，此后，江达、素波等地也都开办了铜厂。察隅有银矿，毛家沟煤矿储量很多，宣统二年曾集股开办。③ 在邮电和邮政方面，有关设施也开始兴建。光绪三十一年五月，由打箭炉安置电线，向西直到理塘。光绪三十二年，炉线设至巴塘。宣统元年正月，巴塘至察木多也通了电线线路。

再说西藏。实施新政改革以后，西藏经济有所发展，尤其是农牧工矿和交通邮电业，在实际生活中取得了比较明显的效果。张荫棠在西藏期间，为了保证商运，曾派人踏勘打箭炉、江孜、亚东的牛车路。他还提出了许多经济方面的措施，包括开垦藏地、讲求出口、妥订章程、开采矿藏、设立银行等。④ 光绪三十三年三月，张荫棠提出西藏应设立九局，其中负责经济事务的就有五个，即盐茶局、财政局、工商局、路矿局、农务局。对于这些局的应办事宜，张荫棠规划得非常细致。后来，张荫棠在《训俗浅言》中又谈到了发展西藏的实业，他指出：凡农业、工艺、商业，如种植、畜牧、蚕织、矿务、机器制造、声光电化医药之类，凡可以生利者，皆谓之实业。实业兴旺，国乃富强。欲救贫弱，惟有振兴实业。⑤ 光绪三十三年十一月，在《奏陈西藏内外情形并善后事宜折》中，他再次提出电线宜速设，

---

① 以上见《清末川滇边务档案史料》下册，第 640—642、860—861、818—820 页。
② 《清末川滇边务档案史料》下册，第 821、887 页。
③ 《清末川滇边务档案史料》中册，第 685—686 页；下册，第 785—787、1027—1028 页。
④ 《张荫棠奏牍》卷 2。
⑤ 《张荫棠奏牍》卷 3。

矿务宜振兴，工艺宜讲求，茶宜自种，官银号宜分设。[①] 由于种种原因，张荫棠提出的发展西藏经济的大部分措施未能实施，但是为联豫在这方面的继续努力奠定了基础。

就发展西藏经济问题，联豫提出了许多具体措施。第一是派遣藏民前往四川学习工艺，并设立陈列所。联豫认为，西藏出产之盛，素以牛皮、羊毛为大宗，可惜的是未能讲求制造，只能织成氆氇行销各处，而兽皮等件，还不知道怎么销售。至于牛角，竟弃之不用。与此不同，英国人则在靖西、江孜地方，重价收买，制成物件，贩运转售，获取利益。这是藏民把自己的利益让给了别人。若不急筹抵制方法，利权将会更加外溢，藏民的损失也会越来越大。还有墨竹工卡、拉里等地所产竹木非常多，藏民也难以转运，又不知设法制成器皿，以利民用，以致腐朽空山，竟成弃物，实在可惜。有鉴于此，联豫指示藏族官员，先选派藏民中明白子弟 20 人、头目 1 名，送四川省劝工局学习工艺，一切经费由他自己捐廉发给，以便将来艺成归藏振兴工务。联豫还认为，要振兴工务，除派人学习外，更重要的还是罗列标本。于是，他又开设陈列所 1 处，派人监理，讲解各种物产的质性，以及一切制作的方法。咨行四川省劝工局，备取各种陈列品，驮运进藏，陈列展览，以便藏民参观学习。

第二是开辟商埠。光绪三十四年（1908）九、十月，西藏开办了江孜和亚东两个商埠。宣统元年，联豫又派人前往噶大克进行测量调查，不久，噶大克也开办了商埠。江孜、亚东、噶大克开埠通商后，随即自办税关，有关管理人员由驻藏大臣联豫札委。宣统元年，江孜关改为分卡，归亚东税务司管理，由亚东派一查验委员前往负责稽查等事。噶大克设立分关，亦归亚东税关管理，由亚东派一副税务司驻在那里，办理一切事宜。[②] 江孜、亚东、噶大克税关的设立，对西藏开展对印贸易，由印度进口茶叶、百货，向印度出口羊毛、皮张、药材，从而为发展西藏经济起到了一定作用。

第三是整修道路，以利运输，以便行旅。宣统二年四月，联豫提出由前藏至察木多为东路，有 2600 余里，分为 32 站。联豫准备遴派熟悉工程的

① 《张荫棠奏牍》卷 3、卷 5。

② 参阅朱先华《清末西藏新设机构及其活动概述》，《中国藏学》1988 年第 2 期。

人员，逐段勘验，进行修建，道路以宽 1 丈 5 尺、能行牛车两辆为标准。在有河流的地方，则修桥梁。为此，他派了汉、藏官员携带工匠先去查看路情，以便估计工程造价。

第四是接收电线，以固主权，而赴事机。西藏山川险阻，交通困难，军书文报专恃驿递，经常延误，影响很大。光绪三十年英军入藏后，自亚东至江孜接有电线，以至于后来藏中机要事件，全赖英线传递，造成电报费外溢，利权随主权一起丧失。光绪三十四年议订藏印通商章程第六款内载：中国电线，若已接修至江孜，则英国可酌量将由印边界至江孜电线移售与中国。当时，四川省电线已接展到巴塘，联豫遂奏请由西藏兴工，与巴塘接连电线以通消息。但由于一些人心存疑虑，多方阻挠，没有办成。宣统二年十一月清政府调川兵进藏后，西藏情况大变，凡电线经过地方，都派兵巡护，并责成西藏头目人等照料。在这种情况下，联豫认为接通西藏电线的时机已经成熟，便上奏提出，建设西藏电线。巴塘至察木多一段，已由边务大臣赵尔丰筹议兴建，联豫遂派人测量自察木多至拉萨，又自拉萨至江孜的线路。虽然这段电线当时没有架设成，但是为后来西藏电信事业的发展奠定了基础。不过，从联豫的奏报中可以看出，驻藏大臣衙门至西大关约 30 里的电线路已经接通，"传电灵捷"，效果很好。①

第五是筹办西藏邮政业。宣统元年，清廷邮政总局曾派人前往拉萨，筹办西藏邮政业，培训邮政人员。宣统二年，拉萨邮政系统开始有了组织，联豫便命原有塘兵驿站并入邮政系统。宣统三年，由于联豫的支持，拉萨设立了邮政局，察木多、亚东、江孜等地也都设立了分局，西藏的邮政事业有了进一步的发展。②

在新疆，主要是广开利源，注意农蚕林牧渔全面经营，开矿藏，办局厂（场），成立公司，发展商业和通信业等。

第一是农蚕林牧渔全面经营。新疆新政实施后，在兴修水利、发展苗圃方面取得了较好的成绩。吐鲁番的棉花柔软洁白，1 年可产 300 万斤，光

---

① 吴丰培主编《联豫驻藏奏稿》，第 158—159 页。
② 参阅成崇德、张世明《清代西藏开发研究》，北京燕山出版社，1996，第 182 页。

绪二十九年以后，输往俄国，岁值五六十万两。① 光绪三十三年，新疆布政使王树枏考察了南疆的蚕桑业，并派人具体经营，改革蚕具，改良蚕树种，完善养蚕方法。结果，和阗境内有桑树 200 万株，每年销往英、俄两国的茧 27 万斤，值银 7 万余两，丝 8 万余斤，值银 12000 余两，全境内织户 1200 余家，每年织夏绸 3 万余匹。莎车年产茧丝 3 万斤，叶城 10 万余斤。光绪三十四年，皮山土茧出口销量 32 万余斤，售银 61000 余两。就整个南疆而言，茧丝最高产量可达 70 万斤。② 在林业方面，吐鲁番城西建有农林试验场，试种桃、杏、榆、柳等，成活率很高。库车杂植桃、杏、沙枣、香梨，每年获利几与产粮相等。叶城桃、杏、桑、榆、杨柳、石榴，年产值数千两。③ 在迪化、皮山、焉耆、阜康、和阗等地，也创办有农林试验场和实业讲习所。和阗、疏勒、皮山、库尔喀喇乌苏等地还分别设立了蚕桑和农林业学堂及讲习所，培养的学生除自己试种谷物、瓜类、桑棉、果树外，还经常分赴各地进行考察，指导生产。据清廷农工商部统计，到宣统二年（1910）七月，除农林试验场外，新疆还举办了农林讲习所、农务研究所、水利公司等，栽种成活树已达数百万株。④ 在畜牧业方面，据光绪三十二年调查，仅巴里坤东厂一地，就有马 4500 余匹。畜牧业的兴旺带动了皮革业的发展。库车羊皮，温宿、莎车马、牛皮张，每年出口价值 10 余万两白银。全疆牧产出口总额在白银 400 万两以上。

第二是开矿藏。新疆有丰富的矿产资源，"固有振兴实业之资"。⑤ 新政期间，新疆产生了一些采用机器生产的工矿业。光绪二十八年（1902），喀什噶尔道袁鸿佑请仿照漠河金矿章程，官商合资设立保利、保大、保源、保兴四个金矿厂，官家认筹股银 2 万两，招集商股 1 万两。开办后不到两年，炼成条金 4770 余两，销往北京、上海等地，共获利 4 万余两。⑥ 塔城喀图金矿，实施新政以后，巡抚潘效苏发官本银 2 万余两恢复开采，坚持生

---

① 《新疆图志》卷 28《实业志一·农》。

② 《新疆图志》卷 28《实业志一·蚕》。

③ 《新疆图志》卷 28《实业志一·林》。

④ 《宣统政纪》卷 39，宣统二年七月丁巳。

⑤ 《新疆图志》卷 28《实业志·序》。

⑥ 《新疆图志》卷 29《实业志二·矿》。

产 3 年。此外，四棵树银矿、于阗金矿、拜城铜矿、吉木萨尔铁矿等也相继开采。特别值得指出的是乌苏独山子石油矿。"光绪三十三年，新疆大吏惩前事之失，谋以全力专办一二矿，改用机器新法，以为之倡。遍察南北疆诸矿，惟石油之富，利擅五洲，欲借此以抵制俄美外来之利，乃委员采取西湖一带石油石蜡矿质赍赴俄国工厂，考验大佳，始建厂购机试办。"① 独山子石油矿是新疆第一座采用机器生产的石油矿井。

第三是办局厂（场）。光绪三十二年七月，有人奏："陕甘新疆三省物产丰盈，民智未开，请敕办工艺局。"于是，新疆迪化、和阗、洛浦、皮山、库尔喀喇乌苏等地先后设立了工艺厂、劝工所、工艺局、工艺会、织造局、实业讲习所等。这些厂所局会，根据当地人民生活所需，"分别教授，酌量制造"。② 还有的使无业人"入所研习，颇能占一技自赡"，③ 取得了一定成效。光绪三十四年（1908），阿克苏道请在温宿增设习艺所，此后新疆工艺日新月异，智创巧述成效日著。巡抚联魁曾为工艺局厂酌订章程大纲 12 款，子目 55 条，"以冀挽回利权，开导民智"。④ 迪化的工艺局曾"遣吏如俄德各国考求工艺，延匠购机以归，于是更革旧制，拓地建厂，安置机器"，⑤ 生产石油、石蜡、火柴、电灯、强碱等，反映了工艺局生产达到了一定水平。在创办工艺局厂的同时，伊犁、喀什、和阗、哈密、拜城、吐鲁番等地，还设立了艺徒学堂，为工艺局厂输送人才。

第四是成立公司。长庚在伊犁创办了制革有限公司，原为官商合办，后来改为商办。经营者是维吾尔族商人、大牧主玉山巴依。机器从德国购进，技师从德国和俄国招聘。该公司有工人 100 多名，大多是维吾尔族，年产 1 万张大皮，资金曾发展到 30 万两。⑥ 鉴于蒙古、哈萨克牧放马牛羊只，所收皮毛转售俄商，盘剥受欺，光绪三十一年五月，伊犁将军马亮奏请创办伊犁皮毛公司，以收回利权。为防止俄商从蒙古、哈萨克贱价收买，贩

---

① 《新疆图志》卷 29《实业志二·矿》。
② 以上见《清朝续文献通考》（二），卷 113。
③ 钟广生：《新疆志稿》卷 2。
④ 《清德宗实录》卷 588，光绪三十四年三月丁未。
⑤ 《新疆图志》卷 29《实业志二·工》。
⑥ 曾问吾：《中国经营西域史》，新疆地方志总编室，1986 年排印本，第 734 页。

运出洋，蒙、哈受其愚弄，宣统二年，塔城也设立了官商合办的皮毛公司，用砖茶、缯布换取牧民的皮毛或羊羔，再出口外销。① 光绪三十二年八月，设立伊塔茶务公司，"以济蒙哈日用，而防俄茶倒灌"。②

第五是发展商业。新疆建省后，巡抚刘锦棠采取了一系列措施，设邮驿亭障，以通商路，新疆商业才有所发展。特别是古城，处四塞之地，秦、陇、湘、鄂、蜀的商人自嘉峪关至哈密一路来到这里，燕、晋商人从归化至蒙古一路来到这里。而从古城往西北可到科布多，循天山而北取道绥来可到伊犁、塔城，循天山而南取道吐鲁番可到疏勒、和阗。因而古城成了新疆商务的中枢，集结了由内地运来的茶、纸、瓷、漆、竹木以及绸缎等，这些货物再从这里运到新疆各地。随着商业的发展，迪化、伊犁、库车、和阗、吐鲁番、喀什噶尔、塔尔巴哈台等地陆续成为商业都会。清末新政改革期间，新疆内外贸易情况发生了很大变化，特别是在对外贸易中，英、俄等国企图通过商业贸易占据新疆市场，加强对新疆的经济侵略。在这种情况下，清廷设立商部，颁新律以维商政。具体到新疆，考虑到以往的商人大都缺乏全局意识，不懂商学，甚至同利相倾，同害不相援，为了使他们能通识大体，了解外情，重公益，光绪三十三年，在乌鲁木齐设立了商务局，次年又设立了钱局，发行纸币，这对促进新疆商业的发展起到了一定作用。

第六是发展通信业，包括邮政和电报。先说邮政业。鉴于"自非亟谋交通，无以保固有之利权，非速兴邮政，无以杜后日之觊觎"，③ 新疆巡抚经过和有关官员会商，决定从东、北两路试办邮政，逐渐推广。宣统元年十二月，省城总局开办，东、南、西各分局也相继成立。东路设古城、哈密、安西州3分局，南路设鄯善、吐鲁番、七角井3分局，西路设精河、塔城、库尔喀喇乌苏、伊犁惠远城4分局。局中办事细则及人事等规章制度，全部仿照内地通行章程。再说电报业。新疆电报业在清末新政期间有所发展。光绪三十年，巡抚潘效苏奏设迪化至古城电线，认为"古城为省城天

---

① 《新疆图志》卷28《实业志一·牧》。
② 《清德宗实录》卷587，光绪三十四年二月壬戌。
③ 《新疆志稿》卷3。

山以北屏障，北通蒙古，东通归化、包头、京城、天津等处，地面辽阔，行旅往来络绎，兼以驻防满营暨奇台县治移设于斯，商贾云集，民杂五方，控制抚绥，最至紧要"。于是，该线从迪化经阜康、孚远到达古城，全线长400里，"全疆边报迅捷，瞬息万里"，[①] 所起作用显而易见。宣统二年（1910），从绥来到阿尔泰的线路也已接通。新疆电线总长 1 万余里，除迪化总局外，还有安西、哈密、绥来、库尔喀喇乌苏、精河、伊犁、塔城、古城、吐鲁番、焉耆、库车、温宿、巴楚、喀什噶尔等分局。

第四节　编练新军和实行警政

清末新政期间藩部的军事变革，各地区不尽相同。

在蒙古，主要是筹练新军和加强边防。首先是筹练新军。在内蒙古，光绪二十八年正月，绥远城将军信格、归化城副都统文瑞提出"改练新军""振兴戎政"的计划。[②] 同年三月，喀喇沁多罗杜棱郡王贡桑诺尔布上奏"练兵筹饷"办法。[③] 十二月，察哈尔都统奎顺在蒙旗中挑练马队，请由袁世凯北洋军中拨解枪支弹药。[④] 光绪三十年三月，绥远城将军贻谷提出土默特常备军"改练新操，购买快枪""整顿营伍"的计划。[⑤] 宣统元年十二月，科尔沁郡王棍楚克苏隆也开始"训练蒙兵，以固边圉"。[⑥] 到清朝灭亡前夕，归化、绥远已经有了新式陆军步骑 3 个营，察哈尔也建立了配备新式枪支的蒙旗马队，一些新建立的府县也有了新式武装。在外蒙古，光绪二十七年十二月，科布多参赞大臣瑞洵在上奏科布多应办事宜中，就有"练兵"一项。[⑦] 光绪三十二年二月，科布多帮办大臣锡恒为加强阿尔泰边防，

---

① 中研院近代史所编辑出版《海防档》"电线"，第 2499—2500 页。
② 《清德宗实录》卷 493，光绪二十八年正月戊辰。
③ 《清德宗实录》卷 497，光绪二十八年三月乙丑。
④ 《清德宗实录》卷 509，光绪二十八年十二月乙亥。
⑤ 《清德宗实录》卷 528，光绪三十年三月辛卯。
⑥ 《宣统政纪》卷 39，宣统二年七月丁巳。
⑦ 《清德宗实录》卷 491，光绪二十七年十二月戊戌。

提出整顿军队、调整武器装备的计划。^① 光绪三十三年四月，科布多组练了马炮各队，从袁世凯北洋军"拨发毛瑟马枪以应急需"。^② 十一月，为加强防务，阿尔泰地区也开始"招练马队"。^③ 到光绪三十四年正月，科布多地区"安设巡警兵丁著有微效"，受到奖励。^④ 四月，又"添练巡防队以备缉捕"。^⑤ 库伦办事大臣三多为筹练新军，还委派日本士官学校炮工毕业生唐在礼为兵备处总办，招募马队、机关炮营。库伦还成立了巡防马队和警察所，以维护社会治安。^⑥

其次是加强边防。清廷在外蒙古加强边防的措施，一是驻军屯田。以科布多地区为例，这里共有 10 屯驻军，种植小麦、大麦和青稞等农作物。10 屯共有耕地 100 余顷，除去籽种粮，可收获粮食 6000 余石。^⑦ 良好的收成，为当地驻军防守边疆地区提供了物质基础。二是加强卡伦的驻守和巡查。科布多参赞大臣管辖的 8 座卡伦，每卡伦原来只有 10 名士兵，在"俄人每以越界侵占为能，得步进步，已成惯技"的情况下，科布多卡伦每卡都增加了蒙古兵戍守，结果，"俄只对垒相持，究未深入"。^⑧ 除了加强卡伦的防守兵力外，执行卡伦的巡查制度也更加严格。宣统二年五月，库伦办事大臣三多上奏派员巡查外蒙古卡伦的情况时写道："臣等所属喀尔喀四部落，与俄罗斯毗连之四十七卡伦，向于每年春秋两季派员巡查，历经办理在案。本年春季派协理台吉车林多尔济、扎兰绰克索木等分往巡查。当饬认真稽查，不得虚应故事。去后，嗣据该员等报告，遵将恰克图东西两路，东自黑龙江巡抚所属卡伦起，西至乌里雅苏台将军所属卡伦止，与俄罗斯接壤四十七卡伦逐一巡查，各该卡伦官兵器械均属齐备，俄罗斯等安辑如

---

① 《清德宗实录》卷 555，光绪三十二年二月己丑。
② 《清德宗实录》卷 572，光绪三十三年四月庚辰。
③ 《清德宗实录》卷 583，光绪三十三年十一月丙午。
④ 《清德宗实录》卷 586，光绪三十四年正月甲辰。
⑤ 《清德宗实录》卷 590，光绪三十四年四月丙午。
⑥ 以上见《宣统政纪》卷 48，宣统三年正月壬戌；卷 56，宣统三年六月己丑；《三多库伦奏稿》卷上，《清末蒙古史地资料汇萃》，全国图书馆文献缩微复制中心，1990。
⑦ 瑞洵：《散木居奏稿》卷 17《屯田收获粮石折》。
⑧ 瑞洵：《散木居奏稿》卷 22《具奏卡伦增兵现尚得力未便遽撤折》。

常，开齐道路，亦属平静，现在并无事故。"① 这份奏折比较真实地反映了清末新政期间外蒙古加强边防的情况及效果。

在西藏，主要是训练新军、加强兵备和开办巡警。光绪三十三年正月，张荫棠提出：拨北洋新军 6000 人驻藏，借壮声威，饷械由北洋拨给，归行部大臣调遣，3 年后撤回，改募土勇，以省远戍费繁。不久，他又提出练军筹饷问题。② 同年三月，张荫棠向外务部提出在西藏设立九局，在关于督练局应办事宜中，他提出了比较系统的改革西藏军事的措施，③ 大到军队的编制、装备，士兵的训练、粮饷，小到士兵应配备背包、粮袋，团里应有双筒千里眼、指南针、钲鼓等。只是这些考虑，在实际生活中大多未能付诸实践。

联豫对于西藏军事改革的认识比较实际。光绪三十二年十二月，他在一件奏折中写道："西藏近日危险情形……俄人觊觎于北，暗中诱之以利，英人窥伺于西，近且胁之以兵……时至今日，急起直追，已嫌太晚，若再复因循，后患何堪设想。且西藏之地，南通云南，北连甘肃，东接四川，万一西藏不守，则甘肃、云南、四川俱属可危，而内外蒙古长江一带，亦俱可虑……惟有先行练兵，以树声威，而资震慑。"④ 在这种思想指导下，联豫提出：拟照练兵处新的章程，练兵 6000 人，以 1000 人驻察木多，以 3000 人驻前藏，以 2000 人分驻靖西、后藏、江孜等处，有事则察木多之兵固可应调，即川滇边务大臣与川省之兵，亦俱可以接应。⑤ 为了落实练兵计划，光绪三十三年，联豫开始分调各将弁，光绪三十四年春夏间，各将弁一律到藏。宣统元年三月，川、粤两省的拨款有一部分已经解到，于是，联豫先练达木兵 1 营作为示范，然后再从三十九族选练逐渐扩充。⑥

宣统元年冬，钟颖率川军抵藏。宣统二年正月，联豫奏准设立督练公所，作为西藏专门编练新军的机构。督练公所设督办 1 人，由驻藏办事大臣

① 《三多库伦奏稿》卷上《派员查阅喀尔喀卡伦折》，《清末蒙古史地资料汇萃》。
② 《张荫棠奏牍》卷 2。
③ 《张荫棠奏牍》卷 3。
④ 吴丰培主编《联豫驻藏奏稿》，第 14 页。
⑤ 吴丰培主编《联豫驻藏奏稿》，第 15 页。
⑥ 吴丰培主编《联豫驻藏奏稿》，第 53、78—79 页。

联豫兼任，下设兵备、参谋、教练 3 处。西藏兵备处设立后，便开始编练军队、布置驻防。联豫鉴于"西藏外逼强邻，内多奸宄，一日无兵即一日受侮，一处无兵即一处梗化"的状况，[①] 首先对入藏川军进行调整，将 1000 多人编成步队 3 营、马队 1 营、炮队 1 队、军乐 1 队。考虑到将弁稍多、士兵人数稍有不敷，他又派人到内地招募士兵，同时陆续押饷进藏。其次，对部队驻地重新进行规划，权其缓急，统筹兼顾。在东路拉里、江达、工布等处，抽拨步队 1 营驻扎；在西路曲水北路哈喇乌苏等处，抽拨步队各 2 队驻扎；后藏扎什伦布抽拨步队 1 营驻扎；三十九族内毕鲁地方，也补足步队 1 队驻扎。所有驻扎部队均责成保卫僧俗，认真操防。其余各营暂驻前藏，作为机动部队，分门训练。

宣统三年正月，联豫提出裁撤驻藏制兵，腾出饷项改设员缺、添练新军，以杜虚糜而求实际。西藏原设察木多、前藏、靖西游击各 1 员，后藏都司 1 员，前藏、定日守备各 1 员，察木多、硕般多、前藏、靖西千总共 6 员，察木多、拉里、前藏、后藏、定日、靖西把总共 6 员，恩达、边坝、江达、前藏、后藏、定日、靖西外委共 13 员。联豫认为：除察木多已划归边属，应由边务大臣奏明办理外，所有自恩达以西，共计绿营官弁马步兵丁尚存 1000 余名，应一律裁撤。凡游击以下各员，拟请旨全部开缺，分别留藏、回川，酌加录用。兵丁中有精壮者，仍另投充陆军，或编入巡警，老弱者酌给恩饷，听其自谋生业。如系四川人，另给裹带银两，以示体恤。对于驻藏大臣衙门的卫队，联豫也提出应按陆军营制，添设护军官 1 员，先锋官 1 员，并改设弁目、马弁、护目、护兵。联豫提出的上述裁撤制兵、改设员缺、添练新军的各项措施，均被清廷批准实行。

在西藏训练新军、加强兵备期间，西藏巡警的建设也得到了加强。张荫棠在查办藏事过程中，提出西藏应设立九局，其中就有巡警局。宣统元年三月，联豫奏请在江孜、亚东两商埠设立巡警，以固主权。原来，藏印通商章程第 12 款第 3 条开载，中国在各商埠及往各商埠道中筹办巡警善法，一俟此种办法办妥，英国允即将商务委员之卫队撤退，并允不在西藏驻兵，

---

① 吴丰培主编《联豫驻藏奏稿》，第 114 页。

以免居民疑忌生事。① 因此，联豫提出：现在商埠既开，况江孜、亚东两处地当冲要，巡警自应亟办，庶英国卫队可期如约撤退，免贻口实，固我主权。联豫考虑，江孜、亚东设立巡警后，由于财政困难，汉人不多，语言各别，副目和巡兵可由藏人充当，正目以上及司法并局所各员，则以四川调人及光绪三十四年所设警察学堂毕业的汉族学生充当。宣统二年二月，拉萨设立了巡警总局，有步警兵 140 名，马警兵 24 名，开始站岗巡逻。

在新疆，主要是编练新军和实行警政。关于编练新军。新疆"据关陇上游，为燕代屏障，内控藩部，外逼强邻，此用武之地，不可一日无兵"。②新政实施后，光绪二十九年，巡抚潘效苏上奏，请遣散内地客勇，改练土著世袭兵，以固边防而舒饷力，③ 后因无饷未能实行。光绪三十年七月，他又上奏，提出新疆标营关饷过多，应汰弱留强，以清积欠而免哗溃。据此，清廷对新疆军制进行了调整，完全由标营代替了勇兵。光绪三十三年五月，新疆巡抚联魁督同布政使王树枏，按清廷的有关章程，对新疆军队进行了改编，由巡防队代替了标营，这一定程度上适应了"新疆外临强邻，内统诸部，绝域安危，动关全局"的形势，改变了"营不成营、旗不成旗"的状况。④ 新疆兵制的上述两次变化，都发生在新政改革期间。正是在这样的变化过程中，"参用西法，汰标兵，练新军，为固圉绥边之计"，⑤ 新疆产生了近代化的军队——新军，也称陆军。

新疆编练新军，始于巡抚吴引荪任职期间。光绪三十一年八月，吴引荪任新疆巡抚，他认为前巡抚潘效苏编练的土著世袭兵，废弛了边防，苦累了百姓，应当停止而改练新军。于是，调人会聚省城，选将领，聘教习，按照新的章程认真编练，尽力除去营勇旧习。联魁接任巡抚后，在新疆原有续备步队五营、左右翼马队六旗的基础上，挑选裁并而成新式陆军。光绪三十二年（1906）九月，伊犁将军长庚也开始在伊犁编练新军，到宣统元年已成 1 协，逐渐成镇。伊犁新军士兵一部分是从陕甘等省招募来的，也

---

① 吴丰培主编《联豫驻藏奏稿》，第 74 页。
② 《新疆图志》卷 49《军制志·序》。
③ 《新疆图志》卷 106《潘效苏请遣散客勇改练土著世袭兵折》。
④ 以上参见《新疆图志》卷 53《军制志三》。
⑤ 《新疆图志》卷 49《军制志一》。

有的是从湖北等省调来的步兵、炮兵、工程兵等。编练成的新疆新军体制是，由巡抚兼摄督练处督办，下设兵备、参谋、教练3处，各设参议官、文案、总办等员。光绪三十三年七月，清廷陆军部拟定全国陆军为36镇，新疆为1镇，限3年编练足额。到宣统元年（1909）正月，新疆新军除上年改编马步炮队外，又添编工程队1队、马队1营。

新疆实行警政，始于光绪二十九年。当年巡抚吴引荪将省城保甲改编为巡警，共设立7局、72处警棚，每棚驻兵4名。① 光绪三十年，巡抚潘效苏以"辖境辽阔，不敷分布，议设巡警兵，以资防御"，② 从此新疆全省开始设立巡警，但只是规模粗具，未能遽臻完善。光绪三十二年，新疆巡警重加整顿，并拟订章程30条。③ 光绪三十四年，巡抚联魁因巡防步队可抽六营额饷，奏请招练巡警，获得清廷允准。新疆省城以外府厅州县共39属，分为最要、次要、中要三等，每属各设巡弁、巡记、教习、巡丁、巡目、巡兵、伙夫不等，总计设巡弁兵夫1530人，合计全省巡警共2560名。④ 宣统二年八月，王高升率众纵火延烧市面事件发生后，经过整顿，新疆巡警始规仿西方警察章程，各街配置岗位，巡兵日夜分班站岗，改变了以往"并未设有站岗，警兵各称虽易，而保甲之积习未汰"的局面。新疆设立警政的目的，"重在联络乡村，互相保卫"，"共保治安"。⑤ 新疆巡警制定了比较完备的章程，对职务、权限、赏罚、纪律等都有明确规定，从而保证了巡警工作的正常进行。

第五节　发展文教卫生事业

清末新政期间，藩部的文教卫生事业得到发展，这表现在兴办学堂、创办报纸、选派留学生和创办卫生局等方面。

---

① 《新疆图志》卷40《民政志一·巡警一》。
② 《新疆图志》卷53《军制志三·巡警一》；《新疆图志》卷40《民政志一·巡警一》。
③ 《清德宗实录》卷555，光绪三十二年闰四月甲戌。
④ 《新疆图志》卷51《军制志三》。
⑤ 以上见《新疆图志》卷40《民政志一·巡警一》。

在蒙古，无论是封疆大吏，还是蒙古王公，都比较重视兴建学堂，"兴学以迪蒙智"，"振兴教育以开民智"，[①] 成为共识。首先在蒙古城镇。光绪二十九年（1903），在归绥兵备道胡孚宸主持下，归化城古丰书院改建成归绥中学堂，设历史、地理、数学、物理、化学、外语等课程，有理化实验仪器室，并附设师范班。[②] 此外，还创办了几所新式初等小学堂。光绪三十年，绥远城将军贻谷把绥远城启秀书院改办成绥远中学堂，后来又创办了5所初级小学堂，接收八旗子弟入学。绥远中学堂还开设满蒙文班，附设高等小学堂，招收乌兰察布盟、伊克昭盟所属蒙旗子弟入学。光绪三十二年，贻谷会同归化城副都统文哲辉把土默特启运书院改建成高等小学堂，又另设一蒙养学堂，后被三多改建成第一初等小学堂，还增设了第二初等小学堂。[③] 麟寿任归化城副都统时，在高等小学堂内附设满蒙文科，培养通译人才。[④] 奉天也创设了蒙文学堂，后改为蒙文高等学堂，招收哲里木盟各旗子弟入学。光绪三十三年，呼伦贝尔创建了初等小学堂，后来扩建成两等小学堂，专收索伦、巴尔虎各旗子弟入学。光绪三十四年，齐齐哈尔创办了满蒙师范学堂，附设小学堂，招收扎赉特、郭尔罗斯、杜尔伯特等旗子弟入学，学习满蒙汉文。库伦也设立了蒙养学堂，专习满、蒙、汉语言文字。宣统二年，乌里雅苏台城创建了一所初级师范学堂，招收外蒙古赛音诺颜等部及乌梁海学生学习满、蒙、汉文，学有成效后，即令回旗转授。[⑤] 其次在蒙古盟旗地区。光绪二十八年十月，内蒙古卓索图盟喀喇沁右旗，郡王贡桑诺尔布创办了崇正学堂，光绪皇帝赏有匾额"牖迪蒙疆"，招收学生100 余人，学习科目有国文、蒙文、算术、修身、农学、商学、历史、地理、图画、体操、唱歌等。归化城土默特左旗，光绪三十三年创办 1 所高等小学校，学额 80 名，分甲、乙两班，课程有国文、算术、修身、理科、历史、地理、图画、体操、唱歌等。光绪三十四年创办 1 所国民学校，学额30 名，教授国文、算术、修身、理科、图画、手工、体操、唱歌等。宣统

---

① 《宣统政纪》卷 18，宣统元年七月癸亥；卷 27，宣统元年十二月庚寅。

② 《呼和浩特一中校史》，《呼和浩特史料》第 2 辑，呼和浩特市地方志编修办公室，1982。

③ 贻谷：《绥远奏议》，"筹土默特蒙小学堂经费片"。

④ 《宣统政纪》卷 63，宣统三年九月辛巳。

⑤ 《宣统政纪》卷 29，宣统二年正月辛亥。

二年，科尔沁右翼中旗设学校 1 所，有学生 40 名，教师 1 名；扎赉特旗也设学校 1 所，有学生 30 名；郭尔罗斯前旗，设立初等小学 2 处，共有学生 40 名；杜尔伯特旗，有高等小学堂 1 处，学生 20 名。以上学校都教授满、蒙、汉三体文字。外蒙古盟旗地区，各盟均设立 1 所满蒙小学堂，各招学生 30 名；每旗设蒙养学堂 1 所，专收本旗子弟。学习的内容是蒙字蒙文。①

光绪二十八年十月，贡桑诺尔布设立崇正学堂时，还建立了图书室，藏有《古今图书集成》《佩文韵府》等书。他还创办了石印蒙文报纸《婴报》，隔日出版 1 张，刊登国内外重要新闻、科学常识，以及各盟旗动态。该报在北京、奉天设立了总馆和分馆。光绪三十四年，三多在归化城也创办了 1 座图书馆，除科学图画书不计外，馆藏经史子集图书 14400 余卷。②

还应提及的是，宣统元年五月，库伦办事大臣延祉在库伦设立了牛痘局，兼治杂症，聘请的是俄国医生。三多任职后，改牛痘局为卫生局，并把原来的施医院和戒烟公所并入，规模有所扩大，还在西库伦添设了分局。

在川边和西藏。首先是川边。光绪三十三年八月，赵尔丰上奏在打箭炉设立学务局，作为兴学的总汇之区。宣统二年十一月，打箭炉直隶厅成立了教育会，作为厅属教育行政的辅助机关，以普及本厅教育为宗旨。宣统三年五月，稻城委员提出设立教育研究会，以促进教育改革和进步。打箭炉成立了师范传习所，每学期造就 2 班，每班 40 人，后来改为藏语专修学堂。随着各种教育机关及师范传习所的设立，川边许多地区开办了学堂。这些学堂有普通、专业、实业等区别。普通学堂主要是教授语言、普及文化知识。专业学堂是教授专门知识。实业学堂则教授具体的业务知识。从光绪三十三年到宣统二年，川边地区男女官话学生毕业 26 堂，总计 848 名。宣统二年，开初等小学 14 堂，女子初等小学 3 堂，官话 40 堂，女子官话 8 堂，实业学校 3 堂，专门通译学校 2 堂，共计 70 堂，男女学生 1949 名。③川边地区官印刷局的设立，对兴办学堂、发展教育起了促进作用。宣统二年七月，巴塘成立了官印刷局，购买机器，从内地招印刷工匠、雕刻工匠，

---

① 《宣统政纪》卷 29，宣统二年正月辛亥。
② 参阅李希泌、张淑华编《中国古代藏书与近代图书馆史料》，中华书局，1982，第 168 页。
③ 《清末川滇边务档案史料》下册，第 712 页。

印刷学堂书籍等，比较及时地满足了各种学堂对课本的需要。川边地区向无医药，实施新政以后，光绪三十三年，赵尔丰派人从内地购买了大量药材，又选派了许多医生，在理塘、乡城、巴塘、盐井等地开设药铺，给人看病。光绪三十四年，还从内地延请牛痘科医生，派往理塘、巴塘、乡城、盐井等地为民间藏族儿童种牛痘，给患痘症的藏民医治。光绪三十四年至宣统元年，还分别在理塘、巴塘、定乡、盐井、稻坝、德格、河口、登科等地设立医药局，诊治施药。

在西藏。光绪三十三年正月，张荫棠在致外务部电陈治藏刍议中，提出设汉藏文白话旬报，以激发藏族人的爱国心，增进新知识。三月，在议设西藏应成立的九局中，有学务局。张荫棠颁发的《训俗浅言》和《藏俗改良》，强调要博学，要设学堂学习各种知识。[①] 光绪三十三年十一月，在有关西藏的善后事宜折中，张荫棠又提出宜广设汉文蒙小学堂。[②] 这一切为联豫改革奠定了基础。

联豫对西藏文教卫生事业的改革，概括说来，有以下几方面。第一，设立学务局。光绪三十三年，在联豫主持下，西藏成立了学务局，[③] 为西藏兴学奠定了基础和准备了条件。第二，创办学堂。光绪三十三年，联豫在达木设立小学堂 2 处，教汉文、汉语以及浅近论说、算学。[④] 到宣统元年三月，联豫在西藏兴办学堂共 16 所，程度有蒙、小之别，经费亦有多寡之分，全系自己捐廉，从未动用公款。[⑤] 为了解决翻译问题，并使在藏的汉人能认识藏文、藏人能认识汉文，光绪三十三年，联豫还创办了藏文传习所和汉文传习所各 1 所，选择汉人子弟 10 余名专学藏文，选派藏人子弟 20 余名专学汉文。[⑥] 据西藏学务局宣统三年（1911）向学部报送的材料，清末新政期间，西藏共创办了 21 所学堂，学生总数达 500 余名。[⑦] 除以上所述外，西

---

① 以上见《张荫棠奏牍》卷 3。
② 《张荫棠奏牍》卷 5。
③ 参阅朱先华《清末西藏新设机构及其活动概述》，《中国藏学》1988 年第 2 期。
④ 吴丰培主编《联豫驻藏奏稿》，第 42—43 页。
⑤ 吴丰培主编《联豫驻藏奏稿》，第 80 页。
⑥ 吴丰培主编《联豫驻藏奏稿》，第 36—37 页。
⑦ 参阅赵云田《清末新政研究》，第 284—286 页；朱先华《清末西藏新设机构及其活动概述》，《中国藏学》1988 年第 2 期。

藏还设立了武备学堂，亦称陆军小学堂，有学生 40 余人，一年毕业。第三，发行白话报。光绪三十三年（1907），联豫创设白话报馆，参仿四川旬报及各省官报办理，以爱国尚武、开通民智为宗旨，通篇全译藏文，以便于藏民阅览。正好张荫棠来藏查办事件带来 1 台石印机器，联豫便自己捐廉，将第一期白话报印刷出来，发送给西藏有关人士。报上刊载的内容有上谕，奏议，四川、西藏公牍，西藏近事、论说，各省学务、农工、商贾、路矿、军政情况，国外新闻，各报演说及专稿。据了解，社会各界反映效果较好。① 第四，开设译书局。光绪三十三年十月，联豫从印度购买了铝铸藏文字母及印刷机器全份，又选择民房一处安装机器，并派汉藏官员共同经理译书局事务。译书局首先印刷了《圣谕广训》一书，随后准备印刷有关实学实业的书籍。② 第五，创设施医馆。光绪三十三年春，西藏疾疫流行，短时间内就死了 700 多人。联豫了解到这一情况后，创设了施医馆 1 所，"以济贫乏之无力医药者"，还兴建了 10 余间房屋，以备病人居住，派专人进行管理。又捐资从广东省买回许多药。无论汉人、藏人，穷人、富人，都可以到施医馆接受医治。施医馆开馆后，每天都有几十人前去看病，并且大多数人能治愈。③

在新疆。新政改革期间，清廷强调"兴学育才，实为当今急务"。④ 为此，新疆设立了各级兴学机构。光绪三十二年（1906），以留日归国的杜彤充任新疆提学使，负责教育行政，稽核学校规程。杜彤提出了"求普不求高""以次渐进"等原则，⑤ 又设立了劝学所，作为提学使的下属机构，具体负责各地兴学事宜。光绪三十四年，新疆各地的劝学所已达 30 余处。于是，巡抚联魁在行馆东院创设学务公所，"以为阖省学务总汇之区"，⑥ 加强对新设学堂的管理。

新疆兴办的学堂，在迪化，最初有高等学堂，后改为中学堂，内设简

① 吴丰培主编《联豫驻藏奏稿》，第 36 页。
② 吴丰培主编《联豫驻藏奏稿》，第 53 页。
③ 吴丰培主编《联豫驻藏奏稿》，第 195 页。
④ 《清德宗实录》卷 563，光绪三十二年八月庚寅。
⑤ 《新疆图志》卷 38《学校志一》。
⑥ 《清德宗实录》卷 588，光绪三十四年三月壬辰。

易师范班，为全省各地培养师资。有官办省立中学堂，由博大书院改设，初为高等学堂，后改为省立中学堂。有师范馆，后改为初级师范学堂，内附设小学堂。有全省官立中俄学堂，由俄文馆改设。此外，还有由课吏馆改设的法政学堂，以及全省官立实业教员讲习所等。在伊犁，有兴文学校改设的驻防满营两等小学堂，而兴文学校原为养正学堂。还有商务学校、绥定初等小学、宁远初高两等学校、汉回学校、满营义学和女子琼玉学校。塔城设立了养正学堂，招收满、汉、蒙、哈等族上层子弟入学。阿尔泰创办了 2 所初等小学堂。此外，新疆各府厅州县也纷纷设立回、维吾尔族初高两等学校。据不完全统计，到光绪三十四年，新疆全省汉语学堂已达到 80 余所。到宣统二年，全省学生已达 4000 余人。①

新疆在创办学堂过程中，非常注意师范学堂的创办，认为"师范为教育之根基"，是"教育之母"。② 因此，除在迪化设有简易师范班，为全省各地培养师资外，又续办初级师范，推广汉语学堂，设立官话讲习所，以解决师资匮乏问题。在新疆普及教育过程中，以普及文化为主。各府厅州县的学堂，大力推广简易识字课本。为此，许多地方捐田兴学，捐产兴学，在哈密、吐鲁番、库尔喀喇乌苏、阿克苏、乌什、喀什噶尔、玛纳巴什、英吉沙尔、叶尔羌、和阗、奇台、吉木萨尔、阜康、迪化、昌吉、绥来、呼图壁等处，兴办的义学多达 70 余所。据统计，清末新政改革期间，新疆兴办的学堂有 606 所，学生 16000 余名。③

选派留学生是和培养外语人才同时进行的。新疆与俄国等国接壤，外交事务繁多。伊犁将军马亮曾说："满营办事人员，通晓满、汉、蒙、回文义者，固不乏人，然兼通俄国语言文字，熟悉交涉事务者，究难其选"，"若不开通风气，培养才能，诚恐继起无人"。④ 为此，不仅设立了俄文学堂，开设俄文、英文等课程，而且注意选派留学生出国学习。从光绪二十九年（1903）起，伊犁将军府每年都选派 10 名学生到俄国阿拉木图留学。

---

① 《清朝续文献通考》（二），卷 104。
② 《清朝续文献通考》（二），卷 104。
③ 《新疆图志》卷 39《学校志二》。
④ 马亮：《奏陈拟设伊犁养正学堂折》，《宫中档光绪朝奏折》第 17 辑，第 239 页。

　　为编练新军，新疆设立了各种军事学堂。早在光绪二十八年，巡抚饶应祺就在迪化设立了武备学堂，奉旨"认真训练，务除积习，期收实效"。[①]光绪三十一年，吴引苏任巡抚，奏请在武备学堂内附设陆军小学堂，教授普通课及军事教育课，未及开办，联魁继任巡抚。他认为陆军小学堂是造就初级军官的基础，便创办了陆军小学堂，附设速成科。陆军小学堂以新疆布政使、按察使兼摄总办，有监督、提调、教员多名，学生200余名，设修身、国文、外国文、历史、地理、算学、格致、图画、兵学、操练等10门课程。除陆军小学堂外，迪化督练公所内还设有将弁学堂。光绪三十三年，伊犁将军长庚在伊犁也设立了武备学堂，聘请日本人原尚志为总教习。[②] 宣统元年（1909），长庚在伊犁还创办了武备速成学堂。[③]

　　为了培养警官和巡警中的骨干力量，新疆设立了巡警学校。宣统元年八月，迪化设立了高等巡警学堂，学生一年毕业，分到省城以外各属，为二等巡官。宣统二年九月，迪化又设立了巡警教练所，学生也是一年毕业，其中优等生选派为巡长。宣统三年三月，迪化又成立了警务公所，设司法、行政、总务、卫生四科，分科治事。[④]

① 《清德宗实录》卷498，光绪二十八年四月戊子。
② 《新疆图志》卷38《学校志一》。
③ 《宣统政纪》卷21，宣统元年九月戊申。
④ 以上参见《新疆图志》卷40《巡警一》。

第十二章 清代理藩制度的历史作用和局限

本章在前面 11 章的基础上，对清代理藩制度的历史作用和局限进行梳理。概括说来，该作用表现在如下几方面：一是开拓了清代"大一统"的新局面，二是促进了藩部的经济发展和社会进步，三是促进了各民族的经济文化交流和民族融合，四是维护了国家统一和抵御外来势力的侵略。历史局限，主要表现在该制度的阶级性、局限性、隔离性三个方面。

第一节 开拓了清代"大一统"的新局面

"大一统"的理念在中国历史上源远流长，"大一统"的实践在中国许多朝代都有体现，在清朝以前，尤以汉、唐最为明显。一般说来，这种理念和实践，都是强调多民族国家的高度统一和发展。[①] 在清代，"大一统"的理念和实践更多地表现在藩部地区，其实质是如何处理边疆民族问题。因此，探讨满族最高统治者如何处理与藩部的民族关系，有助于人们对清代"大一统"的认识。

一是对"大一统"的认识和实践有了新发展。汉武帝元光元年（前134），董仲舒提出了"大一统"学说："春秋大一统者，天地之常经，古今

---

① 参阅李治亭《论清代边疆问题与国家"大一统"》，《云南师范大学学报》2011 年第 1 期；邹建达《专家学者研讨清代"大一统"与多民族国家形成发展》，《光明日报》2016 年 1 月 20 日。

之通谊也。"① 汉武帝是继秦始皇之后中国历史上第一个在认知和实践上实施"大一统"的皇帝。唐武德二年（619），唐高祖李渊颁布诏书，表示"怀柔远人，义在羁縻"。② 唐太宗即位后，继承和发展了这一理念。他反对"非我族类，其心必异"的观点，提出"夷狄亦人耳，其情与中夏不殊，人主患德泽不加，不必猜忌异类。盖德泽洽，则四夷可使如一家，猜忌多，则骨肉不免为仇乱"。③ 他明确表示："自古皆贵中华，贱夷狄，朕独爱之如一。"④ 对于汉、唐的"大一统"理念，清朝诸帝在认识和实践上不同程度地有所继承和发展。

在努尔哈赤时期，除了处理满族（女真族）本身的问题外，还包括怎样处理和汉族及蒙古族的关系，这里重点探讨和蒙古族的关系。为了解决进攻明朝的问题，努尔哈赤对内蒙古采取了武力和怀柔相结合的政策。当内蒙古与明朝联盟时，努尔哈赤对内蒙古以武力攻打为主；当内蒙古表示归附时，努尔哈赤以怀柔为主，和内蒙古结成联盟对付明朝。努尔哈赤去世前，内蒙古科尔沁等部已经归附后金，这表明努尔哈赤对内蒙古的政策取得了一定成效。皇太极时期基本上沿袭了努尔哈赤的政策，但更倾向于怀柔的一面，使内蒙古最终成为藩部。不仅如此，皇太极还和远在西藏的藏传佛教领袖人物以及和硕特蒙古贵族势力取得了联系。这一切表明，尽管皇太极时期满族贵族建立的政权还只是一个地方性政权，但已具备了"大一统"思想的萌芽。

1644 年清朝定鼎北京后，其最高统治者在对待汉族和其他少数民族方面，在认识和实践中又有了新的发展。顺治皇帝曾说："历代帝王，大率专治汉人。朕兼治满、汉，必使各得其所，家给人足。"⑤ 在和内蒙古的关系方面，清廷仍然采取恩威并用的政策，一方面进行抚绥，另一方面平定内乱，顺治三年（1646）对苏尼特部腾机思反清势力的镇压，是一个例证。在对待西藏方面，顺治皇帝邀请五世达赖喇嘛进京并赐予封号，更表明请

---

① 《汉书》卷56《董仲舒传》。
② 《册府元龟》卷170《帝王部·来远》。
③ 《资治通鉴》卷197，唐纪13，贞观十八年十二月。
④ 《资治通鉴》卷198，唐纪14，贞观二十一年五月。
⑤ 《清世祖实录》卷90，顺治十二年三月壬辰。

廷的"大一统"观在认识和实践上有了新的发展。

康熙、雍正、乾隆年间，是满族贵族"大一统"观在认识和实践上的完善时期。在认识上，康熙皇帝强调"天下一家"。康熙三十年（1691）多伦会盟后，外蒙古归附清廷，成为藩部。对于秦修长城所起的作用，康熙皇帝说：我朝施恩于喀尔喀（即外蒙古），防备朔方，较长城更为坚固。他还进一步说："帝王治天下，自有本原，不专恃险阻。秦筑长城以来，汉、唐、宋亦常修理，其时岂无边患？明末，我太祖统大兵长驱直入，诸路瓦解，皆莫敢当。可见守国之道，惟在修德安民，民心悦，则邦本得而边境自固，所谓众志成城者是也。"① 这里，康熙皇帝把历史上形成的隔断中原内地和北方边疆游牧民族的认识上的长城彻底瓦解了，在清廷"大一统"观形成过程中有重要意义。康熙三十六年平定噶尔丹内乱之后，康熙皇帝针对有人提出河套地方战略上的重要性，发表意见说："若控驭蒙古有道，则河套虽为所据，安能为患？控驭无道，则何地不可为乱？"② 他又说："朕中外一视，念其人（指蒙古人）皆吾赤子，覆育生成，原无区别。"③ "中外一视"，"原无区别"，反映了康熙皇帝的"大一统"理念。雍正皇帝的"大一统"观，较康熙皇帝又有所发展。雍正十一年（1733）四月，雍正皇帝对内阁官员讲了如下一段话："夫中外者，地所画之境也，上下者，天所定之分也。我朝肇基东海之滨，统一诸国，君临天下，所承之统，尧舜以来中外一家之统也。所用之人，大小文武，中外一家之人也。所行之政，礼乐征伐，中外一家之政也。内而直隶各省臣民，外而蒙古极边诸部落，以及海澨山陬，梯航纳贡，异域遐方，莫不尊亲，奉以为主。乃复追溯开创帝业之地，目为外夷，以为宜讳于文字之间，是徒辨地境之中外，而竟忘天分之上下，不且背谬已极哉！"他还说："夷狄之名，本朝所不讳"，"帝王之承天御宇，中外一家，上下一体"，"满汉名色，犹直省之各有籍贯，并非中外之分别也"。④ 在《大义觉迷录》中，雍正皇帝还明确表示：

① 《清圣祖实录》卷151，康熙三十年五月壬辰、丙午。
② 《清圣祖实录》卷183，康熙三十六年五月丙申。
③ 《清圣祖实录》卷184，康熙三十六年七月壬辰。
④ 《清世宗实录》卷130，雍正十一年四月己卯。

"不知本朝之为满洲，犹中国之有籍贯。舜为东夷之人，文王为西夷之人，曾何损于圣德乎？……自我朝入主中土，君临天下，并蒙古极边诸部落，俱归版图，是中国之疆土开拓广远，乃中国臣民之大幸，何得尚有华夷中外之分论哉!"① 雍正皇帝强调"中外一家"，反对"严华夷之辨"。乾隆皇帝即位后，针对大臣奏疏中的不当言辞谕示："蒙古汉人，同属臣民，如有书写之处，应称蒙古、内地，不得以蒙汉字面，混行填写。""今乌灵阿奏折，犹以夷、汉二字分别名色，可见伊等全未留心。""着再行传谕沿边各督府知之，如有仍旧书写之处，朕必加以处分。"② 康熙、雍正、乾隆三帝的上述言论表明，满族贵族最高统治者的"大一统"民族观有了新的提升，"大一统"的理念已经成熟。

随着"大一统"民族观的提升、认识上的明确，在实践上，康熙、雍正、乾隆三帝维护国家统一的行动也更加坚定，对一切分裂国家、损害统一的行为坚决以武力打击。康熙皇帝亲临朔漠，三征噶尔丹，彻底粉碎了准噶尔贵族危害国家统一的图谋。康熙末年，康熙皇帝两次派大军入藏，历尽艰辛困苦，终于驱逐了准噶尔入侵势力，维护了西藏社会的安宁和藏族人民生活的稳定，以及正常的宗教生活秩序，又采取在西藏驻军等措施，使西藏成为清朝的藩部。雍正皇帝平定罗卜藏丹津叛乱，设立西宁办事大臣，使青海蒙古成为藩部。雍正皇帝还根据变化的情况，针对漠西蒙古准噶尔贵族势力对内地的袭扰，时而谈判，时而军事打击，赢得了时间，积累了经验。乾隆皇帝利用漠西蒙古准噶尔贵族内部的分裂，不失时机地采取措施，"此从前数十年未了之局，朕再四思维，有不得不办之势"，③ 先后平定达瓦齐分裂势力、阿睦尔撒纳叛乱、青衮杂布撒驿之变、大小和卓叛乱，最终解决了新疆问题，使漠西蒙古和新疆回部成为藩部，完全实现了藩部的一统，也成就了清朝的"大一统"局面。对此，乾隆二十四年十月，乾隆皇帝说："今幸边陲式廓，万有余里，地利方兴，以新辟之土疆，佐中原之耕凿……所谓一举而数善备焉者，孰大于是。""关门以西，万有余里，

---

①　《大义觉迷录》卷 1。
②　《清高宗实录》卷 354，乾隆十四年十二月戊寅。
③　《清高宗实录》卷 464，乾隆十九年五月壬午。

悉入版图……以亘古不通中国之地，悉为我大清臣仆，稽之往牒，实为未有之盛事。"① 乾隆五十三年（1788）及五十六年，廓尔喀两次入侵西藏，给西藏带来灾难。乾隆皇帝派兵进藏，击败廓尔喀入侵势力，捍卫了国家领土和主权。

综上可见，清代诸帝对"大一统"的体念，到康乾盛世时期已趋于成熟；在实践上，对于危害国家的种种分裂行径，坚决采取军事手段予以粉碎。历史发展证明，清朝统治者对"大一统"的认识和实践，和汉、唐两朝相比，都有了新发展。正如雍正皇帝所说："中国之一统，始于秦，塞外之一统，始于元，而极盛于我朝，自古中外一家，幅员极广，未有如我朝者也。"②

二是理藩制度开拓了"大一统"的新局面。这里仍以汉、唐两朝的西、北边疆和清朝的藩部做比较加以说明。汉朝是我国统一多民族国家进一步形成和发展的时期。这一时期，北方的匈奴族时兴时衰，与汉朝的关系时战时和。公元前58年，匈奴南、北分裂之后，南匈奴直接置于汉朝中央政府的管辖之下，北匈奴也经常向汉朝派遣使节。在西域，当时城郭政权众多，有时36国，有时55国，最初服属于匈奴，后来匈奴势微，张骞通使西域，开通了著名的"丝绸之路"，西域便接受了汉朝政府派遣官吏的管辖。汉朝在中央机构中，以大鸿胪主管边疆少数民族地区事务；在地方机构中，设"使匈奴中郎将"及安定属国等管辖匈奴各部，设西域都护府管理西域，东汉时改名为西域长史府。但是，汉朝对西域及北方各少数民族的统治是不稳定的。从管理机构上说，中央的机构不是专管边疆少数民族事务的，而是兼管；地方的管理机构，比如西域都护府、使匈奴中郎将、安定属国等，对边疆少数民族政权的管理也多属于羁縻性质，比较松散，而少数民族的政治实体还在。汉朝中央政府对边疆少数民族政权的管辖，多采用三种形式。一是通过册封给予封号，二是授节传作为凭证，三是赐印绶作为权力象征。这种羁縻性质的管辖，在中央政府势力削弱时，便失去了作用。正因为如此，在西汉末年，政治腐败，社会经济凋敝之际，西汉政府失去

---

① 《清高宗实录》卷599，乾隆二十四年十月丁酉、辛丑。
② 《清世宗实录》卷83，雍正七年七月丙午。

了对西域的控制。东汉明帝崩、章帝即位时，东汉政权有所变化，西域焉耆和龟兹相继发生变乱，杀害了西域都护陈睦。北匈奴也乘机出兵围困了戊己校尉的驻地。① 这些都表明，汉朝对西、北边疆少数民族的统治是不稳定的。

唐朝是我国统一多民族国家空前强盛的时期。这一时期，突厥活动在唐朝北疆，贞观四年（630）和七年，东、西突厥先后归附唐朝。回纥活动在唐朝西北边疆，贞观二十一年，回纥各部服属唐朝。唐朝在中央机构中，以礼部所辖的礼部司和主客司管辖边疆少数民族事务，在地方机构中，以安西、北庭两大都护府管辖西域，安北、单于两大都护府管辖北疆。② 不过，这种管辖也多属于羁縻性质，并不稳固。唐高宗末年（683），后突厥兴起，唐朝政府失去了对突厥旧地各羁縻府州的控制。安史之乱后，唐朝力量衰弱，唐贞元三年（787）和六年，安西大都护府和北庭大都护府相继被吐蕃攻陷，唐朝失去了对西域的控制。

和汉、唐两朝的情况不同，清朝以理藩制度管辖藩部各少数民族，不是羁縻性质，而是有效的管理，从根本上维护了国家的统一和领土的完整。第一，设立理藩院专管藩部事务。理藩院是清廷特设的专职机构，管理藩部各少数民族事务，这在中国历史上还没有过，具有创新意义。第二，清廷在藩部设立的军府，是清廷管理少数民族事务的当地最高军政机构，集军政大权于一身，其权威性和时效性，是汉、唐的都护府等机构无法比拟的。第三，清廷制定的典章和刑罚制度，是根据少数民族地区的不同情况，以"因俗而治"的原则制定和实施的，具有国家法律的权威性，各少数民族必须遵守，这就从法律上维护了国家的统一。第四，清廷根据少数民族的不同情况，在藩部实行不同的社会制度，既沿袭了各少数民族的历史传统，又反映了清廷的时代特点，做到了历史和现实的统一、中央和地方的一致，从根本上稳定了藩部的社会秩序。第五，封爵制度的实施，既照顾到了各少数民族贵族历史上形成的特殊地位，又体现了清廷对少数民族贵族的要求，使其利益和贡献达到了高度的一致，加强了少数民族王公对清

① 以上参阅赵云田《中国边疆民族管理机构沿革史》第 1 编第 2 章第 3 节。
② 以上参阅赵云田《中国边疆民族管理机构沿革史》第 2 编第 2 章。

廷的向心力，从而稳定了清廷对藩部的统治。第六，朝觐制度的实施，既从宏观的制度上，又从实施的细节中，体现了清廷对少数民族王公贵族的政策，加强了清廷和少数民族王公贵族的联系，有利于边疆和内地的经济文化交流。第七，藩部的驿站和卡伦制度，从交通和兵站的不同角度，把藩部和内地紧紧地联系在一起，既有利于藩部社会秩序的稳定，又保证了边防的安全，巩固了国家的统一。第八，清廷实施藏传佛教制度，既考虑到了广大蒙藏民众的宗教信仰，又考虑到了众多活佛的利益，以及清廷的国家利益，达到了通过宗教维系国家安全和统一的目的。第九，清廷实施备指额驸制度，通过满蒙联姻，巩固了满族贵族和蒙古王公政治上的联盟，有利于边疆地区的稳定和国家的长治久安。对于清朝的"大一统"，史书记载说："清起东夏，始定内盟。康熙、乾隆两裁准部。自松花、黑龙诸江，迤逦而西，绝大漠，亘金山，疆丁零、鲜卑之域，南尽昆仑、析支、渠搜，三危既宅，至于黑水，皆为藩部。抚驭宾贡，夐越汉、唐。屏翰之重，所以宠之，甥舅之联，所以戚之，锐刘之卫，所以怀之，教政之修，所以宣之。世更十二，载越廿纪，虔奉约束，聿共盟会，奥矣昌矣。若夫元之戚垣，自为风气，明之蕃卫，虚有名字，盖未可以同年而语。"[①] 就清代前期的历史而言，这样的评述还是比较客观的。

由于理藩制度的实施，清代开拓了"大一统"的新局面，除前面的表述外，还有以下几点。第一是藩部地域辽阔，成为清朝国土面积的重要组成部分。其中，内蒙古"袤延万余里。东界吉林、黑龙江，西界厄鲁特，南界盛京、直隶、山西、陕西、甘肃，五省并以长城为限。北外蒙古，面积百四十八万一千七百六十方里"。外蒙古"东至黑龙江呼伦贝尔城，南至瀚海，西至阿尔台山，北至俄罗斯。广五千里，袤三千里"。青海"广千余里，袤千余里。面积二百四十万方里。人十五万口"。西藏"东界四川，东南界云南，西界西域回部大沙海，北界青海及回部。广六千余里，袤五千余里"。新疆"宣统三年，编户四十五万三千四百七十七，口二百六万九千一百六十五。东界外蒙古喀尔喀扎萨克图汗部，西界俄罗斯，南界西藏，

---

① 《清史稿》卷518《藩部传一》。

北界阿尔泰山，东南界甘肃、青海，西南界帕米尔，东北界科布多，西北界俄罗斯。广七千四百里，袤三千七百里"。[①] 第二是藩部居住民族多，成为少数民族的集中居住区。除汉族外，藩部内外蒙古集中居住着蒙古族，西藏、青海居住着藏族，新疆天山以南居住着维吾尔族，形成了清代民族分布既分散又集中的格局特点。第三是藩部居住的民族宗教色彩鲜明。藏族、蒙古族大都信仰藏传佛教，维吾尔族则信仰伊斯兰教。上述一切，在一定程度上表明中国多民族的大一统、各民族多元一体的格局，在清朝已经呈现并有所发展。

第二节　促进了藩部的经济发展和社会进步

清廷为加强对藩部的统治，通过理藩院，在畜牧业、农业、商业、手工业等方面采取了一系列措施，促进了藩部的经济发展和社会进步。

在畜牧业方面。一是保护牧场，任何人不得随意开垦。《理藩院则例》中规定：不准长城口内的满族人和汉族人到蒙古地区去开垦牧场，违者治罪；不准蒙古扎萨克王公、闲散王公私自招聚汉族人开垦地亩，否则，连同失察的盟长受罚俸处分；对私行招募去开垦封禁牧场的要加等治罪，情节严重的王公革职罚畜；对越旗私开公中牧场的台吉、官员分别治罪。[②]

二是通过赈济帮助蒙古王公增殖牲畜。这又分以下两种情况。第一种情况是因灾荒导致生计困乏的，一般采取借贷方式。康熙四十年（1701）六月，康熙皇帝得知内蒙古喀尔喀部有的台吉没有马驹，便决定："台吉内有马一骑者，给牝马九，有二骑者，给牝马八，有三骑者，给牝马七，有四骑者，给牝马六，有五骑者，给牝马五，无马贫穷台吉，皆给牝马十。"[③] 所给马均由官办牧厂内拨发，八年后照数偿还。对穷困旗丁，采取散赈办

---

① 《清史稿》卷76《地理志·新疆》；卷77《地理志·内蒙古》；卷78《地理志·外蒙古》；卷79《地理志·青海》；卷80《地理志·西藏》。
② 杨选第、金峰校注《理藩院则例》卷10《地亩》。
③ 《清圣祖实录》卷204，康熙四十年六月甲子。

法，派部院大臣、理藩院司官和其他各部官员前往办理，扣除该旗王公俸银偿还。乾隆十一年（1746），内蒙古郡王车凌拜多布六旗受灾，清廷除赈济米粮和茶叶以外，"八口以上之户，赏乳牛二，羊十；七口以下，四口以上，赏乳牛一，羊八；三口以下，赏乳牛一，羊六"。"每乳牛一，定为银四两，羊一，银五钱。至散赈时，应仍照向例，将该扎萨克王、台吉等明年俸饷，予为支付充用。"① 第二种情况是因战争或长途迁徙造成的灾况，多采用无偿救济办法。康熙二十七年（1688），外蒙古四部举族南迁，清廷"发归化城仓粟"赈济，"十余万户，均于界外赐牧安置"，② "赐茶、布、牲畜十余万以赡之"，暂借科尔沁草地游牧。③ 乾隆二十一年四月，清廷拨运粮食 3 万石、茶 8 万封、羊 4 万只、牛 4000 头，救济准噶尔部众，同时发给籽种、牛马，使他们尽快恢复生产。④ 七月，漠西蒙古达什达瓦属下7000 余口，移往阿尔泰地区游牧，清廷酌情拨给官厂牲只"每户牛一、羊四；骁骑校每员牛二、羊八；佐领、参领每员牛三、羊十二；管旗章京、副管旗章京每员牛四、羊十六"。授为散秩大臣的宰桑"每员优加牛十、羊四十"，专为"孳畜生产"。⑤ 乾隆三十六年，土尔扈特蒙古回归祖国，清廷除给大量米、麦、茶、布、棉以外，还赈济 20 余万匹（只、头）马、牛、羊。⑥

三是轻徭薄赋，调整蒙古内部的阶级关系，减轻王公对牧民的过重剥削。在清廷统治下，蒙古牧民不仅承担朝廷的守卡、驿递等劳役，还要向本旗王公呈纳贡赋。清廷规定，一般年节，内蒙古王公要向清廷贡献马匹、汤羊、乳酒、石青等物，外蒙古和漠西蒙古进献"九白之贡"，以及驼、马、汤羊、皮张。到战争时节，清廷则从蒙古各部征取更多的牲畜。这些，实际上都由牧民承担。除此之外，牧民还要向本旗王公呈纳贡赋。这种双重贡赋，势必影响蒙古牧民生计，容易造成社会动荡。清廷为谋求在蒙古

---

① 《清高宗实录》卷 278，乾隆十一年十一月丙午。
② 祁韵士：《皇朝藩部要略》卷 3《外蒙古喀尔喀部要略一》。
③ 魏源：《圣武记》卷 3《国朝绥服蒙古记》。
④ 中国第一历史档案馆藏军机处录副奏折民族类，蒙古项，2315 卷第 3 号。
⑤ 《清高宗实录》卷 516，乾隆二十一年七月丁卯。
⑥ 乾隆：《优恤土尔扈特部众记》。

各部封建统治秩序的稳定，在一定条件下，就蒙古王公对牧民的过重剥削做了一些限制。雍正皇帝曾多次晓谕蒙古王公："尔等属下偶有饥馑灾伤，莫不发帑与粮，资给畜牧。""夫一时阻饥，朕虽赈之，常年贫乏之民，在尔各君长。""若仍然厚敛重徭，纳之于阽危之域，使之至于散亡，孰为尔等纳赋？孰为尔等供徭？""尔等各子其民者，如何减赋，如何轻徭，如何裕其农工，如何孳其牲畜，尔等王贝勒大臣等议定。"① 毫无疑问，厚敛和重徭的减轻，有益于蒙古牧民的生计。与此同时，清廷注意解决"从前给产业买牲饻之事，俱将富户派出，以致苟且塞责，所给之物，浮报数倍，蒙古（牧民）并不得实惠"的问题。② 对"攫取被灾人等什物入己"的扎萨克台吉，采取惩罚措施，"务期贫人均沾实惠"，防止"滥冒偏枯"。③ 这一切，客观上对改善牧民生计、发展畜牧业有一定作用。

四是设立官办牧厂，并令牧民代放官畜，客观上有利于藩部畜牧业经济的发展。官办牧厂，即清廷在蒙古地区开办牧厂，由朝廷派官员管理。内蒙古牧厂在皇太极时期已经设立，隶属内务院庆丰司、上驷院以及太仆寺。从乾隆元年（1736）开始，清廷又先后在甘州、凉州、肃州边外设立牧厂，每厂各设马1200匹，三年均齐一次，以备拨补营马之用。平定阿睦尔撒纳叛乱后，为巩固对漠西蒙古的统治，清廷又在伊犁、巴里坤等地开办孳生马厂、牛厂、驼厂、羊厂。④ 清廷官办牧厂虽然和蒙古各部畜牧业的发展没有直接关系，但是，由于蒙古牧民可以代放官畜，即由蒙古王公属下牧民为朝廷代放牲畜，定期把孳育部分上交清廷，有时，蒙古王公和牧民也可以得到一部分，所以，官办牧厂和牧民代放官畜客观上对藩部畜牧业发展起了一定作用。乾隆五十八年，理藩院议奏，科尔沁、喀喇沁、土默特、锡林郭勒盟孳生牛羊，比年以来繁衍数千，于是，清廷决定："将额余牛赏土默特贝子旗分三百三十一头，将额余马赏科尔沁十旗，每旗各一千匹，赏喀喇沁、土默特、锡林郭勒盟所十旗，每旗各七百匹，着均匀散

① 《清世宗实录》卷10，雍正元年八月丙子。
② 《清世宗实录》卷8，雍正元年六月乙卯。
③ 《清宣宗实录》卷153，道光九年三月甲辰；《清圣祖实录》卷96，康熙二十年五月癸亥。
④ 松筠修《西陲总统事略》卷9。

给承牧各台吉官兵。"① 这样，不仅清廷官畜增多，蒙古台吉官兵的私畜也有所增加。

在农业方面。首先，清廷帮助藩部发展农业。康熙皇帝多次派人到内蒙古"教之树艺，命给之牛、种"。② 康熙三十年（1691），康熙皇帝命理藩院派遣官员去外蒙古土谢图汗部"指授膏腴之地，令其种植"。③ 康熙三十七年冬，康熙皇帝又特别派遣官员前往内蒙古敖汉、奈曼、巴林等部教之耕作，并谕示："敖汉及奈曼诸部，田土甚嘉，百谷可种。如种谷多获，则兴安岭左右无地可耕之人，就近贸籴，不须入边市米矣。其向因种谷之地不可牧马。未曾垦耕者，今酌留草木之处为牧地，自两不相妨。且敖汉、奈曼蒙古以捕鱼为业者众，教之以引水灌田，彼亦易从。凡有利于蒙古者，与王、台吉相商而行，遣官往教之。"④ 同年四月，内蒙古乌珠穆沁亲王色登敦多卜上奏，恳求清廷将克勒和朔等地给他的属下人就食耕种。理藩院官员未能抓紧时间办理此事。为此，康熙皇帝指出："理藩院事每多稽滞，此耕种关系蒙古诸人生计，若不速遣，必致经霜失时。着速派司官即日行。"⑤

其次，允许汉族百姓移往藩部适于农耕的地区。清朝初年，清廷对内地汉民前往内蒙古垦殖在数量上有严格限制，主要是防止蒙汉人民之间有过多的交往和联系。到康熙年间，由于种种原因，清廷的限制日益松弛。康熙五十五年六月，口外地区"田禾茂盛"，"秋收可期"，内地各处汉民纷纷要求去口外。清廷遂令地方官员"应如所请"，"给与出口印票"令其前往。⑥ 同年七月，吏部尚书富宁安向康熙皇帝报告，自嘉峪关至达里图，以及肃州北口外金塔寺地方，可垦之地尚多，应"招民耕种"，"无论官民，有愿以己力耕种者，亦令前往耕种"。⑦ 结果，金塔寺地方安插汉民 35 户，

---

① 《清高宗实录》卷 1423，乾隆五十八年二月戊子。
② 汪鸣銮：《随銮纪恩》，《小方壶斋舆地丛钞》第 1 帙。
③ 《清圣祖实录》卷 152，康熙三十年七月丙午。
④ 张穆：《蒙古游牧记》卷 3。
⑤ 《清圣祖实录》卷 188，康熙三十七年四月甲寅。
⑥ 《清圣祖实录》卷 269，康熙五十五年六月癸未。
⑦ 《清圣祖实录》卷 269，康熙五十五年七月丁亥。

西吉木地方安插 270 户，达里图安插 530 户，锡拉谷尔安插 106 户，俱经盖造房屋，分拨居住。①

最后，开展屯田。清廷在藩部屯田始于康熙年间，最初的目的是充裕军粮，以固边围。康熙皇帝曾说："边外积谷，甚属紧要"，"若种地得收，则诸事俱易"。②屯田的地区多在外蒙古扎萨克图汗部所属科布多和乌兰古木一带，时废时辟，并不固定。不过，清廷的屯田对外蒙古农业的发展有一定的促进意义。康熙五十七年（1718），在杜尔博尔金等处收获青稞，运至军营 5500 余石。③到雍正年间，清廷从藩部屯田所获得的粮食更为可观。雍正元年（1723），清廷在乌兰古木、巴尔摩尔屯田，收获青稞、糜子25480 石；二年，在乌兰古木收获麦子 4170 石；三年，在塔尔那沁收获青稞 8932 石；四年，在塔尔那沁、鄂尔昆收获青稞、麦子 2200 石；五年，在那尔昆、图拉收获青稞、麦子 2650 石；六年，在鄂尔昆、图拉、集尔麻泰收获青稞 2840 石；七年，收获 7550 石；八年，收获 6650 石；九年，收获10630 石；十年，在鄂尔昆、巴尔库尔、图呼鲁克收获青稞、大小麦 22000石；十一年，收获 46100 石；十二年，在塔尔那沁、鄂尔昆、集尔麻泰收获24100 石。④到雍正十三年，清廷在鄂尔昆贮存之米可支 5000 人数年之食。察罕瘦尔、赛巴什达里雅等处都有存米数万石。⑤从此，军粮不需内地运送，屯田取得了显著成效。

清廷平定新疆后，也开始在这里屯田。乾隆皇帝说："今新辟疆土，似宜急招民开垦纳粮，以抵岁需军饷，方不致再亏帑项。"⑥他又说："今日户

---

①　《清圣祖实录》卷 277，康熙五十七年二月戊子。

②　《清圣祖实录》卷 153，康熙三十年十二月丁亥；《清圣祖实录》卷 267，康熙五十五年二月乙丑。

③　《清圣祖实录》卷 285，康熙五十八年九月庚寅。

④　以上见《清世宗实录》卷 14，雍正元年十二月己酉；卷 25，雍正二年十月辛卯；卷 36，雍正三年九月壬子；卷 40，雍正四年正月壬子；卷 64，雍正五年十二月壬午；卷 76，雍正六年十二月辛巳；卷 89，雍正七年十二月己酉；卷 100，雍正八年十一月丙子；卷 113，雍正九年十二月戊戌；卷 126，雍正十年十二月癸亥、庚午；卷 138，雍正十一年十二月庚申；卷 150，雍正十二年十二月丁巳、辛酉。

⑤　《清高宗实录》卷 9，雍正十三年十二月丙戌。

⑥　中国第一历史档案馆藏军机处录副奏折民族类，2318 卷。

口日增，而各省田土不过如此，不能增益，正宜思所以流通，以养无籍贫民。"① 随着屯垦戍边的开展，内地民人逐渐进入新疆，清廷妥善安置，拨给一定的土地，借给农具、籽种、马匹。乾隆二十九年（1764），仅乌鲁木齐垦地就达 65 顷 80 亩有奇，乾隆三十一年，更达到 480 顷 40 亩。②

在商业方面。首先，是藩部王公来内地进行贸易，有边口互市和京师互市两种形式。第一是边口互市。顺治二年（1645），清廷在任命哈苏克哈为张家口章京、满都布赍为古北口章京专门处理对蒙古贸易事务时，明确指出："凡外藩各蒙古来贸易者，俱令驻于边外，照常贸易，勿得阻抑。"③ 从此张家口、杀虎口、古北口、归化城等边口成为蒙古人来内地开展贸易的主要场所。清廷决定边口互市，主要是鉴于"蒙古贸易，全借牲畜"，④ 人数每次多至数百人，甚至几千人，如此大规模的商队进入口内，必定有碍社会秩序。但是，清廷对藩部又不能失柔远之意，于是才限定边口互市。在边口互市中，理藩院设税务司员办理税收业务，在八沟、塔子沟、三座塔、乌兰哈达等处，各派理藩院司员 1 人驻扎，由院 2 年更代。第二是京师互市。清廷允许蒙古王公来北京开展贸易，这是边口互市的补充。京师互市的规模，一般情况下以 200 人为限，定期 4 年一次。

其次，是内地人到藩部开展贸易，又分官办贸易和民间商人贸易两种形式。官办贸易，即由清廷官方经办大量内地物资运往藩部的一种交易形式。这种形式主要是在清廷和漠西蒙古之间进行，从时间上说多在乾隆二十二年（1757）平定准噶尔以后，物资的种类一般为丝绸。乾隆二十八年，乾隆皇帝谕令："嗣后办理运送乌鲁木齐等处绸缎，俱俟该督奏闻后，将各项数目及色样清单，交与该织造等，即行如数照式豫备制造。俾办理各项绸缎，不致有多寡参差之虑。"⑤ 在通常情况下，清廷先把绸缎运到肃州、哈密贮存，然后再分别运到伊犁等处进行贸易。从清代档案材料的记载看，这些丝绸贸易的具体地点，一般在伊犁、塔尔巴哈台等处。根据计划，乾

① 《清高宗实录》卷 604，乾隆二十五年正月庚申。
② 《清高宗实录》卷 860，乾隆三十五年闰五月庚戌；卷 892，乾隆三十六年九月丁未。
③ 席裕福、沈师徐辑《皇朝政典类纂》卷 116。
④ 《清世宗实录》卷 31，雍正三年四月丙申。
⑤ 《清高宗实录》卷 690，乾隆二十八年七月庚申。

隆五十一年（1786），清廷运往伊犁的绸缎有 3000 匹、塔尔巴哈台的 170
匹。乾隆五十三年，运往伊犁的各色绸缎绢 2500 匹、塔尔巴哈台 130 匹。
嘉庆四年（1799），运往伊犁各色绸缎 1100 匹、塔尔巴哈台 630 匹。① 这些
反映了官办贸易在中原内地对藩部贸易中占有重要地位。

　　民间商人去藩部经商，最初采取"随军贸易"的形式。康熙年间清朝
平定噶尔丹内乱，行经蒙古地方，允许各部各旗沿途向清军出售驼马牛羊
等物，由理藩院另设一营，其贩卖人等，即在营中进行贸易。清朝军队每
营亦派官员 1 名，专司贸易之事。② 随军开展贸易的商人，从蒙古各部、旗
王公以及牧民等处收购物品，主要是为清朝军队服务。在这一过程中，藩
部王公也换取了自己所需要的农产品和其他手工产品。

　　清廷对内地前往藩部的商人，采取一定的限制措施。内地商人前往藩
部开展贸易，由察哈尔都统、绥远城将军、西宁办事大臣、多伦诺尔同知
衙门领取理藩院发给院票，将商人姓名及货物数目、所往地方、起程日期
另缮清单，粘贴票尾钤印，同时知照所往地方大臣官员衙门，不准听其随
意指称。未领理藩院院票的内地商人，由地方衙门用领路引为凭。商人院
票，要由该地方大臣官员查验存案，在一年内勒限催回。商人已到所往地
方，又欲将货物转往他方贸易，即呈报该处衙门给予印票，亦知照所往地
方官员衙门。对没有院票而私行前往贸易的内地商人，一经查出，枷号两
个月，期满笞四十，逐回原籍，将货物一半入官。③ 为了保证上述措施贯彻
执行，清廷在库伦、科布多、恰克图、多伦诺尔、乌里雅苏台等处，均设
理藩院地方办事机构或人员，协助监督执行。

　　在手工业方面。藩部地区原本就有从事手工业的各种匠人，随着商业
贸易的发展以及满蒙联姻的实施，一些汉族工匠也来到藩部，这对藩部的
手工业发展起了促进作用。

　　除上述理藩院具体实施清廷的有关措施外，理藩院的一些具体活动，

---

① 中国第一历史档案馆藏军机处录副奏折财政类，乾隆四十九年九月三日福康安奏折；乾隆
　　五十一年七月一日福康安奏折；嘉庆三年四月十五日苏楞额、佛保等奏折。
② 《清圣祖实录》卷 171，康熙三十五年二月丁未。
③ 杨选第、金峰校注《理藩院则例》卷 34。

以及藩部将军、都统、大臣的施政，驿站的设置，也都不同程度地促进了藩部经济的发展。清末新政改革对藩部经济发展也有一定影响。

就理藩院的一些具体活动而言。多伦会盟之后，理藩院派遣官员去山西等地准备耒耜，帮助外蒙古在膏腴之地种植农作物。清廷以理藩院管理回部，适当采用轻徭薄赋政策，这对清前期回部地区经济的恢复和发展有一定影响。准噶尔蒙古统治回部时，竭泽而渔，喀什噶尔城岁征粮 40898 帕特玛，他税折钱 10 腾格，且不时索子女、掠牲畜。至大小和卓归旧部，虽减科则，而兵饷、徭役繁兴，供给稍迟即家破人亡。清廷则蠲科省敛，二十取一，回户得以休息更始。① 清廷以理藩院管理回部地区，密切了南疆和中原地区的经济联系，促进了南疆地区经济的发展。大小和卓叛乱平定后，内地商民经由驿路及回人村落，彼此相安。台站回人又疏引河渠，开垦田地，沿途水草丰饶，行旅丝毫不受阻滞。回部地区的叶尔羌、喀什噶尔、阿克苏等地，逐渐成为贸易的中心城市。阿克苏"内地商民及外番人等鳞集星萃，街市交错，茶房酒肆旅店莫不整齐"。② 叶尔羌"每当会期，货若云屯，人如蜂聚，奇珍异宝，往往有之，牲畜果品，尤不可枚举"。③

理藩院对西藏的管辖，对西藏经济的恢复和发展也起了一定的促进作用。道光九年（1829），西藏达木蒙古八旗多遭雪灾，理藩院柔远司筹备茶叶 200 斤、银 500 两，作为赈济之用。④ 虽然这种赈济费用有限，但对解决应急之需终究起到了一定作用。

协调各方面力量调查藩部的基本情况，是晚清时期理藩部工作的重要内容。这种调查包括垦务、木植、牧厂、野兽、皮毛骨角、铁路、矿产、矿业、盐务、兵制、学堂、台站、疆界、商务等项。终清之世，理藩部曾 3 次对藩部地区有关情况进行调查。外蒙古土谢图汗、车臣汗两盟，乌里雅苏台将军所属乌梁海地区，库伦大臣所属恰克图东西卡伦，呼伦贝尔副都统所属各旗，均在宣统元年（1909）将调查事项开列报告到理藩部；科布

① 魏源：《戡定回疆记》，《小方壶斋舆地丛钞》第 2 帙。
② 和宁：《回疆通志》卷 9。
③ 椿园：《西域闻见录》卷 2。
④ 中国第一历史档案馆藏军机处录副奏折民族类，2732 卷。

多参赞大臣所属 16 旗，办事大臣所属新土尔扈特 2 旗，新和硕特 1 旗，伊犁将军所属土尔扈特 13 旗，调查虽属笼统，也均呈报到理藩部。[①] 这些调查，打破了蒙古王公"狃于游牧风水之说，遗弃地利"的传统习俗，有利于近代"以矿产为生利之源"主张的实现，[②] 对兴利实边有一定益处。

再比如驻藏大臣的施政活动，在一定程度上促进了西藏地方社会经济的发展。清代驻藏大臣中有不少是干练之才，他们通过自己的政务活动，为西藏的发展做出了贡献。乾隆五十七年（1792），和琳任驻藏大臣。当时西藏天花病流行，传染很广，许多藏民因此死亡，感染天花尚未死亡的藏民，依照当地风俗习惯，也大都被赶往旷野岩洞或山溪中，露处荒野，衣食不继，无人照料，处境非常悲惨。和琳了解到这些情况后，命令在山沟中修平房若干间，作为感染天花的藏民休息处所。又捐给口粮，派拨汉藏兵丁经理调养。结果，从乾隆五十八年秋到五十九年春，半年时间内，感染天花的藏族贫苦百姓，因不缺食用，痊愈者达数百人。乾隆五十九年秋，松筠、和宁分任驻藏大臣和帮办大臣。当时正值廓尔喀入侵西藏以后不久，广大西藏人民生活非常贫困，又加西藏地方苛捐杂税层出不穷，百姓不堪压榨，纷纷逃亡，西藏社会呈现田园荒芜、牲畜死亡、房屋倒塌的悲惨景象。面对这种情况，松筠上奏清廷，恳请豁免西藏百姓该年应交粮额。结果，清廷动用西藏正项，赏给白银 4 万两救济。松筠带银 1 万两亲往后藏一带赈济，和宁带银 3 万两则往前后藏东南北三路赈济。他们还严令远近各处藏官等召集流亡百姓，按人口数目，酌给口粮种子，并修理房屋。乾隆六十年，和宁又制定章程十条，在西藏地方减免租役，革除弊政。这一切，有利于西藏人民休养生息，促进了西藏地方经济的发展。

卡伦、驿站的设置，也促进了藩部的经济发展。清代藩部的台站多设置在康乾时期，是封建经济发展的产物，也是清朝统一多民族国家进一步巩固的结果。清代藩部，不仅居住着蒙古人，而且居住着汉人、满人、维吾尔人、索伦人、达斡尔人等。清廷在藩部设置台站，充分利用这些设施维护封建统治秩序的稳定，主观上虽然是为了加强对藩部各族人民的统治，

① 《大清宣统新法令》，"理藩部奏第三届筹备事宜折"。
② 《大清宣统新法令》，"理藩部咨热河都统详细调查土默特旗金银煤矿文"。

但在客观上，这些台站促进了藩部地区和中原内地的联系，沟通了各族人民的交往。从乾隆朝中叶起，在清廷解决了准噶尔和大小和卓问题之后，藩部相当长的时间内出现了和平统一的局面。伴随这一局面而来的，是中原内地和藩部人民往来和物资交流的日渐频繁。当时，内地商人到藩部进行贸易，经多伦诺尔可以通往内蒙古锡林郭勒、察哈尔、昭乌达、呼伦贝尔，外蒙古车臣汗部、土谢图汗部；经张家口，可以通往内蒙古乌兰察布、锡林郭勒、察哈尔、昭乌达，外蒙古库伦、恰克图、科布多，新疆乌鲁木齐、伊犁、塔尔巴哈台；经归化城，可以通往内蒙古乌兰察布、伊克昭、阿拉善、额济纳，外蒙古库伦、恰克图、乌里雅苏台、唐努乌梁海、科布多，新疆伊犁、塔尔巴哈台。这些商路基本上就是各地的台站。内地商人贩往藩部的物品，多是丝绸、布匹、茶叶、麦粉、瓷器、陶器、金属器具、家庭日用品、喇嘛念经用品。藩部运往内地的则有驼、马、牛、羊，各种皮货和土特产。清廷还根据变化的情况，不时地对藩部的台站进行调整。在对准噶尔用兵之后，清廷就曾调整漠西蒙古地区的台站，使它和南部的台站相连通，并且和内地密切相连，长达 15700 余里，形成了一个"四通八达、星罗棋布"的交通网。①

随着台站的设置，在藩部相继出现了一批城镇。这些城镇往往就是各条驿站的中心，是交通台站的枢纽。随着藩部和中原内地经济贸易往来的加强，以及清廷在藩部封建统治的稳定，这些城镇又逐渐发展为该地区政治、经济、文化、宗教的中心。多伦、归化、库伦、恰克图、乌里雅苏台、科布多、乌鲁木齐、伊犁、巴里坤、塔尔巴哈台，基本上都属于这种情况。它们所处的自然环境优越，有较充裕的水源和丰美的牧草，使它们在台站中处于中心位置。此外，在清代藩部台站经过的地方，由于交通往来的需要，沿途经济也有一定的发展。祁韵士记载通往伊犁的某些台站的情况是：玛纳斯站，"其地产稻、粮、米价皆廉，商民辐辏，庐舍如云，景象明润丰饶，与内地无异"；呼图壁站，"多水田，禾稼遍野，饶有生趣"；库尔喀拉乌苏站，"城近南山，林皋秀润，商民亦多"；大河沿站，"此地土尔扈特庐

---

① 钟广生：《新疆志稿》卷 1。

帐在道旁者多，地亦肥润"；三台站，"察哈尔列帐而居，错落棋布，牛羊牲畜，烂漫若锦"；绥定城站，"官道两行柳色掩映怡人，叱犊耕田，村村打麦，太平景象，浩荡无边"。①

随着藩部地区的经济发展，社会面貌也逐渐发生了变化。在牧区，开始打井，搭筑牲畜棚圈，贮存过冬饲草，冬营地一般也都固定下来。在农区，一些水渠开始修建。农作物的品种，不仅有高粱、谷子、糜子，还有小麦、玉米、荞麦、芝麻和各种豆类。藩部地区出现了手工业作坊，以及专职的木匠、铁匠、泥瓦匠。皮革业、酿酒业、榨油业、制粉业也有所发展。和藏传佛教寺庙关系密切的一些手工业品，做工日益精美，如库伦寺庙中的喇嘛佛像，大多是多伦诺尔的工匠制造，"佛身青铜，以金镀之，灼烁夺目"。② 在经济发展的基础上，藩部地区一批商业城市相继产生。外蒙古的库伦，"市分二区，汉蒙二处，货物充轫，人烟稠密，口三万余"。恰克图买卖城，"百货云集，市肆喧闹"，"商业繁盛，道路平坦，人口三千余"。科布多"城有市场，商贾骈坒，东干之乱，毁而不衰"。内蒙古多伦诺尔，"人家鳞比，街宇相望"。③ 归化城"商贸丛集"，"人烟凑集"。新疆巴里坤、乌鲁木齐"字号店铺，鳞次栉比，市街宽广，人民辐辏，茶寮酒肆，优伶歌童，工艺技巧之人，无一不备，繁华富庶，甲于关外"。伊犁也是"商旅云集，关外巍然一重镇"。④

清末藩部新政改革，特别是办学堂、振兴教育、设立厂（场）矿，发展经济，使藩部呈现新的气象。通过普及文化，进行新式教育，讲授科学知识，不仅更多的人接受了教育，而且使较为先进的西方科学文化知识传播到藩部地区，适合于藩部建设和国家社会需要的人才涌现，一定程度上改变了藩部文化落后的面貌。派遣留学生到国外学习，更是直接培养了一批懂得西方科学技术、经济管理的人才。经济上发展实业，大办厂（场）矿，振兴商务，一批官办、商办、官商合办的工矿企业产生，使藩部社会

①　祁韵士：《万里行程记》。
②　王宗炎：《新译蒙古地志》，南京启新书局光绪二十九年铅印本。
③　姚明辉纂《蒙古志》卷3，中国图书公司，1907年铅印本。
④　椿园：《新疆纪略》上卷。

经济发展中出现了近代化的轨迹。

第三节　促进了各民族的经济文化交流和民族融合

清代理藩制度的实施，促进了各民族的经济文化交流和民族融合。

首先是经济文化交流。在经济交流方面，以新疆和内地的经济交流最具代表性。伊犁将军设置后，新疆同内地的经济交流非常频繁。乾隆皇帝曾说："西陲平定，辟展、乌鲁木齐等处在在屯田，客民之力作贸易于彼者日渐加增，将来地利愈开，各省之人将不召自集，其于惠养生民，甚为有益。着传谕直隶、山西巡抚，及驻扎将军、扎萨克等，旗民愿往新疆等处贸易，各该地方官即扎萨克等，按其道里，给与印照。商贩云集，更于新疆有利。"① 在清廷的这一政策下，通过理藩院的协调、各地军府的组织，通过驿站，内地商民纷纷来到新疆，沿途牲畜水草供应不绝，毫无阻滞。辟展、库车、乌什、和阗、阿克苏、叶尔羌、喀什噶尔等处，均设集市。由内地运往的绸缎、褐毡、色布、茶封，易回部驴马牛羊、翠羽、花翎、毛带、金银铜货及麦荞刍荛，物价悉照内地价值交易。在与哈萨克开展贸易中，哈萨克马除供应新疆驻兵屯田需要外，还拨补中原内地，内地绸缎布匹和茶叶则销往新疆。一些农作物品种也开始在新疆试种。伊犁曾经试种棉花。巴里坤试种的麦稞、豌豆等获得了成功。对此，史书有详细记载：阿克苏地居要冲，内地商民及外番人等鳞集星萃，街市交错，茶房酒肆旅店莫不整齐。叶尔羌，官兵守城之一隅，余皆回人，比栉而居，几无隙地。中国商贾，山陕江浙之人，不辞险远，货贩其地。八栅尔街长 10 里，每当会期，货若云屯，人如蜂聚，奇珍异宝，往往有之，牲畜果品，尤不可枚举。古城，在戈壁中，泉甘土厚，可居可耕者 100 余里，每年约出小麦 5 万石，繁盛为新省冠，而商贩畜牧之利，尚倍于耕。凡北草地关内运来之货，

---

① 参阅《清高宗实录》卷 604，乾隆二十五年正月庚申；卷 610，乾隆二十五年四月己卯。

皆到此囤积。西至迪化，南至吐鲁番，皆由此分运。①

内地和青海、蒙古地区的经济交流，也非常兴盛。有的前已述及，这里再做一些补充。内地商人前往蒙古地区开展贸易，关系到蒙古牧民的生计，对清朝北部边防的稳固亦有影响，因此，清廷对持有理藩院院票的商人有限制而又灵活地处理。乾隆二十六年（1761），都统多尔济上奏乾隆皇帝："请令内地商人各遂所愿，裹带茶叶、布匹等项，前往青海贸易，使柴达木等远处贫困蒙古得以牲只售换，于边疆生计大有裨益。"② 乾隆皇帝采纳了这一建议。此前，即乾隆二十四年，乾隆皇帝就指出："嗣后凡有领票前赴（乌里雅苏台）贸易人等，所过喀尔喀各旗，仍照旧随便交易，俾内地及各部落商贸流通，以裨生业。"③ 于是，内地商人"经赴蒙古游牧贸易，既不指定地方，来去亦无期限"。④ 此外，清廷考虑到"蒙古以游牧为业，若将羊客禁绝，诚恐生计日艰"，"粮烟布为蒙古养命之源，一经断绝，益形坐困"，⑤ 这也有利于内地和蒙古地区的经济交流。

经济交流的影响之一，是许多蒙古人弃牧就农。康熙年间，内蒙古喀喇沁三旗往日龙沙雁碛之区，已经变得"筑场纳稼，烟火相望"。⑥ 康熙三十年（1691）七月，康熙皇帝到塞外巡行，沿途看见蒙古人开垦荒田、从事农耕、兼营畜牧业的情景后，对侍从说："农业非蒙古本业，今承平日久，所至多依山为田，即播种后则四出放牧，秋获乃归。"⑦ 康熙皇帝还咏诗，描述塞外农业的发展："禾黍近来耕稼满，烟锄云锸遍新畲。""试看属国欢娱日，大漠墟烟处处生。"⑧ 乾隆十五年，乾隆皇帝巡行热河时，看见沿途禾苗遍野，蒙古人在田间耕作，也曾写《山田诗》一首："蒙古佃贫

---

① 参阅《回疆通志》卷9；椿园《西域闻见录》卷1、卷2；《新疆图志》卷4；《河海昆仑录》卷4。

② 《清高宗实录》卷633，乾隆二十六年三月壬戌。

③ 《清高宗实录》卷580，乾隆二十四年二月丙辰。

④ 《清宣宗实录》卷50，道光三年三月庚午。

⑤ 《清宣宗实录》卷50，乾隆三年三月乙亥。

⑥ 和珅等纂《热河志》卷92《物产一》。

⑦ 和珅等纂《热河志》卷75《荒田诗序》。

⑧ 康熙：《御制诗初集》卷8《驻跸兴安八》。

民，种田得租多。即渐罢游牧，相将艺黍禾。"① 在外蒙古买卖城附近，"种着大麦、燕麦和小麦"，"靠着板升（蒙古语，意为房子）的地方长着豌豆"。"乌兰乌拉山，山脚下有几块蒙古人的耕地，地里种着大麦和黍子。"在乌里雅苏台，"在屯子近旁除庄稼地之外，还有菜地，种着白菜、冬油菜、萝卜、土豆、芜青等"。耕种的既有汉人，也有蒙古人。古城，"扎哈沁人种植小麦"。科布多，"杜尔伯特人皆营农业"。② 库伦以北，因为地势偏低，气候较暖，垦地面积也大幅度增加，迨至清末，已达到 1225 顷。③漠西蒙古伊犁河流域、额尔齐斯河流域以及乌鲁木齐地区，农民比较集中，农业也比较发达。伊犁河谷地区，许多蒙古人从事农耕，种植"小麦、大麦、黍、穈、南瓜、西瓜、葡萄、杏和苹果等果树"。④ 额尔齐斯河流域"滨河衍沃，利耕牧"，杜尔伯特部便在这里"俗兼耕牧"。⑤ 此外，漠西蒙古乌阑呼集尔、毛他拉、费音塔拉等处，也有不少农耕土地，种植黍、高粱、穈、大麦、小麦、小豆、青稞、稻米、麻、瓜、葱、蒜等粮食作物、经济作物，"百谷园蔬之属，几于无物不有"。⑥

经济交流的另外一个影响，是一部分蒙古人开始经商，在寺庙和兵营的周围，作为贸易形式之一的定期集市已经出现，商业贸易城镇也随之兴起。在内蒙古，科尔沁右翼中旗，汉民经商者五六十家，该旗内突泉、瞻榆两县"商务云集，渐进发达"。科尔沁左翼中旗辽源、梨树、怀德、双山、通辽五县"商业繁兴"。喀喇沁左旗旗属塔子沟、大城子、牤牛营子、白道营子、黑山科山嘴子、八家子均有烧锅、当铺等项富商。药王庙、二道湾子、玲珑塔、汤神庙、喇嘛洞、要路沟、叨尔瞪、小塔子沟、四官营子等处，均有买卖货物铺商。土默特左旗设治阜新县，除县城内设有商务外，其他烧户当铺、大小商贾二三十家，均系汉民。翁牛特右旗，乌兰哈

① 和珅等纂《热河志》卷 92《物产》。
② 阿·马·波兹德涅耶夫：《蒙古及蒙古人》第 1 卷，内蒙古人民出版社，1989，第 13、62、290—292 页。
③ 据光绪三十四年理藩部统计，见《蒙藏院调查外蒙统计表》。
④ 翁科夫斯基：《准噶尔遣使记》，转引自佐口透《俄罗斯与亚细亚草原》，第 156 页。
⑤ 徐松：《西域水道记》卷 5；张穆：《蒙古游牧记》卷 13。
⑥ 傅恒：《西域图志》卷 43《土产》。

达为巨镇，有烧锅、当铺、银钱号、杂货铺。① 除上述固定的商业点外，在归化城，还有规模巨大的商队，承担着把中原内地的茶叶和布匹运往蒙古各部的任务。到晚清时期，这些商队分属全聚德、富盛永等 12 家商号，总共有骆驼 3340 峰。归化城在蒙古各部经商的最主要商号，有大盛魁，据说，这家商号单是同蒙古各部的贸易额就不下 900 万两白银。为了运输货物，该店有 1500 峰自备的骆驼经常往来于归化城和乌里雅苏台之间。元盛德，它同蒙古各部的贸易额有 800 万两白银，往来于归化城和乌里雅苏台之间的骆驼有 900 峰。其他还有天义德、义和敦等，贸易额也都在六七百万两白银，从事运输的骆驼达 700 峰以上。在多伦诺尔，经营茶叶、粮食、布匹和杂货的货栈有 40 多家，这些商品主要销售到外蒙古库伦地区。从多伦诺尔输往内地的物品，主要是牲畜，每年可达马 7 万匹，牛 4 万头，羊 35 万—40 万只。② 外蒙古科布多城，经商人数 150 多名，银数 35 万两；乌兰古木，商人 140 名，银 25 万两；科布多地区，商人 110 名，银 15 万两。库伦，商号 620 余家，经商人数 2 万余人，货物种类有绸缎、布匹、砖茶、生烟、烧酒、珠宝、瓷器，银数 1000 余万两。恰克图，经商的 2600 人，销售茶、酒、布匹、煤油、牛羊、皮革，银数总计 700 万两。③

文化交流包括以下几方面。第一是汉族和少数民族的文化交流，包括汉族和满族、汉族和蒙古族、汉族和维吾尔族、汉族和藏族的文化交流。一是汉族和满族的文化交流。清前期的一些皇帝学习汉族文化达到了废寝忘食的地步，如顺治皇帝为了总结历史上的治国经验，发奋阅读汉文书籍，深受汉文化熏陶，对于儒家“文教治天下”的理念有深刻的领悟。④ 康熙皇帝更是注重对汉文化的学习，他请经筵讲官讲解四书五经，甚至能够“背诵大部分被中国人认为是圣书的儒家著作或其他一些原著”，⑤ 还编纂了汉文书籍。满洲贵族和八旗子弟也系统学习汉族文化，使满族的文化水平在总体上有了提高。在民间，许多满族人逐渐使用汉语，生活习俗和汉族越

---

① 据光绪三十四年理藩部统计，见《蒙藏院调查内蒙及沿边各旗统计报告》。
② 阿·马·波兹德涅耶夫：《蒙古及蒙古人》第 2 卷，第 96—98、343 页。
③ 据光绪三十四年理藩部统计，见《蒙藏院调查外蒙统计表》。
④ 参阅王思治主编《清代人物传稿》上编第 1 卷，中华书局，1984，第 44 页。
⑤ 白晋：《康熙帝传》，《清史资料》第 1 辑，中华书局，1980，第 218 页。

来越接近，特别是一些节日比如端午节、中秋节等的习俗，越来越接近汉族人。在汉族文化的影响下，满族中涌现出不少文学家、艺术家、科学家，纳兰性德、博启就是其中的杰出代表。满族文化对汉族的影响也很大，集中表现在语言、服饰等方面。清初一些地方汉语方言在形成过程中大量吸收满语词汇，如"妞儿""爸爸"等。清代汉族服饰既保留了宽衣大袖的传统形制，又吸收了满族的服装样式。例如，清代男服中的袍是表里双层长衣，就是吸收了满族服装窄袖和纽扣系结特点的汉族服装。

二是汉族和蒙古族的文化交流。清朝所修《五体清文鉴》《西域同文志》等大型字典和词典，都有汉文和蒙文的对照，反映了汉族和蒙古族之间文化交流的情况。这一时期，许多蒙文历史著作被译成汉文，如《额尔德尼——因托卜赤》在译成汉文和满文后，定名为《蒙古源流》。《大元盛朝史》等蒙文历史著作中，广泛使用了汉文史料。在汉族谱系学影响下，《蒙古世系谱》问世。许多蒙古族学者还用汉文撰写学术著作，如蒙古正蓝旗人松筠的《绥服纪略》等。《聊斋志异》《今古奇观》《水浒传》等许多汉文小说被译成蒙文。在蒙古族的民间文学中，一些说书艺人把汉族小说作为自己说书的主要内容。在清廷设立的蒙古官学中，蒙古王公子弟既学习蒙文、满文，也学习汉文及儒家经典。在农区和半农半牧区，一些蒙古贵族和富裕农牧民，还不顾清廷的禁令，聘请汉族塾师授课，有些人甚至起了汉族名字。此外，《本草纲目》《牛马经》等被译成蒙文，丰富了蒙古医生的用药种类及治疗方法。蒙古族天文学家和数学家明安图，每年都把汉文本的时宪书译成蒙文，丰富了蒙古族的天文历算知识。在蒙古地区，许多王府、寺庙都属于蒙、汉合璧式建筑。蒙古族的塑像、画像、壁画、雕刻等也有汉族文化影响的痕迹。

三是汉族和维吾尔族、藏族的文化交流。哈密、阿克苏、叶尔羌等地的维吾尔族人，通过汉族商人开始受到汉文化的影响。一些藏文著作中专列章节叙述汉族历史以及儒道思想。藏医用汉族医学的手法，提高了医治地方性疾病和牲畜疾病的疗效。

第二是满族和蒙古族、满族和藏族的文化交流。满族和蒙古族有着很深的文化渊源。满文是在蒙文的基础上创制的。清朝建立后，由于满蒙联姻不断，以及两族都信仰藏传佛教，满蒙之间的文化交流得到进一步发展。满文创制后又有所改进，并促进了蒙文的改进和定型，近代蒙文中有许多人名和地名是用满文拼写的。很多用蒙文写成的历史著作，译成了满文。蒙古族音乐成为清朝宫廷音乐的一部分。蒙古地区办的私塾，既教蒙文，也教满文。此外，蒙古族服饰也受到满族很大的影响。

　　清廷实行扶植藏传佛教的政策，雍正年间又设立驻藏大臣，这些都为满藏文化交流创造了有利条件。顺治年间五世达赖喇嘛来京，随从人员多达数千人，他们在经济文化方面与内地交流广泛。清廷特意在京为达赖喇嘛修建了具有藏族风格的黄寺。乾隆年间，六世班禅喇嘛到北京和承德为乾隆帝祝寿，清廷在承德为班禅修建须弥福寿之庙，这座庙宇集中体现了汉藏文化结合的建筑风格。会见班禅时，乾隆皇帝用藏语与其交流；班禅也向乾隆皇帝进献了具有藏族风格的物品作为寿礼。后来六世班禅因出痘在北京圆寂，清廷专门建立了具有藏族建筑特点的纪念塔。乾隆五十七年（1792）春，驻藏大臣、满族人和琳在拉萨安排为患天花的藏族百姓治病，为满藏文化交流做出了贡献。

　　第三是蒙古族和藏族的文化交流。蒙古族和藏族有着共同的宗教信仰，两族之间的文化交流非常广泛。《格萨尔王传》被公认为蒙藏文化交流的结晶。藏族的许多文学作品译成了蒙文，为蒙古文学输入了新鲜血液。蒙古史巨著《蒙古源流》，书写了西藏佛教的内容。藏族建筑对蒙古建筑产生了影响。蒙医在发展过程中，也吸收了藏医的精华。[①]

　　其次是民族融合。一是汉族和蒙古族的融合。中原内地和蒙古地区经济文化交流更加紧密，蒙古各部畜牧业、农业、手工业、商业贸易愈益发展。特别是在内蒙古地区，蒙汉人民相互学习，互相依赖。蒙古族人民从汉族人民那里学会了农耕技术，农业和手工业的发展丰富了蒙古族人民的生产和生活的内容。而汉族人民也向蒙古族人民学会了放牧的技术，以及制作皮革、加工乳食品等技术。大量的汉族人民来到蒙古地区以后，"依蒙族，习蒙语，行蒙俗，入蒙籍，娶蒙妇"，[②] 与蒙古族劳动人民完全融合为

---

① 以上参阅赵云田主编《中国文化通史·清前期卷》第 4 章第 1 节。

② 沈鸣诗等：《朝阳县志》卷 26，1930 年印本。

一体。同样，蒙古族人民也"由酬酢而渐通婚姻，因语言而兼习文字"，[①]衣食起居与内地民人无异。在清朝全国统一的经济市场形成过程中，蒙汉两族人民冲破清廷种种禁例，结成了相互依存、不可分离的密切关系。

二是满族和蒙古族的融合。努尔哈赤曾说："满洲蒙古，语言虽异，而衣食起居，无不相同。"[②] 这反映了满族和蒙古族之间的密切关系。清朝入关后，满蒙联姻不断，这促进了满族和蒙古族融合。满蒙联姻，包括满族贵族从蒙古王公家族中选择后妃，以及满族贵族把公主格格下嫁给蒙古王公。这一方面使许多蒙古女子走进宫廷和满族王府，另一方面又使许多满族贵族包括皇室女来到蒙古草原。从清初到清末，大规模、多层次的满蒙联姻促进了两个民族的融合。据道光年间统计，当时内蒙古有公主子孙台吉、姻亲台吉 3000 多人，[③] 这既是满蒙联姻的直接后果，也是满蒙两个民族融合的表现。不仅如此，满族皇室女或贵族女嫁到蒙古草原，带去的还有匠人、使女以及各种人群，他们到了蒙古以后，又会和更多的蒙古人有所接触，这就又促进了满蒙两个民族的融合，甚至满蒙汉等民族的融合。

第四节　维护了国家统一和抵御了外来势力的侵略

清代的理藩制度有利于稳定社会局势、维护国家统一、抵御外来侵略势力。这从以下几方面可以看出。

首先，从理藩院的活动来看。清朝前期，理藩院官员经常参与清廷的议政和军事活动，在这些活动中，和形形色色的分裂势力进行了斗争，维护了封建国家的统一。有清一代，议政王大臣会议、内阁和军机处，都曾是国家的决策机构。理藩院大臣在顺治年间就参与议政，康乾时期更是经常参与国家大政方针的讨论和执行。康熙二十九年（1690），当噶尔丹发动内乱、三北地区形势紧张时，康熙皇帝便令理藩院尚书阿喇尼为议政大臣，

---

① 徐世昌：《东三省政略》，"蒙务下·纪实业"。
② 《喀尔喀遣使问齐赛罪状》，天命四年八月，《满洲老档秘录》上编。
③ 参阅张穆《蒙古游牧记》卷 1。

参加多伦会盟、平定准噶尔内乱等国家军政大事的筹划。① 乾隆年间，理藩院尚书纳延泰先为军机大臣，继则又兼议政大臣；理藩院尚书索琳、伊勒图，侍郎庆桂，或兼任库伦办事大臣，或兼任伊犁将军及伊犁参赞大臣。总之，理藩院大臣在清廷中拥有显赫地位，在清廷处理军国要务特别是蒙古事务中起着重要作用。

理藩院作为清朝封建国家机器的一部分，还曾多次参与国家政权的军事活动，主要表现在对各族上层分子叛乱活动的镇压上。康熙二十五年四月，当外蒙古土谢图汗部和扎萨克图汗部发生冲突后，理藩院尚书阿喇尼亲往外蒙古，力促两汗"尽释旧怨"，以便"交相揖睦，共享升平"。② 八月，阿喇尼又召集两汗传达康熙皇帝谕旨，令他们"同归于好"。当噶尔丹叛乱进扰外蒙古、外蒙古各部纷纷南逃时，理藩院官员立即把有关情况上报康熙皇帝，同时安排了外蒙古各部的生计。在理藩院的安排组织下，通过多伦会盟，清朝北部边疆很快出现了安定局面。康熙皇帝说："昔秦兴土石之功，修筑长城。我朝施恩于喀尔喀，使之防备朔方，较长城更为坚固。"③ 这种北部边疆的坚固状况，和理藩院的作用有密切关系。康熙十三年六月吴三桂叛清后，理藩院积极组织内蒙古各部，决定各旗出动兵员的人数，选拔统兵将领，提出进击方向。理藩院官员还亲自统率蒙古族士兵，奔赴江西、陕西战场。在平定察哈尔布尔尼叛乱时，理藩院官员积极组织内蒙古各部各旗调集兵力围剿叛军，并率领军队防守地方。在平定噶尔丹内乱中，理藩院更是参与了事件的全过程。在防备噶尔丹入侵时，理藩院遣官驰往"事关紧要，理宜豫备"之地。在噶尔丹进入卡伦以后，理藩院又派遣司官，星驰以往，檄知有关地方做好准备，并侦探噶尔丹的军情。④ 平定噶尔丹之乱取得胜利后对有功官兵的提职和奖赏，也先由理藩院提名供皇帝决定。乾隆二十年（1755），阿睦尔撒纳叛乱发生后，理藩院侍郎玉保被任命为参赞大臣，直接在营中效力；尚书纳延泰被派往北路军营，留

---

① 《清圣祖实录》卷 145，康熙二十九年三月记载。
② 《清圣祖实录》卷 125，康熙二十五年四月乙酉。
③ 《清圣祖实录》卷 151，康熙三十年五月壬辰。
④ 中国第一历史档案馆藏蒙古堂档，全宗号 2，编号 35。

驻乌里雅苏台处理善后事务。

理藩院参与清廷的军事活动，还表现在反击沙俄侵略、保卫东北边疆的战斗中。理藩院在处理对沙俄外交事务中，基本上抵制了沙皇俄国的侵略扩张政策。早在清朝初年，沙俄就对我国黑龙江流域怀有野心，强行在我国领土上修城筑堡。对此，理藩院代表清廷明白具文，指斥沙俄的侵略行径，并移文边境的乌喇等部"加意防御"，① 为雅克萨之战的胜利和驱逐沙俄侵略者准备了条件。康熙二十四年（1685），鉴于沙俄在我国东北黑龙江流域侵略活动日益加剧，清廷发起了雅克萨自卫反击战。战前，即康熙二十二年，康熙皇帝派理藩院尚书阿穆瑚琅往乌珠穆沁组织兵力，并负责把牛羊等军需品送到黑龙江前线。乾隆二十二年（1757），阿睦尔撒纳死于俄国后，乾隆皇帝令理藩院行文俄国萨纳特衙门，交出阿睦尔撒纳尸体，但是，沙俄狡辩说什么"女皇有权接受尚未属于任何邻国的人加入她的国籍"。② 虽然如此，阿睦尔撒纳的尸体还是由沙俄送到恰克图，由理藩院派人认领。乾隆三十六年，渥巴锡率土尔扈特蒙古挣脱沙俄控制后回归祖国，理藩院行文告知沙俄。沙俄却诬蔑渥巴锡等"俱系悖教匪人"，清朝"不当收留"，甚至以"不守和议，恐兵戈不息，人无宁居"对清廷进行恫吓。对此，理藩院行文沙俄，痛斥其"甚属非理"之处，以及对土尔扈特人"征调繁苛"的残暴，表达了"或以兵戈，或守和好"，"唯视尔之自取"③ 的严正立场。

晚清时期理藩部的活动也对国家统一起了重要作用。晚清时期理藩部所属的各司处所，仅光绪三十三年（1907）就收到其他 80 余个中央衙署来文 1286 件，以及盟旗、各路将军大臣、直省督抚等来文 3129 件，④ 反映了其在管理藩部地区中"考察藩情，整饬边务"⑤ 的作用。据《理藩部第一次统计表》中的"外扎萨克蒙古王公等额定爵职员数表""回哈西藏及土司等处额定爵职员数表"，伊犁所属土尔扈特、和硕特各旗，有扎萨克汗、王公

---

① 《清圣祖实录》卷 113，康熙二十二年十一月戊寅。
② 纳罗奇尼茨基等：《远东国际关系史》第 1 册，第 54 页。
③ 《清高宗实录》卷 914，乾隆三十七年八月丙寅。
④ 《理藩部第一次统计表》上册，"各司处接收各处内文表"，"各司处接收外文表"。
⑤ 《大清宣统新法令》，"附理藩部奏筹备藩属宪政应办事宜分别缓急择要进行折"。

12 员。科布多参赞大臣所属杜尔伯特、辉特、扎哈沁各旗，有扎萨克汗、王公 7 员。科布多办事大臣所属土尔扈特、和硕特各旗，有扎萨克王公 3 员。新疆所属回部哈密、吐鲁番、库车等城，有王公 15 员。伊犁、塔尔巴哈台、科布多所属哈萨克，有副阿哈拉克齐爵以上总计 54 员。光绪三十三年，伊犁旧土尔扈特汗布彦蒙率护卫 23 人，吐鲁番回部郡王业明和卓率护卫 18 人，哈密回部亲王差来使 7 人，均到北京参加了年班活动。这一年，西北地区少数民族头目参加北京年班的总计 179 人。[①] 理藩部的活动维系了边疆少数民族地区和祖国内地的情感，这在清末风云变幻的环境中，对维护国家统一有着不容忽视的作用。

清末藩部实施新政之时，正值英、俄两国在政治、经济、文化等方面对我国新疆进行广泛而激烈的渗透和掠夺。它们通过建立贸易圈霸占土地和牧场，大规模进行移民，设立邮政机构控制通信联络，倾销商品进行经济掠夺，建立银行垄断商业贸易，等等。正是在上述严峻的形势下，新疆地区实施新政，尤其是废除旧的军制，建立新军制，编练新军、巡警，整编巡防队，创办各种武备学堂，培养军事人才，加强武备，这在一定程度上遏制了帝国主义列强的侵略活动。

其次，从军府制度来看，其对稳定社会局势、维护清朝国家统一产生了重大影响。以驻藏大臣为例。驻藏大臣设置前，清廷对西藏的施政是通过和硕特蒙古贵族以及西藏地方贵族间接进行的。这种状况使清廷不能及时了解和掌握西藏地方形势的变化，因而不能及时采取相应的措施，以致西藏地方各种矛盾激化时，往往造成西藏地方政局不稳，社会动乱。清廷在通过和硕特蒙古贵族对西藏施政期间，发生了第巴桑结嘉措对五世达赖喇嘛圆寂匿丧不报事件，清廷竟在 15 年之后才了解全部实情，随之引起了第巴桑结嘉措与和硕特蒙古贵族拉藏汗之间的武装冲突，以及真假达赖喇嘛之争。这不仅造成了西藏政局的动荡，而且造成了厄鲁特蒙古准噶尔部对西藏的侵扰，给拉萨造成了很大的破坏，使西藏人民痛苦不堪。清廷在通过西藏地方贵族对西藏施政期间，发生了阿尔布巴内乱，西藏贵族之间

---

① 《理藩部第一次统计表》上册，"年班差竣驰驿回旗伊犁、青海、回疆王公台吉喇嘛人数表"。

进行的战争长达 1 年之久，严重破坏了西藏社会经济，使西藏人民家破人亡，无法生存，田园荒芜，哀鸿遍野。驻藏大臣设置后，上述情况发生了根本改变。阿尔布巴之乱平息后，颇罗鼐被清廷封为郡王，总理西藏政务。他在驻藏大臣督导下，为缓和西藏日益深刻的社会矛盾，解决生产凋敝、财力枯竭问题，在政治、经济等方面采取了一系列措施，有利于西藏社会生产力的发展，也使西藏出现了长达 20 年的相对和平安定的局面，这和驻藏大臣的设置有密切关系。也正是因为设立了驻藏大臣，在颇罗鼐死后，当珠尔默特那木扎勒发动叛乱时，清廷能够及时采取措施，平息叛乱，避免西藏社会出现更大的变乱。上述一切，充分说明了驻藏大臣对稳定西藏局势、维护国家统一所产生的重大作用。

在抵御外来势力侵略方面，同样可以驻藏大臣为例。驻藏大臣设置后，代表清廷在西藏地方施政，掌管行政、宗教、外事、财政、军事、司法等大权。早在乾隆年间，英国资本主义势力就企图侵入西藏。乾隆三十九年（1774），英国首任驻印度总督赫斯定派遣一支经过充分准备的探察队前往西藏。该探察队由英国东印度公司秘书波格尔率领。波格尔打着"平等通商"的幌子，企图查明拉萨与西伯利亚之间大片土地和交通情况，以及孟加拉到拉萨、拉萨到附近各地区的道路、地形和居民情况，缔结孟加拉与西藏之间的商约，在拉萨设立英国商务代表机构。波格尔到达日喀则后，在拜会六世班禅喇嘛时，曾要求六世班禅为他打通各种关系，以便与西藏签订一个地方性通商条约，允许英国人自由出入西藏经商。六世班禅喇嘛把这一意见转告给了拉萨有关方面。不久，清朝的地方官员从拉萨来到日喀则，在和波格尔的约见中，明确表示：西藏是中国的一部分，有关签约问题须经中央政府决定，西藏地方当局无权做主。波格尔签约的企图破灭后，又表示愿和班禅管辖的后藏地区单独签订一个商约。六世班禅也明确表示：整个西藏是在中国大皇帝管辖之下的地方。[1] 乾隆四十八年（1783），赫斯定又以祝贺七世班禅坐床名义，派遣武官忒涅等人到日喀则活动。西藏地方官员明确告诉他，清朝中央政府和达赖喇嘛都无意让英国人到西藏

---

[1]　参阅荣赫鹏著、孙煦初译《英国侵略西藏史》，第 16—17 页。

通商，也不允许外国人到拉萨。英国东印度公司侵略势力两次渗透西藏的企图都遭到了失败，这从一个侧面反映了清朝设置驻藏大臣，代表清廷行使主权，对外来侵略势力的抵御能力。

在稳定社会局势、抵御外来势力的侵略方面，还可以伊犁将军为例。伊犁将军设立前，新疆处于分裂状态。一方面，准噶尔贵族内部为争夺首领权相互之间攘夺不已；另一方面，准噶尔贵族首领还不时派军队进扰西藏和外蒙古，这既破坏了清朝国家的统一，又削弱了新疆地区抵御沙俄入侵的力量。其中，噶尔丹和阿睦尔撒纳等人甚至还和沙俄侵略势力相勾结。伊犁将军设立后，直到近代以前，新疆牢固地统一在清朝多民族国家范围内，增强了新疆地区抵御沙俄的能力。乾隆二十八年（1763）夏，沙俄侵略者在卫满河源、布克图尔玛库克乌苏以及色毕等地建屋筑栅，侵占这些属于中国的领土。清廷闻讯后，立即谕令伊犁将军府属下副都统等员，率兵前往被沙俄侵占的地区，将入侵者建立的木栅屋宇尽行拆除，维护了清朝国家主权和领土完整。同年九月，俄罗斯贼匪窜入，将喀尔喀衮达罗拉噶驻卡官兵戕害劫掳，后又持械进索伦游牧，在塔尔巴哈台地方偷窃，而俄罗斯反饰词抵赖，清廷明确表示，今后再发生此类事件，必须及时呈报伊犁将军裁定。对于沙俄屡次背约，收纳清朝逃人，清廷和伊犁将军府也多次和沙俄有关部门交涉，抑制了沙俄的侵略气焰。

再次，从朝觐制度来看。清代前期，清廷通过围班训练军队，联络蒙古各部王公的感情，客观上对清朝统一多民族国家的巩固发展起到了促进作用。在著名的乌兰布通之战前，康熙二十七年（1688）六月，翁牛特、巴林、克什克腾、四子部落出兵 2500 名，在苏尼特一带汛地防守。七月，科尔沁土谢图亲王沙津、达尔汉亲王班第所属 10 旗共 1 万骑兵到科尔沁地方备御。八月，茂明安、鄂尔多斯等部 6000 骑兵驻守在形势险要地方，归化城 1000 骑兵也做好了准备。康熙二十九年六月，理藩院檄文内蒙古 49 旗，"令各备兵，分汛哨探"。① 这些对于初步阻抑噶尔丹向内地进犯有一定作用。战争爆发后，"蒙古等感戴本朝之恩，忘身以奉事者甚众。当索约尔

---

① 《清圣祖实录》卷 146，康熙二十九年六月癸未。

济河地方与噶尔丹交战时，阿噜科尔沁之栋牛台吉自战场出，谓众曰：'我等受皇恩甚深，若稍退缩，有何面目见圣颜乎！'率伊属兵，三百名复进，皆殁"。① 不仅蒙古王公如此，清朝大臣、国舅佟国纲等也"奋勇督兵进击，中鸟枪，殁于阵"。② 这些情况，在一定程度上反映了木兰随围训练军队、抚绥蒙古王公所产生的客观效果。

最后，从驿站和卡伦制度来看。清代藩部驿站和卡伦的设置，巩固了清廷对藩部的统治，具有重要的国防意义和军事意义。清廷通过驿站和卡伦，可以从北京直达藩部各个地区，遇有事变，能够比较迅速地集结物资，调遣军队。清廷对藩部的灾荒赈济，也都是通过驿站和卡伦转运的。从这些方面看，清代藩部驿站和卡伦在巩固边防、维护清朝封建国家的统一过程中的确有着重要作用。

清代典籍直接或间接地描述了藩部驿站和卡伦的情况，为我们认识驿站和卡伦的作用提供了感性材料。

祁韵士曾记载他历时 170 余天，途程 10700 余里，从京师到伊犁的所见所闻。其中，对"塞外烟墩、沙碛，一切可异可怖之状"，记载尤为详备。他写道："最险处也，行人往往被风灾。当扬沙走石之际，或碎人首，或径吹去无踪。千斤重载之车，掀簸立尽。"③ 他还记述了沿途的小店、屋舍。从字里行间，读者可以深切感受到他能沿新疆北路到达伊犁，藩部驿站的确起了很大作用。文祥也记载了他从京师出发，到巴林扎萨克已故贝子多尔济萨穆鲁布游牧地赐奠所看到的内蒙古驿站的情况："站丁住房，甚洁静。""公舍系砖建，亦有规模。"④ 麒庆更详细地记述了有关藩部驿站的外观及组织管理和蒙古牧民供役情况。他写道："凡往蒙古各部致祭者，理藩院例派司员一人随行。惟喀尔喀四部，则由附近游牧司员内调派一人。所需官物，用勘合一，兵票一，乌拉票一，乌拉兵票一。"台站"馆舍整洁，本台昆都（骁骑校）所居也。康熙中设立外藩各蒙古驿站，自喜峰口至札

① 张穆：《蒙古游牧记》卷 3。
② 《清史稿》卷 281《佟国纲传》。
③ 见祁韵士《万里行程记》。
④ 文祥：《巴林纪程》，"辽海丛书"第 8 集。

赖特置驿十六，每驿驻蒙古五十户，筑室授田，俾资耕牧。遇有差徭，户出马一匹，以给其役。每台设章京一，秩五品，昆都一，秩六品，其下毕齐格齐（笔帖式）、拨什库、阿敦达等数十人，皆隶于理藩院管站司员，本旗不得役而属之。每使者将至，除馆舍备车马，简夫卒，具米以俟；既至，迎于台外半里许。就馆后，以次入谒"。① 还有些诗词反映了藩部驿站和卡伦的情况："苦极由来属五台，柴门不整土房颓。端阳一雪马全毙，塞外穷黎实可哀。""六台景况更单寒，门户皆无土实难。墙用柳条屋用草，牛羊眷属一团团。"② 清廷正是有赖于藩部的驿站和卡伦，巩固了边防，维护了国家的统一。

第五节　清代理藩制度的历史局限

清代的理藩制度终究是清廷统治边疆少数民族地区的制度，在基本上肯定这一制度的历史作用时，也应当看到它的历史局限性，大致包括以下几个方面。

一是这一制度的阶级性。从理藩院机构来说，它本质上是清廷维护统治和进行压迫的工具，曾参与残酷镇压各族人民的反清起义。理藩院官员在藩部，通常是站在王公贵族一边，维护他们对各族劳动人民的剥削和压迫，这加重了底层劳动人民生活的痛苦。从军府制度来看，基层官员对劳苦大众的压迫剥削非常严重。这里以新疆军府制度为例。在实行伯克制的地方，多采用维吾尔族的传统官制，以伯克为当地官员，各级伯克残酷剥削和压迫广大维吾尔族民众，他们倚权借势，鱼肉乡民，为所欲为，毫无顾忌。凡有征索，头目人等辄以官意传取，倚势作威。诛求无厌，正赋之外，需索烦多。各级伯克还淫滥无耻，随意奸占妇女。而这一切，由于放任以及语言等障碍，清廷在南疆各地的官员和大臣等并不完全知晓，终于引发了维吾尔族人民聚众抗差、求免差徭的斗争，最终发展为大规模的人

---

① 麟庆：《奉使科尔沁行纪》，《八旗文经》卷41。
② 崇实：《适斋诗集》卷2，雷梦水等编《中华竹枝词》（一），北京古籍出版社，1997。

民起义。① 从刑罚制度来说，首先维护的是清廷的利益，如果危害了清廷的封建统治秩序，即使是藩部王公贵族，也要受到一定的处罚。其次是维护王公贵族的利益。藩部王公戮杀属下家奴，或者伤害了家奴，仅受罚牲处分。而家奴杀其主，就要凌迟处死。犯的是同一种罪行，处罚的结果却不同，这一制度的阶级性明显地表现出来。从社会制度来看，在盟旗制度下，牧民承担沉重的驿站差役，还要向封建主交纳实物税和服劳役等。牧奴除了为喇嘛封建主牧放畜群以外，还要为寺院做各种各样的杂役。家奴的命运更悲惨，他们不被列入丁册，一般又是世袭，因此注定了世代要受封建主残酷的剥削和压迫。② 从驿站和卡伦制度来说，无论是驿站和卡伦的建设还是使用，藩部各族社会底层民众都做出了巨大牺牲。比如蒙古地区的牧民，承担了繁重的役务，却得不到清廷的任何补偿，以致一些地方的蒙古牧民反抗起义。

二是这一制度的局限性。主要体现为排斥汉族官员和知识分子。在理藩院机构中，尚书、侍郎、额外侍郎、郎中和员外郎，都由满族和蒙古族人分别担任。理藩院机构中几乎没有汉族官僚和知识分子。清初理藩院曾设汉人主事员额，到康熙年间全部裁撤。乾隆年间，汉族知识分子也只能充当笔帖式，而且员额有限。理藩院几乎不设汉族人员的职位，反映了清廷理藩制度的局限性。同样，这种局限性在军府制度中也有体现。在藩部的军府机构中，各地方的军府首脑大都由满族官员担任，个别的由蒙古王公担任，绝对没有汉族官员。在清末西藏新政中，清廷派汉族官员张荫棠考察藏事，是一个例外。

三是这一制度的隔离性。主要表现在为防止汉族百姓和少数民族人民接触，对汉族人民进入内蒙古地区采取各种限制措施。清廷的隔离政策有一个发展变化的过程。清朝初年，清廷对内蒙古地区并没有实行隔离政策。当时，由于中原内地连年战争，社会动荡，经济受到破坏，许多无法生存的汉族百姓纷纷来到内蒙古沿边一带开荒种地。康熙初年，为了加强治安管理，防止流民生事，清廷规定到内蒙古去的汉族百姓要到有关衙署领取

① 参阅本书第 3 章第 6 节。
② 参阅本书第 5 章第 2 节。

印票，记档验收。到康熙朝中后期，在内蒙古行商耕种的汉族百姓已有数十万人，清廷设立了一些府厅州县加强管理，以维持封建统治秩序。

从乾隆朝初年开始，清廷实行隔离政策，以阻止汉族百姓和蒙古人民接触，防止内蒙古地区受汉族人民影响。乾隆十四年（1749），乾隆皇帝谕示蒙古王公："蒙古旧俗，择水草地游牧，以孳牲畜，非若内地民人，依赖种地。""特派大臣，将蒙古典民人地亩查明，分别年限赎回，徐令民人归赴原处，盖怜惜蒙古使复旧业。"① 到嘉庆年间，清廷进一步禁止内地汉族百姓进入内蒙古地区，声言"不准多垦一亩，增居一户"。② 对蒙古族人民，清廷则不许他们建造房屋，演听戏曲，不许取汉人字义名字，不准延请内地书吏教读，不许学习汉字，公文呈词等不许用汉文。③

但是，清廷的隔离政策没有得到全面的贯彻执行。由于自然灾害的发生，北方的汉族百姓为了生存，不顾清廷的禁阻，纷纷来到内蒙古地区谋生。清廷为了稳定社会秩序，只好明禁暗弛。乾隆八年（1743），天津、河间两府发生旱灾，大批灾民出关到内蒙古寻找出路。乾隆皇帝谕示："本年天津、河间等处较旱，闻得两府所属失业流民，闻知口外雨水调匀，均各前往就食。出喜峰口、古北口、山海关者较多，各口官弁等若仍照例拦阻，不准出口，伊等即在原籍失业离家，边口又不准放出，恐贫苦小民愈致狼狈。着行文密谕边口官弁等，如有贫民出口者，门上不必拦阻，即行放出。"④ 乾隆五十七年，直隶、山东等地发生严重旱灾，灾民背井离乡，逃往口外。乾隆皇帝密谕关口官弁放行："贫民携眷出关者，自可借资口食，即人数渐多，断不致滋生事端，又何必查验禁止焉？"⑤ 正是在这种情况下，内地汉民流往塞外不断，到嘉庆朝前期，内蒙古郭尔罗斯地方增至 7000 余口。道光初年，科尔沁达尔汉王等二旗有汉民 200 余户，垦成熟地 2000 余

① 《清高宗实录》卷 348，乾隆十四年九月丁未。
② 《清仁宗实录》卷 164，嘉庆十一年七月己丑。
③ 《清代边政通考》第 19 章，"禁令"，边疆政治制度研究会编印，1934。
④ 《清高宗实录》卷 195，乾隆八年六月丁丑。
⑤ 《清高宗实录》卷 1417，乾隆五十七年十一月辛丑。

垧。① 清廷明禁暗弛的隔离政策，在咸丰、同治年间已经有所改变，到光绪、宣统年间则彻底废除。②

清廷的隔离政策在西藏和内地的经济文化交流方面亦有反映。西藏的喇嘛非奉旨不许私来内地；有私遣人往西藏开展贸易的，要照定例治罪。③这种隔离政策，严重影响了清廷在经济、文化领域对西藏的施政。

---

① 《清仁宗实录》卷164，嘉庆十一年七月己丑；卷236，嘉庆十五年十一月壬子；《清宣宗实录》卷38，道光二年七月庚辰。
② 参阅赵云田《清末新政研究》第1章第2节。
③ 参见赵云田点校《乾隆朝内府抄本〈理藩院则例〉》，第130、192、198、240、250、251页。

主要参考文献

一 马克思主义唯物辩证法有关著作

列宁：《关于民族问题的批评意见》，《列宁全集》第20卷，人民出版社，1990。

列宁：《论国家》，《列宁选集》第4卷，人民出版社，1972。

马克思、恩格斯：《共产党宣言》，人民出版社，1997。

毛泽东：《论人民民主专政》，《毛泽东选集》第4卷，人民出版社，1991。

毛泽东：《矛盾论》，人民出版社，1975。

毛泽东：《中国革命和中国共产党》，《毛泽东选集》第2卷，人民出版社，1991。

斯大林：《论辩证唯物主义和历史唯物主义》，《斯大林选集》下册，人民出版社，1979。

《习近平谈治国理政》第2卷，外文出版社，2017。

二 档案材料

《宫中档光绪朝奏折》，台北"故宫博物院"，1974。

《宫中档乾隆朝奏折》，台北"故宫博物院"，1987。

故宫博物院明清档案部编《清末筹备立宪档案史料》，中华书局，1979。

国家档案局明清档案部编《义和团档案史料》，中华书局，1959。

《康熙四十六年九月记注档册》，《清代档案史料丛编》第14辑，中华书局，1990。

《理藩院行文》，乔吉：《从一份蒙文档案看清代"备指额驸"产生年代》，《中国边疆史地研究》2009 年第 4 期。

厉声、毕奥南、乌兰巴根、阿拉腾奥其尔编辑《清代钦差驻库伦办事大臣衙门档案档册汇编》，广西师范大学出版社，2017。

《满文老档》，中华书局，1990。

《满文土尔扈特档案》，民族出版社，1988。

《清初内国史院满文档案译编》，光明日报出版社，1989。

四川省民族研究所编《清末川滇边务档案史料》，中华书局，1989。

《西藏档》，中研院近代史研究所藏。

赵学毅等编《清代以来中央政府对西藏的治理与活佛转世制度史料汇集》，华文出版社，1996。

中国藏学研究中心等编《元以来西藏地方与中央政府关系档案史料汇编》，中国藏学出版社，1994。

中国第二历史档案馆藏清朝理藩部档案。

中国第一历史档案馆编《光绪朝朱批奏折》，中华书局，1996。

中国第一历史档案馆编《清代西迁新疆察哈尔蒙古满文档案全译》，新疆人民出版社，2004。

中国第一历史档案馆编《清代中俄关系档案史料选编》，中华书局，1981。

中国第一历史档案馆编译《康熙朝满文朱批奏折全译》，中国社会科学出版社，1996。

中国第一历史档案馆编《雍正朝汉文朱批奏折汇编》，江苏古籍出版社，1989。

中国第一历史档案馆藏蒙文老档，蒙古堂档，军机处录副奏折民族类、财政类、内政类，朱批奏折民族事务类、宗教事务类，清朝理藩院（部）档，理藩部全宗，玉牒，宗人府全宗。

中国第一历史档案馆等编《清初五世达赖喇嘛档案史料选编》，中国藏学出版社，2000。

中国第一历史档案馆等编《清末十三世达赖喇嘛档案史料选编》，中国藏学出版社，2002。

中国社会科学院民族研究所、西藏社会科学院、中央民族学院藏学研究所、中国第二历史档案馆编《西藏地方是中国不可分割的一部分（史料选辑）》，西藏人民出版社，1986。

三 有关史料及著述

阿桂等奉敕撰《皇清开国方略》，乾隆年间武英殿刊本。

阿桂等奉敕撰《平定两金川方略》，嘉庆五年刊本。

成格、海忠纂《承德府志》，道光九年刻本。

程廷恒等撰《呼伦贝尔志略》，呼伦贝尔督办公署志书编辑处，1923年印本。

椿园撰《西域闻见录》，上海古籍书店，1980年印本。

《东方杂志》，商务印书馆。

端方等辑录《大清光绪新法令》，商务印书馆，1909年排印本。

法式善撰《陶庐杂录》，中华书局，1959年排印本。

方孔照撰《全边略记》，北平图书馆，1930年铅印本。

奉康熙皇帝敕撰《平定罗刹方略》，功顺堂丛书本。

福格撰《听雨丛谈》，中华书局，1984。

傅恒等纂《平定准噶尔方略》，新疆文化出版社，2017。

富俊辑《科布多政务总册》，黑龙江教育出版社，2014。

高赓恩纂《绥远旗志》，远方出版社，2012。

高赓恩纂《土默特旗志》，土默特旗志编委办，1982年印本。

光绪朝《大清会典事例》，赵云田点校《钦定大清会典事例·理藩院》，中国藏学出版社，2006。

光绪朝《大清会典》，新文丰出版公司影印光绪二十五年刻本。

韩善征撰、黑龙、李保文点校《蒙古纪事本末》，上海古籍出版社，2012。

何秋涛：《朔方备乘》，直隶官书局，光绪七年刊本。

和琳等编《卫藏通志》，西藏人民出版社，1982。

和珅等纂《热河志》，"辽海丛书"本。

黄可润修《口北三厅志》，成文出版社，1968 年影印本。

蒋良骐：《东华录》，中华书局，1980。

《康熙起居注》上、中、下三册，中华书局，1984

李桓辑《国朝耆献类征初编》，光绪十年湘阴李氏刻本。

李元度撰《国朝先正事略》，中华书局四部备要本；文海出版社《近代中国史料丛刊》本。

刘锦藻等编纂《清朝续文献通考》，商务印书馆，万有文库本。

刘统勋等编，钟兴麒校注《西域图志》，新疆人民出版社，2002。

《刘襄勤公奏稿》，文海出版社，1966 年影印本。

刘墉等纂《清朝通典》《清朝通志》《清朝文献通考》，商务印书馆，万有文库本。

蒙藏院编《蒙藏院调查内蒙及沿边各旗统计报告》《蒙藏院调查外蒙统计表》，民国初年刊本。

妙舟：《蒙藏佛教史》，广陵书社，2009。

闵尔昌辑《碑传集补》，1931 年燕京大学国学研究所印本；上海古籍出版社影印本。

缪荃孙编《续碑传集》，江楚编译书局刊本。

穆彰阿、潘世恩等修《大清一统志》，上海古籍出版社，2008。

《那文毅公奏议》，上海古籍出版社，1995 年影印本。

潘世恩等撰《钦定续纂外藩蒙古回部王公表传》，咸丰年间刊本。

祁韵士等撰《钦定外藩蒙古回部王公表传》，乾隆六十年殿刻本。

祁韵士等撰《西陲要略》，商务印书馆，1936。

祁韵士撰《藩部世系表》，筠渌山房刊本。

祁韵士撰《皇朝藩部要略》，光绪十年浙江书局本。

钱仪吉辑《碑传集》，中华书局，1993。

清国史馆编撰《满汉名臣传》，黑龙江人民出版社，1991。

清理藩部编《理藩部第一次统计表》，抄本，中国社会科学院近代史所图书馆藏。

清理藩院编《回疆则例》，全国图书馆文献缩微复制中心，1988 年影印本。

清理藩院编《蒙古律例》，全国图书馆文献缩微复制中心，1988 年影印本。

清理藩院修，杨选第、金峰点校《理藩院则例》，内蒙古文化出版社，1998。

《清实录》，中华书局，1986 年影印本。

《清太祖武皇帝实录》，故宫博物院，1932 年铅印本。

阮葵生撰《茶余客话》，中华书局上海编辑所，1958 年印本。

瑞洵著，杨仲羲校勘《散木居奏稿》，1939 年铅印本。

商务印书馆编译所编印《大清宣统新法令》。

沈鸣诗等撰《朝阳县志》，1930 年印本。

沈桐生编《光绪政要》，上海崇义堂，1909 年印本。

沈之奇撰《大清律辑注》，康熙年间刊本。

松筠：《百廿老人回忆录》，抄本。

松筠等撰《新疆识略》，道光元年刻本。

松筠修《西陲总统事略》，中国书店，1959 年影印本。

苏尔德等撰《回疆志》，成文出版社，1968 年印本。

苏尔德等撰《新疆回部志》，兰州古籍书店，1990 年印本。

唐邦治：《清皇室四谱》，上海聚珍仿宋印书局聚珍铅印本，1923。

王锡祺辑《小方壶斋舆地丛书》，光绪十七年印本。

王先谦：《东华录》，光绪二十五年石印本。

王钟翰点校《清史列传》，中华书局，1987。

魏源撰《圣武记》，中华书局，1984。

温达等撰《平定朔漠方略》，中国藏学出版社，1994。

吴丰培编辑《清代藏事奏牍》，中国藏学出版社，1994。

吴丰培编《清代新疆稀见奏牍汇编》，新疆人民出版社，1997。

吴丰培编《清末蒙古史地资料汇萃》，全国图书馆文献缩微复制中心，1990。

吴丰培编《饶应祺新疆奏稿》《联魁科布多奏稿》（未刊），中央民族大学图书馆藏。

吴丰培辑《清季筹藏奏牍》，商务印书馆，1938。

吴丰培主编《联豫驻藏奏稿》，西藏人民出版社，1979。

吴振棫撰《养吉斋丛录》，北京古籍出版社，1983年标点本。

萧奭龄撰《永宪录》，中华书局，1959年排印本。

许世光等编纂《西藏新志》，上海自治编辑社民国年间印本。

《宣统政纪》，中华书局，1987。

杨应琚撰《西宁府新志》，青海省人民政府文史研究馆，1954。

姚明辉纂《蒙古志》，中国图书公司，1907年铅印本。

姚锡光撰《筹蒙刍议》《筹藏刍议》，光绪年间刊本。

姚元之撰《竹叶亭杂记》，中华书局，1982年点校本。

叶尔衡编《西宁青海番夷成例》，大河日报社，1913年铅印本。

《贻谷垦务奏议》，民国年间京华印书局本。

佚名：《乌里雅苏台志略》，黑龙江教育出版社，2014。

佚名：《西藏志》，巴蜀书社，1986。

奕湘修《定边纪略》，中国边疆史地资料丛刊本。

奕䜣等纂《平定陕甘新疆回匪方略》，成文出版社，1986。

于敏中编《钦定日下旧闻考》，北京古籍出版社，1988。

俞正燮撰《癸巳类稿》，道光十三年刊本。

袁大化修，王树枏等纂《新疆图志》，东方学会，1923年增补本。

允礼：《西藏日记》，北平禹贡学会铅印本。

张穆撰，张正明等点校《蒙古游牧记》，山西人民出版社，1991。

张鹏一撰《河套图志》，在山草堂，1922。

张其勤原稿，吴丰培增辑《清代藏事辑要》，西藏人民出版社，1983。

昭梿著《啸亭杂录》，中华书局，1980年排印本。

赵尔巽等撰《清史稿》，中华书局，1977。

赵翼撰《皇朝武功纪盛》，中华书局，2011年《丛书集成初编》本。

赵翼撰《簷曝杂记》，中华书局，1982年点校本。

赵云田点校《乾隆朝内府抄本〈理藩院则例〉》，中国藏学出版社，2006。

中华民国蒙藏院封叙科编《王公衔名表》，民国年间印本。

钟广生：《新疆志稿》，成文出版社，1968年影印本。

朱寿朋编《光绪朝东华录》，中华书局，1983。

《左文襄公全集》，文海出版社，1964年影印本。

四 2000年以来有关专著

阿拉腾奥其尔、阎芳：《清代新疆军府制职官传略》，黑龙江教育出版社，2000。

包文汉等编著《清朝藩部要略研究辑录》，黑龙江教育出版社，2014。

宝音朝克图：《清代北部边疆卡伦研究》，中国人民大学出版社，2005。

蔡志纯、黄颢编著《藏传佛教中的活佛转世》，华文出版社，2007。

崔永红、张得祖、杜常顺主编《青海通史》，青海人民出版社，2017。

邓锐龄、冯智主编《西藏通史·清代卷上》，中国藏学出版社，2016。

东嘎·洛桑赤列：《论西藏政教合一制度》，陈庆英译，西藏人民出版社，2008。

杜家骥：《清朝满蒙联姻研究》，人民出版社，2003；故宫出版社，2013。

嘎·达哇才仁主编《藏传佛教活佛转世制度研究论文集》，中国藏学出版社，2007。

管守新：《清代新疆军府制度研究》，新疆大学出版社，2002。

胡日查：《清代蒙古寺庙管理体制研究》，辽宁民族出版社，2013。

金海、齐木德道尔吉、胡日查、哈斯巴根：《清代蒙古志》，内蒙古人民出版社，2009。

李永贞：《清朝则例编纂研究》，世界图书出版社，2012。

刘文鹏：《清代驿传及其与疆域形成关系之研究》，中国人民大学出版社，2004。

刘小萌等：《中国民族史概要》，山西教育出版社，2003。

刘小萌：《满族从部落到国家的发展》，中国社会科学出版社，2006。

吕文利：《〈皇朝藩部要略〉研究》，黑龙江教育出版社，2014。

马长泉：《清代卡伦制度研究》，哈尔滨出版社，2005。

蒙古民族通史编委会编《蒙古民族通史》，内蒙古大学出版社，2003。

蒙古族通史编写组编《蒙古族通史（修订版）》，民族出版社，2001。

宋瞳：《清初理藩院研究——以顺治朝理藩院满文题本为中心》，上海古籍出版社，2015。

孙镇平：《清代西藏法制研究》，知识产权出版社，2004。

泰亦赤兀惕·满昌主编《蒙古族通史》，辽宁民族出版社，2004。

田卫疆、伊第利斯·阿不都热苏勒：《中国新疆通史》，新疆美术摄影出版社，2009。

王献军：《西藏政教合一制研究》，兰州大学出版社，2004。

魏道儒主编《世界佛教通史》第 7 卷，中国社会科学出版社，2015。

喜饶尼玛、王维强主编《西藏通史·清代卷下》，中国藏学出版社，2016。

星全成、陈柏萍：《藏传佛教四大活佛系统与清朝治理蒙藏方略》，青海人民出版社，2010。

杨强：《清代蒙古族盟旗制度》，民族出版社，2004。

扎洛：《清代西藏与布鲁克巴》，中国社会科学出版社，2012。

张双智：《清代朝觐制度研究》，学苑出版社，2010。

张永江：《清代藩部研究——以政治变迁为中心》，黑龙江教育出版社，2014。

赵云田：《清末新政研究》，黑龙江教育出版社，2004 年初版，2014 年再版。

赵云田主编《北疆通史》，中州古籍出版社，2003。

赵珍：《资源、环境与国家权力——清代围场研究》，中国人民大学出版社，2012。

中国社会科学院近代史研究所政治史研究室、西北民族大学历史文化学院编《清末新政与边疆新政》（全 2 册），社会科学文献出版社，2018。

周卫平：《清代新疆官制边吏研究》，新疆人民出版社，2014。

五 2000 年以来有关论文

艾丽曼：《青海河南蒙古盟旗制度略论》，《青海社会科学》2009 年第

1 期。

安子昂：《藏传佛教与清朝国家关系研究的回望与反思》，《中国边疆民族研究》第 10 辑，中央民族大学出版社，2016。

白京兰：《关于〈钦定回疆则例〉研究的几个问题》，《贵州民族研究》2006 年第 4 期。

白京兰：《清代回疆立法——〈钦定回疆则例〉探析》，《中南民族大学学报》2004 年第 4 期。

白文固：《清代对藏传佛教的禁约和整饬》，《中国藏学》2005 年第 3 期。

包文汉：《清代"藩部"一词考释》，《清史研究》2000 年第 4 期。

宝音朝克图：《关于清代科布多地区卡伦的若干问题》，《西部蒙古论坛》2012 年第 2 期。

宝音朝克图：《嘉道年间的大青山山后卡伦》，《清史研究》2007 年第 1 期。

宝音朝克图：《清朝边防中的三种巡视制度解析》，《清史研究》2003 年第 4 期。

宝音朝克图：《清朝的北疆巡边措施》，《西部蒙古论坛》2008 年第 1 期。

宝音朝克图：《清代阿尔泰驻卡问题阐释》，第七届中国卫拉特历史与文化学术研讨会论文集，2012 年。

宝音朝克图：《清代卡伦官兵的坐卡制度解析》，《内蒙古大学学报》2004 年第 2 期。

宝音朝克图：《清代喀尔喀四部摊派科布多驻卡差役的蒙文档案》，《中国社会科学报》2011 年 11 月 17 日（第 239 期）。

宝音朝克图：《清代蒙古地区卡伦官兵的奖惩机制》，《西部蒙古论坛》2009 年第 2 期。

宝音朝克图：《清代蒙古地区卡伦设置时间考》，《河北师大学报》2007 年第 2 期。

宝音朝克图：《清代漠北地区卡伦巡边职能概述》，《卫拉特研究》2007 年第 1 期。

宝音朝克图：《中俄划界中的清代西北卡伦》，《西部蒙古论坛》2011

年第 2 期。

边巴次仁、朗杰扎西：《清代入藏驿站及西藏地方内部驿站考》，《西藏大学学报》2008 年第 4 期。

陈柏萍：《清代驻藏大臣的设置及其历史作用》，《青海民族研究》2005 年第 1 期。

陈柏萍：《西宁办事大臣设置缘由初探》，《青海民族研究》2011 年第 3 期。

陈剑平：《清代新疆卡伦的体系构成》，《北方民族大学学报》2014 年第 4 期。

陈灵海：《〈大清会典〉与清代"典例"法律体系》，《中外法学》2017 年第 2 期。

陈鹏辉：《清末"藏俗改良"：一个文化认同的个案研究》，《西北民族大学学报》2015 年第 5 期。

陈庆英：《清代金瓶掣签制度的制定及其在西藏的实施》，《西藏民族学院学报》2006 年第 3—6 期。

陈文祥：《论西藏政教合一制度产生条件及其影响》，《阿坝师范高等专科学校学报》2006 年第 2 期。

达力扎布：《〈番例〉渊源考》，《青海民族大学学报》2012 年第 2 期。

达力扎布：《略论〈理藩院则例〉刑例的实效性》，《元史及民族与边疆研究集刊》第 26 辑，上海古籍出版社，2014。

达力扎布：《清代蒙古律的适用范围及其法律文本》，《中国边疆民族研究》第 8 辑，中央民族大学出版社，2014。

达力扎布：《西宁办事大臣达鼐事迹考》，《西北民族大学学报》2012 年第 2 期。

达力扎布：《有关乾隆朝内府抄本〈理藩院则例〉》，《中国边疆民族研究》第 4 辑，中央民族大学出版社，2011。

杜党军、张冬林：《雍乾时期西宁办事大臣建制考述》，《青海民族研究》2013 年第 2 期。

杜家骥：《清朝满蒙联姻中的"备指额驸"续谈》，《烟台大学学报》

2013 年第 3 期。

杜心宽、张海山：《深度解析清代蒙古驿站》，《档案与社会》2012 年第 3 期。

樊明方：《清末外蒙新政述评》，《西域研究》2005 年第 1 期。

方燕、郭院林：《清末新疆学堂研究》，《新疆社科论坛》2011 年第 1 期。

冯智：《八世达赖喇嘛及其在清朝治藏中的政教业绩》，《中国藏学》2006 年第 2 期。

冯智：《清末西藏兴办近代式教育刍议》，《民族教育研究》2011 年第 5 期。

葛雅丽：《从清代〈甘新驿道旅程抄本〉看古代驿站的功能》，《丝绸之路》2012 年第 8 期。

宫宏祥：《论清代驿站的组织与管理》，《太原大学学报》2003 年第 3 期。

宫宏祥：《清代的邮驿立法》，《山西高等学校社会科学学报》2003 年第 10 期。

龚荫：《清代民族法制概说》，《西南民族学院学报》2002 年第 7 期。

贡布多加：《从清代驿站制度建设看康区社会发展》，《四川民族学院学报》2013 年第 5 期。

海纯良：《清末新政与外蒙古独立》，《内蒙古民族大学学报》2009 年第 1 期。

韩伟：《略论清代〈回疆则例〉立法特色及现实意义》，《新疆社科论坛》2010 年第 2 期。

郝晓梅：《清末新政中的内蒙古地区》，《黑龙江史志》2015 年第 3 期。

红霞：《清代喀尔喀蒙古王公的朝觐制度述略》，《内蒙古民族大学学报》2010 年第 2 期。

黄梅：《清代年班土司贡物考》，《历史档案》2016 年第 1 期。

黄梅：《清代年班土司赏赐述略》，《清史论丛》2015 年第 1 辑（总第 29 辑），社会科学文献出版社，2015。

黄梅：《清代土司年班分班考》，《遵义师范学院学报》2016 年第 1 期。

黄治国：《清代土默特地区卡伦的职能及其管理》，《阴山学刊》2013

年 4 期。

黄治国、赵鑫华：《抚慰与控制：绥远城驻防设置的宗教原因》，《内蒙古民族大学学报》2011 年第 4 期。

贾宁：《从〈中国珍稀法律典籍集成〉中"西宁青海番夷成例"看少数民族典籍对史学专题的研究价值》，《传统中国研究集刊》第 6 辑，上海人民出版社，2009。

贾宁：《清朝前期理藩院满蒙文题本中蒙古朝觐探究》，《纪念王锺翰先生文集》，中央民族大学出版社，2013。

贾宁：《西宁办事大臣与雍乾时期青海多民族区域管理制度之形成》，《清史研究》2012 年第 3 期。

贾原：《清代回疆伯克制度浅析》，《兰台世界》2014 年第 6 期。

李国政：《晚清时期西藏近代工业的萌芽与反思》，《乐山师范学院学报》2014 年第 10 期。

李加东智：《略论西藏政教合一制度产生的思想渊源》，《四川民族学院学报》2008 年第 1 期。

李蓉：《从〈西藏善后章程十三条〉到〈二十九条〉看清朝对西藏治理的加强与完善》，《西藏民族大学学报》2016 年第 5 期。

李永贞：《刍议清代则例的性质和分类》，《法学杂志》2010 年第 10 期。

李永贞：《清朝〈理藩院则例〉与〈回疆则例〉的编纂》，《阜阳师范学院学报》2010 年第 5 期。

李玉伟：《贻谷在绥远城将军任内的编练新军》，《内蒙古大学学报》2000 年第 1 期。

李治国：《清代中后期蒙古年班制度的调整与变化》，《内蒙古社会科学》2017 年第 2 期。

梁国东：《清代伊犁将军发展伊犁教育述论》，《牡丹江师范学院学报》2012 年第 3 期。

林乾：《〈清会典〉的历次纂修与清朝行政法制》，《西南师范大学学报》2005 年第 2 期。

刘春媛：《清代呼伦贝尔地区卡伦述略》，《呼伦贝尔学院学报》2014

年第 4 期。

刘国俊：《清末科阿分治与阿勒泰新政》，《新疆社科论坛》2011 年第 1 期。

刘士岭：《清末西藏新政失败的主观原因探析》，《兰州学刊》2007 年第 3 期。

柳岳武：《得不偿失的新政——清末蒙藏边陲编练新军研究》，《史学集刊》2017 年第 3 期。

柳岳武：《清末藩部地区筹备司法改良探微》，《中国边疆史地研究》2015 年第 2 期。

龙群、吴秀菊：《试析〈回疆则例〉的编纂与修订》，《黑龙江民族丛刊》2013 年第 4 期。

吕丽：《〈清会典〉辨析》，《法制与社会发展》2001 年第 6 期。

吕文利：《清代盟旗制度与内蒙古五路驿站的设立——兼论草原丝绸之路的形成》，《中国边疆学》2014 年。

罗布：《清末西藏新政失败原因探析》，《西藏研究》2003 年第 4 期。

罗布：《新政改革与大臣体制》，《西藏大学学报》2010 年第 1 期。

罗先凤：《赵尔丰与清末川边教育新政》，《科技信息》（学术研究）2007 年第 6 期。

马长泉：《卡伦的起源及类型问题》，《新乡师范高等专科学校学报》2003 年第 1 期。

马长泉：《论清代卡伦的文化内涵》，《黑龙江民族丛刊》2007 年第 3 期。

马长泉：《清代卡伦职能简论》，《新疆大学学报》2003 年第 2 期。

马长泉、张春梅：《简论松筠的卡伦制度研究——以〈钦定新疆识略〉为中心的考察》，《内蒙古师范大学学报》2011 年第 5 期。

马青连：《清代理藩院之司法管辖权初探》，《思想战线》2009 年第 6 期。

那仁朝格图：《试述清朝对青海蒙藏民族地方的立法》，《内蒙古社会科学》2008 年第 1 期。

牛海桢：《简论清代蒙古族地区的盟旗制度》，《甘肃联合大学学报》2005 年第 2 期。

牛海桢：《试论清王朝对维吾尔族伯克制度的改革》，《喀什师范学院学报》2006 年第 1 期。

牛绿花：《略论〈钦定西藏章程〉及其历史意义》，《青海民族研究》2009 年第 1 期。

牛绿花：《清朝对藏传佛教宗教事务的法律调整及其历史启示》，《青海师范大学学报》2010 年第 2 期。

潘崇：《锡良与清末川边新政》，《民族研究》2018 年第 2 期。

潘茂桐：《清代内扎萨克的蒙古驿站》，《内蒙古日报》2014 年 7 月 15 日。

齐木德道尔吉：《蒙古衙门与其首任承政阿什达尔汉》，《内蒙古大学学报》2007 年第 4 期。

祁美琴：《清代蒙旗社会喇嘛教信仰问题研究》，《内蒙古大学学报》2010 年第 1 期。

祁美琴、赵阳：《关于清代藏史及驻藏大臣研究的几点思考》，《中国藏学》2009 年第 2 期。

乔吉：《从一份蒙文档案看清代"备指额驸"产生年代》，《中国边疆史地研究》2009 年第 4 期。

任明：《清末西藏新政法制史》，《湖北函授大学学报》2017 年第 9 期。

沙勇：《清代新疆伯克制度考述》，《四川理工学院学报》2007 年第 5 期。

宋瞳：《清朝理藩院如何管理藏传佛教》，《光明日报》2013 年 8 月 22 日。

宋瞳：《清初蒙古年班制度略论》，《光明日报》2012 年 3 月 1 日。

苏发祥：《简述清朝民族管理机构的形成和演变》，《西北民族学院学报》2002 年第 2 期。

苏红彦：《清代蒙古王公年班的特点和作用》，《内蒙古社会科学》2007 年第 1 期。

苏红彦：《清代蒙古王公年班制度对蒙古地区的影响》，《阴山学刊》2005 年第 6 期。

苏红彦：《试析清代蒙古王公年班的创立与发展》，《内蒙古大学学报》2007 年第 2 期。

苏奎俊、孟楠：《伊犁将军长庚评述》，《伊犁师范学院学报》2005 年第 2 期。

特克寒、张杰：《清代承德通向内蒙古地区的驿路和驿站》，《承德民族职业技术学院学报》2004 年第 4 期。

吐娜：《南路土尔扈特、和硕特部社会制度探析》，《西部蒙古论坛》2009 年第 3 期。

吐娜：《试论北路土尔扈特盟旗制度》，《西域研究》2009 年第 3 期。

王春强、阳灿飞：《清代皇室婚姻制度刍议》，《牡丹江师范学院学报》2006 年第 3 期。

王东平：《关于清代回疆伯克制度的几个问题》，《民族研究》2005 年第 1 期。

王娟娟：《关于清政府对回疆伯克制度改革的几个问题》，《和田师范专科学校学报》2007 年第 5 期。

王鹏：《浅析清代四川藏区土司朝贡》，《兰台世界》2015 年第 18 期。

王欣：《〈回疆则例〉研究》，《中国边疆史地研究》2005 年第 3 期。

魏明章：《西宁办事大臣的设置及其职责》，《青海民族学院学报》2006 年第 4 期。

乌兰巴根：《清代库伦南北路驿站考述》，《中国边疆史地研究》2015 年第 4 期。

乌日娜：《清朝〈蒙古律例〉及其整理出版述略》，《兰台世界》2012 年第 21 期。

吴元丰：《清代理藩院满蒙文题本及其研究价值》，《满族研究》2012 年第 2 期。

邢剑鸿：《清末新政期间新疆军事改革述论》，《新疆广播电视大学学报》2005 年第 4 期。

邢蕾：《社会治理视阈下〈回疆则例〉的立法考察》，《西域研究》2015 年第 2 期。

徐君：《"新"与"旧"：清末川边新政之再探》，《西藏大学学报》2018 年第 1 期。

杨宪民：《从〈理藩院则例〉管窥清朝时期蒙古地区的法律》，《兰台世界》2015 年第 2 期。

杨选第:《从〈理藩院则例〉析清朝对蒙古地区立法特点》,《内蒙古社会科学》2000 年第 2 期。

杨亚雄:《论清政府对新疆维吾尔地区伯克制度的政策演变》,《青海师范大学学报》2016 年第 4 期。

杨娅:《清末西藏新政改革述评》,《四川民族学院学报》2013 年第 6 期。

叶柏川:《17—18 世纪清朝理藩院对中俄贸易的监督与管理》,《清史研究》2012 年第 1 期。

于鹏翔:《"金瓶掣签"制度研究》,《松辽学刊》2002 年第 3 期。

玉努斯江·艾力、潘勇勇:《〈伊犁史〉中有关清代卡伦的记载》,《兰台世界》2016 年第 8 期。

扎洛:《第十三世达赖喇嘛转世灵童候选拉木登珠 1938—1939 年间滞留西宁问题探析》,《西藏民族学院学报》2004 年第 2 期。

扎洛:《清末民族国家建设与张荫棠西藏新政》,《民族研究》2011 年第 3 期。

扎洛:《清末民族国家建设与赵尔丰在康区的法制改革》,《民族研究》2014 年第 1 期。

张爱梅:《清对喀尔喀政策的演变与库伦办事大臣的设置》,《呼伦贝尔学院学报》2014 年第 4 期。

张敬:《清代内蒙古地区的卡伦》,《广播电视大学学报》2016 年第 4 期。

张莉:《清代围班制度述论》,戴逸主编《清史研究与避暑山庄》,辽宁民族出版社,2015。

张㻞:《论〈青海西宁番夷成例〉的本质》,《兰台世界》2013 年第 6 期。

张帅:《论清代呼伦贝尔地区卡伦的设置》,《边疆经济与文化》2013 年第 11 期。

张双智:《清朝外藩体制内的朝觐年班与朝贡制度》,《清史研究》2010 年第 3 期。

张双智、张羽新:《论清代前后藏朝觐年班制度》,《西藏研究》2009 年第 5 期。

张双智、张羽新：《清代昌都强巴林寺帕克巴拉活佛朝觐年班制度》，《西藏民族大学学报》2010 年第 5 期。

张万军：《"蒙古例"与清代蒙古地区刑事法治理》，《贵州民族研究》2015 年第 4 期。

张晓珊：《清末西藏新政推行其失败原因分析》，《延边党校学报》2014 年第 4 期。

张圆：《清代四川土司"年班"制度初探》，《民族史研究》2010 年。

赵卫宾：《清末新政期间新疆警政的创建与发展》，《中国边疆史地研究》2017 年第 1 期。

赵云田：《关于乾隆朝内府抄本〈理藩院则例〉》，《清史研究》2012 年第 4 期；《中国边疆民族研究》第 7 辑，中央民族大学出版社，2013。

赵云田：《清代西藏封爵考述》，《纪念柳陞祺先生百年诞辰论文集》，中国藏学出版社，2008。

赵云田：《清末川边改革新探》，《中国藏学》2002 年第 3 期。

赵云田：《清末西藏新政述论》，《近代史研究》2002 年第 5 期。

赵云田：《清末新政期间的"筹蒙改制"》，《民族研究》2002 年第 5 期。

赵云田：《清末新政期间新疆文化教育的发展》，《西域研究》2002 年第 2 期。

周伟洲：《晚清"新政"与新疆维吾尔族地区近代经济的萌芽》，《陕西师范大学学报》2005 年第 1 期。

周伟洲：《西宁办事大臣考》，《西北民族大学学报》2011 年第 1 期。

周伟洲：《驻藏大臣琦善改订西藏章程考》，《中国边疆史地研究》2009 年第 1 期。

周乌云：《试论清代蒙古地区喇嘛洞礼年班制度》，《内蒙古民族大学学报》2010 年第 4 期。

周燕：《略论"金瓶掣签"制度的演变》，《西华师范大学学报》2015 年第 4 期。

朱普选：《青海蒙古族盟旗制度研究》，《青海民族大学学报》2006 年第 1 期。

邹建达、杨晓燕:《笼络与控制:川西北土司"年班制度"的建立及首次朝觐》,《遵义师范学院学报》2017年第5期。

六 2000年以来有关硕博士论文

包德强:《清末在京蒙古王公政治团体及其主要活动研究》,硕士学位论文,内蒙古大学,2013。

包满达:《绥远城将军与乌伊两盟关系研究》,硕士学位论文,内蒙古大学,2009。

包思勤:《清朝蒙古律刑罚的变迁》,硕士学位论文,中央民族大学,2016。

包岩明:《蒙旗驿站若干问题研究》,硕士学位论文,内蒙古大学,2013。

边晋中:《清代绥远城驻防若干问题考述》,硕士学位论文,内蒙古师范大学,2006。

镡春鑫:《清朝、民国中央政府对西藏宗教管理立法研究》,硕士学位论文,中央民族大学,2009。

车骐:《清朝中央政府治藏法律制度研究》,硕士学位论文,华东政法学院,2002。

崔懿晟:《清代理藩院及其立法研究》,硕士学位论文,华东政法大学,2010。

党文静:《清末新疆学堂教育研究》,硕士学位论文,石河子大学,2017。

狄艳红:《罗布藏丹津叛乱与西宁办事大臣的设置》,硕士学位论文,西北师范大学,2007。

都扎拉嘎:《清代前期漠南东部蒙古王公封爵制度研究》,硕士学位论文,内蒙古民族大学,2012。

杜党军:《清代西宁办事大臣研究》,博士学位论文,兰州大学,2013。

冯剑:《简析〈理藩院则例〉的内容特点及成因》,硕士学位论文,中央民族大学,2010。

葛根托雅:《清末喀尔喀四盟差役研究》,硕士学位论文,内蒙古大学,2010。

顾旭娥:《赵尔丰与清末川边新政》,硕士学位论文,郑州大学,2005。

郭芳芳：《清末新政时期新疆财政研究》，硕士学位论文，兰州大学，2012。

红霞：《清代喀尔喀蒙古王公的朝觐制度研究》，硕士学位论文，内蒙古民族大学，2010。

胡玉花：《清末民初绥远城驻防研究——以绥远城将军的职能演变为主要线索》，硕士学位论文，内蒙古大学，2011。

黄治国：《清代绥远城驻防研究》，博士学位论文，中央民族大学，2009。

季泽琦：《从定边左副将军的设置看清政府对外蒙古的统治》，硕士学位论文，内蒙古师范大学，2007。

嘉央才让：《清代西宁办事大臣研究》，硕士学位论文，中央民族大学，2014。

李奋：《〈回疆则例〉研究》，硕士学位论文，石河子大学，2007。

李慧：《清代呼伦贝尔副都统衙署的设立及其职能》，硕士学位论文，内蒙古大学，2008。

李留文：《〈大清会典〉研究》，硕士学位论文，河南大学，2003。

李晓莉：《满族皇室婚姻制度研究》，硕士学位论文，西南政法大学，2008。

李昭勇：《清朝理藩院设置和职能演变研究》，博士学位论文，中央民族大学，2014。

刘大伟：《哲布尊丹巴呼图克图研究》，博士学位论文，中央民族大学，2017。

刘颖：《乾嘉时期的库伦办事大臣》，硕士学位论文，内蒙古大学，2009。

鲁宁：《清朝对蒙古地区宗教政策及宗教立法研究》，硕士学位论文，内蒙古大学，2009。

牛锐：《清代回疆伯克年班制度研究》，硕士学位论文，北京师范大学，2005。

秦兆祥：《清代热河都统的设立与职能演化》，硕士学位论文，内蒙古大学，2005。

宋晓亮：《清代藏传佛教度牒制度探究》，硕士学位论文，西藏大学，2014。

苏红彦：《清代蒙古王公的年班》，硕士学位论文，内蒙古大学，2004。

苏星慧：《清代理藩院与刑部的司法权限关系之研究》，硕士学位论文，云南大学，2009。

唐春芳：《晚清驻藏大臣联豫及其历史作用》，硕士学位论文，四川师范大学，2010。

田锋：《清末内蒙古"新政"及其社会影响》，硕士学位论文，内蒙古大学，2010。

汪霞：《清末查办藏事大臣张荫棠在藏"新政"之研究（1906—1907）》，硕士学位论文，四川师范大学，2012。

王婷：《清代〈钦定回疆则例〉研究》，硕士学位论文，辽宁大学，2014。

王杨梅：《清朝西宁办事大臣制度的建立与沿革》，硕士学位论文，西北师范大学，2010。

韦波：《清末新疆新政研究》，硕士学位论文，陕西师范大学，2012。

吴秀菊：《以〈回疆则例〉为中心看清代新疆民族宗教政策》，硕士学位论文，石河子大学，2013。

香莲：《清代蒙古王公袭职制度研究》，博士学位论文，内蒙古大学，2016。

向建华：《〈蒙古律例〉与清代治蒙政策》，硕士学位论文，宁夏大学，2015。

徐实：《清朝对外蒙古管理体制研究》，博士学位论文，中央民族大学，2011。

薛建刚：《试论清末赵尔丰川边兴学及其影响（1906—1911）》，硕士学位论文，中央民族大学，2013。

闫宗淼：《清朝回疆民族政策——伯克制度研究》，硕士学位论文，石河子大学，2010。

于晓娟：《清末热河地区新政研究》，硕士学位论文，内蒙古大学，2007。

张爱梅：《清对喀尔喀政策的演变和库伦办事大臣若干问题研究》，硕士学位论文，内蒙古师范大学，2009。

张彩云：《清末"新政"时期贡桑诺尔布教育实践活动探究》，硕士学位论文，河北大学，2011。

赵静：《乾隆〈大清会典〉编纂研究》，硕士学位论文，河南师范大学，2013。

赵远：《清前期藏传佛教政策研究》，硕士学位论文，河南大学，2017。

周乌云：《从〈理藩院则例·喇嘛事例〉探析清政府对蒙古实行的喇嘛教政策》，硕士学位论文，内蒙古师范大学，2010。

七　外人著述中译本

阿·马·波兹德涅耶夫：《蒙古及蒙古人》第1卷，刘汉明、张梦玲、卢龙译，内蒙古人民出版社，1989。

阿·马·波兹德涅耶夫：《蒙古及蒙古人》第2卷，张梦玲等译，内蒙古人民出版社，1983。

符拉基米尔佐夫：《蒙古社会制度史》，刘荣焌译，中国社会科学出版社，1980。

加恩：《彼得大帝时期的俄中关系史（1689—1730）》，江载华、郑永泰译，商务印书馆，1980。

加恩：《早期中俄关系史（1689—1730）》，江载华译，商务印书馆，1961。

纳罗奇尼茨基等：《远东国际关系史》，北京外国语学院俄语系首届工农兵学员译，商务印书馆，1976。

尼·伊·维谢洛夫斯基编《俄国驻北京传道团史料》第1册，北京第二外国语学院俄语编译组译，商务印书馆，1978。

沙斯季娜：《十七世纪俄蒙通使关系》，北京师范大学外语系七三级工农兵学员、教师译，商务印书馆，1977。

苏联科学院远东研究所等编《十七世纪俄中关系》，商务印书馆，1975年中译本。

田山茂：《清代蒙古社会制度》，潘世宪译，商务印书馆，1987。

伊·亚·兹拉特金：《蒙古近现代史纲》，齐世荣译，未刊。

伊·亚·兹拉特金：《准噶尔汗国史》，马曼丽译，商务印书馆，1980。

伊兹勃兰特·伊台斯、亚当·勃兰特：《俄国使团使华笔记（1692—1695）》，北京师范学院俄语翻译组译，商务印书馆，1980。

《张诚日记》，商务印书馆，1973。

附录　清代理藩大事记

（据《清实录》等书编就）

1616 年　清太祖天命元年，明万历四十四年

爱新觉罗·努尔哈赤称覆育列国英明汗，国号大金（史称后金），建元天命，建都赫图阿拉城。

1626 年　后金天命十一年，明天启六年

努尔哈赤病死。

1627 年　明天启七年

爱新觉罗·皇太极继位，改元天聪。

1636 年　清太宗崇德元年，明崇祯九年

皇太极改国号为大清，改元崇德，受尊号为宽温仁圣皇帝。蒙古衙门设立。内蒙古成为清朝藩部。

1638 年　清崇德三年，明崇祯十一年

六月，蒙古衙门改为理藩院。

1639 年　清崇德四年，明崇祯十二年

十月，皇太极派遣察罕喇嘛去西藏延致高僧，并分别致信藏王（图白忒汗）和达赖喇嘛。

1641 年　清崇德六年，明崇祯十四年

顾实汗掌握了西藏的统治权。和硕特蒙古统治了广大的青藏高原。

1642 年　清崇德七年，明崇祯十五年

西藏达赖喇嘛、班禅喇嘛派遣伊拉古克三呼图克图、戴青绰尔济等人到达盛京，向皇太极转交了达赖喇嘛和图白忒藏巴汗的信，受到皇太极隆重迎接。

1643 年　清崇德八年，明崇祯十六年

五月，伊拉古克三呼图克图、戴青绰尔济等人返藏，皇太极命喇克巴格隆等一起前往西藏，并分别致信达赖喇嘛、班禅喇嘛、藏巴汗、顾实汗等。八月，皇太极暴亡，葬盛京昭陵，庙号太宗，谥文皇帝。爱新觉罗·福临继位，以明年为顺治元年。

1644 年　清顺治元年，明崇祯十七年

正月，顺治皇帝遣使偕伊拉古克三呼图克图前往西藏迎达赖喇嘛。三月，李自成攻占北京，明朝灭亡。四月，清军入关，清政权定都北京。西藏使者戴青绰尔济等返回拉萨，带回顺治皇帝的书信和礼品。清军入关消息传到拉萨后，顾实汗、五世达赖喇嘛、四世班禅等遣使到北京祝贺顺治帝登上皇位。十月，顺治皇帝举行登基大典。

1645 年　顺治二年

清廷定内外文武官员品级，理藩院承政为一品，参政为二品，启心郎为四品，笔帖式为八品。后承政改为尚书，参政改为侍郎。

1646 年　顺治三年

内蒙古苏尼特部长腾机思举兵反清，失败后逃往外蒙古。八月，前遣往达赖喇嘛处的察罕喇嘛还，达赖喇嘛、顾实汗等遣班第达喇嘛等同来。吐鲁番首领首次向清廷遣使通贡。

1648 年　顺治五年

清廷制定朝觐制度，准蒙古王公年节朝见。

1649 年　顺治六年

河西回族丁国栋等联合哈密、吐鲁番的维吾尔族进行抗清活动。

1650 年　顺治七年

五世达赖喇嘛授一世哲布尊丹巴"哲布尊丹巴胡图克图"法号。

1652 年　顺治九年

三月，五世达赖喇嘛到达北京，顺治皇帝给予隆重礼遇。

1653 年　顺治十年

四月，清廷册封五世达赖喇嘛为"西天大善自在佛所领天下释教普通瓦赤喇怛喇达赖喇嘛"。册封顾实汗为"遵行文义敏慧顾实汗"。吐鲁番使来贡。

1654 年 顺治十一年

顾实汗在拉萨去世。

1655 年 顺治十二年

清廷和外蒙古各部盟于宗人府。当年，设喀尔喀八扎萨克，仍分左右翼。

1656 年 顺治十三年

俄国派遣巴依科夫使团到达北京，清廷理藩院官员负责接待。

1657 年 顺治十四年

理藩院设唐古特学，专门翻译皇帝给达赖喇嘛的圣旨，以及西藏地方报送清廷的一应文书。

1658 年，顺治十五年

顾实汗子达延汗在拉萨继承汗位。

1659 年 顺治十六年

闰三月，清廷更定在京满汉官员品级，理藩院尚书称礼部尚书，掌理藩院事，正二品；左右侍郎称礼部左右侍郎，协理理藩院事，正三品；副理事官，从五品；院判仍正六品；知事、副使称谓、品级如旧。

1661 年，顺治十八年

正月，顺治帝病亡。葬遵化孝陵，庙号世祖，谥章皇帝。爱新觉罗·玄烨继位，年号康熙，以明年为康熙元年。理藩院不再兼任礼部衔，仍称理藩院尚书、侍郎，其印文亦着改正铸给。八月，理藩院设录勋、宾客、柔远、理刑四司。九月，规定理藩院尚书照六部尚书，入议政之列。理藩院增设备司郎中 11 名，员外郎 21 名。理藩院尚书衔名列于工部之后。清廷赐外蒙古赛音诺颜部部长丹津喇嘛"遵文顺义"号，并给印信。清廷制定世俸制度，藩部王公俱给俸禄，分为九等。

1662 年 康熙元年

二月，四世班禅罗桑确吉坚赞在西藏扎什伦布寺圆寂。外蒙古发生内讧。

1663 年 康熙二年

七月，五世班禅罗桑益西出生在西藏托布加地方。

1664 年 康熙三年

以戈壁为界，清廷把内扎萨克蒙古和外扎萨克蒙古划为内蒙古与外蒙古。

1670 年 康熙九年

三月，达延汗子达赖汗在拉萨继承汗位。

1671 年 康熙十年

噶尔丹从西藏返回，成为准噶尔部首领。内蒙古苏尼特二旗及四子部落旗发生雪灾，大批牲畜死亡。清廷动用宣府、归化城仓粮赈济。

1673 年 康熙十二年

吐鲁番使来贡。

1674 年 康熙十三年

吴三桂发动叛乱，康熙皇帝派遣理藩院员外郎拉笃祜前赴西藏，联系遏制吴三桂，但五世达赖喇嘛不予支持，并为吴三桂辩解。

1675 年 康熙十四年

察哈尔布尔尼亲王反清失败。

1681 年 康熙二十年

吐鲁番使来贡。

1682 年 康熙二十一年

二月，五世达赖喇嘛阿旺罗桑嘉措在拉萨布达拉宫圆寂，第巴桑结嘉措匿丧不报，以五世达赖喇嘛的名义处理政教事务。

1683 年 康熙二十二年

三月，六世达赖喇嘛仓央嘉措生于西藏南部门隅（今山南市南部）。后被第巴桑结嘉措私立为六世达赖喇嘛。木兰围场设置。

1684 年 康熙二十三年

康熙皇帝派人赍敕五世达赖喇嘛。命遣使赴喀尔喀蒙古调解扎萨克图汗与土谢图汗两部。清廷在察哈尔游牧八旗地区陆续设立牧厂。

1686 年 康熙二十五年

康熙帝派遣使节解决外蒙古各部不和问题，并在外蒙古增设六旗。

1687 年　康熙二十六年

清廷设察哈尔都统 1 人，驻张家口，统辖察哈尔游牧八旗。理藩院设立内馆、外馆。

1688 年　康熙二十七年

外蒙古土谢图汗、车臣汗、扎萨克图汗及哲布尊丹巴为避噶尔丹锋芒，内附清廷，暂居内蒙古。

1689 年　康熙二十八年

内蒙古卓索图盟、昭乌达盟发生旱灾，牲畜大批倒毙。清廷以喜峰口等处仓米救济。

1690 年　康熙二十九年

八月，乌兰布通之战，清军击败噶尔丹。康熙朝《大清会典》编就。

1691 年，康熙三十年

四月，康熙皇帝亲自参加多伦会盟，外蒙古成为清朝藩部。理藩院增加员外郎 8 名。

1692 年　康熙三十一年

清廷在口外安设喜峰口、古北口、独石口、张家口、杀虎口五路驿站，设管驿员外郎负责。

1693 年　康熙三十二年

康熙皇帝封哲布尊丹巴一世为大喇嘛，在喀尔喀蒙古地区广演黄教。康熙皇帝授二世章嘉扎萨克达喇嘛之职，掌管京师地区黄教事务。清廷命领侍卫内大臣费扬古为安北将军，驻防归化城。

1694 年　康熙三十三年

康熙皇帝封第巴桑结嘉措为"掌瓦赤喇怛喇达赖喇嘛教弘宣佛法王"，并赐金印。第巴桑结嘉措在康熙皇帝的责问下，报告五世达赖喇嘛已去世，并请求暂不宣布。在布达拉宫内为五世达赖喇嘛兴建灵塔，并于次年举行开光仪式。理藩院设俄罗斯馆。

1695 年　康熙三十四年

康熙皇帝遣使册立五世班禅为班禅呼图克图。

1696 年　康熙三十五年

康熙皇帝亲征噶尔丹。清军取得昭莫多大捷。外蒙古三部回归漠北旧游牧地。清廷允许内地商人领票到蒙古地区开展贸易。哈密额贝都拉伯克归附清廷。理藩院将顺治以来有关谕令及规章制度编印成册，总计 152 条。

1697 年　康熙三十六年

春，噶尔丹病死。哈密额贝都拉伯克擒噶尔丹子献给清廷，诏封额贝都拉为一等扎萨克。十月，六世达赖喇嘛在布达拉宫坐床。

1698 年　康熙三十七年

清廷遣官赴哈密编旗设佐，哈密成为清朝藩部。

1699 年　康熙三十八年

七月，在清廷机构调整中，理藩院裁撤满洲、蒙古司务各 1 人，汉院判、知事、副使各 1 人，各司汉主事 4 人。

1700 年　康熙三十九年

准噶尔策妄阿拉布坦征喀什噶尔，并谋袭西藏。

1701 年　康熙四十年

理藩院柔远司分为前司、后司，亦称左司、右司。达赖汗在拉萨去世，其子拉藏汗继承汗位。

1704 年　康熙四十三年

清廷允许内地汉民领票进入蒙古地区耕种。

1705 年　康熙四十四年

第巴桑结嘉措与蒙古和硕特部汗王拉藏汗发生冲突，第巴桑结嘉措兵败被杀。康熙皇帝封二世章嘉呼图克图为"灌顶普善广慈大国师"，给予金印敕书。康熙皇帝赐金印封拉藏汗为"翊法恭顺汗"，办理西藏地区有关事务。

1706 年　康熙四十五年

六世达赖喇嘛仓央嘉措被拉藏汗废黜，解送北京途中行至青海湖滨去世。清廷设立围场总管 1 员，管辖木兰围场。

1707 年　康熙四十六年

拉藏汗立意希嘉措为六世达赖喇嘛。遭拉萨三大寺部分僧人和青海蒙古一些首领反对，他们不承认意希嘉措是五世达赖喇嘛的转世。理藩院设立银库。

1708 年　康熙四十七年

七世达赖喇嘛格桑嘉措出生于四川理塘。

1709 年　康熙四十八年

青海蒙古众首领向康熙皇帝上奏,声称在理塘找到五世达赖喇嘛的转世灵童格桑嘉措,请求康熙皇帝批准承认理塘灵童为达赖喇嘛。

1710 年　康熙四十九年

康熙皇帝封意希嘉措为六世达赖喇嘛,给金册金印。

1712 年　康熙五十一年

多伦诺尔汇宗寺建成,这是内蒙古地区规模最大的寺庙。

1713 年　康熙五十二年

正月,康熙皇帝颁满、汉、藏三体文字金册金印封五世班禅罗桑益西为"班禅额尔德尼"。清廷令章嘉二世总管内蒙古等地黄教寺院。

1715 年　康熙五十四年

五月,二世章嘉阿旺罗桑却丹在内蒙古多伦诺尔圆寂。策妄阿拉布坦派兵进犯哈密。清军进驻巴里坤、科布多。蒙古地区大雪,清廷用张家口等地仓米赈济。

1717 年　康熙五十六年

准噶尔军攻陷拉萨,杀拉藏汗。

1718 年　康熙五十七年

康熙皇帝命额伦特率兵数千人入藏驱逐准噶尔军,行至藏北那曲,与准噶尔军交战,全军覆没。康熙皇帝正式册封一世哲布尊丹巴为喀尔喀蒙古地区黄教教主。

1720 年　康熙五十九年

康熙皇帝派皇十四子到青海塔尔寺,封青海蒙古首领承认的格桑嘉措为"弘法觉众"达赖喇嘛,赐金册金印,而意希嘉措则被送往内地。清军在青海蒙古各部的配合下,进军西藏,护送格桑嘉措到拉萨坐床。格桑嘉措即为七世达赖喇嘛。十一月,康熙皇帝派人考察黄河、黑水、金沙、澜沧等发源地后,将其载入舆图。清军攻占辟展、吐鲁番两城,把归附的维吾尔人移居内地。

1721 年　康熙六十年

清军抵拉萨，建立了由康济鼐任首席格隆，阿尔布巴、隆布鼐、扎尔鼐为格隆的联合执政。西藏成为清朝藩部。

1722 年　康熙六十一年

康熙皇帝病逝，葬遵化景陵，庙号圣祖，谥仁皇帝。爱新觉罗·胤禛继位，年号雍正，以明年为雍正元年。理藩院设神木、宁夏理事司员各 1 人。

1723 年　雍正元年

正月，一世哲布尊丹巴在北京圆寂。雍正皇帝以金册金印封一世哲布尊丹巴为"启法哲布尊丹巴达喇嘛"。青海和硕特蒙古亲王罗卜藏丹津发动叛乱，清廷派兵平叛。清廷设"额尔德尼商卓特巴"，专管哲布尊丹巴呼图克图徒众，办理库伦事务；又设"堪布诺们汗"，掌管哲布尊丹巴呼图克图经坛，总理喇嘛事务。清廷增加后藏地区颇罗鼐为格隆。六月，雍正皇帝赐金册金印封格桑嘉措为"西天大善自在佛所领天下释教普通瓦赤喇怛喇达赖喇嘛"。清廷设归化城理事同知，蒙、汉从此实行分治。内蒙古地区陆续设立府、厅、州、县。内蒙古西部地区开始实行保甲制度。理藩院设察哈尔游牧理事员外郎 16 人，裁库使 2 人。

1724 年　雍正二年

雍正皇帝赐给七世达赖喇嘛金册、金印。封颇罗鼐、扎尔鼐为台吉。封七世达赖喇嘛之父为公爵。清廷平定罗卜藏丹津叛乱后，规定今后寺庙房屋不得超过 200 间，喇嘛多者 300 人，少者十数人，每年稽查 2 次。二世哲布尊丹巴罗布藏丹必栋密出生于喀尔喀蒙古土谢图汗亲王惇多布多尔济家中。归化城土默特官学创设，后称"启运书院"。

1725 年　雍正三年

西宁办事大臣设立。青海蒙古成为藩部。清军自吐鲁番撤退。

1726 年　雍正四年

清廷决定设立驻藏大臣。理藩院设哈密驻扎司官、笔帖式各 1 人。

1727 年　雍正五年

六月，西藏发生阿尔布巴之乱。清廷派内阁学士僧格、副都统马拉前往西藏办事，从此正式设立驻藏办事大臣。策妄阿拉布坦卒，子噶尔丹策凌继位。哈密扎萨克额敏屯田效果显著，诏封镇国公。十一月，清廷正式宣布哲布尊丹巴和达赖喇嘛、班禅喇嘛处于平等地位。理藩院设恰克图、库伦管理买卖司员各 1 人，笔帖式各 1 人，西藏办事司官、笔帖式各 1 人。

1728 年　雍正六年

颇罗鼐战胜阿尔布巴等，进入拉萨。雍正皇帝命颇罗鼐掌管西藏政务。颇罗鼐由扎萨克一等台吉升为贝子。雍正皇帝所派各路清军到达拉萨后，八月，处死阿尔布巴、隆布鼐等。雍正皇帝下令将七世达赖喇嘛迁移到泰宁地方，驻锡惠远庙，并驻军保护。中俄双方在恰克图正式签字互换文本，此即《恰克图条约》。清廷对蒙古地区各盟增设副盟长 1 人。

1729 年　雍正七年

蒙古王公俸银成为定制，最高为银 2500 两、缎 40 匹，最低为银 100 两、缎 4 匹。理藩院设立巡按游牧御使。

1730 年　雍正八年

四月，清廷在打箭炉、泰宁、三渡、吹音堡等处安设塘站 55 座，用以递送公文，盘诘奸宄。颇罗鼐在阿里等地加强对准噶尔的防护措施。

1731 年　雍正九年

二月，颇罗鼐由贝子封为贝勒，总理卫、藏格隆事务。其子珠尔默特策布登由一等台吉封为辅国公。

1732 年　雍正十年

额驸策凌在额尔德尼昭大败准军。雍正朝《大清会典》编就。吐鲁番内附，清廷封额敏和卓为扎萨克、辅国公，安插吐鲁番维吾族人于瓜州。清廷建立呼伦贝尔索伦八旗。理藩院增设满洲笔帖式 17 人，蒙古笔帖式 14 人，分属各司。

1733 年　雍正十一年

《西宁青海番夷成例》编就。

1734 年　雍正十二年

雍正皇帝以银印敕书封三世章嘉若必多吉为"灌顶普善广慈大国师"。雍正皇帝派果亲王允礼和三世章嘉到泰宁寺看望七世达赖喇嘛。

1735 年　雍正十三年

清军自巴里坤撤退。雍正皇帝命三世章嘉及副都统福寿等护送七世达赖喇嘛格桑嘉措返回拉萨。雍正皇帝暴卒，葬易州泰陵，庙号世宗，谥宪皇帝。爱新觉罗·弘历继位，年号乾隆，以明年为乾隆元年。

1736 年　乾隆元年

外蒙古庆宁寺建成。十二月，乾隆皇帝封三世章嘉为"扎萨克达喇嘛"。绥远城开始动工兴建。理藩院设西宁驻扎司官 1 人，笔帖式 3 人，瓜州、吐鲁番驻扎司官、笔帖式各 1 人。

1737 年　乾隆二年

七月，五世班禅罗桑益西在西藏扎什伦布寺圆寂。绥远城驻防将军设立。

1738 年　乾隆三年

热河都统设立。乾隆帝正式颁赐哲布尊丹巴二世金册金印，仍封"启法哲布尊丹巴达喇嘛"。

1739 年　乾隆四年

准噶尔与外蒙古划定游牧地界。准噶尔和清廷开始贸易往来。清廷封颇罗鼐为郡王，继续执掌西藏政务。

1740 年　乾隆五年

二世哲布尊丹巴从多伦诺尔迁回库伦。清廷制定《大清律例》，适用于藩部。

1741 年　乾隆六年

《蒙古律例》成书。

1743 年　乾隆八年

呼伦贝尔副都统设立。

1744 年　乾隆九年

乾隆皇帝命章嘉活佛若必多吉主持，将雍正皇帝即位前的住所雍和宫改建为藏传佛教寺院，并命七世达赖喇嘛格桑嘉措从西藏派遣僧人到雍和宫担任扎仓堪布。

1745 年　乾隆十年

噶尔丹策凌卒，子策妄多尔济那木扎勒继位。

1746 年　乾隆十一年

清廷在绥远城设满、汉翻译官学。

1747 年　乾隆十二年

颇罗鼐病故，其子珠尔默特那木扎勒承袭郡王爵位。阿哈雅克卡至阿里克卡，每卡添兵 30 名，派扎萨克头等台吉旺对前往。清廷将前移肃州金塔寺的吐鲁番维吾尔族人改移哈密居住。

1748 年　乾隆十三年

理藩院设乌兰哈达、三座塔、八沟、塔子沟驻扎司官各 1 人。

1749 年　乾隆十四年

十二月，镇国公珠尔默特策布登被其弟珠尔默特那木扎勒所戕。清廷颁布禁垦令，禁止蒙古各部容留汉人，出租开垦土地。木兰围场归理藩院所属。

1750 年　乾隆十五年

策妄多尔济那木扎勒被废，喇嘛达尔扎继位。达什达瓦部宰桑萨拉尔率所属归附清廷。十一月，拉萨发生珠尔默特那木扎勒叛乱，驻藏办事大臣傅清、拉布敦杀珠尔默特那木扎勒，珠尔默特那木扎勒亲信党羽杀害驻藏办事大臣。

1751 年　乾隆十六年

乾隆皇帝批示《钦定藏内善后章程十三条》。清廷命七世达赖喇嘛格桑嘉措掌管西藏政教，是为清代西藏政教合一制度的开始。乾隆皇帝赐三世章嘉"振兴黄教大慈大国师"印。乾隆皇帝谕示在西藏拉萨和北京崇文门内建双忠祠，祭祀驻藏大臣傅清和拉布敦。清廷决定，内蒙古会盟时，停派大臣参加。

1752 年　乾隆十七年

喇嘛达尔扎被戕，达瓦齐继为首领。

1753 年　乾隆十八年

冬，杜尔伯特部台吉车凌、车凌乌巴什和车凌蒙克（通称"三车凌"）率众投归清廷，受到妥善安置。木兰围场增设翼长等官。

1754 年　乾隆十九年

阿睦尔撒纳与达瓦齐内讧，失败后投归清廷。清廷派官员赴瓜州，对吐鲁番维吾尔族人编旗设佐，如哈密例。

1755 年　乾隆二十年

清军攻入伊犁，达瓦齐被擒。大和卓布拉尼敦奉令返回部招抚维吾尔人。八月，阿睦尔撒纳起兵叛清。

1756 年　乾隆二十一年

清廷出兵讨伐阿睦尔撒纳。七月，青衮杂布发动撤驿之变。额敏和卓率所部返回吐鲁番，吐鲁番成为清朝藩部。

1757 年　乾隆二十二年

五月，回部大小和卓叛乱，杀清廷官员阿敏道。八月，阿睦尔撒纳叛逃沙俄死。清廷平准战争取得胜利。漠西蒙古成为藩部。理藩院司属机构进行调整，改录勋司为典属司，宾客司为王会司，柔远后司为旗籍司，柔远前司仍为柔远司。

1758 年　乾隆二十三年

清廷设立库伦蒙古办事大臣，管理库伦，兼辖喇嘛寺院僧侣事务。

1759 年　乾隆二十四年

大小和卓败走巴达克山，被当地首领处死。

1760 年　乾隆二十五年

伊犁开始兴办回屯。

1761 年　乾隆二十六年

察哈尔都统设立。库伦满洲大臣设立。理藩院机构再次调整，并旗籍、柔远为一司，增设徕远司，专管新疆回部事务。西域回部成为清朝藩部。

1762 年　乾隆二十七年

伊犁将军设立，总统南北两路事务。乌鲁木齐都统、喀什噶尔参赞大臣等相继设立。闰五月，旗籍、柔远仍分为二司，理藩院所属六司完备。改理藩院尚书为从一品，侍郎为二品，郎中五品，员外郎从五品。

1764 年　乾隆二十九年

伊犁设驻防八旗。乾隆朝《大清会典》《大清会典则例》编就。理藩院改典属司为旗籍司，旧旗籍司仍为典属司。

1765 年　乾隆三十年

清廷赐六世班禅金册。乌什爆发反清起义。

1767 年　乾隆三十二年

定边左副将军府设立。科布多参赞大臣设立。

1771 年　乾隆三十六年

渥巴锡率土尔扈特蒙古回归祖国，清廷予以妥善安置。

1773 年　乾隆三十八年

乌鲁木齐、巴里坤设置府州县。绥远地区发生水灾，绥远城将军发放粮谷赈济。

1774 年　乾隆三十九年

英国首任驻印度总督赫斯定派遣波格尔等前往西藏日喀则活动。

1775 年　乾隆四十年

伊犁屯田绿旗兵由换班改为携眷驻屯。

1777 年　乾隆四十二年

理藩院裁蒙古员外郎 1 人，增蒙古郎中 1 人。

1779 年　乾隆四十四年

六世班禅班丹益西到热河朝见乾隆皇帝，祝贺乾隆皇帝 70 寿辰。清廷在热河建须弥福寿之庙作为他的居住之所。

1780 年　乾隆四十五年

十一月，六世班禅班丹益西因患天花在北京西黄寺圆寂。

1781 年　乾隆四十六年

《热河志》编成，乾隆皇帝作序。

1783 年　乾隆四十八年

赫斯定派遣武官特涅等到西藏日喀则活动。八月，乾隆皇帝赐玉册玉宝给八世达赖喇嘛强白嘉措，预示清廷承认仓央嘉措为六世达赖喇嘛，格桑嘉措为七世达赖喇嘛。

1784 年　乾隆四十九年

理藩院裁满洲郎中 2 人、员外郎 6 人、主事 2 人，增蒙古郎中 2 人、员外郎 6 人、主事 2 人。

1785 年　乾隆五十年

理藩院重新整理规章制度，共计 209 条。

1788 年　乾隆五十三年

廓尔喀军侵扰后藏。

1790 年　乾隆五十五年

《酌议藏中各事宜十条》制定。

1791 年　乾隆五十六年

廓尔喀军再次侵扰后藏，抢掠扎什伦布寺。

1792 年　乾隆五十七年

清廷增派福康安率领大军入藏反击廓尔喀军，攻入廓尔喀境内，廓尔喀投降议和。乾隆皇帝派人入藏管理铸造西藏钱币。西藏天花病流行，驻藏大臣和琳等筹集粮款救济。清廷颁布金瓶掣签制度。清廷决定，哲布尊丹巴以及一般的呼图克图呼毕勒罕禁止在王公子孙内指认。

1793 年　乾隆五十八年

廓尔喀遣使入贡谢罪。乾隆皇帝批示《藏内善后章程二十九条》，对驻藏大臣的地位和职权做了明确规定。清廷分别在西藏大昭寺和北京雍和宫设立金奔巴瓶，以决定达赖喇嘛、班禅额尔德尼及蒙藏地区所有呼图克图的呼毕勒罕。

1795 年　乾隆六十年

驻藏大臣松筠等制定十条章程，在西藏地方减免租役，革除弊政。乾隆皇帝传位于爱新觉罗·颙琰，次年嗣位，年号嘉庆。但他仍以太上皇帝名义继续执政。《酌定章程十条》制定。清廷设置喇嘛扎萨克，持度牒喇嘛，由旗供给俸禄钱粮，无度牒喇嘛，只供粮食，免兵役、徭役和赋税。

1796 年　嘉庆元年

库伦满洲办事大臣成为定制。

1799 年　嘉庆四年

正月，乾隆皇帝病逝，葬遵化裕陵，庙号高宗，谥纯皇帝。理藩院裁撤满洲郎中、员外郎各 1 人。

1802 年　嘉庆七年

木兰围场归热河都统管辖。

1803 年　嘉庆八年

伊犁将军松筠在伊犁督办旗屯。

1805 年　嘉庆十年

清廷严定蒙古各旗招垦禁令，规定已佃者不得逐，未垦者不得再招。

1810 年　嘉庆十五年

热河副都统升格为都统。

1811 年　嘉庆十六年

理藩院添设司员 16 缺。十二月，嘉庆皇帝谕令禁止西洋人入藏传教。

1814 年　嘉庆十九年

《钦定回疆则例》编就。

1815 年　嘉庆二十年

汉文版《钦定理藩院则例》编就。

1817 年　嘉庆二十二年

满、蒙文版《钦定理藩院则例》编就。

1818 年　嘉庆二十三年

嘉庆朝《大清会典》《大清会典事例》编就。

1820 年　嘉庆二十五年

七月末，嘉庆皇帝在热河避暑山庄猝亡，葬易州昌陵，庙号仁宗，谥睿皇帝。爱新觉罗·旻宁继位，年号道光，以明年为道光元年。张格尔首次入侵喀什噶尔。

1822 年　道光二年

清廷在内蒙古哲里木盟、昭乌达盟、卓索图盟、伊克昭盟开始各设帮办盟长 1 人。

1827 年　道光七年

清军克复西四城，擒张格尔。

1828 年　道光八年

张格尔被送京师处死。

1829 年　道光九年

西藏达木蒙古八旗受灾，理藩院柔远司筹备茶叶 200 斤、银 500 两赈济。清廷批准内蒙古赤峰柳条子沟煤矿招商开采。

1830 年　道光十年

玉素普和卓复侵喀什噶尔。

1834 年 道光十四年

理藩院添设喇嘛印务处贴写笔帖式 2 人，学习笔帖式 4 人。

1836 年 道光十六年

清廷决定，不允许蒙古人使用汉人名字。

1840 年 道光二十年

天主教外国传教士开始进入内蒙古地区传教。

1842 年 道光二十二年

四月，清廷加七世班禅罗桑丹贝尼玛"宣化绥疆"封号。

1844 年 道光二十四年

《酌拟裁禁商上积弊章程二十八条》颁布。

1845 年 道光二十五年

清廷封七世班禅罗桑丹贝尼玛"宣化绥疆班禅额尔德尼"。归化城一带发生蝗灾，大饥，理藩院采取措施救济。

1846 年 道光二十六年

法国传教士潜入西藏传教，被清廷禁止。

1847 年 道光二十七年

七和卓侵入西四城。清廷规定蒙古翻译进士可到理藩院任职。

1850 年 道光三十年

正月，道光皇帝病亡，葬遵化慕陵，庙号宣宗，谥成皇帝。爱新觉罗·奕詝继位，年号咸丰，以明年为咸丰元年。内蒙古哲里木盟科尔沁左翼后旗爆发抗租斗争。

1851 年 咸丰元年

清廷征昭乌达盟、卓索图盟蒙古兵前往内地镇压太平天国起义军。

1853 年 咸丰三年

卓索图盟土默特右旗发生反王公压迫的斗争。科尔沁左翼后旗爆发抗租斗争。

1855 年 咸丰五年

九月，清廷以金册金印封七世哲布尊丹巴为"启法安众哲布尊丹巴胡图克图"。倭里罕和卓入侵喀什噶尔。

1856 年　咸丰六年

归化城等地发生水灾，清廷贷灾民籽种口粮。清廷颁布《蒙古王公台吉等捐输银两、马匹议叙章程》。

1858 年　咸丰八年

清廷陆续征调蒙古兵到内地防堵英法侵略军。鄂尔多斯右翼前旗爆发反苛捐摊派、兵役徭役、王公官吏贪赃枉法的斗争。

1860 年　咸丰十年

二月，清廷颁给八世班禅丹白旺秋敕书，延续"班禅额尔德尼"封号。僧格林沁率蒙古骑兵进行京津保卫战，几乎全军覆没。

1861 年　咸丰十一年

七月，咸丰帝病亡，葬易州定陵，庙号文宗，谥显皇帝。爱新觉罗·载淳继位，年号同治，以明年为同治元年。外国传教士开始进入川边地区，在康定、巴塘等地建立教堂，并大肆掠夺土地出租。

1862 年　同治元年

西藏哲蚌寺为法会布施分配发生骚乱，摄政热振活佛逃往汉地，夏扎旺秋杰波出任摄政。

1864 年　同治三年

《中俄勘分西北界约记》签订，巴尔喀什湖以东以南40余万平方公里土地割归俄国。新疆反清大起义进入高潮，清廷失去对新疆大部分地区的控制。浩罕军官阿古柏挟持布素鲁克和卓入侵喀什噶尔。

1867 年　同治六年

阿古柏反动政权建立。七月，十二世达赖喇嘛成烈嘉措准用前辈金册，延续"西天大善自在佛所领天下释教普通瓦赤喇怛喇达赖喇嘛"封号。

1870 年　同治九年

四月，清廷以金印敕书封五世章嘉为"大国师"，延续"灌顶普善广慈大国师"封号。

1871 年　同治十年

俄国出兵占领伊犁。

1873 年　同治十二年

绥远城建立"长白书院"，收驻防八旗子弟入学。

1874 年　同治十三年

十二月，同治帝病亡，葬遵化惠陵，庙号穆宗，谥毅皇帝。爱新觉罗·载湉继位，年号光绪，以明年为光绪元年。

1875 年　光绪元年

清廷命陕甘总督左宗棠为钦差大臣督办新疆军务，准备西征。

1877 年　光绪三年

清军进入天山南路，阿古柏自杀。口外发生饥荒，仓谷不满，蒙旗亦大饥。清廷设法赈济。归化城设立牛痘局，预防天花。

1878 年　光绪四年

清廷恢复在新疆的政权。

1879 年　光绪五年

清廷准许十三世达赖喇嘛用前辈金印，延续"西天大善自在佛所领天下释教普通瓦赤喇怛喇达赖喇嘛"封号。绥远城"长白书院"改名为"启秀书院"。

1880 年　光绪六年

喀什设蚕桑局。清廷在新疆设立义塾。

1881 年　光绪七年

《伊犁条约》签订。

1884 年　光绪十年

新疆建省，刘锦棠任首届巡抚。

1885 年　光绪十一年

归化城设"古丰书院"，始设归化厅学。

1886 年　光绪十二年

清廷谕示，六世章嘉延续"灌顶普善广慈大国师"封号。

1887 年　光绪十三年

内蒙古建成第一条有线电报线路。

1888 年　光绪十四年

春，英国发动第一次侵略西藏的战争，西藏军民奋起抵抗。

1890 年　光绪十六年

《中英藏印条约》签订。

1892 年　光绪十八年

三月，清廷谕示九世班禅罗桑确吉尼玛延续"班禅额尔德尼"封号。

1893 年　光绪十九年

《中英藏印续约》签订。新疆电报局开始设立。

1894 年　光绪二十年

西藏亚东关通商互市。

1895 年　光绪二十一年

俄、英两国私分帕米尔。长庚组编练军八旗。《绥远城驻防志》成书。

1896 年　光绪二十二年

瞻对土司叛乱。

1897 年　光绪二十三年

清廷始设北京至恰克图电报线路。

1898 年　光绪二十四年

呼伦贝尔架设电报支线。

1899 年　光绪二十五年

光绪朝《大清会典》《大清会典事例》编就。

1900 年　光绪二十六年

光绪皇帝封七世章嘉为"扎萨克达喇嘛"。十二月初十日（1901 年 1 月 29 日），清廷颁布变法上谕，开始新政改革。

1901 年　光绪二十七年

山西巡抚岑春煊奏请开垦晋边蒙地屯垦。绥远城将军信格奏请改练新军、建设学堂酌拟办法。

1902 年　光绪二十八年

清廷任命贻谷为督办蒙旗垦务大臣，开始在内蒙古大规模放垦蒙旗土地。归化城等地设立垦务总局。

1903 年　光绪二十九年

七月，光绪皇帝谕示军机大臣妥筹川藏情形具奏。九月，驻藏大臣有泰奏称，筹商藏务首在练兵。十月，四川总督锡良议复在巴塘招民开垦，川边开始实行新政改革。十一月，驻藏帮办大臣桂霖遵旨募勇，拟仿湘军营制饷章。十二月，驻藏大臣有泰上奏川藏交界地方情形折。英国发动第二次侵略我国西藏的战争。清廷把乌鲁木齐保甲改编为巡警。古丰书院改为归绥中学堂。绥远城将军贻谷创办满蒙学堂和蒙养学堂。喀喇沁右旗建立守正武学堂和毓正女子学堂。归化城厅邮政分局成立。

1904 年　光绪三十年

二月，为妥筹藏务，清廷决定将驻藏帮办大臣移驻察木多，以居中策应。英军侵略西藏，西藏军民在江孜英勇抵抗，失败。英军进入拉萨，强迫订立《拉萨条约》。十三世达赖喇嘛土登嘉措逃离拉萨，去外蒙古库伦，七月，清廷暂行革去十三世达赖喇嘛封号，不久后又恢复。八月，清廷发布上谕，开始在西藏实施新政。阿尔泰办事大臣设立。绥远城创设陆军，置枪炮器械，筑营垒，兴警察。

1905 年　光绪三十一年

正月，清廷命驻藏帮办大臣凤全仍驻察木多，勘办巴塘屯垦。三月，巴塘事件发生，凤全遇害。清廷采取措施稳定川边形势，命联豫任驻藏帮办大臣。五月，打箭炉安置电线，直通理塘。九月，联豫奏称驻藏帮办大臣宜复旧制，仍驻前藏，所有练兵开垦事宜，即责成四川总督规划办理。给事中左绍佐奏请在蒙古设立行省。祥裕木植公司创办。贡桑诺尔布创办《婴报》。归化城创办工艺局。清廷开设北京—南口—张家口—归化城邮路。

1906 年　光绪三十二年

十三世达赖喇嘛土登嘉措从外蒙古回藏行至青海塔尔寺奉旨停止，等候进京。中英在北京订立《中英续订藏印条约》，以光绪三十年（1904）《拉萨条约》为"附约"。四月，清廷命直隶特用道张荫棠以五品京堂候补前往西藏查办事件。七月，赵尔丰任川滇边务大臣。九月，理藩院更名理藩部，汉档房、俸档房、督催所等并入满档房，改名领办处，蒙古学扩充为藩言馆。十一月，因整饬吏治，西藏十余名满、汉、藏官员被革职查办。有泰因庸懦昏愦，贻误事机，并有浮冒报销情弊，亦被清廷革职查办。十二月，川边开办藏文学堂。归化城及土默特常备军改为陆军，换用快枪操练。

1907 年　光绪三十三年

张荫棠电陈治藏刍议，拟推行多项改良措施。西藏成立学务局，在达木、山南、工布、察木多等地陆续设立小学堂。西藏开设白话报馆、译书局及汉文、藏文传习所，并成立施医馆。赵尔丰奏陈川滇边务应办事宜，包括兴学、通商、开矿、屯垦、练兵、设官六事。维吾尔族纺织业中应用缫丝器和采用西洋呢织机器。呼伦贝尔城设巡警局。赤峰始设电报分局。奏定理藩部官制，新设调查、编纂两局，附入领办处。

1908 年　光绪三十四年

二月，赏川滇边务大臣赵尔丰尚书衔，作为驻藏办事大臣，仍兼边务大臣。联豫召京，但仍留任驻藏办事大臣。三月，张荫棠奏陈西藏情形并善后事宜，包括兴学、练兵、整顿实业、统筹经费等。五月，川边成立医药局。七月，赵尔巽、赵尔丰会筹边务，奏请在川边改设府、厅、县。六月，驻藏帮办大臣张荫棠离职。温宗尧任驻藏帮办大臣。八月，拉萨设立戒烟局。十月，十三世达赖喇嘛土登嘉措进京朝见光绪皇帝及慈禧太后。清廷加封十三世达赖喇嘛为"诚顺赞化西天大善自在佛"。光绪皇帝病亡，葬易州崇陵，庙号德宗，谥景皇帝。慈禧太后病故。爱新觉罗·溥仪继位，年号宣统，以明年为宣统元年。十二月，巴塘设立制革厂。西藏开办亚东、江孜商埠。统一川边度量衡。清廷裁呼伦贝尔副都统，改设呼伦道，由军府制转向郡县制。归化图书馆创办。包头镇创办半日制学堂 1 所。北京至多伦诺尔邮路开通。呼伦贝尔边垦总局设立。理藩部裁撤内外馆监督。

1909 年　宣统元年

正月，清廷解除赵尔丰驻藏大臣职务，以其作为边务大臣，遥为藏中声援。五月，驻藏办事大臣联豫、帮办大臣温宗尧奏称，筹办西藏事宜，包括开辟商埠、添练新兵、兴办学堂、筹垦荒地、开采矿山等。七月，联豫奏称，西藏教化政俗，与内地各省和内外蒙古不同，宪政骤难筹办。赏道员钱锡宝头等侍卫，作为驻藏参赞。十一月，十三世达赖喇嘛土登嘉措返回拉萨。十二月，德格成立铜厂。新疆省成立邮局。蒙古王公在北京创办殖边学堂。呼伦城官商开办一座电灯厂。清廷开辟北京—库伦邮差路线。归绥电报分局成立。察哈尔两翼牧厂引进国内外良种马。理藩部调查、编纂两局改为两科，合并为宪政筹备处。

1910 年　宣统二年

驻藏大臣联豫奏设西藏督练公所。清廷所派川军抵拉萨。十三世达赖喇嘛土登嘉措逃往印度。清廷诏夺十三世达赖喇嘛名号，黜为齐民。六月，稻城试办造纸厂和制墨厂。七月，巴塘成立官印刷局。设立巡警学堂。驻藏帮办大臣温宗尧离职。九月，四川总督赵尔巽奏称，设立一大公司，改良茶叶，在卫藏繁盛处择要筹设支店。十一月，打箭炉直隶厅成立教育会。联豫奏请裁撤驻藏帮办大臣，改设左右参赞。新疆巡抚王学新仿外国警察章程，设警政。清廷设立资政院。清廷发布政令，全面解除蒙禁，原定的禁止出边开垦、蒙汉通婚、蒙人学习汉文、蒙人取汉名等律条一并废除。蒙古王公阿穆尔灵圭在北京创办蒙古实业公司。绥远城设农事试验所，附设农林小学堂。归化城回部小学堂成立。库伦两级学校成立。

1911 年 宣统三年

清廷拟定《蒙藏回地方兴学章程》。邮传部奏准续办张家口—绥远城铁路。在藏川军与西藏军民冲突，拉萨形势混乱。理藩部尚书改称大臣，侍郎改称副大臣。清廷决定，裁驻藏帮办大臣，设左右参赞各 1 人。三月，罗长绮任左参赞。五月，西藏邮政局开通。稻城设立教育研究会。六月，驻藏办事大臣联豫奏称，改设治事议事各厅，设立幕职分科办事。闰六月，代理边务大臣傅嵩炑奏请建立西康省。八月，辛亥革命爆发。十二月，宣统帝逊位。驻藏办事大臣联豫离开拉萨。

1912 年 民国元年

1 月 1 日，中华民国成立。辛亥革命后，在藏川军受西藏军民围困，内部又分派混战。川军交出武器，经印度由海道返回四川。十三世达赖喇嘛土登嘉措年底返回拉萨。

后　记

　　看完书稿的最后一页，我沉思了很久，40 年研究清史走过的路，在脑海中陆续闪现。特别是研究初始的那段路程，得到过不少前辈学者的指引，令我感动，也令我难忘。

　　马汝珩（1927—2013）先生是我研究生时的导师，中国人民大学清史研究所教授，我国著名的民族史学家。他在清代边疆史、回族史、卫拉特蒙古史研究等方面多有建树，尤其是对卫拉特蒙古史开拓性的研究，在学术界产生了深远影响，也使我从中感受到他那深深的爱国情怀，以及对"经世致用"优良传统的继承和发扬。马老师给我提出的"清代理藩院研究"课题，非常具有前瞻性，至今仍然是清史研究中的亮点，也使我有可能在这一领域为清史研究做出贡献。马老师曾对我说："你以后研究边疆民族问题，特别要注意党的民族政策，要通过自己的研究，说明民族团结对国家发展的重要性。"对于马老师的教导，我牢记在心，并成为我后来学术研究中特别注意的一个原则。不仅如此，马老师还主动帮我联系校外专家，让我有机会向他们请教，开拓了我的视野，也反映了马老师的宽阔胸怀。

　　商鸿逵（1907—1983）先生是北京大学历史学系教授，著名的明清史专家和我国第二代清史学家，也是我学弟商传的父亲。因为这层关系，我在读研究生的三年里，多次去北京大学燕东园拜访商先生，请教有关清史研究中的一些问题。毕业论文题目确定后，商先生对我说："这个题目很好，大陆学者还没有人研究，是开创性的。"商先生建议我写论文时要多设一些表，既可以使人一目了然，又节省文字。商先生是我论文答辩委员会的成员，在答辩过程中所提问题切中要害，极具启发性。论文答辩通过后，商先生非常高兴，鼓励我今后要继续努力。

翁独健（1906—1986）先生是国际知名的蒙元史专家，我国民族学研究的开拓者之一，是马老师指名命我拜访的前辈学者。那天我如约走进翁先生在南池子住所的书房时，立即明白了"坐拥书城"一词的含义。翁先生是学问大家，待后辈很诚恳，使人瞬间就没有了拘束感。听我说明了来意，翁先生详细地给我讲解了蒙古族刑法的由来和变化，包括成吉思汗的"札撒"，元朝刑法的"南北异制"，直到明清之际的"阿勒坦汗法典"。最后，翁先生说："清代的蒙古族刑法主要是'蒙古律'，这需要你去研究了。"翁先生的教诲令人感动，为我研究清代蒙古族的刑法奠定了基础。1986 年初，翁先生的家搬到社会科学院紫竹院宿舍 1 号楼，我住 2 号楼。正当我想再次前往拜访时，翁先生却意外去世，对此，我将终生遗憾。

白寿彝（1909—2000）先生是北京师范大学历史系教授，著名历史学家，国际知名的回族学研究大家，也是马老师指名命我拜访的前辈学者。当时白寿彝先生的家在什刹海附近，环境优美而清静。我是一天下午去先生家的，主要是向先生请教"回律"的有关问题。白寿彝先生比较详细地介绍了中国回族史研究的相关情况，以及伊斯兰教的有关问题，最后告诉我说："你所说的'回律'，在清代可能指的是《回疆则例》，你回去再查查看。"临别的时候，先生还说他和马老师很熟悉，让我代向马老师问好。

王锺翰（1913—2007）先生是中国当代著名清史、满族学大家，中央民族大学终身教授。我熟悉王先生，是从读王先生的著作开始的。从研究生学习开始，我就拜读了先生的《清史杂考》[1] 一书，很受教益。后来，我几次去先生位于中央民族大学校内的家中，请教有关问题。王先生学问渊博，关爱后学，待人诚恳，非常有亲和力，给我留下了深刻印象。我后来在学术上有所进步，与王先生的关爱和推荐有密切关系。

在上述前辈的直接帮助下，以及通过个人的努力，在 20 世纪 80 年代，我发表了 20 余篇学术论文，出版了《清代蒙古政教制度》一书。[2] 戴逸老师在该书的序言中，肯定了我研究生期间刻苦学习的态度，赞扬了我认定

---

[1] 中华书局，1963。

[2] 中华书局，1989。

目标坚持不懈的进取精神，同时也提出了殷切的希望。戴老师作为我研究生时期全面负责的指导老师、清史研究所所长，其称赞极大地鼓舞了我，也一直是我前进的动力之一。

还应指出的是，40 年来，给予我鼓励和帮助的还有许多师友，比如中国人民大学原校长、清史研究所李文海教授，中国社会科学出版社原总编辑、清史研究所原所长王俊义教授，中国社会科学院荣誉学部委员、历史研究所郭松义研究员，中国边疆史地研究中心（今中国边疆研究所）原主任、国家清史编纂委员会副主任马大正研究员，以及中国社会科学院荣誉学部委员、近代史所原所长王庆成研究员，中国社会科学院学部委员、近代史所原所长、中国史学会原会长张海鹏研究员等。在我回首以往的时候，他们对我各方面的帮助使我感到温暖。

光阴荏苒，不知不觉我已从中年进入老年。欣慰的是，我一定程度上继承了前辈学者以及许多师友的治学精神和对后学的关爱之情。在 30 多年的时间里，除了研究学问之外，我参加了北京大学、中国人民大学、北京师范大学、首都师范大学、内蒙古大学、山东大学、中国社会科学院民族所（今民族学与人类学研究所）和中国边疆史地研究中心（今中国边疆研究所）总计 120 余名博士生和硕士生的论文答辩，评阅了他们的学位论文；作为中国藏学研究中心高级职称评审委员会委员，在 5 年的时间里，参加了该中心 20 余位中青年学者高级职称晋升的评审工作，还参加了全国藏学研究杰出成果奖"珠峰奖"的评选工作；给北京大学、中国人民大学的博士生和硕士生讲课；给中国人民大学晋升教授和域外交流的老师写推荐意见；接待来访的北京大学、云南大学、西北大学和台湾政治大学的青年学者，解答他们提出的各种疑难问题。在这些活动中，我通过自己的言行，传播了前辈学者和众多师友的治学精神，以及为人为学的美好品德。

今天，中国已经进入了新时代。在习近平新时代中国特色社会主义思想的指引下，我国的史学研究迎来了绚丽的春天。在时代的感召下，我完成了《清代理藩制度研究》书稿的写作，心情是不平静的。我想，历史研究需要继承和创新，而继承是创新的基础，尊重前辈，继承前辈，才能更好地创新。历史研究又有鲜明的时代特点，不同时代所提供的条件也会不同程度地影响历史研究所取得的成果。仅从史料方面说,《清实录》的利用,使清史研究进入了一个新天地;清宫档案的使用,又使清史研究开辟了新天地;现在,少数民族文字档案和资料的使用,再次使清史研究开创了新局面。所以,对于后来者,我们应当采取历史唯物主义的态度,继承前辈的优良学风,发扬前辈的经世致用精神,在继承的基础上发展和创新,不辜负新时代党和人民对史学工作者的期望。

著名清史学家、民族史学家、中国社会科学院研究生院博士生导师、中国社会科学院近代史所刘小萌研究员,著名藏学家、民族史学家、中国藏学研究中心社会经济研究所所长扎洛研究员,在百忙中审阅了本书,写出鉴定意见,在此表示衷心的感谢。

还要感谢中国社会科学院离退休干部工作局领导和老年科研基金评审委员会专家,近代史所领导和所学术委员会专家,社会科学文献出版社历史学分社的领导及编辑,他们的敬业精神永远值得我学习。

最后要说明的是,本书在引用的资料中,可能存在不全面;在概括相关的研究成果时,可能会有遗漏;在阐述自己的学术见解中,可能会存在片面或错误。这一切,希望读者朋友们批评指正。

2019 年 2 月 2 日写就
2021 年 2 月 25 日改定

图书在版编目（CIP）数据

清代理藩制度研究 / 赵云田著. -- 北京：社会科
学文献出版社，2021.6
（中国社会科学院老年学者文库）
ISBN 978 - 7 - 5201 - 7960 - 7

Ⅰ.①清… Ⅱ.①赵… Ⅲ.①理藩院 - 制度 - 研究 -
中国 - 清代 Ⅳ.①D691.72

中国版本图书馆 CIP 数据核字（2021）第 029606 号

中国社会科学院老年学者文库

清代理藩制度研究

著　　者 / 赵云田

出 版 人 / 王利民
责任编辑 / 陈肖寒　梁艳玲

出　　版 / 社会科学文献出版社·历史学分社（010）59367256
　　　　　　地址：北京市北三环中路甲 29 号院华龙大厦　邮编：100029
　　　　　　网址：www.ssap.com.cn
发　　行 / 市场营销中心（010）59367081　59367083
印　　装 / 三河市尚艺印装有限公司

规　　格 / 开本：787mm × 1092mm　1/16
　　　　　　印张：40.75　字数：624 千字
版　　次 / 2021 年 6 月第 1 版　2021 年 6 月第 1 次印刷
书　　号 / ISBN 978 - 7 - 5201 - 7960 - 7
定　　价 / 168.00 元

本书如有印装质量问题，请与读者服务中心（010 - 59367028）联系